KB117385

DOOM
재앙의 정치학

DOOM
The Politics of Catastrophe

둠DOOM

재앙의 정치학

전 지구적 재앙은 인류에게 무엇을 남기는가

THE POLITICS of CATASTROPHE

니얼 퍼거슨

홍기빈 옮김

NIALL FERGUSON

21세기북스

일러두기

·이 책에서 아라비아 숫자로 표기한 주석은 책의 말미에 미주로 실었으며, •기호로 표기한 주석은 각주로 구분하였다.

·해당 내용의 역자 주석은 괄호 안에 '옮긴이'로, 편집자의 주석은 괄호 안에 '편집자'로 표기하였다.

몰리, 아얀, 펠릭스, 프레야, 라클런, 토머스, 그리고 캠벨에게

차례

그림 및 표 목록

그라미의 크기는 당시 각 도시가 가졌던 중심성의 크기에 비례한다. 검은 선은 상업 교역로이며 흰 선은 순례자들이 이동한 길을 나타낸다. José M. Gómez and Miguel Verdú, "Network Theory May Explain the Vulnerability of Medieval Human Settlements to the Black Death Pandemic," Nature Scientific Reports 7, no. 43467(March 6, 2017), https://www.nature.com/articles/srep43467.

255쪽 콜레라가 뉴욕을 덮치고 있지만 과학은 깊이 잠들어 있다. 〈지금이 자고 있을 때인가?Is This a Time for Sleep?〉 by Charles Kendrick, 1883: Sarin Images, GRANGER.

285쪽 〈샤토-티에리에서 독일인들이 저지른 일The way the Germans did it at Chateau-Thierry〉(위)과 〈노스캐롤라이나 사람들이 국내에서 저지른 일The way North Carolinians do it at home〉(아래), North Carolina State Board of Health, Health Bulletin 34, no. 10 (October 1919): UNC Libraries, http://exhibits.lib.unc.edu/items/show/5559.

334쪽 독일군에 대한 영국군의 순 전사자 수치net body count(1915년 2월-1918년 10월). 서부전선의 영국군 전선에서 발생한 영국군 사상자 수에서 독일군 사상자 수를 제한 것. *War Office, Statistics of the Military Effort of the British Empire During the Great War, 1914–1920*(London: His Majesty's Stationery Office, 1922), pp. 358–62.

366쪽 1957-1958년 미국의 팬데믹과 미국 108개 도시에서 폐렴과 독감으로 발생한 주간 사망자 수. D. A. Henderson et al. "Public Health and Medical Responses to the 1957-1958 Influenza Pandemic," Biosecurity and Bioterrorism: Biodefense Strategy, Practice, and Science, September 2009, p. 269.

370쪽 1957년 메릴랜드주 실버스프링스에 있는 월터리드육군연구소의 실험실에서 자신의 아시아 독감 바이러스 연구팀과 이야기하고 있는 모리스 힐먼(1919-2005). Ed Clark, The LIFE Picture Collection via Getty Images.

422쪽 레이크허스트 계류탑에서 화재에 휩싸인 힌덴부르크호. New Jersey, May 6, 1937: National Archives, Records of the U.S. Information Agency(USIA).

434쪽 우주왕복선 발사 시점의 온도와 오링 사고 사이의 상관관계. Richard Feynman, *"What Do You Care What Other People Think?": Further Adventures of a Curious Character.* Copyright © 1988 by Gweneth Feynman and Ralph Leighton. Used by permission of W. W. Norton & Company, Inc.

454쪽 1986년 5월 10일 체르노빌 사고 이후 유럽 전역의 세슘-137 침적 수준. Yu A. Izrael et al., "The Atlas of Caesium-137 Contamination of Europe After the Chernobyl Accident," Joint Study Project of the CEC/CIS Collaborative Programme on the Consequences of the Chernobyl Accident (n.d.), https://inis.iaea.org/collection/

NCLCollectionStore/_Public/31/056/31056824.pdf.

474쪽 1월 23일 봉쇄되기 전 우한에서 빠져나간 여행자들의 흐름도. 1월에 우한을 출발해 존 F. 케네디 공항이나 샌프란시스코로 향한 여객기는 19대에 이른다. 항공데이터 제공사인 베리플라이트에 의하면 이 여객기들은 대부분 만석이었다. 감염된 승객들 중 85퍼센트는 추적이 불가능했다. The New York Times. © 2020 The New York Times Company. All rights reserved. Used under license.

477쪽 미국에서의 주간 예측사망자 수와 실측사망자 수(모든 사망 원인 포함). 2017~2020: Center for Disease Control and Prevention.

481쪽 코로나19와 다른 바이러스 질환의 비교. Eskild Petersen et al., "Comparing SARS-CoV-2 with SARS-CoV and Influenza Pandemics," Lancet Infectious Diseases 20, no.9 (September 2020), pp. E238-244, https://doi.org/10.1016/S1473-3099(20)30484-9.

494쪽 한국의 31번 확진자는 수천 명에게 코로나19를 퍼뜨린 슈퍼전파자였다. 61세 여성인 이 확진자는 검사에서 양성 반응이 나오기 전인 2주 동안 서울과 대구를 오가며 여러 모임에서 많은 사람들을 만났다. 2월 6일에는 대구에서 가벼운 교통사고를 당해 새로난한방병원에서 치료를 받았는데, 그 치료 기간 중에도 2월 9일과 16일 양일간 대구에 있는 신천지교회에서 2시간씩 예배에 참여했다. 또 발열 증상이 있었음에도 퀸벨 호텔에서 친구와 점심식사를 하기도 했다. Reuters, March 20, 2020, https://graphics.reuters.com/CHINA-HEALTH-SOUTHKOREACLUSTERS/0100B5G33SB/index.html.

541쪽 1948년 이후의 미국 실업률(계절별로 변동 조정). Federal Reserve Bank of St. Louis.

563쪽 중국에 대해 "호의적이지 않다"고 답한 공화당 지지자들과 민주당 지지자들의 비율. 2020년 6월 16일~7월 14일의 여론 조사: Pew Research Center, July 30, 2020.

567쪽 1964년 이후 미국 달러화의 무역가중 유효환율의 명목값과 실질값. Bank for International Settlements.

서문

"여기서 잠깐만. 대본을 내려놓고 한 말씀 드릴까 합니다. 저는 지금 우리 모두에게 파멸이 임박했다는 느낌을 반복적으로 받고 있는데, 이걸 좀 더 생각해보고자 합니다. (…) 지금, 저는 정말로 겁이 납니다."

로셸 월렌스키Rochelle Walensky(미국 질병통제예방센터 이사),
CBS 뉴스, 2020년 3월 30일

"좋은 날이 돌아왔네요."

밀턴 에이저Milton Ager와 잭 옐렌Jack Yellen 작사 작곡의 노래 제목. 1932년 프랭클린 루스벨트의 선거운동 노래로 쓰임.

냉전 시대에 있었던 가장 유명한 오해 중 하나였을 법한 이야기가 있다. 1971년 헨리 키신저가 중국의 저우언라이에게 프랑스 대혁명의 결과에 대해 어떻게 생각하는지를 묻자 저우언라이는 이렇게 대답했다.

"아직 평가하기에는 너무 이릅니다."

참으로 심오한 말로 들렸다. 그저 몇 주라는 시간 지평으로 생각하는 데 급급한 서방의 국가 지도자들에 비해 중국인들은 자그마치 몇 세기라는 긴 시간으로 사물을 바라보는 능력이 있지 않은가. 그런데 사실은 달랐다. 미국의 외교관 샤스 프리먼Chas Freeman이 2011년에 폭로한 바에 따르면, 저우언라이는 키신저가 1789년의 프랑스 혁명이 아닌 1968년의 파리학생시위를 말하는 것으로 착각했다고 한다.

나의 이 저서에 대해 코로나19가 터진 직후에 이런 역사책을 낸다는 건 너무 이르지 않으냐고, 이 팬데믹의 강도와 결과가 어떻게 될지는 "아직 평가하기에는 너무 이른 게" 아니냐고 비판한다면 이는 실로 한가한 소리일 것이다. 이 책의 11개 장에서 2020년의 팬데믹을 다루는 것은 세 장뿐이니, 오히려 이 책이 너무 늦게 나왔다고 비판하는 것은 말이 될 수 있다. 즉 2019년에 이 책이 나왔다면 좀 더 유용했을 것이라고 말이다. 하지만 너무 일찍 나온 게 아니냐고? 물론 책이 일간지마냥 최신 소식을 담고 있어야 한다는 것도 어리석은 이야기이지만, 역사가들은 어떤 사건이 끝날 때까지 기다렸다가 글을 써야 한다고 말하는 것도 별로 나을 게 없는 이야기이다. 왜 그런지 생각해보자. 우선 팬데믹이 언제 끝날 것이라고 말할 수 있는 사람이 있는가? 이 책의 주장 중 하나는 재난들 중에는 서로 연결된 것들이 많이 있다는 것이다. 흑사병은 1348년에서 1665년 사이에 반복해서 런던을 덮쳤다. 20세기 최악의 연쇄 살인마 하나는 독감이었으며, 아직도 전혀 종식된 것이 아니다. 정치적 재난에도 마찬가지 이야기가 적용된다. 쥘 미슐레 Jule Michelet의 저서 『프랑스 혁명사Histoire de la Révolution française』는 1847 년에서 1853년 사이에 출간되었는데, 1847년은 또 다른 대혁명의 직전 시점이었고 1853년은 또 다른 나폴레옹이 나타나 자기를 황제라고 선언한 1년 뒤였다. 그런데 오늘날 우리는 미슐레의 저서보다 프랑스 혁명이 터진 직후에 출간된 에드먼드 버크의 『프랑스혁명에 관한 성찰』을 훨씬 더 많이 읽는다. 버크의 저서에는 전통적인 제도들에 대한 공격이란 "혐오스런 악덕의 과두정寡頭政"으로 끝나게 되어 있으며, 끝에 가면 결국 군사 독재를 낳게 될 것이라는 놀라운 예측이 담겨 있다. 버크는 프랑스 지식인들의 유토피아주의가 어떤 결과를 낳을지를 정확하게 예측했던 것이다. "어느 쪽 풍경을 보아도 그 끝에는 오직 교수대만이 버티고 있을 뿐이다"라는 게 그의 예언이었다. 그의 저서가 처음으로 출간된 것은 1790년 11월이었으니, 루이 16세가 바렌으로 도피하는 사건보다 6개월 이상이 앞선 시점이며, 그의 처형보다는 무려 2년이나 앞선 시점이었다. 버크가 책을 너무 일찍 냈다고 말할 수 있는가?

아직 진행 중인 재난에 대한 이야기까지 포함하여 재난의 역사를 쓰는 이유는, 우리의 실수와 오류로부터 교훈을 얻는 것은 빠르면 빠를수록 좋은 일이기 때문이다. 오랜 자동차 여행을 떠난 아이들은 출발한 지 얼마 되지도 않아서 "아직 멀었어요?"라고 계속 물어댄다. 우리도 그 아이들처럼 이미 코로나19에 진저리가 나서 도대체 언제면 "정상적 삶"으로 돌아갈 수 있는지를 목을 빼고 기다리고 있다. 하지만 코로나19는 흔하게 유행하는 병으로 자리 잡을 확률이 크며, 우리는 앞으로도 오랫동안 이 바이러스의 새로운 변이가 나올 때마다 두더지 때려잡기와 같은 공중 보건 정책을 펼 수밖에 없을 것이다. 만약 그렇다면 작년을 돌아보며 무엇이 잘못된 일이었는지를 생각하기 시작해야 할 시점은 바로 지금이다.

이 책에서 전개한 재난의 일반 이론은 다음과 같이 단순화시킬 수 있다. 첫째, 재난이란 본질적으로 예측불능이며, 불확실성의 영역에 속한 문제이다. 이를 예측하고자 하는 시도들이 있었지만 거의 항상 실패하며, 항상 불행을 예언하는 이들이 어쩌다가 황소 뒷걸음식으로 비슷하게 맞추는 일이 있는 정도다. 둘째, 천재와 인재, 즉 자연적 재난과 인공적 재난이라는 식의 분명한 이분법이란 성립할 수 없다. 과도한 사망률은 거의 항상 인간 행위자들의 작용과 함수 관계를 맺는다. 따라서 '재난의 정치학'이라는 것이 나오게 되는데, 똑같은 바이러스가 돌아도 전 세계 각 지역에 따라 그 충격이 다른지는 이것으로 가장 잘 설명할 수 있다. 셋째, 대부분의 재난에서 가장 결정적인 실패의 지점은 명령 위계 구조의 최상층이 아니라 그 아래 어딘가에 있는 것이 보통이다(NASA에서 파인만이 끝까지 만날 수 없었던 '킹스베리 씨'). 물론 지도부가 무능하면 이미 안 좋은 상태를 훨씬 더 악화시킬 수 있다는 게 항상 벌어지는 일이다. 넷째, 병원균으로 인한 신체의 전염이 벌어질 경우 이는 정신의 전염과 파괴적인 상호작용을 맺게 될 경우가 많다. 전쟁에서 승리하기 위해서는 적군의 물질적 요소만이 아니라 그 정신적 사기까지 꺾어야 하는 것과 똑같은 논리다. 마지막으로, 재난을 예측하는 것이 불가능하기 때문에, 비상사태가 터질 경우를 대비해서 맞춤형 매뉴얼을 준비한다는 등의 관료적인 행태보다는 차라리 모든 사태에 대해 호들갑에 가까이 대응하는 편이 낫다. 조기 경보가 발생했을 때 재빠르게 대응한다면 '재난을 계기로 더욱 강해지는' 것까지는 몰라도 회복재생력을 극대화하는 데 큰 도움이 된다. 그리고 일정한 성공을 거두었다고 자만에 빠졌다가는 그 성공이 오히려 재앙으로 변하기가 쉽다(2021년 5월 대만에서 코로나 확진자가 급증했던 것이 이를 잘 보여준다).

서방 국가들 중 다수가 2020년의 신종 코로나 바이러스 확산에 처참히 실패했고 그 결과 1950년대 이래 최악의 초과사망률 사태 중 하나로 이어지고 말았다. 그 이유는 무엇인가? 이 책에서 나는 이 모든 책임을 소수의 포퓰리스트 정치 지도자들에게 몽땅 뒤집어씌우는 것이 잘못이라고 주장했다. 물론 이 지도자들의 괴팍한 행태로 사상자 수가 크게 늘어난 것은 맞지만 그럼에도 이러한 내 주장은 여전히 옳다고 생각한다. 사태의 원인은 공중 보건 관료 체제가 시스템 차원에서 실패했던 것으로서, 이는 포퓰리스트 정치 지도자들이 없었던 나라들에서도 마찬가지로 벌어졌던 것으로 보인다. 팬데믹에 대한 대응 매뉴얼이 없었던 게 아니지만, 한마디로 전혀 작동하지 않았다. 검사 시설을 신속하게 늘리지도 못했으며, 역학조사는 시도조차 거의 없었고, 격리 조치가 강제되지도 않았으며, 감염에 취약한 이들이 (특히 노인 요양원에서) 보호를 받기는커녕 오히려 감염에 노출되고 말았다. 인명손실이라는 점에서 볼 때에는 지금 열거한 것들이 가장 결정적인 실수였으며, 도널드 트럼프와 보리스 존슨 개인들에게 이런 사태의 책임을 묻는 것은 성립하기 힘든 일이다. 마이클 루이스Michael Lewis 또한 그의 저서 『징조Premonition』에서 나와 논리 전개의 경로는 아주 다르지만 결국 비슷한 평가에 도달하고 있다. 이 책에 나오는 불길한 예언자들 중 하나가 말했듯, "트럼프는 다중이환comorbidity(심각한 질병으로 증세가 악화될 때 나타나는 혼수상태처럼, 하나의 질병에 부수적으로 따라오는 독자적 질환을 지칭_옮긴이)이었을 뿐"이다. 그리고 런던에서의 사태에 대해 도

미니크 커밍스Dominic Cummings가 설명한 바가 사실이라면 존슨 수상 또한 마찬가지였다. 커밍스가 2021년 5월에 행한 증언의 핵심 요지는 존슨 수상이 "능력 부족"이었다는 것이 아니라 영국 정부 전체가 무너졌다는 데 있었다. 선출직 정치인들뿐만 아니라 정부 관료들과 공중보건 전문가들 모두가 "공중에게 보장되어야 할 보건 조치를 내놓기에는 재난에 가까울 만큼 기준 미달"이었다는 것이었다.

대통령과 수상이 다른 사람이었다면 초과사망률이 훨씬 낮았을 것이라는 말은 심각한 오류를 담고 있다. 조 바이든 대통령의 비서실장인 론 클라인Ron Klain이 2019년에 했던 발언을 보면, 2009년 미국을 덮쳤던 돼지독감이 만약 코로나19 만큼 치사율이 높았더라도 버락 오바마 정부 또한 마찬가지로 한심하게 무능력한 수준을 보였을 것임을 인정하는 이야기였다. "우리는 저지를 수 있는 잘못이란 잘못은 모조리 저질렀습니다. 그리고 (…) 6,000만 명의 미국인들이 그 당시 H1N1바이러스를 가지게 되었죠. 이게 미국 역사에 남을 대량 사상자 발생의 사건 중 하나가 되지 않을 수 있었던 건 순전히 행운 덕분이었습니다. 우리가 무언가 제대로 된 조치를 취했기 때문이라고는 전혀 말할 수 없고요. 그냥 운이 좋았을 뿐입니다."

이 책의 최종 원고가 인쇄소로 넘어간 시점은 2020년 10월 말이었다. 그 이후로도 교정본이 몇 번 나왔지만 내가 추가한 수정 사항들은 모두 가벼운 것들뿐이었다. 그때부터 책이 나올 때까지의 7개월 동안엔 많은 중요한 사건들이 생겨났는데, 그중에는 내가 예상했던 것도 있었는가 하면 그렇지 못한 것도 있었다. 나는 서방 국가들이 백신을 개발할 가능성에 대해 낙관적 입장을 표했고 내가 실제로 옳았다는 게 입증되었지만, 모더나와 화이자 등에서 무려 90퍼센트가 넘는 효과를 가진 백신을 내놓을 것이라고는 전혀 예상하지 못했다. 또한 바이러스를 억제하는 데 있어서는 끔찍한 실수를 저질렀던 국가의 정부들이 백신을 조달하고 배분하는 데선 아주 효과적으로 움직일 거란 예측 또한 하지 못했다. 이 점들에 관한 한 나는 너무 소심하고 비관적이었다.

반면 코로나19의 총사망률이 대략 1957~1958년의 아시아 독감 팬데믹과 비슷해서 전 세계 인구의 사망자 비율이 약 0.04퍼센트 정도에 머물 것이라 예상했던 것은 지나치게 낙관적인 생각이었다. 개발도상국에서는 팬데믹으로 죽은 이들의 수를 너무 적게 잡는 경향이 있으므로 이를 보정하여 나온 추산에 따르면, 사망자 수는 이미 그보다 훨씬 높은 0.095퍼센트에서 최대 0.17퍼센트까지로 추정되고 있다. 물론 2020~2021년의 사망자 수는 1918~1919년의 스페인 독감에 비하면 높다고 할 수가 없다. 후자의 사망률 추산치는 세계 인구의 1.7퍼센트였으니 「이코노미스트」가 내놓은 코로나19 사망자의 최대 추산치로 보더라도 스페인 독감 쪽이 10배는 더 높기 때문이다. 게다가 이번 팬데믹은 연령에 따라 사망률이 크게 달랐으므로 이 병으로 인해 상실된 수명연수number of life years lost로 보면 1918년보다는 1957년 쪽에 더 가까운 것이 사실이다. 하지만 나는 새로운 바이러스 변이가 나타나서 백신의 효과를 줄일 뿐만 아니라 예전 바이러스에 걸렸던 이들을 다시 감염시킬 수 있다는 위험을 과소평가하였고, 따라서 브라질, 인도, 남아프리카공화국 내부와 주변에 나중에 나타난 엄청난 크기의 유행의 물결 또한 과소평가하게 되었다.

이제 벌어질 일은 무엇일까? 나의 벗 니컬러스 크리스타키스Nicholas Christakis는 그의 저서 『신의 화살Apollo's Arrows』에서 이렇게 묻는다. 1918~1919년의 스페인 독감이 끝난 뒤 우리의 할아버지 할머니들처럼, 우리도 '광란의 1920년대the Roaring Twenties'를 맞게 되는 것이 아닐까?

> 팬데믹 기간 동안에는 사람들이 지금 당면한 상황을 두고 종교적 성찰에 젖어드는 경향을 보이지만, 팬데믹이 끝난 다음의 기간에는 삶의 기쁨joie de vivre을 외치며 리스크를 무릅쓰는 태도가 늘어나면서 그 자리를 채울 수 있다. 도시 생활이 다시 한 번 큰 매력을 가진 것으로 보이게 될 것이다. 사람들은 운동 경기장, 콘서트, 정치 집회 등 이전보다 더 큰 규모로 함께 모여 어울릴 기회만 혈안이 되어 찾아다니게 될 것이다. 그리고 심각한 전염병이 지나가고 나면 사람들은 삶의 목적뿐만 아니라 삶의 가능성에 대해서도 새롭게 감각이 깨어나는 때가 많다. 1920년대에도 라디오, 재즈 음악, 할렘 르네상스Harlem Renaissance(1920년대 뉴욕 할렘 지역에서 나타났던 미국 흑인 문화의 융성. 문학, 미술 등에서 흑인들의 정체성을 유지하면서 미국 사회에 통합되는 낙관적인 미래상을 표출했음_옮긴이), 여성 참정권 등이 널리 확산되었던 바 있다.

이 구절은 이 책에서 가장 많이 인용되는 부분이지만 또한 가장 깊이가 떨어지는 부분이었다. 아무리 보아도 이는 1920년대를 너무 멋지게 그려내고 있다. 1920년대의 미국은 '신여성들'만 나타난 것이 아니라 폭력적인 범죄자들도 많이 나타난 것으로 유명한 기간이었고, 미국 바깥에선 하이퍼인플레이션, 굶주림, 볼셰비즘, 파시즘 등이 창궐했던 기간이었다. 여하간 2020년대가 좋든 나쁘든 어떤 의미에서든 '광란의' 시기가 될 것이라고는 도저히 볼 수 없는 이유가 많다. 오히려 남은

20년대는 아주 각별히 지루한 기간이 될 가능성이 있다.

세계 인구의 큰 부분이 백신을 맞지 못한 상태가 유지되는 한 새로운 유행과 새로운 바이러스 변이가 반복적으로 나타날 것이며, 이 때문에 우리는 정기적으로 부스터 백신 접종을 받아야 할 수 있고, 그 간격 또한 1년 이하가 될 수 있다. 또 지긋지긋한 마스크도 호주머니와 출장 가방 속에 계속 넣고 다녀야 할 테고, 관공서에 출입하거나 비행기에 오르려면 미리 온라인으로 신청서를 작성하는 일도 계속해야 할 것이다. 또 코로나19 바이러스를 통제한다면 그 즉시 옛날의 전쟁으로 되돌아갈 나라들도 많을 것이며, 이 또한 우리의 지루함과 권태를 배가시킬 것이다. 이스라엘은 인구의 58퍼센트 이상이 완전히 접종을 마치면서 집단면역에 근접하자마자 거의 즉시 예루살렘에서 가자로 미사일을 발사하기 시작했다. 피비린내는 덜하지만 똑같이 지루하고 권태스러운 일로서, 영국의 경우 코로나 1일 사망자가 한 자리 수로 떨어지자마자 스코틀랜드 독립 문제가 거의 즉시 터져 나왔다. 이와 똑같은 방식으로 조만간 유럽인들은 이민자 문제를 둘러싼 논쟁으로 되돌아갈 것이며, 프랑스에서는 이미 시작된 바 있다.

하지만 전염병으로 더 지루한 상태에 빠질 수 있다는 것이 곧 더 많은 재난이 없으리라는 뜻은 아니다. 이 책에서 내가 이야기했듯, 예측하기 쉬운 종류의 재난에 해당하는 '회색 코뿔소'였던 것이 실제로 재난이 현실화되면서 사람들을 갑자기 경악으로 몰아넣는 '검은 백조'로 변하는 것은 쉽게 발생하는 일이다. 하지만 '검은 백조'가 '드래건 킹', 즉 상상을 뛰어넘는 수의 사망자를 낳는 역사적 재난으로까지 변하는 것은 그리 쉽지 않은 일이다. 이렇게까지 사태가 진행되려면 최초에 초과사망률이 한 번 크게 치솟을 때 경제, 사회, 문화, 정치, 지정학에 걸친 여러 결과들이 그에 수반되어야만 한다. 지금 이 글을 쓰고 있는 2021년 5월 말의 시점에서 볼 때, 이 팬데믹으로 우리의 권태가 극에 달한 바로 그 시점에 그러한 재난의 폭포수가 우리 머리 위로 쏟아지는 일이 어떤 식으로 벌어질 가능성이 있는지가 이미 분명히 보이고 있다.

　이 책의 원고가 출판사로 넘어갔을 무렵에는 이번 팬데믹이 어떠한 경제적 결과를 가져올지가 전혀 분명하지 않았다. "우리가 두려워해야 할 사태는 장기적 침체일까 아니면 인플레이션이 되돌아오는 사태일까?"라는 게 나의 질문이었다. 올해 2월 래리 서머스—2014년에 '장기적 침체secular stagnation'라는 말을 되살려낸 경제학자다—실질GDP와 잠재GDP의 격차가 비교적 적은 상황이니, 과도하게 큰 경기부양 재정 정책은 미국에서 인플레이션을 일으킬 가능성이 있다고 했다(이는 정책 대응과 경기침체 사이의 불일치가 가장 두드러진 나라가 미국이기 때문이다). 팬데믹과 관련된 각종 공급 측 제약은 연준이 우기는 것처럼 '일시적'인 것으로 끝나지 않을 것 같다. 이러한 상황에서 정부의 방만한 재정 정책이 계속될 경우 그것이 인플레이션을 촉발할 가능성은 계속해서 높아지고 있다. 또한 1960년대 후반과 마찬가지로 사람들의 인플레이션 예측이 피어오를 확률도 계속 높아지고 있다. 연준 의장은 다음과 같이 말하지만, 이는 그에게 부메랑으로 되돌아올 수 있다. "솔직히 말해서 우리는 지금보다 약간 더 높은 인플레이션을 환영한다. 현재의 흐름으로 볼 때, 우리 세대 사람들이 자라날 때 겪었던 종류의 심각한 인플레이션이 일어날 가능성은 미국 내에서든 전 세계에서든 당분간 낮을 것으로 보인다." 물론 옳다. 1960년대 말과 1970년대 초에는 베트남 전쟁에서 미국의 패색이 짙었고 또 중동에서는 아랍-이스라엘 전쟁이 있어서 이것이 인플레이션에 중요한 원인이 되었다. 이러한 큰 지정학적 충격이 없는 상태라면, 물가인상률이 올라 봐야 평균 2퍼센트를 지속적으로 넘기는 상태가 계속되리라는 보장은 없다. 그리고 통화가 많이 풀리고는 있지만 금융위기의 여파로 벌어진 현상대로 소비자물가 인플레이션이 아닌 자산거품만 일으키고 끝날 가능성이 높다. 하지만 다른 한편에서 보자면, 식량과 여타 원자재 상품의 세계적 공급망이 교란된 상태가 어느 정도나 되고 그 교란 상태가 얼마나 지속될지가 아직 불확실한 상태다. 개발도상국에서의 공중보건 위기가 악화될수록 이 문제는 더 커질 것이다. 인플레이션은 미국 내에서 보다는 바깥에서 더 큰 도전이 될 가능성이 높다.

이번 팬데믹의 정치적 결과는 어떤 면에서는 7개월 전보다 예견하기가 쉬워졌다. 만약 팬데믹이 덮치지 않았었더라면 도널드 트럼프의 재선도 거의 확실했겠으나 어쨌든 그는 선거에서 패배했다. 보리스 존슨 영국 수상은 운이 좋아서 사태 직전인 2019년 12월의 총선에서 승리를 거두었다. 그런데 트럼프도 사실 2020년에 온갖 잘못과 책임방기를 저지른 데 비하면 선거결과는 결코 압도적 패배가 아니었다. 미국은 바이마르 공화국처럼 무너진 것도 아니었고 또 제 2차 남북전쟁으로 두 쪽이 난 것도 아니었다. 물론 트럼프 지지자들과 큐어넌QAnon 맹신도들 어중이떠중이들이 미국 국회의사당에 난입한 2020년 1월 6일의 사건을 보면 그런 극단적 시나리오를 예견했던 이들이 전혀 틀렸다고 말할 수 없긴 하지만 말이다. 일립스Ellipse에서 열린 최초의 집회를 스스로 조직했던 것처럼, 트럼프 캠프는 이 국회의사당 난입 사건도 정말로 그들이 쿠데타라는 생각까지 진지하게 고려하여 벌인 일이었던 것일까? 아니면 이는 그냥 의원들에게 겁만 주려고 했던 시위대가 국회에 경찰 수가 너무 적었던 바람에 어쩌다가 아수라장으로 변한 우발적 사건일 뿐일까? 의사당에 난입했던 이들은 연구해보니 그중 극우 집단이나 민병대와 연계된 이들은 많지 않았다. 실제로 기소된 이들은 대부분 백인이며 중산층이었고(물론 상당수의 사람들은 금전적 문제를 안고 있었다), 대부분 SNS에서 퍼진 큐어넌 등의 음모론에 자극받아 일을 벌였던 이들이다. 1월에 있었던 여론조사에서 보면 공화당에 투표했던 이들 중 아주 많은 비율(약 70퍼센트)이 트럼프의 선거 패배를 받아들이지 않고 있었지만, 그중 의사당에 난입했던 이들을 좋게 보는 이들 또한 소수에 불과했다.

1월 6일 사건의 진정한 의미는 두 가지다. 첫째, 이를 통해 거대 IT 기업들이 트럼프라는 존재를 SNS, 그리고 더 나아가 현대의 공론장에서 쫓아낼 기회를 얻게 되었으니, 이는 저 우스꽝스런 큐어넌 점술가들이 떠들고 다니던 것보다 훨씬 더 효과적인 쿠데타라 하겠다. 둘째, 트럼프가 어리석게도 선거 결과를 뒤집으려다가 의사당 난입까지 벌인 덕에 새로 들어선 민주당 정부는 훨씬 더 대담한 행보를 보이게 되었다. 원래 바이든은 경륜의 중도 정치인이라는 온건하고 정상적인 이미지로 선거 운동을 벌였고 또 그런 이미지 덕에 승리한 이였다. 하지만 취임 이후 100일 동안 민주당의 정책 생산 장치가 원활하게 작동하면서 미국 구조 계획American Jobs Plan, 미국 가족 계획American Families Plan 등 무려 총 6조 달러에 가까운 예산의 개혁 입법들을 줄줄이 쏟아놓게 된다. 당파적 논리에 몰각된 매체들에서는 연일 '변혁적' 대통령제라는 자극적인 이야기들을 떠들어댔지만, 이는 중요한 점 하나를 간과하고 있다. 프랭클린 루스벨트와 린든 존슨이 그들의 국내 프로그램들을 법령화할 수 있었던 데는 의회를 압도적으로 장악했기에 가능했던 데 반해 지금은 민주당이 상원에서나 하원에서나 약간의 차이로 간신히 다수를 유지하고 있다는 점이다. 바이든 대통령이 너무 조급하게 과도한 행동에 나설 경우 의도와 달리 어떤 결과가 나올 수 있는지는 쉽게 예측할 수 있다. 인플레이션이 벌어질 것이며, 트럼프의 국경 장벽 건설 취소에 맞추어 멕시코로부터의 불법 월경 시도가 급증할 것이며, 2020년 여름 조지 플로이드 사건으로 시작된 혼란 이후 계속 늘어나고 있는 폭력 범죄도 더 늘어날 것이다.

하지만 팬데믹의 가장 중요한 귀결은 국내 정치가 아닌 지정학의 영역에 있다는 것이 내 생각이다. 2차 냉전은 이미 팬데믹 이전에 시작되었지만, 모든 정황과 증후로 볼 때 미국에서의 정권 교체에도 불구하고 계속될 것이다. 이 책의 마지막 장에서 예견한 대로 바이든은 선거 운동 당시부터 이미 만약 자신이 집권한다면 전임자인 트럼프보다도 더 여러 면에서 중국을 압박할 것이라 공언했고, 트럼프는 전혀 큰 관심을 보이지 않았던 민주주의와 인권의 문제까지 포함하여 중국 공산당에 대한 비판의 폭을 넓혔으며, 동맹국들 특히 오스트레일리아, 인도, 일본 등을 조직하여 중국에 대항하는 모종의 견제 동맹 같은 것을 조직하려고 있으니 이 또한 트럼프의 무차별적 보호주의와는 근본적으로 다른 접근법이다. 국무장관 앤서니 블링컨Antony Blinken은 지난 3월 미국 앵커리지에서 중국 쪽 상대인 양제츠Yang Jiechi를 만난 자리에서 치열한 설전을 벌였는데, 트럼프 시절에는 이렇게 냉전 분위기가 풍기는 자리는 만들어진 적이 없었다. 여기에서 제1차 냉전은 그 초기에 한국 전쟁이라는 아주 뜨거운 전쟁을 만들어 냈었다는 사실을 기억할 필요가 있다. 이와 비슷한 종류의 대결 양상이 대만 문제를 놓고 점점 더 격화된다는 것이 팬데믹 이후의 기간 동안 나타날 가장 명백한 리스크의 하나다. 이 책을 읽고 서평을 쓴 이들 중에는 어째서 이 책이 새로운 냉전이라는 여러 불확실성에 대한 논의로 끝맺는 것인지 이해할 수 없다고 하는 이들이 있는데, 이들은 인류 역사상 초과사망률을 올리는 가장 큰 두 가지 원인인 팬데믹과 전쟁은 발맞추어 함께 오든가 아니면 서로의 뒤를 바로 이어서 따라올 때가 많다는 점을 놓치고 있는 것이다.

헨리 키신저가 말한 바 있듯이, "성공은 항상 더 어려운 문제로 들어가는 입장권을 손에 쥐어줄 뿐이다." 키신저가 중화인민공화국과 외교적 소통을 시작한 지 올해로 꼭 50년이 되었고 이는 실로 큰 성공이었다. 하지만 궁극적으로 이 때문에 미국은 2차 냉전으로 들어가는 입장권을 손에 쥐고 말았다. 실패 또한 일종의 입장권이기는 마찬가지이다. 서방 국가의 정부들은 대만과 한국만큼 코로나19 바이러스를 성공적으로 억제하는 데 실패했지만, 그 때문에 백신 접종만큼은 제대로 하지 않을 수 없게 되었다. 역사는 어떨 때는 저주받은 재난이 줄줄이 이어지는 사태처럼 보일 수도 있지만, 또 어떨 때에는 재난이 인간들의 창의적인 대응을 끄집어내기도 한다. 성공이 사람들의 자만을 키우는 경향이 있는 것처럼 말이다. 나는 대니얼 디포의 저서처럼 역병이 창궐하는 해의 기록이었던 이 책의 작업을 이제 끝맺고 전기 집필이라는 전혀 다른 도전을 시도하려 한다. 이 시점에서 돌아보니 방금 인용한 키신저의 말은 인류의 역사에 나타났던 재난 관리의 성공과 실패에 대해서뿐 아니라 우리 개개인의 인생행로에도 똑같이 적용되는 말이라는 생각이 든다.

어느 '슈퍼전파자'의 고백

이 책은 지금 우리가 겪고 있는 황당한 포스트모던 전염병에 대한 역사를 엮은 것이 아니며, 팬데믹의 세계사를 정리한 것도 아니다. 이 책은 지질학적 재난에서 지정학적 재난, 또 생물학적 재난에서 기술적 재난에 이르는 모든 종류의 참사에 대한 일반적 역사를 다루는 책이다. 모든 재난이 그렇지만, 특히 우리가 지금 겪고 있는 재난을 올바르게 이해하려면 이러한 폭넓은 시각에서 보는 것 외엔 다른 방법이 없다고 믿기 때문이다.

그래, 네 팔자가 상팔자다!

네게는 오로지 지금뿐이니까.

아, 제기랄! 내 눈에는 과거가 보인단다,

무수한 그 쓸쓸한 광경들이!

그리고 미래로도 눈이 간다, 하지만 아무것도 보이지는

않는다.

그저 추측이나 하면서 두려움에 시달릴 뿐!

– 로버트 번스Robert Burns, '쥐에게To a Mouse'

우리 세대의 생전에 지금처럼 미래에 대한 불확실성이 심대함과 동시에 과거에 대한 무지가 하늘을 찌른 적은 없었던 것 같다. 2020년 초 중국 우한武漢에서 새로운 코로나 바이러스가 나왔다는 소식이 들려왔을 때 그 심각성과 의미를 파악한 사람들은 극소수였다. 나는 2020년 1월 26일에 쓴 글에서 이 사태가 전 세계적 팬데믹이 될 확률이 높아지고 있다고 말한 바 있지만[1] 당시 사람들은 나를 그저 괴짜로만 여겼다(당시 다보스세계경제포럼World Economic Forum at Davos에 모인 이들 대다

수는 분명히 그랬고, 이 사태의 위험에 대해 아무런 생각이 없는 것처럼 보였다). 폭스 뉴스Fox News든 「워싱턴 포스트The Washington Post」든 당시의 매체들은 한결같이 코로나19 바이러스의 위협을 그저 겨울에 유행하는 독감 이상으로 여길 필요가 없다고 했다.

그리고 2월 2일에 쓴 글에서 나는 이렇게 말했다. "우리가 지금 직면하고 있는 유행병이 세계 최대의 인구대국에서 돌고 있다는 점을 명심해야 한다. 이는 곧 세계적 팬데믹으로 발전할 가능성이 상당함을 뜻하기 때문이다. (…) 하지만 우리는 이상한 숙명론 같은 것의 지배를 받고 있어서 대부분은 여전히 외국 여행 계획을 취소하지 않았고, 마스크도 귀찮다며 쓰지 않고 있다. 위험한 바이러스가 기하급수적으로 급격히 확산되고 있음에도 말이다. 이런 이상한 숙명론을 떨쳐내는 것이 우리에게 닥친 도전이다."[2]

지금 돌아보니 이 문장들은 사실 나 스스로의 행태를 실토한 것이었다는 점이 뼈아프게 느껴진다. 나는 과거 20년의 대부분 동안 그랬듯 2019년 1월과 2월에도 이 나라 저 나라를 마구 돌아다니고 있었다. 런던에서 댈러스, 댈러스에서 샌프란시스코, 샌프란시스코에서 홍콩(1월 8일), 대만(1월 10일), 싱가포르(1월 13일), 취리히(1월 19일), 다시 샌프란시스코(1월 24일), 포드 로더데일(1월 27일)―이것이 나의 1월 여정표였다. 마스크는 한두 번 쓰긴 했지만 1시간쯤 지나고 나니 도저히 견딜 수 없어 벗어버렸다.

2월에도 1월과 거의 비슷한 빈도로 쏘다녔다. 뉴욕, 선 밸리, 보즈먼, 워싱턴 D.C., 리포드케이 등 비록 이동 거리는 짧아졌지만 말이다. 도대체 왜 그렇게 사느냐고 여러분이 내게 물을 듯한데, 강연 일정이라는 게 그런 식으로 잡혀 있어서 나는 '국제적인 역사 과목 일타강사'

　　　　　서론 _ 어느 '슈퍼전파자'의 고백

가 되었다는 농담을 한 적도 있었다. 나중에 깨달은 일이지만 나는 어쩌면 '슈퍼전파자' 중 하나였을지도 모른다. 그렇게 미친 듯 여행을 다니면서 아시아에서 세계 곳곳으로 바이러스를 퍼뜨렸을 수 있으니까.

2020년 상반기에 내가 매주 쓴 신문 칼럼은 일종의 전염병 일지가 되어버렸지만, 나는 내 몸이 2월 거의 내내 아픈 상태였다는 말은 절대 하지 않았다. 당시 나는 심히 고통스런 기침이 떨어지지 않은 상태에서 강연 일정을 소화하기 위해 어쩔 수 없이 스카치위스키를 마셔대야만 했다. 2월 29자 칼럼에서 나는 이렇게 말했다. "우리의 조부모님들을 걱정하자. 40세 이하의 사람들에 대한 코로나19 바이러스의 치사율은 0에 가깝지만 80대에선 14퍼센트 이상이기 때문이다." 그 글에 쓰진 않았지만 천식을 앓는 50대 중반의 경우 역시 치사율이 높다는 우울한 데이터도 있었다. 또한 나는 코로나19 검사를 받기 위해 두 번이나 병원에 갔지만 검사키트가 없다는 이야기를 듣고 돌아와야 했다(당시 미국의 거의 모든 지역에서 이러했다)는 이야기도 언급하지 않았다. 내가 알고 있었던 것은 그저 이 사태가 심각하다는 점, 그리고 나와 내 가족만 이 위험에 처한 게 아니라는 점이었다.

"이건 그냥 독감일 뿐이야."라고 경망스럽게 말하는 이들은 중요한 점을 놓치고 있다. 이 병은 초기 단계에서 감지하기가 어렵기 때문에 큰 불확실성을 안고 있다는 점이다. 이미 감염되어 병을 옮기며 다니는 중임에도 아무 증상조차 없는 이들은 얼마든지 있다. 이 바이러스에 감염된 사람들의 수를 확실하게 파악할 방법이 없기 때문에 지금으로선 그 재생산 지수도, 또 그 치사율도 정확히 알 수가 없다. 게다가 백신과 치료제도 없는 상태고 말이다.[3]

3월 8일자 「월스트리트 저널The Wall Street Journal」에 기고한 다른 글에서 나는 이렇게 말했다. "만약 미국의 인구당 감염자 비율이 한국과 동일하다면 미국 내 감염자 수는 곧 4만 6,000명에 달할 테고 사망자 또한 300명을 넘을 것이다. 만약 미국에서의 치사율이 이탈리아와 같다면 사망자 수는 1,200명에 이를 것이다."[4] 이 글을 쓸 당시 미국 전체의 확진자 수는 541명, 사망자 수는 22명에 불과했다. 하지만 그로부터 불과 2주 후인 3월 24일이 되자 확진자는 4만 6,000명에 이르렀고, 3월 25일엔 사망자 수가 1,200명으로 늘었다.[5] 3월 15일에 쓴 글을 다시 본다. "어제 뉴욕의 JFK 공항은 엄청나게 많은 사람들로 북적였다. 까마득한 옛날부터 돌림병이 돌 때마다 사람들이 했던 일, 즉 큰 도시를 벗어나는 (그러면서 바이러스를 사방에 퍼뜨리는) 일을 하는 이들로 말이다. (…) 우리는 이제 팬데믹의 패닉 단계로 접어들고 있는 것이다."[6] 그런데 실은 그날은 나 역시 아내와 가장 어린 두 자녀를 데리고 캘리포니아에서 몬태나까지 비행기로 이동했고, 그 이후로 지금까지 몬태나에서 꼼짝 않고 지내는 중이다.

2020년 상반기에 내가 생각하고 또 글을 썼던 주제는 거의 전부가 코로나19였다. 나는 왜 이 문제에 그토록 강렬히 집착했을까? 물론 가장 핵심적인 전문 분야는 금융사金融史이지만, 지금으로부터 30년도 더 전인 대학원생 시절에 1892년의 함부르크 콜레라 사태를 연구한 이래 나는 역사에서 질병이 차지하는 역할에 항상 깊은 관심을 가져왔기 때문이다. 함부르크 콜레라 사태에 대해선 리처드 에번스Richard Evans가 세세하고 꼼꼼한 연구를 내놓은 바 있는데, 그의 저서를 보면서 나는 치명적인 병원체 때문에 사람들이 죽어가는 사태는 해당 병원체의 공격에 노출된 사회적·정치적 질서를 부분적으로 반영하고 있다는 생각

서론 _ 어느 '슈퍼전파자'의 고백

을 품게 되었다.

에번스의 주장에 따르면 당시 함부르크에서 비브리오 콜레라 박테리아보다 사람들을 더 많이 죽인 원흉은 바로 계급 구조였다고 한다. 이 도시의 토지 소유주들은 자신들의 탄탄한 기득권을 이용하여 도시의 낡은 상하수도 시스템을 개선하지 못하게끔 철저하게 막아섰고, 가난한 이들의 치사율은 부자들보다 무려 열세 배가 높았다고 한다.[7] 그로부터 몇 년 후『끔찍한 전쟁The Pity of War』을 저술하기 위해 자료조사를 했을 때 나는 1943년에 독일군이 갑자기 무너진 이유를 암시하는 통계를 접하고서 충격을 받았다. 최소한 그 부분적인 원인은 갑자기 군대 내에 돌림병자가 폭증했기 때문이었고, 그 병은 다름 아닌 스페인 독감이었을 가능성이 있었던 것이다.[8] 내 또 다른 저서인『증오의 세기The War of the World』는 1918~1919년에 있었던 팬데믹의 역사를 좀 더 파고들었고, 제1차 세계대전이 어떻게 해서 스페인 독감과 볼셰비즘 이데올로기라는 두 개의 팬데믹으로 끝나게 되었는지를 보여준 바 있다.[9]

2000년대에 들어 내가 여러 제국들에 대해 집필한 저작『제국 Empire』역시 전염병의 역사에 대한 이야기를 담고 있다. '신대륙'에 유럽인들이 정착한 과정을 이야기하다 보면 질병이 수행했던 역할을 빼놓을 수 없다. 1690년대에 캐롤라이나의 총독이었던 존 아치데일John Archdale이 냉혈한처럼 말한 바 있듯, "**영국인들**에게 자리를 내주려면 **인디언들**의 머릿수를 줄여야" 했을 것이다(『제국』 2장의 제목은 '백색 역병 White Plague'이다). 또한 서아프리카의 시에라리온에 파견되어 열대 지방의 질병과 마주해야 했던 영국군 병사들의 끔찍한 생존율도 충격적이었다. 그들 중 살아남은 사람은 두 명 중 한 명꼴이었기 때문이다.[10] 또 다른 저서 『니얼 퍼거슨의 시빌라이제이션The Civilization』을 쓸 때 나는 서양인들의 정착지가 팽창하는 과정에서 근대 의학이 맡았던 역할에 한 장 전체를 할애했다. 근대 의학을 통해 식민지 체제가 형성되었고 인류가 각종 전염병을 통제할 수 있는 지식 및 능력이 개선된 것은 분명하지만, 그 과정에서 사용된 방법이 심히 잔인했다는 점을 분명히 보여주기 위해서였다.[11] 또한 『니얼 퍼거슨 위대한 퇴보Great Degeneration』에선 '인플루엔자와 같은 무작위적인 바이러스 변이'에 대해 인류가 갈수록 취약해지고 있음을 명시적으로 경고했고[12] 『광장과 타워The Square and the Tower』에선 본질적으로 '전염이 퍼져나가는 속도와 정도를 결정하는 데 있어 바이러스만큼 중요한 것이 바로 네트워크의 구조'라는 생각을 토대로 세계사를 일별한 바 있다.[13]

이 글을 쓰고 있는 시점인 2020년 9월 초, 코로나19 팬데믹이 끝날 기미는 전혀 보이지 않는다. 혈청학적 통계 조사에 근거하여 판단해볼 때 전 세계의 확진자 수는 거의 2,600만 명에 이르고 있다.[14] 사망자 또한 90만 명에 육박하는데, 일부 큰 나라들(특히 이란과 러시아)의 통계치를 신뢰하기 힘들다는 점을 감안하면 실제 수치는 이보다 훨씬 많을 것으로 보인다. 또한 전 세계적으로 누적 사망자 수의 증가율은 6퍼센트를 넘고 있으며, 건강에 영구적 손상을 입은 이들의 수는 지금껏 전혀 추산조차 된 바 없다. 영국의 천문학자 리스 경Royal Lord Rees은 하버드대학의 심리학자 스티븐 핑커Steven Pinker와 "생물학적 테러 혹은 생물학적 사고로 인해 6개월 안에 100만 명이 희생되는 사태가 2020년 12월 31일 이전에 발생할 것"을 놓고 내기를 벌였는데,[15] 아무래도 승자는 리스 경이 될 듯싶다. 일부 감염학자들은 경제적 봉쇄와 강력한 사회적 거리두기 등을 시행하지 않았다면 최종적인 사망자 수가 3,000만~4,000만에 달할 수도 있었을 것이라 주장하기도 했지만.[16] 다행히 정부가 엄격한 통제를 가하고 사람들의 행동에도 그간 여러 변화가 있었으니 분명 그렇게까지 숫자가 치솟진 않을 것이다. 그러나 바로 이런 '비非의학적 개입들'로 인해 세계 경제가 받은 충격은 2008~2009년에 있었던 금융위기보다 훨씬 커서, 1930년대 대공황 당시의 충격이 몇 년이 아닌 몇 개월로 압축된 수준일 수 있다.

그런데 지금도 여전히 코로나19 사태가 진행 중인 상황에서 대체 나는 무슨 역사책을 쓴다는 것일까? 이에 대한 내 대답은 이렇다. 이 책은 포스트모던의 시대에 나타난 이 황당한 흑사병의 역사를 다루려는 것이 아니다(물론 9장과 10장에선 이번 전염병을 잠정적으로나마 개괄하고 있다). 나는 팬데믹뿐 아니라 지질학적 참사(지진)에서부터 지정학적 참사(전쟁), 또 생물학적 참사(팬데믹)에서부터 기술적 참사(핵발전소 사고) 등에 이르는 온갖 종류의 재앙들을 폭넓게 다루며 재난의 일반사를 쓰고자 한다. 지구와 충돌하는 소행성, 화산 폭발, 지독한 기후 재난, 기근, 파국적 사건들, 경제공황, 혁명, 전쟁, 인종학살 등 오만 가지의 삶과 오만 가지의 죽음이 이 책에서 다루어질 것이다. 우리가 맞닥뜨린 현재의—사실은 그 모든—재난을 제대로 이해하기 위한 다른 방법이 과연 있을까?

파멸의 유혹

이 책의 전제는 우리가 인재人災든 천재天災든—앞으로 살펴보겠지만 이러한 이분법 또한 상당히 잘못된 것이다—각종 재난의 역사를 연구하려면 반드시 경제사, 사회사, 문화사, 정치사를 공부해야 한다는 것이다. 어떤 종류의 재난이든 완전히 외생적外生的인 사건인 경우는 거의 없다. 대형 소행성과의 충돌쯤은 예외가 될 수 있겠지만 이는 6,600만 년 동안 일어난 적이 없었고, 또 다른 예외라 할 수 있는 외계인의 침략은 한 번도 벌어진 적이 없다. 지진 같은 사건도 실제로 일으키는 파국의 규모는 지각의 단층선 위에 도시화가 이뤄진 정도에 따라, 또 쓰나미를 일으킬 경우엔 해안에 도시화가 이뤄진 정도에 따라 결정된다. 팬데믹을 구성하는 요소에는 새로운 병원체뿐 아니라 그것이 공격하는 사회적 네트워크들도 있다. 바이러스 자체만 아무리 연구해본들 감염의 규모를 이해할 순 없다. 바이러스가 사람들을 감염시키는 일은 오직 사회적 네트워크가 허용하는 한도 안에서만 가능하기 때문이다.[17] 또 어떤 것이 됐든 재난은 그것이 벌어지는 사회와 국가의 민낯을 있는 그대로 드러낸다. 어떤 사회와 국가는 깨지기 쉽고, 또 다른 사회와 국가는 회복재생력이 크며, 어떤 사회와 국가는 '앤티프래절anti-fragile', 즉 재난을 버텨낼 뿐만 아니라 오히려 그것을 통해 더 강해진다는 점을 드러내는 진실의 순간이자 계시의 순간인 것이다.[18] 재난들은 정치, 경제, 문화에 심대한 결과를 가져오지만 그것들의 성격은 우리가 직관적으로 생각하는 바와 정반대일 때가 많다.

모든 인간 사회는 불확실성하에 있기 마련이다. 초기 문명에서 남아 있는 가장 오랜 기록을 보더라도 호모 사피엔스가 얼마나 취약한 존재인지를 인류는 날카롭게 의식하고 있었음을 알 수 있다. 인간이 자신들의 생각을 예술과 문학으로 기록하기 시작한 이래 절멸의 사건 혹은 '종말의 시간'은 항상 크나큰 주제로 모습을 드리워왔다. 1장에서 보겠지만 종말apocalypse, 즉 최후에 모든 이들의 눈앞에 펼쳐지는 심판의 그날이란 전망은 예수 자신이 이를 예언한 이후 기독교 신학에서 중심적인 주제였다. 무하마드는 요한계시록에 묘사된 그 엄청난 장관의 대단원을 이슬람 교리로 통합시켰다. 심지어 순환론적 시간관을 갖는 힌두교와 불교에서도 그와 비슷한 대파괴의 비전을 발견할 수 있으며, 고대 북유럽 신화에서는 말할 것도 없다.

현대인들 또한 무의식적으로 우리가 만나고 경험하는 재난을 종말론적 시각에서 이야기할 때가 많다. 사실 일부 세속적 이데올로기들, 특히 종말론의 세속적 버전인 마르크스주의는 자본주의가 그 자체적 모순의 무게를 이기지 못하고 붕괴할 것이라 보는데, 마치 부흥회 목사들이 종말을 거론할 때처럼 '황홀경'에 빠져 경건히 그날이 오기를 희구하며 이야기한다. 그리고 이런 모습은 파괴적인 기후변화를 이야기하는 이들에게서도 나타나곤 한다. 기후변화를 경고하는 가장 급진적인 예언자들은 세계의 종말을 피하려면 우리의 경제생활 전체를 놓고 엄혹한 뉘우침이 있어야 한다고 요구할 때 이런 모습을 보인다.

나는 '파멸doom'이란 영어 단어를 어린 시절 동아프리카에서 처음 들었다. 그곳에서 이 말은 흔히 쓰이는 스프레이 살충제의 상표명이었는데 요즘은 종교적 목적에서 이따금씩 사용되고 있다고 한다.[19] 고대 영어인 'dóm'에서 파생되었고 고대 색슨어로도 'dóm'이며 고대 북유럽어로 'dómr'이었던 이 단어는 '공식적인 판결'을 뜻했는데 대개는 다양한 종류의 끔찍한 고통이 따르는 판결을 지칭했다. "피할 수 없는 모든 것은 숙명이 내린 판결doome"이라고 리처드 3세Richard III는 말한다. "그 왕조의 자손들은 그러면 심판의 그날crack of doom이 밝아올 때까지 계속될 것이란 말인가?" 맥베스Macbeth의 말이다. 물론 우리는 이 파멸의 그날을 두려워하지만, 한편으론 그것에 매료되기도 한다. 그리하여

'인류 최후의 날'(칼 크라우스Karl Kraus는 제1차 세계대전을 다룬 자신의 위대한 풍자극에 이 아이러니컬한 제목을 붙였다)이란 주제를 다룬 문헌은 넘치고 넘쳐난다. SF소설과 SF영화는 이미 무수히 인류의 종말을 다룬 바 있는데, 치명적인 팬데믹은 대중문화에서 인류의 절멸이 벌어지는 그 무수한 방식들 중 하나에 불과하다. 코로나19로 미국에서 첫 단계 봉쇄가 시행되었을 당시 사람들이 넷플릭스Netflix에서 가장 많이 찾은 영화는 2011년 스티븐 소더버그Steven Soderbergh 감독이 (지금보다 훨씬 끔찍한) 팬데믹을 다룬 작품 〈컨테이전Contagion〉이었다는 사실은 여러 가지를 말해준다.[20] 나 또한 1975년의 BBC 드라마 〈생존자들Survivors〉을 다시 시청했고, 마거릿 애트우드Margaret Atwood의 3부작 소설 『미친 애덤MaddAddam』을 겁에 질린 얼굴로 다시 읽었다. 분명, 파멸에는 사람을 매료시키는 뭔가가 있다.

하지만 우리가 정작 두려워해야 하는 것은 이 세상의 종말이 아니라―천년왕국의 도래를 꿈꾸는 이들은 항상 이를 고대했으며 날짜까지 잡아놓고 기다렸지만 항상 그날이 되면 실망하는 일이 되풀이되었다―대재난이 벌어진 후 우리 대부분이 생존해 있는 상황이다. 그런 재난들은 여러 형태로 나타날 수 있으며 그 규모 또한 대단히 다양할 것이다. 비록 예견되는 경우라 해도 매우 독특한 종류의 아수라장이 벌어질 테고 말이다. 파국은 너무나 공포스럽고 추한 현실이지만 이게 문학에서 제대로 다루어지는 경우는 거의 없기에 루이-페르디낭 셀린 Louis-Ferdinand Céline의 『밤의 끝으로의 여행Voyage au bout de la nuit』(1932)에서 1914년 독일의 프랑스 침공을 심히 냉소적으로 묘사하는 부분은 그 드문 예에 해당한다. "상상력이 전혀 없는 사람에게 죽음이란 그저 꿀꺽 마셔버리면 끝나는 한 잔의 맥주일 뿐이다. 하지만 상상력을 조금이라도 가진 사람에게 있어 죽는다는 일은 도무지 감당 불가능한 공포다."[21] 대규모 재난에서 비롯되는 혼란, 그리고 그것으로 개인이 체험하는 무지막지한 공포와 방향 상실을 이토록 잘 포착한 저자도 없을 것이다. 프랑스는 제1차 세계대전 초기에 무시무시한 규모의 사망자를 낳았지만 그래도 살아남았다. 그에 반해 그 전쟁에서 되돌릴 수 없는 트라우마를 입은 셀린은 적도 지역에 있는 프랑스령 아프리카의 변방 초소에서부터 파리 외곽에까지 이르는 프랑스 사회의 밑바닥 인생을 냉정하게 그려낸다. 여기에서 우리는 앞으로 훨씬 더 큰 재난이 펼쳐질 것이라 예견되고 있음을 느낄 수 있다.

역사가 마르크 블로흐Marc Bloch는 1940년 여름 프랑스의 몰락을 설명한 자신의 책에 '이상한 패배Strange Defeat'라는 제목을 붙였다.[22] 하지만 역사를 들여다보면 그런 이상한 패배는 차고 넘친다. 그리 어렵지 않게 예견할 수 있는 재앙이지만 너무나 급작스럽게 일어나는 붕괴 같은 것들 말이다. 미국과 영국이 지금까지 겪은 코로나19 사태 또한 비록 방식은 다르지만 이상한 패배인 것은 맞다. 발생 가능성이 높은 사태임을 두 나라 정부 모두 항상 알고 있었음에도 효과적인 준비를 전혀 해놓지 않아 빚어진 엄청난 실수라고밖에는 볼 수 없으니 말이다. 이 사태를 모조리 포퓰리즘에 절은 허풍쟁이 정치가들 탓이라고 몰아붙이면 마음은 편할지 모르겠지만 적절한 설명은 아니다. 벨기에도 영국 및 미국과 마찬가지로 심한 타격을 입었지만, 그 나라의 총리는 포퓰리즘 정치가와 거리가 먼 자유주의 정당의 여성 정치인 소피 윌메스Sophie Wilmès였음을 우리는 기억해야 한다.

그렇다면 어째서 어떤 사회 및 국가는 재난에 더 잘 대응하는 것일까? 왜 어떤 나라들은 무너지고, 대부분의 나라들은 버텨내며, 소수의 나라들은 오히려 더 강국이 되는 것일까? 어째서 가끔은 정치가 재난의 원인이 되는 것일까? 이런 것들이 이 책에서 다루고자 하는 핵심 질문들이지만 그에 대한 대답은 그리 명확하지 않다.

재난의 불확실성

재난이라는 것이 예견 가능하기만 하다면 우리의 삶에서도 황당함을 크게 덜어낼 수 있을 것이다. 수 세기 동안 작가들은 다양한(종교적, 인구학적, 세대적, 화폐적) 순환이론들을 통해 역사적 과정으로부터 재난에 대한 예측 가능성을 끌어내려 노력해왔다. 2장에서 우리는 이러한 이론들을 살펴보면서 이런 것들이 과연 다가오는 재앙을 예견하는지, 또 그렇다면 완전히 피하는 것까진 아니라 해도 최소한 완화시키는 데는 얼마나 도움이 되었는지를 따져볼 것이다. 사실 그 대답은 '별로 도움이 되지 못했다'인데 문제는 이런 이론들, 또 그 외 잘 알려지지 않은 다른 형태의 지혜들이라 하는 것들도 언제나 카산드라(그리스 신화에 나오는 프리아모스 왕의 딸. 아폴론으로부터 예언의 능력을 받았으나 그의 사랑을 거절한 대가로 설득력을 빼앗겼다. 트로이의 목마를 본 그녀는 그것을 성 안에 들여놓으면 트로이가 몰락할 것이라 예언했으나 사람들은 그 말을 귀담아듣지 않았고, 트로이는 결국 멸망했다_옮긴이)와 매한가지 처지가 되어버렸다는 것이다. 이들은 자신이 미래를 내다보았거나 혹은 그랬다고 생각했지만 주변 사람들에게 확신을 주는 데는 모두 실패했다. 이런 점에서 볼 때 수많은 재난들은 고전적 의미에서의 '비극'이었다. 파멸의 도래를 예언하는 이들이 있었지만 사람들은 그것에 회의와 의심으로 화답했고, 예언자들은 그들을 설득하지 못했으니 말이다. 심지어 왕들조차도 자신에게 다가오는 운명의 복수nemesis는 피할 길이 없었다.

하지만 이런 수많은 카산드라들이 주변인들을 설득하지 못한 데는 그럴 만한 이유가 있었다. 이들에겐 자신들의 예언에 정밀함을 더할 능력이 없었던 것이다. 재난이 닥치는 시점이 정확히 언제인지를 이들 대부분은 말하지 못했다. 물론 저 멀리에서부터 씩씩거리며 달려오는 '회색 코뿔소gray rhino'처럼 '예측 가능한 습격'의 모습을 띤 재난들도 없지는 않다.[23] 하지만 막상 우리를 덮치는 순간에 이 회색 코뿔소들은 불현듯 '검은 백조black swan'로 돌변해 '누구도 예측할 수 없었던' 황당한 사건의 모습을 띠게 된다. 그 부분적인 이유는 팬데믹, 지진, 전쟁, 금융위기 등의 여러 '검은 백조' 사건들은 멱법칙power laws의 지배를 받는 것들이며, 우리가 머리로 보다 쉽게 이해할 수 있는 확률적 정규분포 같은 형태로는 나타나지 않는다는 데 있다. 평균적인 팬데믹이나 평균적인 지진 따위는 없다. 아주 큰 것들은 소수로, 자잘한 것들은 아주 많은 숫자로 일어나기 마련이며 그 큰 놈들이 언제 나타날지 예견할 수 있는 믿음직한 방법은 존재하지 않는다.[24] 우리 가족만 해도 보통 때에는 샌안드레아스San Andreas 단층선과 아주 가까운 지역에 살고 있다. 그리고 '매우 큰 지진'이 어느 때라도 터질 수 있음을 알고는 있으나 정확히 언제일지, 또 그 규모가 얼마나 클지에 대해선 아무도 모른다. 이는 인간들이 만들어내는 재난인 전쟁과 혁명(혁명은 재난이 될 때가 그렇지 않을 때보다 훨씬 더 많다)의 경우, 또 사상자의 수는 적더라도 결과 면에서의 파괴력은 그것들과 맞먹을 만한 재난인 금융위기의 경우에도 마찬가지다. 3장에서 보겠지만, 검은 백조가 나타나는 경우는 우리가 어느 정도 예측할 수 있는 정규분포의 사건들보다 훨씬 더 많다는 게 역사에서 나타나는 분명한 특징이며, 심지어 멱함수 분포마저 넘어서는 큰 규모의 사건인 '드래건 킹dragon king'들은 말할 것도 없다.[25] 이런 사건들은 모두 계산 가능한 위험이 아닌 불확실성 영역에 있다. 게다가 우리가 건설한 현대 세계는 오만 가지의 무작위 확률추론적stochastic 행태, 비선형적 관계들, '팻테일fat-tailed' 분포들에 지배되는 복잡계의 성격을 갈수록 더 크게 띠어간다. 팬데믹과 같은 재난은 분리가 가능한 단일의 사건이 아니며 경제, 사회, 정치 등 다른 형태의 재난으로 반드시 이어지게 되어 있다. 재난들이 연쇄 반응을 일으키면서 줄줄이 발생하는 일은 얼마든지 가능하며 또 실제로 그렇게 될 때가 많다. 이 세계가 네트워크로 긴밀히 연결될수록 우리는 이러한 모습을 더 많이 보게 될 것이다(4장 참조).

불행하게도 우리 인간의 두뇌는 검은 백조, 드래건 킹, 복잡계 이론, 카오스 이론 등이 지배하는 세상을 이해하거나 참아낼 수 있는 구조로 진화하지 않았다. 과학의 발전이 우리를 최소한 고대 및 중세 세계의 특징이었던 비합리적 사고방식("우리는 죄인이고, 따라서 이는 하나님의 심판이다.")으로부터 해방시켜줬더라면 얼마나 좋았을까. 하지만 종교적 신앙의 영향은 줄어든 대신 다른 각종 형태의 마술적 사유가 그 자리를 메꿨다. 대중이 "이 재난 뒤에는 무언가 음모가 있고 그게 드러난 거야!"라는 반응을 보이는 일은 갈수록 늘어나고 있다. 또한 막연하게 '과학'을 존중하는 듯한 태도를 취하지만 자세히 보면 새로운 형태의 미신을 믿는 것에 불과한 경우들도 있다. 최근 우리를 덮쳤던 몇몇 재난들 속에선 "우리에겐 이와 관련된 모델이 있고, 그래서 우리는 이 리스크를 이해하고 있다."와 같은 말들이 돌아다녔다. 적당히 꾸며낸 변수들 몇 개에 '데이터'를 때려넣고서 허접한 컴퓨터 시뮬레이션

서론 _ 어느 '슈퍼전파자'의 고백

을 돌리면 마치 그것이 과학이라도 되는 양 옥스퍼드대학교의 역사학자 키스 토머스Keith Thomas가 쓴 흥미로운 저서 『종교와 마술, 그리고 마술의 쇠퇴Religion and the Decline of Magic』의 후편으로 우리는 '과학과 마술, 그리고 마술의 부활'이라는 제목의 책을 준비해야 할지도 모르겠다(5장 참조).[26]

　　재난 사태의 위기관리를 더욱 어렵게 만드는 요인이 있다. 몇몇 정치인들의 주도적 역할이 점점 더 커지는 쪽으로 현 우리의 정치 시스템이 향해 가고 있다는 점, 게다가 그들은 방금 설명한 바의 어려움들을 완전히 망각하고 초정밀 예측 장치가 아닌 3류 예측가들에게 휘둘리는 경향이 있다는 점이 그것이다. 전쟁에서 군 수뇌부가 왜 무능력을 내보이는지에 대해서는 뛰어난 심리학적 연구가 이뤄진 바 있다.[27] 하지만 정치인들이 왜 그러한가에 대한 일반적 차원의 심리학적 연구는 그보다 드문데, 이 책의 6장에서는 이 점을 다뤄보려 한다. 정치인들이 아무런 속셈도 없이 순수하게 전문가들의 자문을 충실하게 구하는 일은 거의 없다는 점,[28] 또 전문적인 지식 중 자신들에게 불편한 것들은 아주 가볍게 옆으로 제쳐버린다는 점은 잘 알려져 있다. 그러나 재난에 대한 준비 및 대응의 영역에서도 정치인들이 이렇게 엉망인 행태를 보이는 것과 관련해선 좀 더 일반적 형태들을 포착하고 분류할 필요가 있는데, 우선은 다음과 같은 다섯 범주 정도가 머리에 떠오른다.

① 역사에서 교훈을 얻지 못한다.
② 상상력이 결핍되어 있다.
③ 마지막 전쟁이나 위기와 싸우려는 경향이 있다.
④ 위협을 과소평가한다.

⑤ 행동하는 데 있어 꾸물거리는가 하면 결코 오지 않을 확실성 따위를 한없이 기다린다.

헨리 키신저Henry Kissinger가 핵전략이란 맥락에서 만든 개념인 '억측의 문제problem of conjecture'는 바로 이러한 불확실성하에서의 의사결정이 갖는 각종 비대칭성의 문제를 잘 포착해냈다. 이는 특히 민주주의 정치에서 적나라하게 드러난다.

모든 정치지도자들은 사태를 파악함에 있어 최소의 노력만 들이는 평가와 좀 더 많은 공을 들이는 평가 둘 중 하나를 선택하게 된다. 만약 최소의 노력만 드는 평가에 의존하기로 한다면 시간이 지나면서 자신이 틀렸음이 드러날 수 있고, 이 경우에는 무거운 대가를 치러야 한다. 하지만 아예 어림짐작에 근거하여 행동한다면 자신의 노력이 불가피한 것이었음을 입증할 수는 없겠지만 훗날 찾아올 걱정거리를 크게 덜 수 있을 것이다. (…) 만약 일찍 행동을 취한다면 그 행동이 꼭 필요한 것이었는가에 대해선 알 방법이 없다. 행동을 취하지 않고서 마냥 기다린다면 운이 좋을 경우엔 좋은 결과가 나오겠지만 그게 아니라면 끔찍한 결과와 마주해야 한다. 참으로 무서운 딜레마다.[29]

정치지도자들 입장에서 보자면, 온갖 위험과 어려움을 무릅쓰고 재난을 피하는 조치를 취해봐야 그에 따르는 보상을 받는 경우는 거의 없다. 그렇게 해서 재난을 피한다 한들 발생하지도 않은 참사를 두고서 사람들이 지도자에게 고마워할 일은 없을 테니까. 하지만 괜히 예방조치를 취한답시고 쓰디쓴 약을 억지로 사람들에게 먹이면 비난을 받기 십상이다. 옛날 드와이트 아이젠하워Dwight Eisenhower 대통령 시절과 오늘날의 정치지도자 스타일이 얼마나 크게 대조되는가에 대한 이야기는 7장에 나올 것이다.

하지만 문제 해결의 실패가 지도부에서뿐 아니라 조직위계의 한참 아래 부분에서 발생하는 경우도 얼마든지 있다. 물리학자 리처드 파인만Richard Feynman이 증명한 바 있듯 1986년 1월 우주왕복선 챌린저호Challenger 폭발 사고를 야기시킨 치명적 실수는 백악관이 대통령 연설일에 맞춰 발사일을 앞당기라고 미항공우주국NASA: National Aeronautics and Space Administration을 종용한 것이 아니라, 챌린저호가 공중폭발할 확률을 NASA의 내부 엔지니어들이 100분의 1이라 평가한 데 반해 외려 중간관리자들은 10만 분의 1이라고 우긴 데 있었다.[30] 조직 최고층의 큰 실수만큼이나 중간층에서 저지르는 이런 실수들 또한 현대의 많은 재난에서 나타나는 특징이다. 허리케인 카트리나Katrina로 피해가 발생한 뒤 공화당 의원 톰 데이비스Tom Davis가 말했듯 "정책의 입안과 정책의 실현 사이에는 거대한 간극"이 존재하는 것이다.[31] 이러한 단절은 선박의 침몰에서부터 제국의 붕괴에까지 이르는 모든 규모의 재난에서 항상 발견되며, 모종의 '재난의 프랙털 기하학fractal geometry of disaster'이라는 것이 존재함을 시사한다(8장 참조).

재난 상황에선 일반인들의 행태—탈중심화된 네트워크들에서든 두뇌가 사라진 떼거리 군주들에서든—또한 정부의 명령이나 지도자들의 결정보다 훨씬 더 큰 중요성을 갖는다. 어째서 어떤 이들은 새로운 위협이 나타날 때마다 합리적으로 적응하는 데 반해 어떤 이들은 수동적 방관자가 되며, 어떤 이들은 아예 사태를 부정하거나 폭동으로 치닫는 것일까? 또 자연적 재해가 수많은 이들의 기분을 상하게 하고 혁명적 군중으로 만들어 정치적 재앙을 촉발시키는 이유는 무엇일까? 어째서 군중은 지혜로움과 광기의 사이를 그토록 손바닥 뒤집듯 오가는 것일까?

내가 보기에 그 해답은 공공 담론장의 구조 변화에 있다. 어떤 재난이 되었든 그것을 직접 경험하는 것은 항상 소수의 사람들일 뿐이기 때문이다. 나머지 사람들은 이를 모종의 의사소통 네트워크를 통해 듣게 된다. 대니얼 디포Daniel Defoe는 1665년 런던을 덮친 역병에 대한 연구를 진행하면서, 대중매체의 발생 초기였던 그 당시에도 이미 매체로 인해 사람들 마음에 혼란이 생겨나는 사태를 목도한 바 있다. 인터넷 시대인 오늘날엔 잘못된 정보와 악의적 정보가 확산될 가능성이 극대화되었고, 마침내 2020년엔 아예 두 개의 쌍둥이 역병을 이야기하는 지경에까지 이르렀다. 하나는 생물학적 바이러스가 일으킨 역병이고, 다른 하나는 해로운 거짓말과 오해가 보다 더 큰 전염성을 발휘하는 정보의 역병이다. 만약 우리가 거대 기술 기업들을 제어할 법률 및 규제 면에서 유의미한 개혁을 그 전에 실현시켜두었더라면 2020년의 문제는 그 정도로 크지 않았을 것이다. 하지만 2016년 이래로 현상 유지는 불가능하다는 증거가 엄청나게 축적되었음에도 그와 관련된 조치는 전혀 취해진 바가 없다.

의학사의 종말은 아직 오지 않았다

우리는 팬데믹 혹은 전염병 일반의 문제를 그저 특정 병원체가 인류에 미치는 충격이란 식으로 협소하게 생각하는 경향이 있다. 하지만 팬데

믹이 가하는 충격의 정도를 결정하는 데는 그 병원체가 맞닥뜨리는 각
종 사회적 네트워크와 국가 역량도 똑같이 크게 작동한다. 코로나19
바이러스의 치사율은 그것의 RNA 자체만을 들여다본다 해서 알 수 있
는 것이 아니다. 치사율이라는 것은 유전자만큼이나 사회적·정치적 이
유로 인해 장소 및 시대에 따라 달라지기 때문이다.

　　그간의 역사를 봤을 때, 새로운 질병이 나타날 때마다 인간 공동체
들은 의학에 대한 무지 탓에 무방비 상태에 처한 적이 많았다. 그리고
사회가 커지며 상업적으로 통합이 강화될수록 팬데믹이 나타날 가능
성도 증가한다는 점은 이미 옛날 그리스인과 로마인 들이 크나큰 희생
을 치르면서 알아낸 것이기도 하다. 14세기에 그토록 많은 유럽인들이
페스트로 죽음을 맞게 만든 것은 다름 아닌 유라시아 횡단 교역로였
다. 마찬가지로 유럽인들의 해양 진출이 그로부터 대략 한 세기 반 이
후에 시작되자 이른바 '콜럼버스의 교환Columbian Exchange'이 발생했다.
유럽인들이 가져온 병원체들은 미 대륙의 원주민 인구를 격감시켰다.
또한 그들은 '신대륙'에서 매독을 가지고 돌아갔으며, 아프리카 대륙에
서 노예들을 잡아 카리브해와 미 대륙으로 데리고 감으로써 말라리아
와 황열병yellow fever을 전파시켰다. 19세기 말 유럽 제국들은 자신들이
전염병을 정복했노라고 큰소리쳤다. 그러나 세기말에 흑사병이 다시
나타나는 등 공중보건에서는 여러 위기가 발생해 식민지의 민족주의
자들에게 심각한 고민을 안겨다주었다. 유럽의 항구 및 산업 도시에서
콜레라가 터지는 일들도 일어나 본국의 사회민주주의자들과 진보주의
자들에게 풀어야 할 숙제를 안겼다. 1950년대에도 팬데믹은 여전히 전
세계적 질서 면에서 계속 재발되는 특징으로 여겨졌다.

　　20세기 후반은 진보의 시대로 보였다. 소련과 미국은 비록 서로

를 향한 생물학전 음모를 꾸미고 있었지만 천연두 근절과 말라리아 억제에 있어선 상호협력했다. 1950~1980년대에는 백신 접종에서 위생에 이르기까지 여러 공중보건 분야에서 일대 진전이 있었고, 그리하여 20세기 말엔 팬데믹의 위협이 크게 줄어들었다고 여기는 이들이 나타났다. 무작위의 통제된 임상 실험이 관행처럼 여겨지고 또 의학 연구의 표준으로 자리 잡으면서 인류는 '의학사의 종말'에 도달한 듯 했다.[32] 물론 이는 사실이 아니었다. 에이즈AIDS: Acquired Immune Deficiency Syndrome로 인한 팬데믹을 시작으로 여러 신종 바이러스들이 줄줄이 나타나면서, 갈수록 네트워크가 심화되는 이 세계가 얼마나 취약한 상태에 있는지도 속속 드러났다.

인류에게 닥친 가장 명백한 현존의 위험은 새로운 병원체, 그리고 그로 인해 야기될 세계적 팬데믹이라는 경고는 이미 이전부터 무수히 제기되어왔다. 하지만 그런 경고들이 있었음에도 막상 회색 코뿔소가 검은 백조로 변한 2020년 1월에 대부분의 나라들은 효과적인 행동을 취하지 못했다. 새로운 코로나 바이러스가 나타났을 때 일당독재 체제인 중국이 대처한 방식은 1986년 소련 공산당이 체르노빌Chernobyl 핵발전소 사고 당시 보였던 대응 방식과 똑같았으니, 바로 '거짓말'이었다. 2020년 1월 당시 미국을 통치하고 있던 대통령은 포퓰리스트인 데다 케이블 TV 방송을 확성기로 사용하는 떠벌이였다. 처음에 그는 이 위협이 그저 매년 찾아오는 독감에 불과하다고 무시하더니 그다음엔 이 사태에 대처하려 애쓰는 자신의 행정부에 제멋대로 마구 끼어들어 상황을 엉망진창으로 만들었다.

하지만 스캔들이라고 해야 할 분명한 사태는 오로지 생물학적 위험으로부터 나라를 지키겠다는 목적 하나로 설립 및 운영되는 수많은 정부 기관들이 모조리 처참하게 실패했다는 점이다. 영국에서 나타난 사태의 패턴도 미국과 비슷했다. 유럽연합을 유럽 연방국가로 발전시키자는—그리고 유럽 회의론자들이 비판해 마지않는, 유럽 전체 차원의 상위국가superstate를 외치는—열망이 공허한 소리에 불과하다는 사실은 이미 사태 초기부터 백일하에 드러나고 말았다. 유럽 각국이 저마다 국경을 닫아걸고 희소한 의료 장비를 자국 내에 쌓아두면서 각자도생의 길을 걸었기 때문이다. 이후 유럽의 '운명공동체Schicksalsgemeinschaft' 이야기가 다시 나오긴 했지만, 이는 어디까지나 독일이 이탈리아의 운명을 따라가진 않을 것임이 확실해진 다음의 일이었다. 이 나라들 각각의 경우를 보면 재난이라는 것은 단순히 병원체가 가진 독성의 문제가 아니라 각국의 정치권력들이 어떤 결함들을 가지고 있는가와 관련된 문제임을 알 수 있다. 동일한 바이러스임에도 아시아의 민주주의 국가들, 그중 두 곳만 예로 들자면 대만과 한국처럼 도전에 대처할 수 있는 준비를 갖춘 나라들에선 그 파괴력이 훨씬 약했기 때문이다. 9장에선 그 이유를 살펴보고, 가짜뉴스의 '인포데믹infodemic'과 온갖 음모론이 수행한 해로운 역할에 대해서도 알아볼 것이다.

이어 10장에선 팬데믹이 경제에 어떤 결과를 가져왔는가를 고찰할 것이며, 1929~1932년 이래 최악의 거시경제 충격에 직면한 금융시장이 왜 설명하기 어려운 행태를 보이는가에 대해 이야기하려 한다. 마지막으로 11장에선 팬데믹이 지정학에 미칠 영향과 결과들을 살펴봄과 더불어 널리 퍼져 있는 통념, 즉 코로나19 사태의 최대 수혜자는 중국이며 최악의 패배자는 미국일 거란 생각에 대해 잠정적인 의문을 제기해볼 것이다.

앤티 프래절

역사 속에서 일어났던 여러 재난들을 연구함으로써 우리가 얻을 수 있는 일반적 교훈들로는 어떤 것들이 있을까?

첫째, 대부분의 재난들은 예측은커녕 발생할 확률을 가늠하는 것조차 불가능하다. 지진에서 전쟁을 거쳐 금융위기에 이르기까지, 역사상 있었던 대규모 혼란 사태는 확률적으로 무작위적 분포 혹은 멱함수 분포를 그 특징으로 삼는다. 이런 사건들은 불확실성의 영역이지 계산 가능한 리스크의 영역이 아니다.

둘째, 재난은 너무나 다양한 형태로 나타나기 때문에 리스크를 완화하는 종래의 접근법으로는 더 이상 처리할 수가 없다. 이슬람 극단주의자들의 '성전聖戰'이 갖는 위협 때문에 우리의 관심이 그쪽으로 쏠리는가 싶었으나 그 즉시 서브프라임 금융위기가 터졌다. 또 경제적 충격은 그 반동으로 정치적 포퓰리즘을 불러올 때가 많다는 예전의 교훈을 다시금 새기자마자 새로운 코로나 바이러스가 세상을 뒤흔들고 있다. 그다음엔 뭐가 등장할까? 알 수 없다.

물론 잠재된 재앙에 대해 위기의 경고를 날리는 예언자가 최소한 한 명 이상은 있기 마련이지만, 세상에 떠돌고 있는 모든 예언에 죄다 귀를 기울일 수는 없는 일이다. 근년에는 기후변화라는 특정한 리스크 하나가 우리의 관심을 온통 빼앗고 있는 것으로 보인다. 2020년 1월, 중국 우한에서 병을 얻은 이들을 가득 태운 비행기가 전 세계로 퍼지고 있을 때에도 다보스세계경제포럼에서의 논의는 거의 전적으로 환경적 책임environmental responsibility, 사회정의social justice, 거버넌스governance 라는 이른바 'ESG'—여기에서의 방점은 특히 환경적 책임, 즉 'E'에

서론 _ 어느 '슈퍼전파자'의 고백

찍혀 있다—에 초점이 맞춰졌다. 뒤에서 논하겠지만 나는 세계적 위기 증가에서 생겨나는 각종 위험이 현실적이고, 또 재난을 일으킬 잠재적 가능성을 갖고 있다고 믿는다. 하지만 우리가 대응을 준비해야 할 위협에 기후변화만이 있는 것은 아니다. 우리 눈앞에 직면한 위협의 종류가 매우 많다는 것, 또 그런 것들이 극단적 불확실성의 영역에 있음을 인정한다면 재난에 대해 좀 더 유연히 대응할 수 있을 것이다. 2020년에 가장 뛰어난 대응을 보인 국가들 중에는 대만과 한국(그리고 초반의 이스라엘)처럼 그전부터 다양한 위협들, 특히 인접국들로부터 생존과 연관된 위협을 받아온 나라들이 있다는 점은 우연으로 치부할 수 없다.

셋째, 모든 재난이 세계적 규모를 갖는 것은 아니지만 인간 사회가 각종 네트워크로 연결되는 일이 심화될수록 감염의 잠재적 위험은 더 커지며, 이는 생물학적 종류의 감염에만 해당되는 이야기가 아니다. 네트워크 사회는 위기 발생 시 네트워크의 연결성을 신속히 줄이고 사회를 완전히 원자화시켜 사회 전체가 마비되는 상황에까진 이르지 않게 하는, 잘 설계된 회로차단기를 갖출 필요가 있다. 나아가 모든 재난은 정보의 흐름에 따라 더 증폭되거나 묻혀버리게 되어 있다. 2020년에 퍼졌던 가짜 정보들—가령 사람들 사이에서 순식간에 퍼졌던 엉터리 치료법과 연관된 가짜뉴스 등—은 많은 곳에서 코로나19 사태를 더욱 악화시켰다. 그에 반해 확진자들 및 그들의 동선에 대한 정보 흐름을 효과적으로 관리한 것은 소수 국가들에 있어 팬데믹을 억제하는 데 큰 도움이 되었다. 과학 연구의 전 세계적 네트워크가 기적을 이루어낸 셈이다.

넷째, 9장에서 보겠지만 코로나19 사태는 미국을 위시한 수많은 나라에서 공중보건 관료 기구가 갖는 심각한 문제점을 그대로 드러냈다. 팬데믹에서 비롯된 엄청난 사상자를 모조리 대통령 한 사람의 탓으로 몰아가는 것은 사람들이 쉽게 범하는 오류이며 많은 언론인들 또한 그러한 유혹에 넘어간 바 있다. 하지만 이는 톨스토이Tolstoy가 『전쟁과 평화War and Peace』에서 비웃었던 종류의 오류, 즉 역사적 과정에서 몇몇 지도자 개인들에게 너무나 큰 중요성을 부여하는 경향에 불과하다. 실제로 2020년 현실에선 문제점을 보인 존재들이 한둘이 아니었다. 준비 및 대응이 미흡했던 미국 보건사회복지부HHS: Department of Health and Human Services 차관부터 시작해 뉴욕 주지사와 뉴욕 시장, 그리고 전통 매체는 물론 소셜미디어에 이르기까지 말이다. 서류상으로만 보자면 미국은 어떤 종류의 팬데믹에 대해서든 준비된 나라였고, 세계 어느 국가보다 대응 상태와 자원 마련도 잘되어 있는 나라였다. 영국 정부 역시 서류상으로는 미국 정부에 뒤떨어질 것이 없었다. 하지만 오늘날 SARS-CoV-2라고 알려져 있는 새로운 코로나 바이러스는 전염성이 강할 뿐 아니라 사람을 죽음에 이르게 한다는 점을 2020년 1월 중국발 외신이 분명히 알렸을 당시 대서양 양쪽의 영국과 미국 모두에선 이렇다 할 만한 행동을 취하지 못했는데, 바로 이것 자체가 하나의 재난이었다. 천연두 근절 운동에서 핵심적 역할을 했던 미국의 병리학자 래리 브릴리언트Larry Brilliant는 전염병에 대처하는 공식으로 '조기 발견, 조기 대응'을 이미 오래전에 이야기한 바 있으나[33] 워싱턴과 런던에서 나타난 일은 정확히 그 반대였다. 장래에 다른 종류의 위협들이 닥칠 때에도 이번과 마찬가지로 효과적이지 못하고 굼뜬 대응이 나타날까? 코로나19 사태로 드러난 공중보건 관료 당국들의 문제들이 만약 행정국가에서의 보편적 문제들이라면 아마 미래의 대응 방식도 그러할 것이다.

　마지막으로, 역사 전체를 통틀어 보건대 사회적 스트레스가 치솟을 때에는 종교적 혹은 종교에 준하는 이데올로기적 충동이 합리적 대응을 가로막는 경향이 있다. 팬데믹의 위험에 대한 생각은 이전부터 이미 많았지만 주로 영화 〈컨테이젼〉과 같은 오락물로 나타났을 뿐 그것을 잠재적 현실로 여긴 이들은 많지 않았고 심지어 지금도 그러하다. 게다가 코로나 바이러스 이외에도 다른 SF 영화 같은 시나리오들, 즉 전 세계적 기온상승과 기후불안정뿐 아니라 중국이라는 빅브러더Big Brother 감시국가의 발흥과 팽창 등이 현실화되고 있는 것이 현 상황임에도 그에 대해 사람들이 일관성 있고 의미 있게 대응하는 일은 쉬이 벌어지지 않는다. 2020년 여름, 미국 내 거의 300개 도시에서는 수백만 명이 거리로 쏟아져 나와 경찰의 가혹행위와 조직적인 인종주의에 맞서 때로는 폭력까지 행사하며 시위를 벌였다. 물론 매우 충격적인 사건에서 촉발된 것이긴 하지만, 전염성이 아주 높은 기관지 질환이 창궐하고 있는 팬데믹 상황에서 그러한 시위를 벌이는 것은 위험한 행동이었다. 또한 마스크를 쓴다는 매우 초보적인 예방조치마저 어느 정당을 지지하느냐를 나타내는 상징이 되고 말았다. 미국의 일부 지역의 경우 마스크를 쓰는 것보다 총기류를 사들이는 사람들이 더욱 많았다는 사실은 공중보건의 재난이 공공질서의 재난으로 비화될 가능성이 있음을 분명히 말해주고 있다.

　우리는 죽기 전까지 코로나19 외의 또 다른 재난들도 맞게 될 것이다. 이미 이슬람 극단주의 테러, 세계적 금융위기, 국가의 실패, 이민 흐름의 폭증, 그리고 이른바 '민주주의의 후퇴democratic recession' 등이 줄줄이 있어왔고 코로나19는 그저 가장 최근의 사태에 불과하다. 지금

다가오고 있는 재난이 무엇인지 인류가 예측하는 일은 극히 드물고, 그 재난은 대부분의 사람들이 무시해오던 것인 경우가 더 많다. 그렇다면 바로 다음에 터질 재난은 아마도 기후변화에서 초래되는 종류의 재난이 아닐 것이다. 그보다는 항생제에 내성을 가진 흑사병 병원체 같은 것이거나 러시아와 중국이 미국 및 그 동맹국들에게 대규모 사이버 공격을 감행하는 것, 또는 나노 기술이나 유전공학에서 생겨난 혁신으로 의도치 않은 재앙적 결과가 닥치는 일일 수 있다.[34] 아니면 일론 머스크Elon Musk의 불길한 예감이 실현되어 인공지능이 인류 다수를 지적으로 압도하며 "디지털 초지능이 작동하도록 그저 컴퓨터의 시작 버튼을 눌러주는 생물체"로 전락시켜버릴지도 모른다. 머스크는 2020년 코로나19의 위협을 무시하는 발언으로 주목을 끌었다(그는 2020년 3월 6일자 트윗에서 "코로나 바이러스로 인한 패닉은 멍청한 짓"이라 말했다). 또한 그는 "인류는 환경의 지속가능성 문제를 해결할 것"이라 주장했는가 하면, 심지어 모든 개개인에게 있어 근본적 존속의 위협인 죽음 자체마저도 유전자 가위와 신경학적 데이터 저장소를 적절히 결합시켜 극복할 수 있다고 주장한 바 있다. 하지만 그런 머스크조차도 인간에게 과연 지구상에서 문명화된 생물종으로서의 장래가 있는지에 대해선 비관적인 견해를 밝히기도 했다.

우리의 문명은 (…) 동굴 벽화를 제외하고 글자에 해당하는 상징의 기록이 나타난 때부터 치면 대략 7,000년 정도 되었습니다. 138억 년이라는 우주의 나이에 비하자면 이는 정말로 짧은 시간에 불과합니다. (…) 또한 이 시기는 문명이라는 전선에서 볼 때 모종의 롤러코스터처럼 기복이 심한 기간이었습니다. (…) 우리가 아무리 좋은 의도를 갖고 가능한 모든 것들을 다 해본다 해도 우리 인류에게 무슨 일이 생겨날 확률은 분명히 존재합니다. 인간의 문명은 일정 시점이 되었을 때 모종의 외적인 힘, 혹은 내적으로 생겨나는 오류로 인해 그 자체가 파괴될 확률이 분명히 있습니다. 또는 문명이 너무나 심하게 망가진 나머지 다른 행성으로 뻗어나가는 일이 완전히 불가능해질 수도 있고요.[35]

머스크가 볼 때 우리에게 주어진 선택은 본질적으로 둘 중 하나다. 인공지능이 통제를 벗어나 무한질주하며 진보한다는 '특이점'으로 가거나 아니면 문명 전체의 종말이 오는 것이다("이것이 두 가지 가능성입니다."). 그렇기에 그는 대부분의 사람들이 하는 생각과 달리 "향후 20년 동안 세계가 직면하게 될 최대의 문제는 인구 붕괴"라고 경고하고, 또 그래서 화성에 식민지를 건설해야 한다고 이야기하는 것이다.

결론에서 더 논의하겠지만, 미래에 다가올지 모르는 수많은 재난의 가능성을 알아낸다는 건 한마디로 불가능한 일이다. 우리가 할 수 있는 일은 최소한 회복재생력을 갖춘 구조, 그리고 가능하다면 '앤티프래절', 즉 위기에 오히려 더 강한 사회적·정치적 구조를 어떻게 만들 수 있을지, 또 재난에 압도당한 사회에서 자주 나타나듯 사람들이 자신의 등에 채찍질을 가하는 혼돈으로 빨려드는 사태를 어떻게 막을 수 있을지와 더불어 '불운한 인류와 취약한 세계를 보호하려면 전체주의적 통치와 세계 정부가 필수적'이라 꼬드기는 유혹의 소리에 어떻게 저항할지를 역사에서 배우는 것뿐이다.

1장
죽음의 의미

근대에 들어 인류의 기대수명은 엄청나게 개선되었으나 인간은 여전히 언젠가 죽는 존재이며 또한 사망자의 절대적 숫자로 보면 죽음은 그 어느 때보다도 흔한 사건이 되었다. 그럼에도 우리는 죽음을 삶의 일부로 받아들였던 옛날 사람들과 달리 이를 낯선 것으로 보게 되었다. 우리 개개인 모두는 언젠가 종말을 맞기 마련이고, 궁극적으로는 인류 자체도 그렇게 될 것이다. 세계의 모든 종교뿐 아니라 무수한 세속적 이데올로기들 또한 이러한 종말을 실제보다 더 가까이 임박한 것으로 (또한 우리의 현실에 내재해 있는 것으로) 보이게 만들어왔다. 하지만 우리가 정말로 두려워해야 할 것은 세상의 종말이 아니라 대규모 재난이다. 인류 역사상 벌어진 대규모 재난들 중 가장 규모가 컸던 것은 팬데믹과 전쟁이었다.

저 포악한 죽음이라는 놈은 인정사정없이 오랏줄을 묶
어대는구나.

－『햄릿Hamlet』

우리 모두는 결국 파멸을 맞는다

———

"파멸이다We're doomed." 이는 영국의 TV 시트콤 〈아버지의 군대Dad's
Army〉에 나오는 스코틀랜드인이자 카산드라처럼 예언자 노릇을 하는
일등병 제임스 프레이저James Frazer가 내뱉은 대사다. 이 말은 내가 어렸
을 때 아이들이 버릇처럼 했던 농담이기도 하다. 우유가 떨어졌다거나
막차를 놓치는 등 파멸이란 단어와는 전혀 어울리지 않는 상황에서 이
대사를 읊는 재미가 있었던 것이다.

　이 시트콤의 에피소드 중 '초대받지 않은 손님들Uninvited Guests' 편
에는 아주 재밌는 장면이 나온다. 향토예비군 중대에 들어간 프레이
저—대배우 존 로리John Laurie가 이 역을 맡았다—가 자신과 함께 온 예
비군들에게 소름끼치는 저주의 이야기를 들려주겠노라고 한다. 젊었
을 때 그는 사모아 근처의 한 작은 섬에 착륙한다. 그의 친구인 제스로

Jethro의 말에 따르면 그 섬에는 폐허가 된 신전이 있었고, 그 안에는 '오리알 크기의' 거대한 루비가 박힌 우상이 서 있었다. 이들은 그 루비를 훔치기 위해 길을 떠났고 초목이 빽빽한 정글을 낑낑거리며 헤치고 나아갔다. 그런데 제스로가 드디어 그 루비를 손에 넣으려던 순간, 갑자기 마술사 하나가 튀어나와선 제스로에게 저주의 말을 퍼붓는다. "죽음! 루비는 너에게 죽음을, 주우우욱음을 가져오리라!"

파이크 일병: 프레이저 씨, 그래서 그 저주가 현실이 된 거에요?
프레이저 일병: 젊은이, 그렇다네. 그는 죽고 말았어……. 작년에, 86세로.

우리 모두는 결국 파멸을 맞게 되어 있다. 굳이 저주를 받지 않아도 말이다. 내 경우엔 아무리 늦어도 2056년에는 죽을 것이다. 현재 내 나이는 56세하고도 2개월인데, 정부 기관인 사회보장국Soical Security Administration에 따르면 이 연령에 있는 사람들의 기대수명은 82세라 하니 내게는 26.2년이 남아 있다. 프레이저의 저주받은 친구보다 4년 덜 살게 되는 셈이다.

좀 더 밝은 소식도 있다. 영국 통계청은 내 나이 남성의 기대수명을 2년 더 길게 잡고 있으며, 4분의 1의 확률이지만 92세까지 살 수도 있다고 한다. 과연 이 수명을 좀 더 연장할 수 있을지 궁금해서 나는 '100세 시대 기대수명 계산기Living to 100 Life Expectancy Calculator'를 참조해봤다. 이 계산기는 응답자의 생활 스타일 및 가족력 등에 대해 세세하게 묻는 설문조사를 기초로 하여 그 사람의 기대수명을 추산한다. 그 결과 나는 아마도 한 세기를 살긴 어렵겠으나 앞으로 36년은 더 살 확률이 꽤 높다고 나왔다.[1] 물론 내가 코로나19에 걸린다면 얘기는 달라질 것이다. 코로나19로 인한 내 나이 또래의 사망률은 1~2퍼센트라 하니 말이다. 또 나는 경증의 천식도 앓고 있으니 이를 고려하면 코로나19로 목숨을 잃을 확률도 좀 더 높아질 것이다.

56세에 죽는다는 건 분명 실망스러운 일이지만, 지금까지 지구상에서 살다가 간 1,070억 명의 인간 대다수를 기준으로 따져본다면 이는 아주 훌륭한 수치다. 내가 태어난 영국에선 지금부터 꼭 100년 전인 1920년까지도 출생 시점의 기대수명이 56세에 달하지 못했고, 1543~1863년의 평균 수명은 40세에도 채 못 미쳤다. 오히려 영국은 사람들이 오래 살기로 유명한 곳이었다. 전 세계인의 기대수명 추산치는 계속 30세에 이르지 못하다가 1900년이 되어서야 비로소 32세에 도달했고, 1960년에도 50세 미만이었다. 인도에서의 기대수명은 1911년에도 불과 23세였고, 러시아에서의 기대수명은 1920년에 20세까지 떨어졌다. 지난 20세기에 기대수명은 지속적으로 늘어나는 추세를 보였고, 무수한 기복이 있긴 했으나 출생 시의 기대수명은 1913~2006년 사이에 대략 두 배로 증가했다. 오늘날에도 소말리아에서의 기대수명은 지금의 내 나이인 56세다.[2] 그곳의 기대수명이 아직도 이렇게 낮은 원인은 부분적으로는 영아 및 아동 사망률이 매우 높기 때문이다. 소말리아에서 태어난 아이들의 약 12.2퍼센트는 5세가 되기 전에, 2.4퍼센트는 5~14세 사이에 사망한다.[3]

이것이 인간의 실존 조건이다. 이를 나 자신의 문제로 느껴보고자 할 때면 나는 항상 영국 제임스 1세James I 시대의 시인이었던 존 던John Donne을 떠올린다. 그는 1572년에 태어나 59년을 살다 1631년에 죽었고, 그의 아내 앤 던Anne Donne은 16년이라는 세월 동안 무려 열두 명의 아이를 낳았다. 그중 세 명인 프랜시스, 니컬러스, 메리는 10세가 되기 전에 세상을 떴고 앤 또한 열두 번째 아이를 낳은 후(사산이었다) 죽음을 맞았다. 훗날 던은 자신이 가장 아끼던 딸 루시가 죽는 슬픔을 겪었고, 그때 그 자신도 거의 죽음의 문턱까지 갔다가 살아났다. 그 후 그는 『뜻밖의 일을 당했을 때의 기도문Devotions upon Emergent Occasions』(1624)라는 책을 저술했는데, 여기에는 죽음을 당한 이와 아픔을 나누는 그 모든 설교문 중에서도 가장 위대한 글이 실려 있다. "누가 죽든 그 결과로 **나도** 줄어듭니다. 왜냐면 나 역시 **인류**의 한 사람으로 엮여 있기 때문입니다. 그러니 조종弔鐘 소리가 들린다 해서 누가 죽었는지 알아보기 위해 사람을 보낼 필요는 전혀 없습니다. 그 종소리는 바로 **그대의** 죽음을 알리는 소리니까요."

　나폴리의 화가였던 살바토르 로자Salvator Rosa의 작품들 중에는 '약한 존재, 인간L'umana fragilità'이라는 짧은 제목의 것이 있는데, 이는 아마도 메멘토 모리memento mori•의 그림들 가운데에서도 사람의 마음을 가장 크게 뒤흔드는 작품일 것이다. 그가 이것을 그리게 된 계기는 1655년 그의 고향 나폴리를 강타한 흑사병 사태였다. 당시 로자의 젖먹이 아들이었던 로살보가 죽었고 그의 남동생과 여동생, 매제, 여동생의 다섯 아이들도 모두 세상을 떴다. 그림을 보면 로자의 정부情婦였던 루크레치아의 뒤쪽 어둠 속에서 날개 달린 해골 하나가 섬뜩한 미소를 지으며, 난생 처음으로 글자를 쓰고 있는 그의 어린 아들에게 손을 뻗친다. 천 갈래 만 갈래로 찢어진 비통한 화가의 가슴은 그 아기가 해골에게 끌려가면서 캔버스에 새겨놓은 여덟 개의 라틴어 단어들에

• '누구나 죽는다는 것을 기억하라'는 뜻으로, 이러한 주제를 담은 사물이나 상징(이를테면 해골) 등을 그리는 그림의 장르이기도 하다.

영원불멸의 모습으로 압축되어 있다.

Conceptio culpa

Nasci pena

Labor vita

Necesse mori

'임신은 죄악이고, 태어나는 것은 고통이며, 인생은 고역이고, 죽음은 피할 길이 없다.' 나는 케임브리지대학의 피츠윌리엄 박물관Fitzwilliam Museum에 처음 가서 이 그림에 담긴 이 여덟 단어를 보았을 때의 충격을 아직도 잊지 못한다. 여기에는 인간 실존의 조건이 잔인하게 발가벗겨진 채 그 가장 을씨년스러운 핵심적 모습으로 노출되어 있다. 풍자극과 가면극을 쓰고 직접 연기까지 했던 로자는 결코 심각한 사람이 아니었다. 하지만 자신의 아들이 죽었을 당시 친구에게 보낸 편지에는 이렇게 썼다. "이번에 하늘은 나를 너무 심하게 후려치셨네. 인간 세상의 그 어떤 치료제도 다 무용지물이야. 그나마 고통을 조금이라도 잊을 수 있는 방법은 자네에게 내가 이 편지를 쓰면서 눈물을 흘리고 있다고 말하는 것일세."[4] 그리고 로자 역시 58세의 나이에 수종水腫으로 사망했다.

하지만 중세, 그리고 근대 초기의 세계만 하더라도 죽음은 인간들의 삶 속 어디에나 있었고, 그 방식은 지금의 우리로선 쉽게 상상하기 힘든 것이었다. 역사가 필리프 아리에스Philippe Ariès가 『우리 죽음의 순간The Hour of Our Death』에서 주장했듯, 당시의 죽음은 결혼이나 출산과 다를 바 없는 사회적 통과 의례로 "얌전히 길들여져" 있었다. 죽은 이의 가족과 공동체가 이 통과 의례에 모두 참석했고, 그 뒤에는 장례 의식과 애도 의식이 따라오면서 유족들에게 익숙한 위안을 안겨주었다는 것이다.

그런데 17세기부터 변화가 나타났다. 죽음이라는 것의 원인은 더 잘 이해하게 되었지만 죽음 자체는 점점 더 당혹스런 문제로 변했으며, 그 결과 서구 사회는 산 자들과 죽은 자들 사이에 일정 거리를 두기 시작했다고 한다. 빅토리아 여왕Queen Victoria 시대의 사람들은 죽음을 과도하게 감정적인 것으로 낭만화시켰고, 문학에 나타난 '아름다운 죽음들'은 현실의 죽음과 갈수록 거리가 먼 것이 되었다. 이어 20세기에는 아예 '삶의 종말'이란 것 자체를 부인하는 정도에까지 이르렀고 죽음이라는 건 갈수록 혼자서 해결해야 할, 고독하고 반사회적이며 거의 눈에 보이지 않는 활동이 되어갔다. 아리에스가 "완전히 새로운 유형의 죽음"이라 일컬었던 것은 세상을 지배하게 되었다. 죽어가는 사람들은 병원이나 호스피스 시설로 이송되고, 숨이 끊어지는 그 순간은 아주 신중하게 시야에서 가려진 것이다.[5] 미국인들은 아예 '죽다to die'란 동사를 피하고 그 대신 '세상을 뜨다pass'란 표현을 쓴다. 소설가 에벌린 워Evelyn Waugh는 미국 할리우드로 매우 괴로운 여행을 떠났던 경험에서 영감을 얻어, 죽음에 대한 미국인들의 방식을 자신의 소설 『사랑하는 이The Loved One』(1948)에서 잔인하게 풍자한 바 있다.

하지만 영국인들의 방식도 크게 나을 것이 없다. 코미디 극단 몬티 파이선Monty Python의 작품 〈인생의 의미Meaning of Life〉에서 죽음은 그야말로 지독한 대실수faux pas 같은 것으로 그려진다. 배우 존 클리스John Cleese는 검은 외투에 후드를 뒤집어쓰고 저승사자Grim Reaper로 등장한다. 배경은 경치 좋은 어느 영국 농촌 가정에서 세 쌍의 부부가 한창 저녁 식사 파티를 즐기는 장면이다.

> **저승사자:** 내 이름은 죽음이다.
>
> **데비:** 오, 참 희한한 일이네요? 그렇지 않아도 우린 불과 5분 전까지 죽음에 대해 막 이야기하고 있었는데…….
>
> **저승사자:** 입 다물라! 너희를 데려가겠다.
>
> **앤젤라:** 그러니까…… 뭘 어쩌겠다는 건지…….
>
> **저승사자:** 저승으로 데려가는 것, 그게 내 목적이다. 내 이름은 죽음이다.
>
> **제프리:** 어허, 저녁식사 분위기가 좀 무거워지고 있네요. 그렇죠?
>
> **데비:** 질문 하나 드려도 될까요?
>
> **저승사자:** 무엇인가?
>
> **데비:** 우리 여섯 사람이 한꺼번에 다 죽는 게 어떻게 가능한지 궁금해요.
>
> **저승사자:** (한참의 침묵 후 손가락으로 접시를 가리키며) 너희가 먹고 있는 연어 디저트다.
>
> **제프리:** 여보, 혹시 통조림 연어로 이 디저트를 만든 건 아니겠지?
>
> **앤젤라:** 이 일을 어쩜 좋아. 너무 창피해서 죽고 싶어요.

임박한 종말

매년 전 세계적으로 5,900만 명이 숨을 거둔다. 이는 다윗왕 재위 기간 동안의 이스라엘 전체 인구수와 대략 비슷하다. 다른 말로 하자면,

전 세계에선 매일 16만 명의 사람들이 사망하는데 이는 옥스퍼드 주민 전체 또는 팔로 알토Palo Alto 주민의 세 배 정도에 해당하는 숫자다. 그중 65세 이상의 나이로 죽는 이들의 비율은 대략 60퍼센트다. 2020년 상반기 동안 전 세계적으로 코로나19라는 신종 바이러스로 죽은 이의 수는 대략 51만 명이다. 앞으로 살펴보겠지만, 모든 개인의 죽음은 하나하나가 비극이다. 하지만 코로나19 사태가 발생하지 않아서 그들 모두가 죽지 않았다 해도—물론 사망자들의 연령 분포상 그럴 순 없었을 것이다—2020년 전반기의 총 기대사망자 수와는 약간의 차이(1.8퍼센트)밖에 나지 않았을 것이다. 2018년에는 284만 명의 미국인이 사망했는데 이를 12개월로 나누면 23만 6,000명이고, 1일 사망자 수를 구하면 7,800명이 된다. 그렇게 죽은 이들 중 65세 이상은 4분의 3 정도다. 가장 큰 사망 원인은 심장병과 암이고 이것이 전체 사망 원인의 44퍼센트를 차지한다. 미국 질병통제예방센터CDC: Communicable Disease Center에 따르면 2020년 전반기에 '코로나19와 관련하여' 죽은 미국인 사망자 수는 13만 122명이다. 하지만 모든 원인을 다 감안하여 나타난 총 초과사망자, 즉 정상 예측 범위를 넘어서는 사망자의 수는 17만 명이다. 그런데 이 숫자의 사람들이 모두 죽지 않았다고 가정해도—앞서 말했듯 그럴 순 없었겠으나—이는 여전히 최근 추세의 평균에서 도출한 이 기간 예상 사망자 수와 고작 11퍼센트 정도의 차이를 보일 뿐이다.

우리 모두는 언젠가 죽게 되어 있다. 일부 의학자들은 기대수명을 100세 이상으로 늘릴 수 있다고 주장하지만, 그래도 언젠가 모두 죽을 거란 사실엔 변함이 없다. 생명은 때가 되면 끝나기 마련이란 문제의 해법을 찾고자 하는 노력이 계속되고는 있지만[6] 영생불사란 여전히 꿈일 뿐이며, 호르헤 루이스 보르헤스Jorge Luis Borges가 그의 글 〈죽지 않는 자The Immortal〉에서 암시한 바처럼 하나의 악몽이기도 하다.[7] 그런데 개인이 아닌 인류라는 생물종 전체도 반드시 언젠가는 끝나게 되어 있는 것일까? 대답은 '그렇다'다.

물리학자셨던 어머니는 나와 내 여동생에게 삶이란 우주적 규모의 우연적 사고일 뿐이라고 지긋지긋할 정도로 주지시켜주셨다. 이는 머레이 젤-만Murray Gell-Mann과 같은 물리학자들의 주장으로 더 잘 알려진 관점이다.[8] 우리의 우주는 137억 년 전에 물리학자들이 빅뱅이라 부르는 사건으로 시작되었다. 우리 지구에서는 자외선과 번개의 도움으로 생명을 구성하는 분자 덩어리들이 형성되었고, 35억~40억 년 전 사이엔 최초의 세포가 나타났다. 대략 20억 년 전부터는 단순 다세포 생물들이 유성생식을 행하면서 혁신적 진화가 많이 있었고, 600만 년 쯤 전엔 침팬지에서 유전자 변이가 일어나 최초로 인간과 비슷한 원숭이가 나타났다. 호모 사피엔스의 등장은 극히 최근인 불과 10만~20만 년 전의 일이고 그들이 다른 유형의 인간들을 지배하게 된 것은 약 3만 년 전, 지구 전체로 퍼져나간 것은 약 1만 3,000년 전의 일이다.[9] 일이 이렇게 진전되어 여기까지 오게 된 것은 아주 많은 조건들이 잘 맞아떨어진 덕분이다. 하지만 우리 인류의 탄생을 가져온 이러한 '골디락스Goldilocks'(동화에서 비롯된 비유로 '너무 뜨겁지도, 너무 차갑지도 않은 적절한 상태'를 뜻함_편집자)의 여러 조건들은 무한히 지속될 수 있는 게 아니다. 오늘날까지 지구상에 나타났던 모든 생물종의 약 99.9퍼센트는 이미 절멸했다.

옥스퍼드대학교 철학과의 닉 보스트롬Nick Bostrom과 세르비아의 과학자이자 철학자인 밀란 M. 치르코비치Milan M. Ćirković의 말을 빌려

달리 표현하자면 "지적 능력을 갖춘 생물종이 절멸하는 일은 **이미** 지구에서 벌어진 바 있다. 이는 그런 일이 다시 일어나지 않을 거라 생각하는 게 천진난만한 것임을 암시한다."[10] 공룡이나 도도새의 운명을 설령 우리가 피한다 해도, 천체물리학자 프레드 애덤스Fred Adams에 의하면 "대략 35억 년 이후엔 태양 광선이 갈수록 강해져 지구의 생명권역을 기본적으로 완전히 불모화시킬 테지만, 지구상에 있는 복합 생명체의 종말은 그보다 빠른 9억~15억 년 사이에 도래할 것이다." 그때가 되면 지구는 우리와 닮은 어떤 생명체도 도저히 살 수 없는 환경이 될 테니 말이다. "이것이 지구상의 생명체에게 기본적으로 주어져 있는 숙명이다."[11] 그 전에 만약 우리가 은하계와 은하계 사이의 광대한 거리를 이동하는 문제를 해결한다면 거주할 만한 행성을 찾아낼 수 있을지도 모른다. 하지만 그렇다 해도 지금부터 100조 년 이후에는 모든 항성이 사멸하고 그 후에는 물질 자체가 기본적 구성 요소로 해체될 것이니만큼, 언젠가 종말이 찾아오는 것은 피할 수 없는 일이다.

우리가 지구상의 생물종으로서 살아갈 수 있는 날이 10억 년이나 남아 있다고 하면 안심할 이들이 많을 것이다. 하지만 인류의 파멸이 그보다 훨씬 빨리 도래할 것이라 예견하는 이들은 많다. '종말의 시간eschaton'은 세계 주요 종교 대부분에 나타나는 특징이며, 가장 오래된 종교인 조로아스터교에서도 볼 수 있다. 바만 야슈트Bahman Yasht(사산조 페르시아에서 기록되었다고 믿어지는 조로아스터교 텍스트로, 조로아스터에게 아후라 마즈다가 세상의 종말을 이야기해주는 내용이라 함_옮긴이)는 작황의 파산과 전반적인 도덕적 쇠퇴가 찾아올 뿐 아니라 "하늘을 온통 밤으로 만들어버리는 검은 구름"과 "해악스런 짐승들"이 하늘에서 비처럼 떨어지는 무서운 모습을 이야기한다. 힌두교의 종말론은 거

대한 시간의 순환을 전제로 하지만, 지금 시대인 칼리 유가Kali Yuga는
아주 폭력적으로 끝날 것이라고 예상하고 있다. 비슈누Vishnu 신의 마
지막 현신인 칼키Kalki가 백마를 타고 군대를 몰고 와 "지상 위에 정의
를 수립"할 거라는 것이다. 불교에도 세상의 종말을 다룬 장면들이 있
다. 석가모니는 5,000년이 지나면 자신의 모든 가르침이 잊힐 것이며,
이것이 인류의 도덕적 퇴락으로 이어질 것이라고 했다. 그때 미륵보살
이 나타나 참된 불법dharma의 가르침을 다시 발견하고, 이후 세상은 일
곱 개의 태양이 내려 쏘는 살인적인 광선으로 파괴될 것이라 한다. 북
유럽 신화에서도 '신들의 황혼Ragnarök'이라는 것이 있는데, 이는 '파괴
적인 큰 겨울Fimbulvetr'이 덮쳐 온 세상이 암흑과 절망으로 향할 것이라
고 예언한다. 신들은 혼돈, 불의 거인들, 그 외 '마술적 생물들jötun'의
힘이 세상을 덮는 것에 맞서 싸우다 죽음을 맞고, 종국에는 바다가 이
세상을 완전히 덮어버릴 것이다(바그너Wagner를 좋아하는 이들은 그의 작
품〈신들의 황혼Götterdämmerung〉에서 이 이야기의 한 버전을 본 적이 있을 것
이다).

　이 종교들 모두에서 파괴는 재탄생의 전주곡에 해당한다. 반면 단
선적 우주론을 가진 아브라함 계통의 종교들에 있어 세상의 종말은 그
야말로 완전한 종말일 뿐이다. 유대교에서는 메시아의 시대를 예언하
며, 이때 고향에서 쫓겨났던 유대인 동포들이 다시 이스라엘로 되돌아
올 뿐 아니라 메시아의 출현과 함께 죽은 이들도 무덤에서 다시 살아
난다고 이야기한다. 자신이 그 메시아라고 주장하는 한 남자의 추종자
들이 확립시킨 종교인 기독교는 훨씬 더 이야기가 풍부한 버전의 종말
론을 만들어냈다. 기독교에선 예수 그리스도의 재림parousia에 앞서 "거
대한 시련"의 시간이 있을 것이고(마태복음 24장 15-22절), "환난"이 올

것이며(마가복음 13장 19절), "복수의 날들"(누가복음 21장 10-33절. 여러 복음서 중 종말에 대한 이야기가 가장 자세히 담겨 있다) 등이 나타날 것이라 말한다. 요한계시록에는 이 세상의 종말에 대한 이야기 중 아마도 가장 놀라운 것일 얘기가 나온다. 천상에서는 천사장 미카엘이 천사들을 이끌고 사탄과 싸우며, 마침내 사탄이 쫓겨나 1,000년간 포박되어 있는 시기가 올 것이라고 한다. 그다음에는 그리스도가 다스리는 천년 왕국이 시작되며 순교자들은 무덤에서 다시 살아나 그의 옆에 앉을 것이다. 하지만 그 뒤에는 바빌론의 창녀가 성자들의 피에 잔뜩 취한 채 진홍색 짐승을 타고 나타나며, 이에 아마겟돈에서는 거대한 전쟁이 벌어진다. 그 뒤엔 사탄이 다시 풀려나지만 결국 끓는 유황의 늪에 던져지고, 마침내 죽은 이들에 대한 그리스도의 최후 심판이 행해지는데 이를 통과하지 못한 자들은 불의 호수에 떨어진다고 한다. 특히 요한계시록에서 네 명의 말 탄 자들을 묘사한 부분은 실로 사람을 놀라지 않을 수 없게 만든다.

> 내가 보매 어린 양이 일곱 인 중의 하나를 떼시는데 그때에 내가 들으니 네 생물 중의 하나가 우렛소리 같이 말하되 오라 하기로
> 이에 내가 보니 흰 말이 있는데 그 탄 자가 활을 가졌고 면류관을 받고 나아가서 이기고 또 이기려고 하더라
> 둘째 인을 떼실 때에 내가 들으니 둘째 생물이 말하되 오라 하니
> 이에 다른 붉은 말이 나오더라 그 탄 자가 권세를 받아 땅에서 화평을 제하여 버리며 서로 죽이게 하고 또 큰 칼을 받았더라
> 셋째 인을 떼실 때에 내가 들으니 셋째 생물이 말하되 오라 하기로
> 내가 보니 검은 말이 나오는데 그 탄 자가 손에 저울을 가졌더라

내가 네 생물 사이로부터 나는 듯한 음성을 들으니 이르되 한 데나리온에 밀 한 되요 한 데나리온에 보리 석 되로다 또 감람유와 포도주는 해치지 말라 하더라

넷째 인을 떼실 때에 내가 넷째 생물의 음성을 들으니 말하되 오라 하기로

내가 보매 청황색 말이 나오는데 그 탄 자의 이름은 사망이니 음부가 그 뒤를 따르더라 그들이 땅 사분의 일의 권세를 얻어 검과 흉년과 사망과 땅의 짐승들로써 죽이더라

– 요한계시록 6장 2-8절

거대한 지진, 일식, 핏빛 달 등은 이러한 진노의 날에 앞서서 징조로 나타난다. 별들은 땅으로 떨어지고 산들과 섬들이 "제자리에서 움직여 나온다."

기독교 종말론에는 참으로 영리한 점이 하나 있으니, 예수가 제자들에게 그 종말의 시점을 불확실하게 언급해두었다는 점이 그것이다. "그러나 그날과 그때는 아무도 모르나니 하늘의 천사들도, 아들도 모르고 오직 아버지만 아시느니라."(마태복음 24장 36절) 서기 70년 예루살렘을 로마의 티투스Titus가 파괴한 것을 두고 초기 기독교인들은 '두 번째 성전聖殿'이 파괴되리라는 그리스도의 예언이 실현되었다고 해석했지만, 그 이후에 벌어질 거라고 그가 예언했던 엄청난 사건들은 실현되지 않았다.[12] 아우구스티누스Augustine 시절엔 그의 저서 『신국론The City of God』(426)에 나오듯 천년왕국의 의미를 낮게 잡는 것이 현명하다고 여겨졌던 듯하다. 이는 인간이 알 수 없는 영역에 속하는 일로서 (암묵적으로) 멀고 먼 이야기라는 것이었다.

알브레히트 뒤러Albrecht Dürer,
〈묵시록의 네 기사들The Four Horsemen of the Apocalypse〉(1498), British Museum.

기독교 천년왕국 운동의 쇠퇴는 아마도 무하마드의 새로운 종교가 7세기 아라비아 사막에서 폭발적으로 터져 나왔을 때의 혁명적 충격을 설명하는 데 도움이 될 것이다. 여러 면에서 이슬람은 요한계시록에서 좀 더 손에 땀을 쥐게 하는 부분들을 그대로 가져다가 차용하고 있다. 메카에서 무하마드는 자신의 추종자들에게 심판의 그날이 오기 전 외눈박이 거짓 메시아Masih al-Dajjāl가 나타날 것이고, 7,000명의 유대인들이 이스파한Isfahan (옛 페르시아의 수도_편집자)에서 그를 뒤따를 것이라 말했다. 이사Isa, 즉 예수는 그때 내려와 그 거짓 메시아를 상대로 승리할 것이었다. 수니파의 교리에 따르면 그 상황에선 거대하고 검은 연기 구름이 지구를 덮고, 곳곳의 땅이 줄줄이 내려앉으며, 곡Gog, Ya'zūz과 마곡Magog, Ma'jūj(마곡은 노아의 손자이자 그가 세운 왕국을, 곡은 마곡 왕국의 통치자를 지칭함_편집자)이 나타나 온 땅을 파괴하고 믿는 자들을 학살할 것이라 한다. 알라께서 곡과 마곡을 처리하고 나면 태양이 서쪽에서 뜰 것이며, "이 땅의 짐승Dābbat al-ar"이 땅속에서 올라오고, 성스러운 나팔 소리가 울린 뒤 죽었던 자들이 다시 살아 일어날 것이며, 그리하여 최후의 심판Yawm al-Hisāb을 받게 될 것이다. 그런데 무하마드는 자신의 예언이 실현되지 않자 곧바로 속죄 모드에서 제국주의 팽창 모드로 전환했다. 그가 메디나에서 했던 주장에 따르면 알라께선 믿지 않는 자들을 처벌함으로써 자신의 명예를 지키려 하시니, 심판의 그날을 기다리는 대신 이를 온 세계에 성전jihad의 활동으로 퍼뜨리자는 쪽으로 이야기를 돌린 것이다.[13] 크게 보자면 시아파의 종말론도 수니파의 것과 비슷하지만, 도덕과 겸양의 태도가 쇠퇴하는 기간이 먼저 나타난 후 열두 번째 이맘Imam(이슬람교 교단 조직의 지도자를 가리키는 직명 중 하나_편집자)으로 무하마드 알 마디Muhammad al Mahdi가 되돌아올 것이라 믿는다는 차이가 있다.

기독교인들의 입장에선 이슬람이 근동 지역과 북부 아프리카를 정복한 것이 무수하게 많은 끔찍한 위협 중에서도 가장 크게 느껴졌고 바이킹과 마자르족Magyar, 몽골인들의 침입 또한 기독교 세계에 대한 위협으로 여겨졌다. 이런 것들뿐 아니라 여러 다른 재난들을 두고 세상의 종말이 도래했음을 암시한다고 해석하는 이들이 있었기에 기독교의 종말론은 한 번도 완전히 후퇴한 적이 없다. 요아킴 피오레Joachim of Fiore(1135~1202)는 역사를 세 개의 시기로 구분했는데 세 번째 시대가 끝나면 이 세상도 끝난다고 보았다. 마찬가지로 1340년대 흑사병의 여파(사망률로 보면 기독교인들이 겪은 최악의 재앙이었다)로 세상의 종말이 다가왔다고 추측한 이들도 있었다. 1356년 프란체스코회 수도승이었던 장 로크타이야드John of Rocquetaillade는 저서 『시련 속에서의 해법 Vademecum in tribulationibus』을 통해 유럽에 시련의 시간이 다가올 것을 예언하며 거대한 사회적 혼란, 폭풍우, 홍수, 더 많은 돌림병이 찾아올 것이라 했다.[14] 1420년 보헤미아에서도 급진적 후스파Huss인 타보르파 Taborites가 이와 비슷한 준準혁명적 비전을 들고 나왔고, 1485년에는 프란체스코회 수도승 요한 힐텐Johann Hilten이 교황제의 황혼을 예언했다.[15] 또한 교회의 위계조직에 맞서 마르틴 루터Martin Luther가 행한 역사적 도전의 여파로 천년왕국 운동이 다시 살아나 재세례파Anabaptists, 디거스Diggers, 수평파Levellers 등의 다양한 분파들에게 기성권력에 도전할 수 있는 확신을 심어주었다. 비록 천년왕국 운동은 18세기에 가라앉았지만, 19세기와 20세기엔 제7안식교의 예언자 윌리엄 밀러William Miller를 따르던 추종자 일부가 이 세상은 1844년에 종말을 맞을 것이라는 강력한 천년왕국 교리의 교회를 새로이 세우면서 그 운동도 되살아났다(그러나 그해에도 인류가 무사히 살아남은 것을 보면서 이들은 1844년을 '거대한 실망the Great Disappointment'이라 일컬었다). 여호와의 증인이나 모르몬교 등에서도 각각 다른 방식으로 종말의 임박을 바라보는 관점을 제시하고, 그 외에도 종말이 다가왔다고 추종자들에게 외치는 컬트 종교 지도자들은 무수히 많다. 그중 많은 이들, 특히 짐 존스Jim Jones, 데이비드 코레시David Koresh, 마셜 애플화이트Marshall Applewhite 등은 신도들의 대규모 자살이란 형태를 통해 소규모로나마 종말론을 현실로 이루어내기도 했다.

요컨대 세상의 종말이라는 건 기록된 역사 전체에 걸쳐 놀랄 만큼 계속해서 반복적으로 나타나는 특징인 것이다.

과학과 종말론

과학 덕분에 우리가 이러한 종교 및 사이비 종교의 종말론으로부터 풀려났다고 생각하는 독자도 있겠지만 꼭 그런 것은 아니다. 사회학자 제임스 휴스James Hughes가 말했듯 "긍정적이든 부정적이든, 운명론이든 메시아주의든, 천년왕국의 도래 쪽으로 기우는 생각을 완전히 끊어버린" 이들은 많지 않다.[16] 지금으로부터 불과 100년도 채 되지 않은 과거에는 탱크와 비행기, 잠수함, 독가스가 난무하는 진정한 최초의 산업 전쟁이 일어났다. 그리고 그 최악의 결정적 전투가 벌어진 포르투갈의 파티마Fatima라는 마을에선 성모 마리아가 나타나 예언을 행했다. 유대인들은 '성지'에서 나라를 만들 것이며, 대천사장 미카엘의 이름을 딴 독일의 공격이 있을 것이고, 전쟁보다 더 많은 사람을 죽일 세계적 팬데믹이 나타날 것이라고 말이다.[17] 또한 이 임박한 종말의 여러 증후 중 하나는 블라디미르 일리치 레닌Vladimir Ilyich Lenin이란 이름의 적그리스도로, 그가 러시아 제국 전체에 걸쳐 종교 조직과 성상을 파괴하는 운동을 일으킬 것이라는 내용도 있었다.[18] 1919년 6월 21일자 「뉴욕타임스The New York Times」에 따르면 레닌은 러시아 농민들 사이에서 '성경에 예언된 바로 그 적그리스도'로 널리 알려졌다 한다.[19]

독일 쾰른 출신의 정치이론가로서 1938년 나치즘을 피해 망명한 에릭 푀겔린Eric Voegelin은 공산주의가 나치즘과 다를 바 없이 기독교를 유토피아적으로 잘못 해석한 생각에 기초하고 있다고 보았다. 푀겔린은 영지주의gnosis를 "영적 인지적 엘리트들의 특별한 재능에서 나온 것으로, 비판적 성찰을 전혀 필요로 하지 않은 채 뚜렷한 목적을 가지고 진리를 직접 이해하거나 나름의 상을 제시하는 태도"라 정의했다. 또한 그는 "현실에 대한 절대적 파악에 도달했노라고 주장하는 종류의 사유"가 영지주의라고도 주장하며, 이것이 정치 종교의 형태를 갖추면 "종말론을 내재화된 진실로 만드는immanentize" 위험하고도 그릇된 야망을 품게 된다고 했다. 즉, 천국을 이 지상에 그대로 실현시키고자 한다는 것이었다.[20] 푀겔린이 볼 때 이 근대의 영지주의자들은 "사회가 더 많은 대중이 신의 성격을 함유하는 것을 때려치우고, 그 대신 기독교적 의미에서의 신앙을 강요함으로써 (…) 사회를 다시 신성화"하기를 추구한다고 한다.[21] (푀겔린은 이러한 "대중의 참여와 함유"로의 전환이야말로 불가능에 가까운 과제, 즉 본래의 기독교 신앙을 유지하는 것에 대한 대응일 수 있다고 생각하기도 했다.[22]) 좀 더 최근에 이와 비슷한 맥락으로 쓴 글에서, 역사학자 리처드 랜디스Richard Landes는 살라피Salafi 이슬람 성전주의에서부터 급진적 환경론자들에까지 이르는 광범위한 역사와 현

1장 _ 죽음의 의미

대의 천년왕국 운동에서도 이와 동일한 욕구를 감지해냈다.[23]

과학은 이러한 종말론을 없애버렸을까? 전혀 그렇지 않으며 오히려 더 현실에 가까이 데리고 온 듯하다. 이론물리학자 J. 로버트 오펜하이머J. Robert Oppenheimer가 뉴멕시코의 앨라모고도에서 있었던 최초의 핵실험을 목격했을 당시 힌두교 경전인 바가바드기타Bhagavad Gita에 나오는 크리슈나의 말을 떠올렸다는 것은 잘 알려져 있다. "나는 죽음이 되었노라. 모든 세상의 파괴자가 되었노라."[24] 냉전이 막 시작되었던 시점, 예술가 마틸 랭스도프Martyl Langsdorf ─그녀의 남편은 원자폭탄을 개발한 맨해튼 프로젝트의 핵심 인물이었다 ─는 '운명의 날 시계doomsday clock'의 이미지를 생각해냈다.[25] 원자폭탄 개발에 참여한 이들을 위시하여 수많은 물리학자들은 '과학기술로 인한 재난'이 아주 두려울 만큼 임박했다는 공포를 갖고 있었으며, 그것을 「원자력 과학자 회보Bulletin of the Atomic Scientists」에 처음 게재했다. 이 '운명의 날 시계'의 바늘이 자정에 가까워진다는 것은 핵무기 전쟁의 위험이 그만큼 높아진다는 뜻이다. 그 바늘이 몇 시 몇 분을 가리키는지를 결정하는 역할은 오랜 세월 동안 그 회보의 편집장이었던 유진 라비노비치Eugene Rabinowitch에게 주어져 있었다. 그가 죽은 후에는 1년에 두 번씩 위원회가 열려 바늘의 위치를 다시 조정했다. 냉전 기간 동안 그 시계가 12시에 가장 근접했던 기간은 자정 2분 전을 가리켰던 1953∼1959년이었다. 또한 이 과학자들은 1984∼1987년에도 당시를 위험으로 가득한 기간이라 판단하여 4년 내내 시계바늘을 자정 3분 전으로 고정시켜놓았다.

이런 불안감은 대중 문학에도 그대로 반영되었다. 네빌 슈트Nevil Shute의 『해변에서On the Beach』(1957)에는 당시로부터 6년 후의 미래인

1963년에 제3차 세계대전이 발발(알바니아가 이탈리아에 핵공격을 감행하여 촉발된다는 다소 비현실적인 설정이다), 사람의 생명을 빼앗는 방사능 낙진이 덮치기를 호주 멜버른의 사람들이 속수무책으로 기다리고 있는 장면이 나온다. 이들에게 주어진 선택지는 술에 취해 곯아떨어지든가 정부에서 나눠주는 독약을 삼키고 자살하는 것뿐이다. 레이먼드 브릭스Raymond Briggs의 그림 소설인 『바람이 불 때When the Wind Blows』(1982)에는 짐 블록스와 힐다 블록스라는 노부부가 성실하게 방사능 낙진 대피소를 만드는 모습이 등장한다. 마치 제2차 세계대전 때와 같은 방법을 쓰면 제3차 세계대전에서도 살아남을 수 있는 거라 생각하면서.

하지만 '운명의 날 시계'가 정말 믿을 만한지는 의문이다. 오늘날의 역사학자들은 냉전 기간 동안 가장 위험했던 순간이 1962년에 있던 쿠바 미사일 위기였다는 데 의견을 함께한다. 하지만 그해 내내 이 파멸 시계는 자정 7분 전에 머물러 있다가 이듬해에는 밤 11시 48분으로 떨어졌고 린든 존슨Lyndon Johnson 대통령에 의해 미국의 베트남 전쟁이 격화되었던 시기에도 요지부동이었다. 주목할 만한 점은 2018년 1월에도 이 원자력 과학자들은 시계바늘을 다시 자정 2분 전으로 되돌렸다가[26] 다시 2년 후에는 자정 100초 전으로 옮겼다는 것이다. 그 근거는 이러했다. "인류는 핵전쟁과 기후변화라는 두 개의 존속 위협과 동시에 계속해서 직면한 상태다. 그리고 이 두 가지 위기에 다시 사이버 정보 전쟁이라는 위협 승수threat multiplier—이는 사회의 대응 능력을 감소시킨다—를 곱하면 위험도는 더욱 높아진다. 국제적 안보 상황이 대단히 심각한 이유는 단지 이런 위협들의 존재 때문만이 아니라, 이 위기들을 관리할 국제 정치적 인프라가 침식되고 있는 것을 세계 지도자들이 그저 방관만 하고 있기 때문이기도 하다."[27] 어쨌든 이런 일이 지금껏 일어나지 않았다는 것에 항상 안도감이 들긴 한다.

냉전 시기의 세상을 괴롭혔던 것은 핵전쟁의 악몽만이 아니었다. 1960~1980년대에는 전 세계적으로 인구과잉 현상이 나타날 것이란 공포로 인해 당시 '제3세계'라 불리던 지역에서 출산을 '통제'하고자 하는 일련의 시도들이 나타났다. 물론 그 시도들은 대부분 잘못된 방향의 것들이었고 완전히 해로운 결과를 낳을 때가 많았다.

랜드 코퍼레이션Rand Corporation의 스티븐 엔크Stephen Enke는 가난한 사람들에게 돈을 주어 불임수술을 하게 하거나 자궁 내에 각종 피임 기구를 삽입하게 하는 것이 다른 여러 형태의 원조보다 경제개발을 촉진하는 데 있어 250배 더 효과적이라고 주장한 바 있다. 인구학자 파울 에를리히Paul Ehrlich는 시에라 클럽Sierra Club(미국에서 생겨난 세계적인 민간 환경운동단체_편집자)의 위촉을 받아 『인구폭탄The Population Bomb』이라는 저서를 출간했는데, 여기에서 그는 1970년대에 끔찍한 기근으로 수억 명이 아사하는 대규모 기아 문제가 발생할 것이라 예측했다. 이 저서는 다수의 국회의원들뿐 아니라 린든 존슨 대통령에게도 영향을 주어 미국국제개발기구U.S. Agency for International Development의 가족계획 사업 관련 예산을 20배 늘리기도 했다. 미국 국방부 장관 출신으로 세계은행World Bank 총재였던 로버트 맥나마라Robert McNamara는 1969년 어느 나라의 의료보험 재정에든 "그것이 인구통제와 아주 긴밀하게 연결되어 있지 않다면" 돈을 빌려주지 않겠다고 선언하기도 했다. "일반적으로 의료 시설은 사망률의 감소에 기여하며 그를 통해 인구폭발과 연결되기 때문"이라는 것이었다.

미국의 일부 기관들—예를 들어 포드 재단Ford Foundation이나 인구

위원회Population Council─은 아예 전체 인구를 대상으로 대규모 강제불임 시술의 가능성까지 고려하기도 했다. 그로 인한 결과를 살펴보면 세상의 종말이 임박했다는 상상을 사람들이 확신할 경우 현실에 얼마나 큰 해악이 나타나는지를 잘 알 수 있다. 강제까진 아니었으나 인도의 경우 여성들은 각종 피임기구를 자궁에 삽입하고 남성들은 정관수술을 받아들이도록 장려되었는데 이는 심한 고통을 낳았다. 1970년대 중반 인디라 간디Indira Gandhi 수상이 이끌던 정부는 '긴급 조치'를 통해 800만 명 이상에게 불임시술을 시행했는데, 당시 잘못된 수술로 죽은 이는 거의 2,000명에 달한다. 중국 공산당은 더욱 가혹한 '한 자녀 정책'을 시행했고 유엔 또한 이를 지지했다.[28] 지금 와서 돌이켜보면, 인구 증가라는 문제에 대한 해법은 대규모 불임시술이 아니라 노먼 볼로그 Norman Borlaug와 같은 농생물학자들이 개척해낸 농업 기술에서의 '녹색 혁명'이었다.

요즘에는 이러한 천년왕국주의자들의 주장이 기후변화의 파국에 대한 예언으로 나타나고 있다. 스웨덴의 환경운동가 그레타 툰베리 Greta Thunberg는 이렇게 말했다. "2030년경이 되면 우리는 인류가 통제할 수 없는 비가역적 연쇄반응을 촉발시킬 테고, 이는 우리가 알고 있는 바의 문명이 종말하는 결과로 이어질 것입니다."[29] 미국 민주당 의원 알렉산드리아 오카시오-코르테스Alexandria Ocasio-Cortez는 2019년에 이렇게 예언했다. "우리가 기후변화에 대응하지 않는다면 이 세계는 12년 후 종말을 맞을 것입니다."[30] 툰베리는 급진적 환경운동의 대표적 인물로 떠올랐고 이는 예전에 나타났던 여러 형태의 종말론을 상기시키는데, 특히나 그녀가 우리에게 엄혹한 희생을 요구하고 있다는 점에서 그러하다. "'저탄소 경제' 따위는 우리에게 필요하지 않습니다." 그녀는 2020년 1월에 개최된 세계경제포럼에서 이렇게 선언했다. "우리는 '탄소 저배출' 따위도 필요하지 않습니다. 우리의 생존가능성을 조금이라도 확보하려면 모든 탄소 배출을 멈춰야만 합니다. (…) 오늘 당장 원천적으로 탄소 배출량을 삭감할 방안이 포함되어 있지 않다면 여러분이 제시하는 계획이나 정책 들은 전혀 충분한 것이 못 됩니다."[31] 오카시오-코르테스, 툰베리, 그 외 여러 사람들은 '그린 뉴딜Green New Deal'이라 불리는 새로운 녹색 혁명을 제안하며 모든 이산화탄소 배출을 급격히 줄이자고 주장하지만, 그에 따르는 경제적·사회적 비용은 거의 고려하고 있지 않다. 이 주제는 뒤에서 다시 다룰 것이므로, 여기에선 그저 세계의 종말이 임박했다는 종류의 경고는 ("늑대가 나타났다!"라고 외쳤던 양치기 소년의 경우와 마찬가지로) 반복될수록 점점 더 그 신뢰성이 떨어진다는 점만 지적하고 넘어가겠다.

우리는 여기에서 도저히 회피할 수 없는 사실 하나와 마주하게 된다. 천년왕국의 도래를 꿈꾸던 예언자들, 종말을 희구하던 영지주의자들, 재앙을 경고하던 과학자들과 그것을 상상하던 작가들, 그들이 예측했지만 오지 않았던 세계적 종말의 수를 모두 합치면 100개는 족히 넘는다는 것이다. 〈가장자리를 넘어서Beyond the Fringe〉(1961)라는 희극에서 배우 피터 쿡Peter Cook이 분한 에님이라는 수도사는 세상의 종말을 기다리기 위해 자신의 추종자들을 이끌고 산꼭대기로 올라간다.

조너선 밀러: 에님 형제, 당신이 말씀하신 종말은 어떤 모습으로 나타날까요?

모두: 맞아요, 어떤 모습일까요?

피터 쿡: 흠, 하늘이 엄청난 굉음을 내며 찢어질 것이니라. 알겠나? 그

"지금이 종말이다. 세상을 버려라!"
〈가장자리를 넘어서〉 출연진들이 종말을 준비하고 있다.
David Hurn, MAGNUM Photos, Amgueddfa Cymru, National Museum Wales.

리고 산들이 땅 속으로 꺼질 것이다. 알겠나? 계곡이 위로 솟아오를 것이다. 알겠나? 그리고 그로 인해 어마어마한 혼란이 나타날 것이니라.

밀러: 성소의 장막도 둘로 찢어지겠죠?

쿡: 성소의 장막은 분명히 둘로 찢어질 것이며, 그로부터 2분 뒤에는 하늘에서 날아다니는 짐승의 머리가 또렷한 모습으로 나타날 것이니라.

앨런 베넷: 그리고 엄청난 바람도 불겠죠, 에님 형제?

쿡: 분명히 엄청난 바람이 불 것이다. 하나님의 말씀대로.

더들리 무어: 그런데 바람이 너무 세서 땅 위의 산들이 모두 날아가버리진 않을까요?

쿡: 이런 바보 같으니, 그 정도로 세진 않을 것이야. 그러니 지금 우리가 산꼭대기 위로 올라올 수 있었던 게 아니냐?

밀러: 그게 언제일까요? 형제께서 말씀하시는 종말 말입니다.

모두: 맞아죠. 언제일까요? 언제일까요?

쿡: 피라미드에서 나온 고대 두루마리 문서에 따르면 지금부터 약 30초 후라고 한다. (…) 자, 내 잉거솔Ingersoll 시계로 카운트를 하겠노라.

이 예언자와 추종자들은 이렇게 세상의 종말을 스스로 만들어내고서 카운트다운을 시작한다.

쿡: 5, 4, 3, 2, 1, 0!

모두: (함께 소리를 맞춰) 지금이 종말이다, 세상을 버려라!

（침묵）

쿡: 그거 그리니치 표준시였지?

밀러: 네…….

쿡: 흠, 내가 믿었던 만큼의 대화재가 나타나진 않는군. 얘들아, 신경쓰지 마라. 내일 같은 시간에 또 와보자꾸나. 언젠가는 내 예언이 들어맞는 날이 오겠지.

재앙의 통계학

우리가 정말로 두려워해야 할 것은 우리 모두를 전멸시킬 대규모 재난이 아니라 우리 중 많은 이들을 죽게 만드는 재난이다. 문제는 다가올 여러 재난이 일어날 가능성은 어느 정도인지, 그리고 그 잠재적 규모가 어떻게 될지를 개념화하기가 어렵다는 점이다. "한 사람의 죽음은 비극이지만, 100만 명의 죽음은 통계 수치일 뿐이다." 이 아포리즘은 스탈린Stalin이 했던 것으로 여겨지는데, 처음 이를 이야기한 사람은 1947년 「워싱턴 포스트Washington Post」의 칼럼니스트 리어나도 라이언스Leonard Lyons였다.

스탈린이 군수 물자를 책임지는 정치위원이었을 때의 일이다. [라이온스는 여기에서 출처를 제시하진 않았다.] 최고정치위원들의 회의가 열렸고, 주요 의제는 우크라이나를 덮친 기근이었다. 한 사람이 일어나 이 비극에 대한 연설을 시작했다. 수백만 명의 사람들이 굶주림으로 죽어가는 비극에 대해서 말이다. 그는 사망자와 관련된 수치들을 열거하가 시작했다. (…) 그러자 스탈린이 그의 말을 끊고서 이렇게 말했다. "딱 한 사람이 굶어 죽었다면 그건 비극이지. 하지만 수백만 명이 죽었다면 그건 통계 수치일 뿐이야."[32]

라이언스가 지어낸 이야기인지, 아니면 정말 스탈린이 이 말을 한 것인지는 모르겠으나 어느 쪽이 됐든 그 말을 독일의 유대인 작가 쿠르트 투촐스키Kurt Tucholsky에게서 빌어온 것임은 거의 분명하다. 그리고 투촐스키는 다시 이 말을 어느 프랑스 외교관이 했던 것으로 전한다. "전쟁이 끔찍한 일이라고요? 저는 잘 모르겠네요. 한 사람이 죽는다면 그건 비극이죠. 하지만 10만 명이 죽는다면 그건 통계예요."[33]

지금 시대에서도 이와 똑같은 사고방식을 가진 이들을 만나게 된다. 미국의 AI 이론가이자 작가인 엘리저 슐로모 유도코프스키Eliezer Shlomo Yudkowsky의 말이다. "아이를 해치는 일 같은 건 꿈도 꾸지 못할 선량한 사람들이 인류 존재의 위험에 대한 이야기에 대해선 이렇게 말한다. '흠, 아마도 인류 자체가 생존할 자격이 없나 봐요.' (…) 인류 존재의 위험 앞에서 합리적 사고가 처하게 되는 도전이 있다. 재난의 규모가 너무나 크기 때문에 사람들의 사고방식이 아예 완전히 다른 양식으로 바뀌어버린다는 게 그것이다. 그래서 인간들의 죽음이라는 건 어느새 더 이상 나쁜 것으로 여겨지지 않으며, 아무런 전문성을 갖추지 못한 이들도 제멋대로 세세한 사항들까지 예언을 하게 된다."[34]

우리는 최소한 통계학이라도 이해하기 위해 노력해야 한다. 비록 사료에 심각한 결함이 있음을 감안한다 해도, 기록으로 남은 인류 역사상 전 세계 인구 추산치의 1퍼센트 이상을 희생시킨 팬데믹으로는 일곱 개가 있었다. 그중 네 개로는 3퍼센트 이상이, 두 개—유스티니아누스Justinian 황제 시절의 전염병과 14세기 유럽의 흑사병으로, 당연히 후자의 희생자 수가 훨씬 많다─로는 30퍼센트 이상이 되었다.[35] 마찬가지로 전쟁으로 인한 사망률에 대해 우리가 얻을 수 있는 데이터를 보면 아주 많은 인명을 희생시킨 전쟁도 소수 존재했음을 알 수 있다.

물리학자 L. F. 리처드슨L. F. Richardson과 사회과학자 잭 레비Jack Levy가 내놓은 데이터, 그리고 좀 더 최근에 나온 연구들을 보면 전쟁이 발발했던 당시의 세계 인구 추산치 중 0.1퍼센트 이상을 죽음으로 몰아넣은 대규모 전쟁은 일곱 번이 있었다. 양차 세계대전은 절대적 숫자의 관점에서 보면 역사상 가장 많은 이들을 죽인 갈등이었다. 리처드슨은 1820~1950년에 발생한 '대규모 사망을 야기한 분쟁들deadly conflicts'을 모두 분석한 뒤 수천만 명의 사망자를 낸 '강도 7'에 해당하는 전쟁은 두 번의 세계대전뿐이었다고 이야기했다. 그의 표본에는 살인과 전쟁 그리고 그 중간에 해당하는 여러 형태의 폭력이 포함되어 있으며, 두 세계대전에 따른 사망자 수는 그 표본 전체의 5분의 3에 달한다고 한다.[36] 양차대전은 1914년과 1939년의 세계 인구 중 각각 1퍼센트, 그리고 3퍼센트를 죽음으로 몰아넣었다. 그와 비슷한 파괴적 갈등은 그 이전 시대에도 존재했으니, 특히 3세기 중국의 한漢왕조와 진晉왕조 사이에 벌어진 삼국시대의 전쟁을 그 예로 들 수 있다.[37] 그런데 상대적 관점, 즉 전투 참여 인원 대비 사망자의 비율로 봤을 때 아르헨티나, 브라질, 우루과이가 동맹하여 파라과이에 맞선 삼국동맹 전쟁War of the Triple Alliance(1864~1870)은 근대사에서 가장 위험한 전쟁 중 하나인데, 이 사실은 전쟁 당사국들 외엔 잘 알려져 있지 않다. 이렇게 전체적으로 놓고 보자면 대규모 사망자를 낳는다는 점에선 전쟁보다 병원균이 훨씬 더 큰 역할을 했다. 게다가 삼국동맹 전쟁에서 죽은 이들의 대부분은 적군이 아닌 질병이 원인이었다. 시릴로Cirillo와 탈레브Taleb 가 추산한 바에 따르면 "무력충돌로 사망한 이들의 비율은 세계 인구의 19퍼센트를 결코 넘은 적이 없다."[38] 중남미 대륙으로 들어간 스페인 정복자들도 무수한 원주민들을 죽였지만, 그들이 유럽에서 가져간 질병에 속수무책으로 죽어간 원주민들의 수와 비교하면 그 수는 단위 자체가 아예 다를 정도로 적다.[39]

국가 간 전쟁으로 벌어진 사망과 구별되는 대량학살의 형태인 내란, 인종청소, 정부의 양민학살에 대해서도 비슷한 연구를 해볼 수 있다. 소련 국내에서 스탈린주의로 목숨을 잃은 이들의 수는 2,000만 명이 넘을 것으로 보인다. 가히 '통계 수치'라 할 만하다. 캄보디아의 공산당 지도자 폴 포트Pol Pot의 공포정치로 인해 죽음을 당한 이들의 비율은 전체 인구의 10퍼센트 이상일 것으로 추산되고, 멕시코 내전(1910~1920)과 적도 기니의 내란 사태(1972~1979)도 마찬가지의 사망률을 기록했다. 리처드슨이 '강도 6'으로 분류한 분쟁 일곱 건 중 여섯 건도 내전이었다. 태평천국의 난(1851~1864), 미국 남북전쟁(1861~1865), 러시아 혁명 내전(1918~1920), 중국 내전(1927~1936), 스페인 내전 (1936~1939), 인도 독립 및 분할에 따른 공동체 학살(1946~1948) 등이 그것이다.

우리는 20세기가 역사상 가장 피비린내 나는 세기였다고 생각하는 경향이 있다. 하지만 13세기의 몽고 지도자 칭기즈칸Chingis Khan이 보여준 폭력은 중앙아시아 및 중국의 인구를 3,700만 명 이상 감소시켰다 하고, 만약 사실이라면 이는 당시 세계 인구의 거의 10퍼센트에 맞먹는 수치다. 14세기 말 티무르가 중앙아시아와 북부 인도를 정복했던 것 또한 피비린내 규모로 치자면 뒤떨어지지 않으며 그 사망자의 추산치는 1,000만 명이 넘는다. 17세기에 만주족이 중국을 정복했을 때에도 무려 2,500만 명의 인명이 희생되었을 것이다. 19세기 이전의 중국에선 태평천국의 난 이외에도 반란 및 그 진압 과정에서 희생된 인명 규모가 20세기 중국 내전의 규모를 능가하는 경우가 몇 번 있었다. 8세기에 있었던 안녹산安祿山의 난은 3,000만 명의 목숨을 앗아간 것으로 여겨진다. 그와 대략 동시대에 있었던 윈난성雲南省의 요족瑤族과 묘족苗族의 난 및 북서부의 무슬림의 난 또한 중국 내 여러 지역을 초토화시켰다. 이러한 경우의 사망자 수를 추산해보려면 각 지역에서 전쟁 전과 후에 행했던 인구조사 자료를 비교하여 감소치를 알아보는 방법밖에 없는데, 그렇게 해보면 당시의 사망률은 40~90퍼센트에 달했던 듯하다. 물론 다시 한 번 말해두지만 조직된 폭력으로 생겨난 사망자 수, 혹은 그보다 훨씬 더 많은 수의 사람들이 질병 및 기아로 사망했을 가능성이 높다.

마지막으로, 서유럽인들이 미 대륙과 아프리카를 정복하고 식민화하던 중에 벌어진 몇몇 사태들에서 나타난 사망률은 20세기의 사망률만큼이나 높다. 앞서 말했듯 유럽인들의 정복으로 인해 미 대륙 원주민들이 죽음에 이르게 되었던 압도적 원인은 폭력이 아닌 질병이었다. 따라서 이를 두고 서유럽인들이 '인종청소'를 벌였다고 말하는 이들은 19세기 인도에서 발생한 기근들을 '빅토리아 여왕 시대의 홀로코스트'라 일컫는 사람들만큼이나 역사적 용어를 함부로 남발하는 이들인 셈이다. 하지만 1886년 이후 벨기에 왕실에서 벌인 아프리카 콩고인들의 강제노예화, 그리고 1904년 독일의 식민당국이 헤레로Herero 봉기를 진압했던 것은 분명히 20세기의 조직적 폭력에 비견할 수 있는 만행이었다. 벨기에 치하의 콩고에서 목숨을 잃은 이들의 비율은 전 인구의 무려 5분의 1에 달했던 것으로 보이는데 헤레로 봉기 진압에서의 추산 사망률은 그보다 더욱 높은 3분의 1 이상이었으니, 이를 놓고 보자면 20세기 전체를 통틀어 가장 피비린내 나는 갈등이었던 셈이다. 하지만 이 전쟁이 낳은 사망자의 절대적 숫자는 7만 6,000명으로, 1886~1908년에 콩고에서 목숨을 빼앗긴 이들의 추산치인 700만 명에 비하면 훨씬 적다.[40]

이런 식으로 백분율을 뽑아 데이터를 간략히 정리하는 게 비록 관습이기는 하지만, 스탈린에 대해선 분명히 선을 긋고 넘어갈 필요가 있다. 100만 명의 죽음은 항상 100만 개의 비극임을 우리는 기억해야 한다. 분모가 100만 명이든 10억 명이든 백분율 수치는 오로지 그 분모와 분자의 상대적 비율을 나타낼 뿐, 죽은 이들은 모두 각각의 개별적 비극이다. 그 살인자는 두 개의 초강대국일 수도 있고 100만 명에 달하는 군중일 수도 있겠지만, 그것으로 세상을 뜬 한 사람 한 사람의 죽음이 모두 하나씩의 비극이란 사실은 변하지 않는다.

리처드슨이 보고 놀란 연구 결과가 있다. 그가 연구한 130년의 기간 동안 발생한 '인간들의 싸움에서 비롯된 죽음quarrel deaths'에서 양차대전의 죽음이 차지하는 비중은 60퍼센트지만, 그다음으로 큰 비중을 차지한 사안에서의 사망자 수는 무려 970만 명이고 그들은 강도 0(사망자 수 1~3명)에 해당하는 사건들로 인해 세상을 떴다는 점이었다. 연구에 포함된 315개의 기록된 전쟁들 중 양차대전 이외의 것들로 사망한 이들의 수, 그리고 중간 규모에 해당하는 수천 가지 분쟁들로 죽은 이들의 수를 모두 합쳐봤자 그것이 '인간들의 싸움에서 비롯된 죽음' 전체에서 차지하는 비중은 4분의 1에도 이르지 않는다 한다.[41] 또한 우

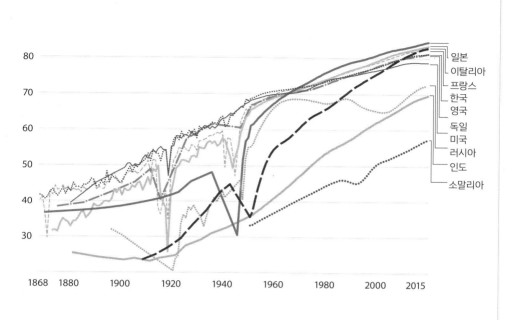

1868~2015년의 출생 시 기대수명
(한 아기가 태어난 해의 사망률 패턴이 그 아기의 일생 동안 동일하다고 가정했을 때
해당 아기가 몇 살까지 살 것인지를 나타내는 지표), Our World in Data.

1장 _ 죽음의 의미

리가 감안해야 할 사실이 있다. 20세기에 들면 특히 유럽과 북미 대륙의 부유한 나라들에서 기대수명이 올라갔고, 그러므로 조정된 수명의 관점에서 봤을 때 이곳 주민 한 사람의 죽음은 그 이전 시대에 비해 훨씬 더 큰 손실을 뜻한다는 게 그것이다.

당연한 이야기일 수 있겠으나, 앞서 말한 대규모 팬데믹이나 큰 분쟁들은 역사상 최악의 경제적 재난과 함께 벌어지는 경우가 많았지만 항상 그런 것은 아니었다. 1930년대의 대공황은 보통 1929년 10월 월스트리트에서 발생한 주가 폭락에서 시작된 것으로 여겨지지만 사실은 경직된 고정환율 시스템, 근린 궁핍화 정책에 기초한 무역보호주의, 통화 및 재정 정책의 오류 등 세계 경제의 구조적인 각종 불균형에서 비롯된 결과였다.

경제학자 로버트 배로Robert Barro는 20세기에 발생한 여러 경제적 재난들에 전 세계적으로 가장 훌륭한 서열을 매겨놓았다. 그 기준이 되는 것은 1인당 실질GDP와 그 재난이 금융 시스템에 미친 충격이었다. 그중 1인당 GDP를 15퍼센트 이상 감소시킨 재난으로는 60개가 있었고 그중 18개는 전쟁 및 그 여파로 원인을 설명할 수 있었으며, 1930년대 대공황에 기인하는 것은 16개였다고 한다. 그가 표본으로 삼은 35개 국가들에서 GDP가 가장 크게 감소한 사례로는 두 가지가 있었다(둘의 감소치는 64퍼센트로 동일했다). 하나는 1939~1945년의 그리스였고 다른 하나는 1944~1946년의 독일이었다. 필리핀과 한국의 경우도 이와 크게 다르지 않다. 두 나라 모두 전시戰時 기간 동안 1인당 GDP가 59퍼센트 낮아졌기 때문이다.[42]

영국은 특히 장기간의 시계열 데이터가 가능한 국가이므로 현대 경제학에서 사용하는 여러 지표들에 대해 최소 과거 3세기 정도까진

(특히나 잉글랜드 지역은 13세기 후반까지도) 추정치를 뽑아보는 것이 가능한데, 이를 통해서도 과거 심각한 경제적 어려움이 나타난 시기를 확인할 수 있다. 영란은행Bank of England의 자료에 따르면 잉글랜드 경제사에서 가장 상황이 나빴던 해는 사실 경제성장률이 마이너스 25퍼센트였던 1629년이었고・ 그다음은 23퍼센트의 마이너스 성장을 기록한 1349년이다. 연 10퍼센트 이상의 마이너스 성장이 나타난 가장 최근의 해는 유럽 전역에서의 경제 활동이 급격히 감소했던 1709년이다. 이 해는 그전 2년간 있었던 일본 후지산과 유럽 산토리니 및 베스비우스 화산에서의 폭발뿐 아니라 마운더 극소기Mounder Minimum, 즉 태양 흑점 활동의 현저한 감소로 비롯된 500년 만의 가장 추운 겨울인 이른바 '대혹한Great Frost'이 덮친 해였다.[43] 20세기의 최악의 해는 제1차 세계대전 후의 급격한 디플레이션과 높은 실업률이 겹쳤던 1921년이었다(10퍼센트의 마이너스 성장).[44] 하지만 5년 단위로 놓고 보면 최악의 시기는 흑사병의 창궐로 인구가 40퍼센트 이상 격감한 1340년대 후반이었다. 이렇게 보자면 2020년의 영국은 1709년 이후 최악의 경제후퇴 시기를 맞고 있는 것으로 보인다. 2020년 6월 말 국제통화기금IMF: International Monetary Funds의 예상에 따르면 영국의 GDP 성장률은 마이너스 10.2퍼센트가 될 테니 말이다.[45]

하지만 경제 데이터에서 얻을 수 있는 정보와 지식에는 분명한 한계가 있다. 가장 강력한 위기가 덮치는 시점은 대개 경제 관련 통계 자

・ 1629년 경제위축의 원인은 사실 따져봐야 할 문제다. 스페인과의 전쟁 상황이 좋지 않긴 했으나 그해에 경제활동이 벌어진 주요 무대는 카리브 해안이었다. 한편 정치사가들 사이에서 1629년은 찰스 1세Charles I가 의회를 따돌리고 11년간 '단독 통치Personal Rule'를 시작한 해로 잘 알려져 있다.

1장_죽음의 의미

료의 수집이 중지되거나, 설령 수집한다 해도 아주 어지럽게 이루어지는 시점이기 때문이다. 이는 내가 1923년에 독일에서 일어난 초超인플레이션을 주제로 박사논문을 썼을 때, 또 제1차 세계대전 발발이 금융에 미친 결과를 연구했을 때에도 재차 확인한 바다. 1960년 이후로 세계은행은 전 세계 거의 모든 국가에서 1인당 GDP를 포함한 포괄적인 데이터를 수집해왔다. 하지만 아프가니스탄, 캄보디아, 에리트레아, 이라크, 레바논, 소말리아, 시리아, 베네수엘라, 예멘 등 지난 60년간 가장 심각한 정치적·경제적 혼란을 겪었던 나라들의 자료를 보면 최악의 혼란이 발생했던 기간의 데이터에는 여러 간극이 있다. 사실 이는 놀라운 일도 아니다. 이 나라들의 경제적 재난이 얼마나 심각했는지를 정확히 말할 수 있는 이가 있을까?[46] 우리가 알고 있는 것은 오직 이 똑같은 나라들의 거의 모두가 소위 '취약국가 지표Fragile States Index', 즉 이전에는 '실패한failed' 국가들의 서열에서 가장 윗자리를 차지하고 있다는 것뿐이다.[47] 심지어 더욱 설명하기 힘든 데다 얼핏 보면 모순적으로까지 느껴지는 사실이 있다. 양차 세계대전, 대공황, 세계화의 붕괴 등이 일어났던 1914~1950년은 기대수명, 교육, 국민소득 중 사회 정책에 쓰인 비중, 민주주의 수준 등의 기준으로 측정한 인류 발전이란 것이 광범위한 지역에서 크게 향상된 시기란 사실이다.[48]

　　요컨대 재난이란 흔히들 생각하는 것과 달리 수량으로 포착하기 어렵고, 이는 현대 통계학의 시대에서도 마찬가지다. 사망자 수는 정확하지 않을 때가 많다. 재난의 중대성을 이해하고자 한다면 단순히 시체의 수만이 아니라 초과사망률, 즉 지난 몇 년간의 사망자 평균치로 계산된 기초 수치와 비교했을 때 다른 요인으로 설명할 수 없는 사망자의 수를 알아내야만 한다. 6장에서 보겠지만 1943년에는 인도 벵골의 일부 지역들에서 재앙에 가까운 기근이 있었는데, 만약 당시의 사망자 수를 전체 인도 인구에 대한 비율, 또 당시 있었던 최악의 세계 대전이란 맥락에서 세계 인구에 대한 비율로 나타낸다면 그리 대단치 않았던 사건으로 여겨질 것이다.

그렇다 해서 모든 재난은 다 거기서 거기이며 똑같다고 이야기하려는 건 아니다. 내 목표는 독자들로 하여금 재난이 취하는 여러 형태를 스스로 비교할 수 있게끔 하는 것이다. 2020년 8월 현재 시점에서 코로나19 사태로 사망한 이들의 비율은 세계 인구의 0.0114퍼센트로 추산되는데 이는 역사상 있었던 팬데믹 재난의 서열 중 26번째에 해당한다. 사망률로만 보자면 1918~1919년의 스페인 독감은 이보다 약 150배 더 심각했지만, 코로나19가 가장 많이 덮친 도시들 및 가장 심하게 창궐한 몇 개월들을 감안해본다면 이 사태는 스페인 독감 못지않게 심각하다.

초과사망률로 따져보자. 2020년 4월 뉴욕시에서의 사망률은 1918년 10월보다 거의 50퍼센트가 더 높았고, 9.11 테러가 발생했던 2001년 9월에 비하면 3.5배 더 심각했다.[49] 런던의 경우 2020년 상반기에 코로나19 사태로 나타난 사망률은 1944년 하반기의 독일군 공습 당시만큼이나 심각했다. 따라서 어떤 경우에서든 정부가 풀어야 할 문제는 똑같았다. 도시 전체를 마비시키지 않는 한에서 이 대규모 사망의 위협으로부터 어떻게 사람들을 보호할 것인가?[50] 내가 말하고자 하는 것은 코로나19 바이러스가 알카에다Al Qaeda나 독일 나치의 공군과 똑같다는 게 아니라, 초과사망률이라는 의미에서 본다면 재난이 취할 수 있는 형태는 여러 가지가 있으나 그로 인해 마주하는 도전은 비슷하다는 것뿐이다.

스탈린이 말했듯, 모든 개인의 비명횡사는 어떤 의미에선 비극이다. 희생자가 어릴수록, 또 죽음의 방식이 끔찍할수록 그 비극은 더 커진다. 하지만 다음 장에서 볼 수 있듯, 어떤 재난은 다른 재난에 비해 정말로 더 비극적이다.

2장

순환주기들, 그리고 비극들

참사는 본질적으로 예측이 불가능하다. 지진에서부터 전쟁에 이르기까지, 대부분의 재난들은 정규분포가 아닌 무작위 분포 혹은 멱법칙의 분포를 따르기 때문이다. 순환론적인 역사 이론들도 이러한 문제를 넘어서지 못한다. 재난이란 오히려 그것을 예언하고자 하는 이들이 있어도 사람들에게 철저히 외면당하고 마는 비극의 형태에 더욱 가깝다. 카산드라와 같은 이들이 예언하는 재난들은 실제로 벌어지지 않을 때도 많을 뿐 아니라 그런 예언은 사람들이 마음속에 품고 있는 인지편향과 정면으로 충돌하기 때문이다. 그래서 대부분의 사람들은 그러한 예언을 듣는다고 해도 불확실성에 시달리다가 결국 '설마 나까지 참사의 희생물이 되기야 하겠냐'는 생각으로 이를 무시해버리고 만다. 제1차 세계대전 당시 영국 병사들이 불렀던 "지옥의 종소리가 땡 땡 땡 / 하지만 내가 아닌 네게 울리는 종소리"라는 노래는 인류의 주제가라고 할 수 있다.

운명의 성쇠에서는 인간들도 또 그들이 만들어 이루어
낸 가장 빛나는 것들도 도망칠 수 없으며, 제국이나 도
시 모두도 공동묘지에 묻히게 된다.

– 에드워드 기번Edward Gibbon

순환주기를 찾아서

여러 형태의 재난들을 우린 과연 예측할 수 있을까? 문자 이전의 사회
에선 분명 불가능한 일이었다. 삶을 지배하는 것은 이런저런 자연의
힘과 그 결과였으며, 그중 일정한 리듬을 가지고 있어 예측 가능한 것
은 계절의 순환과 같은 일부에 불과했다. 재난이란 오직 초자연적인
여러 힘들에 견주어 이해하는 수밖에 없었다. 다신교 체계에서의 '신
들'이란 그저 서로 모순적이기 마련인 여러 자연적 힘들에 붙인 이름일
뿐일 때가 많았다. 그래서 에피쿠로스Epicurean 학파는 다신교의 설명이
만족스럽지 않다는 점을 간파, 신이라는 존재로 무언가를 설명하려는
방식을 일체 거부하기도 했다. 기원전 1세기에 저작을 남긴 로마의 철

학자 티투스 루크레티우스 카루스Titus Lucretius Carus는 무작위적인 역동성을 본질로 삼는 원자들로 구성된 무한한 우주의 존재를 제시하기도 했다.[1]

그러다가 서서히 이런 생각이 등장하기 시작한다. 자신의 목적에 맞게 역사의 순환주기를 만들어낼 능력을 보유한 궁극의 초자연적 중재자가 존재한다는 생각 말이다. 구약성경의 전도서에는 초기의 역사 순환이론이 등장한다. "이미 있던 것이 후에 다시 있겠고 이미 한 일을 후에 다시 할지라. 해 아래에는 새 것이 없나니."(전도서 1장 9절) 하지만 구약성경에 나타난 야훼의 목적은 자신을 아주 복잡한 역사적 스토리로 펼쳐낸다. 천지창조가 있고, 아브라함이 나오고, 이집트로 이주했다가 빠져나오고, 솔로몬 왕이 등장하고, 바빌론 유수가 벌어지고, 다시 성전을 봉헌하는 등의 이야기로 말이다. 초기 기독교인들은 여기에 예수의 육화肉化, 십자가, 부활 같은 혁명적인 코다coda를 덧붙인다. 그리고 궁극에 가면 묵시록에 나온 종말이 도래하고 그로써 역사의 주기가 끝난다는 것이다.[2]

초기 로마 역사가들은 변덕이 죽 끓듯 하지만 무언가 목적을 가지고 움직이는 '행운Fortune'이라는 것의 역할을 통해 역사에 의미를 부여하고자 했다(로마인들은 '포르투나Fortuna'라는 여신을 숭배했음_옮긴이). 폴리비우스Polybius의 『로마 제국의 발흥Rise of the Roman Empire』에 따르면 이 '행운'의 '변덕vicissitudes'에는 로마의 찬란한 승리라는 목적이 있다고 한다. 이와 비슷한 생각을 타키투스Tacitus의 저작에서도 찾아볼 수 있지만, 그가 말하는 신의 목적은 로마의 파괴다. 폴리비우스와 마찬가지로 타키투스 또한 "여러 사건들이 현실에서 진행되는 바"는 "우연에 지배될 때가 많다"고 말한다. 하지만 사건들은 "또한 그 근저에 자신들 스스로의 논리와 원인들을 가지고 있다."[3] 이에 더해 폴리비우스는 추가적으로 또 하나의 초인적 요인을 인정한다. 스토아학파가 생각했던 바의 역사적 순환주기가 그것으로, 이는 주기적인 자연적 파국에서 그 절정을 이룬다는 것이다.

대홍수, 전염병, 흉작이 (…) 인류의 다수를 파멸시키는 결과를 낳을 때가 있고 (…) 이때 모든 전통과 예술과 기술은 그와 함께 사라지지만 시간이 지나면 그 재난에서 살아남은 이들이 다시 아이를 낳아 인구는 또 늘어나고, 땅에 떨어진 씨앗에서 다시 곡식이 자라나듯 이를 통해 사회적 삶의 쇄신이 시작된다.[4]

중국 제국의 역사적 서술 또한 아주 옛날부터 나름의 순환론을 특징으로 삼고 있었다. 이런저런 왕조에 '천명Mandate of Heaven'이 내리지만 그 왕조가 자격을 잃어버리면 그 '천명'은 철회되며, 이에 따라 여러 왕조가 교체되는 순환이 일어난다는 것이다. 이러한 유교적 관념에 대해 진시황秦始皇이 도전해봤으나 결국엔 실패했고 이 생각은 계속해서 후대로 내려간다. 서양에서와 마찬가지로 순환론적 역사 이론과 종말론적 역사 이론이 서로 경쟁을 했지만, 당나라 때가 되면 왕조 순환론은 확고하게 제도로 자리 잡기에 이른다.[5] 1949년 공산당이 중국을 손에 넣으면서 마르크스-레닌주의가 명목상으로 쫓아내긴 했지만, 이런 역사관은 오늘날에도 중국사에서 놀랄 정도로 지배적인 사고방식으로서의 위치를 점하고 있다. 이에 따르면 공산당은 그저 최근에 나타난 왕조에 불과하다.

이렇게 순환론적인 역사 이론은 서양에서나 동양에서나 지식인들 사이에서 반복적으로 나타나는 특징이 된다. 잠바티스타 비코 Giambattista Vico 는 그의 저서 『새로운 과학 The New Science』(1725)에서 무릇 문명이란 신들의 시대, 영웅의 시대, 인간의 시대 등 세 종류의 시대를 반복하는 순환 ricorso 을 보인다고 주장했다. 그는 자신의 온 생을 바친 그 저작이야말로 "신의 섭리를 합리적으로 설명하는 시민적 신학"이라 여겼다. "말하자면 신의 섭리가 역사적 사실임을 증명하는 것"이라 본 것이다. "왜냐면 이것이야말로 인간의 분별이나 의도가 전혀 개입되어 있지 않고 가끔은 인간들의 설계에 반反하는 신의 섭리가 이 거대한 인류의 세상에 내려주신 여러 질서 형태의 역사임에 틀림없기 때문이다."[6]

비코의 접근법과 20세기 영국의 현자 아널드 토인비 Arnold Toynbee 의 접근법은 밀접한 관계를 갖는다.[7] 애덤 스미스 Adam Smith 의 『국부론 The Wealth of Nations』은 사회에 대한 엄밀한 경제적 분석의 기초를 제시하지만 여기에도 순환론적인 역사 과정이 함축되어 있다. 여기에선 '맹목적인 숙명' 대신 '보이지 않는 손'이 등장한다. 그것이 개개인으로 하여금 자신들이 의식조차 못하는 사이에 인류 공동의 이익에 맞게 움직이도록 이끈다는 것이다. 이 개인들은 각각의 이기적 목적을 추구하지만 그 와중에 사회를 처음에는 성장으로, 그다음엔 '풍족 opulence', 이어서는 '정상 상태'로 이끌게 된다고 스미스는 이야기한다. 토머스 맬서스 Thomas Malthus 의 저작 『인구론 Essay on the Principle of Population』(1798)은 그보다 훨씬 을씨년스런 그림을 제시한다. 그가 제시하는 순환주기의 요인은 인구변화다. 인간집단은 타고난 천성 탓에 '악덕'에 탐닉하다가 식량 공급을 초과할 정도로 머릿수를 늘리고 결국은 기아 상태로 향하는 필연적 결과를 맞게 된다는 것이었다. 카를 마르크스 Karl Marx 는 리카도Ricardo의 정치경제학이 갖는 기초적 요소들을 헤겔Hegel의 변증법과 결합시켰다. 그 결과물로 계급투쟁을 통한 역사적 변화의 모델을 만들어냈고, 그 절정은 『자본론』에 예견된 유물론적인 종말론에서 나타난다.

> 자본의 독점은 자본주의적 생산양식에서 생겨나고 번창하지만 궁극에 가면 바로 그 양식을 옥죄는 족쇄가 된다. 생산수단의 집중, 그리고 노동의 사회화는 마침내 그 자본주의적 외피와는 양립할 수 없는 지점에 이른다. 그리하여 그 외피는 터지고 갈기갈기 찢어져버린다. 자본주의적인 사적 소유의 조종이 울리고, 수탈자들은 수탈당하기에 이른다.[8]

산꼭대기에 올라간 피터 쿡의 추종자들처럼, 마르크스도 여전히 그날을 기다리고 있다.

역사동역학

근래엔 '계량경제사cliometrics'와 '역사동역학cliodynamics'의 신봉자들이 이러한 순환론적 접근을 부활시키려 하고 있다. 근대 이전의 시기를 설명하려면 맬서스식 모델이 가장 적합해 보이는데,[9] 근대 이후에 나타난 몇몇 위기 또한 그 모델의 여러 변형들로 설명할 수 있다는 것이 이들의 주장이다.[10] 2010~2012년에 아랍 지역에서 벌어진 혁명들은 '청년층의 폭발적 팽창youth bulge'으로 설명 가능하다는 주장이 그 좋은 예다. 5년 동안 청년층의 인구증가율이 45퍼센트 이상이었던 나라들을 살펴본 한 연구에 따르면 "그중 어떤 나라도 대규모의 정치적 충격을 피할 수 없었다. 그런 국가들에선 각별히 폭력적인 내전의 위험이 (약 50퍼센트로) 대단히 높다."(이 말이 맞다면 사하라 사막 이남의 아프리카에 있는 나이지리아, 케냐, 우간다, 말라위 등은 곧 난리를 겪게 될 것이라 생각할 수 있다.)[11] '청년층의 폭발적 팽창' 그 자체는 혼란을 예측하게 하는 요인이 아니지만 저조한 경제성장률, 강력한 독재국가, 고등교육 확장 등의 요소와 결합되면 그런 요인이 된다는 것이다.[12] 이러한 신新맬서스주의적 맥락에서 볼 때 가장 야심찬 프로젝트는 잭 골드스톤Jack Goldstone이 이끄는 것으로, 1955~2003년에 민주주의의 위기, 내란, 국가 붕괴 등 불안정성이 나타난 141개 사례를 살펴보는 연구다. 이에 따르면 영아 사망률이 높은 국가들은 그 수치가 낮은 나라들에 비해 내부적 불안정성에 휘말릴 확률이 거의 일곱 배나 높다. 또한 인접국에서 무력충돌이 발생하는 경우, 또는 최소한 하나 이상의 소수 집단에 대해 국가 주도의 차별이 집단적으로 이뤄지는 경우에도 그런 확률이 증가한다고 한다.[13]

이 신맬서스주의자들과 느슨하게나마 연결된 역사학자 및 사회학자 들이 있다. 이들은 세대 갈등에서 나타나는 역사 주기를 이해할 수 있는 열쇠를 찾고자 했지만, 여기에선 정치문화적 이슈들이 인구학보다 훨씬 중요하게 여겨졌다. 1920년대에 카를 만하임Karl Mannheim은 한 세대의 성격은 그들이 '결정적 시기'인 사춘기 때 겪는 경험으로 형성된다고 주장했다. '미국사의 순환주기'를 연구한 역사학자 아서 슐레진저Arthur Schlesinger 부자父子는 '미국사의 순환주기'에 대해 연구하며 진보파의 합의와 보수파의 합의가 정기적으로 순환한다고 이야기했다.[14]

좀 더 최근엔 윌리엄 스트라우스William Strauss와 닐 하우Neil Howe
가 80~90년마다 돌아오는 세대 재편의 주기를 제시했다.[15] "상승기
The High, 각성기The Awakening, 이완기The Unraveling 및 위기The Crisis"라는
네 가지 주기가 순환하게끔 되어 있다는 것이다. 그 이전에 오스발트
슈펭글러Oswald Spengler가 그랬듯 스트라우스와 하우 또한 이 각 기간
의 전환을 봄에서 겨울로 이어지며 계속되는 계절의 순환과 연관 짓
는다. 이들에 따르면 미국에서 있었던 최근의 '위기'는 대공황에서 제
2차 세계대전에 이르는 기간이었다고 한다. 또 이 패턴이 계속 유지
되고 있다면 현재 우리는 새로운 네 번째 전환으로 접어든 상태다.
2008~2009년의 세계적 금융위기에서 시작된 전환이 절정에 이르는
2020년대에는 베이비붐 세대가 밀레니얼 세대에게 권력을 넘겨주게
될 것이라고 이들은 주장한다.[16]

이러한 순환이론들 모두의 공통적인 결점은 바로 지리, 환경, 경
제, 문화, 기술, 정치 등의 변수들의 상호작용에 대한 설명의 여지가 거
의 없다는 점이다. 역사동역학 내에서도 이러한 문제를 개선하기 위
해 여러 독창적 방식으로 매우 야심찬 시도가 이뤄진 바 있다.[17] 역사
가 이언 모리스Ian Morris는 "기원전 3100년〔우루크Uruk(이라크 남부 유
프라테스 강 부근에 있었던 고대 수메르의 도시_편집자) 팽창의 종결〕, 기원
전 2200년(이집트 고왕국과 아카드Akkad 제국의 몰락), 기원전 1200년(청
동기 시대의 종말)의 서남아시아, 그리고 기원전 1900년경(인더스 문명
의 몰락)의 남아시아에서 국가의 성장과 붕괴의 순환주기들을" 발견하
여 "이 각각의 경우마다 문화적 진화와 자연환경 사이의 되먹임 관계
feedback relationship"가 존재함을 시사한다. 모리스에 따르면 그 열쇠가 되
는 것은 전쟁으로, 특히 더 큰 덩치의 말들을 기르게 되면서 유라시아

중앙의 건조한 스텝steppe 지역은 쓸모없는 황무지에서 무역과 전쟁 그리고 말할 것도 없이 질병 전파의 지역이 되었다는 것이다.[18] 기후라는 변수를 고려하는 것은 최근 들어 자연스럽게 유행이 되었다. 한 예로 창첸Qiang Chen은 중국 제국사에 있었던 여러 왕조의 위기를 가뭄이라는 사건들과 연관 지으려 시도했으며,[19] 그와 반대로 홍수의 역할을 강조하는 학자들도 있다.[20]

피터 터친Peter Turchin은 그의 저서 『역사적 역학Historical Dynamics』(2003)에서 국가의 흥망에 대한 새로운 모델을 제시했다. 그의 주장에 따르면 신생국은 기존 국가들의 분쟁이 벌어지는 국경 지역에서 생겨나는 ("민족체를 뛰어넘는 국경meta-ethnic frontier") 경향이 있다고 한다. 이렇게 반복해서 갈등이 발생하는 지역들에선 한 집단의 사람들에게 사회적 응집력—14세기 이슬람 학자 이븐 칼둔Ibn Khaldun은 이를 '아사비야asabiya'라 일컬었다—, 즉 집단적 행동 역량을 발전시킬 수밖에 없게끔 게센 압력이 가해진다는 것이다. 터친은 한 국가가 일정 수준의 문명 단계에 달하면 그에 따르는 온갖 사치와 불평등이 만연하면서 사람들이 협력하려는 동기도 사라지고 그에 따라 '아사비야' 또한 쇠퇴한다고 했다.[21] 또 다른 저서 『제국의 탄생War and Peace and War』(2006)에서 그는 또 다른 요소를 더한다. 로마인들처럼 성공적으로 제국을 건설한 터친은 피정복 민족들을 절멸시키는 게 아니라 통합시킨다는 것이다. 하지만 성공은 쇠퇴의 씨앗을 심기 마련이라, 이런 경우엔 '아사비야'가 쇠퇴할 뿐 아니라 저 익숙한 맬서스의 순환주기가 다시금 나타난다고 그는 이야기한다. 평화와 안정이 이루어지면서 번영이 오고, 번영과 함께 인구가 증가하며, 그에 따라 인구과잉 문제가 발생하고, 그로 인해 실업과 저임금과 높은 지대地代, 그리고 어떤 경우엔 식량 부족 현상까지 나타난다는 것이다. 더불어 생활수준이 악화됨에 따라 사람들은 걸핏하면 반란을 일으키고, 그 궁극에 가면 사회질서가 붕괴함으로써 내전이 벌어지기 때문에 제국 자체의 쇠퇴를 피할 수 없다는 것이 터친의 주장이다.[22] 세르게이 네페도프Sergey Nefedov와의 공저인 『장기적 순환주기들Secular Cycles』은 이러한 틀을 공식화했다. 네 개의 변수들이 서로 상호작용을 벌여 사회적·정치적 변화를 야기한다는 것이다.

① '포용 능력carrying capacity'과 인구의 비율
② 국가의 힘(즉, 재정 균형 상태)
③ 사회 구조(특히 사회 엘리트 집단의 크기와 그들의 소비 수준)
④ 사회정치적 안정성

인구학적-구조적 과정들의 순환은 다음의 네 개의 단계를 거친다.

① **팽창기**: 인구는 급속히 늘어나고, 물가는 안정되어 있으며, 실질임금도 물가를 따라 함께 움직인다.
② **스태그플레이션**: 인구밀도가 포용 능력의 한계에 도달하고, 임금은 떨어지며 이와 동시에, 또 그 대신으로 물가가 상승한다. 엘리트층은 휘하의 소작인들로부터 높은 지대를 거두는 것이 가능해짐에 따라 번영의 시기를 즐긴다.
③ **전반적 위기**: 인구가 감소하고, 지대와 물가가 떨어지며, 임금이 상승한다. 농민들의 삶은 개선될 수도 있다. 하지만 엘리트가 늘어난 결과는 그 집단 내부에서 갈등의 형태로 나타나기 시작한다.
④ **불황기**: 내란이 전염병처럼 퍼져나가는 단계로, 엘리트 계층의 크

기가 줄어들어 새로운 장기 순환주기가 시작될 때까지 계속 이어진다.[23]

터친과 네페도프의 주장에 따르면 "엘리트층이 비대해짐에 따라 그 집단 내부에서 경쟁, 파편화, 갈등이 벌어지고 이는 기존 질서에 맞서 대중을 동원하는 신흥 엘리트층의 발흥 등으로 이어진다. 이것이 내부 전쟁에서 지배적 역할을 하는 요소라고 보인다."[24] 이러한 '구조적 인구학 이론'에서는 순환적 위기가 도래한 순간 인플레이션 및 국가 파산 등이 특징적으로 나타난다고 한다.[25] 터친의 가장 최근 주장은 이 이론을 현재의 미국에 적용할 수 있다는 것이다. 닐 하우와 마찬가지로 그는 꽤 오래전부터 2020년 무렵의 시점에 모종의 위기가 벌어질 것이라 예견했다.[26]

역사동역학이 대단히 흥미로운 신규 분야임은 분명하다. 터친과 그의 공동 작업자들이 조성한 '세샤트: 세계사 데이터 뱅크Seshat: Global History Databank'에는 신석기 시대부터 16세기경까지 여섯 개 대륙에 걸쳐 존재했던 수백 가지 정치체들의 데이터가 모여 있는데, 이 덕에 여러 정치체의 구조에 대한 체계적 역사 연구 분야의 새로운 표준이 확립되었다.[27] 신재원Jaeweon Shin이 여러 공저자들과 함께 발표한 주목할 만한 논문에선 IT를 하나의 변수로 도입하여 터친의 모델을 보다 세련되게 만드는 작업을 볼 수 있다. 이들에 따르면 "사회정치적 발전은 처음엔 정치체의 규모 증가에, 그다음엔 정보처리 및 경제 시스템의 개선에, 그다음에는 규모의 추가적인 증가에 지배된다." 즉, "어느 사회에나 '규모의 문턱scale threshold'이란 것이 있고, 그 문턱을 넘어설 정도로 정치체의 규모가 커지면 정보처리가 최고의 중요성을 갖게 된다. 또한

'정보의 문턱information threshold'이라는 것도 있어서, 일단 이 지점을 넘어서고 나면 정치체가 보다 큰 규모로 확대되는 것이 용이해진다."[28] 이들은 특히 '신대륙'의 여러(아마도 잉카 제국 정도를 제외한 모든) 사회들이 문자 기록 체계를 발전시키지 못한 것에 주목하면서 다음과 같은 질문을 던진다. "여러 사회에서 발견되는 빈번한 붕괴 중 일부는 정치체가 정보처리 역량을 충분히 발전시키기 못한 데서 기인하는 것이 아닐까? 그로 인해 외부와의 연결성이나 내부적 응집력이 결여된 데다, 정보처리 역량이 보다 우월해 크기를 더욱 불린 정치체들과 경쟁할 수 없을 정도로 능력이 낮아진 탓에 쓰러지거나 심지어 완전히 붕괴한 것일 수 있지 않을까?"[29]

하지만 터친과 네페도프가 인정하듯, 모든 순환적 과정은 분명 비순환적 성격을 띠는 힘들의 영향을 받게 되어 있다. 극심한 기후변화, 팬데믹, 기술발전의 중단은 물론 우리가 앞서 살펴봤듯 시기와 규모 면에서 거의 무작위적으로 발생하는 주요 충돌의 영향을 받기 마련이라는 뜻이다.[30] 터친에 따르면 미국에서 사회정치적 불안정성이 크게 치솟는 그다음 '급등spike' 지점은 2020년이며 이는 1870년, 1920년, 1970년 등의 연속선에 있다. 이러한 그의 예언은 올바른 것으로 판명될 수 있다.[31] 1970년대 이후의 이민 증가는 실질 임금의 정체와 동시에 나타났으며, 기술 변화 및 중국의 도전 등과 같은 다른 요인들도 최소한 그에 맞먹는 중요한 역할을 했다. 예일대 등록금을 제조업계의 평균 연봉에 대한 비율로 나타낸 수치, 또 인구 전체에서 경영학 석사학위MBA 취득자와 변호사의 수가 차지하는 비율이 지속적으로 증가해왔다는 점은 그간 엘리트가 과잉생산되었음을 간명하게 보여준다. 엘리트 내부의 파편화는 미국의 양당 정치가 마비되어가는 현상뿐 아니라 의원 자리를 놓고 격화되는 경쟁, 갈수록 증가하는 선거운동 비용에서 분명히 드러난다. 또한 미국은 대외적 전쟁을 성공적인 결말로 마무리하는 데 필요한 '아사비야'가 턱없이 부족한 것으로 보인다.[32]

그럼에도 터친의 자료에서 알 수 있듯 2020년인 현재 미국에서의 폭력 발생률은 1870년과 1920년, 1970년보다 훨씬 낮다. 비록 최근에는 총기난사 사건들 및 경찰의 살인 폭력을 놓고 뜨거운 논쟁이 벌어지고 있긴 하지만 말이다. 미국인들은 그 어느 때보다 많은 총기를 소지하고 있으나, 폭력이 크게 치솟았던 과거의 여러 '급등' 시점들과 비교하면 그것을 서로에게 사용하는 빈도는 훨씬 줄어들었음을 알 수 있다.[33] 어쨌든 이러한 질문이 나오지 않을 수 없다. 2020년에 나타난 불안정성, 즉 5월 말과 6월에 '흑인의 생명은 중요하다Black Lives Matter' 운동을 지지하는 대규모 시위가 폭발한 것에는 팬데믹—어떤 순환론적 역사 이론도 예측하지 못했던—의 영향이 어느 정도나 작용했다고 봐야 할까?

지금 유행을 타고 있는 다른 순환이론들에 대해서도 비슷한 반론을 제기할 수 있다. 헤지펀드 매니저인 레이 달리오Ray Dalio는 역사적 과정을 설명하는 자신의 모델을 고안해냈는데, 이는 인구역학이 아닌 부채역학debt dynamics을 주요 원리로 삼는다. 달리오는 터친과 상당히 비슷하게 "① 부의 추구가 이루어져 생산적으로 부가 창출되며 권력자들은 이를 촉진하기 위해 함께 조화를 이루는 행복한 번영기, ② 부와 권력을 놓고 무수한 싸움이 벌어져 조화와 생산성을 저해하고 때로는 혁명이나 전쟁으로까지 이어지는 비참하고 우울한 기간들로 구성되는 (…) 거대한 순환주기"를 포착해냈다.[34] 달리오가 직접 생각해낸 그의 역사철학은 조지 소로스George Soros가 독학으로 만들어낸 행동심리학적 접근법과 비슷하게 거친 면이 있다. "대부분의 일들은 시간이 지나면서 반복적으로 발생한다. (…) 인간들의 인격유형이라는 것, 그리고 이들이 취하는 경로는 그 수가 제한적이므로 이들이 조우하게 되는 상황의 수 역시 제한적이다. 그리고 그 결과, 제한된 수의 이야기가 시간이 지나면서 반복적으로 나타난다." 그는 "세계 최대의 제국 및 그 시장들의 흥망을 설명할 도식"을 "역사 속에서 나타난 그러한 운동들 거의 전부를 설명해온 (…) 열일곱 가지 힘"에 기초하여 제시한다. 또 다른 글에서 그는 "부와 권력을 측량할 수 있는 단일한 척도"를 이야기한다. 그에 따르면 그 척도는 "여덟 가지 힘을 측량하여 이를 대략 동일한 비중의 평균으로 잡아서 만들어진다." 그 힘들이란 "① 교육, ② 경쟁력, ③ 기술 ④ 경제생산량, ⑤ 세계 무역에서 차지하는 몫, ⑥ 군사력, ⑦ 금융 중심지로서의 힘, ⑧ 외환 준비고"다. 또한 그는 부채, 화폐 및 신용, 부의 분배, 지정학 등 네 가지의 상호작용하는 순환주기들을 이야기한다.[35] 이러한 자신의 네 가지 순환주기 이론을 바탕으로 달리 오는 1930년대의 영국이 그랬듯 이제 미국이 번영과 힘의 우월을 누릴 수 있는 날들은 끝나가고 있다는 결론을 내린다. 미국 달러화에 대해선 "현금이 곧 쓰레기가 될 것cash is trash"이라면서 말이다.[36]

이 접근법의 문제는, 이런 모델이 옛날에 있었더라면 분명히 예견되었을 법한 사건들이 실제로는 벌어지지 않았다는 점을 설명할 수 없다는 데 있다. 예를 들어보자. 이 모델대로라면 대영제국은 1815년 이후의 시기에 쇠퇴하고 몰락했어야 마땅하지만 실제로는 전혀 그렇지 않았다. 어째서일까? 영국은 GDP 대비 국가부채의 비율이 1822년에 172퍼센트로 절정에 달했고, 1818∼1822년의 5년간 디플레이션이 있은 후엔 격심한 경제적 불평등으로 인해 정치적 혼란의 물결에 휩쓸리기도 했다. 사람들의 미움을 받던 캐슬레이 자작Viscount Castlereagh(나폴레옹 전쟁 후기에 영국의 외교 정책을 이끌던 인물. 나폴레옹의 몰락 이후 오스트리아의 메테르니히와 함께 이른바 보수 반동적 성향의 국제질서인 '비엔나 체제'의 설계 및 수립에서 핵심적 역할을 한다. 하지만 이후 이러한 반동적 질서에 반대하는 자유주의와 민족주의 운동이 영국 안팎에서 거세짐에 따라 많은 이들의 증오 대상이 되었고, 정신질환을 앓다가 스스로 생을 마감했다_옮긴이)이 1822년 8월 12일에 자살한 뒤, 비엔나 회의에서 수립되었던 국제질서는 무너지기 시작했다. 하지만 대영제국은 19세기 초에도 계속 승승장구했고, 1830년과 1848년에 정작 혁명이 벌어진 곳은 영국이 아니라 도버 해협 건너편의 유럽이었다. 동일한 맥락에서, 어째서 미국은 1970년대에 쇠퇴 및 몰락하지 않았던 것이냐고 물을 수 있다. 당시 채권 소유자들은 인플레이션 탓에 아주 큰 손실을 입어야만 했고, 리처드 닉슨Richard Nixon 대통령이 달러화와 금 사이에 그나마 남아 있었던 마지막 연결고리를 끊어버리면서(금본위제 폐지를 의미_편집자) 인플레이션은 두 자리 수로 치솟았으며, 도심에선 폭동이 빈번했고 대학 캠퍼스들은 시위로 얼룩졌다. 대통령 본인도 결국은 사임하지 않을 수 없는 상황에 이르렀으며 베트남 전쟁은 모욕적인 패배로 끝났다. 하지만 미국의 권력은 계속 유지되었고, 1980년대엔 신속히 회복되었다. 폴 케네디Paul Kennedy의 저서 『강대국의 흥망The Rise and Fall of the Great Powers』―순환적 역사 이론을 담은 또 다른 저작인 이 책은 제조업 역량과 재정 균형의 절대적 중요성을 강조했고 그것을 근거로 미국이 쇠퇴할 것이라 예측했다―이 출간되고 2년 후인 1989년, 미국은 냉전에서 승리했다. 중부 및 동부 유럽에 건설되었던 소비에트 제국은 여러 나라에서 벌어진 혁명의 물결에 휩쓸려버렸고, 한때 강대국의 지위를 노렸던 일본은 자국 내의 자산 버블이 터지면서 주저앉아버렸다.

　앞으로도 살펴보겠지만 역사는 모델로 만들어 설명하기엔 너무나 복잡한 과정이며, 이는 터친과 달리오가 선호하는 비공식적 방식들로도 불가능한 일이다. 게다가 역사적 현상들—팬데믹이 대표적이지만 기후변화나 환경파괴 또한 마찬가지다—을 놓고 좀 더 체계적인 모델 작업을 하려 할수록 그 결과물은 "대충 맞는 정도에서 벗어나 정확히 그릇된 것"이 되어버리기 십상이다.[37]

재러드 다이아몬드의 주장

만약 우리가 경제적·사회적·정치적 붕괴 등을 예견할 수만 있다면 최소한 그중 일부는 회피가 가능할 것이다. 재러드 다이아몬드Jared Diamond는 2011년의 저서 『문명의 붕괴Collapse』에서 순환이론보다는 경직성이 덜한 이론을 제시한다. 인간이 만들어낸 기후변화로 갈수록 깊은 근심에 빠지는 오늘의 세계가 붕괴를 피할 수 있게 해줄, 일종의 체크리스트에 가까운 이론이었다. 그는 붕괴를 "상당 지역에 걸쳐 상당 기간 동안 인구의 규모가 급격히 감소하는, 그리고/또는 그와 동시에 정치적·경제적·사회적 복잡성이 급격히 줄어드는 사태"라 정의한다. 그 대략의 원인은 인간집단이 부주의로 인해 자신들이 살고 있는 환경에 손상을 입히는 일, 인간 활동과 무관한 자연적인 기후변화, 또는 전쟁(즉, 적대적인 이웃이 공격해 오는 사태) 등이다. 하지만 붕괴를 초래하는 가장 가능성 높은 원인은 한 사회가 그들이 직면한 위협 혹은 여러 위협을 해결하려 들지 않는 것이다.[38] 개인들이 경험하는 노화는 장기간에 걸친 쇠퇴지만, 사회의 붕괴는 이와 달리 매우 신속하게 벌어질 가능성이 있다고 그는 이야기한다.

> 마야 문명, 아나사지Anasazi 문화, 이스터 섬, 그 외 여러 과거 사회 및 최근 소련의 붕괴로부터 얻을 수 있는 주요 교훈 중 하나는 한 사회가 인구, 부, 힘의 면에서 정점을 찍은 뒤 불과 10~20년 사이에 급격히 쇠퇴하기 시작할 수 있다는 것이다. 이런 점에서 볼 때 우리가 지금까지 논의한 여러 사회의 여러 궤적들은 오랜 시간에 걸쳐 노쇠하며 시드는 인간 개개인의 일반적 삶의 과정과 크게 다르다. 그 이유는 간단하다. 인구, 부, 자원 소비, 폐기물 생산량이 극대치에 달했다는 것은 곧 자연환경에의 충격이 극대치에 달했으며 가용자원의 한계를 넘어서는 지점에 근접했음을 뜻하기 때문이다. 가만히 생각해보면, 여러 사회의 쇠퇴 과정이 그 사회의 절정 이후 그것에 신속히 뒤이어 나타나는 경향을 보인다는 것은 전혀 놀라운 사실이 아니다.[39]

즉, 사회가 붕괴의 원인을 예측하지 못하거나, 붕괴가 닥쳐도 그것을 인지하지 못하거나('잠행성 정상 상태creeping normalcy'의 문제), 정치적·이념적·심리적 장벽 때문에 그 붕괴를 해결하려 시도하는 데 실패하거나, 혹은 해결하려 애쓰긴 하나 실패하는 문제를 안게 된다는 것이다.

이 저서에서 다이아몬드는 붕괴의 사례 일곱 가지를 분석한다. 가까운 과거의 두 사례인 르완다와 아이티, 좀 더 먼 과거의 사례인 그린란드의 북유럽인들, 이스터 섬의 주민들인 라파 누이Rapa Nui, 폴리네시아인들, 북미 남서부쯤의 아나사지 문화, 중부 아메리카의 마야 문명 등이 그것이다. 또한 그는 태평양의 티코피아 섬, 중부 뉴기니, 일본 도쿠가와 막부 시대의 성공 사례들도 살펴본다. 그가 들려주는 가장 중요한 스토리는 아동문학가 닥터 수스Dr. Seuss의 작품인 『로렉스The Lorax』(1971)의 성인판이라 할 수 있다. 이스터 섬의 인구는 한창 때 수만 명에 달했으나 유럽인들이 18세기 초 처음 이 섬에 상륙했을 땐 불과 1,500~3,000명 정도만이 남아 있을 뿐이었다. 다이아몬드는 그 원인을 "인간이 자연환경에 가한 충격, 특히 삼림 벌채와 조류 개체수의 격감"으로 돌리며 "그러한 충격의 배후에 있는 정치적·사회적·종교적 요인들"을 강조한다. 문제는 '석상 건설'이었다. "씨족들 및 추장들 사이의 경쟁 탓에 갈수록 더 큰 석상을 세우려는 움직임이 나타났고 그로 인해 더 많은 목재와 밧줄, 식량이 필요해졌다"는 것이다.[40] 그 때문에 나무들이 점차 사라지자 그간 그것들이 붙잡아두고 있었던 지표의 토양들도 쓸려나갔다. 그리하여 한때 비옥했던 이스터 섬의 토지는 침식당했고, 이는 작황 악화로 이어졌으며, 목재의 공급이 줄어들자 카누를 만들 수 없어 물고기를 잡는 것도 불가능해졌다. 이로 인해 매우 끔찍하고 파멸적인 전쟁이 벌어졌고 종국에는 식인까지 행해졌다. 이 이야기가 주는 교훈은 매우 명확하니, 지구의 토양이 쓸려가버리는 상황을 만들면 우리 또한 이스터 섬 사람들과 똑같은 파국을 맞게 될 거란 게 그것이다.

하지만 이스터 섬의 역사에 대해선 이와 다른 버전도 존재한다. 이 버전에 따르면 이스터 섬에 사람들이 정착하기 시작한 것은 서기 1200년 이후의 일이고, 삼림 파괴는 주로 정착자들과 함께 이 섬에 온 쥐들의 소행이었으며, 거대한 석상들은 통나무를 굴려서 수평으로 옮겨진 것이 아니라 일어선 상태에서 '걸어가도록' 만들어졌다. 또한 원주민들이 주로 먹은 것은 해산물과 쥐고기 및 스스로 경작한 각종 채소였고 그들 사회가 붕괴한 원인은 1722년 유럽인들이 이스터 섬에 나타나면서 가한 충격, 특히 성병의 전염이었다.[41] 나아가 이 섬의 인구가 줄어든 것은 남아메리카에서 건너온 노예 사냥꾼들 때문이라는 가설도 있다.[42] 이는 다이아몬드가 전하는 성인판『로렉스』와는 전혀 다른 줄거리의 얘기다.

하지만 다이아몬드의 큰 주장, 즉 붕괴는 자연환경의 현상인 만큼이나 사회적 혹은 정치적 현상이기도 하다는 주장은 살려낼 수 있다. 『대변동Upheaval』(2019)에서 그는 이렇게 말한다. "어떤 나라든 전 국가적 위기를 겪게 되는데, 이러한 위기들은 (…) 나라와 민족 전체 차원에서의 변화를 통해 성공적으로 해결될 수도 있고 그렇지 못할 수도 있다. 외부 혹은 내부의 여러 압력[으로 인해 야기된 위기들]에 성공적으로 대처하는 데는 선택적 변화가 필수적이다. 이는 여러 나라나 민족, 또 개개인에게도 똑같이 적용되는 이야기다."

서양 정치사에서 가장 오래된 생각 중 하나는 개인의 인체와 정치체를 비슷한 것으로 보는 유비類比다. 토머스 홉스Thomas Hobbes의 저서 『레비아탄Leviathan』의 표지가 된 에이브러햄 보스Abraham Bosse의 유명한 그림을 생각해보라. 산과 들판 위로는 왕관을 쓴 거인이 우뚝 서 있고, 그의 몸통과 양팔은 300명 이상의 사람들로 이루어져 있다. 제러드 다이아몬드는 핀란드, 일본, 칠레, 인도네시아, 독일, 오스트레일리아, 미국 등에서의 일곱 가지 사례 연구를 통해 이런 생각을 되살려낸다. 이 사례들은 국가적 위기가 닥쳤을 때 그에 대처할 수 있도록 다이아몬드가 제시하는 열두 단계 전략의 기초가 된다.

① 개인이 됐든 한 민족이 됐든, 위기에 대처하는 최초의 단계는 자신이 위기에 처했음을 인식하고 인정하는 것이다.

② 그다음 단계는 그 상황에 대해서 자신이 해야 할 개인적/국가적 책임을 받아들이는 것이다.

③ 3단계는 '스스로가 풀어야 할 개인적/국가적 문제를 제대로 묘사하기 위해 모종의 울타리를 [꼭 물리적인 것일 필요는 없다] 세우는 것'이다.

④ 다른 개인들/국가들로부터 물질적·감정적 도움을 얻을 수 있다면 큰 힘이 될 것이다.

⑤ 다른 개인들/국가들을 문제 해결 방법의 모델로 활용하면 도움이 될 수 있다.

⑥ '자아의 힘ego strength'을 갖고 있다면 성공할 확률이 높아진다. 이를 국가 차원에서 말하자면 '국민적 일체감의 정서'라 할 수 있다.

⑦ 다이아몬드는 또한 개인과 국가 모두 '정직한 자기평가'를 해보라고 권유한다.

⑧ 이전에 개인적/국가적 위기를 경험한 바가 있다면 도움이 된다.

⑨ 인내심을 갖는 것 또한 도움이 된다.

⑩ 유연성을 함양하는 것이 좋다.

⑪ '핵심 가치들'을 갖는다면 도움이 된다.

⑫ 개인적/지정학적 제약 조건들로부터 자유로워지는 것 또한 도움이 된다.[43]

이 모든 주장에 내재한 문제는, 현실적으로 국민국가nation-states와 개인이 이렇게 서로 비슷한 존재가 아니라는 데 있다. 다른 모든 대규모 정치체들과 마찬가지로 국민국가 또한 복합 시스템이라고 말하는 편이 훨씬 더 정확하겠다. 실제로 우리 인간 개개인은 넓은 의미의 가우스의 법칙Gauss's law들에 지배되지만 국민국가들은 그렇지 않다. 가령 인간은 일단 성년이 되면 대부분 키가 비슷해진다. 개개인의 키를 그래프로 나타내보면 종 모양의 고전적인 정규분포 곡선이 그려진다. 우리 대부분은 5~6피트 지점 사이에 자리하고, 2피트 미만이거나 8피트 이상의 사람은 없다(1피트는 약 30.5센티미터_편집자). 개미 크기의 사람도 없지만 마찬루 건물 높이의 사람도 없는 것이다. 하지만 이는 국민국가의 경우엔 적용되지 않는 바다. 국민국가는 역사상 비교적 최근 들어 지배적 형태가 된 정치체다. 중국과 인도라는 두 거대 국가의 인구는 세계 인구의 36퍼센트를 차지한다. 그다음으로는 미국에서 필리핀에 이르는 11개의 큰 국가들이 있는데 각각의 인구가 1억 명 이상이므로 이들 모두를 합하면 전 세계 인구의 4분의 1을 약간 넘는다. 그 뒤를 잇는 중간 크기의 국가 75곳은 인구수가 각각 1,000만~1억 명 사이로 그 총합은 세계 인구의 3분의 1을 차지한다. 그러나 그다음으로는 인구수 100만~1,000만 명의 71개국(세계 인구의 5퍼센트를 차지), 10만~99만 9,000명의 41개국(세계 인구의 0.2퍼센트를 차지), 그리고 10만 명 이하의 33개국이 있다.

이렇듯 국민국가의 크기는 정규분포의 모습을 띠지 않고, 따라서 이들이 맞게 되는 국가적 위기들 또한 그렇다. 역사가들이 즐겨 연구하는 대상인 전쟁, 혁명, 금융위기, 쿠데타 등의 대변동은 전혀 정규분포의 모습을 띠지 않는 분포 곡선의 꼬리 부분에 자리 잡은 저빈도 사건들이지만 그것들이 가한 충격은 매우 크다. 역사상의 대혁명은 영국, 미국, 프랑스, 러시아, 중국 등에서 벌어졌지만 모든 곳에서 일어났던 것은 아니며, 대부분의 나라에선 그저 쉽게 잊힐 소수의 반란들만이 있었을 뿐이다.

그러나 우리 개개인들의 인생사는 이렇지가 않다. 모든 사람들이 사춘기와 중년의 위기를 겪는 것은 아니지만, 우리 중 그런 위기를 겪는 이들의 수는 워낙 많아서 이런 개념들을 굳이 정의할 필요조차 없다. 우리 대부분은 한 명에서 네 명 사이의 자녀를 낳고, 한두 종류의 건강상 위기를 겪는다. 그리고 1장에서 말했듯 우리 모두 죽고, 사망 연령의 범위 또한 비교적 좁으며, 여기에서도 정규분포 곡선이 나타난다. 개별 인간의 삶은 이렇게 모종의 순환적 코스를 밟게 될 가능성이 아주 크다.

그에 반해 일부 국민국가들은 매우 오랜 수명을 보인다. 영국은 400년이 넘었고(영국을 구성하는 각 부분들의 나이는 이보다 훨씬 더 많다), 미국은 이제 250세에 다가가고 있다. 다른 나라들은 제도상으로 볼 때 엄청난 불연속을 보여준다. 중국의 지도자들은 자국이 약 5,000년 된 나라라 즐겨 주장하지만 이는 예수회 신부들에게서 시작된 과장된 허구다. 예수회 신부들은 중국의 역사가 무려 기원전 2952년까지 거슬러 올라가는 것으로 보았고, 이는 기원전 2697년에 즉위했다는 신화 속 인물 황제黃帝를 쑨원孫文이 중국의 첫 번째 통치자로 지목함으로써 공식 담론이 되고 말았다. 하지만 사실을 보자면 중화인민공화국은 바로 최근에 그 70번째 생일을 축하하였으니 이는 재러드 다이아몬드보다 열두 살이나 어린 나이다. 또한 전 세계 국민국가들 대부분의 나이는 중국보다 그리 많지 않다. 인도네시아의 경우에서 볼 수 있듯 이 국가들은 제2차 세계대전 뒤의 탈식민화 시대에 세워졌기 때문이다. 그렇다면 한 국민국가의 기대수명은 얼마나 될까? 아무도 모르는 일이다.

요컨대 국민국가가 인간 개개인처럼 행동할 거라 기대하는 것은 절대적 오류이며, 이는 자동차 내연기관에 대한 이해로부터 얻은 지식을 기초로 하여 고속도로에서 벌어지는 추돌 사고를 추론하려 드는 것이나 마찬가지다. 복합적 정치체들은 개개인들과 똑같은 제약 조건들에 묶이지 않는다는 바로 그 이유 때문에 다이아몬드의 비유는 잘못된 비유인 것이다(그가 이를 심지어 전체 인류에까지 적용하려고 할 때는 더욱 그릇된 비유가 된다). 그가 거론한 일곱 사례 모두에서 각국은 자국을 괴롭히는 위기 혹은 여러 위기들의 중첩 사태를 성공적으로 극복한 바 있다. 이 표본에는 소련이나 유고슬라비아처럼 돌이킬 수 없도록 해체되어버린 정치체들, 독립국가로까지 나아가지 못한 과거 보호령 식민지 지역들, 자신들의 정부를 만드는 데 실패한 무수히 많은 민족체ethnic 집단들의 이야기는 하나도 등장하지 않는다. 만약 국민국가를 그저 개인이란 존재의 크기만 불려놓았을 뿐 본질적으론 동일한 것으로 여긴다면, 방금 언급한 국가들에 대한 논의는 왜 전혀 없는 것일까? 인간의 신체는 여러 조각으로 나뉘면 치명적일 수밖에 없지만 정치체는 그렇지 않다. 따라서 정치체들은 우리 인간이 갖지 못한 여러 옵션들을 자연히 갖게 된다.

카산드라의 저주

———

"우리가 지금 겪고 있는 국가적 비상사태를 추악한 드라마가 아닌 고전 비극으로 볼 수 있지 않을까?" 2020년 6월 극작가 데이비드 마멧 Daivd Mamet은 말했다. "우리의 경우, 테베인들의 전염병을 촉발시킨 것은 무엇이었을까?"[44] 이는 제기될 수밖에 없는 질문이다. 만약 순환적인 것, 또 개별 인간의 인생 주기를 모방하는 것이 아니라면 역사란 아마도 고전 비극의 무대에 오르는 주인공들의 상호작용을 그저 훨씬 더 큰 규모로—셰익스피어Shakespeare의 말마따나 "이 세상은 연극 무대"니까—복제해놓은 극적인 스토리라 보는 편이 더욱 타당할 테니 말이다.

유명한 재난들의 대부분은 비극이고 신문기자들도 통상적으로 이를 비극으로 묘사하는 것이 관례다. 하지만 어떤 재난은 엄밀한 의미에서 비극에 해당한다. 고전 비극의 약속과 관습을 그대로 따른다는 의미에서 말이다. 아이스킬로스Aeschylus의 비극 『아가멤논Agamemnon』에는 예언자, 코러스, 왕이 등장한다. 예언자는 지금 다가오고 있는 재난을 예언하고, 코러스는 그 예언을 확신하지 못하며, 왕은 파멸을 맞게 된다.

코러스 1: 당신이 지금 어디에 와 있는지 모른다면 가르쳐드리리다. 당신은 지금 아트레우스의 아들들이 사는 집에 있소. (…)

카산드라: 아니, 아니야. 이건 신들을 증오하는 집이오. 죽음으로 가득한 집, 친족들을 무참히 살해하여 (…) 잘린 머리들이 굴러다니는 (…) 피비린내 나는 인간 도축장이오. (…)

코러스 1: 이 이방인은 꼭 피 냄새를 맡은 사냥개 같군. 이 여자는 피를 좇고 있어.

카산드라: (…) 내 눈에는 똑똑히 보이며, 나는 그걸 믿어 의심치 않소. 어린아이들이 난도질을 당하며 비명을 질러대고—그다음에는 아버지들이 자기의 젖먹이 아이들을 불에 구워 뜯어

먹고 있소. (⋯)

코러스 1: 당신이 예언으로 유명하다는 건 우리도 들었소. 하지만 여기 아르고스에서는 아무도 예언자를 원하지 않는다오.[45]

카산드라는 트로이를 정복한 승리자 아가멤논이 트로이에서 끌고 온 노예다. 하지만 아가멤논의 부인인 클륌네스트라는 아가멤논의 암살 음모를 꾸미고 있었다. 트로이 전쟁으로 가는 함대의 바닷길이 평

트로이 멸망에 대한 카산드라의 예언(왼쪽)과 카산드라의 죽음(오른쪽). 목판. 하인리히 슈타인회벨Heinrich Steinhöwel이 번역하고 요한 자이너Johann Zainer가 울름Ulm에서 1474년경에 출판한 조반니 보카치오Giovanni Boccaccio의 〈유명한 여인들De mulieribus claris〉에서 가져옴. Penn Provenance Project.

2장 _ 순환주기들, 그리고 비극들

안하길 빌면서 아가멤논이 그녀의 딸 이피게니아를 희생 제물로 바친 일에 대해 복수하려 했던 것이다. 또한 그녀는 자신의 연인인 아이기스투스가 아가멤논의 자리를 빼앗아 왕이 되길 바랐다. 카산드라는 앞으로 무슨 일이 벌어질지를 너무나 분명히 보았으나, 그녀에겐 아무도 그녀의 예언을 믿으려 들지 않을 것이란 저주가 씌워져 있었다.

> **카산드라:** 오, 사악한 여인이여, 그렇게 하려는 것이로구나. 너의 남편, 너와 한 침대에서 자는 남자—한때 네가 깨끗이 씻겨주던 그 남자 (⋯) 그래, 거기 목욕탕 (⋯) 이 모든 일이 어떻게 끝날지를 어떻게 묘사할까? 종말이 곧 오리니. 그 여자가 손을 뻗는다 (⋯) 그리고 그녀의 다른 손도 그를 향해 가고 있다. (⋯)
>
> **코러스 1:** 대체 뭐라는 거야. 이 여자가 하는 말은 도무지 알아들을 수가 없어. 이 어두운 예언을 들으니 정신만 사나워지는구먼. (⋯)
>
> **코러스:** 예언 따위에 귀기울였다가 좋은 일이 생겼던 적이 과연 있었나?[46]
>
> **카산드라:** 하지만 우리는 죽기 전에 반드시 신들의 복수를 받을 것이오. 또 다른 남자가 와서 원수를 갚는군. 아들이 자기 엄마를 죽이고, 자기 아버지의 죽음의 핏값을 받아낸다. 추방당한 방랑자, 이 나라가 쫓아내버린 남자, 그가 돌아올 것이오. 그리고 결국 와해된 자신의 가문을 아예 끝장내버리면서 절정으로 치달을 테지.[47]

이어 아가멤논이 정말로 살해당하고, 코러스는 혼란과 말다툼으로 아수라장이 된다. 아이스킬로스는 코러스로 하여금 자신들의 왕이 살해당한 사태에 어떻게 대응할지를 놓고 우왕좌왕하며 말싸움을 벌이도록 만들었는데 이는 참으로 잊지 못할 장면이다.[48] 그는 자신의 비극 3부작 『오레스테이아Oresteia』의 2부와 3부에까지 걸쳐 그 예언이 가차 없이 실현되도록 만들어간다. 『제주祭酒를 바치는 여인들Choephoroi』에서는 아가멤논의 아들 오레스테스가 아르고스로 되돌아와 누나인 엘렉트라와 함께 자신들의 어머니와 그 연인을 살해할 음모를 꾸민다. 친엄마를 살해하는 대죄를 지은 오레스테스는 그 뒤 복수의 세 여신에게 쫓기는 신세가 된다. 『자비로운 여신들Eumenides』에서 그는 아테나 여신을 찾아가 정의를 호소하고, 배심원이 평결을 내리는 최초의 재판 형태로 정의를 허락받는다.

이 고대 비극은 신들에게 도전하면 어떤 결과와 마주하게 되는지를 무섭고도 적나라하게 보여준다. 오레스테스는 "친족의 복수를 하지 않은 데 대한 신들의 진노", 즉 자기 아버지의 죽음에 대한 복수를 하지 않으면 어떤 결과에 이를지를 매우 끔찍하게 묘사한다. "땅속 깊은 곳으로부터 전염병이 옮아 붙어 나병 환자처럼 생살이 썩어 문드러지면서 그 고통을 그대로 느껴야 하고, 그 자리에선 허연 고름이 뚝뚝 떨어진다."[49] 그리고 복수의 세 여신은 오레스테스에게 무죄를 선고한 아테나의 판결로 화해를 이룬 뒤 "친절한 세 여신"이 되어 아테네 시민들을 그러한 재앙에서 보호해주기로 한다. 코러스는 이렇게 노래한다.

바람으로 나무들이 꺾이는 일이 없을 것이고, 불같은 사막의 열기가 밀어닥쳐 막 피어난 새싹들을 시들게 하는 일도 없을 것이며, 무서운 병충해로 과일이 죽어버리는 일도 없으리라. (…) 기도하노라, 이 도시 안에서는 사람이 죽어나가는 내란이 절대 일어나지 않을 것이고, 혼란스런 내란이 우리 시민들의 검은 피를 마셔대는 일도 없을 것이며, 그 원수를 갚겠다는 욕망으로 다시 전쟁이 벌어져 결국 국가마저 죽여버리는 일도 없으리라.[50]

고대 그리스에서도 재난은 항상 사람들의 머릿속에 떠도는 비상사태로 여겨졌다. 재난은 결코 멀리 있지 않으며, 오로지 신들의 호의 덕분에 억제되고 있는 것에 불과하다고 믿어졌던 것이다.

소포클레스Sophocles의 비극 『오이디푸스 왕Oedipus Rex』에도 이와 비슷한 비극적 재난이 등장한다. 당시 테베는 전염병의 형태로 나타난 신들의 복수로 고통에 휩싸여 있었다.

(…) 우리가 타고 있는 국가라는 배는
너무 흔들려 상처투성이가 되었고, 뱃머리는 이제 깊이 처박혀 있으며,
흔들리는 뱃전 너머로는 피바다가 넘실거리며 몰려들고 있다.
거두어들일 곡식들은 모두 병들었고,
풀 뜯는 양떼와 소떼도 모두 병들었으며,
일에 지친 여인들도 모두 병들었는데, 그에 더해
전염병의 신은 그 불타는 횃불로 무장하고
우리 도시 위로 덮쳐왔노라.[51]

델포이 신탁信託에 따르면, 오이디푸스 왕은 이 재앙을 멈추기 위해 자신의 선대왕이었던 라이우스를 살해한 자를 찾아내야만 한다. 하

지만 여기에 등장하는 예언자인 테레시아스는 오이디푸스 본인이 바로 부친을 살해한 자일 뿐 아니라 모친인 이오카스테와 결혼하여 근친상간을 범했다는 것도 알고 있다. 그리고 자신이 처한 상황에 얽힌 모든 진실을 알게 된 오이디푸스는 스스로 눈을 망가뜨려 테레시아스의 예언을 현실로 만든다.

리처드 클라크Richard Clarke와 R. P. 에디R. P. Eddy가 주장한 바 있듯, 근대 들어 나타난 많은 재난은 이러한 고전 비극들을 그대로 되풀이하고 있다.[52] 멀리 갈 것 없이 허리케인 카트리나, 후쿠시마 핵발전소 사고, 이슬람국가ISIS: Islamic State의 발흥, 금융위기의 경우에도 카산드라와 같은 예언자는 항상 있었으나 사람들은 그에 주의를 기울이지 않았다.

클라크와 에디는 네 가지 요소로 구성된 '카산드라 상관계수'를 이야기한다. 재난의 위협, 재난을 경고하는 예언자, 의사결정자, 경고를 깔보고 무시하는 비판자들이 그것이다. 이 틀에서 보자면 재난들은 충분히 예측이 가능하지만, 서로 공모한 다양한 인지편향들은 그 재난을 막는 데 필요한 예비적 조치들을 막아버린다. 한 번도 벌어지지 않았거나 최소한 최근에 발생하지 않았던 종류의 재난이라면 사람들이 상상하기 어려울 수밖에 없다. 또 잘못된 방향으로 사람들의 합의가 형성되어 경고를 배제해버리는 경우에는 별 뾰족한 수가 없고, 재난의 규모가 너무나 커서 사람들이 도저히 믿지 못한다거나 그냥 너무 황당하게 여겨져 기분을 나쁘게 만들 경우에도 같은 결과가 빚어진다.[53] 카산드라와 마찬가지로 예언자들에겐 사람들을 설득할 기술이 결여되어 있을 수 있다. 그리고 의사결정자들은 책임의 분산, '의제의 관성', 규제에 의한 속수무책, 지적 무능, 이데올로기로 인한 무시, 그냥 비겁함 혹은 어떤 문제를 지적하기만 하고 해결은 않는 '면피성 행정'이나 결정적 정보의 은폐와 같은 관료제의 폐해 등에 묶일 수 있다.[54] 또한 '코러스'—이는 대중 여론이라기보다는 전문가들을 지칭한다—는 또 다른 묶음의 인지편향에 눈이 멀어버리기도 한다. 확실성에 대한 집착 (무작위 배정 실험randomized controlled trials이나 엄격한 '동료 심사peer review'), 새로운 이론은 무조건 비판부터 하고 보는 습관, '확립된 과학settled science'에 이미 들어가 있는 매몰비용 등 그 종류는 다양하다.[55] 또한 매체의 여론 및 칼럼란, 각종 토크쇼에 출연한 이들이 즉흥적으로 내뱉는 무수한 거짓 예언들도 잊으면 안 된다.

많은 전문가들은 계산 가능한 리스크로 문제를 풀려 든다. 이들에 겐 불확실성을 싫어하는 경향이 있기 때문이다. 그러나 리스크와 불확실성 사이엔 대단히 중요한 차이점이 있다. 프랭크 나이트Frank Knight 가 1921년에 주장했던 것처럼, "불확실성은 우리에게 익숙한 리스크의 개념과 어떤 의미에선 근본적으로 다른 것이라고 봐야 한다. (…) 고유한 의미의 '리스크'란 측정 가능한 불확실성으로 (…) 측정이 불가능한 리스크와는 너무나 다르기 때문에 사실상 전혀 불확실성이 아니다." 현실 세계에서는 "비슷한 예를 전혀 찾을 수 없거나 설령 찾는다 해도 그 수가 너무 적어 확률을 감안한 현실적 기대값의 가치를 추론할 근거가 될 만큼의 통계표를 만들 수 없는 완전히 독특한 사건들"이 언제든 벌어질 수 있다는 것이다.[56] 이와 똑같은 논지를 존 메이너드 케인스John Maynard Keynes는 1937년에 빛나는 지성으로 표현한 바 있다. 자신의 『일반 이론General Theory』을 비판하는 이들에 대한 응답으로 그는 이렇게 말했다.

"내가 말하는 '불확실한' 지식이란 단지 확실하다고 알려져 있는 것과 그저 확률적인 것을 구별하는 뜻만 있는 게 아니다. 이 점에서 보자면 룰렛 도박은 불확실성의 범주에 들지 않는다. (…) 일상의 삶에서 우리가 예측하고 기대하는 것들의 대부분은 거의 확실하며, 그 불확실성은 매우 미미한 수준이다. 심지어 날씨조차 그 불확실성의 정도가 아주 제한되어 있다. 내가 말하는 불확실성이란 용어의 의미는, 이를테면 유럽 전체의 전쟁이 벌어질 전망이 불확실하다든가 또는 (…) 20년 후의 이자율이 불확실하다든가 하는 그런 뜻이다. (…) 이러한 문제들에 있어서는 계산 가능한 확률을 짚어볼 그 어떤 과학적 기초도 전무하다. 한마디로 우리가 전혀 알 수 없는 일들인 것이다.[57]

설상가상으로 우리는 심지어 계산 가능한 리스크들조차도 무수한 인지편향들 탓에 제대로 알아내는 데 어려움을 겪는다. 대니얼 카너먼Daniel Kahneman과 아모스 트버스키Amos Tversky가 그들의 유명한 논문에서 일련의 실험을 통해 보여주었듯, 사람들은 아주 단순한 금융적 선택의 상황에 처할 때조차 확률을 잘못 계산하는 경향이 있다. 카너먼과 트버스키는 표본집단을 구성한 개개인 모두에게 각각 1,000이스라엘파운드를 나누어주며 두 가지 선택지, 즉 ①50퍼센트의 확률로 1,000파운드를 더 벌 수 있는 기회와 ②100퍼센트의 확률로 500파운드의 돈을 더 벌 수 있는 기회를 제시했다. 이때 ①을 선택한 이들은 16퍼센트에 불과했고 나머지인 84퍼센트는 모두 ②를 선택했다. 이어 카너먼과 트버스키는 동일 표본집단의 개인들에게 2,000이스라엘파운드를 받은 경우를 상상하게 한 뒤 ③50퍼센트의 확률로 1,000파운드를 잃거나 ④100퍼센트의 확률로 500파운드를 잃을 수 있는 두 선택지를 제시했다. 그러자 이번에는 다수(69퍼센트)가 ③을 선택했고, ④를 선택한 이들은 31퍼센트에 불과했다. 하지만 이 실험에서 제시된 두 번의 선택은 최종 이득의 관점에서 따져보자면 사실 동일하다. ①과 ③은 모두 50퍼센트의 확률을 전제로 하여 1,000파운드나 2,000파운드로 끝나는 선택이며, ②와 ④는 모두 확실하게 1,500파운드로 끝나는 선택이니 말이다. 카너먼과 트버스키는 이밖에도 여러 실험을 통해 사람들의 선택과 심리에 놀라운 비대칭성이 존재한다는 점을 발견했다. 긍정적 전망이 있을 때에는 리스크를 회피하는 반면 부정적 전망 앞에서는 리스크를 추구한다는 것이다.[58]

이런 '불변성 유지의 실패failure of invariance'는 인간의 휴리스틱heuristic(흔히 합리적 판단이 불가능하거나 필요하지 않을 때 재빨리 사용하는 어림짐작의 기술_편집자) 편향 중 하나일 뿐이다. 이러한 휴리스틱 편향들 덕에 현실의 인간들은 신고전파 경제 이론에 나오는 호모 이코노미쿠스와 구별되는 존재가 된다. 호모 이코노미쿠스는 획득 가능한 모든 정보와 자신의 기대효용을 기초로 삼아 합리적 결정을 내리는 존재로 상정되지만 현실의 인간은 그것과 거리가 멀기 때문이다. 다른 여러 실험들 또한 우리가 다음과 같은 인지적 함정들에 쉽사리 빠져버린다는 점을 밝혀냈다.

- **가용성 편향availability bias**: 우리에게 진정으로 필요한 데이터가 아니라 그냥 기억에서 쉽게 꺼내 사용할 수 있는 정보에 기초하여 결정을 내리게 만든다.
- **사후과잉 확신 편향hindsight bias**: 어떤 일이 일어나기 전ex ante보다 그 일이 일어난 후ex post에 그 사건의 발생 확률을 더 크게 잡게

끔 만든다.

- **귀납의 문제problem of induction**: 충분치 못한 정보를 갖고서 일
  반 법칙들을 정식화하게 만든다.

- **논리곱conjunction(혹은 논리합disjunction) 오류**: 90퍼센트의 확률
  을 가진 일곱 가지 사건이 모두 벌어질 확률은 과대평가하는 경
  향이 있는 반면, 10퍼센트의 확률을 가진 일곱 가지 사건들 중
  하나라도 벌어질 확률은 과소평가하는 경향이 있다.

- **확증 편향confirmation bias**: 최초에 우리가 가정한 가설이 있을 경
  우 이를 반박할 증거보다는 확증해줄 증거를 찾는 경향이 있다.

- **오염 효과contamination effects**: 실제 처한 문제와 근접해 보이지
  만 실은 전혀 무관한 정보에 우리의 의사결정은 영향을 받는다.

- **감정 편향affect heuristic**: 선입견에 의한 가치판단이 우리의 비용
  편익 계산에 개입한다.

- **범위의 무시scope neglect**: 수치의 단위가 바뀔 정도로 피해의 규
  모가 다르다면 그 피해를 막기 위해 우리가 각오해야 할 희생의
  크기도 당연히 비례적으로 바뀌어야 하지만, 이러한 편향은 그것
  을 막는다.

- **검증에 대한 지나친 과신overconfidence in calibration**: 우리의 추산
  값이 신뢰성을 가질 수 있는 영역인 신뢰구간을 과소평가하게
  만들어, '최선의 경우'에 해당하는 시나리오를 '가장 확률이 높은
  경우'의 시나리오와 융합시켜버린다.

- **방관자의 무관심bystander apathy**: 군중 속에 있을 때 개인들은 스
  스로의 책임을 방기하는 경향을 갖게 된다.[59]

그밖에도 인간들이 오류를 저지르는 방식은 무수히 많다. '인지부조화'라는 용어를 만든 것은 미국의 사회심리학자 리언 페스팅어Leon Festinger였다. 1957년에 출간한 저서에서 그는 다음과 같이 주장한다. "불일치성이 나타나면 심리적 불편함"이 생기며, 따라서 "[인지]부조화가 존재할 경우 (…) [그것에서 감정적으로 영향을 받은] 개인은 그 부조화를 줄이고 일치를 달성하고자 하는 동기를 갖게 된다." 게다가 "부조화가 나타나는 상황에 부닥친 개인은 그 부조화를 줄이려 할 뿐 아니라 그것을 더욱 증대시킬 듯한 상황 및 정보 들을 적극적으로 회피하기 마련이다."[60]

하지만 상당한 증거로 볼 때, 많은 이들은 그런 부조화 상황을 오랜 시간 동안 그냥 끌어안고 살아가는 법을 배울 수 있다. 인지부조화는 사람들 앞에서 말하는 내용과 사석에서 말하는 내용이 전혀 다른 형태로 나타날 때가 많다. 이는 한때 전 세계 공산주의 체제에서 일상생활의 기본이 되었던 일이고, 또 자본주의 사회의 사람들이 아주 쉽사리 행하는 일이기도 하다. 기후변화의 위험을 다루는 국제회의에 참석하기 위해 개인용 제트기로 날아가는 이들을 보라. 사회심리학은 인지부조화 상황에서 사람들이 불편함을 느낄 것이라 예측하지만 이런 사람들은 그런 느낌을 거의 갖지 않는다.

옥스퍼드대학의 철학자 길버트 라일Gilbert Ryle이 만든 용어인 '범주상의 오류'를 보자. 라일은 자신의 저서 『정신의 개념The Concept of Mind』에서 지극히 영국적인 예를 든다. "크리켓 경기를 처음으로 관람한 어느 외국인은 투수, 타자, 외야수, 심판, 점수 기록자 각각이 맡은 역할들을 대해 배우고 난 뒤 이렇게 말했다. '그런데 팀의 사기team-spirit라는 유명한 요소를 북돋아주는 사람은 경기장에 없군요.'"[61] 이어 라일은 그의 가장 유명한 주장을 내놓는다. 르네 데카르트René Descartes가 인간의 정신을 "기계 속의 유령"[62]—육체와 구별되는 그 무엇—이라고 표상表象한 건 잘못이라는 것이다. 크리켓 팀은 열한 명으로 구성되고, 그들의 사기를 진작하는 임무를 맡은 열두 번째 선수 같은 존재는 따로 없다. 하지만 이와 비슷한 범주상의 오류는 현대 담론들에서 얼마든지 찾아볼 수 있다. 국민국가는 수백만 명의 개인들로 구성되어 있으니 위기를 경험하는 방식 역시 개개인의 방식과 동일할 것이라는 환상도 그중하나다.

지옥의 종소리

키스 토머스가 저서 『종교와 마술, 그리고 마술의 쇠퇴』에서 시사한 바있듯, 17세기 말엽부터 인류가 미신에서 과학으로의 문턱을 넘어섰다고 생각하면 참으로 신난다.[63] 하지만 현실을 보자면 그 '과학'이라는 것은 복잡하고 논쟁에 휩싸인 왕국에 불과하며, 그 왕국에서 새로운 패러다임이 낡은 잘못된 패러다임을 대체하는 일은 매우 느리게 일어난다는 것이 오래전 토머스 쿤Thomas Kuhn이 주장했던 바다.[64] 더욱이 과학적 방법이라는 것을 오남용하면 가짜의 상관관계라는 것도 얼마든지 무한히 만들어낼 수 있다. 줄기세포 주입 시술을 받은 백혈병 환자들이 생존할 가능성과 그들의 별자리를 상관관계로 내미는 것이 한 예다.[65] 또한 과학의 진보는 마술적 사유뿐 아니라 종교적 신앙과 의식까지 쇠퇴시킨다. 소설가 G. K. 체스터턴G. K. Chesterton이 예견했듯 이는 의도치 않은 결과, 즉 사람들의 마음속에 새로운 형태의 마술적 사유가 들어설 여지를 만들어내게 된다.* 현대 사회는 대리代理 종교와 마술에 대단히 쉽게 감염되며, 자세히 살펴보면 17세기 이전 사람들의 행태나 별로 다를 바 없는 새로운 형태의 비합리적 활동들을 낳는다.

어떤 이들은 정치학자 필립 테틀록Philip Tetlock이 개척한 '슈퍼 예측 superforecasting'이란 방법으로 사람들의 그릇된 외고집을 극복할 수 있다고 믿으며 마음을 달랠 것이다. 테틀록은 숙련된 예측가들에게 토너먼트 경쟁을 붙이고 다양한 형태의 석명성釋明性, accountability을 수단으로 하여 개개인의 인지편향을 극복하고자 했다.[66] 하지만 그의 '좋은 판단 프로젝트Good Judgement Project'에서 뽑힌 가장 뛰어난 예측가들은 영국 유권자들이 유럽연합 탈퇴에 찬성표를 던질 확률이 23퍼센트에 불과할 것이라 내다봤고, 2020년 2월 20일에 치러진 영국 국민투표에서는 탈퇴를 찬성하는 결과가 나오고 말았다.

이 글을 쓰는 시점에서 불과 1개월 전만 해도 테틀록의 '슈퍼 예측가들'은 코로나19 확진자가 세계적으로 20만 명 이상일 확률이 3퍼센트일 거라 예측했지만 현재의 확진자 수는 이미 그 수치를 가뿐히 넘겼다. 제이넵 투펙치Zeynep Tufekci는 코로나19의 위험을 비교적 일찍 알아낸 저술가들 중 하나다. 하지만 2014년에 발표한 논문에서 그녀는 에볼라Ebola 바이러스가 팬데믹을 일으켜 2014년 말까지 100만 명의 확진자가 나올 수 있다고 예측한 바 있다. 그리고 실제 확진자 수는 3만 명에 그쳤다.[67]

• "사람들이 신을 더 이상 믿지 않게 된다는 건 그들이 아무것도 믿지 않게 된다는 뜻이 아니라 무엇이든 믿는 상태가 된다는 뜻이다."라는 말은 체스터턴이 한 것으로 알려져 있지만 이는 사실과 다르다. 그가 했던 가장 비슷한 말은 그의 단편소설 '초승달의 기적Miracle of Moon Crescent'에 나온다. "유물론으로 철저하게 무장한 이들은 신을 믿을지, 아니면 거의 어떤 것이든 다 믿을지의 경계선 위에서 줄타기를 하는 이들이다."

이렇듯 재난은 무작위적 성격을 띠고 인간의 정신은 이런 종류의 사건을 예측하는 능력이 형편없으니, 이런 세상에서 평범한 사람들이 블랙유머에 자주 의지하는 것은 놀랄 만한 일이 아니다. 제1차 세계대전 당시 서부 전선의 참호에 있던 영국 병사들 사이에선 전쟁 전 구세군들이 불렀던 찬송가를 패러디한 노래가 대유행이었다.

> 지옥의 종소리가 땡 땡 땡
> 하지만 내가 아닌 네게 울리는 종소리
> 내게는 천사들의 노랫소리가 라 라 라
> 천사들이 내게는 행운을 가져다준다네
> 오, 죽음이여, 내게도 한번 덤벼보시지?
> 오, 무덤이며, 나도 한번 삼켜보시지?
> 지옥의 종소리가 땡 땡 땡
> 하지만 내가 아닌 네게 울리는 종소리![68]

전장에서 소위로 복무하던 한 장교는 이 노래의 가사를 채록했고, 이를 런던 나이츠브리지Knightsbridge 지역에서 변호사로 일하는 사촌에게 보낸 편지에 적어놓았다. 이 가사를 세상에 알린 그 변호사는 그것이 갖는 의미를 매우 잘 이해하고 있었다. 그는 이 가사가 향하는 대상이 참호 너머 적진에 있는 독일군들이 아닐 것이라고 시사한다.

승리에 대해 괴상할 정도라 할 수 있는 이 강한 자신감은 지상 위 적군에게 도전하는 것이 아니라 전쟁에 끌려 나간 병사들의 용기가 나타난 하나의 예일 뿐이라고 추측하지 않을 수 없다. 이는 영국 병사들

2장 _ 순환주기들, 그리고 비극들

이 죽음을 가볍게 받아들이는 늠름한 모습이고, 그러한 엄청난 일도 약간의 유머를 더해 놀이처럼 만들어버린 것이다. 언제든 온몸이 산산조각 날 수 있는 사람들이 이런 놀라운 가사의 노래를 부르면서 참호마다 한가득 버티고 있는 일이 가능한 이유다. (…) 이는 참으로 놀라운 일, 또 믿기 힘든 일이다! 신앙이 없는 숙명론, 시건방진 경멸의 태도를 꾸며 자신을 안심시키는 행위―이는 분명 종교는 아니지만 그럼에도 종교다.[69]

이 노래가 불린 때는 사망자 수로 봤을 때 영국 역사상 최악의 군사적 재앙이었던 솜 전투Battle of the Somme가 벌어지기 전날 밤이었다. 1914년부터 1918년까지 영국군에선 13퍼센트인 67만 3,375명이 목숨을 잃었고 32퍼센트가 부상을 입었다.

전염병에서와 마찬가지로 전쟁 상황에서도 우리 인간들은 자신만큼은 살아남을 거라 믿는 기묘한 성향을 보인다. 물론 그 믿음이 맞을 때도 있다. 어쨌거나 전쟁에서 생존한 이들의 수는 죽은 자들의 수보다 많으니까. 그 '지옥의 종소리' 노래를 들은 젊은 장교 토비 스타Toby Starr는 운도 좋았지만 용감하기도 했다. 2개 중대를 지휘하며 나아가다 독일군의 지뢰밭으로 들어섰을 때에도 그는 털끝 하나 다치지 않았다. "물론 심하게 흔들리기는 했지만 (…) 즉시 기관총을 쏘아서 달려드는 적군들을 쓸어버렸고, 결국 그들을 효과적으로 격퇴했다. (…) 뿐만 아니라 빗발치는 총탄 속에서도 흙속에 파묻힌 부하들을 악착같이 구해냈다." 이러한 공으로 스타는 빅토리아 십자훈장을 받았다.[70] 하지만 일반적으로 보자면, 땡땡땡 울리는 지옥의 종소리는 우리 개개인이 용감한지 비겁한지 따위에 대해선 전혀 개의치 않는다. 또한 우리는 그 종소리가 우리 자신을 향해 울릴 확률을 계산해내는 데는 별 재주가 없는 편이다.

언제라도 죽을 수 있는 상황에서는 교수대 유머가 적절한 반응일 수 있다. 미국 군대에도 나름의 '지옥의 종소리' 버전이 있는데, 이는 노래가 아닌 약어의 형태를 띤다. '병사soldier'의 공식적 약어는 본래 'SOL'이었으나 이는 1917년부터 '운이 다한 병사soldier out of luck'를 뜻하는 약어가 되었고, 나중에는 '운수가 아작난shit out of luck'—이는 목숨을 잃는 상황뿐 아니라 저녁식사 시간을 맞추지 못해 굶어야 하는 상황에 이르기까지 어디에나 적용된다—이란 뜻이 되었다. 제2차 세계대전 중에는 '정상적 상황: 모든 것이 엉망진창인 상태situation fouled / fucked up'를 뜻하는 'SNAFU'라는 약어가 사용되었다. 옥스퍼드 영어사전에 따르면 이 말은 "일반 병사들이 전쟁의 무질서와 상관들의 무능력을 무표정하게 받아들인다는 의미를 담은 표현"이며, "상황이 별로 좋지 않음을 뜻한다." 1944년 미 공군 폭격기의 승무원들은 이보다 더욱 극단적 상태를 지칭하는 말을 줄인 'FUBAR'라는 약어를 만들었다. 이는 '전혀 알아볼 수 없을 정도로 모든 것이 엉망이 되어버린 상태foulded / fucked up beyond all recognition'라는 뜻인데, 옥스퍼드 영어사전에 따르면 "엉망진창, 초토화, 난장판이 된 상태"일 뿐 아니라 "지극히 들뜬 상태"를 지칭하는 표현이기도 하다.

좀 더 최근엔 미국 샌프란시스코의 길거리에서도 이러한 종류의 약어가 또 하나 생겨나 오늘날 일반적으로 쓰이는 영어 표현이 되었다. 갖가지 안 좋은 상황에 처했음을 뜻하는 '좆됐다shit happens'가 그것이다(좀 더 점잖은 표현으로는 '새됐다stuff happens' 또는 '엿됐다it happens' 등이 있다). 이 말을 처음으로 기록한 이는 1964년에 버클리대학 대학원의 어느 석사 과정생이다. '조폭 조직원들과 경찰'이란 주제로 석사 논문을 쓰던 그는 어느 조직원—16세의 흑인 소년이었다—을 인터뷰하던 중 이런 이야기를 들었다. 어느 날 친구들과 함께 영화를 본 뒤 샌프란시스코의 마켓 가街를 걷고 있었는데 두 명의 경찰이 자신들을 아무 이유도 없이 멈춰 세우더니 체포하겠다고 협박했다는 것이다. "그런 식으로 좆되는 일이야 뭐 항상 있는 일이죠. 경찰들이 우리한테 그렇게 시비 걸지 않는 날이 있다면 그게 이상한 거예요."[71] 그런데 이 경우엔 비록 경찰들이 인종차별적 언어를 내뱉긴 했으나—"자, 이제 너희 흑인 애들 빨리빨리 꺼져. 이 길에서 또 어슬렁대면 재미없을 줄 알아."—폭력을 쓰진 않았다. 하지만 말 대신 폭력이 사용되었다 해도 전혀 놀라울 상황은 아니었다.

비록 다른 상황이긴 하지만, 이 '좆됐다'는 표현을 만들어낸 흑인 소년도 영국의 군인 토비 스타처럼 재난을 맞는 일 없이 무사히 살아남았다. 하지만 무참히 죽어갔던 토비 스타의 부하들처럼 그 흑인 소년의 친구들 중 폭력에 당한 이들이 부지기수였다는 데는 의문의 여지가 없다. 재난을 아주 가까이에서 접하거나 일상적으로 직면하는 이들은 이렇게 말할 것이다. 재난이란 예측할 수 있을 만큼 주기적으로 벌어지는 순환적인 것도, 이루 필설로 형용할 수 없을 만큼 비극적인 것도 아니라고. 그건 그저 인생이라고.

3장
회색 코뿔소, 검은 백조, 드래건 킹

재난은 뻔히 예견될 때가 많지만(회색 코뿔소), 익히 예견되었던 재난들조차도 막상 닥치고 나면 마치 전혀 예상치 못했던 사건처럼 보일 수 있다(검은 백조). 그리고 개중에는 그 사망자의 규모가 너무나 엄청나서 다른 재난들과 비교조차 할 수 없는 것들도 있다(드래건 킹). 재난은 '자연적인' 것도 '인간이 만들어낸' 것도 아니다. 어마어마한 자연적 재난이라 해도 화산, 단층선, 심한 홍수를 일으키는 강가 등과 같이 재난의 잠재적 위험이 있는 지대를 사람들의 정착지로 만드는 결정 때문에 발생하는 경우가 대부분이며, 이런 점에서는 재난이란 인간이 만들어내는 것이라고 해야 한다. 인명 피해 면에서 보자면 가장 큰 재난들이 벌어진 곳은 단연코 아시아다. 아시아의 기준에서 보자면 미대륙에서 발생했던 대규모 재난들은 재난이라 말하기도 힘들다.

신들 앞의 우리는 악동들 손아귀에 든 파리나 마찬가지.

신들은 심심풀이로 우리를 죽여버린다.

– 『리어왕King Lear』

재난을 나타내는 동물들의 군상

2020년 초, 코로나19 사태로 곤경에 처한 국가 지도자들은 국민들의 지지를 끌어내기 위해 "비록 '보이지 않는 적'과 싸우는 것이긴 하나 어쨌든 이 사태는 하나의 전쟁임이 분명하다."라는 말을 남발했고, 그 결과 '보이지 않는 적'이란 표현은 이제 식상한 것이 되어버리고 말았다.[1] 수많은 역사학자들은 이런 비유에 대해 세심한 단서조항을 달긴 했지만 지지를 표한 바 있다.[2] 물론 팬데믹과 전쟁은 서로 다른 것으로 봐야 할 자명한 이유들이 있다. 팬데믹은 자연재해지만 전쟁은 인간이 만든 재해라고 우리는 생각한다(이런 구별에 대해선 나중에 다시 이야기할 것이다). 팬데믹에서 사람을 죽이는 것은 병원체인 반면 전쟁에서 사람을 죽이는 것은 다른 사람이니 말이다. 하지만 이 두 종류의 재난은 초과사망률이 치솟는다는 적나라한 사실 외에도 여러 많은 공통점을 가지고 있다. 양쪽 모두 이 책에서 다루고자 하는 바, 즉 드물게 일어나는 아주 큰 규모의 재난이라는 특별한 범주에 들기 때문이다.

전쟁이 항상 마른하늘에 날벼락처럼 갑자기 찾아오는 것은 아니다. 하지만 1914년의 제1차 세계대전 발발은 바로 그런 날벼락이었다. 당시의 사람들은 유럽 차원에서 대규모 분쟁이 벌어질 가능성이 있다는 것, 또 그런 일이 일어나면 그 결과가 매우 엄혹할 것임을 오랫동안 의식하고 있었다. 그러나 가장 많은 교육을 받고 가장 많은 정보를 가진 사람들 중 그해 7월 말에 바로 그런 아마겟돈이 임박했다고 생각한 이들은 거의 없었다. 2020년의 사태에 대해서도 이와 비슷한 이야기를 할 수 있다. 오늘날 가장 많은 교육과 정보를 가진 이들 또한 새로운 전염병 병원체의 위협에 대한 경고를 반복해서 접했지만, 세계보건기구WHO: World Health Organization가 마침내 '미지의 질병Disease X'이 실제로 출현했음을 알렸을 때조차 그 위험을 깔보거나 아예 무시하는 쪽을 택했으니 말이다.

그 결과, 팬데믹이 터진 뒤 몇 달간 나타난 여러 상황—금융공황, 경제의 혼란, 대중의 공포, 상당 수준의 초과사망률 등(제1차 세계대전 당시의 사망자는 주로 남성 청년이었으나 이번 팬데믹에선 남녀 모두 노년층에서 더 많은 사망자가 나왔다)—은 제1차 세계대전 초기의 몇 개월과 상당히 비슷하다. 중요한 차이점은 제1차대전 발발 당시의 각국이 애국주의의 물결로 사기충천이었던 데 반해 코로나19 사태의 경우엔 그런 것이 없었다는 점이다. 하지만 유사점도 하나 있다. 두 경우 모두 해당 위기가 '크리스마스 때쯤이면 끝날 것'이 아닌 게 분명해지자 그 상황에 적응하는 과정이 시작되었다는 점이다. 끝나갈 무렵에 이르면 재난적 사건들은 그로 인해 삶이 망가진 이들이 도저히 알아볼 수 없는 형태를 띠게 된다. 1914년 8월 당시 제1차 세계대전이 4년하고도 3개월이나 지속될 것이라 생각한 이는 아무도 없었다. 또 1340년 슬로이즈Sluys 해전에서 영국과 프랑스의 함대가 충돌했을 때 그것이 '백년전쟁'의 시작이 될 줄은 그 누구도 몰랐다. 하긴 이 '백년전쟁'이라는 말 자체가 1823년에 와서야 만들어진 용어이기도 하고 말이다.[3]

물론 역사에 완전히 무지한 이들이 있다. 2020년 3월 「파이낸셜 타임스Financial Times」의 한 금융 전문가는 이렇게 말했다. "이는 믿을 수 없을 정도의 비상사태며 우리가 이전에 한 번도 본 적 없는 종류의 위기다."[4] 어떤 위기가 나타날 때마다 그것을 '전례 없는' 등의 용어로 묘사하는 사람들은 그 말을 통해 자신들이 역사에 무지하다는 사실만을 드러낼 뿐이란 점을 이 예는 알려준다. 사람들이 팬데믹의 의미를 이해하려 하자 수많은 역사적 비교와 비유가 난무했지만 모두가 너무나 형편없는 것들이라 좀 전의 예에서 나타난 완전한 무지보다 별로 나을 것도 없었다. 2002년 3월에 캔터베리 대주교는 코로나 사태를 핵폭발의 충격에 비유했다. "최초의 충격도 엄청난 것이었지만 그 낙진은 몇 년 동안이나 계속될 것이며, 현재로서는 전혀 예측할 엄두조차 내지 못할 여러 방식으로 우리의 미래를 결정할 것입니다."[5] 이는 그릇된 비유다. 1945년 8월 히로시마廣島와 나가사키長崎에서 최초의 원자폭탄이 터졌을 때 무슨 일이 벌어졌는지를 잠시 생각해보자. 히로시마 상공에서 '작은 소년Little Boy'이란 이름의 원자폭탄 하나가 터지자 그보다 6개월 전 독일 드레스덴의 대폭격이 낳은 것과 거의 똑같은 3만 5,000명의 사망자가 즉시 발생했다. 하지만 1945년이 끝날 무렵엔 원자폭탄으로 인한 사망자의 수가 훨씬 더 늘어 히로시마는 14만 명, 나가사키는

7만 명을 기록했다. 게다가 이후 그 두 원자폭탄에서 터져 나온 방사능이 야기한 백혈병 및 암으로 죽어간 이들의 수 또한 대단히 많다.

이 글을 쓰고 있는 2020년 10월 22일 현재까지 대략 8개월 동안 나타난 전 세계의 코로나19 사망자 수는 110만 명 이상으로 추산된다. 그러나 여러 나라에서 나타난 예측사망률과 초과사망률을 비교하여 판단해볼 때 이는 실제보다 적은 수치일 가능성이 매우 크고,[6] 몇 개월 후 이 책의 원고가 출판사로 넘어가는 시점엔 분명 훨씬 더 늘어나 있을 것이다. 이는 실로 양차대전에서 있었던 가장 큰 전투의 사망자 수에 비견될 만하다. 하지만 핵폭발 이후의 충격파 및 방사능과 달리 코로나19 바이러스는 개인과 국가 들이 올바른 예방 조치를 취한다면 피해갈 수도 있는 대상이다. 이탈리아가 됐든 미국 뉴욕주나 대만이 됐든 그곳에 떨어진 '폭탄'은 동일하다. 그런데 현재까지 대만에서의 코로나19 사망자는 일곱 명에 불과한 데 반해 뉴욕주의 경우엔 3만 3,523명에 달한다. 그렇다 해서 지정학적 비유는 항상 그릇된 것이라거나 현 사태를 이해하려면 다른 팬데믹들만을 연구해야 한다고 말하려는 것은 아니다. 다만 코로나19라는 사태를 비정기적으로 인류에게 닥치는 드문 종류의 재난 중 하나로 볼 필요가 있다는 것이다. 이러한 종류의 재난으로는 팬데믹 외에도 대규모 전쟁, 폭력적 혁명, 또는 화산 폭발, 지진, 산불과 홍수처럼 극단적 기후와 관련된 사건들이 있다. 역사가들은 그러한 극단적 재난들의 연구로 모여드는 경향이 있고, 특히 그중에서도 인간들이 만들어낸 종류들을 더 선호한다. 하지만 이러한 재난들이 공통적으로 갖는 성질에 대해선 깊이 성찰하는 이들이 드물다.

2020년에 세계를 휩쓴 팬데믹 같은 사건은 대규모 전쟁과 동일한 빈도로 벌어지는 재난이다. 매우 영향력 있는 어느 감염병리학 모델에 따르면, 2020년의 팬데믹은 의학적 개입이 없을 경우 전 세계적으로 4,000만 명의 목숨을 빼앗을 수 있다고 한다.[7] 현재의 세계 인구가 78억 명이니 이는 제1차 세계대전 당시 전장에서의 사망률에 대략 근접하는 비율이다. 코로나19에 따른 사망자 수는 궁극적으로 제1차 세계대전에서의 사망자 수까진 이르지 않을 것이 분명하지만—이는 영국 임페리얼칼리지런던Imperial College London의 모델이 코로나19 감염에 따른 사망률을 과대평가했기 때문이거나, 사회적 거리두기와 봉쇄 등의 조치들이 대규모 사망을 피하게끔 해줬기 때문이다—위기가 터진 지금으로선 그 어떤 것도 보장되지 않는 상황이다. 제1차 세계대전이 발발했던 당시에도 사람들은 전쟁이 5개월 이상 계속되진 않을 것이라고, 또 사상자가 그렇게 많이 나오진 않을 거라고 믿지 않았는가.

코로나19와 제1차 세계대전이라는 별개의 두 재난에는 놀라운 공통점이 하나 있으니, 그런 일이 발생할 거라고 동시대인들이 오랫동안 반복해서 예측했었다는 게 그것이다. 이 점에서 보자면 두 사건 모두 미셸 부커Michele Wucker가 '회색 코뿔소'라 일컬었던 것의 좋은 예가 된다. 회색 코뿔소란 "카트리나 태풍, 2008년 금융위기, 2007년 미네소타주의 교량 붕괴, 사이버 공격, 산불, 수자원 부족 사태 등"과 함께 "위험하고, 자명하며, 발생 확률이 높은" 무언가를 지칭하는 말이다.[8] 그럼에도 제1차 세계대전과 코로나19 사태가 막상 현실로 일어나자 이 둘 모두는 대단히 놀라운 사건들, 즉 '검은 백조'로 여겨졌다. 나심 탈레브Nassim Taleb는 "우리의 한정된 경험에 기초해보면 도저히 있을 수 없는 일이라고 우리가 생각하는" 모든 사건들을 '검은 백조'라 일컬었다.[9] 그간 인류는 진화 및 교육이라는 과정으로 인해 무언가를 어림짐작하여 생각하는 방식을 갖게 되었고, 그에 따라 대부분의 현상들이 (인간의 키가 그렇듯) 정규분포의 양상을 띨 것으로 기대하는 휴리스틱 편향을 보인다. 그러나 산불 관련 통계를 일례로 살펴보면 상당히 다른 일련의 규칙을 따르고, 항상은 아니지만 종종 멱법칙을 따르곤 한다. 산불 사고들을 그래프상에 나타내보면 우리에게 친숙한 종 모양의 정규분포 곡선, 즉 대부분이 그래프 가운데의 평균치 근처에 모여 있는 형태가 아님을 알 수 있다. 산불 규모와 발생 빈도의 관계를 로그자 logarithmic scale로 그려보면 직선으로 나타난다.[10]

비록 그 선의 기울기는 다르지만 멱법칙, 또는 그와 거의 유사한 분포를 보이는 현상은 놀랍게도 어디에나 존재한다.[11] 지구 궤도를 따라 도는 운석과 잔해, 달 표면의 분화구, 태양 플레어solar flare(태양 표면에서 전자기파와 하전 입자의 방출이 증대하는 현상_편집자), 산불, 화산 폭발은 그 크기에 따라 멱법칙 분포를 보인다는 특징이 있고, 다양한 초식동물들이 먹이를 찾는 패턴은 말할 것도 없다. 인간 세상에서도 여러 멱법칙 현상이 나타난다. 매일의 주식시장 수익률, 박스오피스 수입, 대부분의 언어에서 나타나는 특정 단어들의 출현 빈도, 특정 가족 성씨의 출현 빈도, 정전 사태의 규모, 범죄자 1인당 받는 혐의의 개수, 개인별 연간 의료비 지출, 신분증 도용으로 발생하는 손실 등이 그 예다.

2장에서 살펴보았던, L. F. 리처드슨이 이야기한 '대규모 사망을 야기한 분쟁들' 315개의 분포는 멱법칙을 따른다고 보기 힘들다. 기술적으로 말하자면 이는 푸아송 분포Poisson distribution에 해당한다. 본질적으로 무작위적인 패턴인 이 분포는 전쟁뿐 아니라 방사능 유출, 암의 다발적 발생 지역, 토네이도 발생 지역, 인터넷 서버의 히트 수, 그리고 과거 시대에 말에 치여 죽은 기병의 수에 적용된다.

여기서 멱법칙과 푸아송 분포를 정확히 수학적으로 구별하는 이야기로 시간을 끌 필요는 없을 것이다. 우리의 목적을 위해선 두 가지 분포 모두 큰 사건들이 정규분포의 경우보다 자주 발생한다는 것을 뜻한다는 점만 알면 된다. 전쟁의 사례들과 관련하여 리처드슨은 자신의 데이터에서 전쟁의 시점과 규모에 대한 패턴을 얻기 위해 분투했다. 장기적으로 볼 때 전쟁은 늘어나는 추세일까, 줄어드는 추세일까? 전쟁은 각국의 지리적 근접성과 관련이 있을까, 아니면 사회적·경제적·문화적 요인들과 관련이 있을까? 두 경우 모두 답은 '어떤 추세나 연관성도 보이지 않음'이다. 데이터상으로 전쟁은 무작위적 분포를 나타낸다(리처드슨의 말대로 "전체 데이터 상에서 볼 때 인명 살상으로 이어지는 분쟁의 빈도수는 더 많은 쪽으로든 더 적은 쪽으로든 별 추세를 보이지 않는다.").[12] 이런 점에서도 전쟁은 팬데믹이나 지진과 닮아 있다. 구체적으로 어떤 사건이 언제 어디에서 어떤 규모로 터질지 우리가 미리 알 수는 없는 것이다. 지금의 추세는 점점 더 평화로운 세계를 향하고 있다는 점을 현대의 일부 연구자들이 데이터들을 통해 계속 발견해내고는 있으나[13] 그럼에도 인류는 여전히 '갈등의 산사태' 혹은 '무작위적으로 새끼를 치는' 무력충돌의 연쇄 반응을 낳는 성향을 띤다고 보는 편이 더 설득력 있다.[14]

한 가지 예외가 있을 수 있다. 프랑스의 물리학자 디디에 소네트Didier Sornette는 멱법칙 분포의 바깥에 있을 정도로 극단적인 사건을 '드래건 킹dragon king'이라 정의했다. 그는 도시의 크기, 물질적 파괴와 결부된 소음 방출, 유체역학적 난류에서 나타나는 속도 증가, 재정 축소, 인간과 동물에서 나타나는 간질 발작 에너지, 그리고 (아마도) 지진 등의 여섯 개 영역에서 그 예들을 찾는다. 이 '드래건 킹들'은 "너무나 극

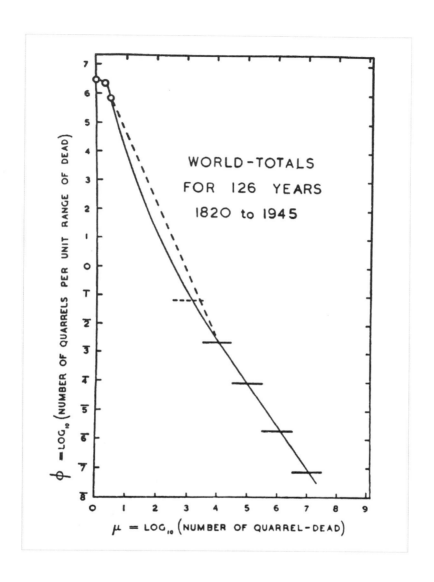

규모별 분쟁의 빈도(가로축)와 각 분쟁으로 인한 사망자 수(세로축) 사이의 관계를 나타낸 L. F. 리처드슨의 그림. 현재까지 천만 명 단위의 사망자를 낳은 분쟁은 20세기에 있었던 두 번의 세계대전뿐이었다. 또한 한 명의 사망자를 낳는 분쟁에 해당하는 '살인'으로 지금까지 누적되어온 사망자 수는 양차대전이 낳은 사망자 수와 거의 비슷하다. 리처드슨의 「대규모 사망을 야기한 분쟁들」에서 가져옴(Pittsburgh: Boxwood Press, 1960).

단적인 사건들이라서 그와 함께 나타나는 보다 작은 사건들과는 통계적으로나 기계론적으로나 구별된다"는 것이 그의 주장이다. 이런 것들은 "여타 사건들과는 다르게 표출되는 메커니즘과 결부되어 있기 때문에 일정한 예측 가능성을 보여준다. '드래건 킹들'은 특정 단계로의 이행, 양분화, 파국, 티핑 포인트 등의 사건들과 결부되어 있으므로, 그러한 사건들로부터 어떠한 조직이 새롭게 생겨나는지가 이 '드래건 킹'이 출현할 징조로서 유용하게 쓰인다."[15] 하지만 그러한 선행지표들이라는 게 막상 드래건 킹이 덮치기 전에 그것을 찾아내는 데 있어 얼마나 도움이 되는지는 의문이다.

한 사건이 분명히 예측 가능한 '회색 코뿔소'에서 지극히 충격적인 '검은 백조'가 되었다가 마침내 엄청난 규모의 '드래건 킹'으로 발전하는 건 어떻게 가능한 걸까? 역사가의 입장에서 보자면 '회색 코끼리'에서 '검은 백조'로 바뀌는 것은 앞장에서 이야기했던 인지적 혼동 문제를 잘 보여주는 예에 해당한다. 그토록 많은 이들이 예견했던 재난인데 그것이 실제로 일어나자 모두가 그걸 청천벽력이라 여기는 상황을 어찌 다른 방식으로 설명할 수 있겠는가? 하지만 '검은 백조'에서 '드래건 킹'으로 넘어가는 변화는 사망자 수에 대한 근사치의 문제가 아니라 그저 단순히 많은 사망자를 발생시킨 재난인지, 아니면 더 폭넓고 심오한 결과를 낳는 재난인지에 관한 문제다. 또한 비록 통계적으로 증명하긴 어렵지만 덧붙여 말해둘 만한 점이 있다. 드래건 킹들은 재난의 영역 바깥에 존재하는 것으로 보인다는 점이 그것이다.

인류 역사상 종교집단을 만든 이들은 무수히 많다. 그런데 그중 수억 명의 신도를 끌어들이고 수천 년을 견뎌온 세계 종교를 창시한 이는 부처, 예수, 무하마드 등 세 명뿐이다. 세속적 정치 이론을 창시한 이들 또한 지금까지 엄청나게 많았으나 수억 명의 신도들에게 영감을 주었을 뿐 아니라 두 개 이상의 정당, 혁명, 국가를 낳고 또 역사상 최대의 국가라 할 만한 소련과 중화인민공화국을 낳았다는 점에서 카를 마르크스에 비견될 이는 아무도 없다. 인류 역사에서 기술 변화의 기간 또한 셀 수 없이 나타난 바 있었다. 하지만 섬유업과 제철업 및 증기 기관의 적용에서 시작하여 산업혁명으로 이어진 사건은 단 한 번뿐이었다. 이렇게 극단적으로 예외적인 사건들outliers은 검은 백조보다 드래건 킹 쪽에 더 가깝다. 하지만 이런 사건들이 현실적으로 얼마나 예측 가능한지는 전혀 분명치 않다.

인간들이 만들어낸 현상들 중 멱법칙 혹은 푸아송 분포를 따르는 것들이 이토록 많다면 역사가 어떻게 순환할 수 있겠는가? 인간 세상에 이토록 많은 무작위성이 존재한다면, 비극이란 오이디푸스왕 치하의 테베를 우연히 덮쳤던 전염병과 같은 불운을 합리화한 것이 아니고 무엇이란 말인가? 무신론자 마술사였던 펜 질렛Penn Jillette이 말했듯, "행운이란 통계적 사건에 어떤 개인이 자기 삶의 의미를 뒤집어씌운 것에 불과하다."

로렌즈의 나비 효과

카오스 이론의 개척자인 에드워드 로렌즈Edward Lorenz는 "브라질에서 나비 한 마리가 하는 날갯짓이 텍사스에서 토네이도를 일으킬 수 있다."라는 말로 유명하다. 비선형적 관계의 지배를 받는 복잡계에서는 아주 작은 교란도 엄청난 영향을 미칠 수 있다는 것이다. 로렌즈가 이

'나비 효과'를 발견한 것은 1961년, MIT에서 날씨의 패턴 시뮬레이션을 위해 고안된 컴퓨터 모델로 실험을 했을 때였다(로렌즈는 수학자 출신이지만 제2차 세계대전 동안 기상학자로 변모했다). 그는 이미 과거에 실행한 적 있었던 시뮬레이션 중 하나를 재실행시켜봤다. 다만 이전에는 0.506127이었던 한 변수값을 반올림하여 0.506으로 수정한 뒤였다. 그런데 놀랍게도, 컴퓨터가 다시금 시뮬레이션하여 내놓은 날씨 결과값은 그 작은 변화로 인해 크게 달라졌다.

그는 이 주제로 「대기과학 저널Journal of Atmorspheric Sciences」에 '결정론적인 비주기적 유동Deterministic Nonperiodic Flow'이라는 제목의 획기적인 논문을 발표했으나 당시 그 논문을 읽은 이는 아무도 없었다.[16] 그로부터 거의 10년이 지나 로렌즈는 이를 일반인들이 이해할 수 있는 내용으로 하여 '예측가능성: 브라질에서 나비 한 마리가 하는 날갯짓이 텍사스에 토네이도를 불러올 수 있는가?'라는 제목의 강연을 하게 된다. 그의 주장은 이러했다. "나비 한 마리가 직접 끼치는 영향 정도로 아주 작은 차이밖에 없는 두 가지 날씨 상황은, 일반적으로 충분한 시간이 주어진다면 토네이도가 출현할 만큼 크게 다른 두 개의 상황으로 발전한다." 하지만 1972년의 강연에서 그는 여기에 중요한 단서를 달았다. "만약 나비 한 마리의 날갯짓이 토네이도를 발생시킬 수 있다면, 마찬가지로 그 날갯짓은 토네이도를 막을 수도 있다."[17] 장기적 범위에서의 날씨 예측을 그토록 어렵게 만드는 이유가 이것이라는 게 로렌즈의 견해였다.

경제 전망에 있어서도 이는 마찬가지다. 1966년 노벨상 수상자인 경제학자 폴 새뮤얼슨Paul Samuelson—로렌즈처럼 그 역시 MIT 교수였다—은 "미국에서 지금까지 나타난 주가하락 현상은 과거에 있었던 다섯 번의 경기침체 중 아홉 번을 정확히 예측한 바 있다."라는 농담을 남겼다. 사실상 경제전망가들의 능력은 일기예보자들의 능력보다 훨씬 떨어진다. 1988~2019년 사이 세계 각국의 경제에는 469번의 경기하락 현상이 나타났지만, 경기하락이 있었던 해의 봄 이전에 IMF가 그런 하락을 예측한 적은 네 번밖에 없었다.[18] 또한 조금이라도 현실적인 정확성을 갖추고서 2008~2009년의 세계 금융위기를 예견한 경제학자들은 한 줌에 불과했다. 영국 여왕께서 지적한 바 있듯, 대부분은 "그것이 올 거란 걸 알지" 못했다.

문제는 날씨도 경제도 복잡계라는 점이다. 그리고 경제의 경우 시스템의 복잡성은 산업혁명 이후 지금까지 꾸준히 증가해왔다. 복잡계란 서로 상호작용을 맺고 있는 아주 많은 구성물들이 비대칭적으로 조직되어 있으며 질서와 비질서의 중간 어디쯤—컴퓨터과학자 크리스토퍼 랭튼Christopher Langton의 말마따나 "카오스의 가장자리"—에서 작동한다.[19] 이런 시스템은 매우 오랜 기간 동안 매우 부드럽게 작동할수 있고, 그렇기에 겉에서 보자면 평형 상태equilibrium에 있는 듯하나 실은 항시적으로 적응을 계속하고 있다. 하지만 이 시스템이 '임계 상태critical state'에 도달하는 순간은 언젠가 올 수 있다. 하나의 상태에서 다른 상태로 옮겨가는 '단계 이행phase transition'은 아주 작은 한 가지 요인—나비의 날갯짓, 혹은 마지막으로 얹었을 뿐인데 곡식 더미 모두를 무너뜨리고 마는 곡물 알갱이 하나—만으로도 촉발될 수 있는 것이다.

이 거대한 '단계 이행' 같은 사건이 벌어지면 얼마 지나지 않아 역사가들이 그 현장으로 몰려온다. 그들은 확률 분포의 꼬리 부분에 해당하는 사건들에 끌리는 경향이 있기 때문이다. 하지만 불행히도 이런 역사가들은 대개 아무 도움이 못 된다. 복잡성이라는 개념을 잘못

이해한 이들은 엄청난 재난을 장기적 원인들로, 또 심지어는 몇 십 년 씩 뒤로 돌아가서 설명하곤 한다. 1914년 여름에 엄청난 규모의 세계 대전이 발발하자 동시대인 대부분은 공공연히 놀라움을 표했다. 그리고 이내 역사가들은 그 재난의 규모에 걸맞은 거창한 스토리라인을 짜냈다. 권력에 굶주린 독일인들이 이미 1898년부터 해군을 구축하기 시작했고, 발칸 반도에서 오스만 제국의 권력은 1870년대부터 이미 쇠퇴에 접어들었다는 이야기는 물론 중립국 벨기에를 탄생시킨 1839년의 국제조약 이야기까지 언급하면서 말이다. 나심 탈레브는 이를 '내러티브 오류narrative fallacy'라고 올바르게 비판한 바 있다. '오비이락post hoc, ergo propter hoc'의 원칙에 따라 사람들의 심리를 만족시키는 그럴듯한 스토리를 짜내는 경향을 지적한 것이다.[20] 이런 식으로 갖가지 스토리들을 지어내는 것은 인류의 아주 오래된 습관인지라 깨기가 무척 어렵다. 무슬림형제단Muslim Brotherhood에 영감을 주었던 이슬람 작가 사이드 쿠틉Sayyid Qutb이 1966년에 처형된 것으로까지 거슬러 올라가 2001년 9.11 테러의 원인을 설명하는 것,[21] 또는 1970년대 말의 금융 규제 완화 조치들까지 끌어와 언급하면서 2008년 금융위기의 원인을 설명하는 것[22]이 내러티브 오류에 대한 최근의 예에 해당한다.

하지만 급작스럽게 벌어진 '단계 이행'을 설명하는 데는 한 가지 임계에 근접한 촉발 요인들을 열거하는 것만으로도 충분할 때가 많다. 그 이유를 이해하려면 역사가들이 즐겨 연구하는 '팻테일' 현상들의 대부분은 본질적으로 작은 교란이며, 복잡계의 완전한 붕괴일 때도 있다는 점을 인식할 필요가 있다. '복잡성complexity'은 광범위한 여러 다른 시스템들을 이해하기 위해 자연과학자 및 컴퓨터과학자 들이 널리 사용하는 용어다. 50만 마리가량의 개미나 흰개미가 자생적으로 조직된

146

행동을 통해 복잡한 개미굴을 건설해내는 현상, 중추신경계의 '마법에 걸린 베틀enchanted loom'(뇌의 활동을 의미하는 비유적 표현_편집자) 안에서 수천억 개의 신경세포들이 상호작용을 맺는 중에 인간의 지성이 생겨나는 현상, 인체 면역 시스템에서 항체가 외부 박테리아 및 바이러스와 싸우는 현상, 단순한 물 분자들이 스스로를 복잡한 눈송이 형태로 만드는 '프랙털 기하학' 현상, 60도 회전 대칭six-fold symmetry의 무수히 많은 변종 현상, 식물 세포들이 양치류 잎사귀를 형성하는 현상, 열대우림 내에서 다양한 동식물군 종이 형성되는 정교한 생물학적 질서의 현상 등이 모두 그 예다.[23]

인간이 만들어낸 경제, 사회, 정치체 또한 이러한 복잡계 적응 시스템의 특징들 다수를 공유하고 있다고 생각할 만한 이유는 충분히 많다. 실제로 W. 브라이언 아서W. Brian Arthur와 같은 경제학자들은 이러한 방향의 논지를 20년 이상 펼쳐왔고 '보이지 않는 손'은 이윤을 극대화하는 개인들을 통해 시장이 작동하게끔 만든다는 (이제는 공허해진) 애덤 스미스의 생각, 또 경제 계획과 총수요 관리를 비판했던 프리드리히 폰 하이에크Friedrich von Hayek의 후기 사상을 넘어서서 나아갔다.[24] 아서에 따르면 복잡계 경제는 여러 행위자들의 분산된 상호작용, 중앙 통제의 결여, 다양한 수준에서의 조직화, 계속적인 적응, 끝없이 형성되는 새로운 틈새, 일반 균형의 부재 등을 특징으로 한다. 이러한 경제학에 따르자면 실리콘밸리는 복잡계 적응 시스템이고, 인터넷 자체 또한 그러하다.

산타페연구소Santa Fe Institute의 연구자들은 이러한 혜안을 집단적 인간 행동의 다른 측면에도 적용할 방법을 찾기 위해 오랫동안 노력해왔다.[25] 조지 엘리엇George Eliot의 소설 『미들마치Middlemarch』에 나오는 카조본 씨가 '모든 신화들을 해독할 열쇠'를 찾기 위해 애쓰던 모습을 연상시키기도 하지만[26] 그들의 노력은 충분한 성과를 낳았다. 여러 복잡계 시스템에 나타나는 다음의 특징들을 고려해보라.

- "작은 투입 요소가 크고 중요한 (…) 변화, 즉 증폭 효과amplifier effect를 낳을 수 있다."[27]
- 여러 인과관계는 (비록 항상 그런 것은 아니지만) 비선형적 성격을 띨 때가 많으며, 그 결과 추세 분석과 샘플링 등과 같이 여러 행위자들의 행태를 관찰하여 이론으로 일반화하는 관습적 방법은 거의 쓸모가 없다. 심지어 일부 복잡계 이론가들은 복잡계 시스템들이 완전히 비결정적이라고까지 주장한다.
- 그러므로 복잡계 시스템들에 혼란이 발생할 경우 그 규모를 예측하기란 거의 불가능하다.

이 모든 것이 뜻하는 바는, 설사 작은 규모의 충격이라 해도 하나의 복잡계 시스템에 불균형적인—어떨 때에는 치명적인—혼란을 야기시킬 수 있다는 것이다. 나심 탈레브의 주장대로 2007년의 세계 경제는 이미 과도하게 최적화된 전력망과 닮은 형국이 되어 있었다.[28] 미국 서브프라임 주택담보대출에서 발생한 비교적 작은 규모의 부도율 급증은 세계 경제 전체를 금융의 정전 사태라 할 만한 것으로 몰아넣기에 충분했다는 것이다.[29] 그런데 그 금융붕괴를 로널드 레이건Ronald Reagan 당시의 규제 완화 탓으로 돌리는 것은 제1차 세계대전의 발발을 1890년대 독일 폰 티르피츠 제독Admiral von Tirpitz의 해군 증강 계획 탓으로 돌리는 것만큼이나 도움이 안 되는 이야기다.

땅이 흔들리는 사건들

넓게 보자면 역사는 자연적 복잡성과 인공적 복잡성의 상호작용이다. 이러한 과정이 예측 가능한 패턴을 낳는다면 그야말로 놀라운 일일 것이다. 심지어 교량처럼 인간이 만들어낸 비교적 단순한 구조물조차 "상판의 상태 악화, 구조물 요소들의 침식이나 피로, 또는 홍수와 같은 외부적 부하 증가"로 무너질 수 있다. "이렇듯 다양한 위험 양태들은 모두 확률상으로, 혹은 결과 면에서 서로 연결되어 있다."[30] 어떤 교량이 언제 '위태로운 상태'가 될지 엔지니어가 예견하는 것도 이렇게 어려운데, 하물며 거대한 정치 구조의 붕괴를 예견하기란 얼마나 어렵겠는가.[31] 그저 할 수 있는 말이 있다면, 오늘날의 역사가들은 정치 구조의 변화를 지질학적 혹은 기후학적 혼란이나 팬데믹 등과 같은 자연 현상과 좀 더 체계적으로 연관 짓기 위해 노력한다는 것 정도다.[32] 하지만 이러한 작업이 이루어질수록 우리는 재난이란 사건이 벌어지는 양태가 얼마나 다양하고 변칙적인지를 더욱 깊이 깨닫게 될 뿐이다. 또한 우리는 자연적 재난과 인공적 재난을 구별하는 것이 얼마나 피상적이고 인위적인지를 깨닫기 시작했다. 대지진 같은 내생적內生的 충격이라 해도 그로 인해 인간의 생명과 건강이 파괴되는 정도는 그것이 이동하는 단층선과 광역도시권conurbation의 근접 정도에 비례하기 때문이다.

재난의 역사는 곧 회색 코뿔소, 검은 백조, 드래건 킹으로 가득한 동물원을 엉망으로 관리한 역사이기도 하다. 또한 불행하지만 중요치는 않은, 그리고 현실화되지 않은 수많은 사건들의 역사이기도 하다. 태양계의 지배를 받아오고 있는 지금까지 대형 외계 물체가 지구와 충돌한 적이 없었다는 것은 인류에게 행운이다. 남아프리카공화국의 프리스테이트Free State주에 있는 프레드포트 돔Vredefort Dome은 약 20억 년 전 운석과의 충돌로 생겼으며 그 지름은 190마일(약 306킬로미터) 정도로 추산된다. 캐나다 온타리오에 있는 서드베리 분지Sudbury Basin는 18억 년 전에 생겨났고 지름은 대략 81마일(약 130킬로미터) 정도다. 오스트레일리아 남부에 있는, 지름 약 12마일(약 19.3킬로미터)의 아크라만 크레이터Acraman Crater는 5억 8,000만 년 전에 생긴 것이다. 이들 각각은 지구를 초토화시킨 대재난의 증거물이고, 이것들로 인해 지구에서 생명체가 서식할 가능성은 상당 기간 동안 심각하게 저하되었을 것이다. 마야 유적에 그 흔적이 남아 있는 칙술루브 크레이터Chicxulub Crater는 그 발생 추정 시기가 백악기-고제삼기古第三紀가 끝나는 시점과 정확히 일치하므로, 이것이 공룡 멸종의 원인이었을 수도 있다고 보인다.

호모 사피엔스의 출현 이래 아직 지구에선 그에 견줄 만한 소행성 충돌이 없었으니 매우 다행이다. 1490년 중국 간쑤성甘肅省의 칭양慶陽이라는 곳에서는 운석이 소나기처럼 쏟아지는 일이 있었다 하나 이는 그저 예외적인 사건 정도였던 듯하다. 하지만 1859년에 발생한 캐링턴Carrington 사건은 우주로부터 날아온 그와 사뭇 다른 충격이다. 이는 '코로나 물질 방출coronal mass ejection', 즉 태양에서 일어난 자기폭풍이 1억 톤의 하전 소립자들을 지구의 자장권으로 쏘아버린 사건이었지만, 당시는 인류의 전기 사용이 걸음마 단계에 있었던 시기였으므로 그 일이 인간 사회에 미친 영향은 크지 않았다.[33] 존 A. 에디John A. Eddy가 1976년에 쓴 그 유명한 논문 이후, 1460년부터 1550년까지(슈푀러 극소기Spörer Minimum) 그리고 1645년부터 1715년까지(마운더 극소기) 기온이 평균 이하로 내려갔던 가장 중요한 원인은 태양의 흑점 활동이

유난히 감소했기 때문이라는 게 정설이 되었다.[34]• 최소한 아직까지는 우리의 태양계도, 또 그 바깥의 우주도 우리를 봐준 셈이다. 칙술루브를 강타했던 소행성은 지름이 7~50마일(약 11~80킬로미터)이었던 것으로 추정된다. 만약 비슷한 물체가 지난 30만 년 중 어느 시점에 지구와 충돌했다면 그것은 지구가 '멸종하는 사건'이 되었을 텐데, 이는 그저 그 최초 충격의 어마어마한 힘 때문만이 아니다. 바다는 산성화되고, 땅과 바다의 생태계는 붕괴하며, 하늘은 완전히 어두워지고, 설사 인류의 생존자가 있다 해도 모조리 우주의 길고 긴 겨울로 내동댕이쳐졌을 것이기 때문이다.[35]

지구는 자신의 지질학적 재난을 스스로 발생시킬 능력이 있음을 입증한 바 있다. 옐로스톤Yellowstone 국립공원에서 지금부터 63만 년 전에 발생했던 화산 '대폭발super-eruption'은 미국 영토의 절반을 재로 덮어버렸다. 현재 인도네시아 수마트라 섬 북부의 토바 호수Lake Toba가 되어버린 곳에선 7만 5,000년 전에 용암이 분출되었는데, 당시 엄청난 재와 그을음이 대기권 높은 곳까지 치솟아오르는 바람에 전 세계의 지상 온도는 5~15도 정도, 또 해수면 온도는 2~6도 정도가 낮아져버렸다. 당시 인간이 지구상에 존재했다면 이 재난으로 절멸 직전의 상황까지 몰렸을 것이다. 인구 4,000명당 가임여성 수가 500명에 불과해졌을 테니 말이다.[36] 알래스카에 있는 오크모크Okmok 화산은 기원전 45년, 그리고 그 2년 뒤 두 번에 걸쳐 폭발했다. 미국 네바다주 리노Reno에 있는 사막연구소Desert Research Institute, 그리고 베른대학의 기후변화

• 참고로 이 두 '극소기'의 명칭은 태양 흑점 연구의 개척자인 영국 천문학자 에드워드 월터 마운더Edward Walter Maunder와 그의 부인 애니Annie, 또 1618년부터 태양의 흑점 활동이 감소했다는 사실을 처음으로 발견한 독일인 구스타프 슈퍼러Gustav Spörer에서 따온 것이다.

연구소Climate Change Research의 연구자들은 북극해의 빙하핵 여섯 곳에서 발견된 테프라tephra, 즉 화산재를 분석하여 오크모크 화산 폭발과 당시 북반구 전역에 걸쳐 나타났던 기온 저하 사이의 인과 관계를 추정해냈다. 기원전 43년과 42년은 기록상 두 번째 및 여덟 번째로 추운 해였고, 기원전 43~34년의 10년은 네 번째로 추웠던 기간이었다. 지중해 일부 지역의 기온은 그 화산 폭발 이후 2년간 평균보다 7도나 낮아졌다. 유럽의 날씨 또한 비정상적으로 습했다. 이 연구자들의 가설에 따르면 이는 "아마도 흉작, 기근, 질병을 일으켜 사회불안을 악화시키고 서구 문명의 이 결정적 시기에 지중해 지역 전체의 정치적 재편을 초래했을 것"이다.[37] 실제로 로마의 사료를 찾아보면 당시는 이탈리아, 그리스, 이집트 등에서 비정상적으로 추운 날씨가 이어진 기간이었다는 증언이 나온다. 물론 그 결과로 나타났을 흉작과 식량 부족이 로마 공화정의 붕괴를 어느 정도나 설명할 수 있는가는 이와 다른 문제다. 율리우스 카이사르Julius Caesar가 종신독재관으로 임명된 때는 기원전 44년 2월로, 이는 오크모크 화산의 두 번째 폭발 시점보다 훨씬 먼저 벌어진 일이었다.

어쨌든 로마인들이 걱정해야 할 화산은 훨씬 더 가까이에 있었다. 나폴리만의 해안에 있는 베수비오Vesuvius 산은 기원전 1780년에 이미 엄청난 규모로 폭발한 적이 있고('아벨리노 폭발Avellino eruption')[38] 그로부터 대략 700년 후에도 한 번 더 폭발했다. 우리가 알고 있는 그 유명한 폭발은 타이투스Titus 황제 치하였던 서기 79년에 벌어진 일이었다. 로마인들은 이미 서기 62년 혹은 63년에 캄파니아Campania에서 일어났던 심각한 지진을 목도한 바 있었기에 지진의 위험에 대한 이해도가 상당했다. 하지만 그들은 베수비오 산이 폭발하기 전 며칠간 그 근방의 땅이 흔들렸던 것이 재난의 조짐이었음을 알아채지 못했다. 그보다 불과 몇 년 전 세네카Seneca가 쓴 글에는 지진과 날씨 사이에 무언가 관계가 있을 수 있다는 추측이 나온다. 그는 지진이 화산과 관계되어 있음은 고려하지 않았다. 소플리니우스Pliny the Younger는 역사가 타키투스Tacitus에 보낸 편지에서 말한다. "지진 발생 전 며칠 동안이나 땅이 흔들리는 신호가 있었지만 우리는 그리 놀라지 않았습니다. 캄파니아에서는 상당히 일상적으로 벌어지는 일이었기 때문입니다."[39] 8월 24일 아침, 베수비오 화산이 폭발하면서 돌, 화산재, 화산 가스 등으로 이루어진 거대한 나무 모양의 구름은 21마일(약 33.8킬로미터) 높이까지 솟아올랐고 반쯤 녹은 바위, 가루가 된 부석浮石과 화산재가 폼페이, 헤르쿨라네움, 오플론티스, 스타비아에의 마을들을 덮쳤다. 그 거대한 구름이 붕괴하면서 화쇄난류pyroclastic surge, 즉 극고온의 가스 및 돌 부스러기가 화산 경사면에서 옆으로 터져 나오는 상황이 벌어졌다. 이때 분출된 열에너지는 1945년 히로시마와 나가사키에 떨어졌던 원자폭탄의 10만 배였을 것으로 추산된다.[40]

이 재난에 대해 소플리니우스가 증언한 기록을 보면 로마의 최고 교육을 받은 이들조차도 베수비오 화산 폭발을 얼마나 황당한 사건으로 여겼는지 알 수 있다. 그날 대플리니우스Pliny the Elder(소플리니우스의 삼촌으로 『박물지Historia naturalis』를 남긴 박물학자이자 정치가, 군인이었음_편집자)는 나폴리만의 북서쪽 끝자락에 있는 미세눔Misenum에서 함대를 지휘하고 있었다.

8월 24일 오후 1시경 어머니는 삼촌에게, 하늘에 아주 이상한 모습과 크기의 구름이 나타났으니 관찰해보라고 말했다. 삼촌은 햇볕 아래에서 근무를 교대하고 막 들어와 찬물에 목욕을 하고 가벼운 점심을 먹은 뒤 다시 책에 파묻혀 있었지만, 즉시 일어나 밖으로 나와 이 대단히 특이한 현상을 더 잘 관찰하기 위해 높은 곳으로 올라갔다. 구름 하나가 (…) 위로 치솟고 있었는데, 그 모습을 묘사하자면 (돌로 된) 소나무와 비슷했다고 하는 게 가장 정확할 것이다. 그 구름은 아주 높은 나무줄기의 형태로 하늘 높이 솟아 있었고, 그 꼭대기는 일종의 가지 같은 형상으로 갈라져 사방으로 퍼지고 있었기 때문이다. (…) 학자이자 연구자인 삼촌 같은 사람에게 있어 이는 매우 특이하고 좀 더 관찰해볼 가치가 있는 현상이었다. 그는 가벼운 배 한 척을 준비시켰다. (…)

다른 이들이 극도로 겁에 질려 도망쳐 나온 그 위험한 곳으로 삼촌은 서둘러 향했다. 그리고 그 무시무시한 광경에서 나타나는 모든 현상들을 지극히 침착하고 냉철하게 관찰하고 그것을 받아 쓸 수 있도록 구술했다. 이어 그는 잉걸불이 마구 떨어지는 지점으로까지 산에 가까이 다가갔는데 그럴수록 더 크고 뜨거운 잉걸불들이 배 안으로 쏟아졌고, 부석들 그리고 불타는 바위의 검은 조각들도 함께 떨어져 내렸다. 그 사이 썰물 때가 되는 바람에 배가 땅 위에 좌초될 위험도 있었지만, 산에서 굴러 떨어져 해변을 온통 막아버린 거대한 파편들도 위험하긴 매한가지였다.[41]

참으로 믿기 힘든 일이지만, 대플리니우스는 해안에 상륙하여 그의 친구 폼포니아누스의 집을 찾아가 그와 저녁식사도 함께하고 잠자리에까지 들었다. 화산 폭발이 계속되고 사방의 땅이 흔들리는데도 말이다. 그러다가 상황이 악화되자 친구가 그를 깨워서 탈출을 도모하게 되었다. 그는 떨어지는 돌들과 화산재에서 자신을 보호하려고 베개를 사용했지만, 해안에 있는 배에 닿기 전에 독성가스를 마셔 사망하고 말았다(아마 그 가스는 화산에서 분출된 쇄설들에서 나왔을 것이다). 소플리니우스는 "모든 인류가 이 똑같은 재앙에 휘말렸다는 사실, 그리고 나만 죽는 게 아니라 세상 전체가 나와 함께 사멸한다는 사실에서 비록 한심하기는 하지만 그래도 강력한" 위안을 찾았다고 한다. 그러나 그는 결국 살아남았다.[42] 앞으로 살펴보겠지만, 이렇듯 자연재해에 직면했을 때 스스로가 세계의 종말을 보고 있다고 느끼는 것은 아주 흔한 반응이다.

폼페이와 헤르쿨라네움은 그렇게 파괴된 후에도 재건 혹은 재정착되는 일이 전혀 없었고, 거의 2,000년이 지난 다음에야 관광객들이 그 놀라운 폐허를 방문하게 되었다. 나 역시 어렸을 때 그곳을 방문한 적이 있다. 어린 내게는 기원후 1세기에 참으로 거칠고 활력 있었던 로마인들의 삶이, 그리고 어느 지옥 같은 여름날 그 모든 것을 끝장내버린 파괴의 아픔이 함께 느껴졌다. 헤르쿨라네움 해변을 따라 세워져 있었던 선박창고fornici에 숨어보려던 수백 명의 도피자들이 헛되이, 또 고통스럽게 죽음을 맞은 모습이 완벽하게 보존되어 있었던 것은 결코 잊지 못할 것이다. 섭씨 500도로 분출되는 화산 쇄설의 열기 앞에서 그런 건물이 무슨 방패가 되었으랴.[43]

하지만 베수비오 화산 폭발이 더 넓은 세계에 던진 의미는 크지 않았던 듯하다. 로마인들의 삶과 제국은 조금도 쉬지 않고 성장을 계속했고, 베수비오 화산 근처의 다른 정착촌들도 다시금 제 모습을 되찾았다. 여기에서 우리는 재난의 정치학에서 나타나는 참으로 얄궂은 패러독스를 볼 수 있다. 아무리 거대한 재난이 닥친다 해도 인간들은 결국 그 현장으로 돌아오기 마련이라는 게 그것이다. 나폴리는 계속 성장하여 결국 현대 이탈리아의 가장 큰 도시가 되었다. 1631년에 또 한 번 대규모 지진이 있었음에도 말이다. 이 지진은 플리니우스의 지진만큼 크지는 않았지만, 그래도 3,000~6,000명의 인명이 희생될 정도로 끔찍한 것이었다.[44] 오늘날 나폴리는 이탈리아에서 세 번째로 큰 도시이며 인구는 370만 명에 달한다. 베수비오 화산이 언젠가는 또 다시 폭발할 것이기에 그때를 대비한 도시 전체 차원에서의 대피 계획이 마련되어 있긴 하나, 만약 그 폭발의 규모가 기원전 1780년이나 기원후 79년의 것만큼에 이른다면 그런 계획도 아무 소용이 없을 것이다.[45]

놀라운 일이 또 있다. 베수비오 화산의 폭발은 로마 시대에 있었던 가장 파괴적인 화산 폭발이 아니었다는 게 그것이다. 최악의 것은 서기 180년 혹은 233년에 뉴질랜드 북섬에 있는 타우포Taupo 산에서 발생한 하테페Hatepe 화산 폭발이었다(당시의 폭발에서 살아남아 기록한 이가 아무도 없기에 확실한 발생 시점은 알 길이 없다). 오크모크 산, 타우포 산, 백두산(중국과 한국의 경계선에 있는 산으로, 폭발 시점은 대략 946년 경이다) 등 거대 화산의 폭발은 지구 전체의 기후에 충격을 준다는 점에서 또 다른 지질학적 재난인 지진과 차이가 있다. 1150년부터 1300년 사이엔 다섯 번의 대화산 폭발이 있었는데 그 하나하나가 최소한 5,000만 톤의 황산염 에어로졸을 대기에 내뿜었다. 그중 가장 큰 폭발은 1257년 인도네시아의 롬복Lombok 섬에서 있었던 사말라스Samalas 화산 폭발로, 이때 뿜어져 나온 황산염 에어로졸은 무려 2억 7,500만 톤 이상에 달했다.[46] 14세기, 15세기, 16세기엔 훨씬 조용했다. 다만 1452년 말~1453년 초에 바누아투Vanuatu의 에피Epi 섬과 통고아Tongoa 섬 사이에 자리한 해저 칼데라인 쿠아웨Kuwae가 폭발한 것만이 유일한 예외였을 뿐이다. 17세기와 18세기에는 그보다 큰 화산 폭발이 있었는데, 그중 세 개를 들자면 1600년 페루의 와이너푸티너Huaynaoputina 화산, 1640년 일본의 고마가타케Komagatake 화산, 1641년 필리핀의 파커Parker 화산 등이다. 하지만 이 화산들도 1783~1786년에 있었던 아이슬란드의 라키Laki 화산 그리고 1815년 인도네시아의 탐보라Tambora 화산에 비하면 별것 아니다. 이 두 화산은 성층권을 무려 약 1억 1,000만 톤의 황산염 에어로졸로 가득 채웠다. 그 이후로 지금까지 그 정도로 엄청난 규모의 화산 폭발은 없었다. 1883년 8월 26~27일에 있었던 크라카타우Krakatoa 화산 폭발은 오스트레일리아 서부에서도 폭발음이 들릴 정도로 엄청났지만[47] 그 두 화산에 비하면 4분의 1도 안 되는 규모였다.

19세기 이전에 있었던 화산 폭발들의 사망자 수에 대해선 정확히 알려져 있지 않다. 네덜란드 식민 당국은 크라카타우 화산 폭발로 인한 사망자는 3만 6,600명, 탐보라 화산의 경우엔 7만 1,000명일 것으로 추산한다. 하지만 오늘날의 역사학자들은 크라카타우 화산 폭발 시의 사망자가 무려 12만 명에 이르렀을 것이라 추정한다.[48] 이 화산 폭발에 따른 쓰나미에 쓸려간 순다Sunda 해협의 무수한 공동체들까지 고려한 결과다.[49] 라키 화산 폭발에 따른 사망자 수는 아이슬란드 인구의 20~25퍼센트, 죽어간 가축의 비율은 그보다 더욱 높았을 것이라 추산된다. 그러나 아이슬란드는 원래 인구가 많지 않은 곳이었던 데 반해 아시아, 특히 인도네시아는 화산 폭발 때문에 정말로 많은 인명이 희생된 곳이었다. 지난 1만 년 동안 지구 전체에서 있었던 화산 폭발 중 인도네시아에서 일어난 것은 17퍼센트에 불과하지만, 그로 인한 사망자 수의 비율은 전체의 33퍼센트에 달한다.[50] 인간보다 좀 더 리스크를 피하고 싶어 하는 생물종이 있다면 인도네시아에 정착하지는 않을 듯싶다.

하지만 대화산 폭발은 인근의 사람들을 죽이는 것 외에도 더 끔찍한 일들을 일으킨다. 대화산 폭발은 모두 기후 상태에 상당한 충격을 가하고, 그에 따라 농업 및 인류의 영양 섭취에도 중요한 결과를 초래한다. 스위스, 에스토니아, 라트비아, 스웨덴은 1601~1602년 겨울에 아주 낮은 기온을 경험했다. 리가Riga 항구에는 보통 때보다 훨씬 오랫동안 얼음이 남아 있었고, 러시아에서는 1601~1603년의 기근 동안 50만 명 이상이 아사한 것으로 보인다.[51] 고마가타케 화산과 파커 화산 폭발 이후의 몇 년 동안 일본, 중국, 한국은 모두 여름의 저온 현상, 가뭄, 흉작, 기근 등을 겪었고 우크라이나, 러시아, 자바, 인도의 여러 지역들, 베트남, 그리스의 섬들, 이집트 등은 가뭄을 겪었다는 기록이 남아 있다. 프랑스와 영국도 일련의 차갑고도 비가 습한 여름을 경험했다. 일본 도쿠가와 막부 시절에 있었던 1638~1643년, 1731~1733년, 1755~1776년, 1783~1788년, 1832~1838년의 기근은 모두 중대한 화산 활동의 기간과 일치한다.[52] 라키 화산의 폭발 이후 벤저민 프랭클린Benjamin Franklin은 유럽과 북미 지역 일부에 "항시적인 안개"가 끼어 있었다고 의아해하며 이야기했다. 영국에서는 1783년 여름 화산재가 대기권 안에 모이면서 예외적으로 더운 날씨가 나타났지만, 그다음엔 예외적으로 엄혹한 겨울이 등장했다. 열을 흡수해버리는 이산화황이 대기권에 심하게 집중되었기 때문이다. 영국과 프랑스의 지역 교구 기록들을 보면 라키 화산 폭발에 따른 듯한 여러 호흡기 질환으로 인해 초과사망률이 상당히 올라갔음을 볼 수 있다. 또한 1783~1784년의 겨울은 북미 지역에서도 예외적으로 엄혹해서, 심지어 뉴올리언스의 미시시피 강까지 얼어붙기도 했다.[53] 탐보라 화산 분출의 여파로 영국에서 미국 뉴잉글랜드까지는 비슷한 패턴의 강추위가, 그리고 그로 인한 흉작이 함께 나타났다.[54] 크라카타우 화산 폭발은 북반구의 온도를 약 0.4도 낮추었을 뿐 아니라[55] 수개월 동안 전 세계에 걸쳐 장관의 석양을 만들어내기도 했다.[56] (에드바르 뭉크Edvard Munch의 그림 〈절규The Scream〉의 배경을 생각하면 될 듯하다.)

  역사가들은 1600년 전후에 나타난 평균 이하의 이상저온 현상을 한데 뭉쳐 '소빙하기'의 증거라 말하곤 했다. 최근 들어 일군의 연구자들은 "16세기와 17세기 초에 지구 대기권의 이산화탄소 집중도가 7~10ppm 정도 떨어졌던 것이 지표면의 대기 온도를 섭씨 0.15도로 낮췄던 바 있는데 (…) [이는] 유럽인들이 북남미 대륙에 도착하여 현지 인구를 대규모로 격감시키고 토지 사용을 급격히 변화시킨 결과였다."라는 대담한 주장을 내놓았으며, 특히 이전에는 경작지였던 토지를 자연 삼림으로 되돌려버린 것이 큰 원인이었다고 이야기하기도 했다.[57] 하지만 좀 더 자세히 살펴보면 이 '소빙하기'라는 것은 그 원인이 무엇이었든 그리 두드러진 현상이었다고 할 수 없다. 17세기 이후에도 유럽의 기온이 장기적 평균치보다 높았던 때는 여러 번 있었다. 여러 유럽 지역들은 다른 곳에 비해 추위와 습함이 덜했다(가령 그리스에서는 '소빙하기'라 일컬을 만한 일이 별로 없었다). 평균적으로 0.8도 낮은 기온을 보인 가장 부정적인 이변은 17세기 초기의 중앙아시아 북서쪽에서 일어났지만, 대부분의 서양 역사가들은 이 지역을 무시한다.[58] 최근의 한 연구에 따르면 14~20세기의 '저지대 국가들Low Countries'(벨기에, 룩셈부르크, 네덜란드를 포함하는 서유럽 북해 연안 지역_편집자)에서 여름 기온의 분포에 큰 변화가 있었음을 나타내는 증거는 없다. 만약 정말로 '소빙하기'와 같은 것이 있었다면 분명히 작황 악화와 인구 정체 등의 현상이 나타났을 테지만 그런 것에 대한 명확한 증거도 전혀 없다. 실제로 1820년의 유럽 인구는 1500년에 비해 거의 2.5배 증가했다. 영국의 역사가들은 얼어붙은 템스 강을 그린 그림들에 오랫동안 매료되어 있었고, 그것들은 정말로 '소빙하기'가 있었다는 증거처럼 보였다. 하지만 이는 올드 런던 브리지Old London Bridge 주변에 넓게 자리잡은 선창들이 댐처럼 강을 막아버린 탓에 강물이 전보다 느리게 흐르고 쉽게 얼어붙어 생긴 일이었다. 1660년부터 1815년까지 이런 일은 열 번 넘게 있었고 1683~1684년, 1716년, 1739~1740년, 1814년에는 얼음이 워낙 두껍게 생긴 탓에 아예 그 위에서 장터가 열릴 정도였다. 이런 일은 올드 런던 브리지가 교체된 1831년 이후엔 일어나지 않았다.[59]

그런데 대규모 사회적·정치적 혼란들의 원인 또한 이러한 지질학적 혼란에서 찾을 수 있을까? 1453년에 있었던 콘스탄티노플 함락, 1605년 보리스 고두노프 차르Tsar Boris Godunov의 죽음 이후에 찾아온 '고난의 시대Time of Troubles' (러시아가 혼란에 휩싸였던 1605~1613년의 시기를 지칭_편집자), 영국인들의 북미 대륙 식민지 건설,[60] 프랑스 혁명,[61] 그리고 1817년 인도 벵골Bengal에서 있었던 치명적인 신종 콜레라 출현[62] 등이 그 예로서 논의된 바 있다. 어떤 이들은 심지어 사회주의와 민족주의의 발흥까지도 화산으로 인해 생겨난 기후변화와 연관짓기도 한다. 하지만 로마 공화정의 몰락에서 알래스카의 화산 폭발이 차지하는 비중을 알아내려는 시도와 마찬가지로, 이는 역사적 사건의 원인을 지나치게 지질학에 돌리는 실수로 보인다. 이 모든 사건들에는 추운 날씨와 흉작 말고도 수많은 요인들이 작용했기에 우리는 그저 다음의 두 가지 점에 주목하는 정도로 그쳐야 한다. 하나는 지구의 지각 이동에는 순환주기적 성격이 전혀 없다는 점이고, 다른 하나는 비록 옛날 사람들에 비해 월등한 과학 지식을 갖고 있음에도 탐보라 화산과 같은 대규모 폭발이 다시 일어난다면 우리 역시 폼페이의 로마인들이 그랬던 것과 거의 같은 정도로 놀랄 것이란 점이다. 정말로 큰 화산 폭발은 아주 오랜 세월 동안 없었기 때문이다. 지각 변동이 일어나는 단층선 지역의 사람들이 큰 재난을 겪은 뒤에도 시간이 지나면 그곳에 다시금 정착하는 경향은 바로 지질학적 재난이 갖는 이런 불규칙한 주기성, 즉 주기의 간극은 길지만 그 길이는 일정하지 않은 성질로 설명될 수 있다.

단층선 지역 위에서의 삶과 죽음

세계사적 사건이라는 측면에서 보자면 지진은 화산의 경쟁 상대가 못된다. 이는 지리적 발생 범위가 대개 화산보다 작기 때문인데, 심지어는 쓰나미가 일어날 때조차도 그러하다. 화산 폭발과 마찬가지로 지진 또한 멱법칙을 따르므로 그 시기와 강도를 예측하기는 지극히 어렵다. 우리가 확신할 수 있는 것은 지진이 발생하는 장소가 지구 표면의 지판들tectonic plates 가장자리일 가능성이 높다는 점뿐이다. 사실 평소 별 생각을 하지 않아서 그렇지, 만약 이 점을 곰곰이 생각해본다면 우린 정말로 무시무시한 불확실성을 끌어안은 채 살고 있다는 점에 몸서리를 치게 될 것이다. 2011년 2월 뉴질랜드의 크라이스트처치Christchurch에서 일어났던 진도 6.3의 지진, 그리고 그다음 달에 일본의 도호쿠東

北 지역(일본 혼슈本州 동북부에 있는 아오모리현靑森縣, 이와테현岩手縣, 미야기현宮城縣, 아키타현秋田縣, 야마가타현山形縣, 후쿠시마현福島縣을 지칭_편집자)을 강타했던 진도 9.0의 지진 사이에는 어마어마한 차이가 있다. 전자보다 후자는 지진이 야기한 흔들림 면에서 500배 이상 강했고, 지진 때문에 풀려나온 에너지도 1만 1,000배나 더 컸다.[63]

인류 역사상 가장 많은 인명피해를 낳은 지진은 아마 1556년 1월 중국 산시성山西省의 위수渭水 계곡에서 일어난 지진이었을 것이다. 비록 진도 7.9~8.0 사이의 것이었으나 인구밀도가 워낙 높은 지역이었던 터라 화셴華縣, 웨이난渭南, 화인華陰 등의 도시들은 이 지진으로 완전히 파괴되어버렸고, 특히 황투고원黃土高原에서 인공적으로 동굴을 파고 그 안에서 생활하던 이들은 큰 피해를 입었다. 사망자 수는 80만 명 이상이었던 것으로 추산된다. 이에 비견할 정도의 재난이 중국에서 벌어진 최근의 예는 1920년 하이위안海原에서 발생해 20만 명의 목숨을 앗아간 진도 7.8의 지진을 들 수 있다. 또 1976년에 탕산唐山에서 있었던 진도 7.6의 지진은 약 24만 2,000명의 사망자를 냈다. 특히 이 지진은 도시의 건물들이 얼마나 엉터리로 지어졌는지, 또 그간 지진을 예측할 수 있다고 주장해왔던 공산당의 허풍이 얼마나 큰 언어도단인지를 드러내주었다(1906년의 샌프란시스코 지진에선 많아야 3,000명 정도만의 사망자가 발생했고, 그로 인한 도시의 파괴는 대부분 지진 때문에 발생한 화재의 결과였을 뿐—그중 일부는 보험금을 타기 위한 목적 등으로 이뤄진

• 오늘날에는 지진의 크기를 나타내는 척도로 모멘트 규모moment magnitude가 더 선호되며, 이 책에서도 가급적 이를 사용하고자 한다. 이는 옛날에 쓰여 우리에게 더 친근한 리히터 규모와는 다르다. 모멘트는 단층선에서 지판이 미끄러지는 면적을 그 미끄러지는 힘에 곱한 것과 비례한다. 모멘트 규모는 대규모의 지진을 측정하는 데 유리하다.

고의방화였다―지진 자체로 인한 결과는 아니었다). 현대사에는 그보다 훨씬 더 큰 지진들이 있었으나 대부분은 인구밀도가 낮은 지역에서 발생했다. 1952년 러시아의 캄차카Kamchatka 반도, 1960년 칠레의 발디비아Valdivia, 1964년 성 금요일에 알래스카의 프린스 윌리엄 사운드Prince William Sound에서는 진도 9 이상의 지진이 일어났으나 이곳들은 전혀 인구밀집 지역이 아니었다.[64] 아시아에서의 지진들이 가장 큰 재난과 이어지는 경향을 띠는 이유는 강도가 유난히 세기 때문이 아니라 아시아 단층선에 근접한 지역의 경우 인구밀도가 훨씬 높기 때문이다.

그렇지만 지중해 세계에서도 지진으로 재난이 여러 번 일어난 바 있다. 현재 터키 남부에 있는 안타키아Antakya는 로마 제국 시대 당시 안티오크Antioch라는 대도시였으나 서기 526년에―그리고 528년에 또 다시―진도 7의 지진과 쓰나미로 파괴되었다.[65] 연대기 작가인 에페소의 요한John of Ephesus에 따르면 정오 직후에 발생한 이 재난으로 성벽들, 교회들, 그리고 여타 건물들 대부분이 파괴되었다고 한다.[66] 기록된 바에 따르면 사망자 수는 무려 25~30만 명에 달했다는데,[67] 이는 당시 이 도시가 예수 승천일을 기념하기 위해 몰려든 순례자들로 특히나 붐볐기 때문이다.[68] 하지만 500년부터 611년까지 안티오크를 덮쳤던 재난은 그밖에도 많았고, 그중에는 저 끔찍한 유스티니아누스Justinian 황제 시기의 전염병 사건도 있었다. 그럼에도 이 도시의 주민들은 그에 맞서 놀랄 만한 회복재생력을 보여주었는데, 아마도 재난을 통해 더 강해졌던 듯하다.[69]

이탈리아 남부에서도 이 정도까진 아니지만 그래도 놀라운 회복재생력의 증거를 볼 수 있다. 1456년 12월 5일과 30일에 나폴리―사실상 이탈리아 남부와 중부 전체―에서는[70] 이탈리아 본토 역사상 가장 큰 진도 6.9~7.3의 지진이 발생했다. 이보다 더 큰 지진은 1693년 시칠리아 섬에서 일어난 강도 7.4의 것뿐이었다.[71] 그 정도까진 아니었으나 1688년에도, 또 최근인 2013년에도 이 똑같은 단층선에서는 지진이 발생했다.[72]

현대의 이탈리아에서 있었던 가장 큰 지진은 1908년 12월 28일 메시나Messina에서 있었던 진도 6.7~7.2의 것으로, 칼라브리아 호Calabrian Arc를 따라서 발생한 일련의 지진 중 하나였다(이곳에선 1638년, 1693년, 1783년, 1905년에도 지진이 있었다).[73] 이때의 지진으로 메시나의 건물은 90퍼센트가 파괴되었는데, 진동이 원인이 되었던 것들도 있었지만 지진 이후 몰려온 무려 40피트(약 12미터)짜리 쓰나미 때문에, 또 지진으로 인한 화재 때문에 무너진 건물들도 있었다. 그 결과 6만~8만 명의 사람들이 목숨을 잃었다.[74] 그 때문에 메시나에는 '시체의 도시' 또는 '기억이 사라진 도시' 등의 별칭도 붙었는데,[75] 그럼에도 오늘날 메시나의 인구는 23만 명에 달한다. 사람들이 돌아온 것이다.[76] 재난 뒤에도 거의 항상, 사람들은 그 자리로 돌아온다.

유럽사에 있었던 가장 큰 지진들 중에서도 특히 연구해볼 만한 가치가 있는 것은 1755년 11월 1일 리스본을 덮쳤던 지진이다. 그 이유는 당시 사람들이 그 지진에 대단히 크게 매료되었기 때문이다. 1321년, 또 1531년에도 리스본에서는 지진이 있었다. 따라서 1755년의 지진은 포르투갈의 수도를 덮친 첫 번째 것이 아니었으나 규모 면에서는 단연코 으뜸이었다. 오늘날의 지진학자들은 그 지진의 진도가 8.4였을 것으로 추정하고, 그 중심점은 포르투갈 남단에 있는 성 빈센트 곶Cape St. Vincent의 남서부에서 서쪽으로 약 120마일(약 193킬로미터) 떨어진 대서양 한복판이었다. 당시 사람들의 이야기에 따르면 이 지진은 3분 30

초~6분 정도 동안 지속되었고, 도시 중심부 지면에는 16피트(약 4.9미터) 폭의 균열이 생겼으며 거의 모든 건물들이 무너졌다고 한다. 지진 후 약 40분 후에는 쓰나미가 도시를 덮쳤고 타구스Tagus 강도 쓸어버렸으며, 그 직후엔 두 개의 더욱 거대한 물결이 덮쳤다고 한다. 또한 만성절萬聖節을 맞아 사람들이 밝혔던 촛불이 모두 쓰러지면서 심각한 화재도 발생했다. 가장 우수한 추산에 따르면 리스본의 사망자만도 2만~3만 명이었고 포르투갈의 다른 지역에서는 1,500~3,000명, 스페인과 모로코에서는 1만 명 이상이 사망하여 총 사망자 수는 3만 5,000~4만 5,000명이었다고 한다. 지진 전의 리스본은 75개의 수녀원과 수도원, 그리고 40개의 교회를 자랑했으나 그중 86퍼센트가 지진으로 파괴되었다. 또한 3만 3,000개 가옥 중 거의 1만 3,000개가 무너졌으며 1만 가옥이 심각히 손상되었다. 포르투갈의 재무부인 카사 도스 콘토스Casa dos Contos, 또 왕실 문서고 역시 지진으로 파괴되었다. 이 지진으로 발생한 직접적인 비용은 포르투갈 국내총생산의 32~48퍼센트였다고 한다.[77]

이 지진의 충격은 핀란드와 북아프리카, 심지어 그린란드와 카리브 해안에서도 느껴질 정도였다. 쓰나미는 북아프리카 해안과 더불어 대서양 연안의 마르티니크와 바베이도스도 덮쳤다. 하지만 화산이 뿜어낸 입자들과 달리 지진이 만들어내는 충격파는 금방 사라진다. 1755년 지진이 갖는 역사적 중요성은 주로 그로 인해 포르투갈 정치에 나타난 변화에 있었다. 네덜란드, 영국, 프랑스와 비교했을 때 당시의 포르투갈은 제국으로서의 권력이 이미 쇠퇴해가는 중이었는데 이 지진으로 인한 비용 때문에 더욱 뒤처져버렸다. 모든 건물들에 대한 공포증이 커진 군주 주제 1세 Joseph 1는 당시 리스본 교외에 있던 아주다Ajuda 언덕의 천막 단지와 가건물들로 아예 궁궐을 옮겼다. 그러나 그의 재상이었던 세바스티앙 조제 드 카르발류 이 멜루Sebastião José de Carvalho e Melo, 즉 제1대 폼발Pombal 후작은 이 위기로 생겨난 기회를 움켜쥐었다. 그는 "죽은 자들은 매장하고 산 자들은 치료하라."라고 공표했는데 아마도 이렇게 덧붙이고 싶었을 것이다. "그리고 권력은 내 손아귀에 집중시켜라." 폼발 후작은 시체를 처리했고, 건물 잔해를 치웠으며, 사람들에게 식량을 분배해주었고, 부상자들을 위한 임시 병원을 세웠으며, 약탈을 방지하는 조치를 마련했다. 하지만 그것에 만족하지 않고 물자 부족 사태와 맞서기 위해 가격 통제를 시행했으며, 무역수지 개선을 위한 중상주의적 노력으로서 모든 수입품에 4퍼센트의 관세를 부과했다. 또한 예수회를 설득하여 교회의 정치적 영향력을 축소시켰고, 향후 다시금 발생할 지진에 대비해 좀 더 회복재생력이 큰 구조물들로 도시를 재건하고자 했다.[78] 오늘날 관광객들이 보는 리스본은 폼발 후작이 재건한 리스본과 놀랄 만큼 비슷하다. 그 재난이 그에겐 기회였던 것이다.

지진은 이렇게 건축물뿐 아니라 정치 영역에서도 재건축을 촉진시킬 때가 많다. 1891년 10월 18일 오사카와 도쿄에서 일어난 메이지 시대의 대지진도 그러했다. 목조 불탑, 17세기 나고야 성의 요새 등 전통적인 일본 건축물 다수는 살아남았지만 그보다 나중에 지어진 철교와 벽돌 공장 들은 무너졌다. 당시 일본 정부는 유럽과 미국을 모델로 삼아 국가 전체를 개조하는 데 온 힘을 기울이고 있었는데, 그 시점에 일어난 이 사건은 '과연 서구의 기술과 공학이 일본에 적합한가'라는 의문을 불러일으켰다. 민족주의 작가들은 벽돌이 떨어지는 바람에 생겨난 사고와 부상에 대해 즉각 비난을 퍼부었다. 어느 문화적 보수주의

자는 이렇게 말했다. "일본식 건물은 〔지진 탓에〕 사람들을 다치게 해봤자 뼈나 팔을 부러뜨리는 정도다. 하지만 벽돌 건물은 인체에 훨씬 더 큰 손상을 입힌다. 떨어지는 벽돌은 사람들의 살을 찢고 그 상처엔 모르타르가 깊숙이 들어간다. 모르타르를 빼낼 길이 없으니 상처는 곪아만 가고, 그에 사람들은 계속 죽어간다."[79] 이런 논쟁들이 메이지 시대의 근대화 프로그램을 멈춰 세운 것은 아니다. 하지만 이 재난은 황실지진조사위원회의 창설로 이어졌고, 이 조직은 금세 세계 지진학 연구 분야에서 지도적 중심지가 되어 오히려 서구의 전범典範으로 앞서나갔다. 이후의 일본 지진학 역사는 지진 예측이 너무나 어렵다는 사실을 보여주는 최고의 예가 될 것이다.

이 황실지진조사위원회의 일본어 명칭은 '지진 재난을 예방하기 위한 조사위원회'로 번역할 수 있다(이 조직명의 일본식 표기는 '震災豫防調査會'임_옮긴이). 지진을 예방한다는 것은 불가능한 일이기에 결국 이 위원회의 임무는 지진을 예견하는 것이 된다. 지진학자 오모리 후사키치大森房吉는 이미 알려져 있는 단층선에 기반하여 다음번에 일어날 지진의 장소를 예측할 수 있다고 믿었다. 단층선을 따라서 지금까지 벌어진 모든 지진의 위치를 표시해보면 지도상에 간극들gaps, 즉 가장 오랫동안 지진이 없었던 지역들이 나타나는데, 다음번에 단층이 움직일 지역은 바로 그곳들일 가능성이 높다는 것이었다. 하지만 막상 후배 지진학자인 이마무라 아키쓰네今村明恒가 자신의 '간극 이론'을 활용하여 동경 남서쪽의 사가미相模만이 다음번 대지진의 중심이 될 가능성이 제일 높다고 예견하자 후사키치는 그에 의구심을 품었다. 그리고 1923년 9월 1일 동경과 요코하마를 덮친 진도 7.9의 관동 대지진은 이마무라의 주장이 허황된 것이 아니었음을 입증했다. 약 20년 전 그가 정확히

'간극'이라고 지목했던 지역이 관동 대지진의 진원지였기 때문이다. 이후 황실지진조사위원회는 미쓰비시Mitsubishi 출신의 함선 설계사가 이끄는 새로운 지진 연구소로 대체되었다.[80] 하지만 이 새 연구소 또한 큰 지진을 예견하는 데 성공하지 못했다.

이제 이마무라는 난카이南開 해구에서 '간극들'을 찾기 시작했다. 난카이 해구는 규슈九州에서 혼슈本州의 중심까지 이르는 해저 단층선으로, 1944년에는 큰 지진과 쓰나미가 이 단층선의 중심에서 일어난 바 있었다. 이를 근거로 이마무라는 그 반대쪽인 남쪽 끝의 시코쿠四国에 있는 '간극'에서 그다음의 대지진이 일어날 거라 확신했고, 해당 지점에선 1946년에 실제로 지진이 발생했다. 그에 이어 이마무라는 마지막으로 남은 '도카이東海 간극'이 그다음 지진의 발생지가 될 거라고 강하게 주장했으나 여기에선 아직까지도 지진이 일어나지 않고 있다. 반면 1995년에 고베를 강타한 지진—5,500~6,500명의 사망자를 낸 진도 6.9의 한신 대지진이다—은 그 어떤 지도적 지진학자도 예견하지 못했다. 당국 또한 '도카이 지진'의 발생 가능성은 80퍼센트 이상으로 생각했던 데 반해 한신 대지진에는 1~8퍼센트 정도의 확률만을 부여했다.[81]

반복해서 말하지만, 지진의 치명도는 해당 지진의 진원지 근처 지역의 인구밀도가 어느 정도인가와 비례한다. 하지만 제2차 세계대전 이후 핵에너지가 등장하면서 새로운 종류의 리스크가 생겨났다. 고베 대지진이 있은 뒤 지진학자 이시바시 기츠히코石橋克彦는 지진과 쓰나미가 핵발전소를 강타하는 끔찍한 시나리오를 묘사하는 '겐빠쓰-신사이原発震災', 즉 '핵발전소 지진재해'라는 용어를 만들어냈다. 도카이 간극 이론을 오랫동안 지지해왔던 이시바시는 시즈오카현靜岡縣에 있는 하마오카浜岡 핵발전소에 대해 큰 우려를 표했다. 2007년 논문 「왜 걱정하는가?」에서 그는 그로부터 4년 뒤 벌어질 일을 예견했다. "중대한 지진은 핵발전소의 외부 전력을 정지시킬 수 있고 (…) 이어서 해안의 방벽을 넘어 덮쳐온 쓰나미는 비상용 디젤 발전기가 물에 잠겨 원자로를 식힐 수 없게 할 것이며, 이는 멜트다운melt down(원자로의 냉각장치가 정지되어 이상 상승한 내부의 열이 연료인 우라늄을 용해하여 원자로의 노심부가 녹아버리는 현상 _편집자)으로 이어질 수 있다."[82] 오카무라 유키노부岡村行信는 후쿠시마에 있는 동경전력회사TEPCO: Tokyo Electric Power Company의 핵발전소도 그런 쓰나미에 취약할 수 있다고 경고했으나 TEPCO는 이를 무시했다. 이 회사가 기준으로 삼은 것은 1938년에 있었던 상대적으로 작은 규모의 지진이었다. 오카무라는 869년에 있었던, '정관貞觀 지진'으로 알려진 대지진을 돌아보라고 TEPCO 측에 강력히 촉구했다. 그가 믿는 바에 따르면 당시 지진으로 발생한 쓰나미는 내륙으로 무려 2.5마일(약 4킬로미터)이나 밀고 들어와 센다이仙臺에까지 이르렀다. 오카무라와 그의 연구진은 진도 8.4의 지진이라면 높이 20피트(약 6.1미터) 이상의 파도를 만들어낼 테고, 이는 후쿠시마 핵발전소의 19피트(약 5.8미터)짜리 방벽을 충분히 무너뜨릴 것이라 주장했다.[83] 하지만 TEPCO는 이런 경고를 무시해버렸다. 다른 핵발전소들—오나가와女川 핵발전소가 대표적인 예다—은 해안 방벽의 높이를 훨씬 더 높였음에도 말이다. 해안 방벽을 높여봐야 현지 주민들만 더 불안하게 만들 뿐이라는 게 TEPCO의 이유였다. 정부와 규제 당국 또한 본질적으로 그 경고를 묵인했다.

2004년 12월 26일에 발생한 일을 생각해보면 일본 당국이 가졌던 이러한 자신감에 놀라지 않을 수 없다. 당시 수마트라 섬 북부의 서

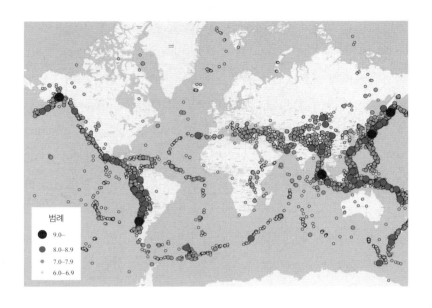

1900년부터 2017년까지 지진이 발생했던 지역 및 강도. United States Geological Survey.

쪽 해안 약 100마일(약 160킬로미터) 지점에서는 진도 9.1∼9.3의 엄청
난 해저 지진이 오랫동안 지속되었다. 인도판Indian Plate이 버마판Burma
Plate 아래로 미끄러져 들어가면서 약 1,000마일(약 1,600킬로미터) 길
이의 단층 표면이 섭입대subduction zone(해구로부터 멀어지며 점차 아래로
하강하는 해양 판_편집자)를 따라 약 50피트(약 15미터) 정도 미끄러지
듯 이동했다고 추정되는 사건이었다. 그 뒤에는 강도 7.1의 대지진, 그
리고 그보다 작은 무수한 여진들─진도 6.6에까지 이르렀다─이 이
어졌다. 이 최초의 지진으로 약 7.2제곱마일(약 18.6제곱킬로미터)의 물
이 밀려나가 파괴적인 쓰나미를 만들었고 이는 그렇게 단층이 밀린 전
체 길이를 따라 동서 양쪽으로 퍼져나갔다. 이로 인해 생겨난 파도는

무려 80~100피트(약 24~30미터)까지 치솟은 상태에서 육지를 덮쳤고 이 때문에 인도네시아, 스리랑카, 인도, 태국 등 14개국에선 22만 7,898명으로 추산되는 사망자가 발생했다. 반다 아체Banda Aceh시의 사망자가 16만 7,000명으로 가장 많았는데 대부분은 아이들이었다. 심지어 멀리 떨어져 있는 소말리아와 남아프리카공화국에서도 사망자가 나왔다. 이 재난을 통해 인도네시아와 태국은 쓰나미 경보 시스템의 질이 특히나 형편없다는 사실이 드러났다.[84] 태국의 경우엔 예언자 카산드라의 역할을 했던 이가 있었으니, 태국 기상청의장 출신의 사미트 다마사로지Samith Dhamasaroj였다.[85]

6년 후인 2011년 3월 11일 오후 2시 46분, 진도 9.0의 지진이 일본 센다이의 80마일(약 129킬로미터) 동쪽 지점, 그리고 해수면에서 대략 18마일(약 29킬로미터) 아래의 지점에서 터졌다. 두 판층이 서로 엇갈려 움직인 길이는 약 260피트(약 80미터) 정도였으나, 이 지진의 치명적인 특징은 침입대 부분 전체가 거대한 덩어리를 이뤄 함께 이동했다는 점이다. "미국 코네티컷주에 맞먹는 넓이의 해저면이 16~30피트(약 4.9~9미터) 높이로 치솟아 올랐고 (…) 엄청난 양의 바닷물을 일본으로 밀어냈다."[86] 이 지진은 약 3~5분 정도 지속되어 태평양 바다으로부터 일련의 여러 쓰나미를 만들어냈다. 이로 인한 파도는 거대한 물의 장벽을 형성해 내륙 6마일(약 9.6킬로미터) 지점까지 휩쓸며 그 안에 있던 모든 것을 부숴버렸고 익사 혹은 압사로 1만 9,000명 이상이 숨을 거두게 했다.[87] 21세의 청년 료 카노우야는 후쿠시마 해안과 가까운 고향 마을의 노인들을 돕기 위해 서둘러 그곳으로 향했다가 10피트(약 3미터) 높이의 파도가 덮친다는 이야기를 들었고, 그와 그의 아버지는 결국 집에서 튕겨져 나왔다.

3장 _ 회색 코뿔소, 검은 백조, 드래건 킹

물결에 휩쓸려 나와 보니 우리는 바닷물, 차량들, 주택들, 그 외 쓰나미가 몰고 온 온갖 잡동사니의 수프 한가운데에 내동댕이쳐져 있더군요. 저는 간신히 수면 위로 올라왔습니다. 저와 아버지는 서로를 알아보았지만 물결 때문에 아버지는 산 쪽으로, 저는 바다 쪽으로 쓸려갔습니다.

다행히 장롱 하나가 제 쪽으로 떠 오기에 그 위로 올라갔습니다. 잠시 안심이 됐지만 이내 엄청난 물결에 휩쓸려 다시 바다 쪽으로 쓸려갔죠. '이제 뭘 해야 하나.'라고 생각하는 순간 눈앞에 온갖 것들이 걸려 쌓여 있는 큰 나무를 보았습니다. 저는 젖 먹던 힘까지 짜내어 거기에 매달렸지만, 제 주변에 있던 이들은 모두 떠내려가고 말았습니다.

수면이 낮아질 때까지 나무에 매달려 있던 료는 마침내 땅에 발을 디딜 수 있었다. 큰 바위 뒤에 숨어 있던 그는 기진맥진하여 움직일 희망조차 거의 잃은 상태였지만, 헬리콥터가 보이는 순간 힘이 솟구쳤고 '지금 가만히 있으면 그냥 죽는 거야.'라 생각했다고 한다. 쓰레기와 시체들로 가득한 황무지를 비틀거리며 걸어간 끝에 그는 마침내 구조 차량을 발견할 수 있었다. 료와 그의 부친은 살아남았지만, 할머니의 시신은 끝내 찾을 수 없었다.[88]

동일본 대지진은 엄청난 인명피해와 재산 손실뿐 아니라 후쿠시마 제1핵발전소에 심각한 위기를 가져왔다. 지진이 보고되면서 원자로가 자동폐쇄되긴 했으나 쓰나미가 비상용 디젤 발전기를 덮치는 바람에 원자로 노심을 냉각시키는 순환 시스템 펌프가 멈춰버린 것이다. 그 결과 세 개의 원자로에 멜트다운이 발생했고, 세 번의 수소 폭발 사태가 있었으며, 방사능 오염 물질—여기에는 대량의 동위원소 물질이 포함되어 있었다─이 대기와 해양으로 퍼져버렸다. 후쿠시마 핵발전소가 이런 재난에 그토록 취약했다는 점을 고려해볼 때 오히려 놀라운 일 하나가 있다. 바로 지금까지 보건 면에서 사람들이 입은 피해가 비교적 적다는 점이 그것이다.

이번에도 지진학자들은 실패하고 말았다. 일본지진학회 회장인 히라하라 카즈로平原和朗는 「아사히 신문朝日新聞」에 이렇게 말했다. "이런저런 변명이야 할 수 있겠으나 결국 우린 실패하고 말았습니다. 그저 할 수 있는 말이 있다면, 이번 지진은 우리의 예상을 훨씬 넘는 사건이었다는 것뿐입니다."[89] 하지만 이런 말은 모든 대지진에 대해 서로 동일하게 할 수 있다. 지진은 발생 장소야 예측 가능할지 몰라도 그 크기와 시점을 예측할 순 없다.

그런데 세계 지도를 놓고 1500년 이후 가장 큰 지진이 벌어진 지역들을 표시해보면 수수께끼 하나가 드러난다. 인류가 마치 단층선 위나 그 근처에 대도시를 최대한 많이 건설하겠다고 단체로 결정한 듯 보이는 것이다. 이는 '재난의 낮은 발생 빈도'와 '인간의 기억력 부족' 사이의 치명적인 상호작용을 나타낸다. 1938년 후쿠시마에서 큰 지진이 발생했으나 사람들은 그것이 멈춘 뒤 자신들의 옛집으로 돌아갔고, 이후 2011년에 덮쳐온 더 큰 쓰나미로 인해 그곳은 결국 죽음의 덫이 되어버렸듯 말이다.

미국의 재난

미국에서 일어난 대규모 재난이라고 해봐야 아시아의 기준에서 보자

　　　　　　　　3장 _ 회색 코뿔소, 검은 백조, 드래건 킹

면 그리 큰 것이 아니었다. 앞서 언급했던 1906년 샌프란시스코 지진만 하더라도 현대 중국에서 발생한 가장 큰 지진들에 비하면 사망자 수가 두 자리나 적다. 하지만 지진은 미국보다 인구밀도가 높은 동아시아에서 흔히 발생하는 위험한 재난들 중 하나일 뿐이다. 역사상 간헐적으로 지진만큼이나 큰 파괴를 가져온, 그러나 도무지 예측 가능한 주기를 찾기란 불가능한 화재와 홍수—그리고 그에 동반되는 허리케인도 포함한—두 재난의 예를 보자.

근대 중국에서 있었던 가장 큰 도시 화재는 1938년 창샤長沙에서 발생했다. 당시 국민당 간부들은 눈앞에 임박한 일본군의 점령을 두려워하고 있던 상태였다. 그렇기에 그 화재가 단순 사고였는지 아니면 일본군에게 물자를 넘겨주지 않기 위해 고의로 실행한 초토화 전략의 결과였는지는 분명치 않다. 하지만 어쨌거나 그 화재는 3만 명 이상의 목숨을 빼앗았을 뿐 아니라 도시의 건물 90퍼센트를 전소시킨 큰 재난이었다.

중국 근대사에서 발생한 가장 큰 산불은 1987년 5월에 일어난 헤이룽장성黑龍江省 산불이었다. 한 제초 노동자가 제초기에서 가솔린을 엎지른 것이 원인이었다고는 하나 확실한 근거는 없다. 이 산불로 다싱안링大興安嶺 산맥의 삼림 300만 에이커(약 1만 2,140제곱킬로미터)—이는 중국 전체 목재 자원량의 6분의 1에 해당한다—가 타버렸다. 당시 소련 영토였던 중국 국경 너머의 지역에서 타버린 삼림까지 합하면 화재 면적은 모두 1,800만 에이커(약 7만 2,850제곱킬로미터)에 이른다.[90] 2020년에 발생한 캘리포니아 산불을 제외하고 사망자 규모 및 파괴 정도 면에서 미국 역사에서 이에 견줄 수 있는 화재는 오직 하나, 위스콘신주 북부와 미시간주 상부 반도Upper Peninsula에서 1871년 10월

8일부터 14일까지 지속되었던 페시티고 대화재Peshtigo Fire다. 이로 인해 최소한 1,152명이 목숨을 잃었고 모두 120만 에이커(약 4,860제곱킬로미터)의 면적이 타버렸다〔부분적으로 손실된 토지 면적은 230만 에이커(약 9,310제곱킬로미터)에 달한다〕.[91]

위스콘신주의 페시티고는 벌채 노동자들의 도시로, 미시건 호Lake Michigan 근처의 삼림에서 베어낸 목재들을 당시 크게 융성하고 있던 시카고에 공급하고 있었다. 1871년 여름은 역사상 가장 건조했던 여름 중 하나였다. 미국 기상청National Weather Service이 재구성한 당시 사건을 따라가보자. "이상고온과 가뭄이 오랫동안 지속된 후였으며 낮은 기온의 저기압 전선이 이 지역 전체에 강풍을 일으켰다. 이로 인해 작은 불들이 대화재로 번졌다. 시속 100마일(약 160킬로미터)의 강풍 탓에 불길은 더욱 거세졌고, 차가운 공기는 그 불길을 부채질했으며 거대하고 뜨거운 공기 기둥이 치솟아 오르게 했다. 이렇게 형성된 악순환의 고리 때문에 보통의 산불이었을 수도 있었던 것이 연옥의 불바다로 변해버렸다."[92]

하지만 날씨에만 죄가 있는 게 아니었다. 페시티고에서 일하는 벌채 노동자들의 작업 방식은 예전부터 엉망이었다. 이들은 벌채 작업 과정에서 생긴 쓰레기들을 커다란 덩어리로 쌓아두는 경우가 많았는데, 그 덩어리들이 이 산불에선 일종의 불쏘시개 역할을 했던 것이다. 이 지역의 철도 공사들도 엉망진창에 제멋대로였다. 또한 모두 목조 건물들로 이뤄진 페시티고 마을 자체는 부싯깃이나 마찬가지인 역할을 했다. 그에 앞서 9월 27일에도 작은 화재가 있었기에 조심해야 한다는 경각심이 없진 않았지만 그것만으론 턱없이 부족했다.[93] 생존자 중 한 명인 피터 퍼닌Peter Pernin 목사에 따르면 "짙은 연기구름이 대

지를 뒤덮었고, 엄청난 크기의 새빨간 불빛이 거기에 반사되었다. 그
다음에는 멀리 어딘가에서 으르렁거리는, 하지만 명확치는 않은 소리
가 갑자기 내 귀를 때렸다. 기이할 정도의 정적이 흐르는 가운데였기
에 더욱 이상하게 들렸던 그 소리는 어딘가의 흙, 물, 불, 바람 등이 크
게 요동하고 있음을 알리는 소리였다." 상황이 점점 심해지자 "그때까
지 거세게 불던 바람은 어느 순간 갑자기 허리케인으로 변해 번개 같
은 속도로 우리 집 마당의 담장과 대문 등을 공중으로 쓸어가버렸다.
나는 그 빈터로 달려 나가 도망쳤다."**94**

> 강둑에 나와 보니 몰려나온 사람들이 내 시야가 닿는 끝까지 가득
> 채우고 있었다. 모두 석상처럼 꼼짝 않고 혀를 반쯤 내민 채 눈을 들
> 어 하늘만 응시하는 모습이었다. 대부분의 이들은 안전을 확보하기
> 위해 무얼 더 해야 할지 몰라 망연자실한 상태였다. 나중에 내게 말한
> 바에 따르면 그들은 이 세상의 종말이 왔다고, 그러니 운명에 조용히
> 순응하는 것밖엔 달리 할 일이 없다고 생각하고 있었다.**95**

밤 10시가 되자 퍼닌 목사 등 일부 사람들은 강물에 뛰어드는 쪽을
택했다. 하지만 그래봐야 큰 보호책이 될 수는 없었다. 불길은 이미 강
수면을 넘어 건너편까지 넘실거리는 데다 수온이 워낙 낮아 많은 이들
이 저체온증으로 죽거나 익사할 것이 확실하기 때문이었다. 퍼닌 목사
는 오전 3시 30분에야 강 밖으로 나올 수 있었다. 뼛속까지 덜덜 떨고
있었지만 목숨은 부지했던 것이다.

삼림 벌채와 철도 공사로 사람들이 거대 처녀림 근처로 모여들었
던 20세기 초에는 이런 화재가 비교적 흔했다. 스웨덴 북부, 러시아와

시베리아를 잇는 횡단철도가 지나는 지역들, 1885년의 뉴질랜드 북섬, 1898년의 오스트레일리아 깁스랜드Gippsland, 1900년대 초 캐나다의 브리티시컬럼비아British Columbia와 온타리오Ontario에서도 그런 화재가 있었다. 인간의 정착촌과 자연의 물길이 이와 비슷하게 서로 많이 엮였던 19세기는 대홍수의 시대였다. 중국에서는 급속한 인구증가로 결국 황허黃河의 물줄기 자체가 바뀌어버렸다. 삼림 남벌, 황무지의 배수와 과도한 경작 등으로 쓸려나간 토양이 침전되면서 강바닥의 높이가 높아졌고, 그에 따라 홍수도 더 많이 발생했다. 1853년에는 댐이 붕괴하여 중국 북부의 대부분이 "물바다가 되었다."[96] 이렇게 예년 대비 평균 이상의 침전물이 쌓이자 황허와 양쯔강揚子江을 잇는 수로 시스템 전체가 압력을 받기에 이르렀다. 심각한 홍수는 1887년, 1911년, 1931년, 1935년, 1938년(이때의 홍수는 일본군의 진격을 막기 위해 의도적으로 일으킨 것이었다), 1954년에 계속해서 나타났고, 이 각각은 엄청난 인명피해를 야기했다. 1887년의 홍수는 최소한 90만 명 이상의 사망자를 낳았고, 양쯔강 범람으로 시작된 1931년의 홍수는 아마도 무려 200만 명의 목숨을 앗아갔을 것이며, 1938년 황허 홍수의 사망자는 40만~50만 명에 이른다. 물론 이 각각의 사건에서 굶주림과 질병으로 죽은 이들은 익사로 죽은 이들보다 많았다.

이렇듯 비극적인 홍수의 패턴을 생각해보면 중국 공산당 체제가 왜 댐 건설에 그토록 집착하는지도 이해할 수 있다. 제2판 인민폐人民幣로 1955년에 처음 발행되어 널리 유통된 5자오伍角(0.5위안)짜리 지폐는 뒷면에 댐이 그려져 있다. 마오쩌둥毛澤東은 1958년 양쯔강을 헤엄쳐 건넌 뒤 댐에 대한 시를 남기기까지 했다. "거대한 계획들이 세워지고 있다 / 돌로 된 거대한 벽이 강물을 거슬러 서쪽을 향해 서게 될 것이다 (…) 산의 여신이 아직 있다면 / 이렇게 바뀐 세상을 보고 입을 딱 벌리리라."

하지만 마오쩌둥 시절에 건설된 댐들 모두가 그의 의기양양한 말 본새를 뒷받침해주진 못했다. 1950년대의 댐 건설 프로젝트를 전형적으로 보여준 것은 "농수 확보를 우선"으로 하는 목적하에 진행된 '화이허淮河 길들이기' 캠페인이었다. 하지만 당시 건설된 댐들 중 하나인 반차오板橋 댐 붕괴 사고는 중국-소련 합작의 한계를 고스란히 드러냈다. 1975년 8월 태풍 니나Nina가 불어닥치면서 불과 12시간 동안 1년 치 강우량(42인치)에 해당하는 물폭탄이 떨어지자 댐이 무너져버린[97] 이 사건은 중화인민공화국 역사상 최악의 사건 중 하나가 되었다.[98] 이 사고로 올림픽 수영장 25만 개를 채울 만한 물이 쏟아져 나왔고 불과 몇 시간 만에 수만 명이 목숨을 잃었으며, 이렇게 초토화된 지역에 다시 질병과 굶주림이 덮쳐 20만 명 이상의 2차 사망자가 발생했다.[99] 이 재난에서 카산드라 역을 맡았던 인물은 수문학자 첸싱陈惺이었다. 그는 신규 댐 건설을 중단해야 한다고 촉구하다가 문화혁명의 '반우파투쟁' 당시 숙청당했지만 이후 급속히 복권되었다.[100]

반차오 댐 사고는 워낙 끔찍했던지라 1989년까지도 국가기밀로 유지되었다. 하지만 이런 사고조차도 공산당의 변치 않는 댐 사랑에는 아무 영향을 미치지 못했다. 1992년 4월 중국의 국가 의사결정기관이자 집행기관인 전국인민대표대회全國人民代表大會는 세계 역사상 최대의 댐 건설 프로젝트인 '양쯔강 싼샤三峽 댐 건설 프로젝트 결의'를 승인했다.[101]•

미국에는 배로 항해할 수 있는 강들이 매우 많다(그중 가장 큰 것은 미시시피 강이다). 이는 이따금씩 축복인 만큼 저주가 되기도 하지만,

그로 인한 재난들의 규모는 중국에서 일어나는 홍수에 비춰보면 그리 대단치 않다. 미국 역사상 가장 많은 인명을 앗아간 홍수는 1889년에 펜실베이니아에서 발생한 존스타운Johnstown 홍수다. 존스타운에서부터 14마일(약 22.5킬로미터) 상류 지점에 있는 리틀 콘머Little Conemaugh 강의 사우스 포크South Fork 댐이 무너지면서 짧은 순간이지만 저 거대한 미시시피 강의 평균 유량에 맞먹는 물이 터져 나와 2,200명 이상의 사망자가 발생했다. 1927년의 미시시피 대홍수는 이보다 훨씬 더 큰 규모로 2만 7,000제곱마일(약 7만 제곱킬로미터)을 물로 덮었으나 사망자는 500명에 불과했다. 물론 이 홍수로 집을 잃은 이들은 훨씬 더 많았지만 말이다. 1965년에는 허리케인 베치Betsy가 뉴올리언스를 덮쳐 린든 존슨 대통령이 연방 정부 차원에서 그 도시를 보호하겠다고 서약하기도 했다. 그리고 그런 홍수가 다시금 발생할 위험을 줄이기 위해 미군 공병대는 폰차트레인 호Lake Pontchartrain에 허리케인 방벽을 세우려 나섰으나, 이 작업은 어느 환경운동 단체의 고소로 중단되어버렸다.[102] 그에 대한 대안으로 여러 둑을 세워 하나의 시스템을 만드는 방법이 제안되기도 했지만 이는 충분한 대안이 될 수 없다고 입증되었다.[103] 4등급 허리케인이었던 카트리나가 2005년 8월 마지막 주에 미시시피 삼각주를 한 번도 아닌 두 번이나 강타했을 당시의 풍속은 무려 시속 145마일(약 233킬로미터)에 달했다. 이로 인해 둑 세 개가 무너졌고 그 결과 수백만 갤런의 물이 도시로 쏟아졌다. 카트리나 때문에

• 만약 이 싼샤 댐이 붕괴하는 재난이 발생한다면(2020년 7월에 내린 큰 비 직후 그 가능성이 부각되었다), 100억 톤의 물이 하류로 내려와 인구 400만의 이창宜昌, 850만의 우한武漢, 460만의 창저우常州, 2,430만의 상하이上海 등 대도시들을 덮쳐 3,500만 명의 생명과 생계를 위협할 것이며 중국의 경작 가능 토지 중 25퍼센트, 심지어 중국 인민해방군의 지상 병력 중 거의 절반은 물에 잠길 것이다.

목숨을 잃은 미국인들은 총 1,836명이고, 그중 압도적인 다수가 루이지애나 출신이었다. 카트리나는 또한 뉴올리언스의 주택 중 4분의 3을 파손시켰다.[104]

    허리케인이 미국에 가한 충격들은 재난 대비를 성공적으로 해내고 유지하는 것이 지극히 힘든 과제라는 점을 잘 보여준다. 이 장에서 논의한 다른 모든 형태의 재난들과 달리 대서양에서 생겨나는 허리케인들―즉, 시속 74마일(약 120킬로미터) 이상의 지속적인 바람을 일으킨다고 공식적으로 기록된 모든 열대저기압들―은 비교적 예측이 가능하다. 1851년 이후 미국에는 총 296개의 북대서양 허리케인이 상륙한 바 있다. 허리케인 대부분은 계절 면에서 8~10월 사이에 찾아온다는 예측 가능한 특징을 갖는데 여기엔 큰 변동이 없다. 가장 큰 허리케인, 즉 사피어-심슨 허리케인 풍속등급Saffir-Simpson Hurricane Wind Scale에선 3~5로 측정되는 허리케인들이 가장 많이 찾아왔던 시기는 10회를 기록한 1940년대였고 1860년대에는 1회에 불과해 가장 적은 시기였다. 그럼에도 카트리나 정도의 허리케인이 찾아올 확률을 어림짐작으로 추산해보면 '396년에 한 번'에서 '40년에 한 번' 정도다.[105] 1990년대에 루이지애나주 천연자원부Louisiana Department of Natural Resources에서 차관보로 일했던 남아프리카공화국의 학자인 이보르 반 헤르덴Ivor van Heerden은 미시시피 삼각주에서 지반 침하가 발생한 데다 석유와 가스 채굴로 많은 습지가 소실된 뉴올리언스의 경우 대규모 허리케인의 충격을 받으면 어떤 피해를 입을지 정확히 예측해냈다.[106] 그럼에도 미국 연방재난관리청FEMA: Federal Emergency Management Agency은 재난 시 따를 만한 믿음직한 행동 계획을 완성하지 못했다. 심지어 2004년 허리케인 팸Pam으로 알려진 재난 준비 시뮬레이션을 시행한 뒤에도 말이다.[107] 지역

공직자 및 기업가 들이 그런 위험을 과소평가했을 뿐 아니라 육군 공병대 또한 제대로 경고하지 못했고—심지어 그들 중에 있었던 기상청 National Weather Service 출신 사람들조차 그러했다—전혀 다른 종류의 테러리즘에 정신이 팔려 있던 조지 W. 부시George W. Bush 행정부는 새로 창설된 국토안보부Department of Homeland Security에 FEMA를 종속시켰으며, 그에 따라 FEMA의 공직자들은 "어떤 재난에든 대처할 만한 준비가 전혀 되어 있지 않았고 예산도 충분치 않았다."[108] 허리케인 카트리나로 일어난 재난을 조사한 하원 양당합동조사위원회는 매우 엄혹한 평결을 내놓았다.

정보가 너무 희박하거나 상호모순적인 상황을 접하면 반드시 즉각 개입해 조치를 취하는 것이 당연한 일이다. 이는 분명 어디에선가 공백이 발생했음을 뜻하기 때문이다. 그러나 허리케인 카트리나에 대한 대응에선 그런 상황이 오히려 아무 행동도 취하지 않는 핑곗거리로 이용되는 경우가 매우 많았다. 미로처럼 복잡한 각 부서의 운영 센터 및 '조정'위원회 들을 거쳐서 겨우 나온 정보는 (…) 내부 사람들에게 전달되고 해석되는 과정에서 타이밍과 적실성 모두를 잃었고, 그 결과 지도자들은 1분 단위로 달라지는 카트리나 상황의 현실에서 동떨어져버렸다. 또한 정보는 이미 짜여져 있는 관료제의 전문 용어로 다시금 번역되어야만 했고, 이렇게 해서 전달된 정보는 가뜩이나 먼 워싱턴과 멕시코만 사이의 지리적 거리를 훨씬 더 멀리 벌려놓았다. (…) 누구의 잘못인지를 놓고 서로 비난하거나 기자회견장에 누가 나갈지를 두고 다투는 등 재난 대응에 있어선 전혀 중요하지 않은 일들로 인해 아까운 시간이 낭비되었다.[109]

3장 _ 회색 코뿔소, 검은 백조, 드래건 킹

이후로도 이러한 문제들은 미국의 연방 정부와 주 정부 모두에서 수없이 되풀이된다.

하지만 그럼에도 아시아의 여러 재난이 서방의 재난들보다 더 끔찍한 경향을 띤다는 사실은 변하지 않는다. 허리케인 카트리나는 미국에 국민적 외상을 입힌 사건이었으나 사망자 수는 2,000명도 채 되지 않았다. 태풍의 경우에도 남아시아 역사에 남아 있는 최악의 태풍들로 발생한 사망자 수는 미국에서의 그것보다 두 자리나 더 많다. 1876년 10월에 현 방글라데시의 바리샬Barishal 근처에 상륙한 태풍 바커간지Bakerganj는 벵골인 약 20만 명의 목숨을 앗아갔는데, 그중 절반 정도는 폭풍으로 익사했고 나머지는 그 뒤를 이은 기근과 질병으로 사망했다.[110] 그로부터 한 세기도 지나지 않은 1970년 11월에는 당시의 동파키스탄 지역을 대볼라 태풍Great Bhola Cyclone이 강타해 30만~50만 명이 죽었는데, 바리샬에서 남동쪽으로 60마일(약 96.5킬로미터) 떨어진 타주무딘Tazumuddin에선 인구의 45퍼센트가 사망했다.[111] 일본에서 일어났던 지진들과 마찬가지로 방글라데시의 큰 태풍들 또한 지금 살아 있는 이들에게는 너무 아득한 기억이라 그 위험이 충분히 의식되긴 힘들었다.[112] 대볼라 태풍의 경우 예언자 카산드라의 역할을 했던 인물은 미국인 고든 E. 던Gordon E. Dunn 박사였다. 그는 1961년 보고서에서 바로 그러한 재앙을 경고하며 인공적으로 고지대 지역을 건설해야 한다고 제안했으나 파키스탄 당국은 이를 정중히 무시해버린 바 있었다.[113]

큰 파도

'큰 파도'를 그린 유명한 일본 회화가 있다. 작가 이름까지야 몰라도 그 그림만큼은 많은 이들이 알고 있다. 화가의 이름은 가쓰시카 호쿠사이 葛飾北斎이며 그 작품 〈가나가와의 거대한 해일The Great Wave of Kanagawa〉은 1829~1833년에 발표되었다. 이는 우키요에浮世繪라는 장르의 목판화 인데 이 명칭을 글자 그대로 옮기자면 '부유浮遊하는 세계의 그림'이란 뜻이다. 이 작품에서의 '해일'을 잘 보면 쓰나미가 아닌, 이른바 큰 파 도를 그린 것임을 알 수 있다. 파도는 지금 세 척의 목조 어선에 탄 이 들을 집어삼키려 하고 있다. 이 어부들은 오늘날의 요코하마인 가나가 와神奈川로 돌아오는 길이다. 저 멀리 후지산이 작게 보인다. 이 큰 파도 가 지나고 나면 바다는 잔잔한 연못이 될 것이라는 게 화가의 의도가 아니라는 점은 분명하다.

앞서 봤듯 인류 역사에는 큰 파도들이 있었고, 그중에는 거대한 쓰 나미들도 있다. 하지만 이러한 큰 파도들을 규칙적 성격의 광파 혹은 음파 같은 것으로 여기는 것은 환상에 불과하다. 1920년대 소련의 경 제학자였던 니콜라이 콘드라티예프Nikolai Kondratieff는 자본주의에도 그 러한 패턴들이 있음을 보여주고자 했다. 영국, 프랑스, 독일의 경제 통 계를 바탕으로 경기에는 상승과 하강이 반복되는 50년의 주기가 있음 을 추론해낸 것이다.[114] 콘드라티예프의 저작은 오늘날에도 많은 투자 가들에게 영향력을 발휘하고 있지만 정작 스탈린은 이 저작을 이유로 콘드라티예프를 체포 구금했으며 나중에는 총살형에 처했다.

그러나 불행히도 오늘날의 연구는 경제생활에 그러한 규칙성이 존 재한다는 생각을 없애버리고 말았다. 폴 슈멜징Paul Schmelzing은 이자

　　　　　　　　　　3장 _ 회색 코뿔소, 검은 백조, 드래건 킹

율의 변화를 13세기까지 거슬러 올라가 꼼꼼히 재구성했고, 이를 통해 명목이자율에 장기적이고도 '초추세적인super-secular' 저하가 존재함을 보여주었다. 그에 따르면 이 경향은 주로 자본 축적 과정에 의해 추동되고 간헐적·무작위적으로 나타나는 인플레이션 사건들로 교란되는데, 그 사건들은 거의 항상 전쟁과 결부되어 있다.[115] 그러나 전쟁이 모든 것의 아버지요, 모든 것의 왕이라 했던 헤라클레이토스Heraclitus의 말(고대 그리스 철학자 헤라클레이토스의 단편에 나오는 "전쟁은 모든 것의 아버지요, 모든 것의 왕이다. 전쟁으로 일부는 신이 되며 나머지는 사람이 되고, 일부는 자유민이 되고 나머지는 노예가 된다."라는 구절을 지칭_옮긴이)은 사실이 아니다. 재난은 많은 형태를 취한다. 역사에 나타난 드래건 킹들이 모두 전쟁은 아니었으며, 아무리 큰 전쟁도 14세기 유럽의 흑사병만큼 많은 사람을 죽이진 않았다.

많은 이들은 재난을 천재와 인재로 나누고 싶은 유혹을 느끼지만 이는 그릇된 일이다. 지진은 분명 지질학적 사건이다. 비록 오늘날에는 잘못된 핵실험 설계 때문에 발생하는 경우도 있지만, 그래도 인간 사회에 있어 대개의 지진은 외생적 원인으로 생겨나는 일이다. 전쟁의 경우 인간들이 시작하는 일이라는 점은 명백하고, 그 원인은 분명히 인간 사회의 내생적인 것이다. 하지만 인명피해의 관점에서 봤을 때 자연재해가 재난이 되는 경우는 오로지 그것이 직접적으로든 간접적으로든 인간들의 정착지에 충격을 줄 때뿐이다. 화산, 단층선, 홍수가 심한 강변 등 재난 가능성이 있는 지역 근처에 정착지를 마련하기로 결정한 것은 인간들이고, 이는 대부분의 자연재해가 최소한 일정 정도는 인재인 이유가 된다. 그리고 여전히 위험도가 높은 결정들—벌목 작업 현장 근처에 목조 건물로 이뤄진 마을을 만든다거나 핵발전소를 하필이면 쓰나미 위험 지역에 세운다거나 하는 것—은 자연재해에 대한 인적 비용을 더욱 늘릴 가능성이 있다.

이와 비슷한 방식으로 전쟁의 기원起源도 자연적 사건들에서 찾을 수 있다. 가령 극단적인 날씨나 지속적인 기후변화는 농업의 위기로 이어지면서 사회로 하여금 계속 굶주릴지, 아니면 위치를 옮길지를 선택하는 기로에 서게 만든다. 인류는 자연의 일부이며, 인구증감의 밀물과 썰물 또한 이 세상의 생태 시스템을 이루는 거대한 통합적 그물망의 일부다. 우리 시대에 많은 이들이 골몰하고 있는 재난 시나리오는 산업 및 그 밖의 이유에서 배출되는 온실가스로 평균 기온이 올라가 이른바 '인간이 만든 기후변화'라는 형태의 위기로 파국적 결과가 닥칠 것이라는 시나리오다. 의도치 않은 부정적 결과가 없게끔 하면서 이를 어느 정도나 성공적으로 완화시킬 수 있는가 하는 문제는 세계 모든 나라가 어떤 의사결정—그것이 민주적인가의 여부를 떠나서—을 내리느냐와 함수 관계를 맺게 될 것이다.

우리가 지금 골몰하고 있는 것은 세계적 재난의 잠재적 가능성이지만, 실제로 벌어지는 재난의 대부분은 지역적 규모의 것이며 그 크기도 비교적 작다. 8장에서 살펴보겠지만 자동차 사고와 같은 작은 재난조차도 수많은 측면에서 보자면 핵발전소의 멜트다운과 같은 대규모 재난과 긴밀하게 닮아 있다는 점에서, 재난에는 모종의 프랙탈 기하학이 존재한다고 할 수 있다. 우리에게 결정적으로 중요한 것은 그저 단순한 대규모 재난이 아닌 정말로 엄청난 규모의 재난들, 즉 분포 곡선의 오른쪽 꼬리에서도 가장 끝부분에 자리하는 사건들인 '드래건 킹들'을 구별해내는 것이다. 이 위치에 있는 재난들, 수십만 정도가 아니라 수백만 혹은 수천만 명의 죽음을 낳을 정도로 큰 재난들은 왜 드물게만 나타나는 것일까? 재난의 대부분은 그 지리적 범위에서 한계를 갖기 때문이라는 게 부분적으로는 대답이 될 듯하다. 가장 큰 지진이라 해도 전 세계 어디서나 느낄 수 있는 규모는 아니고, 가장 큰 전쟁이라 한들 모든 나라에서 벌어지는 것이 아니다. 세계대전의 규모도 시간적·공간적으로 매우 압축적이라는 점에 주목해야 한다. 제2차 세계대전 시의 사망자들 가운데 큰 비중을 차지한 것은 발트해-흑해-발칸반도, 그리고 만주-필리핀-마샬 군도라는 두 삼각지대에서의 사망자들이었다. 실제로 지구상의 육지 중 대부분의 지역에선 전쟁이 거의, 혹은 아예 없었다.

두 가지 중요한 점은 재난 발생지가 지구상의 인구밀집 지역인가의 여부, 그리고 재난의 중심지 및 그 근처에서 발생한 죽음과 파괴가 외곽 지역으로 그 충격을 계속 전달하는가의 여부다. 화산의 경우에는 앞서 보았듯 연기와 화산재가 뿜어져 나와 아주 멀리 또 넓게 퍼질 수 있고 그에 따라 다른 대륙의 기후에도 근본적인 영향을 미치게 된다. 지진이나 홍수의 경우 역시 만약 최초의 충격이 하나 혹은 그 이상으로 많은 나라의 농업·상업·금융 시스템에 혼란을 일으키면 그 여파는 실로 광범위하게 퍼진다. 요컨대 어떤 재난의 가장 중요한 특징은 확산contagion의 여부다. 다시 말해 최초에 가해진 충격이 생명체의 생물학적 네트워크 혹은 인류의 사회적 네트워크를 통해 확산되는 일정 방식이 존재하는가의 여부인 것이다. 따라서 네트워크 과학에 대한 어느 정도의 이해 없이는 그 어떤 재난도 결코 이해할 수 없다.

4장

네트워크의 세계

어떤 재난의 규모를 규정하는 결정적 요소는 전염의 여부다. 따라서 병원균이나 정치적 이데올로기처럼 바이러스마냥 퍼져나갈 수 있는 것들의 경우, 사회의 네트워크 구조가 어떠한가는 그 본질적 속성들만큼이나 결정적으로 중요한 사안이 된다. 인간은 수두에서 흑사병까지 자신들을 덮친 질병들의 성격을 의학적으로 해명하기 오래전부터 이미 격리, 사회적 거리두기, 그 밖에 오늘날 우리가 '비의학적 개입'이라 부르는 조치들을 고안하여 효과적으로 운영해왔다. 이러한 조치들의 본질은 사회가 네트워크의 밀집으로 '좁은 세상'이 되는 일을 막도록 네트워크 구조를 수정하는 데 있다. 이런 네트워크의 수정은 사람들이 돌림병 상황에 적응하면서 자발적으로 알아서 행하기도 하지만, 일반적으로는 위계적 체계의 명령으로 시행될 필요가 있다.

그 설교자는 설교에 군중이 몰려들어 감염이 확산되지 않도록 하기 위해 자신의 강단을 성문 꼭대기에 마련했다. 감염된 이들은 성문 안에 남고 감염되지 않은 이들은 성문 밖으로 분리되게끔 한 것이다. 게다가 그는 그러한 상황에서도 민중이 맞닥뜨린 공포를 확실하게 이용할 줄 알았다.

– 데이비드 흄David Hume, 『영국의 역사History of England』

볼테르 대 교황

___

제네바는 리스본에서 900마일(약 1,450킬로미터) 이상 떨어져 있다. 포르투갈의 수도 리스본이 지진과 그 뒤에 덮친 쓰나미로 초토화되었던 1755년 11월 1일, 스위스 제네바의 사람들 중 과연 조금이라도 땅의 진동을 느낀 이가 있었을까 싶다. 하지만 이 재난의 소식은 땅의 진동보다 훨씬 더 멀리 퍼져나갔다. 종교개혁 이후 두 세기 동안 서유럽에서 진화했던 출판 및 서신 교환의 네트워크 덕분이었다. 게다가 제네바는 캘빈주의의 수도였다. 볼테르Voltaire라는 필명으로 더 유명한 프랑수와-마리 아루에François-Marie Arouet는 1755년 당시 이미 종교에 대한 회의가 깊어질 대로 깊어진 상태였고, 그 때문에 루이 14세Louis XIV에 의해 파리에서 추방되어 제네바에 머무르고 있었다.

하지만 리스본 지진 사건을 보면 볼테르는 또한 그렇게 완전히 무작위적인 모습을 띠는 재난들을 어떻게든 인류와 화해시켜보려는 모든 철학 조류들에 대해 혐오감을 가졌음이 드러난다.[1] 그답지 않은 열정적 어조로 쓰인 '리스본 재난에 대한 시Poème sur le désastre de Lisbonne'에서 볼테르와 그의 출판사는 "존재 가능한 세상 중에서 우리는 최고·최선의 세상에 살고 있다."라고 한 독일의 만능 천재 고트프리트 빌헬름 라이프니츠Gottfried Wilhelm Leibniz 및 "존재하는 모든 것들은 다 옳다."라 했던 영국 시인 알렉산더 포프Alexander Pope의 낙관주의적 변신론(악의 존재까지도 신의 섭리라고 설명하는 종류의 변신론임_옮긴이)에 대해 이의를 제기했다. 그런 주장들은 실로 참을 수 없이 안일한 생각이라 여기며 충격을 받았던 것이다.

"천상의 신께서는 우리의 수많은 고통에 동정의 눈길을 던지고 계시니"
모든 것이 다 옳고 모두 다 괜찮다고 당신은 대답한다. 궁극의 원인께서는(스피노자는 '궁극의 원인eternal cause'을 신이라 여겼음_옮긴이)
부분적 편파적 법칙이 아닌 일반 법칙으로 통치하신다고.
(…)
그런데 이 끔찍한 혼돈 속에서 당신은 개인들이 겪고 있는 슬픔으로부터 인류 보편의 지극한 복락을 노래하는가?
아, 그따위 복락이 무슨 소용인가! 흐릿해진 이성의 시야와

흔들리는 힘없는 음성으로 당신은 부르짖는 것인가? "존재하는 모든 것들은 다 옳다."라고?

(…)

하지만 도대체 어떻게 그런 신을 상상할 수 있단 말인가? 사랑의 원천으로서

천상에서 인류 전체에 축복을 쏟아붓는 한편

가지가지의 역병을 내려 인류를 곤경으로 몰아넣는 신이라니

우리 필멸의 중생들이 신의 그 심오한 생각을 어찌 가늠이라도 할 수 있단 말인가?[2]

이 시가 출판되자 사람들은 격렬한 반응을 보였다. 그중 주목할 만한 것은 장 자크 루소Jean-Jacques Rousseau였다.[3] 볼테르는 그에 다시 대응에 나섰고, 아이러니의 전범이라 할 그의 걸작 『캉디드: 낙관주의Candide, or Optimism』(1759)을 저술한다. 이 작품에는 캉디드라는 이름의 주인공, 라이프니츠를 희화화시킨 인물인 팡글로서 박사, 그리고 리스본의 파괴를 직접 목격한 재세례파 선원 한 명이 나온다.[4]

리스본 지진이 볼테르와 루소에게—이 주제에 대해 세 개의 다른 글을 남긴 프로이센 철학자 이마누엘 칸트Immanuel Kant도 잊지 말자—준 충격을 보면 18세기의 사회적 네트워크가 얼마나 강력했는지를 생생히 느낄 수 있다. 물론 사회적 네트워크는 계몽주의 시대보다 한참 전에 시작되었다. 이미 기원전 14세기에 이집트의 파라오들은 그러한 네트워크들을 갖고 있었고, '비단길'은 로마 제국과 중국 제국을 이어주었다. 기독교 그리고 나중의 이슬람 또한 자신들이 발원했던 이스라엘과 아랍 사회를 훨씬 뛰어넘는 거대한 사회적 네트워크들을 창출

하고 또 유지했다. 르네상스 시대 당시 피렌체 도시국가의 권력 구조는 복잡한 혈연 네트워크를 기반으로 하고 있었다. 또한 항해가들, 탐험가들, 정복자들 사이에도 네트워크가 있어서 서유럽의 전쟁국가들은 대서양과 희망봉 너머로 무역을 확장하는 와중에 서로 지식을 공유하는 경우가 많았다. 종교개혁 자체도 여러 면에서 일종의 네트워크에 의한 혁명이라 할 수 있다. 북서유럽 전역에 퍼져 있던 종교개혁가 집단들은 서로 연결되어 있었으며, 개신교적 메시지를 확산시키는 이들의 역량은 15세기 후반의 인쇄술 확산을 통해 다시금 결정적으로 증강되었기 때문이다. 하지만 계몽주의 네트워크가 갖는 특출함은 그것의 지리적 범위보다도—볼테르와 서신을 교환한 이들의 70퍼센트는 프랑스인이었다—거기에서 공유되었던 내용의 성질에 있었다.[5] 근대 사상의 가장 중요한 생각들 중 일부의 발전에 있어 특히 중요한 것은 1746년 자코바이트Jacobite 반란[명예혁명을 통해 집권한 메리Mary II 2세 부부의 통치를 인정하지 않고 '스튜어트 왕가를 잉글랜드와 스코틀랜드(후반부에는 대영제국까지도 포함)의 왕좌에 앉혀야 한다'는 목표하에 1688~1746년에 걸쳐 브리튼 제도에서 일어난 일련의 반란_편집자]이 실패한 후 '천재성의 온상'이 된 스코틀랜드가 유럽 대륙과 연결된 것이다.[6]

애덤 스미스의 저작 중 1776년에 나온 『국부론』은 그보다 앞서 출판된 『도덕감정론Theory of Moral Sentiments』—이는 볼테르의 『캉디드: 낙관주의』와 같은 해에 출판되었다—보다 더 유명하지만, 두 저작이 갖는 중요성은 동일하다. 스미스의 『도덕감정론』 3부에 나오는 주목할 만한 글을 보자.

무수한 주민들이 살고 있는 중국이라는 거대한 제국이 갑자기 지진 때문에 땅속으로 꺼졌다고 가정하자. 그때 인류애를 가진, 그러나 중국과는 아무런 관련이 없는 한 유럽인이 이 무서운 재앙의 정보를 접하면 어떤 영향을 받을지 생각해보자. 내가 상상하기로, 무엇보다 그는 먼저 그 운 없는 이들의 불행에 대해 매우 강하게 슬픔을 표할 것이다. 이어 인간의 삶이란 게 얼마나 깨지기 쉬운지, 또 인간이 애써 해놓은 일들 역시 이리도 한순간에 없어질 수 있으니 얼마나 덧없는지에 대해 많은 감상적 성찰을 할 것이다. 또한 그가 사변적 추론의 재주를 가진 이라면 이 재난이 유럽의 상업 및 세계 일반의 무역과 사업에 있어 어떤 결과를 낳을지를 두고 많은 논리적 추측에 골몰할 것이다. 그리고 이렇게 정교한 철학 작업이 끝나고 모든 인간적 감정들이 제대로 표출된 뒤, 그는 아무렇지도 않게 본업이나 취미 혹은 휴식이나 기분전환거리로 돌아갈 것이다. 마치 그런 재난은 발생한 적도 없었다는 듯 말이다.[7]

이는 단순한 통계와 비극을 구별하자는 투콜스키Tucholsky-스탈린의 주장을 상당 정도로 선취한, 아주 깊은 혜안이다. 스미스는 이렇게 주장한다. "자신에게 벌어질 수 있는 일이라면 그리 별것 아닌 재난이라 해도 그는 훨씬 더 현실적인 혼란에 어쩔 줄 몰라 할 것이다. 만약 내일 새끼손가락이 잘려나갈 거라면 그는 오늘밤 한숨도 자지 못할 것이다. 하지만 1억 명에 달하는 그의 형제들이 모조리 죽임을 당했다 해도 그 현장을 전혀 보지 않았다면 그는 코를 골며 매우 편한 마음으로 푹 잘 것이고, 그렇게 엄청난 수의 사람들이 죽는다 해도 그 자신의 하찮은 불행에 비하면 관심이 훨씬 덜 가는 문제가 될 것이다."

다음으로 스미스는 중요한 윤리적 질문을 던진다. "그러니 인간애를 갖춘 사람이라 해도 자신의 하찮은 불행을 막기 위해서라면 그 1억 명의 목숨을 얼마든지 희생시키려 하지 않겠는가? 그 떼죽음의 현장을 자기 눈으로 직접 본 적만 없다면 말이다. (…) 이처럼 너무나 크지만 다른 이들의 것인 문제보다 매우 작더라도 자신의 것인 문제에 훨씬 더 크게 영향받는 것이 우리인데, 그럼에도 너그러운 이들로 하여금 타인들의 더 큰 이익을 위해 자신의 이익을 항상 희생하게 만드는 것은 대체 무엇일까?" 이에 대해 그가 내놓은 대답은 그다지 만족스럽지 않다.

그것은 인류애라는 약한 힘도, 자연이 인간의 마음에 밝혀놓긴 했으나 미약하여 꺼지기 쉬운 베풂이라는 감정의 불꽃도 아니다. 그런 힘으로는 자기애라고 하는 가장 강력한 충동에 맞설 수가 없다. 이러한 상황에서 힘을 발휘하는 것은 이성, 원칙, 양심, 마음의 소리, 내면의 인간, 우리 행동을 재단하는 대심판관과 결정권자 등 보다 큰 힘, 보다 강력한 동기다. (…) 많은 경우 우리로 하여금 그러한 신적인 미덕들을 실천하게 촉구하는 힘은 인류에 대한 사랑이나 이웃에 대한 사랑 같은 것이 아니다. 대개의 경우 그 자리를 차지하는 것은 보다 강력한 사랑과 보다 강력한 애정, 즉 명예롭고 고귀한 것과 위엄에 대한 사랑, 품위, 우리 자신에 대한 우월감이다.

말하자면 스미스가 가상으로 예를 든 중국의 지진과 같은 재난은—볼테르가 그토록 분통을 터뜨리지 않았다면 아마 그는 포르투갈에서 실제로 발생했던 지진을 예로 들었을 듯싶다—지구 반대편의 에

든버러Edinburgh 사람들로부터도 마땅히 동정을 끌어내야 마땅하다는 것이다. 그런 소식을 접하고도 무덤덤하다면 참으로 창피스런 종류의 자기유일주의가 될 것이라는 이유에서다.

하지만 현실을 보자면, 세상엔 스미스가 내건 기준에 미달하는 이들이 훨씬 더 많다. 순수한 이타주의는 말할 것도 없고 스스로의 양심을 달래기 위해서라도 멀리 떨어진 곳의 수백만 명의 운명을 걱정하는 이 또한 많지 않다. 영국의 저널리스트이자 공공연히 공산주의자임을 자칭했던 클로드 콕번Claud Cockburn은 자신이 「타임스The Times」의 부편집장으로 일했던 1920년대에 동료 편집자들과 함께 가끔씩 가장 재미없는 헤드라인 쓰기 시합을 하곤 했다고 말한다(1등상도 있었다고 한다). 그의 회상에 따르면 "나는 딱 한 번 그 시합에서 상을 탄 적이 있는데, 당시 내가 내놓은 헤드라인은 이것이었다. '칠레에서 작은 지진이 일어남. 많이 죽지 않음.'"[8] 슬프게도 실제 「타임스」에 그 헤드라인이 실린 적은 없었다.* 1922년과 1928년에 '칠레에서 지진 발생', 1939년에 '칠레에서 큰 지진 발생'이라는 헤드라인은 나온 바 있었지만 말이다.[9] 하지만 2020년 1월 6일자 「타임스」의 헤드라인 '중국 도시 당국자, 미지의 '폐렴' 바이러스 발생 시인'을 접한 이들의 첫 반응이 대부분 무덤덤했다는 점을 생각해보면, 도덕적으로 볼 때 우리 중엔 스미스보다 콕번 쪽에 가까운 이들이 훨씬 더 많은 듯하다.

• 이 헤드라인은 1979년에 「타임스」가 1년 넘게 파업하며 신문을 발행하지 않았던 기간에 나온 패러디판 신문인 「타임스 아님Not the Times」에서 마침내 모습을 드러냈다.

네트워크와 복잡계

네트워크는 중요하다. 자연의 복잡계에서나 인공적 복잡계에서나 실로 이는 단연코 가장 중요한 특징이라 할 수 있다. 물리학자 제프리 웨스트Geoffrey West의 말을 빌자면 자연계는 실로 황당할 정도로 "최적화되고, 공간을 채우고, 가지를 뻗는 네트워크들"로 이루어져 있어, 거시세계의 저수지 및 27자릿수를 넘는 미시세계의 장소들 사이에서 에너지와 각종 물질을 분배하게끔 진화해왔다.[10] 동물의 순환계, 호흡계, 신장계, 신경계 등은 모두 자연의 네트워크다. 식물의 맥관계와 세포 내의 미세소관 네트워크와 미토콘드리아 네트워크 등도 마찬가지다.[11] 지금까지 완전히 지도가 작성된 신경 네트워크는 예쁜꼬마선충의 두뇌뿐이지만 좀 더 복잡한 두뇌들의 지도 또한 조만간 만들어질 것으로 보인다.[12] 선충의 두뇌에서부터 시작해 식량 사슬(혹은 '식량망food webs')에 이르기까지, 현대 생물학은 지구상에 있는 모든 수준의 생명체에서 네트워크를 발견하고 있다.[13] 유전자 해독을 통해 '유전자를 노드node, 즉 교점으로 삼아 연쇄반응이 연결고리가 되는' '유전자 조절 네트워크'의 존재가 밝혀졌다.[14] 종양 세포들 또한 네트워크를 형성한다.

선사시대의 호모 사피엔스는 협동하는 원숭이로 진화했고 네트워크를 이루는, 즉 서로 의사소통하고 집단행동을 하는 독특한 능력을 가졌다는 점에서 다른 모든 동물들과 구별되었다. 진화생물학자인 조지프 헨릭Joseph Henrich이 말했듯, 우리는 단순히 더 큰 두뇌와 더 적은 털을 가진 침팬지가 아니다. 인간이 하나의 종으로서 성공을 거둔 비결은 "우리가 속한 공동체의 **집단적인 두뇌에** (…) 있다."[15] 침팬지처럼 우리는 사회적으로 가르치고 공유하는 과정을 통해 학습을 한다. 진화인류학자 로빈 던바Robin Dunbar에 따르면, 비교적 더 크고 또 발달한 신피질까지 갖춘 우리 두뇌는 우리가 약 150개의 상대적으로 거대한 사회적 집단들에서 기능할 수 있게끔 진화했다(이에 비해 침팬지의 경우는 그 수가 약 50개에 그친다).[16] 실로 우리 인류는 호모 딕티우스Homo dictyous, 즉 '네트워크의 인간'으로 불려야 마땅하다.[17] 민족지民族誌학자인 에드윈 허친스Edwin Hutchins가 이와 관련하여 만들어낸 용어는 '분산인지distributed cognition'였다. 우리의 초기 선조들은 '어쩔 수 없는 협동 채집자들'로서 식량, 주거, 난방을 위해 서로에게 의지하는 존재가 되었다고 한다.[18] 또한 입말의 발달, 그에 결부된 두뇌 용적과 구조의 발달은 원숭이들이 서로 털을 다듬어주는 등의 행동에서 발전한, 이와 동일한 과정의 일부였을 가능성이 크다.[19] 역사학자 윌리엄 H. 맥닐William H. McNeill 및 J. R. 맥닐J. R. McNeill에 따르면 최초의 '월드와이드 웹worldwide web'은 사실 약 1만 2,000년 전에 나타났다. 인류는 다른 어떤 생물도 감히 적수가 되지 못할 신경계 네트워크를 갖고 있어, 태생적으로 네트워크를 맺게끔 되어 있는 존재라는 것이다.[20]

그렇다면 사회적 네트워크는 인간이 자연적으로 형성하기 마련인 구조인 셈이다. 우리 모두가 피할 길 없는 가계도family trees는 물론이고 지식 그 자체, 그리고 우리가 지식을 나누기 위해 사용하는 다양한 표상 형식들도 마찬가지다. 네트워크의 개념에는 우리가 거의 별 생각이나 지도자도 없이 주기적으로 만들어대는 무수한 비밀 종교들과 광신적 행동들은 물론 인류가 정착, 이주, 상호교배 등을 거치면서 전 세계에 걸쳐 퍼져나간 패턴들도 포함된다. 폐쇄적인 비밀결사에서부터 오픈소스의 대중운동에 이르기까지 사회적 네트워크의 형태와 크기는 그야말로 가지각색이다. 일부는 자발적이며 스스로를 조직하는 성격을, 또 어떤 것들은 좀 더 체계적이고 구조적인 성격을 갖는다. 글자의 발명에서 시작되어 지금까지 계속 발달해온 정보 및 소통 기술들은 우리가 까마득한 옛날부터 천성으로 지니고 태어난, 네트워크에 대한 본능적 욕구를 보다 용이하게 충족시켜주었다.

나는 이 책 바로 이전의 저서에서 현대 네트워크 과학—이 또한 여러 학문 연구가 결합된 복잡계 시스템 그 자체다—의 핵심적인 통찰들을 여섯 가지 제목으로 요약하고자 했다.[21]

1. 누구도 섬은 아니다. 개인이 곧 네트워크 내의 노드라고 생각해보면, 한 사람이 다른 노드들과 맺는 관계는 그 사람을 이해하는 열쇠가 된다. 모든 노드들이 평등한 것은 아니다. 네트워크 내에 있는 개인 한 명은 연결중심성degree centrality, 즉 그가 맺고 있는 관계의 수뿐 아니라 매개중심성betweenness centrality, 즉 그가 다른 노드들 사이에서 다리 역할을 할 가능성—의 관점에서 평가된다. 매개중심성이 가장 높은 사람들이라 해서 꼭 관계의 수가 가장 많은 이들이란 법은 없지만, 그들이 가장 중요한 관계들을 가진 사람들인 것은 맞다. 한 개인이 갖는 역사적 중요성을 평가하는 핵심적 척도는 그 사람이 네트워크의 다리 혹은 브로커 역할을 얼마나 하는가다. 미국 혁명의 경우에서처럼 어떤 때에는 폴 리비어Paul Revere(미국의 은세공업자로 독립전쟁 당시엔 렉싱턴 콩코드 전투의 전령 역할을 하는 등 우국지사로 활동했다고 알려져 있음_편집자)처럼 지도자가 아닌 연결자가 결정적 역할을 수행하는 경우도 있다.[22] 연결중심성이나 매개중심성이 높은 개인들은 방식 면에선 다르더라도 결국은 네트워크에 내에서 '허브들'의 역할을 하게 된다.

1967년 사회심리학자 스탠리 밀그램Stanley Milgram은 캔자스주 위치타Whichita와 내브래스카주 오마하Omaha의 주민들 중 일부를 무작위로 뽑아 156통의 편지를 보냈다. 보스턴의 한 주식중개인을 최종수령자로 지목하며 '그에게 편지를 전달해달라'는 부탁을 담은 편지였다. 만약 수령인들이 그 주식중개인을 개인적으로 알고 있다면 직접 전달할 테고, 그렇지 않다면 그를 알고 있을 것이라 여겨지는 누군가—단, 그와는 서로 이름을 부를 정도로 친밀한 사이여야 했다—에게 전해달라고 부탁할 것이었다. 밀그램은 또한 수령자들에게 그 편지를 어떻게 처리했는지를 엽서에 써서 자신에게 알려달라는 당부도 했다. 밀그램에 따르면 최종목적지에 도달한 편지는 모두 42통이었다(좀 더 최근의 연구에 따르면 21통뿐이었던 듯하다).[23] 이렇게 해서 연결고리가 완성되자 밀그램은 그 편지를 최종목적지에까지 전달하는 데 필요했던 사람들의 수를 계산할 수 있었는데, 그 수는 평균 5.5명이었다고 한다.[24]

그런데 이러한 발견을 이미 예견했던 이가 있었으니, 헝가리 작가 프리제시 카린시Frigyes Karinthy였다. 1929년에 그가 발표한 소설 『사슬들Lancszemek』에서는 한 인물이 친구들에게 내기를 거는 장면이 나온다. 지구상의 누군가를 지목하면 그것이 누구든 간에 자기가 개인적으로 알고 있는 지인 한 명을 통해 다섯 다리 안에 연결될 수 있다는 것이었다. 이 '여섯 단계 분리 법칙six degrees of separation'은 1990년 존 궤어John Guare가 연극 제목으로 사용하여 알려졌지만, 이미 이전부터 그 법칙은 오랜 역사를 갖고 있었던 셈이다.

2. 깃털 색이 같은 새들은 한데 모인다. 사회적 네트워크는 동종친화성homophily 때문에 서로 비슷한 이들끼리 끌어당긴다는 관점에서 부분

적으로 이해할 수 있다. 동종친화성이란 가치나 지위—인종, 민족성, 성性, 연령, 또는 종교, 교육, 직업, 행동 패턴 등과 같이 획득된 특징들에서 기인하는—의 공유를 기초로 형성되는 것으로서, 습득된 특징들과는 구별되는 것들이다.[25] 예전 어느 사회학 문헌의 설명에 따르면 미국 초등학교 아이들은 인종이나 민족적 배경 등을 이유로 자신을 분리하려는 경향을 보였다. 하지만 그 많은 공통점과 취향 중 어떤 것들이 사람들을 하나로 결집시키는지가 항상 자명히 드러나는 것은 아니다. 또한 네트워크 사이의 연계의 성격에 대해서도 분명히 해둘 필요가 있다. 노드들 사이의 연결선은 그저 서로 안면이 있는 정도의 관계인가, 아니면 우정을 동반하는 관계 또는 적대적인 관계인가? 작센-코버그Saxe-Coburgs나 로스차일드Rothschild처럼 유명한 가문들의 가계도인가, 혹은 블룸즈버리 그룹Bloomsbury Set(20세기 초 런던을 중심으로 활동했던 영국의 지식인·예술가 모임_편집자) 같은 친목 서클인가, 아니면 일루미나티Illuminati 같은 비밀 결사체인가? 네트워크 내에서는 가령 돈이나 여타의 자원들 등 지식 이외의 무언가가 교환되고 있는가?

3. 약한 유대는 강력하다. 어떤 네트워크의 밀도가 얼마나 되는지 또 연결선이 몇 개 되지 않는 경우라도 다른 결집체들과 어떻게 연결되어 있는지 역시 중요한 요소다. 우리 모두는 불과 여섯 다리만 거치면 모니카 르윈스키Monica Lewinsky나 케빈 베이컨Kevin Bacon 등과 연결되지만, 이는 스탠퍼드의 사회학자 마크 그래노베터Mark Granovetter가 역설적으로 말한 '약한 유대의 힘the strength of weak ties'으로 설명할 수 있다.[26] 만약 사람들이 맺는 모든 종류의 유대가 우리 및 우리 친구들 사이의 유대처럼 강력하다면 이 세상은 필연적으로 파편화되고 말 것이

다. 하지만 보다 약한 종류의 유대—우리와 크게 닮은 점이 없으며 단순한 지인 정도로만 알고 있는 이들과의 관계—는 '알고 보면 좁은 세상'이란 현상을 이해하는 열쇠가 된다. 그래노베터가 최초에 초점을 맞췄던 것은 구직자들의 경우 가까운 친구들보다는 지인 정도의 사이인 이들로부터 더욱 많은 도움을 받는다는 점이었지만, 후에 그의 혜안은 보다 일반적인 것으로 발전한다. 약한 유대가 비교적 적은 사회에서는 "새로운 아이디어가 확산되는 속도가 늦고, 과학적 노력이 장애에 막히며, 인종·민족성·지리적 위치 등 여타 특징들로 갈라져 있는 하부 집단들이 함께 '공존하는 상태modus vivendi'에 도달하는 데 어려움을 겪을 것"이라고 그는 이야기한다.[27] 다시 말해 약한 유대란 서로 분리되어 있는 군집들이 연결되는 데 있어 없어서는 안 될 교량이며, 이것이 없다면 군집들은 서로 전혀 연결되지 않을 수도 있다.[28]

그래노베터의 이야기는 사회학자로서의 관찰에 근거한 것이었다. 동종친화적 군집들로 특징지어지는 세상이 **어째서** 그와 동시에 '좁은 세상'이 될 수 있는지를 사회학자인 던컨 와츠Duncan Watts와 수학자인 스티븐 스트로개츠Steven Strogatz가 수학적으로 증명한 것은 1998년이나 되어서의 일이었다. 와츠와 스트로개츠는 각각의 노드가 갖는 평균적 근접중심성closeness centrality, 그리고 네트워크의 전반적인 군집 상관계수clustrering coefficient라는 비교적 독립적인 두 가지 성질로 네트워크들을 분류했다. 우선 각 노드가 첫 번째와 두 번째로 가까운 노드들과만 연결된 원 모양의 격자에서부터 시작한 그들은 그저 원의 중심에 몇 개의 연결선만 무작위로 추가하면 전반적인 군집 상관계수를 크게 올리지 않으면서도 모든 노드들의 인접성을 급격하게 증가시킬 수 있음을 보여주었다.[29] 와츠의 연구에 있어 시발점이 된 것은 귀뚜라미들이 동시에 우는 현상이었지만, 그와 스트로개츠가 발견한 것들이 인간 집단에 대해 갖는 의미는 명백하다. 와트의 말을 빌자면 "'넓은 세상'과 '좁은 세상' 그래프의 차이는 무작위적으로 요구되는 몇몇 연결선들에 불과할 수 있다. 하지만 개별 노드들의 수준에서 보자면 이는 사실상 감지할 수 없는 변화다. (…) '좁은 세상' 그래프는 고도로 군집화되어 있는 성격을 보이며, 이는 곧 어떤 질병이 유행할 경우 그것이 '멀리 있다'는 직관으로 이어지기 쉽다. 질병이 실은 그와 반대로 대단히 가까이 있음에도 말이다."[30]

네트워크의 크기가 중요한 것은 멧커프의 법칙Metcalfe's law 때문이기도 하다. 이더넷ethernet의 발명자인 로버트 멧커프Robert Metcalfe의 이름을 딴 이 법칙은 원거리 통신 네트워크의 가치는 연결되어 소통이 가능한 장치들 개수의 제곱에 비례한다는 내용이다. 이는 사실 모든 네트워크에 보편적으로 적용되는 법칙이다. 간단히 말해 한 네트워크에 연결되어 있는 노드의 수가 많을수록 그 노드들에게, 또 소유자에게 있어 해당 네트워크가 갖는 가치는 더욱 커진다.

4. 전파와 확산의 정도는 구조가 결정한다. 어떤 전염병이 퍼지는 속도는 그 병 자체의 전염력만큼이나 그것에 노출된 인간집단의 네트워크 구조와 관계를 갖는다.[31] 고도로 연결된 허브들이 소수 존재할 경우, 병이 느리게 퍼져나가는 초기 단계가 지나면 기하급수적인 양상으로 감염자가 늘어난다.[32] 다른 말로 하자면 재생산지수—한 사람의 감염자가 몇 명의 새로운 감염자를 낳는지를 나타내는 지수—가 1 이상이면 질병은 급속히 퍼져나가고, 1보다 작다면 점차 사라지는 쪽으로 진행된다. 질병의 태생적인 전염력만큼이나 재생산지수를 결정짓는

것은 그 질병에 감염되는 네트워크의 구조다.[33]

어떤 사상이나 이데올로기의 확산이 그 내용 및 모호한 모종의 맥락이란 것의 관계에 따라 결정되는 함수라고 가정하는 역사가들은 아직도 많다. 하지만 이제는 인정해야 한다. 병원체와 마찬가지로 사상역시 그것이 퍼지는 네트워크의 구조적 특징 때문에 널리 퍼뜨려진다는 것을 말이다(19세기 초 영국의 정치 기득권 세력 내에서 노예제 폐지 운동이 성공적으로 그 메시지를 확산시킬 수 있었던 것이 좋은 예에 해당한다). 동료 대 동료peer to peer의 관계가 제한 또는 금지되어 있는 하향식의 위계적 네트워크에선 새로운 사상이 확산될 가능성이 작다. 최근의 연구에 따르면 감정 상태 또한 네트워크를 통해 전달된다.[34] 내생적 네트워크 효과와 외생적 네트워크 효과를 구별하는 것은 결코 쉬운 일이 아니지만[35] 이러한 종류의 전염이 존재한다는 증거는 명백하다. "근면한 룸메이트를 만난 학생들은 더욱 근면해진다. 대식가 옆에 앉으면 더 먹게 된다."[36] 하지만 사상과 행동 방식 등은 친구의 친구의 친구, 즉 세 단계 너머 멀리까지 전달될 순 없다. 사상이나 행동 방식이 전달 및 수용되는 과정은 전염병 병원체를 부지불식간에 전달하는 과정보다 훨씬 더 강력한 연결을 필요로 하기 때문이다. 어떤 사람을 안다는 것과 그 사람으로 하여금 더 많이 공부하거나 먹게끔 영향을 끼친다는 것은 전혀 다른 사안이다. 모방이야말로 가장 진실한 형태의 아첨이다. 설령 그것이 무의식적인 것이라 해도 말이다.

여기에서의 핵심은, 사상이 확산되는 속도와 범위 또한 전염병과 마찬가지로 그것이 전달되는 네트워크 구조에 따라 결정된다는 것이다.[37] 어떤 밈meme, 즉 문화 유전자가 퍼져나가는 과정에서 핵심적 역할을 하는 것은 단순한 허브 노드나 중개자 노드가 아니라 '문지기gatekeepers' 노드, 즉 자기 네트워크로의 정보 전달 여부를 결정하는 사람들이다.[38] 그런 결정을 내리는 데 있어 부분적으로 작용하는 것은 해당 정보의 확산이 자신들에게 미칠 영향에 대해 그들이 생각하는 바다.

한편 어떤 생각이나 사상이 받아들여지려면 하나 혹은 둘 이상의 수신자가 필요하다. 단순한 전염병 확산과 달리 복잡한 문화적 전파 현상에선 우선 연결중심성이 높은—다시 말해, 영향력이 큰 친구들을 비교적 많이 거느린—얼리 어답터들이 임계치에 달할 정도로 확보되어야 한다.[39] 던컨 와츠의 말을 빌자면, 마치 전염과도 같은 대규모 확산이 가능할지를 평가하는 데 있어서의 핵심은 "자극 그 자체가 아니라 그것이 가해지는 네트워크의 구조에 초점을 맞추는 것"이다.[40] 이는 어떤 아이디어들은 입소문이 나는 데 반해 수많은 다른 아이디어들은 왜 거의 알려지지 못한 채 시들어가는지를 설명하는 데 도움이 된다. 그런 생각들은 적절한 노드와 군집, 네트워크에서 시작되지 못했기 때문이다. 수많은 전염성 미생물 중 팬데믹을 일으키는 데 성공하는 것은 극소수라는 점도 이와 마찬가지의 원리로 설명될 수 있다.

만약 모든 사회적 네트워크들의 구조가 동일하다면 우리의 세상은 매우 다른 모습이 될 것이다. 가령 노드들이 서로 무작위적으로 연결되어 있어서 노드 하나가 갖는 연결선의 개수들로 종 모양의 정규분포 곡선이 그려지는 세상이라면 어느 정도는 '좁은 세상'의 성질을 보이겠지만, 그 세상은 우리의 세상과 다른 모습일 것이다. 우리가 살아가는 현실 세계의 네트워크 중 다수는 파레토 분포Pareto distribution와 같은 양상을 띠기 때문이다. 말하자면 무작위적 네트워크의 경우보다 연결선이 훨씬 많거나 훨씬 적은 노드들, 또 훨씬 더 적은 연결선을 가진 노드들이 더 많은 것이다. 이는 사회학자 로버트 K. 머튼Robert K. Merton이

　　　　　　　　　4장 _ 네트워크의 세계

'마태 효과the Matthew effect'라 불렸던 것과 같은 양상이다. 마태복음(25장 29절)에는 "무릇 있는 자는 받아 풍족하게 되고 없는 자는 그 있는 것까지 빼앗기리라."라는 구절이 있는데, 이는 학문 세계에서도 그렇다. 성공은 성공을 낳는 법이라서, 이미 여러 상을 수상한 이에겐 더 많은 상이 주어진다. '슈퍼스타의 경제학'에서도 이와 비슷한 현상을 볼 수 있다.[41] 많은 대형 네트워크들의 확장 과정을 보면 각 노드들이 얻는 새로운 연결선의 수는 그것들이 기존에 갖고 있었던 연결선의 수— 즉, 그 노드들의 '적합도fitness'—에 비례한다는 점을 알 수 있다. 요컨대 '선호적 연결preferential attachment'이 나타나는 것이다. 이러한 통찰을 발견한 것은 물리학자인 알버트-라즐로 발라바시Albert-László Barabási와 레카 알버트Réka Albert였다. 이들은 현실 세계에 존재하는 대부분의 네트워크가 멱함수 법칙 분포를 따른다는, 즉 '척도의 대푯값을 말할 수 없는scale-free' 것일 가능성이 높다는 점을 최초로 시사했다.* 그러한 네트워크들이 발전하는 과정에서 소수의 노드는 다른 노드들보다 훨씬 많은 연결선을 가진 허브가 될 것이라는 게 그들의 이야기다.[42] 이러한 네트워크의 예들은 「포춘Fortune」 1,000대 기업의 이사들, 물리학 저널들의 인용문, 웹페이지로 들어오고 나가는 링크 등 대단히 많다.[43] 바라바시의 이야기를 들어보자.

• 무작위적으로 연결선이 형성된 네트워크에 비해 '척도의 대푯값을 말할 수 없는' 네트워크는 도수가 '아주 높거나 아주 낮은 값을 가질' 가능성이 상대적으로 높다는 점에서 멱함수 분포의 성격을 띤다. 이러한 네트워크에서는 전형적인 노드라는 것이 존재하지 않지만, 노드들이 갖는 차이의 '척도'는 어디에서나 동일하게 나타난다. 다른 말로 하자면 척도의 대푯값을 말할 수 없는 세상은 프랙털 기하학의 성격을 갖는다. 마을은 커다란 가족이고, 도시는 커다란 마을이며, 왕국은 커다란 도시다.

이러한 네트워크들을 하나로 묶어주는 허브들의 위계가 존재한다. 아주 많은 연결선을 가진 노드가 있고, 연결선의 수가 덜한 몇몇 허브들이 그 뒤를 바짝 따르며, 그 뒤에는 그 수가 더욱 적은 수십 개 노드들이 따라붙는다. 이 거미줄의 한가운데에 들어앉아 모든 노드와 모든 연결선을 통제하고 감시하는 중심 노드는 없다. 하나의 노드를 제거한다 해서 거미줄 전체가 붕괴하는 일은 일어나지 않는다. 대표적 척도값이 없는 네트워크란 곧 거미가 없는 거미줄인 것이다.[44]

가령 승자독식 모델처럼 매우 극단적인 경우에는 적합도가 가장 높은 노드가 연결선의 전부 혹은 거의 전부를 갖게 된다. 하지만 "아주 많은 연결선을 가진 노드가 있고, 연결선의 수가 덜한 몇몇 허브들이 그 뒤를 바짝 따르며, 그 뒤에는 그 수가 더욱 적은 수십 개 노드들이 따라붙는" 패턴이 나타날 때가 더 많다.[45] '척도의 대푯값을 말할 수 없는' 네트워크의 예 중 하나는 공항의 연결 시스템이다. 많은 수의 소규모 공항들은 중간 규모의 공항들과 연결되어 있고, 이는 다시 소수의 거대한 허브들과 연결된다.[46] 반면 미국의 전국 고속도로 네트워크는 무작위적 네트워크와 더욱 닮아 있다. 각 주요 도시마다 다른 도시와 연결되는 고속도로의 수가 대략 비슷하기 때문이다.

여타의 중간적 네트워크 구조들도 있다. 가령 미국 사춘기 청소년들의 친구 네트워크는 무작위적인 것도 아니고 '척도의 대푯값을 말할 수 없는' 것도 아니다.[47] 앞으로 보겠지만 '척도의 대푯값을 말할 수 없는' 네트워크들은 몇몇 전염병의 확산에 있어 핵심적 역할을 했다.[48] 네트워크는 모듈식, 즉 교량 역할을 하는 소수의 연결선들을 통해 다수의 개별 군집들이 함께 묶여 있는 식으로 구성될 수도 있다. 어떤 네

4장 _ 네트워크의 세계

트워크는 모듈식이면서도 위계적이라서 특정 하부 시스템들을 다른 시스템들이 통제하도록 만든다. 신진대사를 관장하는 복잡한 유전자 시스템들이 그 예다.[49]

5. 네트워크는 결코 잠들지 않는다. 네트워크는 정지 상태로 있는 법이 거의 없다. 3장에서 보았듯 대규모 네트워크들은 복잡계로서 창발성emergent properties을 갖는다. 즉, 전혀 예측할 수 없었던 상전이相轉移(융해나 기화처럼 물질이 온도, 압력, 외부 자기장 따위의 일정한 외적 조건에 따라 한 상相에서 다른 상으로 바뀌는 현상_편집자)가 일어나 새로운 구조와 패턴 및 특성 들을 낳는 것이다. 무작위적인 것처럼 보였던 네트워크가 매우 빠르게 계층구조로 발전할 수 있는 것도 이 때문이다. 혁명을 일으킨 군중이 전체주의 국가를 형성해가는 단계의 수가 놀라울 정도로 적다는 건 이미 여러 번 입증된 바 있다. 이와 마찬가지로, 경직된 것처럼 보이는 위계질서의 구조들 또한 얼마든지 빠르게 붕괴될 수 있다.[50]

6. 네트워크들은 네트워크를 맺는다. 네트워크들끼리 상호작용을 일으키면 그 결과로 혁신과 발명이 나타날 수 있다. 화석화된 위계조직이 네트워크 하나의 교란으로 인해 실로 숨 막히는 속도로 전복되기도 한다. 하지만 취약한 네트워크에 대한 어떤 위계조직의 공격은 해당 네트워크가 붕괴하는 결과로 이어지기도 한다. 사회적 네트워크들은 서로 만나서 사이좋게 융합되는가 하면 서로를 공격하는 경우도 있다. 이런 일은 1930년대 케임브리지대학교 졸업생들의 엘리트 네트워크에 소련 첩자들이 성공적으로 침투했을 때 발생한 바 있다.

이러한 네트워크들끼리의 싸움이 벌어질 경우 승패를 좌우하는 것은 각 네트워크가 갖는 상대적인 강도다. 적응력과 회복재생력이 큰 쪽은 어느 쪽인가? 혼란을 낳는 전염에 얼마나 취약한가? 하나 혹은 그 이상의 '슈퍼허브'에는 어느 정도로 의존하는가? 그 '슈퍼허브'가 파괴 혹은 포획되면 그 전체 네트워크의 안정성은 얼마나 감소하는가? 바라바시와 그의 동료들은 시뮬레이션을 통해, '척도의 대푯값을 말할 수 없는' 네트워크들의 경우 공격을 받아 상당수의 노드들은 물론 심지어 허브 하나를 잃는 경우에도 그 상황을 견뎌낼 수 있다는 점을 발견했다. 하지만 여러 개의 허브를 노리는 공격을 받으면 네트워크 전체가 깨질 수 있다는 점도 밝혀냈다.[51] 좀 더 극적인 사실은, '척도의 대푯값을 말할 수 없는' 네트워크는 강한 전염력으로 노드를 죽이는 바이러스에 매우 쉽게 무너질 수 있다는 것이다.[52]

앞서 보았듯 천재 및 인재로 발생한 사망자 수는 모두 정규분포의 모습을 띠지 않는다. 많은 형태의 재난들은 멱법칙을 따르거나 무작위 분포를 보여주는데, 이는 곧 정말로 거대한 재난들은 그 규모와 시기를 예견하기가 어렵다는 것을 뜻한다. 역사에서 순환주기적 패턴을 찾아내려는 노력은 실패할 가능성이 높은 까닭 역시 바로 이것이다.

그리고 이제는 더 복잡한 문제가 생긴다. 재난은 여러 네트워크에 의해 매개·해석되고 어떤 경우—전염 문제가 발생하는 경우다—엔 글자 그대로 네트워크에 의해 전달되기도 한다. 또한 네트워크들 자체는 복잡하고 상전이에 영향을 받는 구조를 가지고 있다. 정확히 '척도 대푯값을 말할 수 없는' 네트워크라 할 순 없어도, 많은 사회적 네트워크들은 격자형 구조보다 그런 네트워크의 성격에 훨씬 더 가깝다. 말하자면 소수 노드들의 중심성이 대부분의 다른 노드들보다 훨씬 더 높다는 뜻이다. 카산드라처럼 불행을 예언하는 이들의 중심성이 높은 경우엔 사람들의 주의를 끌 때가 더 많을 것이다. 잘못된 원칙들이 대규모 사회적 네트워크를 통해 널리 퍼지면 재난을 효과적으로 완화시키는 일은 훨씬 더 어려워진다. 마지막으로 결정적인 점이 하나 있다. 국가와 같은 위계구조들이 존재하는 가장 큰 이유는, 널리 분산된 네트워크들보다 비록 혁신 면에선 열등하지만 방어 면에선 월등하기 때문이다. 전염병에 직면한 상황에선 통치의 질, 즉 단순히 최상부에서 내리는 전략적 의사결정뿐 아니라 명령 지휘 계통을 오르내리는 정보의 속도와 정확성, 그리고 작전을 실행하는 효율성 등이 많은 것을 결정한다.

유행성 질병과 네트워크

전염병에 대한 인류의 취약성은 계속 변해왔다. 그런데 이에 관한 역사는 흡사 병원체들의 역사—벌레 하나를 잡고 나니 또 다른 벌레가 나타났다는 식의—로 쓰이는 경향이 있고, 궁극적으로는 의학을 그것들에 승리하는 영웅으로 삼는다.[53] 그리하여 마침내 우리는 '전염병리학적 전환epidemological transition'을 이루어냈다고 한다. 이제 인간의 주요 사망 원인은 예전보다 훨씬 감소한 전염병이 아닌, 암이나 심장병과 같은 만성 질환이 되었다는 것이다.[54] 그러나 이 역사는 곧 우리의 사회적 네트워크가 진화하는 이야기라고 하는 편이 좀 더 타당할지 모른다. 인류는 처음 등장한 이후 30만 년 동안 너무나 작은 규모의 부족집단으로 생활했고, 그래서 대규모 전염병이라는 것이 나타날 수도 없었다. 그런데 신석기 혁명 또는 농업 혁명과 함께 변화가 찾아온다. 영국 의학자인 에드워드 제너Edward Jenner가 1790년대에 말한 바 있듯, "인간이 본래의 자연적 상태에서 벗어난 것이 바로 인간 질병의 풍부한 원천이 되었음은 입증된 듯하다."[55]

박테리아는 지구에 서식한 최초의 생명체였다. 대부분은 인간에게 무해하고 그중에는 인간에게 유익함을 주는 것도 많다. 박테리아는 2분열의 방식으로 스스로를 복제한다. 자신의 염색체 DNA를 복제한 다음 둘로 나뉘는 방식, 말하자면 본질적으로 자신들을 복제하는 방식인 것이다. 하지만 많은 박테리아들에겐 플라스미드plasmid가 있다. 박테리아 세포 내부의 원형 DNA 분자인 플라스미드는 염색체로부터 분리되어 독자적으로 나뉘는데, 이를 통해 다소 진화한 변종들이 생겨난다. 살균바이러스, 즉 박테리오파지bacteriophages—줄여서 '파지phages'라 부른다—라고 알려져 있는 바이러스들 역시 또 다른 변이의 원천이다. 이 살균바이러스들이 없다면 콜레라와 디프테리아를 일으키는 박테리아는 인간에게 무해할 것이다. 그런데 살균바이러스들이 이 박테리아들의 단백질 생성 기제를 이용하여 스스로를 재생산하는 과정에서 박테리아의 염색체 혹은 박테리아 세포 내의 플라스미드로부터 DNA 한 조각을 더 집어넣는 경우엔 돌연변이가 생겨난다. 박테리아 다음에는 말라리아원충과 같은 단세포의 원생동물들이, 그다음에는 바이러스들이 병원체로 등장했다.[56] 이 병원체들은 재생산 방식에 따라 박테리아, DNA 바이러스(B형 간염, 헤르페스, 천연두), RNA 바이러스(독감, 홍역, 소아마비), 인체면역결핍바이러스HIV: human immunodeficiency virus 같은 레트로바이러스, 프라이온병prion disease(광우병) 등으로 나뉜다. 바이러스는 크기가 아주 작아서, 약간의 핵산이 단백질 분자들을 코트처럼 두르고 있는 게 전부다. 황열병, 라싸Lassa 열병, 에볼라, 홍역, 소아마비를 일으키는 바이러스들은 모두 유전자의 수가 열 개 미만이고 천연두 바이러스와 헤르페스 바이러스는 200~400개 정도다. 그러나 박테리아의 경우는 가장 작은 것이라 해도 5,000~1만 개의 유전자를 갖고 있다.[57] 바이러스는 원생동물에서 인간에 이르는 모든 세포 형태의 생물체에 침투할 수 있고, 면역 체계의 반격을 피해 일단 세포 안으로 들어온 다음엔 자가복제를 임무로 삼는다. 이때 숙주세포의 단백질 제조 장비의 도움을 받는 경우가 많고, 그다음에는 숙주세포를 파괴하거나 변이시키면서 퍼져나간다.[58] 결정적으로 중요한 점은, 바이러스에겐 돌연변이를 일으키는 능력이 있기 때문에 우리 벌거벗은 원숭이들에겐 특별히 위험한 적이라는 점이다.[59]

질병의 역사는 병원체, 곤충 혹은 동물 매개체들의 진화와 인류의 여러 사회적 네트워크의 진화 사이에서 오랫동안 진행되어온 상호작용의 역사다. 인간이 말라리아에 감염된 증거는 3,000년 전의 이집트 미라 또는 그와 비슷한 시기의 중국 문헌에서 찾을 수 있지만, 열대열 말라리아원충Plasmodium falciparum이 인간을 감염시켜 죽이기 시작한 것은 그보다 훨씬 오래전의 일이다.[60] 이 원충은 5종의 말라리아원충 중 가장 위험하다. 또한 이 5종 원생동물들은 모두 모기에 의해 퍼져나가는데 가장 흔하게는 암컷 학질모기가 옮긴다. 역사상 가장 치사율이 높았던 간상세균인 페스트균Yersinia pestis—이는 가성결핵균의 돌연변이다—은 최소한 2,500년 전에 중국에서 처음으로 출현했고,[61] 인간에게 옮기 전에 하나가 아닌 두 개의 중간매개체를 필요로 한다. 첫 번째는 벼룩이고—그중에서도 특히 열대쥐벼룩이지만 14세기 유럽의 흑사병 당시엔 사람벼룩Pulex irritans 역시 매개 역할을 했을 것이다—두 번째는 쥐와 같은 설치류들이다. 페스트균은 벼룩의 체내에 들어가면 위 胃를 막아버릴 정도로 개체수가 증가하는데 이는 오로지 설치류의 몸 안에서만 가능하기 때문이다. 이렇게 위가 막히면 벼룩은 더 이상 자신이 빨아들이는 피로 배를 불리는 것이 불가능해진다. 그럼에도 허기를 채우기 위해 계속해서 피를 빨아대다가 결국은 죄다 토해내기에 이르는데, 이때 벼룩의 체내에 있던 페스트균들도 토해져 나온다. 이렇게 감염된 벼룩에게 한 번 물린 인간의 몸에는 페스트균이 들어와 목, 겨드랑이, 사타구니의 림프선을 표적으로 삼는다. 페스트균은 1시간마다 두 배로 늘어나기 때문에, 이로 인해 발병하는 림프절 페스트는 급격하게 면역 체계를 압도하면서 혈관을 따라 퍼져나가고 내출혈과 피부 출혈을 일으킨다.[62] 유전자 변화가 비교적 적게 일어난 페스트 균이라면 그 독성도 증가 혹은 감소할 수 있다.[63] 이 림프절 페스트의 주요 생물형biovar으로는 고대형Antiqua, 중세형Medievalis, 동양형Orientalis 등 세 가지가 있는데, 이것들은 상호이종교배로 유전자 정보를 교환하면서 그 독성을 다양하게 바꿔왔다.[64] 결정적인 점은 이 페스트균이 들어찬 벼룩이 비교적 오래 살아남는다는 것인데, 심지어는 아마포 등 작은 구멍이 있는 재질에서 50일까지 휴면 상태로 생존할 수 있다. 페스트균에 감염된 쥐들은 좀 더 빨리 죽긴 하나, 쥐 자체가 워낙 번식이 빠르기 때문에 그 소굴을 모두 없애려면 6~10년 정도가 걸린다. 타르바간 마르모트tarbagan marmot 쥐들이 아주 많이 서식하는 중국 칭하이성靑海省 같은 지역에선 페스트가 곧 풍토병이 되어버린다.

곤충 없이도 퍼져나가는 두 미생물은 결핵균mycobacterium tuberclosis 과 한센병균mycobacterium leprae이다. 재생산 속도가 가장 느린 박테리아에 속하는 결핵균은 개체수가 두 배가 되는 데 약 24시간이 걸리지만 사람들이 한데 모여 붐비는 정도가 심할수록 더 많은 이들에게 옮는다. 감염된 이들 중 많은 수는 잠복기 단계에서 병이 끝나지만 그렇지 않은 경우엔 폐에 심한 손상을 입어 생명을 잃는다. 베르디Verdi의 〈라 트라비아타La traviata〉(1853)의 끝부분에서 잊을 수 없게 묘사되어 있 듯이 말이다. 결핵은 감염자가 기침, 재채기, 말, 침 뱉기 등을 할 때 공기를 통해 전파된다. 이와 달리 매독은 트레포네마 팔리둠Treponema pallidum이라는 박테리아가 일으키고 성행위를 통해 전파되며, 장기간 에 걸쳐 진행되는 질병이다. 첫 번째 단계에서는 하감chancres, 즉 통증 과 가려움이 없는 작은 피부 궤양이 나타난다. 두 번째 단계에서 이 박 테리아는 신체의 모든 장기로 퍼지고 중추신경계에도 침투하는데, 그 다음에는 아무런 증상도 없는 잠복기가 몇 년간 이어진다. 세 번째 단 계에선 만성적 신경퇴행의 증상들이 나타난다.

발진티푸스라고도 알려져 있는 티푸스의 진행은 이보다 훨씬 빠 르다. 티푸스 중에서도 가장 전염성이 강한 것은 발진티푸스 리케치 아Rickettsia prowazekii라는 박테리아—인체에 서식하는 이lice가 운반한 다—로 야기되는 발진티푸스다. 또한 이 책에서 다룰, 절대 잊어서는 안 되는 박테리아성 질병은 비브리오 콜레라Vibrio cholera균이 일으키 는 콜레라다. 이 박테리아는 13분마다 스스로를 복제하며 오염된 물을 통해 전파된다. 병을 일으키는 것은 콜레라균 자체가 아닌 콜레라겐 choleragen, 즉 콜레라균이 내뿜는 독소인데 이는 액체 흡수를 관장하는 세포막을 손상시킨다. 하지만 엄밀히 말해 콜레라 감염자가 죽음에 이 르는 원인은 탈수가 아니라 '대사산증代謝酸症이 동반된 저혈량성 쇼크 를 치료받지 못한 것'이다.[65]

역사상 특히 재난에 해당하는 충격을 가져온 바이러스 전염병으로는 세 가지가 있다. 지금은 퇴치된 천연두는 대두창Variola major과 소두창Variola minor라는 두 변이 바이러스 중 하나가 일으키는 전염병으로 약 1만 년 전에 북동쪽 아프리카에서 출현했다. 기원전 1122년의 중국 문헌에서는 이미 천연두 발병 사례가 보고되었고 이집트 미라들, 특히 람세스 5세Ramses V(기원전 1149~1145)의 미라 또한 천연두와 비슷한 병변을 가지고 있는 것으로 보인다. 이 병의 최초 증상은 열과 구토였고, 그다음에는 입 안쪽에 염증이 생기고 흉측한 피부 발진이 일어났다. 천연두는 매개체를 필요로 하지 않는다. 이 병에 감염된 이는 최초의 염증이 생기는 즉시 보균자가 되었으며, 기침이나 재채기 시의 비말을 통해 바이러스를 전파했다. 농포 자체에도 전염성이 있었기에 천연두 환자의 의복이나 침구류를 만지는 것은 위험한 일이었다. 감염치사율IFR: infection fatality rate은 30퍼센트 정도로 높았는데 영아들의 사망률은 이보다 더했다. 생존자들은 평생 흉터가 남거나—디킨스Dickens의 소설 『블리크 하우스Bleak House』(1853)에 나오는 에스터 서머슨을 기억하라—또는 시력을 잃었다. 천연두의 감염력은 수두보다 약해서 그 기본재생산 지수R_0는 5에 가깝지만 수두는 거의 10, 홍역은 무려 16~18에 달한다. 하지만 치사율은 천연두가 훨씬 높아서 20세기에만 무려 3억 명의 생명을 앗아간 것으로 추산된다. 다행히 이 병은 1970년대에 들어서 결국 퇴치되었고, 천연두 백신 접종은 역사상 가장 성공적일 뿐 아니라 가장 지속적으로 이어지고 있는 접종 캠페인이다.[66]

그에 반해 황열병은 절대로 퇴치될 수 없을 듯하다. 이집트얼룩모기Aedes aegypti가 전파하는 이 바이러스는 사람뿐 아니라 원숭이도 감염시킨다. 증상은 열, 두통, 근육통, 광光민감성, 오심, 현기증 등이며 얼굴, 눈, 혀에 발적이 나타나는 경우도 있다. 천연두는 사라졌지만 황열병은 지금도 전 세계 약 44개국에서 풍토병이 되었고, 해마다 약 20만명 정도의 환자를 낳으며 그중 3만 명이 죽음에 이른다(감염치사율은 15퍼센트다). 주요 사인死因은 장기부전이다.[67]

마지막으로 계속해서 모습을 바꾸는 살인마인 독감이 있다. 오르토믹소바이러스orthomyxovirus의 일종인 독감 바이러스는 그 바탕질단백질과 핵단백질의 차이에 따라 A, B, C 세 유형으로 나뉜다. A형 독감은 다시 두 가지 주요한 표면 당단백질에 따라 혈구응집소HA: hemagglutinin 바이러스와 뉴라민분해효소NA: neuraminindase 바이러스로 나뉘는데, HA의 세 하위 유형인 H1, H2, H3와 NA의 두 하위 유형 N1, N2가 지금까지 독감 전염을 일으켜온 바이러스들이다. 독감은 감염자가 기침이나 재채기를 할 때 전파되는 호흡기 질환인데, 독감 바이러스는 비리온virion(증식력은 없으나 감염력은 갖는 바이러스 형태_편집자) 안에서 자신의 유전물질—바이러스에서 분리되어 작은 조각으로 존재하는 단선RNA다—을 재편성reassort하는 독특한 특징이 있다. 유전자가 재정렬되면 항원 변이antigenic drift, 즉 바이러스 표면 항원 물질의 배열에 작은 변화들이 발생하는데 A형 독감의 경우엔 그 변화가 더 큰 연속 항원 변이antigenic shift가 일어날 수 있다. 또한 조류독감 바이러스나 돼지독감 바이러스, 혹은 다른 인간독감 바이러스와 동시 감염된 후에는 유전자가 재편성될 가능성도 존재한다.[68]

이상의 것들과 그 외 많은 전염병에 대해 인류를 더욱 취약하게끔 만든 세 가지 사건은 신석기 시대에 있었다. 인간 정착지 규모의 지속적 확대, 곤충 및 동물 들과의 인접성 증대, 인간 이동성의 기하급수적 증가가 그것이다. 이를 좀 더 간명히 표현하자면 도시화, 농업, 세계화라 할 수 있다. 인간들 사이에서 직접 전파되는 질병의 확산에 있어 근간이 되는 것은 마을과 도시, 그리고 그와 연결된 인구밀집 지역 들이다. 하지만 다른 많은 질병들의 경우에 결정적 역할을 하는 것은 곤충과 동물이다. 가축에서 비롯된 흔한 질병에는 최소 여덟 가지(디프테리아, A형 독감, 홍역, 볼거리, 백일해, 로타바이러스 감염증, 천연두, 결핵)가 있고, 동물에서 비롯된 것엔 최소한 세 가지(원숭이에서 온 B형 간염, 설치류로부터 온 림프절 페스트, 티푸스)가 있다. 말라리아와 HIV는 침팬지, 홍역은 소, 천연두와 결핵 역시 (아마도) 소, 티푸스와 림프절 페스트는 설치류, 뎅기열과 황열병은 원숭이, 독감은 조류와 돼지들의 선물이다. 무역이나 전쟁으로 장거리 이동이 생겨나면 새로운 병원체가 결국에는 대륙과 대양을 넘나들고, 원래는 열대 지방의 질병이었던 것이 온대 지방의 질병으로 퍼지는가 하면 그 반대 양상의 일들도 일어난다.[69]

다른 말로 하자면 이는 제아무리 기발하게 진화한다 해도 미생물들은 인간들끼리의 네트워크, 또 인간이 동물들과 공유하는 네트워크가 허용하는 내에서만 인간을 감염시킬 수 있다는 뜻이다. 또한 결정적으로 중요한 사실이 있으니, 인간이 아무리 엄청난 예방약과 치료제를 발명한다 해도 그 역시 인간의 여러 네트워크에 따라 제약을 받는다는 게 그것이다. 인간은 도시에 더 많이 모여 살수록 전염병에, 또 동물들을 가까이하며 살수록 새로운 인수공통전염병에 더욱 취약해진다. 인류는 양, 소, 닭, 개, 고양이 등을 가축으로 길들이려 했다. 그러나 그 와중에 의도치 않게 벼룩, 쥐, 이와 집을 공유하게 되었고 지금도 그렇게 지내는 이들이 종종 있다. 박쥐는 그 종이 1,000가지 이상이고, 사람들의 집에 살진 않으나 거주지와 가까운 곳에서 서식하는 경우가 많다. 대규모로 빽빽하게 무리지어 사는 박쥐들의 집단은 특히나 새로운 바이러스가 진화해 나오기에 매우 적합하다. 어떤 지역들에는 식용 박쥐를 산 채로 사고파는 문화가 있는데, 이는 그 지역들 자체는 물론 그곳과 무역을 행하는 다른 지역들까지 큰 위험에 처하게 한다.[70] 그리고 여행을 많이 할수록 우리가 전염병에 취약해진다는 점은 더 말할 필요도 없다.

미생물들은 우리를 죽이려는 게 아니라 그저 자신들을 복제하기 위해 진화해왔을 뿐이다. 2003년의 사스SARS나 메르스MERS처럼 급속히 퍼지는 치명적 바이러스는 희생자들이 다른 더 많은 이들을 감염시키기 전에 눈에 띄게 약해지고 죽어버리기 때문에 확산에 실패한다. 2007년 일군의 과학자들이 보여준 선견지명에 따르면, "만약 병원체의 전파가 숙주에게 치명적인 손상을 남긴다면, 병원체는 더 많이 전파되었을 때의 이익과 더 높은 치사율로 인한 숙주 생존가능성의 손실 사이에서 균형을 맞추게끔 압력을 받는다. (…) 숙주가 되는 집단의 개체수가 감소하지 않게끔 독성이 낮아지는 것이다."[71]

고대의 전염병들

그렇기에 팬데믹의 역사는 병원체 진화의 역사인 만큼이나 사회적 네트워크의 역사이기도 하다. 게다가 의학의 대발전이 있었던 20세기 후반 이전까지 인간이 전염병과 맞닥뜨렸을 때 할 수 있는 일이라고는 그 전파를 막기 위해 각종 사회적 네트워크를 수정하는 것이 고작이었다. 그리고 이는 놀랄 정도로 어려운 일임이 입증되었다. 전염병의 성

216

질을 잘못 이해하는 것도 문제지만, 눈에 보이지 않는 미생물이 위험의 원인임을 파악한 오늘날과 같은 시기에도 사람들은 자신들의 상호작용 패턴을 충분히 수정할 능력이 없어 보이기 때문이다. 그 결과 과거의 팬데믹은 집단적 행동을 의식적·효과적으로 적응시키기보다는 사회적 네트워크—그리고 때로는 정치적 구조까지—를 뜻하지 않게 해체시키는 결과로 이어지는 경우가 더 많았다.

전염병에 대한 가장 오래된 이야기는 역사편찬의 아버지인 아테네 사람 투키디데스Thucydides의 저작에 나온다. 기원전 431년에 내놓은 저작 『펠로폰네소스 전쟁사History of the Peloponnesian』의 첫 장에서 그는 아테네와 스파르타 사이의 전쟁이 "너무나도 길게 늘어졌고, (…) 헬레네인들 전체에 이렇게 큰 불운을 가져온 사건도 없었다."라고 말했다. 하지만 전쟁은 그리스에 닥친 수많은 재난들 중 하나에 불과했다.

> 이렇게 많은 도시들이 정복당해 황폐해진 적이 없었고 (…) 때로는 전장에서, 때로는 도시 내의 알력 싸움에서 추방과 죽음을 당한 이들이 이렇게 많은 적도 없었다. 유례없는 규모의 지진과 폭력이 일어났고, 역사상 유례없는 빈도로 일식이 나타났으며, 여러 곳에서 큰 가뭄이 들어 기근이 발생했다. 그중에서도 가장 큰 재앙이자 끔찍하게 많은 사망자를 내는 손님이 찾아왔으니, 바로 전염병이었다.[72]

투키디데스가 자신과 아테네를 덮친 모든 재난들 중에서도 전염병—전쟁 두 번째 해에 터졌다—을 "가장 큰 재난"으로 꼽고 있음에 주목하라. 그의 설명에 따르면 에티오피아에서 시작된 그 병은 이집트를 거쳐 피레우스Piraeus 항구로 전파되었고 거기에서 아테네로 옮겨졌

217   4장 _ 네트워크의 세계

다고 한다. 아테네가 특히 전염병에 취약했던 것은 페리클레스Pericles의 지휘에 따라 전쟁을 해전 위주로 끌고 가기 위해 아테네인들이 모두 성벽 안으로 후퇴했기 때문이다. 그때 전염병이 돌면서 아테네시는 죽음의 함정이 되어버렸고, 페리클레스와 그의 부인 및 두 아들을 포함해 인구의 약 25퍼센트에 해당하는 사람들이 목숨을 잃었다. 자신 역시 그 병에 걸렸으나 살아남은 투키디데스는 그 증상을 끔찍할 정도로 정확히 회고한다.

건강했던 사람들이 갑자기 머리에 심한 열이 났고, 눈에는 붉은 반점과 염증이 나타났으며, 목구멍이나 혀 같은 안쪽 부위에선 피가 났고, 내뿜는 숨에선 이상하고 고약한 냄새가 풍겼다. 이러한 증상들 뒤에는 목이 쉬거나 재채기가 나고, 그다음에는 통증이 금세 가슴에 도달하여 심한 기침을 낳았다. 이 병이 배에 자리를 잡으면 갖가지의 담즙과 체액을 토하며 (…) 매우 심한 통증에 시달렸다. 또한 대부분의 경우엔 아무것도 나오지 않는 헛구역질이 뒤따랐고 이 때문에 지독한 경련을 겪었다. (…) 몸은 매우 뜨겁거나 창백하진 않았지만 붉은 납빛으로 변하고 작은 농포와 궤양들이 생겨났다. 하지만 몸 안쪽은 데일 정도로 뜨거워서 환자는 의복은커녕 가장 가벼운 종류의 아마포한 장조차도 몸에 두르는 것을 참지 못해 완전히 벌거벗어버리고, 차가운 물속에 몸을 던지고 싶어 한다. 실제로 일부 방치된 병자들은 도저히 풀 수 없는 갈증의 고통에 시달리다가 빗물받이 통에 뛰어들어 물을 들이키기까지 했지만 그조차 아무 소용이 없었다. 그 외에도 환자들은 전혀 쉴 수도 잘 수도 없는 상태의 끔찍한 느낌에 끊임없는 고문을 당했다. 이 병이 한창 진행되는 동안 환자의 몸은 쇠약해지지 않고 오히려 병의 유린에도 놀랄 만큼 잘 버텼다. 그러다가 대부분의 경우 7일째나 8일째에 몸 속의 염증 때문에 쓰러져버리지만 그때에도 몸에는 여전히 힘이 남아 있는 상태. 하지만 이 단계가 지나고 병이 창자로까지 내려가면 거기에 극심한 궤양이 생기고 심한 설사가 동반되었다. 이 때문에 환자는 힘을 잃고 완전히 축 늘어지는데 이는 대개 사망으로 이어진다. 이 병은 머리에서 시작해 몸 전체로 퍼져나가기 때문에 설령 죽음에 이르지 않는다 해도 신체 말단 부분에는 흉터를 남겼다. 성기, 손가락, 발가락이 감염되어 이 부분을 잃은 이들이 많았고, 어떤 이들은 눈을 잃기도 했다. 그런가 하면 처음 회복되었을 때 기억을 완전히 잃어 친구들, 심지어 자기 자신조차 누구인지 모르는 이들도 있었다.

당시의 새와 동물들은 시체가 땅에 그냥 널브러져 있어도 그냥 피했다고 한다. 그 시체를 먹으면 자신들도 죽을 것이기 때문이었다.

이 전염병의 정체는 오랫동안 논쟁거리였다. 한때는 림프절 페스트로 여겨지기도 했으나 티푸스, 천연두, 홍역, 심지어 에볼라 혹은 그와 관련된 바이러스 출혈열이라는 주장도 있었다. 1994~1995년의 발굴 작업에서는 거의 1,000기에 가까운 무덤들과 함께 집단 매장지가 발견되었다. 조성 시기는 기원전 430~426년으로 추정되었고, 장소는 아테네의 오래된 케라메이코스Kerameikos 공동묘지 바로 외곽이었다. 그 유해들 중 일부는 티푸스 열을 일으키는 생물체인 살모넬라 엔테리카Salmonella enterica와 비슷한 DNA 서열을 갖고 있었다.

어쨌거나 당시 아테네인들에겐 그 병에 대한 치료법이 전혀 없었다. 투키디데스는 이렇게 썼다. "의사들 또한 애초부터 아무 소용이 없었다. 제대로 된 치료법을 몰랐기 때문이기도 했지만, 환자들을 가장 자주 접하는 이들이라 가장 집중적으로 목숨을 잃었기 때문이다. 인간들의 그 어떤 기술이나 기예도 별반 나을 것이 없었다. 점을 치거나 신전에서 신들에게 호소하는 등의 일들이 행해졌지만 하나같이 허사가 되어버렸고, 이 병의 압도적인 성격 때문에 결국은 모두 중지되었다. (…) 구체적으로 사용 가능한 치료법도 찾을 수 없었다. 한 경우에 효과를 보인 요법도 다른 경우에는 오히려 해가 되기도 했기 때문이다. 사람들은 서로를 돌보다가 병이 옮아 양떼처럼 죽어갔다. 이것이 가장 많은 사망자를 낸 원인이다." 유일하게 의미 있는 발견이 있다면, 살아남은 이들은 이후 이 병에 대한 면역을 갖는다는 것이었다. "왜냐면 같은 사람이 이 병의 공격을 두 번 받는 일은 절대 없었고, 설령 다시 걸린다 해도 최소한 절대 죽음에 이르는 법은 없었기 때문이다."

여기에서 우리는 앞으로 익숙해질 패턴의 첫 번째 예를 본다. 세계에서 가장 앞서 있고 인구밀도도 가장 높은 사회가 새로운 병원체의 등장으로 쓰러져버렸다. 이 전염병은 기원전 129년과 427~426년의 겨울, 두 번에 걸쳐 재발했다. 이러한 떼죽음에 직면하면서 사회 질서와 문화 질서는 무너지기 시작했다.

이 재난이 온 사회를 집어삼키자 사람들은 이제 자신들도 언제 어떻게 될지 모른다는 것을 깨달았고, 그리하여 신성한 종류든 세속적인 종류든 모든 일에 그냥 손을 놓아버리고 말았다. 사람을 땅에 묻을 때 거행되던 이전의 의식은 이제 완전히 무너져버렸다. (…) 이전엔 몰래 숨어서 하던 일들을 사람들은 이제 당당히 내놓고 하기 시작했다. (…) 부유했던 이들이 갑자기 사망하는 바람에 그들의 재산을 과거에 빈털터리였던 이들이 물려받는 일들이 급속히 벌어지는 걸 보았기 때문이다. 그래서 사람들은 자신들의 삶과 재물 모두를 하루살이처럼 여기게 되었고, 가진 재산을 재빨리 쓰고 즐기기로 결심했다. 우리가 명예라 일컫는 것을 꾹 참고 지키려는 이는 아무도 없었다. 명예를 얻는 것도 우선은 살아남아야 가능한 일인데 그 자체가 불확실해졌으니 말이다. 대신 지금 당장의 향락과 그에 도움이 되는 것들이 곧 유용할 뿐만 아니라 명예로운 것이라는 태도가 자리잡게 되었다. 신들에 대한 경외심이나 인간 사회의 법률은 이제 아무런 힘이 없었다. 신을 숭배하든 그렇지 않든 피차 죽어서 없어지는 건 똑같다고 생각한 데다, 인간 세상의 법률을 어긴다 해도 일단 살아남아야 법정에 서게 될 텐데 과연 그때까지 살아 있을지조차도 의심스러워졌기 때문이다. 대신 모든 이들은 그 어떤 형벌보다도 엄혹한 선고가 이미 자신들 모두에게 내려졌고 집행의 칼날이 머리 위에 달려 있다는 느낌을 받고 있었으니, 그것이 떨어지기 전에 조금이라도 더 삶을 즐기는 것이 보다 합리적일 따름이었다.

사람들이 종교와 법률을 무시하자 아테네의 그 유명한 민주주의도 약화되었다. 물론 약간의 새로운 사법적 제약이 따르는 형태로 금세 복원되긴 했지만 이는 결국 비시민 거주자들의 감소, 또 궁극적으로는 411년에 시작된 과두제寡頭制 시대로 이어졌다. 그리고 어쩌면 당연하게도, 아테네는 펠로폰네소스 전쟁에서 패했다. 이러한 역사를 염두에 둔다면 『오이디푸스 왕Oedipus Rex』이라는 어두운 비극을 좀 더 잘 이해할 수 있을 듯하다.

4장 _ 네트워크의 세계

페리클레스 시대의 아테네에 비해 기원후 2세기의 로마는 훨씬 더 방대하고 복잡한 사회였으며 그 결과 새로운 병원체가 나타날 경우에 대한 취약성 또한 더욱 높았다. 절정기 당시 로마 제국의 인구는 약 7,000만이었는데 이는 당시 세계 인구의 25퍼센트에 해당했을 것이다. 로마인들은 이미 감염성 위장병과 말라리아에 여러 번 시달린 바 있었고, 철학자 황제 마르쿠스 아우렐리우스Marcus Aurelius(재위 161~180) 치세였던 165~166년의 겨울에는 최초의 대규모 천연두 유행을 겪었던 것으로 보인다.[73] 로마인들은 자신들이 파르티아Parthia(고대 이란의 왕국_편집자)와의 전쟁 당시 셀레우키아Seleucia에 있는 아폴로 신전을 약탈했기 때문에 전염병이 도는 것이라고 믿었다. 하지만 실제로는 그 전쟁에 나갔던 병사들 혹은 아프리카에서 수입된 노예들과 함께 병이 따라왔을 수 있다.

고대 로마 시대의 의사 갈레누스Galen에 따르면 천연두는 젊은이, 늙은이, 부자, 빈자 모두를 똑같이 괴롭혔으나 특히 노예들을 많이 감염시켰고(고 갈레누스의 노예 모두의 생명을 앗아갔)다고 한다. 증상은 열, 갈증, 구토, 설사, 검은색의 피부 발진 등이었다. 이 전염병은 약 192 년까지 계속되었고 이집트에서 아테네에 이르는 지역의 인구를 급감시켜 도시와 촌락이 모두 황폐해졌다. 이는 다시 게르만 부족들, 특히 다뉴브 강을 따라 살던 게르만인들의 공격을 초래했다. 영국의 역사가 에드워드 기번Edward Gibbon은 이렇게 말한다. "어떨 때에는 로마에서 하루에 5,000명이 사망하기도 했고, 야만인들의 손아귀를 벗어난 많은 도시들 또한 인구가 크게 격감하고 말았다."[74] 오늘날의 학자들은 당시의 사망자 수가 로마 제국 전체 인구의 10~30퍼센트에 이르렀을 것으로 추산한다.[75] 그로 인해 경제활동이 상당히 침체되었다는 증거—벌목

된 나무 수가 급감했다—도 존재한다. 당시의 한 사료에 따르면 172년 로마 군대는 "거의 (…) 절멸" 상태로 그 수가 줄어들었다.[76] 이 전염병 은 또한 기독교가 로마 제국 전역으로 확산되는 계기가 되었다. 기독 교는 이 재난에 대한 설명—죄악으로 가득한 사회에 하나님이 내리신 벌—을 제시했을 뿐 아니라 신자들로 하여금 특히 높은 생존율을 누리 게 해준 특정 행동들을 장려했기 때문이었다.[77]

하지만 로마 제국은 이 충격, 그리고 249~270년의 키프러스 역 병까지도 견뎌냈다. 후자의 기간 동안엔 출혈열이 창궐하여 로마 제국 인구의 15~25퍼센트가 사망한 것으로 보인다. 로마 제국에 진정한 치 명타로 작용한 것은 후에 또 다른 팬데믹을 일으킨 유스티니아누스 역 병이었다. 현 이집트의 포트사이드Port Said 근처에 있었던 도시 펠루시 움Peluisum에서 541년에 시작된 이 병은 이듬해에 콘스탄티노플로, 543 년에는 로마로, 그리고 544년에는 영국의 순서로 확산되었고 콘스탄 티노플에선 558년과 573년, 586년에 다시금 유행했다. 사실 14세기 유럽의 흑사병과 마찬가지로 유스티니아누스 역병 또한 두 세기 내내 계속해서 반복되었다. 당시의 역사가 프로코피우스Procopious의 자세한 묘사를 통해 우리는 이 병이 림프절 페스트였음을 확신할 수 있다. 다 음은 프로코피우스의 이야기를 기번이 다시 쓴 것이다.

많은 이들이 잠을 자다가, 길을 걸어가다가, 평소처럼 일을 하고 있다 가 갑자기 가벼운 열병에 걸렸다. 증상들이 워낙 가벼워 환자의 맥박 이나 안색에도 위험이 다가오고 있다는 증후는 전혀 나타나지 않았 다. 하지만 병에 걸린 바로 그날이나 이튿날, 혹은 그다음 날이 되면 특히 사타구니, 겨드랑이, 귀 밑 분비선이 부풀어 오르면서 병이 제 모습을 드러냈다. 이 가래톳 혹은 종양들을 절개해보면 석탄처럼 검은 색을 띤 렌틸콩 크기의 물질을 볼 수 있었다. 그것들이 그냥 부풀어 오르고 화농으로만 그칠 경우 환자는 이 병으로 생겨난 이런 종류의 체액을 자연스럽게 배출하여 살아났다. 하지만 증상이 계속되는데 고름도 나오지 않을 경우엔 급격히 괴저가 뒤따랐고 보통 5일 만에 사망에 이르렀다. 대개는 열과 함께 무기력과 망상이 동반되었고, 검은색 농포나 종기가 몸을 뒤덮는 증상이 나타나면 곧바로 죽음에 이르렀다. 체질이 너무 약하여 이런 증상이 일어날 수 없는 이들은 피를 토했고 그 뒤에는 창자의 괴저가 이어졌다. (…) 이 병에서 살아남는 이들 중 많은 수는 실어증을 앓았고, 병이 재발하지 않을 거라는 보장으로부터 안전하지도 못했다.

투키디데스 시대의 아테네와 마찬가지로 유스티니아누스 황제 시대의 콘스탄티노플 또한 일대 혼란에 빠져들었다. 의사들은 속수무책이었고, 사람들은 장례식을 포기했으며, 시체들은 길거리에 방치되어 있다가 큰 웅덩이에 함께 묻혔다. 황제 자신도 병에 걸렸고, 그동안 "낙담한 사람들의 무기력과 나태로 인해 동로마 제국의 수도는 전반적인 물자 부족에 시달렸다."[78] 하지만 "로마의 여러 속주들 사이에서 이뤄지는 자유롭고 빈번한 교류에 대해선 어떤 제약도 강제되지 않았다. 페르시아에서 프랑스에 이르기까지 수많은 민족들이 전쟁과 이민을 통해 서로 섞이면서 병을 감염시켰고, 면화 꾸러미에 숨어 오래도록 사라지지 않은 페스트의 악취는 마구잡이 무역으로 가장 먼 지역에까지 그 꾸러미와 함께 수입되었다. (…) 이 병은 항상 해안에서 내륙 쪽으로 퍼져나갔다. 가장 안전하게 격리된 섬들과 산들도 줄줄이 이 병을 거쳤으며, 첫 번째의 전염을 피했던 지역들은 이듬해에 벌어진 감염에 외로이 노출되었다."[79]

유스티니아누스 역병으로 인한 사망자 수는 어느 정도였을까? 기번은 구체적 수치를 제시하지 않고 그저 이렇게만 말한다. "3개월 동안 콘스탄티노플에서는 하루 5,000명, 많을 땐 1만 명이 사망했다. 동로마 제국의 많은 도시들은 텅 비었고, 이탈리아의 몇몇 지역에선 모든 작물과 포도가 시들어버렸다." 이 역병으로 지중해 지역 전체 인구의 25~50퍼센트가 사라졌다는 주장이 오래도록 횡행했지만 파피루스, 주화, 상감, 꽃가루 고고학 등 최근의 문헌 외적 사료들로 볼 때 과연 그토록 많은 수였을지는 의심스럽다.[80] 그렇지만 서로마제국—그로부터 한 세기 전에 게르만 부족들에게 유린당했다—을 회복하려던 유스티니아누스 황제의 군사적 행동은 이 역병으로 중지되었고, 결국 랑고바르드Lombard족이 북부 이탈리아를 침입하여 왕국을 세우는 길을 열어주었다. 물론 로마 제국의 쇠퇴 원인을 이 팬데믹으로 돌리는 것은 지나친 일이며, 이에 대해서도 곧 살펴볼 것이다.[81] 그렇지만 이 혼란이 제국의 재정과 군사 방위에 가져온 충격은 매우 심각했다. 기번이 주목하듯, 사회적·상업적 교류에 아무 장애물도 없었던 탓에 이 역병은 극대의 손실을 입혔던 것이다.

프로코피우스의 동료 시민들은 짧은 기간 동안의 부분적인 경험에만 근거하여 만족해왔다. 서로 아무리 가까이에서 대화를 나눠도 전염이 일어나지 않는다고 생각했던 것이다. 환자의 곁을 의사들과 친구들이 항상 지키고 간호했던 것도 이러한 믿음으로 설명할 수 있다. 만약 비인간적일지언정 신중한 태도가 사람들을 지배했다면 병자들은 물론 고독과 절망 속에서 죽어갔을 것이다. 하지만 이렇게 목숨을 내놓고 했던 간호가 (⋯) 오히려 전염의 진행에 도움을 주었던 것만큼은 틀림없다.[82]

죽음의 춤

그렇다면 인류 역사상 최악의 팬데믹이었던 14세기 중반 유럽의 흑사병이 800년 전 로마 제국을 황폐화시켰던 림프절 페스트의 끔찍한 재발이라는 점은 어떻게 설명해야 할까? 여기에 매우 분명한 패러독스가 있다. 이 병이 덮쳤을 당시의 유럽은 여러 야만족들에 둘러싸여 있긴 했으나 단일의 제국은 아니었고, 기록된 역사상 그 어느 때보다도 정치적으로 분열되어 있었다. 1340년의 유럽은 왕국, 대공국, 공작령領, 주교령, 그 외 무수한 자치 혹은 반半자치 도시국가들이 어지럽게 뒤섞인 상태였다. 흑사병 발생 직전의 유럽 대륙 지도를 보면 아주 단순한 질문 하나와 마주하게 된다. 전염병 병원체가 확산되어 팬데믹이 되려면 거대한 네트워크들이 있어야 한다는데, 이런 모습의 유럽에서 흑사병이 크게 유행했다니 어찌 된 일일까?

그 답은 이렇다. 한 대륙의 사회적 네트워크 구조를 제대로 이해하는 데 있어 정치지리학은 길잡이 역할을 거의 못한다. 첫째, 당시의 세계 인구는 아마 유스티니아누스 황제 시절보다 두 배 정도 많았을 것이다(500년에는 2억 1,000만 명이었던 것이 1300년에는 3억 2,900만 명이 되었다). 1000년에서 1300년까지 유럽의 인구는 상당히 빠르게 두 배로 늘어 8,000만~1억 명이 되었다. 영국의 경우 흑사병이 덮치기 30

년 전에 어느 정도 인구감소 현상이 나타났다―이는 기후 요인, 흉작, 맬서스의 재앙Malthusian check(인구증가 속도가 농업생산 속도를 앞지르면 기아나 전쟁이 유발되어 빈곤과 인구감소 현상이 나타난다는 맬서스의 주장_편집자) 때문이었을 가능성이 크다―는 증거가 있지만, 1000년에 약 200만 정도였던 인구는 1300년에 700만 명 이상에 이를 정도로 증가했다.

둘째, 14세기의 유럽에는 6세기에 비해 도시의 수가 상당히 많았다. 도시 하나하나는 네트워크 안에 있는 각각의 군집에 해당했고, 전쟁과 무역은 그 군집들 사이의 '약한 유대'를 형성시켜주었다. 이 점은 당시 림프절 페스트가 그 기원지인 동아시아보다 유럽에서 훨씬 더 빠르고 더 치명적으로 퍼진 이유를 설명하는 데 도움이 된다. 아시아 지역 대부분은 사회적 네트워크가 매우 성글었기 때문에―이곳 정착지 군집들 사이의 연결선 수는 매우 적었다―전염성이 강한 흑사병이었음에도 전파 속도는 1년에 600마일(약 966킬로미터)을 조금 넘는 정도였고 그 때문에 아시아 대륙을 가로지르는 데 4년이나 걸렸던 것이다.[83] 하지만 유럽에서는 이 병이 영국 전역을 휩쓰는 데 불과 1년밖에 걸리지 않았기에 충격도 전혀 달랐다.[84] 벨기에, 영국, 프랑스, 독일의 흑사병 지역들을 발굴하여 DNA 검사를 해본 결과 다른 종류의 페스트가 서로 다른 경로로 확산되었음이 나타났다.[85] 게다가 페스트는 여러 번의 유행에 걸쳐서 유입되었다. 영국에서는 최초의 가장 큰 창궐이 있은 뒤 1361~1362년에 2차 유행이 나타났고, 3차 유행과 4차 유행은 각각 1369년과 1375년에 있었다.

이 병으로 유럽에선 인구의 3분의 1에서 5분의 3가량이 목숨을 잃었다. 이탈리아에서는 모두 합쳐 100여 개가량의 도시가 완전히 사라

4장 _ 네트워크의 세계

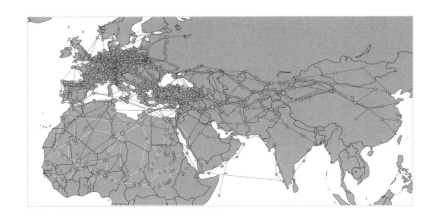

14세기 유럽과 아시아의 도시들을 연결했던 순례자들과 무역로의 네트워크. 동그라미의 크기는 당시 각 도시가 가졌던 중심성의 크기에 비례한다. 검은 선은 상업 교역로이며 흰 선은 순례자들이 이동한 길을 나타낸다. José M. Gómez and Miguel Verdú, "Network Theory May Explain the Vulnerability of Medieval Human Settlements to the Black Death Pandemic," *Nature Scientific Reports 7*, no. 43467 (March 6, 2017), https://www.nature.com/articles/srep43467.

졌는데 그중에는 1300년 당시 인구가 1만 8,000명이었던 아레초Arezzo 와 1만 3,000명이었던 살레모Salemo도 있었다. 당시 6만이었던 제노바의 인구는 17퍼센트, 각각 11만이었던 베니스와 피렌체의 인구는 23퍼센트와 26퍼센트, 그리고 15만이었던 밀라노는 33퍼센트가 감소했다.[86] 영국의 인구는 1300년 당시 700만 명 이상이었으나 1300년대 초반부터 줄어들기 시작했고, 이어지는 페스트의 물결이 지난 후인 1450년에는 200만 명으로 주저앉았다.[87] 역사가 마크 베일리Mark Bailey 는 농민 지주들의 절반, 그리고 대지주들의 25퍼센트가 흑사병 혹은 그에 뒤따른 고난의 결과로 목숨을 잃었다고 추산한다. 장원莊園의 토

지대장을 살펴보면 가장 심한 타격을 입은 사회집단은 종속 소작인들이었음을 알 수 있다.[88]

혹사병이 하필 유럽에서 유달리 많은 사망자를 냈다는 사실을 설명하려면 다른 영향 요소들도 살펴봐야 한다. 날씨는 분명히 한몫을 했던 요소다.[89] 혹사병의 물결이 여러 번 밀려오는 가운데 사망자 수가 절정을 이룬 시기는 1년 중 가장 무더운 몇 개월이었다. 열대쥐벼룩이 활동하는 데는 여름 날씨가 제격이고[90] 습해진 날씨도 페스트균의 창궐을 더욱 부추겼기 때문이다.[91] 다른 한편 1150년부터 1300년 사이에는 거대한 화산 폭발이 다섯 번이나 있었는데(3장 참조) 이것이 평균 이하의 기온과 흉작을 낳아 사람들을 질병에 더욱 취약한 상태로 만들었을 것이다. 일례로 영국에서는 극심한 일시적 한파와 비정상적으로 많은 강우량 때문에 1347년 이후 네 해 동안 계속해서 흉작이 기록되었다. 림프절 페스트뿐 아니라 폐렴 페스트와 패혈성 페스트—이 병의 감염치사율은 더 높아서 100퍼센트에 가깝다—도 함께 유행했는데 이것이 대규모 사망의 원인이 되었음은 거의 분명하다.[92]

하지만 이와 똑같이 중요한 요소는 바로 유럽에서 아시아에 이르는, 그리고 유럽의 상업 중심지들을 엮는 네트워크 연결 상태였다. 토스카나Toscana의 도시 시에나Siena의 황금시대는 1260년경부터 1348년까지였는데 이는 몽고 제국의 흥망과 거의 같은 시기다. 시에나의 상인들이 중앙아시아에서 비단을 사들이기 위해 멀리 타브리즈Tabriz(이란 북서부의 도시_편집자)까지 여행했던 것도, 원나라 황제 혜종惠宗이 보낸 대사를 교황이 맞이한 것도 이 시기의 일이다. 비록 오래전에 사라지긴 했으나 화가 암부로조 로렌체티Ambrogio Lorenzetti가 그린 거대한 회전 그림 〈세계 지도Mappamondo〉는 유라시아를 가로지르는 상업 네트워크의 중심지가 시에나였음을 나타내주었다는데, 흑사병의 매개체를 제공한 것이 바로 이 무역 네트워크였다.[93] 이탈리아 내에서는 도시의 규모가 클수록 치사율도 높았다.[94] 큰 도시들, 특히 항구가 있는 도시들은 수상 교통을 이용할 수 있었는데[95] 이는 유럽 전역에 해당되는 점이었던 것으로 보인다.[96] 네트워크 이론 용어로 이야기하자면 무역 네트워크―그리고 종교적 순례 네트워크―에서 중심성이 가장 컸던 도시들이 흑사병도 가장 심하게 겪었다는 것이다.[97]

마지막으로, 사회사가들은 이따금씩 전쟁의 중요성에 주의를 환기할 필요가 있다. 백년전쟁은 1340년 6월 24일 슬로이스 해전에서 영국의 에드워드 3세Edward III가 파견한 함대가 프랑스 함대를 격파하면서 시작되었다. 6년 후 에드워드 3세는 해협을 넘어 프랑스를 침공한 뒤 노르망디의 도시 캉Caen을 점령했다. 이후 플랑드르Flanders 지방으로 진군한 그는 크레시Crécy에서 필립 6세Philip VI에게 큰 패배를 안기고 다시 더 나아가 칼레Calais를 정복했다. 그때 프랑스의 왕과 동맹 상태였던 스코틀랜드의 데이비드 2세David II가 영국을 침략했으나 1346년 10월 17일 네빌스 크로스Neville's Cross에서 패배하고 만다. 에드워드 3세의 아들인 '흑태자Black Prince'는 1355년에 다시금 군대를 몰고 프랑스로 쳐들어갔으며 이듬해 9월 19일에는 프와티에Poitiers에서 또 다시 큰 승리를 얻어냈다. 그러나 영국의 세 번째 침략은 그전만큼 성공적이지 못했다. 1360년 5월 8일에는 브레티니 조약Treaty of Brétigny이 체결되어 일시적으로나마 평화가 이어졌으나 1369년에 다시금 재개된 전쟁은 1453년까지 간헐적으로 계속되었다.

이탈리아에 대해서도 비슷한 이야기를 할 수 있다. 일례로 1340년대와 1350년대에 베니스 공화국은 헝가리의 루이 1세Louis I 및 그 동맹 세력뿐 아니라 경쟁자인 제노바 공화국에 맞서 달마티아Dalmatia에서 일련의 전투를 벌였다. 로마 시대 때처럼, 그리고 그다음 여섯 세기에 걸친 유럽사에서 계속 그랬던 것처럼 이 군대들 또한 민간의 식량을 탈탈 털어 배를 채웠기에 이들이 지나는 곳마다 기아 사태가 빚어졌다. 하지만 그들 뒤로는 페스트가 바싹 쫓아가고 있었다.

이 흑사병 사태가 경제적·사회적·정치적으로 어떤 결과를 낳았는지를 두고 역사가들은 오랫동안 논쟁을 벌였다. 최근의 한 조사에서는, 큰 전쟁들과 달리 팬데믹은 자본을 건드리진 않지만 사람들을 죽이기 때문에 실질이자율을 낮추고 실질임금을 올리는 경향이 있다는 주장이 제기되었다.[98] 하지만 실제의 그림은 이런 주장만큼 간단하지 않다. 전쟁과 전염병이 동시에 일어날 때가 워낙 많기 때문이다. 경제학 이론에 따르자면 그렇게 급격한 인구감소는 노동력 부족 사태를 낳았음에 틀림없으며, 그 때문에 실질임금은 두 배로 뛰고 토지수익률은 10퍼센트에서 5퍼센트로 반 토막이 났던 것이다. 이는 최소한 영국과 북부 이탈리아의 일부 역사적 자료로 입증된 바이기도 하다.[99] 하지만 영국의 사례와 관련하여 더욱 최근에 등장한 연구는 당시의 생존자들, 즉 소작농들이 그 재앙의 수혜자들이었다는 종래의 시각을 밑바탕부터 잠식하는 중요한 반론을 제기했다. 흑사병 사태 이후 원자재 상품의 가격은 급등했는데, 특히 소금의 가격은 1347년에서 1352년 사이에 일곱 배가 뛰었다. 이는 곧 생존자들의 실질임금이 최초에는 "노동시장에 가해진 사상 최대의 공급 충격" 탓에 크게 개선되진 않았음을 뜻한다. 일례로 1370년 영국에서의 곡물 가격은 나쁜 날씨와 흉작으로 인해 장기 평균값보다 230퍼센트나 올랐고, 정체불명의 '염병pox'에 양, 돼지, 소가 폐사됨에 따라 가축의 가격도 급등했다. 이 모든 상황에 더해 괭이와 쟁기 등의 농기구들이 만성적으로 부족한 현상까지 겹쳐 버리는 바람에 흑사병에서 살아남은 이들도 비참한 상태에 처했다. 그 연구에 따르면 노동자들의 생활비는 흑사병 이후 20년간 높게 유지되다가 1380년대 말이 되어서야 떨어지기 시작했다.[100]

하지만 중기적으로 보자면 흑사병 상황에서 생존한 일반 영국인들의 삶은 상당히 개선되었다. 지주들 및 여타 고용주들이 벌이는 구인 경쟁은 임금을 규제하려는 정부의 노력을 약화시켰다. 영국 경제는 갈수록 화폐화되었고, 고정된 액수의 연간 지대를 매년 지급하는 관행이 자리 잡힘에 따라 토지 보유와 인신 구속을 연결시켰던 봉건적 관계는 무너지기 시작했다. 흑사병 사태 이후 토지를 경작하는 이들 중에선 자유민의 비중이 점점 늘어났고, 이 자작농들은 훗날 산업혁명 이전의 영국 사회 구조의 중추를 구성하게 된다. 주로 생산되는 곡물은 밀과 보리가 되었고 곡물 재배보다 노동력이 덜 요구되는 축산업이 상당히 늘어났다. 1인당 에일ale 맥주 소비량은 흑사병 이후 크게 치솟았고, 점점 효율성이 높아지는 대규모 맥주 양조장으로 생산 활동이 집중되었다. 모직물과 피혁 제품의 생산도 늘어났다. 이전에 농노였던 이들은 제조업에서, 젊은 미혼 여성들은 가사 하녀로서 일자리를 얻었고 그에 따라 더 많은 이들이 농촌에서 도시로 이주했다. 또한 유럽 북서부에서는 흑사병 이후 독특한 결혼 패턴이 등장했다. 첫 번째 결혼 시기가 늦어졌고, 출산율이 낮아졌으며, 미혼 여성 인구가 더 늘어났던 것이다. 플랑드르와 네덜란드에서도 지속되었던 이 모든 현상들은 동유럽 및 남유럽에서의 추세와 괄목할 만한 대조를 이룬다. 후자의 지역에선 흑사병 이후 봉건제가 더욱 공고해졌고, 법적de jure으로는 아니어도 사실상의de facto 농노제가 다섯 세기 동안이나 더 지속되었기 때문이다.

영국에서 흑사병이 남긴 놀라운 결과 하나는 영국이라는 나라를 약화시키기는커녕 더욱 강력하게 만들어주었다는 점이다. 식량과 노동인구 모두가 만성적으로 부족해지자 영국 왕실은 1351년 임금과 가격에 대한 통제를 제도화했다. 이 조치는 왕실 토지로부터의 지대 수입이 사라진 것을 보충하기 위해 1인당 조세 부담을 1340년대 초의 수준에 비해 세 배로 올렸다. 그와 동시에 시행된 1351년의 노동 법령 Statute of Labour은 몸이 성한 모든 남자들에게 일을 하게끔 강제함은 물론 '부랑vagrancy' 행위에 대해 칼 씌우기와 차꼬 채우기 등 새로운 형태의 처벌 형태들도 도입했는데, 이는 치안 유지를 위해서라기보다는 노동자들의 이동성을 줄이려는 노력의 일환이었다.[101]

이상의 조치들이 모두 한데 합해지면서 이런 통제는 과한 것임이 입증되었고, 이는 1381년의 농민 반란으로 절정을 이루었다. 이 반란에는 농민들뿐 아니라 농노villein, 도시민, 상인 들도 참여하여 무기를 들었다. 하지만 반란의 주요한 표적은 리처드 2세Richard II로 대표되는 왕실의 권위가 아니라 그 중간에 끼어드는 지역 영주 및 성직자 들의 여러 영주 재판소와 교회 재판소였고, 특히 거기에 보관된 기록물들을 끄집어내 불태우는 일들이 잦았다. 마크 베일리에 따르면 이는 "체제의 혁명적 전복이 아닌 마구간 청소"에 해당하는 것으로, "하층 계급이 왕실 재판소에 대해 얼마나 가슴 뭉클한 신앙을 가지고 있었는지"를 드러내는 일이었다.[102] 중세에 있었던 대부분의 반란과 마찬가지로 이 농민 반란 또한 실패로 돌아갔다. 1388년의 케임브리지 법령 Statute of Cambridge은 농민들 다수의 활동 및 이동에 대해 더 많은 제약을 강제했다.[103] 다른 한편으로 영국의 법치 질서에선 유의미한 개선이 이루어졌다. 노동 법령은 치안판사justice of the peace라는 관직을 만들어냈는데 이들의 역할은 법 개혁이 이루어졌던 1970년대까지 지속되었다. 농노에 대한 보통법은 비록 그 내용에 있어선 제한적이지만 그래도 기록으로 남은 판례의 개념을 장려했고, 합법적 증거의 중요성을 확립했으며, 합당한 절차due process라는 규범을 만들어냈고, 영주들의 자의적 행동의 범위를 줄였으며, 농민들에 대한 법적 보호를 상당히 확대했다.[104]

마이클 포스탠Michael Postan과 같은 예전 세대의 중세사가들은 중세 영국을 알렉산더 2세Alexander II 치하의 러시아와 비슷했으나 단지 농노제가 소멸하면서 더 행복한 귀결로 이어진 사례 정도로 보는 경향이 있었다(포스탠 자신이 차르 치하의 베사라비아Bessarabia─오늘날의 몰도바─ 출신이었다). 그에 반해 오늘날의 중세사가들은 영국 특유의 제도들과 개인주의에 있어서 좀 더 깊은 연속성을 찾아내려는 경향을 보이는데, 어쩌면 이는 흑사병 사태와 명예혁명 사이의 300년 동안 벌어진 여러 정치적 사건들의 우발적 성격을 과소평가하는 것일 수도 있다. 그런 사건들의 반복적인 발생이 영국사의 진행을 거의 바꾸어놓다시피 했기 때문이다. 네트워크 이론의 관점에서 보자면, 1350년대 영국 당국자들이 노동의 이동성에 제약을 가하려 했던 것은 현명한 일이었다. 앞서 보았듯 영국인들의 지리적 이동성이 비교적 높았다는 바로 그 점이 영국에서 흑사병이 급속히 퍼진 요인이었으니 말이다. 이탈리아의 도시국가들도 사람들의 이동을 제한하고자 했고, 일할 수 없는 이들에겐 수당을 나누어주면서 격리를 강제했다.[105] 하지만 이런 조치들을 과연 효과적으로 실행할 수 있었는가는 또 다른 문제다. 부유한 이들에게 자신들 소유의 농촌으로 피난을 가지 말라고 설득하기란 쉽지 않은 일이었다. 피렌체의 문호 조반니 보카치오Giovanni Boccaccio의 『데카메론Decameron』에 나오는 젊은 여성 일곱과 젊은 남성 셋의 경우를 보라. 피렌체의 외교관으로서 마르키온네 디 코포 스테파니Marchionne di Coppo Stefani로도 알려져 있는 발다사레 보나이우티Baldassarre Bonaiuti는 다음과 같이 말한 바 있다. "앞서 말한 흑사병 때문에 그 어떤 시민들도 〔피렌체를〕 떠나지 못하게 하는 많은 법률이 통과되었음에도 사람들은 탈출에 나섰다. 왜냐면 그들은 '서민들minuti' 〔글자 그대로 '작은 사람들'이란 뜻〕이 도시에 남아 나쁜 마음을 먹고 한데 뭉쳐 봉기를 일으킬까 두려워했기 때문이다. (…) 〔하지만〕 시민들을 도시 안에 묶어두는 것은 불가능한 일이었다. 크고 힘센 짐승들이 울타리를 부수고 뛰쳐나오는 것은 언제나 벌어지는 일이니까."[106] 좀 더 큰 문제는 팬데믹으로 인해 종교적 신앙과 사회적 신뢰의 위기가 나타났고, 그에 따라 정신세계에서도 똑같은 팬데믹이 발생했다는 것이었다. 그리고 이러한 변화로 인해 새롭고도 위험한 형태의 이동성이 생겨나게 된다.

우리는 흑사병으로 생겨난 종교적 열정을 과소평가해선 안 된다. 영국의 롤라드Lollardy 같은 이단 종파 운동들이 부활하거나 새로 생겨났는데 그중 가장 볼만했던 것은 채찍질 회개자들, 즉 흑사병은 인간의 죄를 벌하기 위해 신께서 내리신 것이니 회개하고 자신을 제물로 바침으로써 이 병을 피해가고자 했던 이들이다. 1348년 말 헝가리에서 시작된 이 운동은 독일로 전파되고 또 브라반트Brabant, 에노Hainaut, 플랑드르 등으로 확산되었고, 자신의 등을 채찍으로 후려치며 행진하는 이들 집단의 규모는 50명에서 500명까지 다양했다. 이 특이한 운동을 연구한 역사가 노먼 콘Norman Cohn은 이렇게 말한다. "8월 중순에서 10월 초까지 투르네Tournai에는 며칠에 한 번씩 새로운 집단이 도착했다. 이 기간의 처음 두 주일 동안은 브뤼헤Bruges, 겐트Ghent, 슬로이스, 도로드

레흐트Dordrecht, 리에주Liège 등에서 출출한 무리들이 도착했고, 그다음에는 투르네에서 수아송Soissons을 향해 무리 하나가 떠났다."[107] 에르푸르트Erfurt 시민들은 이 채찍질 회개자들에게 문을 열어주지 않았기에 3,000명의 무리들은 성 바깥에서 야영을 했다. 이들은 '십자가를 든 사람들', '채찍질 회개 형제회', '십자가 형제회' 등의 이름으로 자신들을 칭했고, 앞면과 뒷면에 붉은 십자가를 그려 넣은 하얀 천의 긴 옷을 입었으며 머리에도 비슷한 것을 썼다. 각 무리에는 '주인님Master' 또는 '아버지Father'가 있었다. 이들은 세속의 평민이었지만 고백성사를 행하고 회개를 강제했다. 모든 채찍질 회개단 행렬은 33일과 반나절 동안 진행되었고, 참여자들은 목욕과 면도는 물론 환복도 하지 않았으며 침대에서 잠을 자는 일도 없었다. 여자와의 접촉은 일체 금지되었다. 한 도시에 도착하면 이들은 즉시 그곳의 교회로 행진하여 원을 이루고 땅바닥에 엎드려서 팔을 벌리고선 십자가에 못 박힌 자세를 취했다. 그리고 '주인님'의 명령―"순수한 순교의 명예로 일어서라."―을 따라 일어난 다음엔 끝에 삐죽삐죽한 철못이 달린 가죽 채찍으로 자신의 등을 때리며 찬송가를 부르다가 주기적으로 "번개에 맞은 것처럼" 땅바닥에 쓰러졌다. 이 의식은 매일 공개적인 장소에서 두 번, 그들끼리 모인 곳에서 한 번씩 진행되었다. 그들이 스스로를 채찍질하는 곳에는 항상 군중이 모여들었고, 대부분의 사람들은 하나님께서 더 벌을 내리시는 일을 막겠다는 이들의 노력을 환영했다.

여기에서 우리는 전염병의 팬데믹이 극단적 행동의 팬데믹 사태를 매우 쉽게 촉발시키고, 그것이 다시 사회적 질서를 더욱 불안정하게 만드는 양식을 볼 수 있다. 왜냐면 이 채찍질 회개 운동이 일부로 속해 있던 천년왕국 운동은 잠재적으로 혁명을 목표로 했기 때문이다.

이 운동에선 성직자들의 권위를 갈수록 무시하고 사람들의 분노를 유대인 공동체 쪽으로 돌렸다. 유대인들이 고의로 전염병을 퍼뜨리고 있다거나 또는 그들이 예수 그리스도를 거부함으로써 신의 징벌을 초래했다는 식으로 말이다. 유대인 공동체들은 무수한 도시들, 특히 1349년 7월의 프랑크푸르트와 8월의 마인츠Mainz 및 쾰른Cologne에서 가혹한 학살을 겪었다(그에 앞서 스트라스부르Strasbourg에서는 유대인들이 끔찍한 종교재판 뒤 화형을 당하는 학살 사건이 있었으나 이 사건엔 채찍질 회개자들이 개입하지 않았던 것으로 보인다).[108] 이와 비슷한 유대인 학살은 스페인, 프랑스, 그리고 저지대 국가들에서도 자행되었다.[109] 이러한 폭력의 물결은 1349년 10월 교황 클레멘트 6세Clement VI가 채찍질 회개자들을 정죄하는 칙령을 발표함으로써 겨우 끝이 났다.[110] 이 모든 사건들이 흑사병으로 생겨난 사회적·문화적 혼란을 증언해줌에도 역사가들은 채찍질 회개자들이 만들어낸 가장 근본적인 위험은 바로 그들의 이동성, 그리고 그로 인해 초래된 전염병의 확산이었다는 점을 놓치는 경향이 있다.

유행성 질병은 유럽인들의 삶에서 하나의 특징이 되어버렸다. 우리로선 상상하기 힘들 정도로 림프절 페스트는 14세기 중반에서 18세기 초까지 유럽에서 계속해서 유행했다. 1629년에는 페스트가 만토바, 밀라노 등을 거쳐 베니스로 들어가 베니스 인구의 약 48퍼센트의 목숨을 앗아갔다.[111] 1827년에 첫 출간된 만초니Manzoni의 『약혼자들I Promessi Sposi』은 1630년 밀라노에서 크게 돌았던 마지막 역병을 다룬다. 셰익스피어의 희곡에서도 전염병은 한몫을 차지하지만, 여기에선 사람들이 당연히 익숙하게 여기는 배경 정도로만 다뤄지는 탓에 그저 암시로만 등장할 뿐―"당신들 두 가문 모두 페스트에나 걸려버리시오!",

"흑사병에 그렇게 빨리 걸릴 수 있단 말이오?"—그에 대한 설명은 나타나지 않는다. 플롯에서 페스트가 나름의 역할을 하는 작품은 『로미오와 줄리엣Romeo and Juliet』뿐이다. 로미오는 줄리엣이 가사假死 상태에 드는 약을 먹은 것일 뿐 죽은 게 아니라는 결정적 메시지를 받지 못하는데, 이는 그것을 전할 책임이 있던 프란체스코회 수도승이 전염병 탓에 강제격리를 당했기 때문이었다. 셰익스피어 생전의 런던은 1582년, 1592~1593년, 1603~1604년, 1606년, 1608~1609년 등 여러 차례에 걸쳐 페스트를 겪어야 했고, 그가 연극을 상연했던 극장들도 문을 닫는 일이 빈번했다.[112]

셰익스피어가 죽은 지 50년도 채 되지 않은 1665년에 페스트는 또다시 런던을 덮쳤고, 이 사태는 반세기 후 대니얼 디포가 다시 그려낸 것으로 유명하다.[113] 디포가 1665년 사태에 관심을 가진 것은 단순한 역사적 호기심에서가 아니었다. 1722년에 그의 『전염병 연대기Journal of the Plague Year』이 출간되기 불과 2년 전, 프랑스의 마르세유에선 또 다시 페스트가 창궐해 도시 인구 중 3분의 1이 희생되는 일이 있었다. 그래서 당시 영국에선 재차 닥칠 페스트 창궐 사태를 막을 수 있는 최선의 방법은 무엇인가에 대한 논쟁이 진행 중이었는데 디포는 바로 이 논쟁에 뛰어들고자 했던 것이다. 그 와중이었던 1720년에는 리처드 미드Richard Mead의 『페스트 감염과 그 예방법에 대한 짧은 논고Short Discourse Concerning Pestilential Contagion, and the Methods to Be Used to Prevent It』가 출간되기도 했다. 이 저작에서 나온 조언을 기초로 하여 1720년에는 추밀원Privy Council이 추천하고 의회가 통과시킨 격리법Quarantine Act이 마련된다. 이는 예전 1710년의 격리법보다 정부의 권한을 상당히 더 크게 확대시킨 것이었다.[114]

디포의 『전염병 연대기』는 우리에게 이젠 익숙한, 림프절 페스트가 사람들의 정서에 가하는 충격에 대한 이야기를 풀어놓는다.

사람들의 염려 또한 시대의 오류 탓에 이상할 정도로 늘어났다. 나로선 도대체 무슨 원리인지 상상할 수도 없지만, 이 '시대의 오류'란 사람들이 이 사태 전 혹은 후와 비교해 그 어느 때보다 예언, 점성술 마법, 해몽, 허황된 옛날이야기 등에 중독되어가는 것을 뜻한다. 이 달갑지 않은 현상이 어떤 까닭에서 발호跋扈하고 있는지는 나로서도 알 길이 없다. 돈을 노린 일부 어리석은 사람들이 예언이니 예측이니 하는 것들을 마구 출판하면서 벌어진 일일까. 하지만 그런 책들이 사람들을 완전히 공포로 몰아넣는다는 점만큼은 분명하다.[115]

그가 드는 예들에선 17세기의 런던 사람들도 6세기의 로마인들 혹은 14세기의 독일인들만큼이나 페스트에 대해 초자연적 원인들을 추론하며 그것에서 치료법을 찾으려 했음이 분명히 드러난다. 그리고 디포는 그런 것들에 대한 자신의 회의적 태도를 확실하게 나타낸다.

나는 페스트가 자연적 원인에서 생겨나 자연적 수단으로 전파되는 전염병이라고 생각한다. (…) 전염병 감염에서 초자연적 작용이 벌어질 뚜렷하고 특출한 계기 같은 것은 없다. 충분히 발현되는 것은 오직 일반적인 사물의 질서다. 전염병이 발생하면 대개 하늘이 정해놓으신 모든 결과들을 다 내놓을 수 있는 상태가 될 뿐이다. 전염병은 이러한 원인들과 결과들 가운데에서 비밀리에 퍼지기에 그것을 감지할 순 없고 그래서 피할 길도 없어 보인다는 사실, 그것 하나만으로도 신이 내린 무서운 처벌이 되기엔 충분하다. 굳이 여기에 초자연적인 것들과 기적 같은 것을 끌어들일 필요도 없는 것이다.[116]

뒤에 다시 나오겠지만, 여기에서도 생물학적 팬데믹과 정보 팬데믹이라는 이중의 팬데믹 현상이 나타나고 있음에 주목하자. 하지만 또한 디포의 글 혹은 디포가 인용한 좀 더 믿음직한 권위자들의 말을 보면 그가 림프절 페스트의 병리학을 제대로 이해하고 있지 못했던 것은 분명하다. 그는 "이 재앙은 전염, 즉 의사들이 '악취effluvia'라 일컫는 특정 증기나 연기, 호흡이나 땀, 또는 환자의 상처에서 풍기는 안 좋은 냄새 등에 의해 전파된다."라고 믿었기 때문이다.[117]

전혀 그릇된 이유에서 매우 올바른 해답이 도출되는 것은 상당히 많이 벌어지는 일이다. 역사가 에드워드 기번은 디포가 1731년에 세상을 뜬 뒤 6년 후에 태어난 사람이다. 그가 자기 시대보다 1,000년도 더 오래된 유스티니아누스 역병에 대해 남긴 논평을 보면, 이 림프절 페스트의 원인에 대한 그의 이해가 천 몇 백 년 전의 비잔틴 역사가 프로코피우스가 갖고 있던 이해보다 거의 나을 게 없다는 점에 놀라게 된다.

그 미묘한 독을 사방에 뿌려대는 것은 바람일 수 있다. 하지만 (…) 공기의 전반적인 부패가 워낙 심했던 탓에 유스티니아누스 재위 15년에 발생한 페스트는 계절이 바뀌어도 전혀 멈추거나 줄어들지 않았다. 시간이 지남에 따라 그 최초의 맹독성은 가라앉고 누그러졌다. 질병은 수그러들었다가 다시 살아나기를 반복했다. 하지만 공기가 다시 그 순수하고 건강한 성질을 되찾아 인류가 건강을 회복한 것은 이 재

앙의 시대가 52년이나 지속된 이후의 일이었다.[118]

기번이 매우 잘난 척하며 언급한 보건 예방조치라는 것은, 전염병이 돌 때 자가격리 등 사람들의 이동에 제약을 가하는 조치들 정도였다. 디포 또한 이런 조치의 중요성을 잘 알고 있었다. 그는 1665년의 페스트 창궐에 대해 이렇게 말한다. "만약 여기저기로 여행 다니는 사람들 대부분이 이동을 멈췄더라면 페스트는 그토록 많은 시골 도시들과 여관으로까지 퍼지지 않았을 테고, 사람들의 풍요에 큰 손해를 입히며 실로 완전히 파괴해버리는 상황에까지도 이르지 않았을 것이다."[119] 또한 런던 시장과 부시장들이 페스트 시기 중에 공표한 여러 명령들 중에는 그가 특히 긍정적으로 주목했던 것이 있었다. "런던시의 모든 곳에 들끓고 있는 범죄자와 걸인 무리들은 전염 확산의 큰 원인"이니 이를 규제하겠다는 것이었다. 또한 "모든 연극, 곰 골리기 놀이(영국에서 옛날부터 행해진 민속 유희로, 곰을 밧줄로 묶어놓고 사냥개들을 풀어놓아 자극하여 싸움을 붙이는 놀이임_옮긴이), 도박, 노래 부르기, 작은 방패 싸움buckler play, 인민의회 운동 Causes of Assemblies of People 같은 것"은 물론 "공공장소에서의 잔치"와 "선술집에서의 난장"을 금지하는 조치도 있었다.[120]

인류로 하여금 치명적인 감염병들을 몰아내거나 최소한 억제하게 해준 것이 질병에 대한 과학적 이해 면에서의 진전 덕이라는 식의 주장은 지금도 빈번하게 거론된다. 하지만 역사 기록을 좀 더 자세히 들여다보면 사람들은 르네상스 시절, 즉 자신들에게 닥친 질병의 본성을 제대로 이해하기 한참 전인 시절부터 자가격리, 사회적 거리두기, 그 외 오늘날 '비의학적 개입'이라 불리는 조치들을 효과적으로 시행했음을 알 수 있다. 비록 완벽한 수준으로까진 아니었으나 그런 조치들은 당대의 세계적 · 전국적 · 지역적 차원의 사회적 네트워크들을 교란시키기에 충분했고, 그로써 여전히 추측조차 불가능한 미생물 병원체들의 확산을 늦추는 일에서도 효과를 거두었던 것이다.

5장
과학의 미망

19세기는 특히 세균학이 장족의 발전을 보인 시대였다. 하지만 그리하여 우리가 마침내 의학의 역사가 완성된 시점에 도달했다는 휘그whig식 역사관의 노예가 되어서는 안 된다. 19세기에 나타난 유럽의 제국 질서는 전염병 연구에 박차를 가하긴 했지만 동시에 글로벌 경제의 세계화를 촉진시킴으로써 전염병의 새로운 위험을 만들어냈다. 그중에는 백신도 치료약도 없는 것들이 있었는데, 1918년에 발생했던 독감 사태는 바로 이러한 과학의 한계를 알려주는 엄중한 계시였다. 각종 위험에 대한 우리의 이해에는 수많은 돌파구가 생겨났지만, 세계적 차원에서의 네트워크 통합과 취약성 증가는 그러한 진보의 성과를 상쇄해버렸다.

이제 오시는구나

인플루엔자 여사께서······.

— 루퍼트 브룩Rupert Brooke

모기냐, 사람이냐

"모기냐, 사람이냐". 리버풀열대의학학교Liverpool School of Tropical Medicine
의 창립자 중 한 명인 루버트 윌리엄 보이스 경Sir Rubert William Boyce은
이렇게 문제를 간명하게 정리하였다. 『모기냐, 사람이냐Mosquito or Man』
는 1909년에 출간된 그의 저서이고, 이 책의 부제는 '열대 세계의 정복
The Conquest of the Tropical World'이다. "열대의학 운동은 이제 문명 세계 전
반에 확산되었다. (···) 오늘날 열대 세계는 꾸준히, 그리고 확실히 정
복되고 있다 해도 과언이 아니다. 곤충이 옮기는 열대 지역의 세 가지
재난이자 인류가 지금까지 맞서온 가장 큰 적들인 말라리아, 황열병,
수면병은 이제 완전히 우리에게 무릎을 꿇는 중이다. (···) 열대 지방은
다시금 상업 개척자들 앞에 활짝 열리고 있다. (···) 이러한 현실적인

244

정복은 (…) 우리 손에 지구의 광활한 영역이 들어오게 할 것이며, 그 전엔 꿈도 꾸지 못하던 생산력을 [영국 대중의] 지배력과 활동에 더해줄 것이다." 이는 불과 한 세기 전 유럽의 여러 제국들이 그 정점에 도달했을 때만 해도 일반적이었던 관점이었다. 보이스 경의 동료였던 리버풀열대의학학교의 존 토드John L. Todd 교수는 1903년에 이렇게 말한 바 있다. "제국주의의 미래는 현미경에 달려 있다."[1]

현미경을 갖추게 되면서 마침내 인간은 모기와의 싸움에서 완전한 승리를 거머쥐었다. 이제 우리는 제국주의라는 것이 사람들에게 혜택을 가져다주었다는 생각을 더 이상 하지 않지만, 과학으로 자연 세계를 '정복'한다는 건 인간이라면 누구든 거의 저항할 수 없을 정도로 매력적인 생각이다. 나 자신도 주저 없이 현대 의학을 "서구 문명이 발명한 여섯 가지 킬러 앱" 중 하나라고 말한 바 있다.[2]

하지만 이 익숙한 스토리도 좀 다르게 다시 이야기해볼 수 있다. 의학의 찬란한 승리가 그저 일직선으로 줄줄이 이어지는 이야기가 아니라 한쪽에선 과학, 그리고 다른 한쪽에선 인간의 행동이 쥐와 고양이처럼 서로에게 보복을 가한 이야기로서 말이다. 여러 사람들이 현미경을 통해 과학을 두 발짝 전진시킬 때마다 인간집단은 최소한 한 발짝씩은 그것을 후퇴시킬 능력이 있음을 보여주었다. 비록 무의식적이긴 했지만 전염병 병원체들이 보다 쉽게 전달되는 방향으로 자신들의 네트워크와 행동 방식을 끊임없이 최적화함으로써 말이다. 그 결과, 의학사가 마침내 종말을 맞게 되었다는 찬란한 승리의 서사는 거짓이라는 점이 현실에서 반복적으로 드러났다. 1918~1919년의 '스페인' 독감, 에이즈, 그리고 최근의 코로나19 사태가 그 예다.

감염의 제국들

유럽인의 과학 수준은 그들이 상업의 기회를 좇아 유럽 해안을 넘어 항해하기 시작했던 18세기 당시에 이미 아프리카, 아시아, 북남미의 현지인들보다 우월했을 것이라 생각하는 이들이 있다. 물론 항해술 면에서 그랬다는 것은 분명하지만, 의학에서도 더 뛰어났다고 말하긴 힘들다.

여러 면에서 볼 때 유럽이 해상으로 팽창해나간 것은 어느 한 나라가 유럽 대륙 전체를 지배할 수 없는 데서 비롯된 결과였다. 그런 시도를 했던 강대국들이 몇 있긴 했으나 그것이 불가능한 일이란 것도 매번 입증되었다. 주요 왕국들의 자원과 군사 기술 수준이 대개 엇비슷하기 때문이기도 했지만, 승리 직전까지 갔던 군대가 티푸스라는 질병을 만나 패배하는 일이 반복해서 벌어진 것도 중요한 이유였다(티푸스의 원인은 1916년이 되어서야 비로소 제대로 밝혀졌다).

1456년 오스만 군대의 베오그라드Belgrade 포위전 당시에도 그랬다. 배고프고 더러운 상태의 병사들의 몸에는 이가 들끓고 있었다. 이들이 가려워 몸을 긁어대면 이에서 나온 발진티푸스 리케치아 프로바체키Rickettsia prowazekii, 즉 발진티푸스의 원인균이 몸속으로 깊이 파고들었으며, 결국 병이 창궐하고 말았다. 이 병은 승전을 눈앞에 둔 장군들의 희망을 무참히 짓밟았을 뿐만 아니라 세상 그 어떤 적군도 그렇게 하지 못할 정도로 군대 전체를 초토화시켰다. 그리고 그 뒤로도 이런 일은 계속되었다. 1489년엔 그라나다Granada 포위전을 벌이던 스페인 군대의 3분의 1이 이 티푸스—스페인어로는 '엘 타바르디요El Tabardillo'다—로 죽어갔으며, 40년 후엔 나폴리Naples 포위전 중이었던 프랑스 군대 또한 똑같은 병으로 무너졌다. 신성로마제국의 황제 카를로스 5세Karl V의 군대가 1552~1553년 메츠Metz를 포위했을 당시에도 티푸스가 군 내에 퍼져 결국 적군에게 승리를 안겨주었다.[3] 1556년 카를로스 5세의 조카이자 훗날의 막시밀리안 2세Maximilian II가 오스만 제국의 술탄인 술레이만 대제Suleiman the Magnificent의 군대와 싸우던 헝가리를 돕기 위해 동쪽으로 진군했을 때에도 티푸스가 너무나 맹렬하게 덮치는 바람에 "이 병에서 도망가려고 군대 전체가 사방으로 흩어져버렸다." 30년 전쟁 당시에도 티푸스는 가장 많은 사망자를 안기는 가장 무서운 군대였다. 1632년에는 일전을 치르기 위해 뉘른베르크Nuremberg에서 조우한 스웨덴과 신성로마제국의 군대 양쪽 모두가 이 병으로 완전히 무너져 전투 자체가 흐지부지되기도 했다.[4] 스페인 왕위계승 전쟁 당시 북부 프랑스의 도시 두에Douai 포위전에 티푸스가 창궐했음을 확인시켜주는 고고학적 증거도 있다.[5] 그로부터 30년 후 티푸스는 오스트리아 왕위계승 전쟁 당시 프라하를 포위했던 프러시아 군대에서 3만 명의 목숨을 앗아갔고, 1812년에는 폴란드에서 창궐한 지 1개월 만에 프랑스 병사 8만 명 이상을 사망에 이르게 했다. 60만 명이었던 나폴레옹의 대육군Grande Armée은 모스크바에 도착했을 당시 겨우 8만 5,000명 정도로 그 규모가 줄어든 것도 무려 30만 명이 티푸스와 이질로 사망한 탓이었던 듯하다(물론 러시아 군대 쪽에서도 수많은 사람들이 질병으로 죽었다).[6] 이 역시 고고학적 증거로 뒷받침된다. 리투아니아의 수도 빌뉴스Vilnius의 공동묘지를 조사한 결과, 프랑스 군대가 러시아에서 패배한 것은 차르 쪽의 원군으로 '동장군General Winter'뿐 아니라 '병장군General Typhus'까지 합세했기 때문임이 드러난 것이다.[7] 또한 1854~1856년의 크림 전쟁에서도 티푸스는 가장 큰 살인자인 콜레라의 뒤를 이어 수많은 병사들의 생명을 앗아갔다.

5장 _ 과학의 미망

대서양을 건널 때 유럽인들은 지식만 가져간 게 아니라 자신들이 전혀 아는 바 없었던 여러 병원체들도 함께 가져갔다(앨프리드 W. 크로즈비Alfred W. Crosby는 이를 '콜럼버스의 교환'이라 일컬었다).[8] 재러드 다이아몬드가 주장했듯, 북남미 대륙 원주민들에게 큰 재앙이 되었던 것은 정복자 군대의 총과 강철보다는 그들이 바다 건너로 가져온 천연두, 티푸스, 디프테리아, 출혈열 등의 세균이었다. 흑사병 당시의 쥐 및 벼룩 들처럼 백인들은 이 치명적인 미생물들의 보균자였으며 스페인 반도에서 푸에르토리코, 아즈텍의 수도인 테노치티틀란Tenochtitlán을 거쳐 안데스 산맥의 잉카 제국에까지 이 병들을 퍼뜨렸다. 아즈텍인들은 이 '코코리츨리cocoliztli'—나와틀족Nahuatl의 언어로 '페스트'라는 뜻이다—가 가져온 파괴적 충격을 한탄했다.

그런데 사실을 보자면, 이들을 무릎 꿇린 것은 단 하나의 미생물체가 아니라 티푸스균을 포함해 원주민들이 전혀 저항력을 갖고 있지 않은 미생물들 여럿이 뒤섞인 칵테일이었다. 유럽의 정착자들은 곧 자신들이 손에 넣은 땅이 거대한 납골당으로 변했음을 깨달았다. 프란체스코회 선교사이자 역사가였던 후안 데 토르케마다Juan de Torquemada는 이런 기록을 남겼다. "1576년, 페스트로 엄청난 사망자가 나왔으며 이것이 1년 이상 지속되어 인디언들을 짓눌렀고 〔그 결과〕 우리가 '새로운 스페인'이라 불렀던 곳은 거의 아무도 살지 않는 지역이 되어버렸다."[9] 대서양을 건너 플리머스Plymouth에 정착한 영국 청교도들이 1621년 말 추수감사절에 하나님께 감사해했던 일들 중 하나는, 그들이 도착하기 10년 전에 그곳 뉴잉글랜드의 원주민들 90퍼센트가 질병으로 사망했음에도 그에 앞서 (참으로 사려 깊게) 땅을 모두 갈아놓은 데다 겨울을 버틸 식량까지 묻어둔 일이었다.[10] (1620년 12월 뉴잉글랜드에 도착한 영국인들은 이듬해 봄에 보리를 심었으나 싹을 틔우지 않아 절망했다. 이들은 질병으로 폐허가 된 원주민들의 마을로 들어가 그곳에 보관되어 있던 곡식으로 연명했고, 1621년 말에 최초의 '추수감사절'을 맞이할 수 있었다_옮긴이) 훗날 영국령 북아메리카가 되는 지역의 원주민 인구는 500년 당시 대략 56만 명가량이었으나 1700년엔 절반 이하로 감소했다. 하지만 이는 시작에 불과했고, 백인들의 정착지가 계속 서쪽으로 확산되면서 북미 대륙 전체의 원주민들은 질병으로 쓰러지고 인구격감 현상을 계속 겪었다. 1500년 당시 오늘날의 미국 영토 전체에 살고 있었던 원주민 인구는 약 200만 명 정도였겠으나 1700년에는 75만 명, 그리고 1820년에는 겨우 32만 5,000명밖에 남지 않았다.

하지만 이는 쌍방향의 과정이었다. 탐험가들과 일부 정복가들이 유럽으로 돌아가면서 매독을 가져갔다고 볼 근거가 있다.[*] 남아 있는 유골들의 조사를 기초로 한 오늘날의 관점에 따르면 매독균treponema pallidum이 1492년 '신대륙'에서 유럽으로 온 것은 분명하다. 물론 그것에서 매독이라는 성병이 생겨난 것은 새로운 변이의 결과지만 말이다.[11] (영국의 헨리 8세Henry VIII와 러시아의 폭군 이반Ivan the Terrible이 모두 매독 환자였다는 주장이 가끔 제기되곤 하는데, 이게 사실이라면 이 새로운 성병의 출현은 역사에 심대한 정치적 결과를 낳은 셈이다.[12])

한편 유럽인들은 북남미 현지의 원주민 노동력이 격감하자 그것의 보충을 위해 아프리카인들을 노예로 잡아 북남미로 데려왔고, 이 때문

---

[*] 예전에는 콜럼버스 이전에도 유럽에 이미 트레포네마균treponema의 감염이 존재했다는 이론이 있었다. 성병이 아니라 피부에서 피부로 옮는 부스럼 형태였고, 이후 위생 개선으로 이 병이 줄어들면서 매독에 대한 교차 면역성도 함께 감소한 덕에 유럽에서만 매독이 퍼지게 되었다는 내용이었다. 하지만 오늘날의 연구를 통해 이 이론은 잘못되었음이 밝혀졌다.

에 이러한 병의 교환 양상은 삼각형 모양을 띠게 되었다. 아프리카인들로부터는 황열병을 낳는 플라비바이러스flavivirus와 말라리아원충뿐 아니라 이 두 가지 병원체 모두를 전파하는 데 매우 적합한 여러 종의 모기까지 넘어왔다. 말라리아와 황열병은 카리브 해안의 플랜테이션 농장 지역과 북미의 남쪽 몇몇 주에서도 창궐했다.[13] 17세기 중반엔 중미 대륙의 동해안을 따라 쿠바, 과들루프Guadeloupe, 세인트키츠St. Kitts 섬에서 황열병이 돌아 지역 인구의 20~30퍼센트가 목숨을 잃었다. 북미에서 전염병이 크게 일어난 최초의 사례는 1668년의 뉴욕과 1669년의 미시시피 밸리Mississippi Valley였다.[14] 이는 보다 나중에 북남미로 향했던 유럽인들 또한 대서양을 건너자마자 무섭도록 높은 치사율에 직면했음을 뜻한다. 여기에서 살아남았다는 것은 곧 현지의 풍토에 '푹 절여졌다seasoned'는 것, 그리고 유럽에서 데려온 군대로 '신대륙'에서 싸우는 건 매우 불리한 일임을 의미했다. 젠킨스의 귀 전쟁Battle of Jenkins' Ear(1739년 영국과 스페인 사이에서 있었던 해전. 영국 상선의 선장이었던 젠킨스가 스페인에 납치되어 귀가 잘렸다는 소식에서 비롯된 명칭임_옮긴이) 중 카르타헤나Cartagena와 산티아고데쿠바Santiago de Cuba를 점령하려 했던 에드워드 버넌Edward Vernon 제독의 군대 2만 5,000명은 1740년과 1742년에 황열병을 만나 대규모 인원을 잃어야 했다.[15] 또한 1802년 아이티의 혁명가 투생 루베르튀르Tousaint L'ouverture로부터 생도맹그Saint-Domingue를 되찾으라고 나폴레옹이 보낸 프랑스 병사들도 똑같은 운명을 겪었다. 1781년의 요크타운 전투Battle of Yorktown에서 군사력의 균형이 조지 3세George III의 영국군에 불리한 방향으로 기울었던 것 역시 프랑스 해군뿐 아니라 당시 '옐로우 잭Yellow Jack'이라 불렸던 황열병의 힘 때문이었다.

프랑스 역사가 에마뉘엘 르 루아 라뒤리Emmanuel Le Roy Ladurie는 이를 "질병에 의한 전 세계적 통일", 또 "미생물체의 공동시장" 창출이라 일컬은 바 있다.[16] 결과적으로 유럽 강대국들은 제국의 건국과 유지를 위해 질병의 위험을 감수해야만 했다. 서아프리카의 시에라리온에 파병된 영국군들은 두 명 중 한 명이 사망했고 자메이카에서는 여덟 명 중 한 명, 윈드워드Windward 제도와 리워드Leeward 제도에서는 열두 명 중 한 명, 벵골이나 실론Ceylon에선 열네 명 중 한 명이 세상을 떴다. 그나마 집으로 무사히 돌아올 확률이 높은 파병지는 뉴질랜드뿐이었다. 1863년 왕립위원회가 제출한 보고서에 따르면 1800~1856년에 인도로 파병된 병사들의 치사율은 1,000명 중 69명꼴이었다. 같은 연령대 영국 민간인들의 사망률은 약 1,000명 중 열 명이었는데 말이다. 또 인도 파병 군인들은 영국인들보다 질병에 걸리는 일이 훨씬 더 많았다. 빅토리아 여왕 시대의 또 다른 왕립위원회는 그 시대 특유의 정밀성에 입각하여, 7만 명의 영국 병사들 중 매년 4,830명이 죽고 5,880명이 병으로 입원했다고 보고했다.[17] 열대성 질병은 프랑스 식민지 공무원들에게도 내내 큰 피해를 입혔다. 1887~1912년에 식민지에 부임한 984명의 공무원들 중 사망에 이른 이는 전체의 14퍼센트에 해당하는 135명이었다. 평균적으로 볼 때 식민지 공무원들은 본국 도심 지역에서의 근무자들보다 수명이 17년이나 짧았다. 1929년에도 프랑스령 서아프리카에 살던 1만 6,000명의 유럽인 중 거의 3분의 1이 연간 평균 14일의 기간 동안 입원을 했다.[18] 프랑스인 의사이자 작가인 루이 페르디낭 셀린Louis-Ferdinand Céline이 1916~1917년의 프랑스령 적도아프리카를 기괴한 분위기로 묘사한 글—당시 그는 상하-우방기Sangha-Oubangui 산림 회사의 대표로 그 지역에 갔었다—을 보면 그곳에선 병

5장 _ 과학의 미망

에 걸리는 것이 일상적이었고 열대 지방에서의 근무가 수명을 단축시키는 것 역시 당연한 일로 여겨졌음을 알 수 있다. "식물들, 열기, 습기, 모기들의 온상인 이곳에선 사람들, 나날들, 세상만사가 그 존재를 알아채기도 전에 죽어 사라져버린다. 모든 것들이 작은 조각들, 구절들, 뼈와 살덩어리의 입자들, 후회와 혈구血球들이 되어 구역질을 일으키며 죽어간다."[19]

　　문제는 여러 유럽 제국들의 팽창 속도가 의학 지식의 그것보다 훨씬 빨랐다는 것이다. 1860년 대영제국 영토의 면적은 약 950만 제곱마일(약 2,460만 제곱킬로미터)이었지만 1909년이 되면 이는 1,270만 제곱마일(약 3,290제곱킬로미터)로 늘어난다. 이제 대영제국은 전 세계 육지 면적의 약 25퍼센트—이는 프랑스 제국 면적의 세 배, 독일 제국 면적의 열 배에 해당했다—를 뒤엎었고 세계 인구에 대한 대영제국 전체의 인구 비율도 대략 이와 비슷하여 약 4억 4,400만 명이 이런저런 형태의 영국 통치하에서 살고 있었다. 「세인트제임스 가제트St. James's Gazette」에 따르면 빅토리아 여왕은 "대륙 하나, 반도 100개, 곶 500개, 호수 1,000개, 강 2,000개, 섬 1만 개"를 지배했다고 한다. 당시 발행된 한 우표에는 전 세계 지도와 함께 다음과 같은 말이 담겨 있다. "우리의 제국은 그 어느 때보다 광대합니다."

　　이 모든 것은 세 가지 네트워크를 통해 결합되었다. 남대서양의 어센션Ascension 섬에서부터 잔지바르Zanzibar 섬에 이르기까지 당시 전 세계에는 군대병영, 그리고 33곳의 증기선용 석탄 보급소가 있었는데, 새로운 기술의 출현에 따라 이 네트워크의 각 노드들은 점점 더 가까워졌다. 범선 시절에는 대서양을 건너는 데 4~6주가 걸렸지만 증기선이 등장하면서 1830년대에는 2주, 그리고 1880년대에는 고작 열흘이 소요되었을 뿐이다. 영국에서 희망봉까지의 항해일수는 1850년대에 42일이었으나 1890년대에는 19일로 감소했다. 또한 증기선은 갈수록 빨라지는 데다 크기도 커졌고—앞에서 언급한 기간 동안 평균 배수량 톤수는 대략 두 배로 뛰었다—그 수 또한 늘어났기에 교통량에도 그에 비례하는 증가를 가져왔다.

　두 번째 네트워크는 철도였다. 인도에서 가장 먼저 생긴 철도는 봄베이Bombay와 21마일(약 33.8킬로미터) 떨어진 테인Thane을 잇는 것으로 1853년에 공식 개통되었다. 그런데 불과 50년도 지나기 전에 이 철도의 총 길이는 거의 2만 5,000마일(약 4만 230킬로미터)로 늘어났다. 불과 한 세대 만에 러디어드 키플링Rudyard Kipling의 소설에 나오는 '테-레인te-rain'(키플링의 소설 『킴Kim』에서 철도는 인도를 지배하는 대영제국의 권력과 기술 진보를 의미하는 가장 중요한 상징으로 등장한다 _옮긴이)은 인도의 경제적·사회적 삶을 완전히 바꾸어놓았다. 7아나anna(인도·파키스탄의 구화폐단위. 1아나는 현 단위인 루피의 16분의 1에 해당_편집자)에 불과했던 3등칸 표준 운임이 수백만의 인도인들로 하여금 장거리 여행을 가능케 해준 것이다. 역사가 J. R. 실리J. R. Seeley가 말한 바 있듯, 전 세계 네트워크 면에서 봤을 때 빅토리아 여왕 시대에 벌어진 혁명은 결국 '거리의 소멸the annihilation of distance'로 이어졌다.

　마지막으로 전보라는 정보 네트워크가 있었다. 1880년 당시 전 세계 해저에는 총길이 9만 7,568마일(약 15만 7,000킬로미터)에 이르는 케이블이 깔려 있어 영국과 인도, 캐나다, 아프리카 등을 연결해주었다. 그 덕에 봄베이에서 런던까지 한 단어당 불과 4실링의 비용으로 메시지를 보내면 이튿날 수신인이 그것을 받아볼 거라 기대할 수 있었다. 이 새로운 기술의 사도였던 찰스 브라이트Charles Bright의 말에 따르

면 전보는 "전기로 된 이 세계의 신경망"이었던 것이다.[20]

이 모든 것들 덕분에 영국의 권력은 과거 어떤 제국보다 더 멀리까지 뻗어나갈 수 있었다. 하지만 다른 한편으로 빅토리아 시대의 이런 여러 네트워크는 역사상 가장 빠른 질병 전달의 메커니즘이 되기도 했다. 의학의 개척자들이 현미경으로 뚫어져라 노려보면서 모기에 맞설 수 있는 효과적 해법을 찾고 있는 동안, 대규모 팬데믹은 대영제국의 교통 네트워크를 통해 두 번이나 퍼져나갔다. 영국 동인도회사는 본래 인도 갠지스 강 및 그 삼각주의 풍토병이었던 콜레라를 세계로 수출하는 의도치 않은 범죄를 저질렀다.[21] 콜레라 팬데믹은 1817~1823년, 1829~1851년, 1852~1859년, 1863~1879년, 1881~1896년, 1899~1923년 등 1817년부터 1923년 사이에 무려 여섯 번이나 있었다.[22] 캘커타Calcutta 근처에서 1817년에 발생했던 첫 번째 팬데믹은 곧 시암Siam(지금의 태국)으로, 거기에서 배를 타고 오만으로, 또 남쪽의 잔지바르로 번져나갔고 1822년에는 메소포타미아, 페르시아, 러시아 그리고 일본에까지 퍼졌다.[23] 두 번째 콜레라 팬데믹은 1829년에 또 다시 인도에서 시작돼 유라시아 대륙을 건너 러시아와 유럽으로, 거기에서 다시 미국으로까지 퍼져갔다. 산업 세계에서 빠르게 성장한 무역항과 제조업 중심지들은 질병을 번식시키기에 완벽한 장소를 마련해주었다. 주거지는 사람들로 붐볐던 데다 위생 상태는 이루 말로 다할 수 없이 끔찍했으니 말이다. 1892년 함부르크를 강타한 콜레라가 도시 내부 빈민가에서 거주하는 룸펜프롤레타리아트Lumpenproletariat, 즉 가장 가난한 빈민층을 덮쳤을 때의 치사율은 같은 도시의 부유층들이 거주하는 웨스트엔드West End 지역에서의 치사율보다 무려 열세 배나 높았다. 당시 독일 세균학자로서 지도적 위치에 있었던 로베르트

콜레라가 뉴욕을 덮치고 있지만 과학은 깊이 잠들어 있다.
〈지금이 자고 있을 때인가?Is This a Time for Sleep?〉
by Charles Kendrick, 1883: Sarin Images, GRANGER.

코흐Robert Koch는 이런 논평을 남겼다. "여러분, 저는 제가 유럽에 살고 있다는 것을 잊어버렸습니다."[24] 현대의 사회사가들은 함부르크 전염병 사태를 두고 계급 구조를 적나라하게 보여주는 우화라 여긴다. 하지만 사실 콜레라의 공포가 유럽의 항구 도시들을 지배하게 된 것은 자본주의라기보다는 제국주의의 결과였다.

림프절 페스트의 부활 또한 이와 동일한 패턴을 보였다. 1850년 대에는 페스트의 저수지라 할 수 있는 히말라야의 마르모트들로부터 또 다시 페스트균이 출현하여 중국 전역으로 확산되었다. 페스트균은 1894년 홍콩에 도달했고, 그곳에 있었던 수많은 증기선들은 그 균을 모든 대륙의 항구로 실어 날랐다. 20세기 중반이 되어서야 잡혔던 세 번째 페스트 팬데믹으로 인한 사망자는 무려 1,500만 명에 달했다. 대다수는 인도, 중국, 인도네시아의 사람들이었고 약 3만 명은 중남미, 약 7,000명은 유럽에서 나왔다. 반면 북미에선 애리조나와 뉴멕시코의 불운한 몇몇 마을을 제외하면 샌프란시스코, 로스앤젤레스, 뉴올리언스에서만 사망자가 나왔고 그 수도 500명가량에 불과했다.[25] 샌프란시스코에서의 첫 번째 페스트 팬데믹은 1900년 3월 차이나타운에서 시작되었다. 1906년의 대지진 및 대화재 직후에 있었던 두 번째 것은 쥐의 개체수가 폭발적으로 늘면서 페스트가 창궐할 완벽한 조건을 만든 탓에 시작되었고, 모두 합쳐 191명의 사망자를 기록했다.[26]

돌팔이 의사들

———

1350년의 피렌체와 1900년의 샌프란시스코 사이에는 500년 이상의 간극이 있지만, 도대체 무엇이 림프절 페스트의 원인인지에 대한 이해 면에선 거의 진전이 없었다. 14세기 파리대학의 학자들은 목성, 화성, 토성의 배치 상태가 적대적으로 결합되고 있음에 주목했다. "따뜻하고 습한 목성은 지구의 땅과 물로부터 사악한 수증기를 끌어내고 있었으며, 뜨겁고 건조한 화성은 그 수증기에 불을 질러 다른 자연적 재난들과 함께 페스트를 야기했다. 한편 토성은 가는 곳마다 사악함을 더했고, 목성과 결합되면 죽음과 인구 감소를 가져왔다."[27] 철학자 마르실리오 피치노Marsilio Ficino도 저작 『페스트 대책 회의Consiglio contro la Pestilentia』(1481)에서 흑사병의 원인을 부분적으로는 "천체의 악질적인 배치 상태 (…) 화성이 토성과 만나고 여러 식蝕이 벌어진 것"에 있다고 보았다.

하지만 페스트에 관한 중세 시대의 관점들은 점성술이 아닌 대기大氣적 관점으로 이 병을 바라본다는 데서 일치했다. 말하자면 이 병은 "독기毒氣 어린 수증기vapore velenono"를 통해 확산되는데, 이런 수증기는 "무겁고, 따뜻하고, 눅눅하고, 퀴퀴한 공기"에 가장 오래 머물며 "불타는 유황보다도 더 빠르게 (…) 이곳저곳으로" 확산될 수 있다는 것이었다. 또한 페스트에 걸렸을 때 어떤 이들은 살아나는 데 반해 어떤 이들이 죽는 이유는 '동조sympathy'와 관련이 있다고도 했다. 환자의 몸이 그 독기 어린 수증기에 이미 '동조'되어 있다면, 즉 열기와 눅눅함의 경향으로 기울어져 있다면 더 쉽게 사망한다는 것이었다. 하지만 15세기 말이 되면서 의사들은 소변을 검사하고, 종기를 째보고, 환자들에게 사혈과 예방약 및 치료 요법을 시도하게 되었다. 마키아벨리Machiavelli의 아버지인 베르나르도Bernardo가 1479년에 루타rue 약초와 꿀로 만든 다양한 실험적 치료약을 처방받은 것이 한 예다.[28]

르네상스 시대의 학자들은 그 이전의 무슬림 저술가들과 마찬가지로 히포크라테스Hippocrates와 갈레누스의 사상을 부활시켰다. 이 두 사람은 기후, 운동 및 휴식, 식단, 수면의 패턴, 배변과 성생활, 영혼의 질병 등 여섯 요소가 인체의 건강에 영향을 준다고 주장했다.[29] 물론 이런 이론은 페스트 앞에서 아무 소용도 없었지만, 썩은 공기가 문제라는 '미아즈마 이론miasmatism'도 도움이 안 되기는 매한가지였다. 베니스의 의사들이 발명해낸 '페스트 방호복'—가운에 밀랍을 입히고 입 부분에는 약초가 담긴 긴 부리를 달아놓은 모습이다—도, 1665년 런던의 길거리에서 유황을 태운 것도 전혀 소용없었다.

채찍질 회개 행렬처럼 종교적 의식으로 페스트를 피해보려 했던 시도들은 소용이 없는 정도에 그치지 않고 사태를 더 악화시켰다. 프란체스코 수도회의 '준수자 지파Observant branch' 소속인 어느 수도승은 베니스의 총독에게 이렇게 말했다. "신께서 이 벌을 내리셨다면 교회를 닫는 것으론 충분하지 않습니다. 이 페스트의 원인이 되는 것들에 대한 치료제가 필요합니다. 그 원인들이란 하나님과 성자들에 대한 신성 모독, 계간과 수간을 행하는 집단들, 리알토 광장에서 행해지는 끝없는 고리대 계약 등 사람들이 범하고 있는 끔찍한 죄악들입니다."[30] 또한 1625년 캔터베리 대주교는 오스만 제국에 파견되어 있는 영국 대사에게 다음과 같이 이야기했다. "이곳의 우리는 뛰어난 지식을 가지고 있으므로 페스트 사태를 맞아 신의 진노를 달래기 위한 일련의 행동에 들어갔습니다. 따라서 의회는 왕국 전역에서의 엄숙한 금식과 공중公衆의 기도를 법령으로 정했고, 왕께서도 몸소 웨스트민스터 교회에서 상하원의 귀족들 및 평민 대표들과 함께 기도하십니다."[31] 1630년 교황 우르바노 8세Urban VIII는 종교적 행렬을 금지했다는 이유로 피렌체 위생위원회를 파문했다. 방벽을 갖춘 촌락으로 피렌체에서 12마일

(약 19.3킬로미터) 떨어져 있던 몬텔루포 피오렌티노Montelupo Fiorentino
의 성직자는 1631년에 종교 행렬을 금지하는 피렌체의 법령에 도전하
고 나섰다.³² 그러나 그의 신도들에게 이런 행동이 도움이 될 리는 없
었다.

 영국에서와 마찬가지로 피렌체 당국자들 역시 페스트의 확산 원인
이 독기인가의 여부와는 별개로 사람들이 마구 돌아다니는 것은 해로
운 일임을 잘 알고 있었다. 흑사병 사태를 계기로 하여 베니스 제국은
항구에 도착한 선원들을 일정 기간 동안 '라자레토lazaretto'(지중해의 주
요 항구 도시에선 전염병을 막기 위해 타지에서 온 선원들을 일정 기간 격리
하기 위해 따로 건물을 짓거나 근처의 작은 섬을 격리 장소로 이용하는가 하
면 때로는 그들이 타고 온 배에 그대로 머물게 하기도 했다. '라자레토'는 이
를 통칭하는 명칭으로, 성경에 나오는 나병 환자 '라자로'의 이름에서 따온 것
이다_옮긴이)에 의무적으로 격리시켰다. 사태 초기였던 1377년의 라구
사Ragusa 항구(지금의 두브로브니크Dubrovnik)에선 격리 기간이 30일에
불과했지만 말이다.³³ 이후 1383년 마르세유 당국자들은 이 기간을 40
일로 늘렸고 이를 격리quarantine(이태리어로 40을 뜻하는 'quaranta'에서 비
롯되었음_편집자)라 칭했다(40일이라는 기간은 성경의 창세기에 나오는 '40
일 낮밤에 걸친 홍수', 이스라엘 민족의 '40년에 걸친 사막에서의 방랑', 사순
절의 '40일' 등의 개념에 착안한 것이었다).³⁴

 페스트 창궐이 반복되자 질병 확산의 저지를 위해 고안된 네 가지
정책이 발전했다. 첫째, 바다와 육지에 격리 시설을 마련하여 병자들
을 걸러내고 국내의 감염자가 나가지 못하도록 위생 저지선을 마련하
여 국경을 통제한다. 둘째, 각종 모임을 금지하는 형태로 사회적 거리
두기를 행하고, 시체를 특수 매장지에 묻으며, 사망자의 가옥과 개인

소지품들을 파기한다. 셋째, 병자들을 건강한 이들로부터 격리시키는 봉쇄를 행한다. 여기에는 감염자들의 가옥이나 라자레토, 페스트 환자들의 격리 병원 등의 봉쇄도 포함된다. 넷째, 선박이나 대상隊商에게 페스트 환자가 없음을 증명하는 건강증명서 등을 발급하여 건강 상태의 추적을 가능하게 한다. 피렌체는 또한 페스트로 생계가 막막해진 이들에게 실험적으로 식품과 의료의 무상지급도 시행했는데, 여기엔 그들이 힘겨워하는 부분을 덜어줄 뿐 아니라 부랑자로 돌아다니지 않게 하겠다는 목적도 있었다.[35]

페라라Ferrara의 경우는 이런 조치들이 어떻게 결합되어 시행되었는지를 잘 보여준다. 페스트가 발병하자 이곳 당국은 두 개를 제외한 모든 성문을 폐쇄했다. 그리고 그 두 성문에는 "부유한 귀족들, 시 공무원들, 의사들, 약사들로 구성된" 감시 팀들을 배치, 그곳을 드나드는 사람들에게 그들이 페스트 청정 지역에서 왔음을 증명해주는 건강증명서fedi di sanità가 있는지를 확인하게 했다. 새로 도착한 사람들 중 병증을 보이는 이들은 시의 성벽 바깥에 있는 '라자레토'에 감금되었다.[36] 이상을 포함한 다른 여러 공중위생 조치들을 강제하려면 경찰력을 더욱 강화할 필요가 있었다. 1576년에 팔레르모Palermo시 보건위원회의 수장은 자신의 모토가 "황금, 불, 교수대"라고 말한 바 있다. 황금으로는 세금을 내고, 불로는 감염된 물건들을 태워버리며, 교수대로는 보건위원회의 명령에 반발하는 자들을 처치한다는 뜻이었다.

이런 조치들 중 그 어떤 것도 과학에 근거를 두었다고는 할 수 없다. 그보다는 일반적인 이성에 입각한 관찰의 산물이자 자신의 운명을 신의 손에 맡기기 싫어한 데서 온 결과라고 보는 편이 맞고, 그러므로 이것들이 온전하게 효과를 발휘한 적은 한 번도 없었다. 1374년 밀라노의 통치자인 베르나보 비스콘티Bernabò Visconti는 밀라노에 종속된 소도시 레지오 에밀리아Reggio Emilia에 무장병력을 보내 그곳을 봉쇄하라고 명령했지만, 그럼에도 밀라노에 페스트가 퍼지는 상황을 막지는 못했다. 1710년 합스부르크 가문의 황제 요제프 1세Joseph I는 발칸 지역으로부터 병이 전파되어 들어오는 것을 막기 위해 오스만 제국과 맞닿는 남쪽 국경에 '위생 저지선'을 세울 것을 결정했다. 18세기 중반에 그 국경선에는 요새화된 감시탑 2,000개가 0.5마일(약 800미터) 간격으로 늘어서 있었다. 국경선을 넘을 수 있는 지점은 열아홉 곳뿐이었는데, 이를 통해 합스부르크 영토로 들어오는 모든 이들은 최소한 21일 동안 등록, 수용, 격리되었고 그들이 머무는 막사는 매일 유황과 식초로 소독되었다. 다음은 1835년 영국의 여행가 알렉산더 킹레이크Alexander Kinglake가 베오그라드 근처의 제문Zemun에서 국경을 넘을 때의 이야기다.

사람들을 서로 분열하게 만드는 원인은 페스트, 페스트에 대한 공포였다. 감히 격리의 법을 어기려는 자가 있다면 군사 작전처럼 신속하게 재판에 처해질 테고, 재판부는 약 50야드[약 45미터] 정도 떨어진 곳에서 소리를 질러 선고를 내릴 것이며, 성직자는 종교인답게 부드러운 희망의 말들을 속삭여주는 대신 결투를 벌일 때 정도로 멀리 떨어져서 위로의 말을 할 것이고, 그다음에는 세심하게 총살이 행해질 것이며, 그 시신은 라자레토의 마당에 아무렇게나 매장될 것이다.[37]

하지만 이 모든 체계를 확립한 요제프 1세는 정작 그 혜택을 전혀 받지 못했다. 어느 재상의 딸이 천연두에 걸렸는데 그것이 그 재상은 물론 요제프 1세에게도 차례로 전파되어 결국 1711년 4월에 그의 생명을 앗아갔기 때문이다.[38] 1720년 페스트로 마르세유가 초토화되었을 당시 프랑스를 섭정하고 있었던 오를레앙의 필리프Philippe of Orleans는 샤를 클로드 앙드로 드랑게롱Charles Claude Andrault de Langeron을 지휘자로 파견했다. 새로운 보건위원회는 페스트를 막는 장벽을 세워 마르세유와 엑스Aix, 몽펠리에Montpellier, 아를Arles 사이의 교통을 끊어버렸다. 감염자가 있을 것으로 의심되는 배의 선원들은 해안 바깥의 라자레토에 감금되었다. 그에 더해 개들과 고양이들에 대한 학살까지 이루어졌으니 프로방스의 쥐들은 분명 이 상황을 반겼을 것이다.[39]

이렇게 행해진 여러 앞선 실험들은 비록 몇몇 면에서 불완전하긴 했으나 최소한 감염의 네트워크들을 교란시키는 데는 어느 정도 영향을 미쳤다. 그에 비해 과학의 진전은 매우 더뎠다. 물론 천연두와 홍역 등의 전염병은 '씨앗seminaria'으로 시작되며 접촉, 공기, 오염된 물체 등을 통해 전달된다는 주장으로 1546년에 학문적 논고를 발표한 지롤라모 프라카스토로Girolamo Fracastro 같은 이도 있었지만 그의 저작은 별 영향력을 갖지 못했다.[40] 1598년에 조지 왓슨George Watson이 내놓은 『먼 지역들에서 발생한 전염병의 치료책The Cures of the Diseased in Remote Regions』은 이 주제에 대해 영어로 집필된 최초의 교재였지만, 그 치료책이라는 것이 사혈이거나 식이요법에 불과했기에 그리 도움이 되진 못했다.[41]

서양 의학에서 진정한 진보가 이뤄진 것은 18세기나 되어서의 일이다. 1747년 제임스 린드James Lind는 최초로 임상 실험을 통해 감귤류가 괴혈병 치료에 효과적임을 알아냈고, 윌리엄 위더링William Withering은 적절한 양의 디기탈리스digitalis가 부종 치료약이 된다는 사실을 밝혀냈다. 다른 사람의 천연두에서 감염 물질을 취하여 접종하는 동양의 관행—이는 이미 10세기의 중국에서부터 시작된 것으로 여겨진다—

이 유럽으로 수입된 것도 이 시기의 일이다. 1714년 에마누엘레 티모니Emanuele Timoni와 제이콥 필라리니Jacob Pylarini라는 두 명의 내과 의사는 런던왕립학회에 제각기 편지를 보냈다. 그들이 이스탄불에서 목격했던 바, 즉 천연두의 농포에서 나온 감염 물질을 건강한 사람들에게 "접붙이기engrafting"하는 과정을 묘사한 편지였다.

당시 오스만 제국의 수도에 파견되어 있었던 영국 대사의 부인은 메리 워틀리 몬터규Mary Wortley Montague라는 용감한 여성이었는데—메리는 1715년 천연두에 걸렸다 살아났는가 하면 남동생을 이 병으로 잃기도 했다—그녀는 이런 접종법을 옹호하여 1718년에는 자신의 다섯 살짜리 아들이, 또 1721년에는 딸이 접종받게 했다. 이후 런던으로 돌아온 뒤에는 유명한 의사인 한스 슬론Hans Sloane에게 고아 열 명과 사형수 여섯 명에게 실험 접종을 행하도록 설득했다. 사실 이는 아주 위험한 일이었다. 그들은 양만 적었다 뿐이지 천연두 병원체 그대로를 몸에 주입받았기 때문이다. 하지만 왕실의 후원—웨일스의 공주가 이 요법의 신봉자였다—으로 이 관행은 퍼져나갔고, 적지 않은 다른 왕실 가문들도 이를 받아들였다. 이렇게 하여 접종을 받은 이들 중에는 오스트리아의 마리아 테레지아Maria Theresa 여제와 그녀의 자녀들 및 손자 손녀들, 프랑스의 루이 16세Louis XVI와 그 자녀들, 러시아의 예카테리나 여제Catherine II와 그 아들로서 나중에 차르가 되는 파울Paul, 프로이센의 프리드리히 대제Frederick II 등이 있었다. 이보다 안전한 치료법으로는 황소가 걸린 수두를 천연두의 '백신 접종vaccinate'—이 말은 황소를 뜻하는 라틴어 'vacca'에서 왔다—을 위해 이용하는 것이었다. 역사가들은 이 요법을 최초로 행한 인물이 에드워드 제너라고 이야기하는 경향이 있지만, 사실 실제 주인공은 1774년에 이를 실행한 벤저민 제스티Benjamin Jesty라는 농부였다. 제너는 그보다 20년이나 흘러서야 최초의 백신 접종을 행했고, 자신이 발견한 바를 1789년 『백신 접종의 원인과 결과에 대한 탐구An Inquiry into the Causes and Effects of the Variolae Vacciniae』로 발표했다.[42]

유럽의 왕족들이 이런 천연두 접종의 모험을 기꺼이 받아들인 데 반해 미국 뉴잉글랜드의 평민들은 좀 더 의심이 많았다. 보스턴 안팎에서는 1721~1722년, 1730년, 1751~1752년, 1764년, 1770년대 전체, 1788년, 1792년에 천연두가 유행한 바 있었다(가장 심각했던 것은 첫 번째 유행이었다).[43] 청교도 목사인 커튼 매더Cotton Mather, 의사인 자브디엘 보일스턴Zabdiel Boylston, 하버드대학의 교수인 토머스 로비Thomas Robie 등 예방 접종을 주장했던 인물들은 접종이 완료된 300명의 환자들 사이에서 치사율이 떨어졌음을 증명하는 데 성공했음에도 거센 반발에 부딪쳤다.[44] 하버드대학을 졸업하고 1730년의 천연두 창궐 당시 어느 학교의 교장으로 있었던 새뮤얼 댄포스Samuel Danforth는 매사추세츠 케임브리지 지역에 접종을 시작했다. 하지만 마을회의에서는 댄포스가 "마을을 큰 위험에 빠뜨리고 몇몇 가족들을 혼란에 몰아넣었으며", 그러니 그는 "그런 식으로 접종받은 이들을 안전한 장소로 이동시킴으로써 우리 마을이 노출되지 않게끔" 해야 한다는 결정이 내려졌다. 마을의 공무원들은 하버드대학에도 접종 중지를 요청했지만, 교수였던 네이선 프라이스Nathan Price는 희망자들을 대상으로 접종을 계속했다. 1790년대에는 이 관행이 좀 더 널리 받아들여져 하버드대학에서도 학생들에게 접종을 권장했고,[45] 1809년엔 매사추세츠주 차원에서 천연두 예방 접종을 의무화했다.

유럽에서 이 접종을 널리 보급한 첫 번째 국가인 스웨덴은 1816년에 이를 의무 사항으로 정했다. 이후 영국은 1853년, 스코틀랜드는 1864년, 네덜란드는 1873년, 독일은 1874년에 스웨덴의 뒤를 따랐다.[46] 하지만 미국에서 백신 접종은 분란의 원천이 되었고 이는 그때 이후 오늘날까지도 여전하다. 1930년에는 반대자들이 뭉쳐서 애리조나, 유타, 노스다코타, 미네소타 등지에서 의무 접종을 금지시키는 데 성공했고, 이와 관련된 규제를 지역 당국자들에게 일임한 주도 35개에 이르렀다. 매사추세츠의 선례를 따른 곳은 9개 주와 워싱턴 수도 지역Distric of Columbia뿐이었다. 이곳에서는 백신 접종을 받지 않으면 벌금형에 처해졌고 학교 입학 또한 접종받은 아동들에게만 허락되었는데, 이러한 조치는 1905년에 대법원이 내린 '제이콥슨 대對 매사추세츠주 사건Jacobson vs. Massachusetts'의 판결로 합법화되었다. 1840년대 후반까지도 미국의 의사들은 콜레라 환자들의 치료법으로 사혈, 치사량에 가까운 수은 및 감홍calomel과 같은 수은 합성물 복용, 담배연기로 하는 관장灌腸, 전기 충격, 소금물의 정맥 주입 등 다양한 방법을 사용했다. 또 뉴욕 주의학협회New York Medical Society의 의장은 설사를 막기 위해 환자의 직장直腸을 밀랍이나 유포油布로 틀어막을 것을 권고했고,[47] 질병의 원인을 미국 도시들의 한심스런 위생 상태가 아닌 신의 처벌로 돌리는 성직자들도 여전히 넘쳐났다.

의학사를 빅토리아 여왕 시대의 영웅적인 연구자들의 이야기, 즉 인간과 현미경의 이야기로 엮는 것은 익숙한 일이다. 찰스 다윈Charles Darwin은 이미 1836년에 겉으로는 멀쩡하게 건강한 이들조차도 병원체를 운반하고, 이를 통해 질병이 전파될 수 있음을 알아냈다. 루이 파스퇴르Louis Pasteur는 고깃국물을 담은 접시 위에 필터를 올려놓아 곰팡이가 공기 중으로 이동한다는 사실을, 헝가리의 의사 이그나즈 제멜바이스Ignaz Semmelweis는 1861년 임산부에게서 나타나는 산욕열의 원인이 의사의 비위생적인 손임을 입증했다. 영국의 외과의사인 조지프 리스터Joseph Lister는 자신의 수술실에서 소독법을 발전시켜 상처의 감염을 막았고, 로베르트 코흐는 탄저병과 결핵 및 콜레라를 일으키는 박테리아들을 찾아냈으며, 1882년에 출간된 그의 저서 『결핵의 병인학Ätiologie der Tuberkulose』에[48] 나온 방법들은 다른 이들로 하여금 디프테리아, 페스트, 파상풍, 장티푸스, 한센병, 매독, 폐렴, 임질의 병원체들을 잡아내게 해주었다.[49] 독일의 병리학자 카를 프라이들렌더Carl Freidländer는 1880년대에 폐렴을 일으키는 박테리아를 알아내는 일을 놓고 의사였던 알베르트 프랭켈Albert Fraenkel과 경쟁을 벌였다.[50]

하지만 이러한 이야기들은 오로지 제국주의라는 맥락이라는 배경에서만 이해할 수 있다. 그러한 연구로 관심과 자원이 쏠렸던 것은 유럽인들이 열대 지방의 여러 질병에 노출되면서 생겨난 압력 때문이었으니 말이다. 코흐가 콜레라균을 찾아낸 건 그가 영국령 인도에서 일했던 1884년의 일이었고, 그의 프랑스인 경쟁자 루이 튈리에Louis Thuillier는 바로 그 이전 해에 알렉산드리아에서 콜레라로 사망했다.[51] 스위스의 세균학자 알렉상드르 예르생Alexandre Yersin이 림프절 페스트균을 찾아내 이름붙인 것도 1894년 홍콩에서의 페스트 창궐 직후였다. 말라리아의 병인학, 그리고 그 전파에서 모기가 하는 역할을 최초로 완전히 설명해낸 사람은 인도 의학청Indian Medical Service의 의사 로널드 로스Ronald Ross로, 자신 역시 말라리아를 앓은 경험이 있는 인물이었다. 각기병이 도정한 백미에서 비롯된 영양소(비타민 B1) 결핍으로 생겨나는 것임을 밝혀낸 이들은 자바Java의 네덜란드 과학자 크리스티안 에이크만Christiaan Eijkman, 아돌프 보르데르만Adolphe Vorderman, 헤릿 흐린스Gerrit Grijns였다. 또 우간다에서 연구하던 이탈리아인 알도 카스텔라니Aldo Castellani는 체체파리 체내에 있는 파동편모충Trypanosoma brucei이 수면병을 일으킨다는 사실을 1902년에 밝혀냈다. 시행착오도 많았다. 코흐는 첫 번째 결핵 치료제로 투버쿨린Tuberculin를 개발했으나 이 약으론 아무 효과도 거두지 못했고, 1906년에 개발한 수면병 치료제를 처방받은 이들은 다섯 명 중 한 명꼴로 시력을 잃는 일을 겪어야 했다. 그럼에도 전반적으로 봤을 때 이 기간은 인류가 가장 크게 연전연승을 거두었던 기간 중 하나였다.

러시아 제국과 미국 제국의 변방에서도 돌파구가 생겨났다. 1892년 이반 이바노프스키Ivan Ivanovsky는 크림 반도, 우크라이나, 베사라비아Bessarabia 지역에 만연한 작물 피해를 연구하던 중 박테리아보다 더 작은 병원체―"여과성 물질들filterable agents"―을 발견했다(훗날 이는 담배모자이크바이러스tobacco mosaic virus라 불리게 된다).[52]

이러한 종류의 작업에는 놀라운 자기희생의 정신이 자주 결부되곤 했는데, 그걸 보여주는 좋은 에피소드가 있다. 황열병의 정확한 원인을 찾기 위해 쿠바에서 연구하던 미국 과학자 월터 리드Walter Reed, 제임스 캐럴James Carroll, 제시 러지어Jesse Lazear, 아리스티데스 아그라몬테Aristides Agramonte의 이야기다. 캐럴, 러지어, 아그라몬테는 이 주제로 박사 논문을 썼던 쿠바 의사 카를로스 핀레이Carlos Finlay의 지휘에 따라, 황열병을 운반한다고 의심되는 모기들이 물게끔 자신들의 신체를 실험 재료로 삼았다. 캐럴은 심하게 앓았지만 회복한 데 반해―이에 신이 난 리드는 축하 행사로 "나가서 고주망태가 되도록 술을 퍼마셨다."―러지어는 3주가 채 지나지 않아 숨을 거두고 말았다. 1900년 말이 되었을 때 리드와 그의 동료들은 모기들이 사람에서 사람으로, 박테리아가 아닌 모종의 물질을 퍼뜨린다는 설명에 만족했다. 1927년에야 비로소 에이드리언 스톡스Adrian Stokes는 이 병에 걸린 가나 현지인 남성 아시비Asibi의 몸에서 바이러스를 추출해내는 데 성공했다.[53] 다만 황열병은 스톡스 본인, 그리고 서아프리카황열병위원회West African Yellow Fever Commission의 조사관들 중 운이 나빴던 두 명의 목숨도 앗아갔다.[54] 그러나 아바나Havana의 수석위생공무원이었던 윌리엄 고거스William Gorgas로서는 황열병의 중간 매개체가 모기라는 사실을 알게 된 것만으로도 여러 대응책—그중 하나는 물이 고여 썩어가는 곳에 등유를 뿌리는 것이었다—을 마련할 수 있었고, 그 방책들은 훗날 파나마 운하 공사 당시 노동자들을 보호하기 위해 사용되기도 했다.

이렇게 1880~1920년대에 한꺼번에 생겨난 여러 돌파구들은 열대 지방에서 유럽인과 미국인이 살아남는 데, 또 결과적으론 전체 식민 프로젝트를 유지하는 데 결정적 역할을 했다는 사실이 입증되었다. 아프리카와 아시아는 서양 의학 발달을 위한 대규모 실험실의 역할을 했다. 그리고 그런 연구들이 성공할수록, 즉 가령 퀴닌quinine에는 말라리아 치료 성분이 있음이 페루에서 발견되는 등과 같은 일들이 많아질수록 서양의 여러 제국들은 더 멀리 뻗어나갈 수 있었고, 그와 함께 인간 수명이 더욱 연장되는 최고의 혜택도 널리 퍼졌다. '보건의 전환health transition', 다시 말해 기대수명의 지속적인 개선이 언제부터였는지는 매우 분명하다. 서유럽의 경우 이는 1770~1890년대였고, 그 마지막을 장식한 나라는 스페인이었다. 제1차 세계대전 직전 당시 장티푸스와 콜레라는 사실상 유럽에서 사라졌고, 디프테리아와 파상풍 또한 백신으로 통제되고 있었다. 아시아의 경우 근대화되어 데이터를 얻을 수 있는 23개국의 경우를 보면, 한 나라를 제외하고 이 '보건의 전환'

은 1890~1950년대에 이뤄졌다. 1911에 21세였던 인도의 기대수명은 1950년에 36세로 뛰어올랐다(비록 같은 기간 영국에선 51세에서 69세로 증가했지만 말이다). 아프리카의 경우 43개국 중 두 나라를 제외하면 이러한 전환이 1920~1950년대에 찾아왔다. 다시 말해 거의 모든 아시아 및 아프리카 국가들에서 기대수명은 유럽의 식민 통치가 끝나기 전에 개선되기 시작한 셈이다.[55] 이러한 노력에는 보다 크게 제도화된 과학 연구가 요구되었다. 1887년 파리에는 파스퇴르연구소Pasteur Institute가 세워졌고 1899년엔 그에 버금가는 열대의학학교가 런던과 리버풀에 설립되었으며, 1901년의 함부르크에는 해운 및 열대병 연구소Institute for Shipping and Tropical Illnesses가 마련되었다.[56] 식민지의 중심지에 설립된 연구소들—특히 다카르Dakar와 튀니스Tunis에 세워진 파스퇴르연구소—은 계속해서 선두적 연구를 해나갔다. 안전하고 효과적인 황열병 백신을 마침내 개발한 것 역시 이 연구소들, 그리고 막스 타일러Max Theiler가 이끄는 록펠러연구소Rockefeller Institute였다.[57]

보이스 경은 이를 일컬어 "열대 세계의 (…) 현실적 정복"이라 했으나 이것이 연구자들의 자기희생만으로 이뤄진 것은 아니었다. 전염병의 원인들을 짚어내는 일과 일반인들에게 의학자들이 권고하는 예방조치를 취하게끔 설득하는 일은 전혀 다른 사안이었다. 이는 이미 1830~1831년에 여러 유럽 도시들에서 뚜렷이 나타난 바 있었다. 당시 공무원들은 오염된 물에 주민들이 노출되는 상황을 줄이려 노력했으나 바로 이를 위한 조치들로 오히려 대중의 공분을 사고 말았다. 크림 반도에 있는 세바스토폴Sebastopol에서는 1830년 5월과 6월에 격리 규제를 더 강화했다가 코라벨나이아Korabelnaia 교외 지역에서 유혈 봉기가 일어나 군인 총독 자신을 포함한 몇몇 공무원들이 살해당했고 경찰서 및 격리 사무소 들도 파손되었다. 또 이듬해의 상트페테르부르크에서는 민중의 진노가 경찰뿐 아니라 외국인 및 의사에게까지 그 불똥을 튀겼다.[58] 1892년 우크라이나의 돈바스Donbass 지역에 있는 광업 및 산업 도시 유조프카Iuzovka(지금의 도네츠크Donetsk)에서도 비슷한 분노의 폭발이 있었으며, 이주노동자들을 도우려 했던 의사들도 위협을 받았다. 1340년대에 그랬듯 이 소요 역시 반유대주의 요소가 강해서, 처음에는 사람들이 코사크 기병대와 전투를 벌이고 선술집에 불을 질렀지만 결국엔 본격적으로 유대인들을 집단학살하는 방향으로 나아가고 말았다.[59]

이렇듯 전염병 탓에 민족적 갈등이 더욱 악화된 것은 러시아에서만 발생한 일이 아니었다. 1894년 미국 밀워키에서는 사우스 사이드South Side에 있었던 독일인 및 폴란드인 마을들에서 천연두가 집중적으로 창궐했다. 이 때문에 불신에 가득 찬 시민들과 지역의 보건 당국 사이에선 폭력적 충돌이 발생했고, 이는 결국 시의 보건위원회 위원장이었던 월터 켐스터Walter Kempster의 탄핵으로 이어졌다.[60] 1900년 림프절 페스트 사태가 발발했을 당시엔 아시아인들이 차별적 조치의 표적이 되었다. 호놀룰루에서는 아시아인들의 주택에 불을 지르는 식의 사건들이 일어났는데 이는 1900년 1월 20일의 대화재Great Fire로 이어졌다. 샌프란시스코에서는 J. J. 키눈J. J. Kinyoun 박사가 차이나타운을 의도적으로 차별하는 격리 조치를 실시했다.[61]

놀라울 것은 없겠지만 19세기의 국제적 노력은 큰 성공을 거두지 못했다. 1851년 파리에서 개최된 제1회 국제위생회의International Sanitary Conference에 참석한 12개국 대표들은 콜레라, 황열병, 페스트에 대처하는 표준화된 격리 조치들을 놓고 서로 의견이 갈렸다.[62] 콜레라의 원인

270

에 대한 의견 면에서 그렇기도 했지만 '국경에서 이뤄지는 전통적인 격리 조치는 자유무역을 가로막는 중세적 장벽'이라 주장하는 영국, 그리고 '영국이야말로 과도하게 동양 쪽에 제국을 건설하여 유럽으로 콜레라를 들여오는 원인 제공자'라고 비난하는 지중해 국가들—프랑스, 스페인, 이탈리아, 그리스—의 대립이 특히 심했다.[63] '영국적 시스템'은 선박의 조사 검역, 병든 승객들의 격리, 감염자의 추적 및 전면 격리blanket quarantine 등의 조치로 구성되어 있었다. 물론 전통적인 것보다 우월하긴 했겠으나 이 시스템은 림프절 페스트의 재창궐을 막기엔 턱없이 부족했다. 1897년 베니스에서 열린 국제위생회의에서는 감염자를 격리하고 그들의 주택과 소지품을 소각하여 페스트를 통제할 것을 권고했다. 그러나 불행히도 주택 및 소유물의 소각은 페스트에 감염된 쥐들로 하여금 다른 집을 찾아 퍼져나가게끔 만들 뿐이었다.[64]

마하트마 간디Mahatma Gandhi는 1908년에 출간한 『인도의 자치 Hind Swaraj』에서 서양의 문명을 "질병", 서양의 의사들을 "떼거리army of doctors"라고 경멸적으로 칭하며 이렇게 선언했다. "문명은 불치병이 아니다. 그러나 지금의 영국인들이 그 병을 한창 앓고 있는 중이란 사실을 절대로 잊어선 안 된다."[65] 1931년 런던에서 가졌던 인터뷰 당시 그는 "질병의 정복"이라는 것이 서양 문명이 진보를 측량하는, 순전히 "물질적인" 척도의 하나라고 이야기했다.[66] 이러한 불평은 살짝 우스꽝스럽게 보일 수도 있으나, 당시 식민지 당국이 공공보건 조치를 실시하는 데 있어 얼마나 무자비하게 굴었는지를 알고 나면 생각이 달라질 것이다. 남아프리카공화국의 케이프타운에서 세 번째 림프절 페스트 팬데믹이 일어났을 당시 식민지 당국은 흑인 주민들을 즉각 체포해 배에 태운 뒤 오우트플루트Uitvlugt라는 농장(지금의 은다베니Ndabeni 지

271

역)으로 보내버렸고, 이곳은 케이프타운 최초의 '원주민 거주지역native location'이 되었다(이 '원주민 거주지역'들은 흑백분리 정책을 위해 질병을 핑계로 흑인들을 격리하는 데 악용되었음_편집자). 림프절 페스트가 세네갈을 덮쳤을 당시 프랑스 당국이 보였던 대응 역시 피도 눈물도 없는 것이었다. 감염된 이들의 가옥은 불세례를 받았고, 주민들은 무장병력의 감시하에 강제로 격리되었으며, 죽은 이들은 장례식도 없이 크레오소트creosote 기름이나 석회 속에 묻혀버렸다. 그러니 토착민들은 자신들이 공공보건 정책의 수혜자라기보다는 희생자라고 느끼는 것이 당연한 일이었다. 다카르에서는 대규모 시위가 벌어졌고, 세네갈 역사상 최초의 총파업까지 벌어졌다.[67]

사실 19세기와 20세기 초에 이뤄진 실질적 발전들은 당대 사람들이 상상했던 의미에서의 과학적 발전이 아니었다. 세균학과 바이러스학에서 무언가 진전이 있을 때마다 골상학이니 우생학이니 하는 잘못된 방향으로 한 발자국씩 나가는 일도 항상 뒤따랐다. 진보는 좀 더 따분한 형태들로 나타났다. 주택 수준이 개선되고—나무 대신 벽돌로 벽을 세우고 초가지붕 대신 타일로 만든 지붕을 얹기 시작했다—'1875년 영국 기술공 및 노동자'들의 주거개선법UK Artisans' and Labourers' Dwellings Improvement Act of 1875'과 같은 규제들 덕에 공중보건은 한결 나아졌다.[68] '미아즈마 이론'과 같은 잘못된 이론들 또한 긍정적인 결과를 가져왔다. 이 이론 덕에 늪지, 웅덩이, 해자 및 그 외 썩은 물이 고여 있는 장소들에서 물을 모두 빼버림은 물론 수압을 이용해 운하와 빗물 저수지의 물을 순환시키는 장치들을 도입하고, 주거 지역에서 쓰레기를 치우고, 주거용 건물 및 사람이 많이 모이는 건물의 환기에 신경씀과 동시에 가정, 병원, 감옥, 강당, 선박에서의 살균제와 살충제 사용

등의 일들이 실행되었기 때문이다. 비록 잘못된 이론에 근거한 잘못된 이유에서 비롯되긴 했으나 이것들은 결과적으로 올바른 조치였고, 유럽과 미 대륙에서는 병원체 및 그것의 보균자들에게 사람들이 노출되는 위험을 크게 줄일 수 있었다.[69]

존 스노John Snow는 지금도 런던 소호에서 존경스러운 인물로 기억되고 있다. 1854년 런던에서 콜레라가 창궐했을 당시 그는 브로드 스트리트Broad Street에 있는 분수대 하나를 병의 근원지로 정확히 지목했다. 그 분수대의 물은 더러운 하수로 꽉 찬 템스 강에서 끌어온 것이었기 때문이다. 하지만 수질 관리 시스템과 별개로 하수도를 마련하는 편이 도움이 된다는 건 인간의 배설물이 문제가 된다는 스노의 주장을 굳이 빌지 않더라도 쉽게 알 수 있는 일이었다. 마찬가지로 또 다시 콜레라가 유행했을 때 전례 없는 대응이 가능했던 것도 1866년에 창설된 뉴욕의 도심보건위원회Metropolitan Board of Health 덕이었다. 당시 각종 공터 등에서는 1만 6,000톤에 이르는 가축 배설물을 치워냈고, 감염된 이들이 살던 아파트는 클로르 석회chloride of lime와 석탄 타르 등으로 신속히 소독되었으며 그들의 옷과 침구, 식기구 등은 소각되었다.[70] 한 연구에선 필터링과 염소 처리 같은 정수 기술 덕분에 20세기의 첫 40년 동안 미국 내 여러 도시에서 나타난 전체 치사율이 거의 절반 수준으로, 영아 치사율은 4분의 3, 아동 치사율은 3분의 2 가까이 떨어졌다고 추산했다.[71] 위생 관리가 실질적 효력을 발휘했던 것이다. 1906년 극작가 조지 버나드 쇼George Bernard Shaw는 『의사의 딜레마The Doctor's Dilemma』 서문에서 의학 종사자들을 향해 상당히 혹독한 독설을 날렸다.

지난 한 세기 동안 문명 세계는 각종 박테리아성 열병의 발생 조건들을 일소해왔다. 한때 창궐했던 티푸스는 이제 사라졌고, 페스트와 콜레라는 국경선의 위생 장벽에 막혀 더 이상 여러 나라를 넘나들지 못한다. (…) 전염병의 여러 위험과 그것을 피하는 법에 대한 이해 또한 옛날보다 훨씬 깊어졌다. (…) 오늘날에는 폐결핵도 나병처럼 여겨 치료하는 경향이 점점 강해지는 탓에 오히려 폐결핵 환자들의 고충이 늘어나고 있다. (…) 하지만 전염병에 대한 공포가 워낙 커졌기에 이젠 의사들마저도 열이 나는 환자가 있으면 그를 가장 가까운 하수구로 데려가 안전한 거리를 유지한 채 석탄산을 퍼부어대는 것만이 유일한 과학적 치료법이라고 이야기한다(그걸 견디지 못한 환자가 차라리 그 자리에서 산 채로 불태워 죽여달라고 애걸할 때까지 말이다). 이러한 공포 분위기가 조성된 덕에 사람들이 훨씬 더 조심하고 위생적으로 살게 된 것만큼은 분명하다. 그리고 그 최종 결과는 여러 질병에 대한 일련의 승리로 나타났다.[72]

산업화된 지역의 사람들은 영양 상태도 개선되었다. 1904년경의 영국 노동계급 남성들은 오늘날의 기준에서 보자면 분명 너무 많은 술을 마셨다. 연간 평균 73갤런●의 맥주, 2.4갤런의 독주, 1갤런의 와인을 마셨기 때문이다. 또한 야채 및 과일 섭취량이 너무 적어서 칼슘, 리보플라빈, 비타민 A, 비타민 C가 결핍된 데 반해 탄수화물 섭취량은 지나치게 많았다. 그럼에도 "영국은 거의 모든 가정에서 근로자인 가족구성원에게 장시간 노동에 필요한 에너지를 충분히 공급해주는 식

● 이를 오늘날의 갤런 단위로 바꾸면 고작 19갤런(약 86리터)일 뿐이지만, 지금의 맥주는 과거의 것에 비해 알코올 함유량이 높은 경향이 있다.

단을 제공할 수 있는 상태를 눈앞에 두고 있"었다고 한다.[73] 또한 이전보다 여성의 교육 및 고용 비율이 높아짐에 따라 출산율과 영아 사망률도 거의 동시적으로 감소하는 모습을 보였다.[74]

하지만 공중보건을 전반적으로 개선한 공이 왜 그렇게 과학자들에게 많이 돌아갔는지는 쉽게 이해할 수 있다. 우선 불과 한 세기 만에 기대수명이 유례없이 증가했다. 영국의 경우, 워털루 전투 당시의 기대수명은 약 40세에 불과했으나 1913년엔 53세로 늘어났다. 1897년 베니스에서 열린 국제위생회의는 새로운 혁신적 조치들의 등장이 거의 확실시되는 분위기였다. 발데마르 하프킨Waldemar Haffkine의 림프절 페스트 백신은 사실 열, 붓기, 피부 홍조 등의 불쾌한 부작용을 동반한 데다 페스트의 원인균으로부터 완벽하게 보호해주지 못했지만 그럼에도 분명한 진보에 해당했다. 쥐덫과 쥐약으로 설치류 및 그것들이 옮기는 벼룩을 막는 것이 그 무엇보다 가장 효과적인 대책이라는 깨달음이 분명한 진보였듯 말이다. 또한 감염된 상태로 선박에 탑승한 승객들을 추적하기 위해 전보를 활용하는 조치들도 시행되기 시작했다. 역시 베니스에서 열렸던 1892년의 국제위생회의에서 오스트리아 대표가 했던 말처럼 "전보는 가장 효과적이고 중요한 예방조치"였고,[75] 이러한 낙관주의는 훗날 보이스 경의 저서 『모기냐, 사람이냐』에서도 발견된다. 하지만 과학의 진보에 대한 이런 신앙은 곧 치명상을 입게 된다.

인플루엔자 여사

(…) 이제 오시는구나

인플루엔자 여사께서, 별이지만

독기 품은 빛깔로 창백한 별, 그리고 그녀의 뒤를 따라

수척한 사람의 창백한 수련꽃인 열병,

그리고 백합처럼 하얀 손가락을 가진 죽음, 그리고 끔찍한 고통

그리고 세상만사 다 부질없게 만드는 변비,

폐렴, 암, 코의 카타르 염증.

이는 루퍼트 브룩Rupert Brooke이라는 대학생이 쓴 '나의 인플루엔자 여사에게To My Lady Influenza'(1906)이라는 우스꽝스러운 작품이다.[76] 하지만 현실에서의 '인플루엔자 여사'는 결코 가볍게 볼 존재가 아니었다. 인플루엔자의 창궐을 처음으로 잘 묘사한 기록은 16세기 유럽의 것이지만 최초의 인플루엔자 유행은 아마도 1173년에 있었을 것이다. 1729년, 1781~1782년, 1830~1833년, 1898~1900년에도 심각한 인플루엔자 팬데믹이 있었고 그 총 사망자 수는 40만 명에서 120만 명—이는 당시 세계 인구 추산치의 0.06~0.08퍼센트다—으로 늘어났다.[77]

하지만 20세기의 인플루엔자는 훨씬 더 큰 타격을 입혔다.[78] 이 시기에는 인구증가와 함께 도시화가 진행되었고 사람들의 이동성도 증가했으며, 산업도시의 질 나쁜 공기는 사람들을 호흡기 질환에 더욱 취약해지게끔 만들었다. 루퍼트 브룩이 '나의 인플루엔자 여사에게'를 쓰고 나서 1년 뒤 그의 큰형인 딕은 폐렴으로 26세의 나이에 숨을 거두었고, 그로부터 다시 1년이 흐른 후엔 브룩 자신도 사망했다. 수많은 병사들의 목숨을 앗아간 것으로 유명한 갈리폴리Gallipoli 전투에 참전한 그는 그 해변으로 가는 길목에 있는 그리스의 스키로스Skyros 섬

근처에서 모기에 물렸는데 이것이 패혈증으로 발전했던 것이다. 기대수명은 늘어났지만 놀라울 정도로 많은 수의 청년들이 목숨을 잃은 것역시 20세기에 나타난 현상이었다. 사실 제1차 세계대전은 충분히 예측 가능한 '회색 코뿔소'였다. 유럽 전체가 전쟁에 빠질 위험이 있다는건 이미 잘 알려져 있는 상태였다는 점에서 생각해봤을 때 말이다. 그러나 막상 발발 당시 모든 사람들이 당혹스러워했다는 점을 보면 그전쟁은 깜짝 놀랄 '검은 백조'였고, 그것이 낳은 광범위한 결과들을 바탕으로 보자면 진정한 '드래건 킹'이기도 했다.[79]

제1차 세계대전은 1914년 6월 28일의 테러로 시작되었다. 폐결핵을 앓던 19세의 보스니아 청년 가브릴로 프린치프Gavrilo Princip가 쏜 총알들이 합스부르크가의 오스트리아-헝가리 제국 황태자 프란츠 페르디난트 대공archduke Francis Ferdinand의 경정맥을 끊어 죽음에 이르게 만들고 그 부인까지 사망케 한 것이다. 이 총 몇 방으로 급작스럽게 시작된전쟁은 마침내 오스트리아-헝가리 제국을 무너뜨렸고 그 식민지들 중하나였던 보스니아-헤르체고비나를 새로운 남부 슬라브South Slav 국가의 일부로 전환시켰다. 암살자 프린치프가 달성하려 했던 목적도 아마이것이었을 텐데, 그렇다면 그의 암살이야말로—프린치프 본인은 자신의 행동이 그토록 큰 성공을 가져올 것이라 예상했을 리 없겠지만—역사상 타의 추종을 불허하는 효과적인 테러 작전이었다 할 수 있다.[80]

하지만 프린치프의 행동은 그가 의도하지 않았던 다른 결과들도가져왔다. 그가 촉발한 제1차 세계대전은 발칸 반도를 훌쩍 넘어 북부 유럽 및 근동 지역에 광범위하고도 끔찍한 상처를 남겼다. 그 전쟁의 여러 전장은 거대한 도살장과 다를 바 없이 전 세계 모든 지역의 청년들을 빨아들여 목숨을 빼앗았고, 그 결과 전쟁에 따른 직접적인 사

277

망자 수만도 1,000만 명에 이르렀다. 또한 오스만 제국은 이 전쟁을 핑계 삼아 아르메니아인 주민들을 대상으로 인종청소를 저질렀다. 게다가 정전停戰 선언이 있었던 1918년 이후에도 전쟁은 종전終戰 협상가들의 손을 요리조리 빠져나가면서 동쪽으로 계속 이어져 결국 제1차 세계대전과 전혀 무관했던 북극, 시베리아, 몽고, 그 외 지역에까지 퍼져나갔다. 폴란드와 우크라이나에서 제1차 세계대전이 정확히 언제 끝났는지, 또 볼셰비키 혁명으로 촉발된 러시아 내전이 정확히 언제 시작된 것인지 말하기가 쉽지 않은 것도 그 때문이다.

제1차 세계대전은 경제적 측면에서도 엄청난 혼란을 가져왔다. 1914년 여름 당시 세계 경제는 매우 익숙해 보이는 방식으로 번성하고 있었다. 원자재 상품 및 자본과 노동의 이동성은 오늘날 우리가 알고 있는 수준에 근접했다. 자본과 이주민들은 미 대륙으로, 여러 상품들과 공산품은 유럽으로 이동하는 가운데 대서양을 잇는 해로와 전보는 엄청나게 바빴다. 그러나 이러한 세계화는 제1차 세계대전 탓에 글자 그대로 침몰하고 말았다. 독일 해군의 활약—대개는 유보트U-boat 잠수함의 활약이었다—덕에 1,300만 톤가량에 달하는 상선들이 바닷속으로 가라앉았으니 말이다. 이와 더불어 국제무역, 투자, 이민도 모두 엉망이 되었다. 전쟁의 결과로 여러 나라에 들어선 혁명 정권들은 국제 경제의 통합에 근본적으로 적대적인 태도를 취했다. 시장경제 대신 계획경제가 들어섰고, 자유무역은 일국적—國的 자급자족과 보호무역으로 대체되었다. 재화의 흐름은 감소했고, 자본과 사람의 흐름 역시 거의 말라붙어버렸다.

정치적 관점에서도 제1차 세계대전은 큰 변화를 가져왔다. 이 전쟁으로 로마노프 왕조, 합스부르크 왕조, 호엔촐레른 왕조, 오스만 왕조 등 과거 몇 백 년간 통치했던 왕조 가문들이 무려 네 개나 사라졌다. 유럽의 여러 제국들은 그전까지 세계를 움켜쥐고 있었고 이것이 또한 세계화를 떠받드는 정치적 구조이기도 했으나, 이로써 치명타까지는 아니어도 아주 심한 내상을 입게 되었다. 새로운 국민국가들이 생겨났고, 민주화 과정이 가속화되었으며, 많은 나라에서 선거권이 확장되어 여성들에게도 투표권이 부여되었다. 또 사회주의 정당들은 혁명이나 선거를 통해 권력을 잡았고, 노동조합의 힘이 커졌다.[81]

이와 동시에, 전쟁의 경험을 통해 수많은 전역병들과 민간인들은 비단 왕조 통치 시대만 끝난 것이 아니라 자유주의와 대의제 민주주의 제도들 및 법률적 절차들 또한 낡은 것이 되었다고 확신하기에 이르렀다. 공산주의자들뿐 아니라 파시스트들은 자유로운 선거와 개인의 자유가 갖는 역할을 급진적으로 축소한 대안적 정치 제도를 제안했다. 마지막으로, "부르주아 유럽을 다시 만들고" 전쟁 전의 질서를 회복하려는 노력들은 구조적으로 불안정했던 전후戰後의 국제질서 탓에 크게 약화되었다.[82] 복원된 금본위제는 거의 제 기능을 하지 못하다 결국은 미국의 경제공황을 전 세계적으로 확산시키는 메커니즘으로 전락해버렸다.[83] 더불어 베르사유 평화조약의 여러 중요 요소들은 사실상 법적 강제가 불가능하다는 것, 또 새로 생겨난 국제연맹League of Nations 같은 집단적 안보 제도는 그에 도전하는 국민국가들과 맞닥뜨리면 아무 힘을 갖지 못한다는 것이 입증되었다. 좀 더 넓게 봤을 때의 또 다른 문제도 있었다. 미국은 세계에서 차지하는 경제적 중요성이 크게 확대되었지만 그에 상응하는 지정학적 역할을 맡는 것은 거부했다.[84] 그에 따라 권력은 승전국이었던 영국과 프랑스의 손에 과도하게 집중되었으나, 두 유럽 제국 모두 재정적으로든 국내적으로든 제약이 많아 승리의 결실을 제대로 보존할 수 없었다.

그런데 사망자 수를 기준으로 봤을 때 제1차 세계대전보다 더 큰 재난은 그 마지막 해에 발생한 인플루엔자 팬데믹이었다. 당시의 신종 바이러스 H1N1의 최초 발생지가 어디였는지는 불확실하지만 일반적으로는 미국 캔자스주의 캠프 펀스턴Camp Funston이라 이야기되고 있다. 이곳은 수십만 명의 미국 청년들을 징발해 유럽에서 미국원정군 American Expeditionary Force으로서 전투에 나설 수 있도록 훈련시키는 육군 캠프 네트워크 중 하나였다. 하지만 1917년 영국 육군에서 팬데믹이 시작되었다는 증거도 있다. 물론 처음에는 "기관지 폐렴을 동반한 화농성 기관지염"이라고 진단되었지만 말이다.[85]

사실 20세기에 인플루엔자가 그토록 기승을 부렸던 이유가 있다. 당시 똑같은 군복을 입고 움직이는 군대들의 총규모는 무려 7,000만 명 이상이었다. 그런 대규모의 병력이 동원된 일, 또 그토록 많은 청년들이 집과 일터에서 끌려 나가 원시적 숙박 시설에서 함께 지내다가 배 혹은 기차에 실려 머나먼 곳으로 이송되는 일은 인류 역사상 없었다. 인플루엔자 바이러스가 돼지에서 기원했다는 주장은 반박되었고 (조류 기원설이 좀 더 가능성 있다)[86] 감염의 방향은 오히려 인간에서 돼지 쪽을 향했다.[87] 이는 충분히 가능한 일이었다. 징병으로 끌려온 독일 병사들이 '전선의 돼지들Frontschweine'로 알려진 것도 공연한 일이 아니었으니까 말이다.

미국 최초의 인플루엔자 발발 사례는 3월 4일 캠프 펀스턴에서 있었던 것으로 기록되어 있다.[88] 1주일 후 포트 라일리Fort Riley의 취사병 한 명이 의무실을 찾았는데, 이후 감염된 병사들이 며칠간 계속 밀려들었다고 한다. 3월 말의 인플루엔자 발병자 수는 1,000명 이상이었고, 48명은 목숨을 잃었다. 전쟁을 통해 서로 죽이려 드는 사람들의 노력을 비웃기라도 하듯 바이러스는 금세 미국 전역을 휩쓸었고, 그다음에는 미국 병사들을 잔뜩 실은 군함을 타고 유럽으로 건너갔다. 1918년 여름에 독일 군대 내에서 병에 걸렸다고 보고된 병사들의 비율이두 배 가까이 늘어난 것—이것이 독일 국방군Reichswehr이 무너진 결정적 이유였다—도 이 팬데믹으로 설명될 수 있을 것이다.[89] 7월 이후 독일의 전쟁포로들이 독감에 걸렸다는 보고서들도 확실히 남아 있다.[90] 이때가 되면 병은 인도, 오스트레일리아, 뉴질랜드에까지 도달한다. 그리고 다시 몇 개월 후엔 두 번째의, 하지만 더욱 치명적인 감염의물결이 프랑스의 브레스트Brest, 시에라리온의 프리타운Freetown, 미국매사추세츠의 보스턴 등을 거의 동시에 덮쳤다.[91] 이 바이러스는 1948년 8월 27일 보스턴의 커먼웰스 선창Commonwealth Pier에서 세 사람의인플루엔자 환자가 나타난 것을 계기로 새로운 사태를 낳았다. 이튿날엔 신규 확진자가 여덟 명, 그다음 날엔 58명이 나왔는데 그중 열다섯 명은 증세가 위중해 첼시Chelsea에 있는 미국해군병원으로 이송되었다. 9월 8일이 되자 인플루엔자는 미육군의 캠프 데븐스Camp Devens에당도했다. 이 부대 내의 병원은 그로부터 열흘 동안 발생한 수천 명의열병 환자들에 압도당했고, 몇 주가 지나자 질식사한 푸르스름한 빛의 시체들이 시체 보관소를 꽉 채우기에 이르렀다(병증 중 하나였던 혈액 내 산소 결핍증은 피부에 청색증을 일으켰고, 이 증상이 나타난 환자들 중살아남은 이는 거의 없었다). 이어서 병은 남쪽과 서쪽으로 미국 전역을휩쓸었고, 10월 4일 주간엔 치사율 면에서 정점에 도달했다.[92] 1919년초엔 세계 몇몇 지역들, 특히 잉글랜드와 웨일스 및 오스트레일리아가세 번째 팬데믹의 물결에 휩쓸렸고, 1920년에는 스칸디나비아에서 네 번째 물결과 비슷한 것이 지나갔다. 이 독감이 '스페인 독감'으로 알려진 까닭은 사실 따로 있다. 당시 여타 참전국들은 팬데믹 관련 뉴스가 전시의 사기 진작에 도움이 되지 않을 것이라 판단하여 이를 검열했고 이 때문에 대중은 독감에 대해 더욱 무지한 상태에 있었다. 그러나 스페인은 중립국이었기에 언론 검열이 심하지 않았고, 그 덕에 그나마 언론매체들이 정확한 소식을 보도할 수 있었던 것이다.

이 병의 유행으로 죽은 사람의 수는 4,000만~5,000만 명인데, 그 중 대다수는 폐에 혈액 및 다른 액체들이 고이는 치명적 현상이 일어나면서 질식으로 사망했다. 절대적인 사망자 수로만 보면 인도(1,850만 명)와 중국(400만~950만 명)의 피해가 가장 컸지만, 사망률은 지역에 따라 크게 달랐다. 인구 중 사망자 비율은 지역에 따라 큰 차이를 보였다. 카메룬에서는 전체 인구의 절반 가까이(44.5퍼센트)가, 서사모아에서는 4분의 1가량(23.6퍼센트)이, 케냐와 피지에서는 5퍼센트 이상이 사망했다. 사하라 사막 이남의 국가들 중 데이터가 있는 나라들을 보면 총인구 중 사망자의 비율이 2.4퍼센트(나이지리아)에서 4.4퍼센트(남아프리카) 사이 정도였다. 중앙아메리카 지역의 경우에도 사망자 비율이 높아서 과테말라는 인구의 3.9퍼센트, 멕시코는 인구의 2퍼센트가 사라졌다. 인도네시아에서도 많은 이들(인구의 3퍼센트)이 죽었다. 유럽에서 인구 중 사망자 비율이 가장 높았던 곳은 헝가리와 스페인(양국 모두 1.2퍼센트)이었고 이탈리아 역시 비슷한 수준이었다. 그에 반해 미국은 0.53~0.65퍼센트, 캐나다는 0.61퍼센트였으니 북미 지역은 상대적으로 가볍게 지나간 편이라 할 수 있었다. 브라질에서의 사망률도 대략 그 정도였으며 아르헨티나와 우루과이 역시 비교적 무사할 수 있었다.[93] 이 수치들에서 알 수 있듯 스페인 독감으로 인한 팬데믹은 각국이 참전국인가의 여부와 아무런 상관이 없었다. 물론 최초 확산은 전시의 숙소 환경 및 운송과 관련되었을 수도 있었겠지만 말이다.

영국에서의 공식 사망자는 15만 명이 넘었으나 오늘날의 추산에 따르면 25만 명가량에 이른다. 여기에는 이 병과 결부된 기면성嗜眠性 뇌염으로 죽은 이들, 그리고 유산으로 사망한 5,000명의 태아들까지—임신부들의 치사율은 충격적일 만큼 높았다—포함되어 있다.[94] 미국에서는 스페인 독감에 원인을 돌릴 수 있는 사망자가 무려 67만 5,000명에 달했는데 그중 초과사망자 수—정상적 상태에서 같은 기간 동안 발생했을 것이라 예상되는 사망자 수를 초과하는 숫자—는 55만 명이었다. 이 비율을 2020년의 미국에 적용하면 무려 180만~220만 명에 달한다.

스페인 독감으로 인한 사망자는 제1차 세계대전 당시 전장에서 사망한 미국인(5만 3,402명)보다 훨씬 더 많다. 미 육군성War Department에 따르면 인플루엔자에 걸린 군인의 수는 육군의 26퍼센트(100만 명 이상)였고, 30만 명의 훈련병들은 프랑스에 도착하기도 전에 죽었다고 한다.[95] 1918년의 독감은 연령대에 따라 치사율이 크게 제각각이었는데, 이는 대부분의 독감 유행과는 다르고 오히려 제1차 세계대전이라는 전쟁과 더 닮았다는 점에서 아이러니한 일이었다. 미국에서 인플루엔자로 사망한 27만 2,500명의 남성 중 49퍼센트 가까이가 20~39세였던 데 반해 5세 이하는 18퍼센트, 50세 이상은 13퍼센트에 불과했다.[96] 대개의 경우에 그렇듯 나이가 아주 적거나 아주 많은 이들은 병에 더 취약했고, 그 결과 연령별 사망률 데이터를 보유한 나라들의 차트를 그려보면 대부분 더블유W 형태를 띤다. 이는 오스트레일리아, 인도, 뉴질랜드, 남아프리카, 영국 등에도 적용되는 이야기다. 영국의 경우 모든 민간인 사망자의 45퍼센트는 15~35세의 사람들이었다.[97]

　　　　　　　　　　　　　5장 _ 과학의 미망

죽음을 초래한 것은 인플루엔자 바이러스 자체라기보다는 그에 대한 인체의 면역 반응이었고, 역설적으로 이는 곧 면역 시스템이 가장 강한 개인들이 약한 이들보다 죽을 확률이 더 높음을 뜻했다. 캐서린 앤 포터Katherine Anne Porter가 1937년에 발표한 단편소설 '창백한 말, 창백한 기사Pale Horse, Pale Rider'는 전쟁 중의 로맨스가 인플루엔자 바이러스 때문에 갑자기 잔혹하게 끝나버리는 내용을 다루는데, 이 팬데믹이 청년들에게 더 큰 충격을 가져왔다는 사실을 잘 보여주는 동시에 이 병 자체로 인한 환각증의 참상을 생생하게 묘사한 작품의 예에 해당한다.[98]

콜레라는 계급의식을 갖춘 질병이었으나 인플루엔자는 그렇지 않은 듯했다. 영국의 경우 호적 당국Register General의 주장에 따르면 스페인 독감의 발병 사례는 "사회 계급과 분명히" 관계가 있지만 그것이 그리 "강한 것은 아니다." 스코틀랜드의 호적 당국은 "사망자 분포에서 가장 두드러진 특징"은 "그 보편성"이라고 주장했다.[99] 「타임스」에 따르면 "도시 거주자나 농민이나, 백인이나 흑인이나 황인이나, 추운 지역의 주민이나 열대 정글 주민이나 차이가 없었다. 이 대학살에서 유일하게 면역의 효력―그마저도 상대적인 것에 불과했다―을 보인 집단은 연령이 아주 많거나 적은 집단뿐이었다. 이 두 집단에 대해서만큼은 이 질병이라는 괴물조차도 별로 식욕이 없는 듯했다."[100] 사실 대영제국 전체를 놓고 보면 지역마다 중요한 차이들이 있었던 것이 맞지만 계급과는 거의 무관했다. 런던에서 가장 가난하고 위생 상태도 최악이었던 지역에서는 사망률이 좀 더 높게 나왔으나 가난과의 상관관계가 강하지는 않았다. 잉글랜드 북부 타인사이드Tyneside의 도시인 헤번Hebburn과 재로Jarrow도 큰 타격을 받았지만, 이는 이곳 남자들 중엔 배에서 일하는 이들이 많았고 따라서 직업적으로 바이러스에 더 많이 노

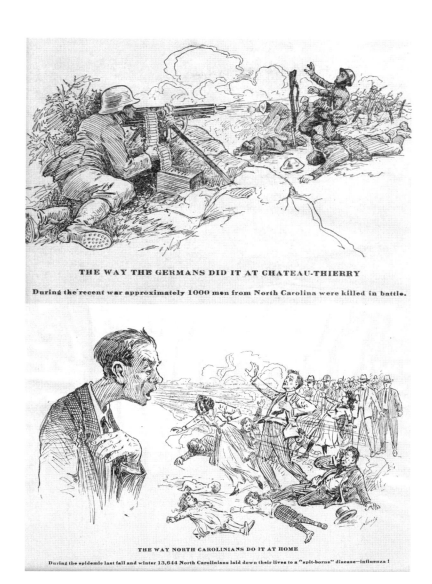

〈샤토-티에리에서 독일인들이 저지른 일The way the Germans did it at Chateau-Thierry〉(위)과 〈노스캐롤라이나 사람들이 국내에서 저지른 일The way North Carolinians do it at home〉(아래), North Carolina State Board of Health, *Health Bulletin* 34, no. 10 (October 1919): UNC Libraries, http://exhibits.lib.unc.edu/items/show/5559.

5장 _ 과학의 미망

출될 수밖에 없음이 반영된 결과였다. 그러나 뉴질랜드 마오리족Maori 인구의 사망률은 백인 인구보다 두 배가량 높았다.[101] 캐나다의 이누이트Inuit 및 여타 원주민 부족들도 유럽계 캐나다인들보다 인구 중 사망자의 비율이 훨씬 높았다.

미국에서도 지역에 따른 편차가 상당했다.[102] 감염률도 크게 달라서 뉴런던에서는 18.5퍼센트였지만 샌안토니오 같은 곳은 53.5퍼센트나 되었고, 전체적인 감염률은 29.3퍼센트였는데 이는 곧 감염치사율이 1.82퍼센트임을 뜻했다.[103] 인디애나주와 뉴욕주의 연간 사망률은 팬데믹이 없었던 해보다 세 배가 높았고, 몬태나주의 경우 1918년의 사망률은 여섯 배나 높았다. 콜로라도, 메릴랜드, 펜실베이니아 또한 심한 타격을 입었다. 1918년에 가장 높은 연간 사망률을 기록한 피츠버그, 스크랜턴, 필라델피아가 모두 펜실베이니아주의 도시였으며 가장 낮은 사망률을 보인 그랜드래피즈, 미니애폴리스, 털리도는 모두 중서부 지역에 있었다. 코네티컷주의 대리언과 밀퍼드에선 사망자가 전혀 나오지 않았는데 그 분명한 이유도 없었다. 모든 도시들을 놓고 봤을 때 1918년 인플루엔자로 인한 사망률은 최소한 평소의 두 배였고 멤피스, 세인트루이스, 인디애나폴리스 등에서는 최소한 세 배, 내슈빌과 캔자스시티에서는 네 배가 높았다. 또한 보통 인플루엔자에 따른 사망률은 흑인들 사이에서 더 높게 나타났지만 1918년 팬데믹의 경우에는 이러한 차이도 줄어들었다. 미국 공중보건청Public Health Service이 1919년 여름 동안 9개 도시에서 10만 명 이상을 대상으로 실시한 조사에선, 백인 인구의 사망률은 "'잘사는' 사람들 및 '중간층' 사람들에서보다 '아주 가난한' 사람들에서 두 배 가까이"가 높게 나타났다.[104]

이러한 여러 차이의 원인은 혹시 각 주와 시마다 제각기 달랐던 보건 정책이었을까? 그렇다면 그 영향은 어느 정도였을까? 일각에선 미국의 경우 지역 차원에서 시행된 비의학적 개입 덕에 팬데믹의 충격이 줄었을 뿐 아니라 경제회복이 용이했다는 주장도 있었지만, 좀 더 자세히 들여다보면 이는 그리 명확한 그림이 아니다.[105] 뉴욕과 시카고를 제외하면 미국 전역의 주정부 및 지역 공무원들이 학교와 교회를 닫았던 것은 사실이다. 하지만 다른 한편으로 보자면 당시엔 무려 60억 달러에 달하는 전쟁 공채인 '제4차 자유 국채Fourth Liberty Loan'의 판매 캠페인이 전국적으로 있었는데, 이는 곧 9월과 10월에 걸쳐서 무수한 공공회합 및 대중집회가 열렸음을 뜻한다(당시 미국에선 국가가 국채를 발행하면 이를 일반인들에게 직접 판매하여 자금을 조달했다. 따라서 여러 유력 인사들은 지역과 전국을 돌면서 사람들의 애국심에 호소하는 집회와 모임을 열어 연설과 선동을 행했다_옮긴이). 식당들의 영업은 허용되었고[106] 뉴욕주에서는 학교뿐 아니라 극장도 열었다. 이 도시의 으뜸가는 혁신은 여러 사무실의 퇴근 시간을 엇갈리게끔 조정해 지하철에 사람이 붐비는 것을 최소화했다는 정도였다.[107]

뉴욕시 공중보건위원장이었던 로열 코플랜드Royal Copeland 박사가 8월에 "뉴욕에는 스페인 독감 전염의 위험이 티끌만큼도 없다."라며 태평한 태도를 취했던 것도 상황을 악화시켰다. 그저 검안사였을 뿐 공중보건 관련 전문성은 전무했던 코플랜드는 기회가 있을 때마다 그 위험을 과소평가하려 했다. 노르웨이에서 온 사람들 중 처음으로 환자들이 발생한 8월에도 그는 그들을 격리하지 않은 채 따뜻하게 묻기만 했다. "혹시 우리 미국의 병사들이 그 병에 걸렸다는 이야기를 들으신 적이 있으십니까? 당연히 없으시겠죠. 그리고 앞으로도 그러실 겁니다. (…) 우리나라 사람들은 이 문제로 걱정할 필요가 없죠." 9월 말 전염이 확산되자 코플랜드는 다시 이렇게 우겼다. "5개 자치구 모두에서 상황은 완전히 통제되고 있으며 (…) 이 병이 크게 퍼질 거라는 우려는 전혀 없습니다." 24시간 만에 환자들의 수가 두 배로 늘어난 9월 말에도 그는 사람들이 모여 있을 때 기침과 재채기를 삼가라고 이야기하는 정도 외에는 여전히 별다른 예방조치를 취하지 않았다. 심지어 10월 초 어느 날 999명의 신규 환자가 쏟아졌을 때에도 코플랜드는 학교를 닫지 않겠다고 고집을 피웠다. 필라델피아의 공중보건위원회에서는 닫아야 한다고 조언했던 것에 정면으로 반대하고 나섰던 것이다.

코플랜드의 능력에 대한 불신이 쌓이고 쌓이자 결국 전임 위원장이었던 S. S. 골드워터S. S. Goldwater 박사가 공적으로 개입하지 않을 수 없었다. 그는 「뉴욕타임스」에 기고한 글을 통해, 상황이 "대중에게 알려져 있는 것보다 훨씬 위험하며 정부로부터의 도움이 없는 상황에서 만에 하나 전염이 확산된다면 많은 이들이 아무런 돌봄도 받지 못한 채 고통에 시달릴 위험이 클 것"이라 경고했다. 2주 뒤 뉴욕 시장 존 하일런John Hylan은 뉴욕시에서 처음으로 환자들이 나왔을 당시 그들을 격리하려는 시도조차 하지 않았던 것을 들어 "보건부가 병의 확산을 막는 데 실패"했다고 공공연히 문제를 제기했다. 이 무렵(1918년 10월 27일) 뉴욕의학아카데미New York Academy of Medicine의 공공보건위원회Public Health Committee는 "뉴욕시에 처음으로 인플루엔자 환자가 나타난 이래 41만 8,781명이 감염되었"다며 추산치를 발표했다. 당시 뉴욕시의 인구가 대략 320만 정도였으니 이는 곧 당시 뉴욕 시민 여덟 명 중 한 명이 스페인 독감에 걸렸다는 뜻이었다. 팬데믹 종료 시점까지 뉴욕시의 사망자 수는 3만 3,000명이었다.[108] 결국 뉴욕 시민 100명당 한 명이 이 병으로 목숨을 잃은 셈이었다. 학교만 닫았더라도 이 수가 크게 줄었을 것이라는 데는 의문의 여지가 없다. 세인트루이스처럼 학교를 닫고 각종 공공회합을 일찌감치 금지했던 지역은 이러한 조치가 늦었던 피츠버그 같은 곳보다 훨씬 상황이 좋았다.[109] 샌프란시스코에서는 보건위원장인 윌리엄 C. 해슬러William C. Hassler 박사가 촉구하여 마스크 착용이 1918년 10월과 11월에 의무화되었고 1919년 1월에도 재차 시행되었지만, 이는 우리에게 익숙한 반작용을 끌어내고 말았다. 시민의 자유를 외치는 이들, 기독교 과학Christian Science(19세기 후반에 미국에서 유행했던 종교집단으로, 의학이나 보건 과학의 중요성을 부인하고 오로지 기도만으로 모든 질병을 다스릴 수 있다고 주장했음_옮긴이) 신봉자들, 다양한 경제적 이익집단 등 완전히 이질적인 사람들이 하나로 뭉쳐서 반反마스크연합Anti-Mask League을 결성한 것이다.[110]

스페인 독감은 경제적 재난이라기보다는 공중보건의 재난이었다.[111] 물론 경제적으로 나쁜 영향을 미친 것은 사실이고 전염병이 가장 크게 번진 국가들에서는 특히나 더욱 그랬다.[112] 인도가 겪은 경험은 무시무시한 것이었음에 틀림없었으나 여러 면에서 맬서스 이론에 맞는 것이었다. 가장 전염이 심했던 지역의 경우 일단 생존한 사람들은 더 많은 땅을 갖게 되었고, 그에 따라 1인당 자산도 늘었으며, 이는 다시 가족 구성원 수를 늘렸을 뿐 아니라 아이들 교육에 대한 더 많은 투자로 이어졌다.[113] 반면 양차대전 사이에 브라질에서 있었던 경제발전은 팬데믹으로 인해 장기적으로 부정적 영향을 입었다.[114]

미국에서는 아칸소주의 주도州都인 리틀록Little Rock처럼 소매업 부문—드러그스토어는 예외였다—의 매출이 격감한 지역의 이야기, 그리고 멤피스처럼 전염병 때문에 노동력 부족으로 산업이 망가진 지역의 이야기들이 여러 매체를 통해 보도되었다.[115] 하지만 1946년의 미

5장 _ 과학의 미망

국 경기순환 조사에 의하면, 그에 따르는 최종 충격은 "예외적으로 짧고 진폭도 크지 않은" 정도의 경기후퇴였다. 그 전염병이 경제생활을 교란한 기간은 약 4주로 매우 짧았다는 이유에 힘입어 아주 나쁜 결과까지 마주하진 않았던 것이다.[116] 전후인 1920~1921년에 경기후퇴가 있었지만 이는 그보다 2년 전에 발생했던 팬데믹과 아무 상관없는, 오로지 재정 및 금융에서의 긴축 정책으로 야기된 일이었다.[117] 뉴욕, 시카고, 뉴잉글랜드를 다룬 제2연방준비은행Second Federal Reserve District의 월례 보고서는 1919년의 경제활동이 비교적 강력했음을 보여준다. 도산하는 기업의 백분율은 1918년과 1919년 내내 감소했고, 1919년의 뉴욕주와 북부 뉴저지에선 건설 활동이 크게 증가했다. 모든 지표들이 한결같이 가리키는 사실은 경기가 위축된 시점이 1920~1921년이었다는 것이다. 팬데믹과 불황 사이의 연관성을 분명하게 보여준 건 오히려 청장년층에서 평균보다 많은 인플루엔자 사망자가 나온 것이 1919~1920년에 평균 이상의 사업 실패와 관련되어 있다는 사실이다. 아이러니하게도 이 전염병은 오히려 1920년대에 벌어진 경제성장과 양(+)의 상관관계를 보여주었다.[118]

하지만 이러한 상관관계들은 이 팬데믹이 갖는 보다 장기적·지속적인 효과를 포착하지 못하고 있다. 태아 상태로 팬데믹 기간을 보내고 태어난 미국인들은 일생 동안 교육적 성취가 감소했고, 신체장애 비율이 높았으며, 팬데믹 발생 직전에 태어났거나 직후에 임신된 미국인들에 비해 소득이 낮았다.[119] 세 번 있었던 팬데믹 물결의 정점에서 태어난 이들은 평생 호흡기와 순환기 질환에 걸릴 위험이 더 높았다.[120] 브라질, 이탈리아, 노르웨이, 스웨덴,[121] 스위스, 대만[122] 등 다른 나라들에서도 이상의 것들과 비슷한 영향이 발견된 바 있다. 또한 스

페인 독감이 가장 심했던 나라들에서는 사회적 신뢰 또한 잠식되었다는 몇몇 증거도 존재한다.[123]

정치적 감염, 생물학적 감염

제1차 세계대전의 발발은 경제와 정치가 어느 누구도 막을 수 없을 정도로 진보하고 있다는 환상을 깨뜨려버렸다. 그와 마찬가지로 1918~1919년의 인플루엔자 팬데믹은 의학의 진보를 누구도 막을 수 없다는 환상을 무너뜨렸다. 스페인 독감에 맞서는 수많은 백신들이 미국에서 1918~1919년에 발견, 널리 배포되었다고 알려져 있지만, 사실 그것들은 그저 플라세보placebo라서 실제 효과는 전혀 없었다.[124] 19세기까지만 해도 과학은 몇몇 중요한 승리를 거둔 바 있었다. 현미경 덕에 비록 완벽한 것들은 아니었으나 천연두, 장티푸스, 말라리아, 황열병, 콜레라, 디프테리아의 백신 혹은 치료법을 발견했으니 말이다. 하지만 이 새로운 종류의 인플루엔자에 대해서만큼은 아무런 대책도 세울 수 없었다.

1918년 9월 말 매사추세츠주의 캠프 데번스에서 존스홉킨스대학의 윌리엄 헨리 웰치William Henry Welch 박사는 스페인 독감으로 죽은 환자의 시체를 놓고 처음으로 부검을 행했으나 해법의 실마리를 도저히 찾을 수 없음을 깨달았다. 그가 발견한 것은 그저 푸르딩딩하게 부풀어오른 허파, 그리고 그 안에 가득 찬 거품 낀 옅은 핏빛의 액체뿐이었다. 그걸 눈앞에 둔 그가 기껏 할 수 있는 말은 이것뿐이었다. "이 병은 무언가 새로운 종류의 전염병이나 페스트임에 틀림없습니다."[125] 독일의 세균학자 리하르트 파이퍼Richard Pfeiffer가 이 병을 일으키는 세균을 찾아냈다고 주장했으나 이는 틀린 것이었고, 그나마 실제 효과를 발휘한 대책들이라 해봐야 격리, 마스크, 회합 금지 등 현미경이 발명되기 훨씬 오래전부터 존재해온 것들뿐이었다. 스페인 독감을 일으킨 바이러스를 추출하는 데 성공한 것은 1933년 어느 영국 과학자 집단에 의해서였다.[126]

　'1918년의 팬데믹은 실로 무서운 것이었으나 이미 전쟁을 계기로 일어난 정치적·사회적 변화에는 거의 아무런 영향도 미치지 않았다'는 주장이 제기된 적도 있는데[127] 이는 받아들이기 힘든 이야기다. 일례로 인도의 경우 제1차 세계대전으로 받은 충격은 크지 않았다. 비록 150만 명의 인도인들이 참전해 거의 모든 전장에서 군인으로 복무하며 대영제국의 방위에 중요한 역할을 했지만 말이다.[128] 팬데믹은 제1차 세계대전 시(약 7만 4,000명)보다 240배나 많은 1,800만 명의 사망자라는 비극을 인도인들에게 안겼다. 영국은 1871년 이래로 의료 당국을 지역정부위원회Local Government Board 산하에 두었으나 전염병 대응에서 아무런 효과도 거두지 못했고, 이는 영국이 공중보건 분야에서의 세계적인 지도국이라는 신화를 산산조각 냈다. 그러니 1919년 6월 보건부 Ministry of Health가 생겨난 것도 우연이 아니었다.

　스페인 독감이 전 세계의 정치·지식 엘리트들을 괴롭혔다는 사실도 잊어선 안 된다. 팬데믹으로 죽어간 수백만 명 중에는 남아프리가 연합의 제1대 수장 루이 보타Louis Botha, 전全 러시아 중앙집행위원회의 볼셰비키 의장—이자 차르 니콜라이 2세Nicholas II와 그 가족의 처형을 명령한 인물이었을 가능성이 매우 높은—야코프 스베르들로프Yakov Sverdlov, 독일 사회학자이자 바이마르 공화국 헌법의 설계자 중 하나였던 막스 베버Max Weber, 오스트리아의 화가 구스타프 클림트Gustav Klimt 와 에곤 실레Egon Schiele, 브라질의 대통령 당선자였던—그리고 정치 경력 초기에 이미 공중보건 조치 반대자들이 리오Rio에서 일으킨 폭동에 직면한 적도 있었던—프란시스쿠 데 파울라 로드리게스 아우베스 Francisco de Paula Rodrigues Alves도 있었다(미국의 45대 대통령인 도널드 트럼프Donald Trump의 부계 쪽 조부인 독일 출생의 프레더릭 트럼프Frederick Trump도 이때 희생되었다. 물론 그를 엘리트라 하긴 어렵지만 말이다).

1918년과 1919년은 죽음 그리고 질병의 시기였다. 당대 가장 위대한 경제학자였던 존 메이너드 케인스도 병에 걸렸다. 파리에 머물면서 베르사유 조약을 맺는 평화회의에 참석 중이었던 1919년 5월 30일 당시 그가 모친에게 쓴 편지를 보자. "너무 오랫동안 과도하게 일을 했습니다. 게다가 지금 벌어지고 있는 모든 상황에 대한 분노와 비참함으로 기력이 소진되어 신경쇠약이 왔고, 지난 금요일에 침대에 쓰러진 뒤 지금까지 계속 누워 있습니다." 그는 거의 1주일 가까이 누워 있었고 오직 영국 수상인 데이비드 로이드 조지David Lloyd George와의 회의, 그리고 불로뉴Boulogne "공원으로 하루에 한 번 산책"을 하러 갈 때에만 일어났다고 한다. 스페인 독감을 두려워했던 로이드 조지처럼 케인스 또한 그랬을까? 정확히 알 길은 없다. 만약 그랬다면 그는 운 좋게 살아남은 셈이다.[129] 훗날 케인스는 심장병으로 비교적 일찍 삶을 마감했는데, 이전에 앓았던 심한 독감이 그때 결정타로 작용했음은 분명하다.

스페인 독감에 걸렸던 사람들 중 가장 저명한 인물은 바로 미국 대통령 우드로 윌슨Woodrow Wilson이었다. 그는 베르사유 조약을 놓고 4대 강국이 벌이는 협상이 결정적 단계에 있었던 1919년 4월 3일 병으로 쓰러져 사흘간 움직이지 못한 채 침상에 누워 있었다. 이후 윌슨은 다행히 회복하긴 했으나 완전히 다른 사람으로 바뀌었다(그의 비서는 "그분은 기이한 특징들을 보였다."라 했는데, 허버트 후버Herbert Hoover를 비롯한 다른 여러 사람들도 이런 인상을 받았다). 유럽 쪽 지도자들과 의견 일치를 보지 못한 사항이 여럿 있었으나 갑자기 그냥 모두 양보해버린 것이다.[130] 그런 뒤 완전히 기진맥진한 상태로 유럽에서 돌아온 그는 1919년 10월에 심한 뇌졸중으로 쓰러졌다. 이어 1920년에는 거의 제대로 일을 할 수 없는 상태에 이르렀고, 윌슨이 속한 정당도 그해에 있을 대통령 선거에 그를 내보낼 수 없다고 판단했다.

미국이 베르사유 조약에 비준하지 않고 국제연맹에도 참여하지 않은 것은 윌슨 대통령의 병 때문이라고 보는 역사가들도 있다. 하지만 미국이 그렇게 하지 못하게끔 한 주된 장벽은 다른 데서 찾아야 한다. 어쩌면 종전 이후의 미국 분위기가 문제였을 수 있다. 인플루엔자 팬데믹뿐 아니라 전후의 '적색 공포Red Scare', 여성 참정권 법안의 통과, 인종갈등으로 인해 광범위하게 발생한 폭동 및 린치 행위들, 윌슨 대통령의 거부권을 누르고 금주령이 법제화된 것(1919년 초 미국 헌법에선 금주를 내용으로 하는 열여덟 번째 헌법 수정이 이루어졌고, 같은 해 10월에는 윌슨 대통령의 거부권을 넘어 이를 실제 법령으로 강제하기 위한 볼스테드법Volstead Act이 통과되었음_옮긴이) 등으로 대중이 매우 격앙되어 있었으니 말이다. 이미 1918년 상원에서 공화당이 두 석 차이로 다수당이 되면서 윌슨의 민주당 정권은 상원에 대한 통제력을 잃은 상태였다. 또한 윌슨은 당선자 중 한 명인 뉴멕시코의 공화당원 앨버트 B. 폴Albert B. Fall을 비판했으나 이 또한 실수였다. 당시 폴은 인플루엔자로 외아들과 딸 한 명을 잃어 슬픔에 빠져 있던 상태였기 때문이다.[131] 2년 후인 1920년의 대통령 선거에서 "정상으로 돌아가자Return to Normalcy"라는 구호를 내세우며 공화당 후보로 나선 오하이오주 상원의원 워런 G. 하딩Warren G. Harding은 유권자 전체의 60퍼센트, 그리고 선거인단의 404표를 얻는 대승을 거두었다. 민주당 후보였던 제임스 M. 콕스James M. Cox는 제임스 먼로James Monroe가 압도적으로 승리했던 1820년 대선 이후에 나타난 최대의 몰표 선거 물결에 휩쓸려 사라져버렸고, 민주당은 상하원 모두에서 소수당이 되었다.

제1차 세계대전의 종전 방식이 이중적 성격을 띤 것은 불가피한 일이었다. 바이러스 전염이 온 세계를 휩쓸 때에도 이데올로기의 팬데믹은 거침없이 세계로 퍼져나갔다. 블라디미르 일리치 레닌과 그의 동료 볼셰비키들의 사상은 러시아 제국 전체를 휩쓸었을 뿐 아니라 전 세계에 걸쳐서 큰일들을 터뜨릴 것처럼 보였다. 윌슨은 민족자결주의 원칙을 내걸어 이집트에서 한국에 이르는 지역의 식민 통치를 약화시키고 있었지만 이 또한 볼셰비즘의 물결을 막을 수 없었다. 많은 동시대인들의 눈에는 이 두 가지 현상이 서로 얽혀 있는 듯 보였다. 러시아 내전이 절정에 달했던 시기는 티푸스로 300만 명이 목숨을 잃었던 때이기도 했는데, 당시 레닌은 "사회주의로 티푸스를 옮기는 벼룩을 몰아내야 한다. 아니면 이 벼룩과 티푸스가 사회주의를 몰아낼 것이다."라고 선언했다.[132] 오래지 않아 볼셰비키에 반대하는 자들—그중에는 신경을 자극하는 연설가 아돌프 히틀러Adolf Hitler도 있었다—이 유럽에서 들고 일어났다. 이들은 소비에트 체제의 이데올로기, 그리고 레닌과 한통속이라 여겼던 자국 내 유대인들의 성격을 규정하기 위해 생물학적 비유를 마구 사용했다. 히틀러는 1920년 8월에 이런 연설을 했다. "인종 간의 전투는 폐결핵 같은 것입니다. 따라서 여기에서 가장 중요한 것은 우리 인민들을 인종적 폐결핵의 병원균으로부터 떼어놓는 것입니다. 이 병을 옮기고 다니는 병원체 물질인 유대인들을 우리 생활에서 제거하지 않는 한 유대인 집단들의 영향력은 사라지지 않을 테고 우리 인민들 역시 끊임없이 그들에게 희생될 것입니다."[133]

1923년 맥줏집 폭동에 실패하여 감옥에 들어갔을 당시 횡설수설로 써내려간 소책자 『나의 투쟁Mein Kampf』에서 히틀러는 이 주제에 대해 좀 더 상세히 기술했다. "유대인들은 전형적인 기생충이며, 조금만 유리한 매개물을 만나면 즉시 퍼지는 악질적인 박테리아 같은 기식자寄食者들"이라고 말이다. "그리고 유대인들의 존재가 끼치는 해악 또한 기생충들의 그것과 같다. 그들이 나타나는 곳에선 항상 숙주에 해당하는 민족이 결국 죽어버리고 만다. 그 시간이 길게 걸리느냐, 아니면 짧게 걸리느냐 하는 차이만 있을 뿐이다."[134] 이 책 전체는 의학 영역에서 끌어온 선정적 이미지들에 푹 젖어 있다. 독일은 질병에 걸렸고 그 치료법은 자신과 그 추종자들만이 알고 있다는 식이다. 이렇게 인종적 편견과 사이비 과학을 종합한 사디즘sadism이야말로 인간이 만들어낸 모든 재난 중 가장 끔찍했던 나치즘의 기원이다. 나치즘이 최악의 재난인 이유는, 고도의 교육을 받은 사람들이 가장 선진적인 기술들을 사용하고 종종 과학을 근거로 제시하면서 수행한 것이었기 때문이다. 실로 쓰디쓴 아이러니가 있다. 홀로코스트가 한창 진행 중이었던 1941년과 1942년에 히틀러는 자신을 로베르트 코흐 박사에 비유하며 이렇게 말하고, 또 선언했다. "그는 간균을 발견했고 이를 통해 의학을 새로운 길로 인도했다. 그리고 나는 유대인이야말로 시체처럼 사회가 썩어 해체되게 만드는 효소이자 간균 같은 존재임을 발견한 사람이다."[135] 옛날 옛적에는 우생학과 인종위생학 또한 '확립된 과학'으로서 거의 보편적으로 받아들여진 듯 보였다는 역사적 사실을 사람들은 쉽게 잊곤 한다.[136]

6장
정치적 무능의 심리학

우리는 전쟁에서의 재난과 마찬가지로 정치적 재난에 있어서도 지도자들의 무능에 지나치게 큰 원인을 돌리는 경향이 있다. '기근의 원인은 식량 부족이라는 사실 자체보다 시장 실패에 대해 아무 조치도 취하지 않은 무책임한 정부에 있으며, 따라서 최선의 해결책은 민주주의'라는 아마르티아 센의 주장은 우리의 마음을 즐겁게 한다. 실제로 이 이론은 1840년대부터 1990년대까지의 한 세기 반 중에 발생했던 기근 중 일부를 훌륭하게 설명해준다. 그런데 센의 주장은 왜 기근에만 적용되어야 하는가? 인간이 만들어 낸 재난의 대표적인 예라 할 전쟁에는 왜 적용할 수 없는가? 19세기 말의 제국 체제가서 어느 정도 민주적인 오늘날의 국민국가 체제로 전환하는 과정에서 그토록 많은 죽음과 파괴가 있었다는 사실은 풀기 힘든 패러독스다.

인간의 어리석음은 신들도 어찌할 도리가 없다.

– 프리드리히 실러Friedrich Schiller

톨스토이 대 나폴레옹

그간 군사적 행동에서의 무능함은 심리학적 측면에서 깊이 연구되어
왔다.[1] 그렇다면 정치적 무능함에 대해서도 그와 유사한 심리학적 연
구를 해볼 수 있지 않을까? 작가인 노먼 딕슨Norman Dixon은 군인의 삶
이란 워낙 단조롭고 지루해서 재능 있는 사람들은 근처에도 오지 않
고, 그 결과 결국 지적 능력과 창의성이 부족한 보통의 인물들만 남아
장교와 장성으로 진급하게 된다고 주장한다. 게다가 이런 이들이 중요
한 의사결정 권한을 갖는 자리에 오르는 시기는 대개 이미 나이가 들
어 지적 능력이 어느 정도 쇠퇴했을 때다. 딕슨의 주장에 따르면 형편
없는 사령관은 잘못된 결정을 내리더라도 그것을 수정할 능력, 또 그
렇게 할 의사도 없다. 이런 사령관은 자신의 기존 결정이 옳다고 되뇌
며 스스로를 안심시키고, 자기 내부에서 일어나는 인지부조화를 해결

하려 기를 쓰는 가운데 마치 교황이나 된 듯 거들먹거리는 경향을 띠게 된다.[2] 군사 지휘관의 무능력이 나타나는 여러 증후들을 열거하자면 다음과 같다. 인력 및 여타 자원을 마구 낭비하고, 과거의 경험에서 무언가를 얻는 법은 없으면서 낡아빠진 전통에만 집착하며, 사용 가능한 기술을 잘못 쓰거나 아예 사용하지 않고, 자신의 선입견과 모순을 보이는 정보는 무조건 거부하거나 무시하며, 적을 과소평가하고, 아군을 과대평가하며, 의사결정자로서 자신이 갖는 역할을 아예 방기해버리고, 어떤 전략에 문제가 있다는 증거가 뚜렷해도 그것을 계속 고집하며, 전력을 다해 정면공격을 해야 할 시점에서는 "뒤로 빼고", 정찰병의 보고를 무시하며, 적진의 가장 강한 지점을 골라 정면공격 명령을 내리고, 기습공격이나 기만전술보다는 무식하게 무력을 휘두르는 쪽을 선호하며, 불리한 상황이 벌어지면 희생양을 찾고, 전선에서 보내온 소식들을 무시하거나 왜곡하며, 운명이니 행운이니 하는 신비적 힘들을 믿는 행동 등이다.[3] 딕슨은 영국의 군대 역사에선 무능한 지휘관의 두 가지 유형이 뚜렷하게 나타난다고 이야기한다. 하나는 "자신들의 군대가 떠안게 될 무서운 패배를 분명 깊이 염려하고 있으나 상황 개선에 있어선 상당히 무능한, 부드럽고 예의바르며 온화한 사람들"이고, 다른 하나는 "과도한 야망을 품은 데다 다른 이들의 고통에 대해선 끔찍할 만큼 무감각한 특징이 겹친 게 죄"인 이들이다.[4] 아마 독자 여러분은 이미 군인들뿐 아니라 민간 행정의 영역에서도 이러한 특징들 중 최소한 몇몇 가지는 쉽게 찾아볼 수 있다고 생각하고 있을 듯하다.

이와 동시에 명심해야 할 점이 있으니, 지도력이란 게 마치 대단한 것인 양 물신화해서는 안 된다는 것이다. 이는 군대에서나 민간 정부에서나 마찬가지다. 카를 폰 클라우제비츠Karl von Clausewitz는 이미 오래전 이 점을 아주 설득력 있게 주장한 바 있다. 전쟁에서는 장군들의 수준과 질만큼이나 중요한 변수가 바로 군대의 정신 상태라고 말이다. 좀 더 최근에 등장한 어느 저자의 말에 따르자면, 어떤 군대가 패배를 했다면 이는 너무 많은 사상자 수, 기습공격에 의한 작전 차질, 지형지물 또는 날씨 등으로 그 군대에서 '조직상의 붕괴'가 나타난 결과다.[5] 앞으로 살펴보겠지만, 이 '조직상의 붕괴' 현상은 군인들뿐 아니라 민간 권력에도 피해를 입힐 수 있다.

어떤 참사의 원인을 한 명의 개인에게 돌리는 것이 옳은 일일까? 또 그런 일은 어느 정도나 가능한 것일까? 톨스토이는 『전쟁과 평화』에서 1812년의 사건들 중 나폴레옹 황제의 의지로 설명할 수 있는 것이 거의 없음을 보여주는 놀라운 글을 썼다. 톨스토이에 따르면 프랑스의 러시아 침공은 "인간의 이성과 본성에 반하는 (…) 사건"이었다.

수백만의 사람들이 수 세기 동안 서로를 대상으로 저지른 사기, 기만, 도둑질, 문서 위조, 화폐 위조, 강도질, 방화, 살인 등의 범죄는 세계 모든 법정의 연감에 모두 기록되어 있을 수도 없을 만큼 무수히 많다. 그러나 그 범죄들을 저지른 이들은 당시 그것들이 범죄라는 생각조차 하지 않았다.

무엇이 이렇게 큰 사건을 일으킨 걸까? 그 원인은 대체 무엇일까? 역사가들은 천진하게도 우리에게 장담한다. 올덴부르크Oldenburg 공작에게 부당한 일들이 행해졌고, '대륙 체제Continental System'가 준수되지 않았으며, 나폴레옹의 야욕과 [차르] 알렉산더의 고집, 외교관들의 실수 등이 그 원인이라고 말이다. (…)

발생한 일들을 총체적으로 바라보고 또 그 명확하고 끔찍한 이유를 감지할 수 있는 우리 후손들에게 있어 이런 원인들은 그리 충분한 설명이 못 되는 것으로 보인다. (…) 실제로 벌어졌던 학살과 폭력이 과연 이런 정황들과 어떤 연관이 있는지를 우리는 파악할 수 없다. 공작 나리께서 부당한 일을 당했다는 이유로 유럽 대륙 반대편의 사람들이 떼거리로 몰려와 스몰렌스크와 모스크바의 사람들을 죽이고 도시를 황폐화시켰다고? 그러고 나선 그 도시의 사람들 손에 떼죽음을 당했다고?

톨스토이는 말한다. 사실을 따지자면 "당시의 사건들은 마치 나폴레옹과 차르 알렉산더의 명령에 따라 좌우된 것처럼 보였겠으나 그 두 사람의 행동들 또한 자신들의 의지로 행해진 것이 아니었다. 징집 혹은 제비뽑기로 전쟁에 끌려 나갔던 병사들의 행동과 마찬가지로 말이다."

다른 설명은 있을 수 없다. 나폴레옹과 알렉산더(사건의 칼자루를 쥔 듯 보였던 사람)의 뜻이 실행되려면 무수히 많은 여러 조건들이 모두 맞아떨어져야 했고, 그중 하나라도 없었다면 그 사건은 벌어지지도 못했을 것이기 때문이다. 그저 일개 개인에 불과한 [나폴레옹과 알렉산더라는] 이들의 의지가 실행된 것은 실제 권력을 가진 수많은 사람들, 즉 총을 쏘고 보급품과 무기를 운반한 병사들이 그렇게 하는 데 동의했기에, 그리고 그들에겐 그렇게 해야 할 헤아릴 수 없는 다양하고 복잡한 이유들이 있었기에 가능했던 일이다.

그래서 톨스토이는 주장한다. 궁극적으로 보자면 "어떤 왕이든 결국 역사의 노예일 뿐이다. (…) 무수한 인간들이 벌집의 벌떼처럼 엮이

6장 _ 정치적 무능의 심리학

면서 무의식적으로 널리 펼쳐내는 인류의 삶을 역사라고 한다면, 역사는 왕이 살아 있는 모든 순간을 자신의 목적 실현을 위한 도구로 사용할 뿐"이라고 말이다.

비록 1812년 당시의 나폴레옹은 자신이 모든 것을 좌우하고 있다는 확신을 그 어느 때보다 강하게 갖고 있었지만 (…) 그때야말로 나폴레옹이 필연적 법칙의 힘에 가장 크게 휘둘린 순간이었다. 그 필연적 법칙은 나폴레옹으로 하여금 자신이 스스로의 의지로 움직인다고 생각하게 만드는 한편 인류라는 벌떼의 삶, 즉 역사의 목적—그게 무엇이었든 간에—을 수행하도록 몰아갔다. (…) 역사적 사건들에는 이른바 '위인'들의 이름이 꼬리표로 따라붙는다. 그리고 그 꼬리표가 그렇듯, 그 인물들 역시 그런 사건들 자체와는 거의 아무런 관계도 없다.[6]

역사적 과정을 이런 식으로 보는 관점은 오늘날 별 인기가 없다. 이유는 간단하다. 대부분의 사람들은 역사의 '필연적 법칙'이라는 것을 비웃고, 비록 역사학자들은 '위인전' 스타일의 역사학을 꺼리지만 대중은 이를 여전히 굳게 신봉하기 때문이다. 톨스토이의 논리는 마치 '만국을 움직이는 권능'이라는 모종의 초자연적 힘과 유사한 느낌을 풍기기에 신비스러운 면이 있긴 하다. 하지만 오늘날에도 그의 주장이 설득력을 갖게끔 업데이트하는 건 매우 쉬운 일이다.

공식적인 위계적 조직도에 따르면 그 정점엔 지도자 한 명이 자리하고, 그의 명령은 맨 아래의 조직원으로까지 내려가며 전달되는 형태를 띤다. 하지만 현실에서의 지도자 한 명은 그저 복잡한 네트워크의 허브일 뿐이고, 그 지도자가 어느 정도의 권력을 휘두를 수 있는가는 사실 그가 갖는 중심성이 어느 정도인가와 연관된 함수에 불과하다. 만약 정치 계급, 관료, 매체, 더 많은 대중과 잘 연결되어 있는 인물이 라면—그리고 양방향으로 흐르는 정보 덕에 명령을 내리는 능력뿐 아니라 정보를 수집하는 능력도 제대로 갖췄다면—그는 매우 능률적인 지도자가 될 수 있다. 하지만 권력 구조에서 고립된다면 지도자라는 위치가 아무리 높다 해도 그는 무능해질 것이다.

물론 전문가들의 지식을 잘 모으기만 해도 쓸모 있는 정치적 선택이 도출될 수 있다. 경력 있는 관료들과 학계의 조언자들을 잘 조종하면 지도자의 당파적 목적을 합법적인 것으로 만들어낼 수도 있고 말이다.[7] 하지만 관료들이 이른바 그들의 '주인'이라는 자들을 조종하는 일도 얼마든지 가능하다. 헨리 키신저가 잊을 수 없을 정도로 잘 묘사한 바 있듯, 관료들은 그 주인들에게 세 가지 선택지를 내놓기만 하면 된다. 전혀 현실성 없는 두 가지 선택지, 그리고 그들 스스로가 이미 짜놓고 결정한 현실성 있는 한 가지 선택지가 그것이다.[8] 또한 민주주의 체제에서는 유권자들 또한 조작당하기를 거부할 수 있다는 것 역시 사실이다. 민주주의라는 것은 말도 안 듣고 훈련되어 있지도 않은 오가잡탕들을 모아놓은 군대, 그리고 그 꼭대기에 있는 민간인 한 사람에게 지도자라는 명목을 씌워놓은 것에 불과하다. 여기에서 가장 저항이 덜한 노선은 1848년 프랑스 혁명 당시 급진파 공화주의자였던 알렉상드르-오귀스트 르드뤼-롤랭Alexandre-Auguste Ledru-Rollin의 말을 복창하고 받아들이는 것일 수 있다. "나는 저들의 지도자이니 저들을 따라야만 한다!Je suisleur Chef; il faut que je les suive!"[9]

우리는 자연적 재난과 인공적 재난이 서로 다르고 우리가 그 차이점도 잘 알고 있다고 믿는다. 전자의 예는 화산 폭발, 지진, 홍수, 기근

6장 _ 정치적 무능의 심리학

이고 후자의 예는 전쟁, 폭력 혁명, 경제위기며, 후자 중 일부에는 다른 재해보다 좀 더 인간의 고의성이 들어 있다고 믿는 것이다. 그래서 오늘날 대부분의 역사학자들은 히틀러의 유대인 학살이 고의적인 것이자 오랫동안 계획된 것이었다고 본다. 하지만 톨스토이식 원리를 일관되게 적용하면, 심지어 홀로코스트조차도 오직 사이코패스 한 명의 반유대주의에 따른 결과일 뿐이라고 말하기가 어려워진다. '구조적 기능주의자들structural functionalists'이라는 매력 없는 이름의 한 역사학파는 유럽 내에서 유대인을 멸종시키려 했던 그 시도가 발생한 이유를 제2차 세계대전에 의해 야기된 비정상적인 상황들에서 찾는다. 이념적 확신, 약탈에 대한 갈망, 혹은 단순한 도덕적 비겁함 때문에서든 간에 수많은 독일인은 히틀러가 대학살을 서면으로 직접 명령할 필요도 없이 적극적으로 "총통 각하를 바라보며 행동했다"는 것이다. 그렇다면 전쟁은 왜 시작된 것일까? 단치히Danzig '자유도시'의 인양과 더불어 폴란드의 비슬라Vistula 강 하구에 있는 '폴란드 회랑Polish Corridor'에서의 주민 투표 실시를 히틀러가 요구했으나 폴란드가 거부했고, 영국과 프랑스는 폴란드 정부와 조약으로 약속했던 바를 지키지 않을 수 없었기 때문이었다는 것이 공식적인 역사적 설명이다. 그러나 이는 톨스토이가 비웃은 바 있듯, 1812년 프랑스의 러시아 침공 이유가 "올덴부르크 공작에게 부당한 짓"이 행해졌기 때문이라는 설명만큼이나 만족스럽지 못한 것이다.

민주주의 대 기근

자연재해라는 것들은 과연 얼마나 자연적인 것일까? 인도인 경제학자 아마르티아 센Amartya Sen은 1983년과 1999년에 각각 펴낸 『빈곤과 기근Poverty and Famines』 및 『자유로서의 발전Development as Freedom』에서 '기근은 인재가 아닌 자연재해'라는 통념에 도전한다. 센의 주장에 따르면 기근은 결코 식량공급의 부족으로 야기되는 것이 아니며, 저소득층이 도저히 지불할 수 없을 만큼 식량 가격이 오를 때 발생한다. 다시 말해 기근은 곧 시장의 실패와 같고, 따라서 대부분은 공공근로, 식량 사재기 및 식량에 대한 투기 금지 등으로 예방할 수 있다는 것이다.[10] "세계사는 민주주의가 작동하는 경우엔 기근이 발생한 적이 없음을 보여준다." 왜냐면 민주주의 정부는 "선거에서 이겨야 하고 또 대중 여론의 비판을 그대로 받아내야 하므로 기근 및 여타 파국을 피하기 위한 조치들을 행할 수밖에 없다는 동기가 강력하기 때문"이다.[11] 센은 마오쩌둥 정부가 중국에 가져온 재앙적 기근을 성찰하면서, 당시 중국에서 발생한 사상자의 몇 분의 1이라도 "만약 인도에서 나타났더라면 언론 매체는 즉각 있는 힘껏 정부를 몰아쳤을 테고, 의회는 혼란에 빠졌을 것이며, 내각은 아마 거의 분명히 사퇴했을 것"이라고 주장한다.[12]

지난 300년간 있었던 최악의 기근들은 센의 주장을 대부분 뒷받침한다. 애덤 스미스는 『국부론』에서 대담한 주장을 내놓은 바 있다. 그 책을 쓰기 이전의 200년 동안 "유럽의 어느 지역에서 발생한 것이든" 기근은 "항상 정부가 식량 부족의 불편을 해소한다는 이유로 적절치 못한 수단을 사용해 폭력적인 짓을 자행했기 때문에" 나타났다는 주장이었다.[13] 하지만 프랑스에서 '태양왕' 루이 14세 치하였던

1693~1694년과 1709~1710년에 발생한 기근들은 센이 말하는 기근의 전형적 예로 보인다. 재난에 가까운 흉작으로 시장이 실패하고, 민주주의에서와 달리 아무 책임을 질 필요 없는 당국자들이 굶주리는 이들을 위해 거의 아무것도 하지 않아 생겨났다는 점에서 말이다. 그 두 기근 중 먼저 발생한 것으로 사망한 이들의 수는 130만 명으로 추산되는데, 이는 당시 프랑스 인구의 6퍼센트에 해당했다.[14] 1770년 인도의 벵골에서 있었던 끔찍한 기근 또한 동인도회사의 야수적 탐욕에 그 원인이 있다. 동인도회사는 주식회사로서 오로지 주주들, 그리고 최종적으로는 영국 의회에 대해서만 석명釋明의 책임이 있었기 때문에 약 200만 명, 즉 당시 인구의 7퍼센트가 아사하는 상황이었음에도 아무런 조치를 취하지 않았다.[15]

1840년대 후반 아일랜드에서 발생했던 재앙적 기근의 원인은 감자역병균phytophthora infestans이라는 진균 포자였다. 이는 파괴적인 속도로 감자 농사를 망쳐버렸는데, 문제는 당시 감자가 아일랜드 식량 공급의 60퍼센트를 차지하는 데다 전체 가정의 40퍼센트는 거의 전적으로 감자만 먹고 살았다는 데 있었다. 감자역병균이 감자 농사에 피해를 입히는 상황은 이 '병충해blight'가 1845년 북미 대륙에서 벨기에를 거쳐 아일랜드에 들어온 1850년까지 한 해만 빼고 매년 벌어졌다. 1846년에는 수확한 감자의 4분의 3이 사라졌고, 1848년의 감자 재배 면적은 1845년 대비 15퍼센트 수준으로 급감했다. 농촌 인구의 주된 영양원이 이렇게 문제를 겪음에 따라 밀이나 귀리 같은 여타 작물의 생산 또한 감소했고, 1846~1849년에는 아일랜드의 돼지 중 86퍼센트가 사라졌다. 농촌 거주자들은 이러한 충격을 흡수해줄 신용 대출 따위도 거의 혹은 전혀 받을 수 없었다(유일한 대출원이라고는 미소금융의 초기 형태였던 약 300개의 아일랜드 대출 기금Irish Loan Funds뿐이었다).[16] 사망자 수는 약 100만 명 정도로 추산되며, 이는 기근 이전의 인구수였던 약 875만 명의 약 11퍼센트에 해당한다.[17] 그에 더해 100만 명이 아일랜드를 떠났는데 대부분은 북미 대륙으로 이주했다.

아일랜드는 분명 벵골이 아니었다. 아일랜드인들은 영국 의회의 상하원 모두에 자신들의 대표를 두고 있었다. 물론 아일랜드의 귀족층이란 아일랜드에 거주하는 영국인 혹은 영국인과의 혼혈이었고, 그래서 종교와 문화 그리고 때로는 언어까지도 일반 대중과 전혀 달랐던 것이 사실이다. 투표권 또한 도시의 선거구에서나 농촌 선거구에서나 영국보다 훨씬 제한적이어서 1829년과 1832년의 선거 개혁 이후에도 총 유권자 수는 9만 명 정도에 불과했다.[18] 하지만 하원에선 분명히 아일랜드인들을 대표하는 이들이 선출되었다. 그중 하나는 '해방자The Liberator'란 별명이 붙은 대단한 인물 대니얼 오코널Daniel O'Connell로, 그는 1847년 1월 더블린에서 아일랜드의 지주 및 정치인 들을 모아 재난에 대한 정부 대책을 요구하는 회의를 주재하기도 했다.[19] 하지만 영국 재무성의 차관보였던 찰스 트리벨리언Charles Trevelyan 등 핵심 의사결정자들은 정부의 간섭을 반대하는 복음주의 기독교와 정치경제학의 교리를 신봉하고 있었다. "저 가난한 이들이 지금 겪고 있는 고통은 하나님의 섭리가 내리신 것이란 사실을 저들에게 알리지 않는다면 이는 가혹한 일이다." 1847년 1월 6일 트리벨리언이 쓴 글이다. 하나님께서는 이 기근으로 "아일랜드인들을 혼쭐내고 계시는 것이니, 이 재앙을 절대 지나치게 완화시켜선 안 된다. (…) 우리가 싸워야 할 진정한 악은 육신을 괴롭히는 기근이 아니라 이기적이고 비뚤어지고 사나운, 아일랜드인들의 성격이라는 도덕적 악인 것이다."[20] 이러한 주장에 기초하여, 아일랜드로부터의 곡물—대부분은 귀리였다—수출을 일시 중지하자는 제안은 승인받지 못했다.

　　기아 상태, 그리고 그에 따르는 각종 질병의 고통을 경감시키기 위한 몇 가지 조치들이 분명 있기는 했다. 1846년 로버트 필Robert Peel 수상의 보수당 내각은 곡물법을 철폐했다. 그때까지 영국으로의 저렴한 곡물 수입을 막고 있었던 보호주의 관세를 없앤 것이다. 그리하여 이후엔 미 대륙으로부터 옥수수와 옥수수가루가 수입되었고, 공공근로 사업도 어느 정도 시행되었으며, 자선과 기부가 상당했고, 영국 왕실 및 로스차일드 은행 가문의 지원을 얻어 창설된 '아일랜드 및 스코틀랜드 변방 교구의 극빈층 구호를 위한 영국 협회British Association for the Relief of the Extreme Distress in the Remote Parishes of Ireland and Scotland'가 약 47만 파운드를 조성하기도 했다. 정부 또한 1847년에 '아일랜드 빈곤 대출 기금Irish Famine Loan' 800만 파운드를 마련했다.[21] 하지만 엄혹한 식량 부족 사태로 완전히 붕괴해버린 농가의 소득 감소를 상쇄하기엔 어림도 없는 액수였다. 곡물법으로 인해 로버트 필 내각이 몰락해버린 뒤 런던은 아일랜드인들에 대해 경멸까진 아니어도 무관심이 지배적인 분위기였다. "이게 다 망할 썩은 감자들 때문이다." 곡물법을 놓고 토리당이 분열했던 당시 웰링턴 공작Duke of Wellington은 이렇게 불평했다. "이것 때문에 필 수상이 잔뜩 겁에 질렸으니 말이다."[22] 「타임스」는 다음과 같은 논평을 내놓았다. "우리 쪽에서 보자면 이 감자 병충해는 축복이다. 감자를 먹지 못하게 되면 켈트인들은 육식성 종족으로 바뀔 것이 틀림없다. 일단 고기 맛을 보고 나면 고기를 먹지 못해 안달이 날 테고, 그걸 손에 넣기 위해 열심히 일하려 할 것이며, 그로써 끈기와 규칙적 생활, 참을성 등을 배울 것이다. 물론 이러한 미덕이 자라나는 것을 가로

막을 만한 위험 요소들도 있다. 맹목적인 아일랜드 애국주의에 물들어 버린다든가, 소지주들의 근시안적인 무관심 혹은 무모하고 무분별하게 이뤄지는 정부의 자선행위 등이 그것들이다."[23] 재무성 장관 찰스 우드 경Sir Charles Wood이 하원에서 설명했듯 "정부가 아무리 애를 쓴다 해도, 또 덧붙여 민간 부문에서 자선을 위해 아무리 노력한다 해도 지금의 재앙을 완전히 해결할 수는 없습니다. 이는 신의 섭리가 나라 전체에 내려온 것이라고 봐야 합니다."[24]•

영국 빅토리아 여왕 시절의 고전적 자유주의, 그리고 폭력 혁명을 외치는 볼셰비키의 마르크스주의는 어쩌면 모든 이데올로기 중에서도 가장 상극인 것들이라 여겨질 수도 있겠으나, 이 둘 모두는 각자의 방법으로 사람들의 집단적 아사를 합리화할 수 있었다. 그럼에도 중요한 차이점들 역시 존재했다. 소련의 역사에선 1921~1923년과 1932~1933년에 각각 심각한 기근이 있었다. 한 우크라이나 역사가

• 찰스 우드 경에 대해선 다음과 같은 이야기도 해두는 편이 공정하다. 그는 "끔찍한 재앙이 아일랜드를 덮쳤다"는 점을 인정했고, 공공근로를 통해 "식량 구매 수단을 아일랜드인들의 손에 쥐어주기" 위해 정부가 어떤 노력을 했는지를 공들여 설명하기도 했다. "아일랜드 사람들은 지금까지 자신들의 식량을 스스로 조달해왔지만, 감자 흉작으로 인해 이것이 불가능해져 이젠 다른 곳에서 식량을 살 수밖에 없게 되었습니다." 이를 위해 처음에는 공공근로 계획이 등장했으나 많은 이들이 너무나 굶주린 상태에 있어 일하는 것 자체가 불가능했다. 이에 우드 경은 수입 곡물을 배급할 필요가 있다는 생각을 하게 되었다고 한다. 우드 경의 발언의 진의가 왜곡되지 않도록 그가 했던 장황한 연설의 결론 부분을 여기에 충분히 인용할 필요가 있겠다. "매주 수많은 사람들이 빈곤으로 죽어가고 있다는 사실을 직시해야 합니다. 하원의원 여러분께 분명히 말씀드립니다. 몹시 고통스러워 말로 설명조차 할 수 없습니다만 아일랜드 서부 지역에서의 기아로 인한 집단 사망 소식이 매일같이 보고되고 있으며, 저는 이 보고서를 꾹 참고서 매일 읽습니다. 정부가 아무리 애를 쓴다 해도, 또 덧붙여 민간 부문에서 자선을 위해 아무리 노력한다 해도 지금의 재앙을 완전히 해결할 수는 없습니다. 이는 신의 섭리가 나라 전체에 내려온 것이라고 봐야 합니다. 그리고 여기 일부 의원들께서 생각하시는 정도까진 아니라고 해도, 지금 고통받고 있는 아일랜드 형제들을 돕기 위해 나서야 한다는 것만큼은 분명합니다. 의원 여러분, 저는 이렇게 극단적인 상황에서 이 나라가 이러한 도움의 제공을 거절하거나 조력을 보류하려 들 것이라고는 믿지 않습니다."

가 말했듯, "우크라이나 소비에트 사회주의 공화국에서 1921~1923년에 발생한 첫 번째 대기근의 진정한 원인은 가뭄도 흉작도 아닌, 곡물 징발과 수출이었다."[25] 1920년 봄에 워낙 덥고 건조한 날씨가 이어졌던 것이 배경이 되긴 했으나 기근의 주된 원인은 계속되는 내란으로 노동력이 부족해진 것, 그리고 곡물 징발을 두려워한 농민들이 농사 자체를 꺼린 것이었다. 혁명 이전의 차르정 러시아에서는 가장 생산적인 농업 지역 스무 곳에서 나오는 곡물 생산량이 2,200만 톤에 달했는데 1921년에는 이것이 290만 톤으로 떨어져버렸다. 이 위기는 특히 우크라이나에서 심각했다. 1921년 오데사Odessa 지방의 곡물 수확량은 혁명 이전 수준의 12.9퍼센트로 주저앉았다.[26] 허버트 후버가 설립한 미국원조협회American Relief Association의 추산에 따르면 기근 이전 인구의 1.3퍼센트에 해당하는 200만 명 정도가 이 재앙으로 목숨을 잃었다. 하지만 볼셰비키 정부는 자신들이 지배하는 영토 대부분에 걸쳐 기근이 기승을 부리고 있었음에도 금화와 은화를 손에 넣기 위해 곡물을 외국에 계속 수출했고, 미국원조협회는 이에 항의하며 러시아에서 철수했다. 빅토리아 여왕의 장관들과 달리 볼셰비키 정치지도위원들에겐 그들이 책임지고 답변해야 할 야당 따위가 없었으며, 러시아에는 그런 그들의 행동을 비난하는 자유 언론도 존재하지 않았다. 그러나 그보다 더 큰 비극이 점점 다가오고 있었다.

1931년 봄 소련 전역의 날씨는 차갑고 건조했으며 볼가 강 지역, 카자흐스탄, 시베리아, 우크라이나 중부 등에는 가뭄이 나타났다. 하지만 1913년과 1932년의 흉작만으로는 당시 일어난 재앙적 기근을 충분히 설명할 수 없다. 기근 발생의 결정적 요소는 스탈린의 농업집단화 정책에 따른 혼란이었다. 스탈린은 농업집단화야말로 러시아의 산업화―따라서 러시아 인구의 프롤레타리아화―를 촉진할 뿐 아니라 소위 반혁명적이라는 부농kulak 계급을 몰아낼 유일한 방법이라고 확신했다. 그러나 농지의 사적 소유를 금하고 농민들을 국영집단농장에 몰아넣은 결과, 농업 생산량을 증대시키기는커녕 노동에 대한 동기의 싹만 짓밟아버리고 말았다. 농민들은 자신들이 기른 가축을 국가에 뺏기느니 차라리 도축하여 먹어치우는 쪽을 선택했다. 이런 농업집단화와 함께 스탈린은 1929년 18만 7,000톤이었던 곡물 수출량을 1931년에는 570만 톤으로까지 크게 끌어올렸다.[27]

　우크라이나가 기근으로 황폐화되자 공산당 중앙위원회Politburo는 두 개의 결정문을 내놓았다. 우크라이나 소비에트 공화국에 어느 정도의 자치권을 부여했던 1920년대의 '우크라이나화Ukrainization' 정책에 농업 생산량 감소의 원인과 책임을 노골적으로 돌리는 내용이었다. 그로 인해 우크라이나 공산당 당직자들에 대한 대규모 숙청이 벌어졌고, 의심쩍은 학자 및 지식인 들에겐 언어적·물리적 폭력을 동반한 공격이 가해졌다. 우크라이나 공산당의 제1서기인 라자리 카가노비치Lazar Kaganovich*의 지휘를 받는 '활동가' 집단들은 우크라이나 농촌 전역의 농장들을 습격, 먹을 수 있는 것은 무엇이 됐든 빼앗아 가져가버렸다. 벼랑 끝으로 내몰린 주민들은 빵 부스러기라도 얻어먹을 수 있지 않을까 하는 희망에 앞다투어 이웃들을 신고했다.[28] 우크라이나에서의 사망률은 러시아의 경우보다 세 배나 높았지만,[29] 카자흐스탄의 상황은

* '강철의 라자리'는 1893년 한 유태인 가정에서 태어났다. 스탈린의 명에 따라 무수한 살인을 저지른 냉혈한이자 '구 볼셰비키' 원년 멤버들 중 가장 오래 살아남은 그는 1991년 7월 25일 97세의 나이로 죽었다. 이날로부터 꼭 1개월 후에는 그가 무수한 인명을 희생시키며 키워냈던 소련 공산당이 해체되었다.

우크라이나보다 더욱 심각했다.

　일부 역사가들은 스탈린이 우크라이나인들과 카자흐 유목민들에게 의도적으로 인종청소를 행한 건 아니라고 강하게 주장한다. 물론 그랬을 것이다. 하지만 스탈린이 갖고 있었던 계급 전쟁의 개념에는 공포정치뿐 아니라 대규모 학살 또한 함축되어 있었다. 1933년 5월, 스탈린은 『고요한 돈 강And Quiet Flows the Don』의 저자인 미하일 숄로호프 Mikhail Sholokhov에게 이렇게 말한 바 있다. "당신들 지역(뿐 아니라 다른 지역들)의 귀하신 곡물재배 나리들께선 연좌농성 파업을 벌였고(이건 태업이오!), 빵이 없어 노동자들과 우리 적군Red Army이 굶어 죽는 사태에 대해 눈 하나 깜빡하지 않았소. 태업이라는 건 조용해서 겉으로는 무해한(다시 말해 비폭력적인) 것처럼 보이나, 그렇다 해도 그 귀하신 나리들께서 기본적으로 소비에트 권력에 맞서 '조용한' 전쟁을 벌이고 있다는 사실엔 전혀 달라질 게 없소. 소모전voina na izmor인 거요, 친애하는 숄로호프 동지."[30] 당시 이 기근으로 목숨을 잃은 소비에트 시민들의 수는 기근 전 인구의 약 3퍼센트에 해당하는 500만 명이었던 것으로 추산된다. 하지만 우크라이나에게 있어선 18퍼센트가량의 사망자 비율을 기록한, 현대 역사상 최악의 기근이었다. 출생률 또한 붕괴했다. 스탈린이 이런 정책을 취하지만 않았어도 1935년 초 소련의 인구는 약 1,800만 명이 더 많았을 것이다. 이제 빅토리아 여왕 시대의 자유주의자들과 소비에트 공산주의자들의 차이점은 무엇인지가 또렷이 드러난다. 아일랜드 기근의 경우엔 새로운 병원체의 형태를 띤 자연이 큰 역할을 한 데 반해 우크라이나의 '대규모 아사 사태Holodomor'는 대부분 미리 악의를 품고 계획한 인간이 만들어낸 것이었다.

　1930년대는 분명 전 세계 어느 곳의 농업이든 곤경에 빠진 시기였

음이 분명하다. 1932년을 시작으로 북미 대평원North American Great Plains
에서 계속된 가뭄은 광범위한 흉작을 야기했을 뿐 아니라 이 지역에서
그 무렵 막 개간된 땅들을 거센 바람에 노출시켜 비옥한 흙을 모두 유
실시켰다. 1934년 5월 11일에 발생한 큰 모래폭풍은 토양의 입자들을
멀리 워싱턴 D.C., 그리고 대서양 한가운데 300마일(약 483킬로미터)
지점까지 날려버렸다. 1935년에는 보다 강력한 폭풍이 더욱 빈번하게
대평원을 휩쓸었다. 3월 6일, 그리고 또 다시 3월 21일에 워싱턴 하늘
위를 지난 모래구름은 캔자스, 오클라호마, 텍사스, 뉴멕시코, 콜로라
도의 농부들에게 있어 재앙이었다. 그 전에도 대평원 지역은 이런 가
뭄 때문에 큰 피해를 입곤 했다.[31] 실제로 1856~1865년의 가뭄은 아
마 더욱 심했을 테고 말이다. 그러나 1930년대의 가뭄을 그토록 큰 파
국으로 키운 요인은 따로 있었다. 대평원의 큰 땅덩어리들을 밀과 면
화 경작지로 너무 성급히 전환시킨 것이 의도치 않은 결과를 낳았던
것이다.[32] 이 또한 정치적으로 유발된 재난의 일종이었다. 미국의 농업
정책은 소련의 시스템과 대극의 것으로서 토지의 사적 소유 및 정착을
장려했다. 1862년의 자영농지법Homestead Act, 1909년의 확대자영농지
법Enlarged Homestead Act의 입법으로 토지는 경작할 의사가 있는 개척자
타입의 농부들에게 주어졌다. 연방농토국Federal Bureau of Soils은 이렇게
선언했다. "토양이야말로 미국이 가지고 있는 불멸불변의 유일한 자산
이자, 고갈되거나 소진되는 법이 없는 유일한 자원이다." 민간 부동산
개발업자들 또한 나름의 기여를 했다. "토양에는 부가, 공기에는 번영
이, 모든 곳에는 진보가 담겨 있습니다. 지금 제국이 건설되고 있습니
다!" 아이오와주의 부동산 판매상인 W. P. 소시w. P. Soash는 말한다. "텍
사스의 땅값은 아직 싸니 거기에 농장을 하나 사두십시오. 그곳에선

모두가 땅주인입니다!" 산타페철도회사Santa Fe Railway는 이른바 '강우선 rain line', 즉 연간 강우량이 20인치 이상인 지역의 서쪽 한계선을 보여주는 지도를 발행했는데, 그 한계선은 1년에 18마일씩 서쪽으로 빠르게 움직였다. 일단 사람들이 그 한계선을 넘어가서 새 땅에 씨앗을 심으면 그 결과로 비가 따라와서 내릴 것이었다. 1920년대의 사람들은 바로 그런 약속에 기초하여 오클라호마의 보이시 시티Boise City 같은 도시로 몰려들었다.[33] 남북전쟁과 1930년대 초입 사이의 기간 동안 미국 대평원의 약 3분의 1은 경작지로 전환되었다. 제1차 세계대전 때문에 곡물을 비롯한 원자재 상품 가격이 오른 데다 신용으로 농장 기계류를 가져다 쓸 수 있게 되면서 이 '대경작great plow-up'의 흐름도 더욱 장려되었다.[34] 물가가 1920년대에 하락한 데 이어 1929년 금융공황 이후 완전히 붕괴해버리자 경작지를 찾아 헤매는 사람들의 흐름도 갑자기 더욱 강해졌다.

그 결과는 환경재난이었다. 땅을 개간할 때 사용되는 깊이갈이deep ploughing 등의 방법들은 땅 위의 잡초들을 제거해버리지만, 사실 잡초는 토양을 제자리에 고정시켜줄 뿐 아니라 가뭄 기간에는 습기를 잡아두는 역할도 한다. 건조한 상태가 계속되어 작물들이 말라죽으면 표층토表層土는 비와 바람 등 각종 자연 요소에 그대로 노출된다.[35] 최초의 '검은 먼지구름black duster' 혹은 '검은 폭풍black blizzard'은 1930년 9월 14일에 나타났다. 그 후 최악의 먼지바람은 1935년 4월 14일에 있었는데, 이날 하루 오후 동안 여러 곳에서 생겨난 태풍이 운반한 먼지의 양은 파나마 운하를 뚫기 위해 7년간 파낸 흙의 양과 같았다고 한다.[36]

이 모든 일들이 한데 겹쳐 대평원의 농부들은 끔찍한 빈곤 상태에 빠졌고, 그중 많은 이들은 결국 일자리를 찾아 비참하게 서쪽으로 이주하기 시작했다(이는 존 스타인벡John Steinbeck의 『분노의 포도Grapes of Wrath』에 묘사되어 있다). 하지만 기근으로 대규모 아사가 발생하는 일은 없었다. 정부 정책에 반대를 표명한 이들─특히 『토양 침식: 국가적 위협Soil Erosion: A National Menace』을 집필한 휴 해먼드 베넷Hugh Hammond Bennett ─ 은 박해를 받기는커녕 오히려 출세가도에 올랐다. 1933년 6월 국가산업회복법National Industrial Recovery Act이 통과되자 내무부 산하에는 토양침식방지청Soil Erosion Service이 설치되었고, 1933년 9월 베넷은 그 책임자가 되었다.[37] 그가 참여한 대평원가뭄지역위원회Great Plains Drought Area Committee는 1936년 8월 27일자 중간보고서에서 다음과 같이 명확히 언명했다. "이 상황이 벌어진 데 대한 큰 책임은 잘못된 공공정책들에 있다." 여기서 바로 우크라이나 사람들은 꿈도 꾸지 못한 수준의 책임의식이 드러난다.

미국 자본주의, 소련 공산주의, 영국 제국주의, 이 셋 중 무엇이 최악일까? 한 역사가는 1870년대와 1890년대 인도에서 발생한 기근 사태들을 "빅토리아 시대 말기의 홀로코스트"라고까지 묘사한 바 있다.[38] 그러나 이는 나쁘고 잘못된 비유다. 히틀러는 유대인 말살을 목적으로 나섰을 뿐 아니라 독일의 과학자들, 공학자들, 군인들, 자기 휘하의 친위대까지 동원해 가장 효율적으로 인종청소를 벌일 수 있는 냉혈한 방식으로 홀로코스트를 고안해냈다. 그에 반해 인도의 경우엔 한 지도적 경제사가가 보여준 바 있듯, 1900년 이전에는 "몇 년에 한 번씩 파멸적인 기근이 찾아올 가능성이 인도의 생태학 자체에 내재하고 있었다. (…) 기근은 1차적으로는 자연환경에서 기인했다." 이 문제는 1900년 이후 인도의 식료품 시장이 더 큰 규모로 통합되면서 상당히 완화되었다. 1920~1940년대에 인도인들의 사망률은 급작스럽게 감소했고, 기

6장 _ 정치적 무능의 심리학

근에 기인한 사망자 수 또한 그러했다.[39]

따라서 1943년 벵골에서 벌어진 재앙의 원인은 그보다 10년 전의 우크라이나 혹은 카자흐스탄에서 일어난 재앙의 원인과 비슷한 것이 아니다. 스탈린은 소련 시민들을 상대로 계급 전쟁을 벌였고, 저항하는 자들에겐 뒤통수에 총부리를 들이대거나 강제노동수용소를 언급하며 위협을 가했다. 인도의 영국 총독부는 일본 제국주의 군대에 맞서 방어전을 치렀는데 당시 일본군은 인도 민족주의 지도자들 중 일부, 특히 수바스 찬드라 보제Subhas Chandra Bose의 인도국민군Indian National Army의 지지를 받고 있었다. 마하트마 간디의 반영 운동인 '인도를 떠나라Quit India'는 일본과의 싸움에 그리 도움이 못 되었다.

벵골 지역에 가해진 충격들 중 첫 번째 것은 1942년 초 일본군이 미얀마를 손에 넣은 것이었다. 벵골은 미얀마로부터의 쌀 수입에 크게 의존하고 있었기 때문이다. 두 번째 충격은 펀자브와 북부 인도에서의 밀농사가 흉작이었던 것, 그리고 그다음 충격은 1942년 10월 16일 벵골과 오리사Orissa의 동부 해안을 사이클론이 덮치면서 내륙 40마일(약 64킬로미터)까지의 논이 모두 물에 잠겨버린 것이었다. 바닷물이 넘치면서 진균성 질병인 도열병이 퍼졌다.[40] 1943년을 지나는 동안 이런 상황이 끝없이 악화되자 인도의 영국 총독부는 본국 정부에 지원과 더불어 최소한 인도로부터의 식량 수출을 중지시켜달라고 요청했다. 하지만 영국의 전시 내각은 이를 거부했고, 인도에 보낼 구호물자를 실어 나를 선박의 사용 또한 불허했다.

당시 대영제국은 여러 전선에서 명운을 건 싸움을 벌이고 있었으니 분명 다른 것들을 우선적으로 고려해야 했을 것이다. 하지만 당시 수상이었던 윈스턴 처칠Winston Churchill이 벵골 사람들의 아픔에 공감하지 못했음은 부인할 수 없는 사실이다. 인도와 미얀마의 국무장관이었던 리오 애머리Leo Amery가 인도로 보낼 선박을 마련해달라고 간절히 요청했을 때 처칠이 했던 대답은 이것이었다. "인도인들은 토끼들처럼 숫자만 불리면서 전쟁에는 아무 도움도 주지 않으면서도 하루에 100만 파운드씩의 돈을 받고 있소."[41] 애머리는 "인내심을 잃은 나머지 '당신의 세계관과 히틀러의 세계관이 뭐가 다르냐'며 따지지 않을 수 없었지만, 처칠은 그 말에 별 짜증조차 내지 않았다."[42] (훗날 애머리는 인도에 대한 처칠의 지식은 북미 영국 식민지들에 대한 조지 3세의 지식만큼이나 거의 전무했다고 이야기했다.[43]) 신임 인도 총독으로 선임된 육군 원수 아치볼드 웨이벌Archibald Wavell이 사임하겠다고 위협하며 나서자 그제야 처칠은 인도로 추가 식량을 보내는 데 동의했다. 웨이벌 총독은 처칠이 "인도로 식량을 보내는 것을 의회에 대한 '유화appeasement' 전략쯤으로 여기는 듯했다."라고 불편한 기색으로 말하기도 했다.[44] 어쨌든 이렇게 트집을 잡기는 했으나 처칠이 식량을 보냈던 것은 사실이다. 1944년 1월 인도에는 이라크로부터 13만 톤, 오스트레일리아로부터 8만 톤, 캐나다로부터 1만 톤, 이어 오스트레일리아로부터 다시금 10만 톤의 보리가 도착했다. 같은 해 말에는 총 100만 톤의 곡물이 오스트레일리아 및 영국군 동남아시아 사령부로부터 전달되었다.[45]

　　일부 역사가들은 처칠에게 이 기근의 죄를 덮어씌우려 한 나머지 톨스토이의 원칙에 주의를 기울이지 않는 우를 범한다. 벵골에서 발생한 기근의 원인은 단순히 인도에 적대적인 인물이 저 멀리 영국 본국의 수상 자리에 있었다는 것만이 아니었다. 영국 식민 당국의 핵심 공직자들의 문제, 또 1935년의 인도정부법Government of India Act으로 많은 권력을 손에 넣은 벵골 현지 정치인들 중 일부의 부패 문제도 있었기 때문이다. 벵골주의 총독이었던 존 허버트 경Sir John Herbert은 정부 관사에서 암으로 죽어가고 있었으며, 인도 전체의 총독이었던 린리스고 후작Marquess of Linlithgow는 벵골 이외의 주정부들이 식량을 내놓지 않고 자신들 것으로 챙기는 행태를 묵인했고, 가격통제 조치들은 그저 도매상들로 하여금 창고에 물건을 쌓아두는 행태에 탐닉하게 만들 뿐이었다. 여기서 등장하는 악당들 중 한 명이 바로 옥스퍼드를 졸업하고 민간 공급의 책임자로 있었던 후세인 샤히드 수라와르디Huseyn Shaheed Suhrawardy다. 그는 린리스고의 후임으로 온 총독으로부터 "기근의 고통을 덜기 위해 시행된 모든 프로젝트의 돈을 빼돌림은 물론 창고 사용, 정부에의 곡물 판매 및 운송 등과 관련된 정부 계약들을 모조리 자기 친지들에게 내주었다"는 의심을 받았다.[46] (이는 인도의 토착 엘리트들이 영국인들보다 더욱 가혹하게 인도 대중을 다루었다는 낡아빠진 주장이 다시 새롭게 부각되는 지점이다.)

9월 23일자 「스테이츠먼Statesman」에는 "이 구역질나는 재난은 인간들이 만들어낸 인재"라는 기사가 실렸다. "인도의 중앙 정부, 또 지방의 모든 민간 정부에겐 계획의 역량, 미래를 내다보는 혜안이 창피할 정도로 결여되어 있어" 빚어진 결과라는 것이었다.[47] 상황이 바뀌게 된 계기는 사실 처칠이 웨이벌을 인도 전체 총독으로 임명하겠다고 결정한 것이었다. 비록 1941년 북아프리카 사막에서 독일의 에르빈 로멜Erwin Rommel 장군에게 패하긴 했으나 웨이벌은 매우 지적이고 유능한 군인이자 행정가였다. 캘커타에 도착하여 그곳의 상황을 직접 눈으로 본 그는 인도 전체에서의 식량 징발을 명령했고, 캘커타 주변의 농촌에는 제대로 운영되는 구호 캠프를 마련했으며, 멀리 흩어져 있는 촌락들에는 군대를 동원하여 '국민을 위한 식량Food for the People'을 가져다주었다. 그럼에도 사망자 수는 210만~300만 명으로 끔찍하게 높았다. 이는 영국령 인도 전체 인구로 보자면 0.8퍼센트에 불과했으나 벵골주 전체 인구를 기준으로 보자면 5퍼센트에 달하는 수치였다(321페이지의 표를 보라).

그와 대조적으로, 마오쩌둥이 스탈린의 전략전술을 수입했던 당시의 중국은 시장을 완전히 대체하기 위해 고안했던 국내 정책의 결과가 매우 안 좋은 상황이었다. 최근의 한 연구는 1959~1961년에 마오쩌둥의 '대약진大躍進 운동' 때문에 생겨난 기근으로 사망한 중국인의 수가 4,500만―이는 당시 중국 전체 인구의 7퍼센트에 육박하는 규모다―이라고 밝혔으나 추산치는 3,000만~6,000만 명까지 그 범위가 넓다.[48]

중국 공산당 엘리트는 스탈린이 1930년대에 소련에서 행했듯 자국에서도 농업집단화와 산업화가 달성될 수 있다고 확신했으므로 각 성省의 공직자들에게 생산 목표치를 실제론 달성이 불가능한 수준으로 높이 정하게끔 권장했다. 중앙 정부는 각 성으로부터 곡물을 거둬들여 수출하고, 그로써 얻은 외환을 다시 제조업 장비 구매에 사용했다. 이와 동시에 농민들은 조잡한 형태의 산업 생산에 종사하게 되었다.[49] 모든 기근에서 그렇듯 당시에도 나쁜 날씨가 한몫을 했으나 그 비중은 크지 않았다. 몇몇 풍작을 엄청나게 과장한 보고서들은 '풍요에 대한 환상'을 만들어냈고, 이 탓에 소수의 성들(특히 쓰촨성)은 중앙 정부로부터 유독 많은 식량 조달량을 할당받았다.[50]

그 결과는 혼돈과 재난이었다. 삼림 벌채, 건물 철거, 살충제 남용 등이 무차별적으로 시행되었고 '깊이갈이'를 비롯해 몇몇 종자에만 과하게 집중하는 등 생산성을 저하시키는 농법들이 마구 도입되었다.[51] 중국 내 1인당 월간 식량 배급량은 매달 고작 29~33파운드(약 13~15

　　　　　　　　　　　　　6장 _ 정치적 무능의 심리학

킬로그램) 정도로 낮아졌으나, 그 와중에도 공산당은 식량을 계속 수출했을 뿐 아니라 알바니아와 기니에는 그들이 요청하지도 않은 식량 원조를, 미얀마와 캄보디아 및 베트남에는 현금 형태의 원조를 제공했다.[52] 그러나 중국의 저장 및 운송 인프라는 이런 작업을 도저히 감당할 수 있는 수준이 아니었기에 운송 과정에서의 낭비가 어마어마했다. 게다가 쥐떼, 곤충떼, 화재 등으로 사라지는 곡물의 양도 엄청났다. 1961년 후난성湖南省에서는 1,270만 마리였던 돼지 수가 340만 마리로 줄어들었다. 후베이성湖北省에선 샤오간시孝感市 지역 한 군데에서만 메뚜기떼가 창궐한 면적이 50제곱마일(약 130제곱킬로미터)에 달했고, 1960년 저장성浙江省에서는 명나방, 매미충, 분홍솜벌레, 붉은 거미 등으로 작물의 10퍼센트가 사라졌다. 삼림 벌채에다 서투른 관개 사업은 홍수를 야기했다.[53] 사회가 굶주림으로 인해 근본부터 쇠약해지자 소아마비, 간염, 홍역, 말라리아, 디프테리아, 수막염, 심지어 나병 등 각종 질병이 창궐했다. 공산당은 규칙을 어기는 이들이 있다면 잔인하고도 모욕적인 폭력으로 응징하라고 장려했다. 이 책에서 논의한 다른 기근들(전부는 아니지만)과 마찬가지로 당시 식인 행위가 있었다는 보고서도 무수히 많다.[54]

이러한 예들은 센의 핵심 주장을 지지하는 듯하다. 기근이란 근본적으로 정치적 재앙, 즉 자원의 희소성과 극단적 빈곤이 지배하는 상황에서 정부 당국이 시장의 실패를 예방하지 못해 발생한 사태라는 주장 말이다. 하지만 소련과 중국의 경우엔 이미 시장이 완전히 폐지된 상태였으니 '시장 실패'라는 말로 상황을 묘사할 순 없다. 이는 또한 아주 최근인 1990년대에 기근을 겪었던 북한의 경우에도 적용되는 이야

근대(1770~1985)의 기근들[55]

	발생 연도	사망자 수(백만)			인구수			
		최소	최대	근사치	발생 지역	사망율*	전국	사망율†
벵골(인도)	1770	1.0	2.0	2.0	28.6	7.0%	180	1.1%
아일랜드(영국)	1845~1850	1.0	1.5	1.0	8.8	11.4%	27	5.5%
소련	1921~1923	1.0	2.0	2.0	n/a	n/a	152.8	1.3%
우크라이나(소련)	1932~1933	3.9	5.0	5.0	28.0	17.9%	162	3.0%
벵골(인도)	1943	2.1	3.0	3.0	60.3	5.0	389	0.8%
중화인민 공화국	1958~1962	30.0	60.0	45.0	n/a	n/a	653.2	6.9%
에티오피아	1984~1985	0.4	1.2	1.2	n/a	n/a	44.5	2.7%

※ 기근이 발생한 지역별 인구에 대한 사망자의 비율 (벵골, 아일랜드, 우크라이나 등).
† 전국 인구에 대한 사망자의 비율 (인도, 영국, 소련 등).

기다. 에티오피아에서는 1984~1985년에 인구의 약 2.7퍼센트에 해당하는 120만 명이 사망했는데, 그 범인은 '시장 실패'가 아닌 마르크스주의였다. 멩기스투 하일레 마리암Mengistu Haile Mariam이 이끄는 데르그Derg당의 군사독재 정권은 웰Well 지역에서 1973~1974년에 발생한 기근의 여파로 수립되었다. 데르그당은 정치적 경쟁자들을 물리치기 위해 '적색 공포정치'를 행했고, 재앙을 낳았던 스탈린-마오쩌둥의 농업집단화 정책을 채택한다.[56] 이 집단은 또한 1980년대 중반 가뭄이 들었을 때에도[57] 이를 티가리Tigary 인민해방전선, 오로모Oromo 해방전선, 에리트리아Eritrea 해방전선 등에 맞서는 방첩 전략의 계기로 그것을 이용했다. 소련과 중국의 경우와 마찬가지로 정치적으로 의심스런 지역 주민들을 고의로 아사시켜 "사회변혁"을 가져오겠다는 것이 목적이었다. 그러니 1984년 초 멩기스투*를 총서기장으로 하여 마르크스-레닌주의를 따르는 에티오피아노동자당WPE: Worker's Party of Ethiopia이 창립된 것도 우연은 아니다.[58] 100만 명의 에티오피아인들이 굶주려 죽음에 이르고 있을 때 수도인 아디스아바바의 거리는 "억압받는 민중이 승리하리라!", "마르크스-레닌주의는 우리의 깃발이다!", "잠시잠깐의 자연재해는 공산주의 건설의 궁극적 도착지로 달려가는 우리를 막지 못하리라!" 등의 문구가 담긴 포스터로 장식되고 있었다.[59] 당시 유럽인들은 에티오피아의 기근에 워낙 감상적으로 대응한 탓에─1985년 아일랜드 가수 밥 겔도프Bob Geldof가 기획한 라이브 에이드Live Aid 콘서트가 그 절정이었다─이러한 현실을 놓칠 때가 많았다.[60] 그렇지만 정부의 민주적 책임성과 석명성이 큰 차이를 낸다는 센의 큰 논지는 여전히 유효하다. 1967~1970년의 비아프라Biafra 기근, 1974년의 방글라데시 기근, 1985년의 수단 기근, 1992년과 2011~2012년의 소말리아 기근 등 1945년 이후에 발생한 세계적인 기근들 모두는 독재, 내전, 그 밖의 국가 실패와 긴밀히 결부되어 있다.

　오히려 흥미로운 질문은 이것이다. 센의 이론은 어째서 모든 형태의 재난에 다 적용되지 않는 걸까? 정부의 민주적 책임성이 강화된다면 기근도 피할 수 있거나 최소한 그 끔찍함을 덜어낼 수 있다는데, 어째서 같은 논리가 지진이나 홍수, 산불이나 팬데믹 등엔 적용되지 않는 것일까? 적당한 가격의 식량 공급을 확보할 책임을 정부에 요구하

---

* 멩기스투는 1964년에서 1970년 사이에 세 번이나 미국에 와서 일리노이주의 사바나 육군보급창, 메릴랜드주의 애버딘 비행기 시험장, 캔자스주 포트 리븐위스의 육군제병합동 센터 등을 방문했다. 일설에 따르면, 그때 경험했던 인종적 편견 때문에 그는 자본주의와 민주주의에 반감을 품게 되었다고 한다.

는 데 있어선 효과를 발휘하는 투표가 어째서 치명적 바이러스가 없는 공기나 물의 공급, 혹은 사람들이 단층선이나 홍수가 크게 일어나는 평원 지역에서의 주택 건설 금지 같은 데 있어선 효과가 없는 것일까? 다른 말로 하자면, 어째서 민주적 정부는 여타의 재앙들보다 기근이라는 종류의 재앙을 피하는 것에서 더 크게 성공하는 걸까?

영국은 가장 먼저 대의제 정부가 나타난 국가다. 하지만 그 수도에 사는 사람들은 19세기와 20세기 내내 강한 독성의 '농무peasouper'에 계속 시달렸다. 이 농무는 안개가 발생하기 쉬운 템스 강 유역에서 제조 공장들, 그리고 난방과 요리를 하는 가정들에서 대규모로 석탄을 땐 탓에 형성된 것이었다. 찰스 디킨스가 『블리크 하우스』의 서두에서 농무에 대한 기념비적 묘사를 보여준 직후인 1853년에는 '(도심 내) 연기발생저감법Smoke Nuisance Abatement (Metropolis) Act'이 제정되었으나 1879~1880년의 한겨울에 벌어진 대참사를 막아내진 못했다. 당시 온도가 급변하면서 이산화황, 이산화질소, 기타 연소 입자로 이루어진 석탄 연기가 두꺼운 담요처럼 런던을 사흘 동안이나 짓눌렀는데, 그 결과 거의 1만 2,000명이 목숨을 잃은 것이다.[61] 전 수상이었던 존 러셀 경Lord John Russell의 아들 프랜시스 앨버트 롤로 러셀Francis Albert Rollo Russell이 이 문제에 대해 분노에 가득 찬 팸플릿을 발행했으나 이 또한 별 효과가 없었다.[62] 1952년 12월에도 비슷한 재앙이 닥쳐 비슷한 수의 사망자가 나왔으며 15만 명이 병원 신세를 져야 했다.[63] 최근의 한 연구는 자연적으로도 습한 공기와 햇빛이 만나면 '고도로 집중된 황산 비말'이 안개 중에 형성된다는 점을 밝혀냈다.[64] 민주주의 체제의 압력은 마침내 1956년에 청정공기법Clean Air Act의 통과를 이끌어냈다.

하지만 여기서 주목할 일이 또 있으니, 그보다 4년 전 발생했던

'그레이트 스모그Great Smog' 사건 당시엔 사회주의도 한몫을 했다는 것이다. 석탄 산업이 국유화된 1947년에 설립된 정부 운영의 독점기관 국가석탄위원회National Coal Board는 '석탄 부스러기nutty slack', 즉 아주 예외적일 만큼 더럽고 또 많은 연기를 내뿜는 석탄 파생물을 가정용 난방 연료로 사용하도록 선전했다.[65] 아주 최근인 1991년에도 런던에선 스모그 사태가 발생했는데, 물론 이때의 오염원은 석탄이 아닌 자동차 매연이었다. 빅토리아의 브리지 플레이스Bridge Place에 있는 감시측정소에서는 시간당 평균 이산화질소가 423ppb를 기록했는데, 이는 WHO 기준치의 두 배가 넘는 수치였다.[66]

이렇게 보다 큰 틀에서 각종 재난들을 바라보면 민주적 제도 자체가 모든 종류의 재난들에 대해 충분한 안전장치가 되는 것은 결코 아님을 알 수 있다. 특히 정규분포가 아닌 멱법칙 분포를 따르는 재난들은 민주적 제도로 충분히 대처할 수 있는 것이 전혀 아니다. 우리가 그것들을 자연적 재해로 분류하든 인공적 재해로 분류하든 상관없이 말이다.

민주주의와 전쟁

———

당대의 여러 국가 지도자들이 그랬듯 처칠 또한 제1차 세계대전을 모종의 자연재해로 설명하고 싶다는 유혹을 느꼈다. 1923년에 펴낸 『세계의 위기The World Crisis』에서 그는 "당시 있었던 각국들의 상호교류를 장기판 위 말들의 그것처럼 생각해서는 안 된다."라며 다음과 같이 이야기했다.

그보다는 마치 우주에서 서로 가까워지면 아주 심대한 자기반응을 불러일으키게 되어 있는 여러 행성들과 같은 능동적 혹은 잠재적 힘들의 조직이라고 봐야 한다. 상호간의 거리가 너무 가까워지면 번개가 치기 시작하고, 서로가 일정 지점을 넘을 정도로 근접하면 그간의 거리를 유지시켜주던 각자의 궤도를 이탈하여 정면충돌의 방향으로 상대를 끌어당긴다. (…) 이렇게 심각하고 미묘한 국면에서 어느 한쪽이 조금이라도 폭력적인 행동을 일으킬 경우, 이는 다른 모든 행성들을 억누르고 있던 장치들을 부수고 어지럽혀 우주 전체를 카오스로 내몰게 된다.[67]

로이드 조지 또한 자신의 회고록에서 '태풍'과 '지각변동'을 이야기했다. "여러 나라들은 전쟁이라는 펄펄 끓는 가마솥으로 미끄러져 들어갔다. (…) [그들은] 자신들의 기계 장치를 낭떠러지 위에 배치했다."[68] 하지만 사실 제1차 세계대전은 우연적 사건이나 자연재해 때문이 아니라 양측 교전국의 정치가 및 장성 들이 계산을 잘못하는 바람에 발생한 일이었다. 독일은 러시아가 군사적으로 마구 밀고 들어오고 있으니 전략적 격차가 더 벌어지기 전에 선제공격을 감행해야 한다고 믿었는데, 이는 아주 황당한 이야기도 아니었다. 오스트리아는 세르비아를 지배하는 것이 발칸 반도에서의 테러리즘과 맞서 싸우는 데는 유용할지언정 유럽 전체 차원의 전쟁에 휘말리는 계기가 될 수 있다는 점을 이해하지 못했다. 러시아는 거의 독일인들만큼이나 자신들의 군사적 능력을 과대평가했으며, 또 한 번 전쟁을 벌일 경우 차르 체제라는 러시아의 정치 시스템은—이미 1905년 러일전쟁 패배라는 낭패와 망신을 당한 직후에 겪은 바 있듯—혁명으로 붕괴할 수 있다는 증거를 고집스럽게 묵살했다. 아무런 선택지가 없었던 나라는 프랑스와 벨기에뿐이었다. 독일이 자신들을 침략했으니 이 국가들의 입장에선 싸우는 수밖에 없었기 때문이다.

영국 또한 실수를 저지를 만한 선택의 여지가 있었던 국가다. 당시 영국 정부는 이 전쟁에 개입하는 것이 법적 책무의 문제라고 주장했다. 벨기에를 중립국으로 두겠다는 1839년 조약에 프로이센을 포함한 모든 유럽 강대국들이 조인한 바 있고, 독일의 침략은 바로 이 조약을 어긴 행위라는 이유에서였다. 하지만 사실을 보자면 벨기에는 그저 유용한 구실일 뿐이었다.

영국의 자유주의자들이 전쟁을 향해 달린 데는 두 가지 이유가 있었다. 첫째, 이들은 독일이 프랑스에 승리를 거둘 경우 독일 황제가 새로운 나폴레옹이 되어 유럽 대륙 전체에 다리를 벌리고 우뚝 서서 영국의 도버 해협 연안까지도 위협할 수도 있을 거라 여겼다. 물론 이러한 두려움이 정당한 것이었는가의 여부는 아무도 모른다. 하지만 만에 하나 그 두려움이 현실화된다면 징병을 주장했던 보수당은 옳았음이 입증되는 반면 자유당은 독일을 막는 데 아무런 도움이 되지 않았다는 비난을 뒤집어쓰게 될 상황이었다.

당시 자유당은 1906년 선거에서 승리를 거둔 이후 계속해서 표를 잃어왔고, 1910년 이후에는 아일랜드 자치운동Irish Home Rule(영국의 지배로부터 벗어나 자치권을 획득하기 위해 아일랜드에서 전개되었던 캠페인_편집자) 참여자들의 지지에 전적으로 의존하며 겨우 정권을 유지했다. 그러다 1914년 아일랜드에서 얼스터 개신교도들Ulster Protestants의 군사적 저항으로 더블린 정부가 무너지자 허버트 애스퀴스Herbert Asquith가 이끌고 있던 영국의 자유당 내각 또한 붕괴 직전에 내몰렸다. 사실 애스퀴스 수상과 그의 내각 구성원들은 유럽 전체가 전쟁에 휘말려드는 사태를 피하기 위한 외교 정책을 전혀 제대로 구사하지 못했으니 이것만으로도 마땅히 사임하는 것이 옳았다. 하지만 이들은 다시 야당으로 돌아가는 것을 두려워했고, 보수당이 재집권하게 될 상황은 더욱 두려워했다. 그 때문에 부분적으로는 토리당을 권력에서 밀어내기 위해 전쟁을 벌였던 것이다. 만약 전쟁을 일으키지 않았더라면 내각에서 처칠을 포함한 두세 명 정도가 사임함에 따라 정권이 무너졌을 것이었다. 요컨대 핵심적인 전략적 문제는 독일이 프랑스를 침략했을 당시 자유당 내각의 외무부 장관은 영국 전체가 전쟁에 개입하는 방향으로 상황을 은밀히 몰아갔다는 것이다. 만약 징병제가 실시되어 대규모 상비군이 마련되었다면 독일의 침략을 미연에 방지할 수도 있었겠지만 자유당은 일관되게 징병에 반대해온 정당이었다. 따라서 1914년의 전쟁에 영국이 참전했던 것은 민주주의 정치의 직접적인 결과라 할 수 있다. 이 전쟁은 정말로 인기가 좋아서, 스코틀랜드의 사회주의자 제임스 맥스턴James Maxtorn처럼 참전을 비판하는 소수파는 대중의 비난을 받았다. 하지만 믿을 만한 군사적 능력도 없는 상태에서 유럽 대륙의 전쟁에 참전하겠다는 잘못된 결정은 상상 가능한 최악의 결과로 이어졌다. 규모가 엄청난 데다 훈련 상태도 뛰어난 독일의 제국방위군을 패퇴시킬 병사들을 전쟁의 와중에도 모집하고 훈련시켜야 했으니 말이다.

20세기에 전쟁으로 죽은 영국인의 수는 스모그로 인한 사망자보다 훨씬 많고 기근에 따른 사망자보다는 훨씬 적다. 전쟁을 예방하는 데 있어 민주주의 정치가 완전히 실패했다는 사실은 주목할 만하다. 물론 1914년의 영국은 현대적 의미에서의 완전한 민주주의 국가가 아니었다. 여성들은 투표권이 없었고 남성들 또한 여전히 소유 재산의 규모에 따라 자격이 제한되는 문제가 있었기 때문이다. 하지만 전쟁 전 마지막 선거가 시행된 1910년 당시의 남성 투표권자는 전체 성인 남성의 5분의 3가량에 해당하는 780만 명이었다. 독일의 경우 비록 입법부의 권력이 영국보다 제한되며 수상을 위시한 내각 구성원들이 황제Kaiser에 대해 책임을 지고 또 해임당할 수도 있었지만, 제국의회Reichstag 선거에는 모든 성인 남성들이 참여할 수 있었으니 투표권의 범위는 더 넓었다고 할 수 있다. 이렇게 영국과 독일 모두는 헌법상 민주적 요소들이 분명히 있었음에도 4년이라는 기간 동안 엄청난 피를 흘리게 될 전쟁을 전혀 사전에 막지 못했다.

1914~1918년의 기간 동안 줄줄이 일어났던 군사적 재난들—쿠트 알 아마라Kut Al Amara 전투와 갈리폴리 해전이 금세 떠오를 것이다—에 대해서라면 책 한 권을 쉽게 쓰고도 남는다. 하지만 우리 논의의 맥락에선 영국인 독자들이 가장 잘 알고 있을 전투, 즉 솜 전투 하나만 거론해도 충분할 듯하다. 솜 전투는 진실이 드러나는 순간과도 같았다. 독일군은 튼튼한 참호를 파고 들어앉아 있었고, 영국은 선전포고 이후에 모집한 새로운 군대를 이 전장에 처음으로 파견하는 상황이었기 때문이다. 솜 전투가 영국 전쟁사상 최악의 재앙 중 하나로 기억되는 데는 충분한 이유가 있다. 공세 첫날인 1916년 7월 1일 하루에만 영국 원정군에선 1만 9,000명의 사망자를 포함해 5만 7,000명의 사상자가 나왔다. 이 숫자가 의미하는 바를 충분히 깨달으려면 방어하는 입장이었던 독일군의 사망자가 불과 8,000명이었다는 점을 기억해야 한다. 이 전투는 이후 4개월이나 지속된 소모전의 시작일 뿐이었고 결국 영국, 프랑스, 독일의 사상자 수는 총 120만 명에 이르렀다. 이런 대가를 치르고서 연합군 측이 이룬 성과라고는 고작 7마일(약 11킬로미터) 남짓한

전진이었다.

솜 전투가 낳은 수많은 블랙유머는 그것이 얼마나 끔찍한 재앙이었는지를 보여주는 지표가 되기도 한다. 이미 전쟁 중이었던 1916년에도 시그프리드 서순Siegfired Sassoon의 동료 장교들은 마치 일반 공무원들처럼 기차를 타고 영국에서 전선으로 통근하는 것에 대한 농담을 나눴다. 그로부터 1년 후 한 장교는 연합군이 솜, 비미Vimy, 메시나Messine 등지에서 진군한 속도로 계속 나아간다면 라인 강에 도달하는 시점은 2096년이 될 거란 계산을 내놓았다.[69] 1969년 개봉된 반전 풍자 영화 〈오! 참 사랑스런 전쟁!Oh! What a Lovely War!〉에서 솜 전투는 완전히 동네북 신세가 되었고, 20년 후의 TV 시트콤 〈블랙애더, 전진!Blackadder Goes Forth!〉에서는 그런 조롱이 더욱 심해졌다["헤이그 각하께서는 본인의 위스키 진열장을 베를린 쪽으로 6인치 옮기기 위해 엄청난 규모의 공격을 막 시작하려 하십니다."(솜 전투를 이끈 영국의 장성 더글러스 헤이그 경Sir Douglas Haig을 풍자한 대사임_옮긴이)]. 영국 군대에서 '당나귀들이 지휘하는 사자들'―혹은 '도살자들과 선무당들butchers and bunglers'―이란 이미지를 완전히 씻어내기란 불가능한 일이 되었다('도살자들과 선무당들'은 제1차 세계대전 당시 영국 장성들의 형편없는 지휘 능력을 분석한 오스트레일리아의 군사학자 존 라핀John Laffin의 저서 제목임_옮긴이).[70] 처칠이 갈리폴리 해안에서 오스만 제국 군대와 싸워 전쟁을 승리로 이끌겠다는 모험을 저지른 이래 솜 전투와 같은 사건은 피할 수 없는 것이었다는 주장도 등장했다. 배질 리들 하트Basil Liddell Hart―솜 전투에서 총을 세 번이나 맞은 데다 심각한 독가스 중독을 겪은 인물이었다―는 영국이 이 지루하고 유혈이 낭자한 유럽 대륙의 교착 상태에 휘말려들지 않고도 얼마든지 독일을 패배시킬 수 있었다고 주장했다. 주로 해군력에 의지하면서 그저 "제한된 의무"만을 갖는 육군 정도로도 훨씬 적은 희생을 치르며 승전을 거둘 수 있었을 거란 이야기였다.

하지만 영국 전쟁사가들은 솜 전투의 지휘자였던 더글러스 헤이그 및 그가 솜 전투에서 취한 행동들을 끈질기게 옹호해왔다. 존 터레인John Terraine은 1914년 당시엔 영국 원정군을 파병하여 솜과 파스샹달Passchandale에서 공격을 감행하는 것 외의 다른 대안이 없었고, 또한 "잘 교육받은" 장군이었던 헤이그 경의 지휘를 비난할 이유도 없다고 주장했다.[71] 개리 셰필드Gary Sheffield는 솜 전투가 영국 원정군 부대의 '학습과정' 및 "연합군 진영이 소모전에서 거두는 승리, 〔그리고〕 최종 승리로 가는 길목에서 반드시 거쳐야 했던" 필수 단계라 주장했고[72] 윌리엄 필포트William Philpott는 솜 전투 자체가 "많은 희생을 치른 승리"라고 이야기한 바 있다.[73] 이러한 논쟁이 있으니 솜 전투가 어떤 재난이었는지를 정밀하게 평가해볼 필요가 있다. 왜냐면 이 전투에서 문제가 된 것은 (최소한 전적으로는) 최상층 지도부가 아니었기 때문이다.

우선 솜 전투의 시간, 장소, 날짜 모두를 정한 것은 더글러스 헤이그가 아닌 프랑스 측이었다. 이후 독일군이 베르됭Verdun에서 공격해오는 바람에 프랑스 군대는 솜에서 빠져나갔고, 이에 제대로 된 훈련도 못 받은 영국군 신병들의 부담만 더 커지고 말았다. 헤이그는 솜 전투와 관련해 두 가지 계획을 염두에 두고 있었다. 하나는 독일군 진지를 돌파해 기동전으로 전환하는 것이었고, 다른 하나는 만약 독일군의 진지를 돌파할 수 없다면 좀 더 제한적인 '소모전' 공세를 취하는 것이었다. "독일군의 전선이 흐트러지면 기마병과 기동부대는 즉시 그 틈새로 진격해 (보병이 확실하게 진군할 때까지) 교두보를 만들고 확보해야만 한다. 동시에 우리의 기병부대는 공격의 주력군과 협력하여 그 틈새를

330

넓힌다."[74] 헤이그의 이 시나리오에서 핵심 역할은 허버트 고프Hubert Gough의 제5군Reserve Army이 맡게 되어 있었다.

문제는 제4군의 사령관 헨리 롤린슨Henry Rawlinson 장군이 전혀 다른 생각을 가지고 있었다는 점이다. 그가 1945년에 쓴 글을 보자. "우리가 지금 하고자 하는 것은 내가 '물어뜯고 버티기bite and hold'라 일컫는 것, 즉 누브 샤펠Neuve Chapelle에서 했듯 적진을 조각내고 그들의 반격에 맞서는 것이다. (…) 이때 적에겐 우리가 입은 손실의 최소한 두 배 이상을 돌려주어야 한다."[75] 이건 소모전의 이론이지 돌파전의 이론이 아니다. 솜 전투에 임하는 롤린슨 계획의 초안은 "전술적으로 중요한 지점들을 장악하고 독일군이 반격하기를 기다림으로써 우리 측의 최소한의 손실로 가능한 한 많은 독일군을 처치하는 것"이었다.[76] 그러나 헤이그가 이에 대해 캐묻자 롤린슨은 자신의 입장을 고집할 수 없었기에 묵묵히 헤이그를 따랐던 듯하다. "무제한의 공세를 취하는 것은 도박이지만 헤이그는 그것을 원하고 있으며, 나는 합리적인 선에서 무엇이든 할 준비가 되어 있다."[77] 하지만 첫날의 최초 공격이 끝난 후 그는 고프를 무시하고 진격을 명하지 않았으며, 정오에는 제5군에게 퇴각하라는 명령까지 내렸다. 그날 그는 일기장에 이렇게 썼다. "물론 오늘은 기마병이 적진을 돌파할 것이라는 희망이 없었다."[78]

롤린슨이 돌파 전술에 대해 회의적 태도를 취했던 한 가지 이유는 독일군의 철조망 방어를 끊기 위해 헤이그가 먼저 포병대에 포격을 명령해야만 했음에도 그가 그렇게 하지 않았다는 점이었다. 총본부의 포병대 자문이었던 '곱슬머리' J. F. B. 버치J. F. N. 'Curly' Birch 소령은 "한심한 헤이그, 자기 포병대의 포진을 너무 넓게 펼치는 그의 버릇이 또 도졌다."라고 회고했다. 독일군 진지의 전선은 영국군이 동원 가능한 대포의 수로 감당하기엔 너무 넓었다. 그에 더해 헤이그가 포격의 표적을 2,500야드(약 2.3킬로미터) 깊이까지 잡으라고 명령하는 바람에 가뜩이나 분산된 포격의 효과는 더욱 희석되고 말았다. 더 심각한 문제는 포탄 중 불발탄의 비율이 30퍼센트에 달했고 영국군 대포의 4분의 1이 너무 많이 사용된 나머지 폐기 직전의 상태였다는 것이었다. 또한 고성능 포탄의 수는 너무 적었고, 기술적 결함은 무수히 많았다. 대포는 주먹구구식으로 조준되었고, 지도는 측량이 잘못되어 있었으며, 그럼에도 허술한 통신 때문에 이를 수정할 수도 없었던 데다 적군의 대포에 대항하는 작전은 효과를 거두지 못했던 것이다. 그에 더해 영국군의 발포 계획은 융통성이 너무나 결여되어 있었다. 최악의 문제점은, 1916년의 이 역사적 포격 작전이 1차 목표 달성에 완전히 실패했을 뿐 아니라 이후에 있었던 보병 부대의 전진에도 장애가 되었다는 점이다. 기습 작전이 효과를 거두려면 포격 시간을 단축할 필요가 있었으나 이 점을 미처 깨닫지 못한 영국군은 본래의 포격 계획을 기계적으로 고집하다가 최초의 성공을 충분히 이용할 기회를 놓쳐버리고 말았다.[79]

물론 독일군이라 해서 솜 전투를 여유 있게 즐긴 것은 아니었다. 1916년 8월 독일군 전선의 퀼르몽Quillemont에서 병사로 전투에 임했던 에른스트 융거Ernst Jünger의 일기장에는 당시 상황이 이렇게 묘사되어 있다. "산 사람과 시체들이 뒤섞여 있었다. 참호 안에 들어앉으면 여러 층으로 차곡차곡 쌓인 시체들이 보였다. 적군의 집중 포화 속으로 1개 중대씩이 내던져지고 그대로 없어지는 일이 꾸준히 계속되었다." 융거는 이러한 경험을 통해 "물량전物量戰의 압도적인 효과를 처음으로 깨닫게" 되었다 한다.[80] 그는 발 앞에 포탄이 떨어졌던 적도 있었지만 다행히 불발탄이었기에 살아남을 수 있었고, 소속 중대가 전멸했음에도 하필 그날 다리 부상으로 전투에 투입되지 않은 덕에 아슬아슬하게 죽음을 면했다.

하지만 사실을 말하자면, 영국군의 관점에서 봤을 때 솜 전투는 적진 돌파에 성공한 것도 아니고 적군을 소모시키지도 못했다. 독일군 사상자를 68만 명으로 잡은 영국의 공식 발표를 믿는다 해도 솜 전투는 기껏해야 무승부였을 뿐이다(영국군 사상자는 41만 9,654명, 프랑스군 사상자는 20만 4,253명이었다). 좀 더 신빙성이 있는 독일군 사상자 수는 독일 측에서 발표한 45만 명인데, 이 수치가 정확하다면 영국군의 소모전 전략은 스스로를 패배로 이끈 셈이다. 헤이그 자신조차도 독일군이 계속 방어 입장을 유지하면서 "우리 군대를 소모"시키고 있음을 알아차리기 시작했다.[81] 전직 국방부 장관으로서 1915~1918년에 캐나다 기마병 연대를 지휘했던 J. E. B. 실리J. E. B. Seely는 1930년에 쓴 글에서 이 언어도단의 소모전 전략을 다음과 같이 간략히 요약했다. "연합국 측의 일부 어리석은 이들은 서부 전선에서 독일군들을 죽임으로써 전쟁을 끝내겠다고 생각했다. 말할 것도 없이 이 작전은 우리 측 사망자보다 훨씬 많은 수의 적군을 죽여야만 성공할 수 있는 것이었다."[82]

'영국은 솜 전투를 통해 승리의 길로 접어들었다'는 말이 성립하려면, 미국이 결국 영국 편으로 참전해 군사적 균형을 독일 측에 불리하게끔 만들 것이라는 전망이 1916년 당시에 이미 확실했어야 한다. 하지만 그렇지 않았다. 1917년 4월 6일에 미국이 참전하게 되기까진 독일군의 크나큰 실수들―중립국 상선까지도 잠수함으로 마구잡이로 침몰시킨 것, 그리고 멕시코-독일 군사 동맹을 추구하려던 치머만 전보Zimmerman Telegram―이 필요했다. 게다가 미국이 참전한 뒤에도 헤이그는 사상자만 내고 패전해버린 파스샹달 전투에서의 연합국 공격 (1917년 7~11월), 그리고 독일의 '미카엘Michael' 공세로 야기된 정신없는 후퇴(1918년 3~7월)를 여전히 지휘했다. 이 '미카엘' 공세는 헤이그가 그토록 원했던 바로 그 적진 돌파를 이루어낸 공세였다. 솜 전투와 1918년 봄 사이에 과연 '학습 곡선' 따위가 정말로 있었는진 모르겠으

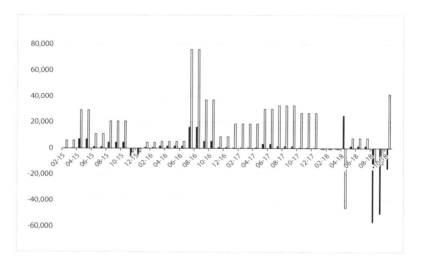

■ 사망, 실종, 포로로 잡힌 독일군에 대한 영국군의 수치
□ 부상자를 포함한 사상자에 있어 독일군에 대한 영국군의 수치

독일군에 대한 영국군의 순 전사자 수치net body count(1915년 2월~1918년 10월). 서부전선의 영국군 전선에서 발생한 영국군 사상자 수에서 독일군 사상자 수를 제한 것. *War Office, Statistics of the Military Effort of the British Empire During the Great War, 1914-1920*(London: His Majesty's Stationery Office, 1922), pp. 358-62.
주: 이 수치들 모두가 월별 사상자 수는 아니기에 대개의 경우엔 월평균 수치에 해당한다. 그러므로 이 자료에선 특정 월들에 행해진 특정 군사적 사건의 영향이 과소평가되어 있을 수 있다.

나, 최소한 투자자들은 그런 것을 전혀 볼 수 없었기에 연합국의 승리가 분명하다는 생각을 전혀 하지 않았다. 또한 독일군 역시 그 시간 동안 열심히 학습을 하고 있었고, 자신들의 돌격대 전술과 종심방어縱深防禦 전술을 완벽하게 가다듬었다.[83]

제1차 세계대전을 다룬 문헌들에서 공통적으로 나타나는 주제 하나는 '후방의 국내 전선Home Front'에 있던 이들은 서부 전선의 현실을—혹은 그 어떤 전방 전선의 현실도—전혀 눈치채지 못하고 있었다는 것이다. 이는 비엔나의 풍자 작가 카를 크라우스Karl Kraus가 1918년에 쓴 걸작 희곡『인류의 마지막 날The Last Days of Mankind』의 중심 테마이기도 하다. 영국의 경제사가인 리처드 H. 토니Richard H. Tawney는 솜 전투에서 심한 부상을 입었다가 회복한 뒤 영국의 민간인들에게 분통을 터뜨린다.

나는 여러분이 읽는 신문을 읽었고 여러분이 나누는 대화를 들었습니다. 그래서 분명히 깨달았습니다. 여러분은 현실의 전쟁을 있는 그대로 보기보다는 새롭고 짜릿한 것을 찾는 여러분 입맛에 맞는 볼거리들이 가득 찬 쪽으로 전쟁의 이미지를 만들어내는 쪽을 선택했다는 것을 말입니다. (…) 저는 이렇게 말하겠습니다. 여러분이 하나의 이미지를 만들어내는 쪽을 선택한 것은 진실을 좋아하지 않는 데다 감당할 수도 없기 때문이라고 말입니다.[84]

하지만 영국의 대중은 〈솜 전투The Battle of the Somme〉(1916년 8월)와 같은 공식 다큐멘터리 영화를 모여서 보기도 했다. 이 영화에선 '물량전'에 관한 영국 측의 경험이 놀랄 만큼 있는 그대로 묘사되어 있다. 77

6장 _ 정치적 무능의 심리학

분의 상영 시간 중 무려 13퍼센트는 죽은 이들과 부상당한 이들의 모습을 보여주는데, 마지막 4분의 1 부분에서는 그 비중이 40퍼센트 이상에 달한다. 이 무성영화에 삽입된 자막의 수위 또한 아주 높다. "포탄의 불바다 속에서 동료들을 구조하는 영국 병사들(이 사람은 참호에 도달한 뒤 20분 만에 사망하였음)." 이렇듯 솔직하게 있는 그대로의 내용을 담았음에도 〈솜 전투〉는 영국에서 엄청난 성공을 거두었다(비록 미국 관객들은 감당을 못했지만 말이다). 영화 잡지 「키네 위클리Kine Weekly」는 이 영화를 "지금까지 만들어진 가장 놀라운 전투 영화"라 평했다. 1916년 10월에 이 영화는 당시 영국 내에 있던 총 4,500개 극장 중 거의 절반에 달하는 2,000개 극장에서 상영되었다.[85] 솜 전투가 하나의 재난으로, 또 헤이그가 무표정한 도살자로 인식된 것은 훗날의 일일 뿐 당대의 대중은 서부 전선의 공격 작전을 지지했던 것이다.

위기의 책임

20세기 영국사의 놀라운 특징은 1900~1910년대에 저질렀던 실수를 1920~1930년대에도 동일하게 반복했다는 점이다. 영국은 잠재적인 적성국가들—주로 독일이긴 했으나 일본과 이탈리아까지도 포함하는—을 저지하기에 충분한 군사적 능력을 유지하는 데 진지한 노력을 기울이지 않았다. 하지만 폴란드 및 다른 나라들에게 외교적으로 책임져야 할 약속은 계속 늘어났고, 그 때문에 배질 리들 하트가 최선의 노력을 했음에도 결국은 유럽에서 벌어진 갈등에 다시금 휘말리고 말았다. 그러나 이번의 영국 원정군은 독일군에 참패해 무기를 내던진 채

덩케르크Dunkirk 해변에서 도망쳐야 했고, 그 외 여러 곳에서도 그와 비슷한 파국을 맞이했다(싱가포르에서 당한 일이 아마 가장 수치스러웠을 것이다). 민주주의라는 것은 한 나라의 기근에 대해서야 안전을 보장할 수 있을지 몰라도 군사적 재앙에 있어선 전혀 그렇지 않음이 분명하다.

"평화를 원한다면 전쟁을 준비하라Si vis pacem, para bellum."라는 오래된 격언이 있다.● 영국 엘리트들은 라틴어 고전 교육을 받았으니 이 말의 의미도 알고 있었다. 하지만 1930년대에는 이러한 생각에 반대하는 주장들이 득세했고, 그것들의 대부분은 경제적 논리를 밑에 깔고 있었다. 영국 정부는 전시 기간에 "전쟁 영웅들을 환대하는 사회"를 만들겠다고 맹세했기에 유권자들로부터 이를 지키라는 압력을 받았다. 그와 동시에 전쟁으로 엄청나게 불어난 국가부채의 이자를 물기 위해 노력해야 했고, 한편으론 파운드화의 가치를 전쟁 이전의 금 태환 비율로 회복시켜야 했다. 이런 상황이었기에 영국의 정치인들은 대영제국의 방위라는 문제를 처음엔 무시했고 나중에는 거의 망각하다시피 했던 것이다. 1932년 이전의 10년 동안 이탈리아와 프랑스의 군비 지출은 각각 60퍼센트와 55퍼센트가 증가한 데 반해 영국의 방위 예산은 3분의 1 이상이 삭감되었다. 1919년 8월 전쟁내각회의에서는 매우 편리한 규칙 하나가 채택되었다.

재정 추계치의 수정 틀을 세움에 있어선 다음과 같은 점을 전제로 해야 한다. 대영제국은 향후 10년 동안 어떤 대규모 전쟁에도 참전하지

● 본래는 푸블리우스 플라비우스 베게티우스 레나투스Publius Flavius Vegetius Renatus가 쓴 소책자 『전쟁의 현실De Re Militari』에 나온, "따라서 평화를 바라는 이들은 전쟁을 준비한다.Iqitur qui desiderat pacem, praeparet bellum."라는 문장이다.

않을 것이며, 이러한 목적으로 원정군을 편성할 필요도 없다. (…) 공군 및 육군의 주요한 기능은 인도와 이집트를 위시하여 영국의 통제 하에 있는 (자치 지역 이외의) 모든 영토와 신규 영토에 수비대를, 또 국내의 민간 권력에는 필요한 지원을 제공하는 것이다.[86]

이 '10년 규칙'은 1932년까지 매년 갱신되었다. 또 매해의 새로운 재정 지출 항목들은 연기 및 보류되었는데 그 논리적 근거는 매우 명쾌하다. 1934년 네빌 체임벌린Neville Chamberlin이 인정했듯, "일본과 독일을 상대로 동시에 전쟁을 벌이는 것은 우리로선 상상할 수 없는 일이다. 한마디로 우리에겐 그런 재정 지출을 할 여력이 없다."[87] 1928년부터 1940년까지 대영제국 작전참모Imperial General Staff 수장 자리에 있었던 아치볼드 몽고메리-매싱버드General Archibald Montgomery-Massingberd 장군은 "오로지 전쟁을 뒤로 미루겠다는 한 가지 생각뿐이었고 미래를 보려 하지 않았다."[88] 이것의 귀결이 바로 유화 정책이었으니, 이는 독일 및 다른 호전적 국가들의 요구를 들어주면서 전쟁을 연기─외무부 사무차관이었던 로버트 밴시타트 경Sir Robert Vansittart의 표현으로는 "지연cunction"─시키는 것이었다. 이러한 양보의 가장 악명 높은 예가 1938년 9월 뮌헨에서 체임벌린 수상과 프랑스 측 대표 에두아르 달라디에Édouard Daladier가 체코슬로바키아 영토의 일부를 할양하기로 동의한 사건일 것이다.[89]

10월 5일, 처칠은 영국 하원에서 이 유화 정책을 속속들이 털어버리는 연설을 했다.

우선 모든 사람들이 무시하거나 잊고 있지만 그럼에도 분명히 말해야 하는 사실부터 밝히면서 서두를 시작하겠습니다. 그 사실이란, 우리는 총체적이고도 가혹한 패배를 계속 유지해왔고 프랑스는 우리보다 더욱 큰 고통을 겪었다는 것입니다. (…)

이는 지난 5년 동안 우리가 했던 일, 그리고 하지 않고 내버려둔 일이 초래한 가장 심각한 결과입니다. 5년 동안 우리는 쓸데없는 선의를 베풀었고, 5년 동안 우리는 가장 저항이 덜한 노선이 무엇인지를 열심히 찾아 헤맸으며, 5년 동안 우리는 대영제국의 권력이 끊임없이 후퇴하는 것을 목격해야 했고, 5년 동안 우리는 우리의 공군력을 무시했습니다. (…)

영국 민주주의와 나치 권력 사이에는 절대로 우정 따위가 존재할 수 없습니다. 기독교 윤리를 완전히 무시한 나치 권력은 야만적 이교주의에 물들어 힘차게 자기 길을 가고 있으며, 공격과 정복의 정신을 뽐내고, 사람들을 박해하는 데서 왜곡된 기쁨과 힘을 끌어내며, 이미 우리가 똑똑히 보았듯 피도 눈물도 없는 잔인함으로 살육의 군대를 부려 공포를 불러일으킵니다. 이러한 권력은 결코 영국 민주주의의 신뢰를 받는 친구가 될 수 없습니다.[90]

뮌헨 협정을 놓고 벌어진 이 논쟁이 결국 표결에 부쳐졌을 때 다른 29명의 보수당 의원은 처칠과 함께 기권했지만, 사실 처칠의 연설은 전혀 인기가 없었다. 낸시 애스터Nancy Astor는 처칠의 연설 도중 "헛소리!nonsens!"라고 외치며 끼어들었다. 「데일리 익스프레스Daily Express」는 이 연설을 "말버러Marlborough 백작의 위대한 정복 행각에 푹 빠진 사람이 행한 웅변으로, 쓸데없이 사람들에게 걱정만 일으키는 연설"이라며 무시했다(말버러 백작은 스튜어트 왕조 말기의 군인이자 정치가였던 존 처칠John Churchill로, 후에 스튜어트 왕가를 버리고 윌리엄 3세William III에게 투항하며 작위를 받았다. 윈스턴 처칠은 존 처칠의 직계 후손으로, 그의 전기를 남기기도 했다_옮긴이).[91] 처칠의 선거구인 에핑Epping에서의 영향력이 크고 당시까지 처칠을 지지했던 해리 코셴 경Sir Harry Coschen은 그 선거구의 보수당 협회회장에게 보낸 서한에서 이렇게 이야기했다. "처칠은 자신의 연설로 하원의 조화를 깨버리고 말았습니다. (…) 그가 입을 다물고 연설 따위를 하지 않는 편이 백배는 더 좋았을 것입니다." 에핑 지역의 토리당원들 사이에선 처칠의 연설에 대한 거부감이 너무나 심했기에— "창피스러운 엉터리 짓", "의회의 위험인물"—만약 처칠이 옳았음이 이후의 사건들을 통해 드러나지 않았더라면 그는 다음 선거에서 공천조차 받지 못했을 것이다.[92]

싱가포르에 있는 영국 해군 기지는 1920년대에 지어진 것으로 극동 지역에서 영국 세력의 중추 역할을 하고 있었다. 싱가포르가 공격받을 경우에 대비하여 양차대전 사이의 기간 내내 영국이 천명한 전략은 함대를 파견하는 것이었다. 하지만 일본군이 싱가포르를 침략하기 직전에도 영국 함대는 다른 곳에 가 있었다. 때문에 말라야Malaya 해협의 방어에는 1,000대의 1급 전투기가 필요했음에도 실제로는 158대만이 투입되었고, 또 아무리 적어도 8개 사단과 2개 기갑연대는 있어야 했으나 실제로는 3과 2분의 1 정도의 사단 병력이 전부였다. 무엇보다 큰 문제는 적군이 육로로 싱가포르에 접근할 경우에 대비해 그 경로에 지뢰밭, 사격 진지, 대전차 장애물 등의 고정 방어 장치들을 구축하는 일을 한심할 정도로 소홀히 했다는 것이었다. 그래서 일본군은 난공불락의 요새로 알려진 싱가포르를 공격했을 때 그곳이 사실은 "앉아서 죽음을 기다리는sitting duck" 처지임을 알게 되었다. 1942년 2월 15일 오후

4시, 처칠이 "죽을 때까지" 싸우라고 그토록 절박하게 촉구했음에도 결국 아서 E. 퍼시벌Arthur E. Percival 중장과 1만 6,000명의 영국 군대, 1만 4,000명의 오스트레일리아 군대, 3만 2,000명의 인도 군대로 이루어진 그의 수비대는 항복하고 말았다. 일본군은 겨우 3만 명인 데다 심지어 말라야 반도까지 자전거로 이동해왔기 때문에 완전히 기진맥진해 있었고 식량과 탄약까지 거의 떨어져버린 상태였음에도 영국군은 이를 전혀 알지 못했던 것이다. 항복이 있기 2주 전, 싱가포르 학생인 모리스 베이커Maurice Baker는 래플스칼리지Raffles College의 복도를 친구 리콴유Lee Kuan Yew와 함께 걷고 있다가 갑자기 터진 엄청난 폭발음을 들었다. 싱가포르를 말라야 본토와 연결해주는 둑길이 폭파되는 소리였다. 훗날 싱가포르의 수상이 된 리콴유는 베이커에게 당시 이런 한마디를 던졌다고 한다. "대영제국은 이제 끝났어."

싱가포르 함락의 책임은 누구에게 있을까? 처칠? 훗날 처칠이 쓴 전쟁 회고록을 보자. "좀 거리를 두고서 원을 그리며 배열되어 있는 영구적 성격의 요새들이 이 난공불락으로 유명한 싱가포르의 뒤쪽을 전혀 보호하지 못한다는 점은 절대 생각해보지도 못한 바였다. 이렇게 황당한 사실을 내가 어떻게 전혀 몰랐는지도 이해할 수가 없다. 내 자문관들은 분명히 알아야 했고, 내게 말해주었어야 했으며, 나는 그들에게 물었어야 했다."[93] 이는 아주 중요한 점 하나를 알려준다. 처칠은 1930년대에 궁지에 몰린 대영제국의 처지를 역사의 틀에 놓고 분석한 이였고, 크게 봤을 때 그의 분석은 정확했으며, 그것이 옳았음은 실제 있었던 사건들로도 입증되었다는 점이다. 1939년이 아닌 1938년에 영국이 전쟁을 시작했더라면 훨씬 좋았을 것이라는 그의 주장도 매우 옳은 것이었다. 그렇게 해서 벌어진 1년의 시간을 히틀러는 체임벌린보다 훨씬 더 잘 활용했으니 말이다. 하지만 당시의 처칠은 사회 전체적으로 혐오와 무시의 대상이었다. 그러니 싱가포르를 둘러싼 요새들의 배치에 정확히 어떤 특징이 있었는지를 몰랐다는 이유로 처칠에게 정말로 책임을 물을 수 있을까?

물론 1942년 싱가포르의 함락으로 대영제국이 끝나버린 것은 아니었다. 1945년 2월 처칠은 여전히 얄타에서 프랭클린 루스벨트Franklin Roosevelt 및 스탈린과 함께 세계를 분할하는 주역이자 '3대 강국' 중 하나의 대표로서 세계무대에 우뚝 서 있었다. 하지만 전쟁이 끝나기가 무섭게 그는 공직에서 쫓겨났다. 그 후 10년도 되지 않아 영국은 인도, 파키스탄, 미얀마, 스리랑카의 독립을 인정했고 팔레스타인에 있는 신탁통치령도 포기했다. 1950년대의 영국 공직자 및 장관 들은 여전히 그나마 남은 지역에서 대영제국의 영향력을 영구화해보려 애쓰고 있었고, 현지의 전통적 엘리트 중에도 이를 지지하는 사람들이 많았다. 런던경제대학에서 유학하며 마르크스주의에 맛들린 자칭 민족주의자들의 정권이 자신들의 지역에 들어서는 광경을 보느니 차라리 영국 식민 당국의 '보호령'이 유지되는 쪽이 낫다고 여겼던 것이다.[94] 물론 그 이후에도 대영제국의 잔재는 유지되었다. 사하라 사막 이남의 아프리카 지역, 페르시아만, '수에즈 운하 동쪽' 식민통치령의 남은 지역 등에 '변화의 바람winds of change'이 분 것은 1960년대—어떤 지역에서는 1970년대—에 이르러서야 일어난 일이었고, 홍콩을 중국에 넘겨준 것도 1997년의 일이었으니 말이다. 하지만 대영제국의 종말에 확인 도장을 찍은 사건은 1956년의 수에즈 운하 사태였으니, 이는 싱가포르의 함락 이후 불과 14년밖에 되지 않은 시점이었다.

사실 싱가포르에서의 수치스러운 항복은 대영제국을 좀먹던 질병을 그대로 보여준 축소판이자 그 후로 오랫동안 나타날 미래의 일들을 예고하는 사건이었다. 대영제국 작전 참모부의 수장이었던 앨런 브룩Alan Brooke처럼 처칠을 가장 가혹하게 비판하던 이들조차 이 항복으로 힘이 빠졌다. "지금 이루어지는 방어 작전이 대체 왜 이 모양인지 도저히 이유를 모르겠다." 일본군이 싱가포르에 접근하던 무렵, 그는 자신의 일기장에 이렇게 털어놓았다. "나는 지난 10년 동안 대영제국이 쇠퇴하고 있으며 우리가 미끄러운 내리막길에 들어선 것이 아닌가 하는 불편한 느낌이 들었다. 어쩌면 내가 옳았던 걸까? 하지만 이렇게까지 빠르게 산산조각 날 거라곤 결단코 전혀 예상하지 못했다." 미얀마까지 일본군에게 점령당할지 모르는 상황이 되자 그는 평정을 잃었다. "우리 군대의 전투력이 어찌하여 이 모양인지 도저히 모르겠다. 만약 지금보다 더 잘 싸우지 못한다면 우리는 우리의 대영제국을 잃어 마땅하다!"[95] 복잡계 시스템 하나가 해체되는 것은 숨 막힐 정도의 속도로 한순간에 일어날 수 있는가 하면 일련의 상전이가 연속적·발작적으로 일어나는 형태를 띨 수도 있다. 그러므로 1940년대에 대영제국에 나타난 위기의 책임을 어느 한 개인에게 돌린다는 것은 어불성설이다. 이듬해에 일어난 벵골 기근과 마찬가지로 이를 모조리 처칠의 실수 탓이라 할 수는 없는 것이다.

제국은 어떻게 무너지는가

해리 트루먼Harry Truman 대통령은 처칠 및 스탈린과 동맹을 맺어 제2차 세계대전을 승리의 결론으로 끝낸 이였다. 그가 백악관의 책상에 걸어

둔 팻말에는 이런 구절이 적혀 있다. "볼은 여기서 처리해야 한다.The Buck Stops Here."●〔미식축구에서는 경기가 시작과 동시에 볼buck을 돌리는데, 일정 시점이 되면 그 볼을 쥔 이는 패스를 하든 들고 뛰든 하여 그 볼을 처리해야 한다_옮긴이〕

　　1952년 12월 19일 미국 국방대학에서의 연설에서 트루먼은 자신이 거기에 어떤 의미를 부여하는지를 설명한 바 있다. "여러분도 아시겠지만 일요일에 미식축구 경기가 끝나고 월요일 아침이 되면 주장은 코치가 무얼 잘못했는지를 두고 마구 떠들곤 합니다. 하지만 어떤 작전으로 나갈지를 결정하는 사람이 바로 당신일 경우에는 죽이 되든 밥이 되든 그 순간에 결정을 내려야만 합니다. '볼은 여기서 처리해야 한다.'라고 쓴 팻말이 제 책상 위에 있는 이유죠." 1953년 1월의 고별 연설에서도 트루먼은 다시 이 이야기를 꺼냈다. "누가 됐든 대통령은 결정을 내려야만 하는 사람입니다. 그 누구에게도 볼을 패스할 수 없죠. 대통령 대신 다른 사람이 대신 결정해준다는 건 있을 수 없는 일입니다. 결정을 내리는 것, 그것이 바로 대통령의 일이기 때문입니다."[96] 이는 참으로 존경할 만한 마음가짐이고, 트루먼의 후임자들 역시 이와 비슷한 이야기를 자주 반복하곤 했다. 하지만 여기에 숨어 있는 함정이 있다. 우리가 사는 세상은 대통령 개인의 의사결정으로 정치가 결정되는, 그래서 모든 재난의 원인을 대통령의 잘못된 의사결정으로 몰아갈 수 있는 곳이 아니라는 게 그것이다.

　　대부분의 대제국에는 세습 황제가 됐든 선출직 대통령이 됐든 명

● 오클라호마의 엘리노El Reno에 있는 연방 교도소의 죄수들이 만든 이 팻말은 트루먼의 친구이자 당시 서부 미주리의 법원집행관이었던 프레드 A. 캔필Fred A. Canfil이 선물로 준 것이었다. 팻말의 뒷면에는 이렇게 쓰여 있었다. "나는 미주리 출신이다."

목상의 권위를 가진 인물이 그 중심에 있기 마련이다. 하지만 현실적으로 보자면 그런 개인들의 권력이란 것은 그들이 주재하는 무수히 많은 정치적·사회적·경제적 관계들이 복잡하게 얽힌 네트워크로 결정되는 함수일 뿐이다. 제국은 매우 넓은 지역과 여러 다양한 문화권에 걸쳐 권력을 행사하려 하고, 그렇기에 지금껏 인류가 만든 모든 종류의 정치 단위들 중에서도 가장 복잡한 체제다. 따라서 여타의 복잡한 적응 시스템들이 갖는 특징들 중 여럿이 제국 체제에서 나타난다는 것은 놀라운 일이 아니다. 그 특징들 중에는 멀쩡히 안정된 형태로 있다가 매우 급작스럽게 무질서한 상태로 무너져버린다는 것도 포함된다.

흥망성쇠 면에서 가장 유명한 제국인 로마의 경우를 보자. 에드워드 기번은 1776~1788년에 『로마 제국 쇠망사History of the Decline and Fall of the Roman Empire』 여섯 권을 출간했다. 서기 180년부터 1590년에 이르는 약 1,400년의 장기적 역사를 담은 이 역사서는 로마 쇠퇴의 원인을 황제 개인의 인격적 장애에서부터 근위병들의 권력 남용, 유일신 종교의 발흥까지 다양한 범위에서 다룬다. 하지만 로마 제국의 쇠퇴를 연구하는 현대 역사가들 중에는 그렇게 큰 그림판을 다룰 기술을 가진 이도, 또 그럴 필요를 느끼는 이도 거의 없다.

사실 내전은 마르쿠스 아우렐리우스 황제가 서기 180년에 서거한 이후 황제 지망생들이 최고권력의 단물을 빨겠다고 싸우면서 계속해서 반복되었다.[97] 발레리아누스Valerian 황제는 260년 사산조 페르시아와의 전투에서 포로로 붙잡히는 모욕을 당했지만, 아우렐리우스 황제는 사산조 페르시아에 빼앗긴 영토를 다시 되찾음으로써 '세계의 회복자Restitutor Orbis'라는 칭호를 얻었다. 디오클레티아누스Diocletian 황제는 제국을 분할했고, 콘스탄티누스Constantine 황제는 제국을 기독교로 교화시켰다. 4세기에는 야만인들의 침략과 이주가 시작되었고, 훈족이 서쪽으로 진출하여 테르빈기족Tervingi과 같은 고트인 부족들을 쫓아내자 이 야만인들의 공세도 거세졌다. 이 모든 것들은 여전히 장기적 쇠퇴를 엮어내는 기번 스타일의 서사로 표현될 수 있다. 그러나 한편으로 로마 역사는 하나의 복잡계 적응 시스템이 정상적으로 작동하는 과정으로 이해할 수 있다. 이렇게 되면 정치적 알력, 야만인들의 이주(및 통합), 다른 제국과의 경쟁 등은 모두 후기 고대의 본질적 특징들로 이해할 수 있으며, 기독교는 제국을 해체시킨 것이 아니라 오히려 공고히 했다고 볼 수 있다.

반면 로마 제국의 '몰락'은 아주 급작스럽고 극적으로 벌어진 일이었고, 이는 하나의 복잡계 시스템이 위기의 상태를 향해 갈 때 얼마든지 예상할 수 있는 일이었다. 훈족에 맞선 서고트인들과의 협력 관계가 깨지고 378년 아드리아노플에서 전투가 벌어져 로마 제국의 주력 부대는 패배를, 발레누스 황제는 죽음을 당했다. 서로마제국의 최종적 붕괴는 406년 게르만족 침략자들이 라인 강을 건너 골Gaul 지역으로, 그리고 이탈리아로 들어오면서 찾아온다. 4년에는 후 알라리크Alaric 왕이 이끄는 서고트족이 로마시를 약탈했는데 이는 기원전 390년 로마가 무너진 이래 처음 벌어진 사태였다. 429~439년에는 게이세리쿠스Genseric이 이끄는 반달족Vandal이 북아프리카에서 연전연승을 거두어 결국 카르타고가 무너지고 만다. 카르타고는 로마에 식량을 공급하는 지중해 남쪽의 식량 창고이자 조세 수입의 결정적 원천이었다. 그리고 아틸라Attila가 이끄는 훈족이 서쪽으로 휩쓸며 쳐들어와 발칸 반도를 털어버리고 로마로 쳐들어왔을 때에는 서고트족의 도움을 빌어 간신히 물리칠 수 있었다. 452년이 되면 서로마제국은 영국의 전체,

스페인의 대부분, 북아프리카에서 가장 부유한 속주들, 골 지역의 남서쪽과 남동쪽 등을 잃었고 이탈리아를 제외하면 거의 남아 있는 지역이 없었다.[98] 물론 동로마 제국, 즉 비잔틴제국은 계속 살아남았고—바실리스쿠스Basiliscus 황제는 468년 카르타고 수복을 시도했었다—서로마제국은 그 명을 다하고 말았다. 실제로 476년부터 로마는 게르만인 대장인 오도아케르Odoacer의 지배를 받았는데, 그는 아직 아이였던 로물루스 아우구스툴루스Romulus Augustulus 황제를 쫓아내고 스스로를 왕이라 칭했다. 이 모든 과정에서 정말로 충격적인 것은 서로마제국이 붕괴하는 속도였다. '영원의 도시'라 일컬어졌던 로마의 전체 인구 중 4분의 3은 불과 50년—즉, 1970년부터 지금까지의 기간—동안 사라져버렸다. 서로마제국의 나머지 지역들에서 발굴된 고고학적 증거에 따르면 주택의 질은 낮아지고 도기는 더 원시적으로 퇴행했으며, 주화는 줄어들고, 가축의 체구도 더 작아지는 등 '문명의 종말'이 불과 한 세대 만에 진행되었음이 드러난다.[99] 이는 6세기 중반 유스티니아누스 황제 시대의 페스트가 찾아오기 이미 오래전에 벌어진 일이었다.

다른 대제국들 역시 매우 빠르게 붕괴했다는 것은 어렵지 않게 볼 수 있다. 명나라는 1368년 농민군 대장 주원장朱元璋이 스스로를 홍무제洪武帝—'방대한 군사 권력'이라는 뜻이다—라 칭하면서 태어났고, 이후 300년 중 대부분의 시간 동안 거의 모든 면에서 지구상의 가장 세련된 제국의 위치에 있었다. 하지만 17세기 중반이 되자 갑자기 수레바퀴가 빠져나갔다. 물론 그 이전까지 나타났던 안정성을 과장해선 안 된다. 홍무제洪武帝에 이어 즉위한 영락제永樂帝는 그에 앞서 합법적 왕위 계승자인 조카, 즉 맏형의 아들을 쫓아내기 위해 내전을 치러야만 했으니 말이다. 하지만 17세기 중반의 위기는 말할 것도 없이 그 혼

6장 _ 정치적 무능의 심리학

란의 규모가 훨씬 컸다. 정치적 분파주의를 더욱 악화시킨 것은 은에 대한 구매력 감소가 조세의 실질적 가치를 잠식하는 바람에 초래된 재정위기 사태였다.[100] 혹독한 날씨, 기근, 전염병 등으로 안팎으로 반란이 시작되어 명은 내우외환에 휩싸였다.[101] 1644년에는 북경 반란군 대장 이자성李自成의 손에 떨어졌고, 명나라 마지막 황제인 숭정제崇禎帝는 스스로 목을 맸다. 이렇게 유교적 질서의 균형 상태가 무정부상태를 향해 극적으로 이행하는 데 걸린 시간은 고작 10년에 불과했다.

명나라의 붕괴는 중국 전체를 초토화로 몰아넣었다. 1580년부터 1650년 사이에는 중국 인구의 35~40퍼센트가 전란과 전염병 탓에 사라졌다. 무엇이 잘못되었을까? 답은 이러하다. 명나라 체제는 높은 준위의 평형 상태, 즉 외부적으로는 대단히 훌륭하지만 안쪽으로는 깨지기 쉬운 상태를 만들었다. 농촌이 부양할 수 있는 인구 규모는 놀랄 정도였지만 이는 어디까지나 혁신이 멈춰 본질적으로 정태적인 사회질서를 기초로 했을 때만 가능한 일이었다. 다시 말해 이는 모종의 함정으로, 아주 작은 무엇 하나라도 잘못되면 그 함정에 바로 갇혀버릴 수 있음을 뜻했다. 사실 적지 않은 학술 문헌들은 명나라가 내부 교역의 양이 상당했고 사치재 시장도 활기를 띠는 등 번영하는 사회였음을 나타내고자 했으나[102] 좀 더 최근의 중국사 연구에선 명나라 때 1인당 소득과 자본 축적이 감소했음이 나타났다.[103] 이렇듯 이상한 측면의 많은 부분은 만주족이 청나라를 세운 뒤에 나타난 새로운 관리 체제에서도 계속되어 백련교도의 난이나 태평천국의 난처럼 더 큰 재난을 불러왔고, 마침내 1911년에는 제국 체제 전체가 돌이킬 수 없이 결국 붕괴되어버렸다.[104]

부르봉Bourbon 왕조 시대의 프랑스가 찬란한 영광에서 공포정치로 이행한 속도 역시 놀라웠다. 당시 프랑스는 영국의 지배에 저항하는 북미 식민지 주민들의 반란을 지원하는 것이 좋은 아이디어라 여겼으나, 이로 인해 절대왕정의 재정은 심각한 상태에 빠졌다. 1789년 5월에 삼부회의가 소집되었으나 이는 일련의 정치적 연쇄반응을 촉발시켰고, 왕정의 정당성은 결국 너무나 빠르게 붕괴한 나머지 4년 만에 국왕이 단두대—이는 1791년에 발명된 장치였다—의 이슬로 사라져야 했다. 그로부터 꼭 한 세기와 사반세기가 경과한 뒤 동유럽에 세워진 왕조 제국들 역시 순식간에 해체되어버렸다. 그런 징조는 제1차 세계대전이 발발하기 몇 십 년 전부터 이미 있었음에도 합스부르크, 오스만, 로마노프 제국 모두 이를 무시하는 '내러티브의 오류'에 빠질 운명이었던 것이다. 오히려 놀라운 일은 그 오래된 제국들이 어떻게 제1차 세계대전이라는 총력전의 시련을 그때까지 견뎌낼 수 있었는가 하는 것이었다. 이들이 제1차 세계대전 말엽에 해체되기 시작한 것은 사실이지만 이는 오직 1917년 10월의 볼셰비키 혁명 이후에 벌어진 일이었음을 기억해야 한다. 오스만 제국의 메흐메드 6세Mehmed VI는 영국 전함에 올라 결국 콘스탄티노플을 떠나야 했으나 그로부터 불과 7년 전에는 갈리폴리 해안에서 영국을 상대로 대승을 올린 바 있지 않았는가. 그러나 그가 영국으로 떠날 당시 세 제국은 모두 사라져버린 상태였다.

사실 제국이 망한 뒤에도 그 여운은 오래가고 제국 재건의 시도도 이어지기 마련이나, 20세기에는 그 기간이 훨씬 짧아졌다. 독일 제국을 재건하려던 시도—'제3제국Third Reich'—는 1933년 1월 30일 히틀러가 제국 재상으로 임명되면서 시작되었지만 불과 12년 뒤 독일이 파괴되고 분단되면서 종말을 고하고 말았다. 히틀러의 집권은 분명 민주주의가 지금까지 낳은 재앙들 중 최대의 것이었지만, 그 시점은 85세의 노인 파울 폰 힌덴부르크Paul von Hindenburg 대통령 주변의 늙은 정치 엘리트들 덕에 몇 달이나마 늦춰졌다. 그런 노력이 없었더라면 히틀러는 1932년 7월 선거에서 대승을 거둔 직후 수상 자리에 올랐을 것이다. 히틀러는 앞으로 독일을 파멸로 이끌 복수의 여신이며 재세례파再洗禮派의 지도자 '레이던의 얀Jan of Leyden'이 재림한 공포스런 존재라는 것을 1933년 당시 동프로이센의 보수주의자 프리드리히 렉-말렉체벤Friedrich Reck-Malleczewen만큼 정확히 내다본 이는 없었다.

우리의 경우를 보자면 시궁창에서 잉태된, 태어나지 말았어야 할 인간이 위대한 예언자가 되어버렸다. 그에게 반대하는 진영은 한마디로 완전히 해체되어버렸고, 세계의 모든 나라들이 경악과 충격에 휩싸여 우리를 보고 있다. 우리나라 안에서는 (…) 히스테리로 가득한 여성들, 학교 교장들, 배교한 성직자들, 인간쓰레기들, 사방에서 모여든 이방인들이 이 체제의 주된 지지자들이 되었다. (…) 알량한 이야기를 무슨 이념이나 되는 것처럼 늘어놓고 있지만, 그 얄팍한 치장을 벗겨보면 외설, 탐욕, 사디즘, 끝 모를 권력욕이 드러난다. (…) 그리고 이 새로운 가르침을 완전히 받아들이지 않는 자는 누구든 처형 집행인에게 넘겨진다.[105]

렉-말렉체벤은 재앙을 예고한 그의 예언이 실현되던 시기에 다하우Dachau에서 티푸스로 사망했다.

제국 붕괴에 대한 가장 최근의, 또 가장 익숙한 예는 물론 소련이 그 69번째 생일 직전에 붕괴한 사건이다. 지금의 역사가들은 그때를 돌이켜보면서 브레즈네프Brezhnev 시대 혹은 그 이전부터 갖가지 썩은 부분들이 당시 소련 체제의 내부에 이미 존재했음을 알 수 있다. 스티븐 코트킨Stephen Kotkin이 주장했듯 아마 "아마겟돈을 피할 수" 있었던 것은 오로지 1970년대의 높은 석유 가격 덕분이었을 수 있다.[106] 하지만 당시에는 그렇게 보이지 않았다. 미하일 고르바초프Mikhail Gorbachev가 1985년 3월 소련 공산당 총서기장이 되었을 때 CIA는 여전히 소련 경제의 규모를 미국 경제의 약 60퍼센트 정도로 추산했고 소련의 핵 보유 규모 또한 미국의 그것보다 클 것이라 생각했다. 그 이전 20년의 대부분 동안 제3세계 국가들은 소련식 방식을 따르고 있었고, 소련의 괴뢰 정부는 전 세계에 흩어져 있었다. 역사학자 애덤 울람Adam Ulam에 따르면 "1985년의 시점에선 소련이야말로 지구상에서 가장 굳건한 권력을 쥐고 있으며 가장 명확히 자기 노선에 따라 정책을 수립하는 정부로 보였다."[107]

하지만 고르바초프가 임명된 지 불과 4년 반 만에 중부 및 동유럽에 있었던 러시아 영토는 해체되었고, 1991년 말에는 소련도 그 뒤를 따랐다. 1985년까지만 해도 이런 일을 예견하는 것은 터무니없는 만용이어서, 심지어 소련 체제에 저항하는 이들 중에서도 극소수만이 이와 같은 예상을 했을 뿐이다. 그 가운데 눈에 띄는 인물이었던 안드레이 아말리크Andrei Amalrik는 1970년에 발표한 글에서 이렇게 물었다. "소련은 과연 1984년까지 존속할 수 있을까?"(아말리크는 경제적 침체와 "도덕적 미약성"의 현실에서 완전히 유리되어 있을 뿐 아니라 자신들의 안락한 생활을 영구화하는 데만 관심을 쏟는 엘리트 관료들이 결국 "최초에는 발트해 지역, 코카서스 산맥, 우크라이나, 그다음에는 중앙아시아와 볼가 강 유역" 등 제국의 변방에서 나타나는 원심력의 여러 경향에 대한 통제력을 잃을 것이라고 정확하게 예측했다.)[108] 레닌이 세운 제국은 완만한 쇠퇴의 길을 걷지 않고 이렇게 낭떠러지에서 떨어지듯 급속하게 붕괴되어버렸다.

마지막으로 여기에서 언급된 제국들 하나하나의 지속 기간에 주목하라. 비잔틴 제국을 제외한 로마 제국 자체는 500년이 조금 넘는 기간 동안 지속되었다. 오스만 제국도 469년을 갔으니 크게 뒤떨어지진 않고, 대영제국은 그 시작 시점이 분명하진 않으나 350년쯤의 수명이었다고 추산해도 될 듯하다. 명나라 제국은 276년간 유지되었다. 소련은 공식적으로 1922년 말에 수립되었으나 1991년 말이 되기 전에 해체되었고, 히틀러의 제3제국은 겨우 12년 정도만 존재했을 뿐이다. 역사에서 순환주기의 패턴을 찾는 이들은 지질학적 재난들의 발생 패턴이 무척 변칙적이라는 것, 그뿐 아니라 제국의 주기성조차 이토록 들쭉날쭉하다는 것에 대해서도 설명하기 어렵다는 점을 알게 될 것이다. 게다가 이런 제국들 중 일부, 특히 러시아 제국과 중국 제국의 경우엔 붕괴한 듯 보인 직후에도 다시금 스스로 재건할 수 있었다는 점을 알고 나면 그런 어려움은 더 깊어진다.

정치지리학적으로 현 세계는 국민국가들로 촘촘히 꿰매진 누더기 천처럼 보일 것이다. 이 국가들은 모두 주세페 마치니Giuseppe Mazzini가 꿈꾸었던 표준적인 19세기 서유럽의 정치체를 모델로 삼았는데, 조금 자세히 살펴보면 현재의 북경이나 모스크바에도 여전히 황제가 살고 있음을 알 수 있다.[109] 시진핑習近平은 끊임없이 중국 제국의 역사를 언급하면서 공산당 지배를 정당화하고, 자신이 추진하는 '일대일로―帶―路' 정책 선전에 15세기의 명나라 제독 정화鄭和를 단골로 등장시킨다.[110] 블라디미르 푸틴Vladimir Putin은 매우 노골적으로 러시아 연방을 소련의 상속자로 여기며 1939~1940년에 소련이 했던 바를 철저히 연

구, 일방적으로 옹호하는 연설을 하기도 한다.[111]

　이렇게 발흥, 몰락, 재발흥하는 제국들을 우리는 어떻게 이해하고 또 그것에서 무엇을 배울 수 있을까? 세계에서 두 번째로 큰 인구대국 인도 또한 비슷한 방식으로 여러 면에서 영국령 인도 제국의 상속자다. 인도의 총리였던 만모한 싱Mammohan Singh은 2005년 옥스퍼드대학에서 했던 주목할 만한 연설에서 이 점을 인정했다.

> 법의 통치, 입헌 정부, 자유 언론, 전직 공무원제, 현대적 대학과 연구 실험실 등 우리가 갖고 있는 관념 모두는 장구한 역사를 가진 우리 인도 문명이 당대의 지배적인 제국과 하나로 섞이는 도가니 속에서 그 모습이 형성되었습니다. (…) 우리의 법률 체계, 사법 시스템, 관료제, 경찰제 등은 모두 영국-인도 행정부 시절에서 파생된 것들로, 지금까지 우리 인도와 잘 맞아왔습니다. 영국령 인도 제국의 시대에서 내려온 그 모든 유산 중 가장 중요한 것은 영어와 현대적 학교 시스템입니다. 물론 크리켓은 빼고 말입니다! 우리 공화국을 세운 아버지들 또한 유럽의 계몽주의 시대와 결부된 사상으로부터 큰 영향을 받았습니다. 우리의 헌법은 우리의 지적 유산 속에서 본질적으로 인도적인 것과 지극히 영국적인 것이 지속적으로 상호작용해왔음을 입증하는 하나의 증언으로 남아 있습니다.[112]

　한편 앙카라의 레제프 타이이프 에르도간Recep Tayyip Erdoğan 대통령은 여전히 오스만 제국의 부활을 꿈꾸고 있다. 그는 제국의 해체를 가져온 1923년 로잔Lausanne 조약에 저주를 퍼부으며, 1920년 오스만 제국의회의 마지막 회의에서 채택한 '국민 서약National Oath'에서 주장되는 영토를 되찾으려 한다.[113] 노쇠한 국가인 이란의 권력자들 역시 수도 테헤란에서 영광의 환상에 빠져 있다. "이란은 탄생 때부터 항상 전 세계적[차원의 존재]이었다"는 것이 전직 정보부 장관이자 하산 로하니Hassan Rouhani 대통령에게 잡다한 문제들을 조언하는 알리 유네시Ali Younesi가 2015년에 선언했던 바다. "이란은 태어날 때부터 제국이었다. 이란의 지도자들, 공직자들, 행정가들은 항상 세계적 차원에서 생각하는 이들이었다." 유네시는 '대이란Greater Iran'의 영토를 중국에서부터 시작해 아케메네스Achaemenid 제국의 역사적 수도인 바빌론Babylon, 즉 이라크 사이의 지역으로 확장하여 규정했는데 여기에는 인도 아대륙Indian subcontinent과 북부 및 남부 코카서스, 페르시아만이 모두 포함된다.[114] 비록 이러한 야심을 공유하는 이란인들이 다수는 아니지만, 이 지역에서 '시아파 초승달Shia Crescent' 연맹을 주도하고자 하는 열망은 이란인들 사이에 널리 퍼져 있다. 이 또한 비슷한 제국의 의미를 품고 있는 개념이다.

'제국의 붕괴는 제국주의자들에게나 비극일 뿐'이라는 게 보통 사람들이 생각하는 바다. 하지만 제국이 해체되는 순간은 곧 폭력이 새로운 수준으로 상승하는 순간, 그리고 이제 곧 해방될 것이라 여겨졌던 일반인들이 더 큰 피해를 입게 되는 순간인 때가 많다. 로마노프, 합스부르크, 오스만 제국이 해체될 당시 나타났던 폭력이 얼마나 끔찍했는지, 또 영국령 인도 제국이 끝날 무렵 인도라는 나라가 여러 조각으로 나뉘는 공포가 어떤 것이었는지를 떠올려보면 이를 알 수 있다. 재난이 취할 수 있는 모든 형태 중 가장 복잡하고, 그래서 가늠하기도 가장 어려운 것은 어쩌면 제국의 죽음에 따르는 고통일지 모른다.

7장

부기우기 독감에서
에볼라 전염까지

새롭고 치명적인 독감이 돌았던 1957년에는 집단면역과 선별적 백신 접종의 조합이 합리적 대응으로 여겨졌다. 그해의 아시아 독감은 2020년의 코로나19만큼 위험한 것이었음에도 학교 폐쇄와 봉쇄 등의 사태는 벌어지지 않았다. 아이젠하워 정부의 이러한 대응이 성공을 거두었던 것은 당시 미국 연방 정부가 기민하게 대응했다는 사실뿐 아니라 냉전이란 상황 속에서 공중보건의 문제에 대한 국제적 협력이 크게 개선되었음을 반영하는 것이었다. 하지만 1950년대와 1960년대, 1970년대의 성공에 속아서는 안 된다. 에이즈 사태는 국가 및 국제 기구들 모두가 여러 약점을 가지고 있다는 것을 여실히 보여주었다. 방식은 다르지만 사스, 메르스, 에볼라 사태도 마찬가지였다.

심각한 중병에 걸렸다가 방금 회복되었다. 굳이 귀찮게
길게 늘어놓고 싶지는 않다.

잭 케루악Jack Kerouac,『길 위에서On the Road』

폐렴의 록앤롤

젊은이들에게 있어 1957년의 미국은 천국이었다. 그해 여름엔 엘비스 프레슬리Elvis Presley의 노래 '당신의 테디 베어가 되게 해주세요(Let Me Be Your) Teddy Bear'가 여러 차트의 정상을 차지했고, 9월과 10월에는 버디 홀리 앤드 더 크리켓츠Buddy Holly and the Crickets의 곡 '그럴 리 없어요That'll Be the Day'와 에벌리 브러더스Everly Brothers의 '일어나요, 꼬마 수지Wake Up, Little Susie'가 각각 그 뒤를 이었다. 가을에는 잭 케루악의 소설『길 위에서』가 출간되었다. 폴 뉴먼Paul Newman과 엘리자베스 테일러Elizabeth Taylor 주연의 영화〈뜨거운 양철 지붕 위의 고양이Cat on a Hot Tin Roof〉는 오스카 작품상을 수상했다.

하지만 당시를 이렇게 '행복한 나날들'로만 보는 대중의 목가적인 기억에선 당대의 가장 중요한 문제였던 '인종 간 갈등'이 빠져 있다. 1957년은 브라운 대 교육위원회Brown vs. Board of Education 송사로 공립학교에서의 흑백 인종 분리의 종말을 알리기 불과 3년 전이자 에밋 틸Emmett Till이 살해당하고 로자 파크스Rosa Parks가 버스 좌석에서 일어나길 거부했던 사건의 2년 전이다. 또 그해에는 아칸소 주도인 리틀록의 센트럴 고등학교로부터 입학 허가를 받은 흑인 학생 아홉 명이 무사히 통학할 수 있도록 연방 군대가 파견되는 일이 있었다. 이제 이런 역사들은 학교에서도 가르치고 있지만, 그럼에도 1957년에 벌어진 또 하나의 중요한 사건은 완전히 망각되는 경향이 있다. 그해에는 현대의 가장 큰 팬데믹 중 하나가 발발했는데, 최근의 한 조사에 따르면 이는 인류 역사상 열여덟 번째에 해당하는 규모의 것이었다.[1] 여기에서 그해의 또 다른 히트송이었던 휴이 '피아노' 스미스 앤드 클라운스 Huey 'Piano' Smith and Clowns의 노래 '록 음악 폐렴에 부기우기 독감Rockin' Pneumonia and the Boogie Woogie Flu'•의 가사를 살펴보는 게 의미가 있겠다.

> 그녀를 꽉 안아주고 싶지만 난 키가 너무 작다네
> 멋지게 뛰어가고 싶지만 난 달리기가 너무 느리다네
> 하지만 나도 젊은이의 리듬에 감염되었다네
> 나는 록 음악 폐렴에다 부기우기 독감까지 걸렸다네
> 나는 소리 지르고 싶어 (…)

• 이 곡의 싱글 음반은 100만 장 이상의 판매고를 기록해 골드 디스크가 되었으며 빌보드 차트에선 52위까지 올랐다.

이번 2020년 11월 3일에 있을 미국 대통령 선거에서 도널드 트럼프가 떨어진다면(이 책의 집필 시점은 2020년 10월이고, 대선에선 모두 알다시피 조 바이든이 당선되었음_옮긴이) 그도 1918~1919년의 스페인 독감 팬데믹으로 인해 건강은 물론 대통령 재선에도 치명타를 입었던 우드로 윌슨에 비견될지 모르겠다(윌슨 대통령은 1916년 재선에 성공했으나 3선을 원했음_옮긴이). 하지만 트럼프를 우드로 윌슨 같은 위인에 비유하는 것은 적절치 않으니 그보다는 드와이트 아이젠하워 대통령에 비유하는 편이 나을 것이다. 아이젠하워는 공직에서 모범적인 경력을 쌓았으나 그동안 팬데믹과 두 번이나 마주했다. 첫 번째는 그가 펜실베이니아의 게티즈버그Gettysburg에 있는 캠프 콜트Camp Colt에서 1만 명의 탱크 부대를 지휘하며 전개한 활동들로 소장이 되었을 때 닥쳤던 스페인 독감이었고, 두 번째는 대통령이었을 당시인 1957~1958년에 발생한 아시아 독감 팬데믹이었다.

스페인 독감은 이미 여러 책과 무수한 논문들에서 다루어진 바 있다. 2020년에 우리가 겪은 일들과 비슷한 역사적 선례를 찾는 과정에서 논평가들이 가장 많이 언급한 것이 바로 1918~1919년의 스페인 독감이었기 때문이다. 그에 반해 아시아 독감 팬데믹은 역사가들이나 역사적 시각을 갖춘 감염학자들을 제외한 대부분의 사람들에게서 잊혔는데, 사실 이는 좀 더 자세히 알아둘 가치가 충분한 사건이다. 스페인 독감 팬데믹이 역사상 10위 안에 드는 규모의 것이긴 했으나, 공중 보건의 위기라는 점에서 보면 아시아 독감 팬데믹이 우리 시대의 코로나19 사태와 훨씬 더 비슷한 모습이기 때문이다.[2]

2020년에 각국이 보여준 정책적 대응은 63년 전 아이젠하워 정부가 팬데믹에 대응했던 것과 너무나 다르고, 심지어 정반대라 해도 과언이 아니다. 아이젠하워는 1957년 가을에도 비상사태를 선포하지 않았고, 주 정부 차원에서의 봉쇄나 학교 폐쇄 또한 없었다. 병에 걸린 학생들은 보통 때처럼 그냥 집에서 쉬며 결석하는 것으로 끝이었고 일터들도 대개 별 혼란 없이 평상시와 똑같이 굴러갔다. 또한 아이젠하워 정부는 시민들과 사업체들에 소득 이전이나 대출 자금을 마련해주기 위해 국가부채를 있는 힘껏 늘리지도 않았다. 대통령이 한 일이라곤 공중보건청에 추가 지원할 250만 달러의 금액을 의회에 요청한 것이 전부였다(1957년의 GDP가 4,740억 달러였으니 이는 GDP의 0.0005퍼센트에 불과한 금액이었다).[3] 그해에 경기침체가 있었던 것은 사실이나 이는 팬데믹과 전혀까진 아니어도 거의 아무런 관계가 없는 일이었다. 1957년 1월부터 1958년 3월까지의 여론조사에서 아이젠하워 대통령이 '잘하고 있다'고 응답한 이들의 비율은 약 80퍼센트에서 50퍼센트로 뚝 떨어졌고[4] 공화당 또한 1958년 중간 선거에서 큰 패배를 맛보았다. 하지만 이 기간을 연구하는 진지한 역사가들 누구도 이러한 정치적 후퇴의 원인이 팬데믹에 있다고 보진 않는다. 휴이 '피아노' 스미스 앤드 클라운은 당시 미국의 태평한 분위기를 제대로 판단했던 듯하다. 1957년에 나온 그들의 노래 중 하나의 가사에는 그 판단이 집약되어 있다. "뭐? 나보고 걱정하고 있냐고?"•

• 1956년 미국 잡지 「매드Mad」의 부편집자 앨 펠드스타인Al Feldstein은 잡지 표지에 노먼 밍고Norman Mingo가 그린 앨프리드 E. 뉴먼Alfred E. Neuman의 얼굴을 처음으로 사용했다(「매드」는 미국의 유머 잡지. 앨프리드 E. 뉴먼은 낙천적인 젊은 남자의 얼굴을 한 가상 캐릭터임_옮긴이). 이후 이 헝클어진 머리에 앞니 빠진 젊은이의 그림은 계속해서 이 잡지의 표지에 등장했고, 다음의 구절은 그 그림과 한 세트처럼 항상 붙어 다녔다. "뭐? 나보고 걱정하고 있냐고?"

10대 사이에서의 감염

아시아 독감—시원지始原地에 따라 이런 명칭으로 이 병을 일컫는 것
은 당시 전혀 논란거리가 되지 않았다—바이러스는 신종 A형 독감 바
이러스의 항원적 변종인 H2N2 바이러스로, 1889년에 러시아 독감 팬
데믹을 일으켰던 변종과 비슷했다.[5] 이 바이러스는 코로나19 바이러
스와는 다른 것이었으나—둘 다 리보바이러스ribovirus지만 계열이 다
르다—그 충격은 비슷했다. 이는 1957년 4월 홍콩에서 처음 보고되었
고 그보다 두 달 전 중국 본토에서 시작되었지만 코로나19처럼 급속하
게 전 세계로 퍼져 4월, 5월, 6월엔 중동 지역으로 확산되었고, 한국과
일본의 군 기지를 통해 미국에도 유입되었다. 6월에 미국 본토를 포함
한 20개국 이상에서 첫 번째 환자가 기록된 데 이어 7~8월에는 이 바
이러스가 남미와 아프리카에도 도달했으며, 9월에는 북미 및 유럽에서
본격적으로 전염이 시작되었다.[6] 오늘날의 코로나19 바이러스의 경우
와 달리 H2N2 바이러스를 퍼뜨린 주된 존재는 당시 장거리 운송의 지
배적 수단이었던 선박이었지만 그 확산 속도는 놀라울 정도였다.

　아시아 독감도 코로나19와 마찬가지로 상당한 초과사망률 증가
를 가져왔다. 가장 최근의 연구는 이 팬데믹에 따른 전 세계 사망자 수
가 약 110만 명(전체 범위는 70만~150만 명)에 이른다는 결론을 내린
바 있다.[7] 코로나19 사태 이전이지만 그래도 최근에 나온 한 연구에 따
르면, 이 1957~1958년 팬데믹 당시의 것과 "비슷하게 심한 바이러스"
가 우리 시대를 덮친다면 전 세계적으로 약 270만 명의 사망자가 나올
수 있다.[8] 코로나19 사태로 그랬듯 당시에도 아시아 독감으로 입은 타
격의 정도는 나라마다 달랐다. 남미 국가들, 특히 칠레의 경우엔 초과

사망률이 높았고 핀란드 또한 그러했다. 미국에서는 1만 4,000~11만 5,700명의 초과사망자가 발생했다.[9] 오늘날의 인구에 맞춰 이야기하자면 2만 6,000~21만 5,000명인 셈이다.

이러한 비교는 매우 중요하다. 예측사망률로 볼 때 2020~2021년의 팬데믹은 스페인 독감보다 1957~1958년의 팬데믹과 더 많이 비슷할 것임이 분명하기 때문이다. 스페인 독감은 이보다 감염치사율이 훨씬 더 높아서 전 세계 인구의 2.2~2.8퍼센트, 그리고 미국 인구의 0.65퍼센트에 달하는 이들의 목숨을 앗아갔던 것으로 보인다(5장 참고).[10] 1918~1919년의 팬데믹은 역사상 최악의 팬데믹 중 하나로서, 16세기에 중남미 여러 민족들의 삶을 초토화시켰던 (유라시아에서 건너온 여러 질병의) 코코리츨리 전염병이 가한 충격에 비견된다. 1918년 당시 미국 남녀의 기대수명은 11.8년이나 줄어들었다.[11] 2020년 3월에 영국에서는 영향력이 크지만 대단히 의문스러운 역학모델이 나왔다. 사회적 거리두기와 경제적 봉쇄가 없을 경우엔 코로나19가 전 세계적으로 300만~400만 명의 목숨을 앗아갈 위험이 있으며 그중 220만 명은 미국인들이 될 것이라 예언한 모델이었다.[12] 그러나 이제 이는 현실성이 없는 이야기가 되었다. 미국에서 스페인 독감의 감염사망률은 약 2퍼센트였는데, 지금까지 발표된 혈청학적 연구에 기초해서 볼 때 코로나19의 감염치사율은 그 절반에도 미치지 않기 때문이다.[13]

2020~2021년 미국에서의 초과사망률은 1957~1958년 당시의 것보다 더 높아질 수 있다. 아시아 독감의 감염치사율은 기껏해야 0.26퍼센트 정도였을 가능성이 크다. 하지만 코로나19와 달리 아시아 독감은 젊은이들의 목숨을 앗아갔다. 1892년과 1936년의 예처럼 대부분의 독감 창궐 시기엔 65세 이상의 고령층뿐 아니라 5세 이하의 아주 어린

아이들 상당수의 목숨이 사라졌다. 하지만 기준 예상사망률에 대한 초과사망률의 비율로 봤을 때 전 세계적으로 사망률이 가장 높은 연령집단은 평균 사망률보다 34퍼센트 높았던 15~24세 집단이었고 그다음은 27퍼센트 높았던 5~14세 집단이었다. 미국에서도 초과사망률이 가장 높은 연령집단은 5세 이하, 65~74세, 74세 이상이었으며 초과사망자의 약 3분의 2는 65세 이상이었지만[14] 15~19세 집단의 상대적인 초과사망률은 예상사망률보다 네 배 이상이 높았다.[15] 말하자면 아시아 독감이 덮쳤을 당시의 사람들은 10대들의 사망률이 높을 거란 생각은 못한 채 노인들의 사망률이 더 높을 것으로 예상했을 거란 뜻이다. 그렇게 많은 젊은이들이 1957~1958년의 팬데믹에 희생되었다는 것은 곧, 비록 2020~2021년의 사망자 수가 미국 인구에서 차지하는 비율은 더 크다 해도 질보정 생존연수QALY: quality-adjusted life-years(의학적 처치 등으로 인해 추가로 얻게 되는 수명을 질적·양적으로 평가하는 도구_편집자)상의 손실 수치는 아시아 독감 쪽이 코로나19보다 훨씬 더 높았음을 의미한다. 최근에 나온 한 연구에 따르면 질보정 생존연수로 봤을 때 아시아 독감으로 인한 비용은 1979~2001년의 평균적인 독감 유행 시기보다 5.3배, 또 2009년의 '돼지독감' 때보다 4.5배가 높았으나 스페인 독감의 비용과 비교하자면 그 20분의 1에 불과한 것으로 추산된다.[16]

미국에서의 첫 번째 아시아 독감 환자는 로드아일랜드의 뉴포트Newport에 정박해 있던 배의 선원들 사이에서 1957년 6월 초에 나왔다. 이후 미국 서해안의 해군 기지들에선 곧 수천 명의 확진자가 쏟아져 나왔다고 보고된 바 있다. 6월 말엔 캘리포니아대학교 데이비스캠퍼스의 수의과 대학을 방문했던 여고생들 사이에서 발병했다. 그중 한 학생은 아이오와주의 그리넬Grinnell을 거쳐 6월 28일에 시작된 웨스트민스터

펠로십 콘퍼런스Westminster Fellowship Conference에 참석했는데, 여정 중 이미 독감 증세가 심해진 상태였기에 당시 콘퍼런스에 참석한 10개국 및 미국 내 40개주 대표자들에게 바이러스를 퍼뜨렸다. 또한 펜실베이니아의 밸리 포지Valley Forge에서 있었던 보이스카우트 잼버리Jamboree에 참가한 5만 3,000명의 소년들 중에서도 몇 명의 확진자가 나타났고,[17] 보이스카우트의 여러 그룹들이 7~8월에 미국 전역을 돌아다님에 따라 그 확진자들도 독감을 널리 전염시켜버렸다.[18] 7월에는 루이지애나주 탕기파호아 교구Tangipahoa Parish에서 "고열, 피로감, 두통, 전신 근육통, 인후통, 기침 등의 증세가 갑자기 나타나는" 특징의 '대규모 발병'이 있었다. "나이 어린 아동들에게선 오심과 구토 증세가 빈번히 나타났"으며 두 명이 사망했다. 이어 루이지애나 및 인근의 미시시피주 여러 지역들에서 일련의 발병 사태가 발생했고[19] 여름이 끝날 무렵에는 캘리포니아, 오하이오, 켄터키, 유타 등에서도 확진자들이 나타났다.

여름이 끝나 개학을 함과 동시에 아시아 독감은 미국 전체를 뒤덮는 전염병이 되었다. 학생들이 여름휴가에서 돌아오면서 바이러스가 미국 전역으로 퍼진 것이다. 미국 질병통제예방센터CDC는 그때도 마찬가지로 7월에 신규로 인플루엔자감시반Influenza Surveillance Unit을 신설해 인구의 85퍼센트를 대상으로 하는 군county 단위의 보고서, 2,000명의 대표 표본으로 구성된 국민건강조사National Health Survey 주간 보고서, 36개 도시에서 일하는 통신 회사 AT&T의 직원 6만 명을 대상으로 하는 결근 보고서를 받아 보았다. 이러한 데이터들 덕에 우리는 1957년 전염병을 그 이전의 어떤 사건보다 훨씬 더 자세히 그려볼 수 있다. CDC는 1957년 10~11월에 이 신종 바이러스에 감염된 이들이 대략 4,500만 명(당시 인구의 약 25퍼센트)일 것으로 추산했다. 군 단위의 데이터를 보면 발병률은 20~40퍼센트였음을 알 수 있다. 발병률 증가는 42주차에, 인플루엔자와 폐렴으로 인한 사망자 수는 그로부터 2~3주 후에 절정에 달했으며 바이러스의 공격률, 즉 감염률이 가장 크게 나타난 연령집단은 학령기 아동들부터 35~40세에 이르는 청년층이었다. 65세 이상의 고령 인구는 인플루엔자 사망자의 60퍼센트를 차지했는데 이는 비정상적으로 낮은 비율이었다(1960년에 이 연령집단은 폐렴과 인플루엔자로 인한 모든 초과사망자의 80퍼센트를 차지했다).[20]

미국의 젊은 성인층이 다른 연령층에 비해 유독 아시아 독감에 취약했던 이유는 무엇일까? 부분적으로는 그들이 나이든 미국인들보다 그 이전에 퍼졌던 여러 인플루엔자에 노출되지 않았었다는 설명이 가능하다. 1934년 이후 A형H1N1 독감은 1934~1935년, 1937년, 1939년, 1940~1941년, 1943~1944년, 1947년, 1950년, 1951년, 1953년 등 총 아홉 번에 걸쳐 유행했는데, 모두 바이러스의 유전적 '부동浮動'에 의해 나타난 평균 이상의 '계절성 독감' 사례들이었다. 1957~1958년의 독감은 새로운 H2N2 바이러스가 일으킨 것이었으나 나이 많은 미국인들은 그에 대한 모종의 잔류 면역력을 갖고 있었을 수도 있다.[21] 한 권위 있는 연구자는 이렇게 이야기했다.

70세 이상의 사람들을 제외하면 대중은 전혀 겪어본 바 없는 바이러스에 직면했다는 것, 그리고 박테리아가 함께 침입하지 않는다 해도 바이러스만으로도 생명을 잃을 수 있다는 것이 입증되었다. (…) 이 바이러스는 보체결합반응검사complement fixation test를 통해 A형 독감 바이러스라는 것이 금방 확인되었다. 하지만 HA 항원을 규정하는 검사들을 해본 결과, 이 바이러스는 이전까지 인간의 몸에서 발견된 그 어떤 바이러스와도 다르다는 점이 입증되었다. 이는 또한 뉴라미니다 아제NA: neuraminidase 항원에도 적용되는 바였다. 이 아시아 바이러스의 최종적인 하위 유형은 나중에 H2N2로 밝혀졌다.[22]

하지만 이 1957년의 팬데믹 당시 미국 청년층에서 예상을 뛰어넘는 민감성이 나타난 것과 관련된 또 다른 설명이 있다. 4장에서 살펴본 바 있듯 모든 전염병의 발생 및 발생 규모는 병원체 자체의 여러 성질뿐 아니라 그것이 공격하는 사회적 네트워크의 구조와도 함수 관계를 갖는다.[23] 여러 면에서 미국 10대 청소년들의 태동기였다고 할 수 있는 1957년은 제2차 세계대전 이후의 첫 번째 베이비붐으로 태어난 아이들이 13세를 앞둔 시점이었다. 10대 시절을 부유하게 보낸 이가 거의 없는 부모 세대에 반해 이들은 경제적으로 여유로울 뿐 아니라 꽤 새롭고 전 세계인의 부러움을 받는 사회생활을 즐겼다(당시 할리우드에선 이를 반영한 10대 하이틴 영화들이 쏟아져 나왔다). 하지만 고등학교 졸업무도회, 자동차 치킨 게임 등의 정신없는 소용돌이에도 어두운 측면이 있었다. 당시 CDC의 한 역사학자가 주목한 바 있듯 그때의 10대들은 "가정주부, 미취학 아동, 직장에서의 남편들 등 그 어떤 인구집단보다도 높은 접촉률을 경험했다."[24]

1957년 9월부터 1958년 3월까지 바이러스에 걸린 10대 청소년의 비율이 5퍼센트에서 75퍼센트로 치솟은 데는 여름캠프, 스쿨버스, 그리고 그 어느 때보다 많았던 방과 후 친목모임들의 영향이 매우 컸다. 탕기파호아에서의 결정적 계기는 7월 중순—매년 열렸던 딸기 따기 행사 직후였다—이 되면서 교구 학교들 스무 곳이 문을 연 것이었고, 가을에 전국적으로 감염이 확산된 것은 무엇보다 여름이 끝난 뒤 학교들이 개학을 했기 때문이었다. CDC의 추산에 따르면 그해 가을엔 학생들의 60퍼센트 이상이 뚜렷한 증상을 보이는 발병 상태에 있었다. 미국의 28개 학교 시스템에서 나온 데이터로 보면 평소의 결석률은 5퍼센트였으나 그 무렵에는 20~30퍼센트로 증가했다. 뉴욕주에서 결석률이 최고치를 기록했던 10월 7일의 결석자 수는 무려 28만 명으로 모든 재적 학생수의 29퍼센트에 해당했는데 특히 맨해튼에서는 이 비율이 43퍼센트에 달했다.[25] 앞으로 살펴보겠지만 1957년 미국 당국자들은 암묵적으로 우리가 오늘날 '집단면역'이라 부르는 전략을 선택했다.

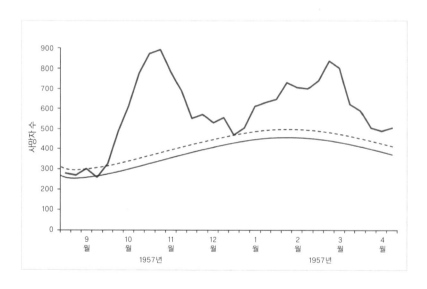

1957~1958년 미국의 팬데믹과 미국 108개 도시에서 폐렴과 독감으로 발생한 주간 사망자 수. D. A. Henderson et al. "Public Health and Medical Responses to the 1957~1958 Influenza Pandemic," Biosecurity and Bioterrorism: Biodefense Strategy, Practice, and Science, September 2009, p. 269.
주: 윗쪽 실선은 1957년 9월 이후 108개 도시에서 보고된 폐렴 및 독감 사망자 수. 아랫쪽 실선은 그 이전 해의 폐렴 및 독감 사망자 수를 기초로 추산한 예상 사망자 수. 점선은 이른바 "전염병 문턱 epidemic threhold"으로서, 유행성 독감이 발생하지 않는 한 여간해서는 뚫리지 않는 한계선을 뜻한다.

하지만 이는 1958년 2월의 2차 유행을 막지 못했고, CDC도 허를 찔려 어쩔 줄 몰라 했다. 2차 유행에서도 초과사망률은 위로 치솟는 양상을 보였지만 이번에는 좀 더 높은 연령대인 45~74세에 집중되었다. 1960년 1~3월에는 또 다시 여러 번의 독감(A2형)이 있었고, 1962년 초와 1963년에도 다시금 나타났다(B형). 1965년과 1966년의 유행병은 그리 심하지 않았다.[26] 이어 1968~1970년에는 '홍콩 독감(A/H3N2형 독감)'이라는 더 큰 전염병이 찾아왔지만 초과사망률 면에선 1957~1958년 팬데믹의 절반 규모에 불과했다.[27]

힐먼의 방식

1957~1958년 독감 당시 아이젠하워 대통령이 나라 전체를 개방된 상태로 유지하겠다고 결정한 데는 그가 스페인 독감의 유행 시기에 캠프콜트에서 젊은 장교로 근무했던 경험이 투영되어 있었다. 당시 육군은 사태 진화 활동을 매우 성공적으로 이끌었던 아이젠하워를 진급시켰고, 캠프 콜트의 의사 30명을 차출해 전국으로 파견하여 다른 의사들을 교육하게끔 했다. 1918년에 아이젠하워가 취한 전략은 의사들을 믿는 것─그는 당시 군 부대의 수석외과의에게 병의 대응과 관련된 전권을 위임했음은 물론 실험적 치료에 대한 수행 권한도 부여했다─그리고 사회적 거리두기를 시행하는 것─병사들은 개방지인 들판에서 3인 1텐트 단위로 흩어져 생활했다─등으로 매우 단순했다.[28] 1957년 8월 27일 연방군 및 주 방위군 보건장교협회ASTHO: Association of State and Territorial Health Officers가 "이 질병의 확산과 관련하여 학교 폐쇄나 공공

집회 축소 등은 아무런 현실적 이점이 없다"는 결론을 내렸을 때에도 아이젠하워는 그 말에 귀를 기울였다.[29] CDC의 한 공무원은 훗날 이렇게 회고했다.

> 학교를 닫고, 여행을 제한하고, 국경을 폐쇄하고, 마스크 쓰기를 권장하는 등의 조치는 전반적으로 취해지지 않았다. 격리는 효과적인 완화 전략이라 여겨지지 않았으며, "여행자들의 수가 아주 많고 경증이나 무증상 감염자들이 워낙 빈번히 나타났기 때문에 당연히 쓸모가 없었다." (…)
> 10월 초가 되자 뉴욕주의 나소카운티보건위원회Nassau County Health Commissioner는 성명을 냈다. "전염병 유행 중에도 공립학교는 닫으면 안 된다." "아동들이 병에 걸릴 가능성은 학교 출석과 무관하다." ASTHO는 합병증 증세가 없는 환자들은 병원에 의료 부담을 주지 않도록 가정에서 치료할 것, 그리고 입원 시설은 병증이 가장 심한 환자들에게만으로 제한할 것을 권장했다. (…) 대부분의 사람들은 그냥 집에서 누워 쉬고, 물과 과일주스를 많이 마시면 된다는 게 ASTHO의 조언이었다.[30]

이러한 결정이 의미하는 바는 자명했다. 비의학적 개입 조치들이 먼저 제대로 취해지지 않은 탓에 병과 싸우는 부담과 책임은 모조리 의학적 개입 조치들의 몫이 되어버린 것이다.

2020년 오늘날의 현실과 마찬가지로 당시에도 백신 확보 경쟁이 벌어졌다. 다만 당시엔 미국의 경쟁자라 할 만한 국가가 거의 전무했다는 차이점이 있었다. 이는 놀랄 정도의 재능과 예지력을 갖춘 어느 과학자 덕분이었다. 1919년 몬태나주의 마일스 시티Miles City에서 태어난 모리스 힐먼Maurice Hilleman은 1948년부터 1957년까지 육군의학센터Army Medical Center(오늘날의 월터리드육군연구소Walter Reed Army Institute of Research)에서 호흡기 질환과 과장으로 봉직한 이였다. 당시 미국군은 독감과 백신 문제에 관심을 기울이고 있었으며, 국군전염병이사회 Armed Forces Epidemiological Board의 인플루엔자위원회Commission on Influenza에서도 1940년대 이후로 독감과 백신 예방 등을 연구해오고 있었다.[31] 연구자로서의 경력 초기 당시 힐먼은 이미 독감 바이러스가 돌연변이를 일으킬 때 나타나는 유전자 변화, 즉 '소변이와 대변이drift and shift'라 알려진 현상을 발견한 바 있었다. 이러한 작업이 있었기에 그는 홍콩의 '게슴츠레한 눈의 아이들'에 대한 이야기가 매체에서 보도된 것을 읽자마자 그것이 재앙의 팬데믹으로 발전할 잠재적 위험이 있음을 곧바로 알아챘다. 하루에 14시간씩 9일에 걸친 작업을 통해 그와 그의 동료들은 이것이 1918년에 유행했던 것과 마찬가지로 수백만 명의 생명을 빼앗을 수 있는 신종 독감임을 확인했다. 물론 1918년 당시와 달리 항생제가 있으니 많은 이들의 목숨을 앗아갈 각종 2차 감염 증세들과 싸울 수 있다는 점도 덧붙였다.

　육군의학센터는 5월 13일 홍콩으로부터 처음으로 바이러스 견본들을 받았고, 힐먼은 5월 22일 그것이 신종 바이러스임을 똑똑히 확인했다.[32] 이제부터의 핵심은 속도였다. 힐먼은 백신 제조업체들과 직접 만나 작업을 했고, 이를 통해 그의 말마따나 "관료제의 각종 규제 red tape"를 우회할 수 있었다. 공공보건청은 이미 힐먼이 분석을 끝내기도 전에 제조업체들에게 아시아 독감 바이러스의 첫 번째 배양체들을 배포한 바 있었다. 핵심적 역할을 했던 것은 앨라배마주 몽고메리의

CDC 본부에 마련된 세계보건기구 산하 기관인 '미대륙을 위한 국제 인플루엔자센터International Influenza Center for the Americas'의 실험실이었다. 뒤에서 보겠지만 2020년 팬데믹과 관련해 WHO는 그다지 영광스러운 찬사를 받지 못했으나, 1957년에는 CDC와 영국 측의 동일 기관인 런던의 세계인플루엔자센터World Influenza Center 사이에서 협력을 촉진하는 역할을 했다. 몽고메리, 또 애틀랜타 CDC 본부의 연구 스태프들 다수는 이 백신의 첫 번째 실험 대상이 되겠다고 자원했다. 감염병 정보청 Epidemic Intelligence Service—이는 한국전쟁 시 등장한 생물학 무기들의 위협에 대응하기 위해 1951년에 세워졌다—의 H. 브루스 덜H. Bruce Dull 은 애틀랜타주의 연방 교도소에서 백신을 시험 접종했는데, 1차 접종 뒤 80~90퍼센트의 사람들에게서 효과가 나타났다. 여름이 끝날 무렵

1957년 메릴랜드주 실버스프링스에 있는 월터리드육군연구소의 실험실에서 자신의 아시아 독감 바이러스 연구팀과 이야기하고 있는 모리스 힐먼(1919~2005). Ed Clark, The LIFE Picture Collection via Getty Images.

에는 머크Merck, 샤프Sharp, 돔Dohme 등 여섯 개 제약회사들이 동일한 백신을 생산하고 있었다.

　이렇게 미국이 팬데믹 위기를 감지하자마자 곧바로 대규모 백신 접종으로 나아간 속도는 실로 놀랄 만했다. 홍콩에서 발생한 전염병에 관한 「뉴욕타임스」 최초의 보도는 4월 17일자 신문—3면의 세 개 문단에 걸친 기사—를 통해서 이루어졌다.[33] 그로부터 석 달이 채 지나지 않은 7월 26일 캘리포니아주 포트 오드Fort Ord의 군의관들은 신병들에게 백신을 접종하기 시작했고, 그 3일 뒤에는 콜로라도주 로리 공군기지Lowry Air Force Base에서도 접종이 진행되었다. 그다음 순번은 의사들, 간호원들, 기타 보건 노동자들이었다. 아이젠하워 대통령도 순서에 따라 백신을 맞았고, 영국의 엘리자베스 여왕Queen Elizabeth과 필립 공Prince Philip 부부 또한 미국 및 캐나다 순방에 앞서 접종을 받았다. 공중보건 공무원들의 시각에서 보자면 이러한 백신 접종의 추동력이야말로 팬데믹에 대한 미국의 대응에서 핵심을 이루는 것이었다. 8월 15일 미국의 의무감Surgeon General인 리로이 버니Leroy Burney는 백신을 각 주마다 인구 규모에 맞춰 배분하겠으나 그 방식은 제조업체들이 보유하고 있던 종래의 상업적 네트워크를 통해서일 것이라고 공표했다. ASTHO는 8월 말 워싱턴에서 열린 회의에서 이렇게 선언했다. "감염 확산을 막을 효과적 수단이 없는 상태이므로 예방조치는 결국 백신 접종 프로그램으로 귀결된다." 8월에는 1밀리리터 용량의 백신 약 400만 회분이, 10월에는 1,700만 회분이 배포되었다.[34] 힐먼은 2005년에 있었던 인터뷰에서 당시를 회상하며 이렇게 말했다. "1957년 팬데믹은 우리를 속이지 않았습니다. 우리가 예상한 시점에 정확히 시작되었으니까요." 그 결과 1918~1919년의 재앙이 다시 벌어지는 두려운 사태는 그럭저럭 피할 수 있었다. "백신으로 팬데믹을 피해갔던 건 그때가 유일했습니다."라고 그는 회상했다.[35]

물론 이 백신은 분량이 인구의 17퍼센트에게만 접종해줄 수 있는 정도밖에 안 되었고 효과도 53~60퍼센트에 불과했다. 그에 따라 실수가 빚어지는 것도 불가피한 일이었다. 경찰이나 소방관보다 먼저 백신을 맞은 이들은 미식축구 선수들이었다. 샌프란시스코의 축구팀 '포티나이너스49ers'뿐 아니라 캘리포니아주립대학 및 스탠퍼드대학의 축구팀들도 마찬가지였다. 제약회사 머크의 영업부장은 이렇게 설명했다. "사과를 먹겠다는 사람이 25명인데 사과는 하나밖에 없어요. 누가 먹겠어요? 당연히 먼저 손을 내미는 사람이죠, 뭐."[36] 이런 정황 때문에 한 전직 CDC 공무원은 이 백신이 "팬데믹의 추세에 대응해 이렇다 할 만한 효과를 내지 못했"다는 결론을 내리기도 했다.[37]

하지만 이는 힐먼의 성취를 과소평가한 것이다. 미국에서 초과사망률이 일정 수준 이하로 묶였던 것은 분명 그가 아시아 독감에 신속히 대응한 덕분이었다. 이렇게 말하는 이유는, 좀 더 자세히 관찰해봤을 때 당시의 보건 정책이란 젊은 미국인들을 대상으로 하는 '집단면역'에 군대 및 의료보건 종사자들에게 선별적으로 백신을 접종해주는 방안을 결합시킨 정도의 것에 불과했기 때문이다. 그 이후에도 실험과 연구는 계속되었다. "1차 항체 반응을 끌어내려면 이전의 H1 백신보다 더 많은 백신이 필요하다. (⋯) 1958년, 1959년, 1960년에 감염 사태가 반복해서 일어나자 모집단의 초기 항체 수준의 중간값이 증가했고(즉, 대상자들이 준비되어 있었고) 항체 반응 또한 더욱 분명히 나타났다. 4주 이하의 간격을 두고 여러 번으로 분량을 나누어 접종하는 편이 한 번 주사할 때보다 효과가 좋았다. 해가 지날수록 이러한 전략의 효과는 점차 감소했다." 나바호족의 학교 아동들 및 뉴욕시의 의대생들을 연구한 결과 "무증상 감염자들은 매년 발생"했으나 "증상이 뚜렷한 감염자들"의 수는 H2N2에 맞춘 항체의 수준이 높아짐과 맞물리면서 줄어들었다.[38] 이러한, 또 이후의 발견들을 통해 정책 역시 노인 인구에게 정규적으로 백신 접종을 행하는 쪽으로 옮겨갔다. 노인들은 그때나 지금이나 거의 항상 대부분의 독감 바이러스에 가장 취약한 이들이기 때문이다.

1957년 힐먼은 펜실베이니아주 웨스트포인트West Point에 소재한 머크사의 '바이러스 및 세포생물학 연구부'의 신임 부장으로 취임했다. 이후 그의 활약은 실로 대단했다. 힐먼의 성과로 인정받은 동물 및 인간에 대한 실험백신과 허가백신 40종의 대부분은 그가 머크사에서 일하는 동안 개발한 것들이다. 오늘날 사람들에게 정기접종이 권유되는 14개 백신들 중 그가 개발한 것은 홍역, 볼거리, A형 감염, B형 감염, 수두, 뇌막염, 폐렴, 헤모필루스 인플루엔자 박테리아 등 여덟 개에 이른다. 1963년에 딸 제릴 린Jeryl Lynn이 볼거리에 걸리자 힐먼은 딸에게서 바이러스 물질을 채취, 배양하여 볼거리 백신의 기반으로 활용했고 이렇게 만들어진 백신은 오늘날에도 여전히 사용되고 있다. 힐먼과 그의 연구팀은 펩신, 요소, 포름알데하이드 등으로 처리한 혈청을 통해 B형 간염 백신을 발명했다. 이 백신은 1981년 사용 허가를 받았고—다만 미국에서는 1986년 이스트에서 생산된 백신으로 대체되었다—2003년까지도 150개 국에서 선호되는 선택이었다.

힐먼의 삶에 대한 이야기를 읽다 보면 냉전 시기의 과학 연구 문화가 오늘날 용납되는 것보다 훨씬 더 전투적이었음을 알 수 있다. 힐먼의 전기작가에 따르면 "그는 실험실을 자신이 총지휘하는 군사 작전처

7장 _ 부기우기 독감에서 에볼라 전염까지

럼 운영했다. 심지어 잠깐 동안이긴 했으나 자신이 해고한 직원들 한 사람 한 사람을 대표하는 '벗겨서 말린 머리가죽'—물론 이는 그의 자녀 중 하나가 만든 가짜였다—을 사무실에 트로피처럼 한 줄로 늘어놓기도 했다. 그는 자기주장을 확실하게 전달하기 위해 욕설 섞인 장광설을 마구 구사했다. 머크사의 중간관리자들은 좀 더 세련된 매너를 배우기 위해 '차밍스쿨charm school'에 의무적으로 출석해야 했으나 그가 이를 단호히 거부했다는 건 유명한 일이다."[39]

냉전의 생화학

당연한 말이지만 1957~1958년의 아시아 독감 팬데믹은 상당한 경제적 충격을 가져왔다. 1957년 11월 초 당시 이 병에 걸린 미국인의 수는 8,200만 명, 그로 인한 노동일의 손실은 2억 8,200만 일에 달했다. 하지만 확실히 말할 수 있는 것은 이 팬데믹 시기가 경기침체의 시기와 맞물려 있었다는 점이다. 사실 경기침체는 미국에서 바이러스가 퍼지기 전인 1957년 여름부터 이미 시작되었고, 그 원인은 대략 시장금리의 상승—이에 대해 연준도 마지못해 금리를 올려야 했다—과 군사 지출 삭감이었다 할 수 있다.[40] 어찌 되었든 경기침체의 지속 기간은 불과 9개월 정도로 짧았으며 그 폭도 깊지 않았다. 1957년 8월에 4.1퍼센트였던 실업률은 약간 올라 이듬해 7월에 7.5퍼센트에 도달했는데, 이는 1948~1949년의 침체기 당시(7.9퍼센트)에 미치지 못하는 수준이었다. 개인소득과 개인소비지출PCE: personal consumption expenditures 은 줄어들지 않았다. 1958년 8월에 나온 연준의 보고서는 심지어 이 팬데믹을 경기침체를 일으켰을 수도 있는 원인 중 하나로 언급하지도 않았다. 음식점, 술집, 쇼핑몰 등은 경기침체의 충격을 가장 덜 받은 부문들이었기 때문이다.[41] AT&T가 36개 도시의 자사 직원들을 대상으로 수집한 데이터에 따르면 이 전염병의 절정은 10월 19일 주간이었지만, 그로 인한 초과결근율은 2.7퍼센트에 불과했다. CDC가 데이터를 추적한 여러 도시들에서 그 주간에 나타난 각각의 초과결근율은 3퍼센트부터 8퍼센트까지 들쭉날쭉했고, 캐나다의 데이터 또한 이와 비슷한 양상이었다.[42] 의회예산청Congressional Budget Office은 이 아시아 독감을 "경제활동에서 나타나는 정상적인 분산 양상과 구별할 수 없을 정도"라고 설명했다.[43]

따라서 1957~1958년의 팬데믹은 경제적 충격으로 보자면 2020년에 비해 최소한의 수준이었다고 할 수 있다. 하지만 정치적 여파 면에선 전혀 달랐다. 1958년 공화당은 중간 선거 역사상 최악의 결과를 얻었다. 직접투표popular vote에서 13퍼센트의 격차로 상원 13석과 하원 48석을 잃었던 것이다. 하지만 이 선거에서 팬데믹은 중요 변수가 아니었을 가능성이 크다. 그 선거에 대한 사후 분석에서 「뉴욕타임스」는 아시아 독감을 언급조차 하지 않았다.[44] 당시엔 분명 국가안보가 팬데믹보다 훨씬 더 큰 이슈였다. 이전 해에 소련이 인공위성 스푸트니크Sputnik를 성공적으로 발사했고, 이는 소련보다 자국이 냉전에서든 우주 경쟁에서든 당연히 기술적으로 우위일 거라 여겼던 미국인들을 깜짝 놀라게 했기 때문이다. 또한 당시 쿠바에선 내전이 심각한 수준으로 치달았고, 그로부터 불과 몇 달 후 피델 카스트로Fidel Castro가 승리를 거뒀다. 한편 이라크에선 7월에 쿠데타가 일어나 파이살 2세Faisal II 왕정을 전복시켰고, 몇 년 뒤인 1963년에 바트당이 권력을 장악하게 될 전주곡이 울렸다. 미국 군대는 그 대응으로 레바논에 파견되었다.

아시아 독감 팬데믹은 이러한 지정학적 맥락과 연결하여 살펴봐야 한다. 가령 당시 미국 CDC가 보건 기관들의 국제 네트워크상에서 지도적 노드의 위치에 있었다는 것은 모리스 힐먼에게 큰 도움이 되었다. 1900년대 초에 형성된 이 네트워크 덕분에 1902년에는 범미대륙위생국Pan-American Sanitary Bureau이, 1907년 파리에선 국제위생정책청Office international d'hygiènepublique이 창설되었다. 그러나 이 네트워크가 정말로 세계적으로 뻗어나간 것은 제1차 세계대전 이후의 일이다. 1920년 12월 국제연맹 총회에선 보건위원회Health Committee의 창설 결의안이 승인되었다. 이를 지휘했던 폴란드의 세균학자 루드비크 라이흐만Ludwik Rajchman은 폴란드 군대의 지휘자 유제프 피우수트스키Józef Piłsudski가 볼셰비즘의 확산에 저항했던 것과 마찬가지로 티푸스가 서쪽으로 확산되는 것을 성공적으로 막아냈다. 1921년에 창설되어 보건위원회의 중심이 된 전염병정보청Epidemological Intelligence Service은 이듬해부터 다양한 정기 보고서들을 발행하기 시작했다. 보건위원회는 1923년까지 '임시' 위원회로 지칭되었으나 1923~1928년에는 '영구적' 위원회가 되었고, 이후 국제연맹보건기구LNHO: League of Nations Health Organization으로 개칭되었다(물론 실제 재정은 록펠러 재단에 크게 의존했다). 925년에 싱가포르에서 문을 연 극동보건국Far Eastern Bureau—극동국Eastern Bureau이라는 명칭으로도 알려져 있다—은 두 가지 방법으로 주간 간행물을 내보냈다. 하나는 우편을 통한 인쇄물이었고 다른 하나는 라디오 방송이었다. 1930년대 초 LNHO의 네트워크는 전 세계 인구의 3분의 2에 해당하는 45개국에 걸쳐 뻗어나가기에 이르렀다.

그러나 모든 국가가 이 네트워크에 참여한 것은 아니었다. 남미 국가들은 범미대륙위생국의 틀 안에 있는 편을 선호했는데, 이는 어쩌면 '전염병학의 제국주의'를 두려워했기 때문일 수 있다. 하지만 사실 LNHO의 정신은 제국주의적이라기보다는 자유주의적이었다. 이 조직의 지휘자였던 캐나다 의사 프랭크 부드뢰Frank Boudreau는 1940년 1월에 그 정신을 다음과 같이 표현한 바 있다. "선지자들은 진리가 인간을 자유롭게 할 것이라고 말씀하셨다. 질병에 대한 진리를 제대로 안다는 것은 곧 화물 및 여객 수송의 자유, 질병으로부터의 자유, 불필요한 제약으로부터의 자유를 뜻한다." 부드뢰가 보기에 이 싱가포르 보건국은 "지역화재 예방 시스템에 비유하자면 중앙 소방서"에 해당하는 것으로 "전 세계의 경보 시스템"을 감독하는 기관이었다.[45] 실제로 전 세계가 다시 전쟁으로 퇴행하는 중에도 LNHO만큼은 놀라울 정도로 제 기능을 했다. 독일은 히틀러가 1933년 10월 국제연맹에서 탈퇴한 뒤에도 전염병 관련 간행물들을 계속해서 발간했다.[46] 싱가포르에서의 주간 간행물 역시 일본이 1937년 중국을 침략하고 1939년 유럽에서 제2차 세계대전이 터진 뒤에도 발간되었다. "각국이 각자 가능한 모든 수단을 동원해 국제협력을 무너뜨리고 있는 지금의 세계가 보건 문제에 있어서만큼은 오히려 그것을 통해 파괴적인 전염병으로부터 구원받고 있다는 것, 이는 실로 오늘날의 난해한 패러독스다." 물론 1940년이 되면 미국과 영국 쪽의 책임자들은 독일과 그 동맹국들에게 도움이 될 것을 두려워하여 정보를 숨기기 시작한다. 하지만 LNHO는 제2차 세계대전 이후에도 살아남았으며 "오늘날의 WHO가 사용하고 있는 시스템의 주춧돌"이 되었을 뿐 아니라 WHO를 창립한 인물들 중 몇몇을 배출하기도 했다.[47] 프랭크 부드뢰의 정신은 WHO의 첫 번째 지휘자이자 동료 캐나다인이었던 브록 치점Brock Chisholm의 "인류가 생존하는

데는 새로운 종류의 시민들이 필요하다."라는 유토피아적 비전에서도 계속되고 있다.[48]

　미국에서는 1930년대 말부터 국가안보에 대한 태도가 완전히 달라졌고 1945년 이후에는 국제 공중보건이 계속해서 우선적 관심사가 되었다. 프랭클린 루스벨트 대통령은 1937년 10월의 한 연설에서 "세계적 무법자인 전염병"을 언급하며 이렇게 경고했다. "전쟁은 전염병입니다. 그것이 전염병으로 선언되든 아니든 상관없습니다. 여러 적대적 갈등이 벌어질 때, 애초에는 그것들과 멀리 떨어져 있던 국가 및 민족들이 결국 전쟁으로 휘말려드는 것은 바로 이 때문입니다."[49] 루스벨트와 뉴딜 정책가들은 국제안보가—따라서 미국의 안보 또한—정치적·경제적 발전에 결정적으로 의존하고 있다고 확신했다.[50] 부통령이었던 헨리 A. 월리스Henry A. Wallace가 1942년에 말했듯 "전쟁은 빈곤, 불안정성, 기아, 실업 등에 깊이 뿌리를 내린 연속적 과정의 일부로 여겨져야 한다. 이러한 사회악들이 완전히 추방되지 않는 한 히틀러 같은 자들, 그리고 전쟁이 끊이지 않는 세상은 계속해서 다시 나타날 것이다."[51] 이러한 논리는 냉전 시기에도 계속해서 계승되었다. 그 적지 않은 이유는 새로운 경쟁자로 등장할 가능성을 보인 소련이 독일, 일본, 이탈리아가 1945년 이전에 그랬던 것보다 훨씬 더 '제3세계'의 경제발전을 적극 후원하고 나섰기 때문이다.[52] 미국이 이란에 파견한 기술협력단의 단장은 1952년 이란 국회의장에게 이렇게 이야기했다. "제가 매일매일 항상 고민하는 질문은 '어떻게 공산주의와 싸울 것인가?'가 아니라 '이란 국민들을 좀먹고 있는 빈곤, 질병, 기아와의 싸움에 어떤 도움이 될 것인가?'입니다. (…) 공산주의란 이런 것들을 뿌리로 삼아 자라나는 병든 식물이고, 공산주의를 없애기 위해서는 그 뿌리를 뽑아야 하기 때문입니다."[53]

　이러한 경쟁에서 미국은 전 세계 중 제약 산업이 가장 발달해 있다는 사실 덕에 무서운 우위를 점하게 되었다. 다른 경쟁국들보다 앞서 있는 과학자들 덕분이 아니었던 것이다. 노벨상 수상자로 보자면 전혀 그렇게 말할 수 없었다. 1901년부터 1940년까지 노벨상 과학 부문에서 수상한 독일 과학자들의 비율은 22퍼센트였으나 미국의 경우엔 8퍼센트에 불과했다.[54] 하지만 신약 개발과 배포에서만큼은 미국에 필적할 나라가 없었다. 설폰아마이드sulfonamide 약품들은 당시 독일의 화학기업 카르텔 이게파르벤IG Farben의 일부였던 바이엘Bayer이 박테리아 치료제로 개발한 것이 사실이다. 하지만 바이엘의 유명한 제품 프로톤실Protonsil의 결정적 성분은 설파밀라마이드sulfamilamide라 불리는 흔한 복합물이었다. '설파제'들은 이내 미국에서 대량생산되기 시작했고, 그 효과는 좋은 쪽으로나 나쁜 쪽으로나 놀라울 정도였다. 1937년 가을에 엘릭서 설파밀라마이드elixir sulfanilamide를 복용한 사람들 중 100명이 디에틸렌 글리콜diethylene glycol에 중독되었고, 이 사건으로 인해 1938년에 식품, 약물, 화장품 연방법Federal Food, Drug, and Cosmetic Act이 통과되었으며 이후 미국에서는 엄중한 의약물 규제가 시작되었다. 그러나 다른 한편으론 1941년 한 해 동안 1,000만~1,500만 명의 미국인이 설파제 치료를 받았는데 그 결과 산모 사망률은 25퍼센트, 폐렴/독감 사망률은 13퍼센트, 또 성홍열 사망률은 52퍼센트나 감소했다.[55]

　이와 똑같은 방식으로 1929~1940년에는 스코틀랜드인 알렉산더 플레밍Alexander Fleming, 오스트레일리아인 하워드 플로리Howard Florey, 독일인 언스트 체인Ernst Chain 등이 페니실린을 발견 및 개발했으나, 제2차 세계대전의 막바지 무렵 항생제를 대량생산한 것은 미국의 제약사들이었다. 1937~1952년에 미국에서의 감염병 사망률은 연간 8.2퍼센트 정도 감소했는데, 1900~1936년의 평균 감소치인 2.8퍼센트와 비교하면 이는 큰 진전이었다. 15년 동안 사망률은 연간 5.4퍼센트씩 감소하여 총 56퍼센트가 낮아졌는데 이는 항생제라는 단 하나의 요소 덕이었다. 물론 20세기 중반에 나타난 사망률 감소가 모두 설파제 약물과 항생제 덕분이라 할 수는 없다. 앞서 보았듯 미국에서나 영국에서나 위생 상태와 영양 상태, 또 빈곤을 줄이기 위해 고안된 사회 정책들 등이 모두 중요한 역할을 했기 때문이다.[56] 영국의 학교에서 시작되고 1937년엔 미국 육군이 채택한 접촉자 추적과 같은 비의학적 개입 조치들 역시 중요한 기여를 했다.[57] 하지만 20세기 중반에 발견되어 널리 유통된 대부분의 백신과 마찬가지로 이런 요인들은 주로 아이들의 사망률을 낮추는 면에서 더 큰 효과를 발휘했고, 나이든 이들에게서는 설파제와 항생제가 그런 역할을 했다.[58] 1948년에는 무작위 배정 임상시험과 이중맹검법double-blind method이 영국과 미국에서 동시에 채택되어 의학 연구에 박차가 가해졌다.[59] 요컨대, 1957~1958년에 모리스 힐먼이 거둔 성공은 한 명의 영웅이 튀어나와 순식간에 문제를 해치우는 미국식 혁신의 결과가 아니었다는 뜻이다. 그보다는 아시아 독감이 발발하기 오래전부터 이미 홍콩, 런던, 워싱턴 사이의 협력이 제도화되어 있었다는 사실, 그리고 미국의 인구가 이 '부기우기 독감'이 덮친 여름 당시 가장 건강한 상태에 있었다는 사실의 결과였다.

그와 동시에 1957년은 니키타 흐루쇼프Nikita Khrushchev 시대의 소련이 그 자신감의 절정에 다가간 시기였다. 여기에서 다시 아시아 독감 팬데믹이 한창이었던 그해 10월 4일에 소련이 스푸트니크호를 발사한 이야기를 해볼 필요가 있다. 이는 아시아 독감의 기억이 어째서 사라졌는지를 설명하는 데 도움이 되기 때문이다. 냉전이 가져온 가장 중요한 결과는 핵전쟁이라는 전대미문의 위협적 재난이 등장했다는 것이었기에, 미생물이 인류에 가하는 종래의 위협들은 대중의 의식에서 상당히 뒤로 밀려났다. 1950~1960년대 당시 미국인들에게 '향후 5년 동안 세계대전이 벌어질 것이라 생각하는가'라 물으면 응답자의 40~65퍼센트가 '그렇다'고 답했으며, 1980년대에는 이 비율이 76퍼센트까지 올라갔다. 또 '세계대전이 벌어질 경우 생물무기bioweapon가 미국인들에게 사용될 것으로 생각하는가'라는 질문에는 응답자의 60~75퍼센트가 '그렇다'고 답했다. 이러한 생각을 사람들이 어느 정도나 심각하게 내면화하고 있었는지에 대해선 논쟁의 여지가 있다. 1980년대에 경제학자 조엘 슬림로드Joel Slemrod는 세계를 종말시킬 전쟁이 벌어진다는 두려움 때문에 미국의 민간 저축률이 낮게 유지되었다는 주장을 내놓기도 했다. 내일이 올지 안 올지도 모르는데 무슨 저축을 한단 말인가? 그래서 슬림로드는 냉전이 끝난다면 핵전쟁의 위험도 급격히 감소할 테고, 그에 따라 특히 미국에서는 저축률이 회복될 것이라 예언했다.[60]• 어쨌든 1950~1980년대의 사람들이 인류에 닥칠 재앙으로 가장 많이 걱정했던 것은 제3차 세계대전이었다. WHO의 브록 치점의 말을 빌자면 "인간이 가진 잠재적 파괴력이 너무나 커진 나머지 이젠 인간이 품는—그리고 신체적, 정신적, 사회적 질병에 흔히 나타나는 증후들인—여러 열등의식, 불안감, 공포, 증오, 공격적 압력, 광신, 심

• 아쉽지만 이런 일은 벌어지지 않았다. 소련이 붕괴하면서 원자력 과학자들이 '운명의 날' 시계를 자정 17분 전으로 후퇴시켰으나 미국의 개인저축률은 계속해서 낮은 수준을 보였다. 오히려 온 세계가 재난 직전에 몰렸던 1983년에 9.4퍼센트였던 가처분소득 대비 저축률은 2005년에 2.5퍼센트로 떨어졌다.

지어 맹목적인 충성과 헌신마저도 인류 다수의 존속에 심각한 위험이 되고 있다."[61]

　아마겟돈의 핵전쟁이야 없었지만 냉전은 곳에 따라 매우 뜨거운 전쟁이 되기도 했다. 전쟁은 인도차이나 반도에서 중앙아메리카에 걸친 여러 갈등 지대에서 계속해서 기승을 부렸다. 아이젠하워 대통령이 구사했던 '벼랑 끝 전술'에 이어 존 F. 케네디John F. Kennedy 대통령과 존슨 대통령은 1961년에 베를린, 1962년에 쿠바, 이후엔 남베트남에서 전쟁에 뛰어들거나 그것을 격화시키는 등 그보다 훨씬 더 걱정스러운 결전을 시도했다. 데탕트는 큰 진전을 보지 못했다. 리처드 닉슨-제럴드 포드Gerald Ford-지미 카터Jimmy Carter가 대통령이었던 기간은 거의 모든 척도로 따져봤을 때 조지 W. 부시-버락 오바마Barack Obama-도널드 트럼프가 대통령으로 있었던 기간보다 훨씬 더 폭력적이었다. 1970년대에 국가와 관련된 무력충돌로 죽은 이들의 수는 200만이 넘었으나 2000년대에는 약 27만 명에 불과했다.[62] 베트남 전쟁은 이라크 전쟁에 비해 훨씬 더 많은 사상자를 냈다(이 두 전쟁으로 사망한 미군은 각각 4만 7,424명과 3,527명이었다). '국가가 개입된 무력충돌로 인한 전투 사망자 수'에 대한 오슬로평화연구소Peace Research Institute of Oslo의 추산에 따르면 1956년부터 2007년까지 중 사망자 수가 절정에 달한 해는 약 38만 명이 기록된 1971년, 그리고 연평균 사망자 수가 약 25만 명이었던 1982~1988년이었다. 그에 반해 2002~2007년의 연평균 수치는 1만 7,000명에 채 미치지 못했다.[63] 미국 버지니아주 비엔나Vienna에 있는 체계적평화센터Center for Systemic Peace가 산출한 '전쟁 규모war magnitude' 지수는 1950년대부터 1980년대 중반까지 꾸준히 올랐다가 1991년 냉전 종식 이후 가파르게 절반 이상이 감소한다. 이 센터가 추산한 전쟁 경험국의 백분율과 무력충돌 사건의 수 또한 마찬가지였다. 종족 학살, 인종청소 등이 포함되어 좀 더 폭넓은 척도라 할 수 있는 '정치적 폭력에 따른 연간 사망자 수' 또한 비슷한 양상이어서 1970년대 초에 절정에 달했다가 그 뒤로는 거의 꾸준히 감소하는 모습을 보인다 (1994년의 르완다 인종 학살은 예외에 해당한다).[64] 혁명, 군사 쿠데타, 정치적 암살 등의 빈도 또한 20세기 말보다 현재가 더 낮은 상태다.

핵경쟁이라는 관점에서 보자면 초강대국들은 다른 잠재적 위협들에 대해 모순적인 방식으로 행동했다. 한편에서 미국과 소련의 과학자들은 냉전 기간 동안 서로 협력하여 엄청나게 성공적인 백신 두 종을 개발했다.[65] 신시내티 대학의 앨버트 세이빈Albert Sabin — 러시아 제국 치하였던 폴란드의 비아위스토크Białystok에서 태어났다 — 은 소련의 바이러스학자 미하일 추마코프Mikhail Chumakov와 팀을 구성, 자신이 개발한 소아마비 약독화 경구용 생백신live attenuated oral vaccine against polio을 1,000만 명의 아동에게 접종하는 대규모 연구를 시행했다.[66] 미국과 소련 두 강대국의 협력이 결정적으로 작용한 또 다른 예는 1978년에 절정을 이루었던, 두창 근절을 위한 대규모 백신 접종 캠페인의 성공이었다.[67] 이는 냉전 시기의 대결을 넘어 전 세계적으로 진행된 여러 자생적 프로젝트 중 하나로서, 유조선으로부터의 기름 유출을 줄여 전세계 해양오염을 감소시키고자 1973년에 제정된 국제해양오염방지협약International Convention for the Prevention of Pollution from Ships, 프레온 가스의 생산 및 사용제한을 통해 오존층을 보호하고자 1987년에 채택된 몬트리올의정서Montreal Protocol와 어깨를 나란히 할 만한 것이었다.[68]

하지만 또 다른 한편에서 소련은 1972년 스스로 조인했던 바 있는 생물무기금지협약Biological Weapons Convention의 결정을 스스로 위반하고 생물무기를 연구하는 대규모 프로그램을 시작했다. 1980년대 말에 소련의 생물무기 연구기관 바이오레파라트Bioreparat에서 일했던 전 소련 과학자 케네스 알리베크Kenneth Alibek에 따르면 소련은 항생제에 강력한 내성을 갖는 페스트, 선염, 야토병, 탄저증 등의 세균종을 개발했는데 그중엔 독성이 매우 강한 836 변종도 있었다. 바이오레파라트의 전략적 생물무기들은 미국 내 여러 목적 지역에 페스트와 두창을 운반하게끔 개발된 데 반해 그들의 작전용 생물무기들은 야생 토끼병, 선염, 베네수엘라 말뇌염, 브루셀라병 등을 적진으로부터 100마일(약 161킬로미터) 떨어진 곳에서도 퍼뜨릴 수 있게끔 만들어졌다. 알리베크의 증언에 따르면 생물무기로서 개발된 다른 병원균들 중에는 Q열병, 마르부르크 바이러스, 에볼라 바이러스, 마추포 바이러스, 빈혈 열병, 라싸 열병, 러시아 뇌염 등도 있었다.[69]

재앙과 고통에 대응하는 태도

1957년과 오늘날을 비교해보면 놀라운 차이점이 드러난다. 오늘날의 미국인들은 60년 전의 노인들보다 위험을 참아내는 정도가 훨씬 낮아 보인다는 게 그것이다. 다음은 당대를 살았던 사람의 회상이다.

1930년대와 1940년대에 청소년 시절을 보낸 이들은 항상 전염병의 위협에 시달리는 것을 일상의 일로 받아들였다. 볼거리, 홍역, 수두, 독일 홍역 등은 온 학교와 도시와 마을 전체를 쑥밭으로 만들곤 했다. 나는 그 네 병을 모두 앓았다. 매년 소아마비가 크게 유행해 수천

명—대부분은 아이들이었다—이 신체가 마비되거나 목숨을 잃었다. (…) 어른으로 자란다는 것은 피할 길 없는 전염병의 몰매를 온몸으로 감당해야 한다는 뜻이었다. 1957년의 대학생들에게 있어 아시아 독감이란 어른으로 자라나면서 뛰어넘어야 하는 익숙한 장애물 중 하나일 뿐이었다. (…) 우리는 아시아 독감을 몸으로 뚫고 나갔다. 기도문을 외우면서 모험으로 뛰어들었던 것이다.[70]

젊은 의사로서 CDC 감시반의 설립 책임자였던 D. A. 헨더슨D. A. Henderson은 의사들 세계에서도 이와 유사한 침착함sangfroid이 있었다고 회상했다.

10월 초 「뉴욕타임스」는 한 병원에 "가외의 침상이 준비"되었다고, 또 벨뷰 병원Bellevue Hospital에서는 가외의 의사들이 "상기도upper respiratory 전염병"을 상대하는 과업에 배치되었으며 대기 수술은 모두 보류되었다고 보도했다. (…) 하지만 벨뷰 병원의 한 의사는 이 팬데믹을 "신문이 만들어낸 전염병"이라 일컬으며 "병원은 (…) 이를 그저 병자들이 많이 나타난 현상으로만 본다."라고 했다. (…) 중요한 행사 중 연기 혹은 취소된 것이 있다는 신문 보도는 없었다. 예외는 고등학교와 대학교 미식축구 경기들뿐이었지만, 이는 대개 선수들 중 많은 수가 병에 걸렸기 때문이었다. (…) 이 팬데믹을 아주 가까운 곳에서 지켜본 이들에게 있어 이것은 일상을 교란하긴 하지만 곧 지나갈 사건일 뿐이었다. 그저 학교와 병원 등에 많은 스트레스를 가하고 학교의 미식축구 경기 일정에 차질을 빚는 정도의 상황만 일으키는 사건에 불과했던 것이다.[71]

이렇게 무표정하게 고통을 참아내는 당시 사람들의 태도를 봉쇄가 끝난 뒤 직장과 일상적 사회로 돌아가길 꺼려했던 2020년의 설문조사 참가자들의 태도와 비교해보라. 2020년 4월 말에 있었던 갤럽Gallup 조사에서 미국 성인들 중 '지금 당장' 일상 활동으로 돌아갈 의사가 있다고 답한 이들은 21퍼센트에 불과했다. 3분의 1이 넘는 36퍼센트의 응답자들은 자신들이 살고 있는 주의 신규 코로나 확진자 수가 크게 줄어들기 전에는 일상 활동으로 복귀하지 않겠다고, 또 31퍼센트는 아예 자신들의 주에서 신규 확진자가 **완전히** 사라질 때까지 기다리겠다고 답했다. 또 12퍼센트, 즉 열 명 중 한 명 이상은 백신이 개발될 때까지 기다렸다가 복귀하겠다고 답했다.[72] 9월 말에 행해진 조사에서는 미국 성인들의 거의 절반이 코로나 바이러스에 걸릴 위험을 우려하고 있다는 결과가 나왔다("매우 우려한다."는 10퍼센트, "어느 정도 우려한다."는 39퍼센트였음). 이는 그 한 달 전의 59퍼센트보다 줄어든 수치지만, 이런 우려 때문에 사람들이 사무실, 식당, 공항 등에 가는 것을 꺼리는 경향은 여전하다.[73]

사람들의 태도에 나타난 놀라운 변화는 또 있다. 1957년 당시 모리스 힐먼처럼 잽싸게 대응한 이들은 정부를 위해서나 자기 회사를 위해서나 아무 두려움 없이 오로지 백신과 치료약만 생각하면서 일할 수 있었다. 코로나19 백신이 1957년의 아시아 독감 백신만큼이나 빠른 속도로 개발되었다는 데는 의심의 여지가 없다. 하지만 최소한 대학과 학계로만 국한시켜서 보자면, 힐먼처럼 사무실에 말린 머릿가죽을 전시하고 욕지거리를 마구 퍼붓는 사람이 2020년대에 멀쩡히 남아 있을 것이라 상상하긴 매우 어렵다. 또한 여러 많은 면에서 '해체된' 오늘날의 사회보다는 가족과 마을, 교회 등에서의 견결한 유대로 떠받쳐진—

미셸 겔펀드Michele Gelfand의 용어로 "더 긴밀한tighter"[74]—당시의 사회가 초과사망률의 고통을 견디는 데 있어선 더 잘 준비되어 있었을 거란 점도 분명하다.[75]

2020년과 1957년이 대비되는 또 하나의 지점은, 정부의 크기가 지난 60년간 훨씬 더 커졌음에도 능력 면에선 더 줄어든 듯하다는 것이다. 연방 정부의 공무원 수는 1957년 당시 187만 명에 약간 못 미쳤으나 2020년 초에는 210만 명이 되었다. 이 숫자만 본다면 인구 및 다른 수치가 증가한 것에 비해 정부는 오히려 그 크기가 줄어들었다고 할 수도 있다.[76] 하지만 주 정부 및 각급 지자체 정부까지 아우른 총 공무원 수는 1957년 11월의 780만 명에서 2020년의 약 2,200만 명으로 불어났다.[77] 또 1957년 당시 GDP의 16.2퍼센트였던 연방 정부의 순지출비용net outlays은 2019년에 20.8퍼센트로 증가했다.[78] 1957년에 GDP의 57.4퍼센트, 1958년에 GDP의 58.1퍼센트로 늘어났던 연방 정부의 총부채는 이후 1974년까지 매년 줄어들었으나[79] 2019년에는 105.8퍼센트를 기록했고, 2020년에는 무려 GDP의 19퍼센트에 해당하는 금액이 더해질 것으로 보인다.[80] 1957년에는 현재의 보건사회복지부 대신 보건교육복지부Department of Health, Education, and Welfare가 있었으니, 1939년에 창설되었던 연방사회보장청Federal Security Agency의 관할 업무를 인계받아 1953년에 설립된 기관이었다. 현 CDC의 전신인 전염병센터Communicable Disease Center는 1957년의 팬데믹이 덮치기 불과 11년 전에 설립되었으며 그 주된 목적은 말라리아 근절이었다. 1957년에는 이렇게 비교적 새로 생겨난 기관들에게 요구되는 사항들도 많지 않았지만, 어쨌든 그 기관들은 그것들을 모두 완수했던 듯하다. 1918~1919년에 있었던 재앙처럼 다시금 팬데믹이 반복되는 것은 아니라고 대중을 안심시키면서 민간 기업들이 모리스 힐먼이 개발한 백신을 검사, 제조, 배분할 수 있게끔 돕는 정도였지만 말이다. 여기서도 2020년에 있었던 사태와의 대비점이 크게 두드러진다.

하지만 1950년대 미국인들에게 위험을 회피하는 경향이 없었다고 생각하거나 그 시대 정부의 능력을 과대평가해선 안 된다. 이들은 아시아 독감에 대해 독특할 정도로 낙천적이었으나 소아마비에 대해선 절대로 그렇지 않았다. 폴리오polio 바이러스에 장이 감염되면서 생기는 이 병은 배설물과의 접촉을 통해 확산된다. 또한 100명 중 한 명꼴로 매우 낮긴 하지만 바이러스가 장을 넘어 두뇌 세포와 중추신경계를 침범하고, 근육 수축을 자극하는 운동 뉴런을 파괴하여 돌이킬 수 없는 근육마비증—이 증상은 다리에 가장 많이 나타난다—을 일으키는가 하면, 그보다 드물게는 호흡 근육을 마비시켜 환자를 죽음에 이르게 하기도 한다.[81] 1930년대 말의 미국인들은 이 소아마비 퇴치에 거의 집착에 가까운 관심을 보였는데, 부분적인 이유는 당시 대통령이었던 프랭클린 루스벨트가 다리 하나를 이 병으로 잃은 데다 국립소아마비재단NFIP: National Foundation for Infantile Paralysis을 운영하던 배질 오코너 Basil O'Connor가 워낙 훌륭한 조직가이기 때문이기도 했다.[82] 오코너는 광고와 모금에서 최신 기법을 활용, 이 끔찍하지만 비교적 희귀한 병을 당대인들이 가장 두려워하는 질병으로 만드는 데 성공했다. 그리고 대중의 이 두려움은 소아마비 환자로 보고된 이들이 10만 명당 37명으로 절정에 달했던 1952년에 그 정점을 찍었다.[83]

소아마비에 대한 공포증은 미국의 공중보건 시스템에 내재한 심각한 약점들을 그대로 드러냈다. 첫째, NFIP는 정부의 지원이나 원칙에 입각한 감독 등을 "공산주의적이며 미국적이지 않은 계획"이라고 거부

하며 자신들이 민간에서 거두어들인 모든 자금을 조너스 소크Jonas Salk
의 사백신killed-virus vaccine, 즉 면역 시스템을 자극하여 자연적인 감염을
일으키지 않으면서도 원하는 항체를 생산하게끔 고안된 백신에 퍼부
었다. 이 사백신 실험에는 전국 200만 명의 초등학교 학생들이 투입되
었고 그 결과 이 백신이 1유형의 폴리오 바이러스에 대해선 60~70퍼
센트, 2유형과 3유형에 대해선 90퍼센트 이상의 효과를 보인다는 것이
밝혀졌다.[84] 1955년 4월 이 결과가 게재되고 불과 몇 시간 뒤, 공중보
건청은 솔크 백신의 상업적 생산을 승인했다.

　　하지만 이 백신에 대한 대중의 수요는 보건교육복지부 장관이었던
오비타 컬프 하비Oveta Culp Hobby를 크게 경악케 했다.[85] 아이젠하워 정
부는 백신이 "제조업체에서 도매업체로, 또 약사를 거쳐 동네 의사에
게" 전달되는 모든 과정이 완전히 민간업자들의 손에서 이루어질 것이
라는 단순한 가정을 했었는데,[86] 그렇다 보니 그로 인한 사건도 발생했
다. 캘리포니아 버클리에 있는 커터연구소Cutter Laboratories에서 결함 있
는 백신이 만들어졌는데 이것이 대량으로 유통되어버린 것이다. 그 결
과 그 백신을 접종받은 일부 아동들은 소아마비에 걸렸고 그중 다수는
신체가 마비되었다. 최종적으로는 앨버트 세이빈의 경구용 생백신이
우월하다는 것이 밝혀졌지만, 솔크의 사백신 또한 효과가 있었다.[87] 힐
먼이 신속한 독감 백신의 개발을 위해 달려들었던 것도 이런 맥락에서
이해해야 한다. 1957년의 여러 사건들은 상당히 독특한 맥락에서 발
생했다. 그보다 불과 2년 전 일어난 사건들을 통해 순수한 시장형 접근
법엔 어떤 위험이 있는지, 또 효과적인 연방 정부의 감독이란 요소가
얼마나 중요한지 확실하게 입증되었고, 그 결과 미국국립보건원NIH:
National Institute of Health 및 CDC에 대한 자금 및 권한의 확충이 이루어

질 수 있었던 것이다.

　미국 정부는 과연 1957~1958년—그리고 물론 1968년—의 팬데믹 경험으로 제대로 된 교훈을 얻었을까? 그랬다고 말할 수 있을 듯하다. 그 이후 몇 십 년 동안 독감 팬데믹이 덮칠 때마다 그에 대한 대비 수준을 높게 유지했으니 말이다. 실제로 1976년 H1N1의 하위 유형인 A형 독감이 뉴저지주의 포드 딕스Fort Dix에서 발생해 한 명이 죽고 열세 명이 입원했던 당시엔 그에 대한 준비 상태가 오히려 과한 수준에까지 이르렀던 것으로 보인다. CDC의 책임자인 데이비드 센서David Sencer는 1918~1919년의 독감 바이러스 종이 다시금 등장할 것을 우려, 오늘날 '돼지독감'이라 불리는 것에 대한 대규모 백신 접종을 권고했다. 당시의 대통령 제럴드 포드는 이에 설득되었지만 과거 커터연구소의 사례가 또 다시 벌어질 위험에도 유념했기에 백신이 문제를 일으킬 만약의 경우를 대비, 그 경우 축산업체들에 배상금을 주는 법안을 통과시켜줄 것을 의회에 촉구했다. 하지만 이 프로그램이 시행되던 중 일부 백신 피접종자들이 마비와 호흡정지를 일으킬 수 있는 길렝-바레증후군Guillain-Barré syndrome을 보였다는 보고서들이 나오면서 프로그램 전체가 중단되었다.[88]

　2005년 아시아에서 H5N1 조류독감이 발생했다는 보고서들이 워싱턴에 전달되어 조지 W. 부시 정부가 또 다른 긴급 대응을 시행하려 했을 때에도 그 핵심은 백신이었다.[89] 부시 대통령 자신도 존 M. 배리John M. Barry의 저서 『독감 대유행The Great Influenza』을 읽었기에 독감 팬데믹의 위험에 대해선 충분히 알고 있었다. 보건사회복지부 장관 마이클 O. 러빗Michael O. Levitt은 「로스앤젤레스 타임스Los Angeles Times」와의 인터뷰에서 자신이 맞서 싸워야 하는 모든 위협들 가운데에서도 "밤잠을 못 자게끔 노심초사하게 만드는 것은 바로 독감"이라고 말했다.[90] 하지만 2005년의 전염병 유행은 미국에 상륙하지 않았다.

그에 반해 2009년 2월 멕시코에서 시작된 돼지독감은 그해에 미국을 덮쳤다. 오바마 정부는 팬데믹에 대한 대비를 잘했다고 칭송받을 때가 있지만,[91] 돼지독감이 두 번이나 유행할 동안—이듬해 가을에 있었던 두 번째 유행이 더 심각했다—2009년의 H1N1 바이러스에 대한 백신을 공급하지 못했다.[92] 그로 인한 사망률이 평균적인 독감 계절의 그것보다 높지 않았던 유일한 이유는 그 바이러스가 특별히 사람의 목숨을 위협하진 않았기 때문이다. 초기에 추산된 H1N1 바이러스의 치사율은 대략 0.01~0.03퍼센트였으나 후에 밝혀진 것은 이보다 훨씬 낮았다. 그럼에도 불과 12개월 사이에 이 병은 미국에선 1만 2,469명의 목숨을 앗아갔고, 27만 4,304명을 입원시켰으며, 전 세계에서 약 30만 명의 사망자를 발생시켰다.[93] 하지만 2009년에 돼지독감 바이러스에 감염된 미국인의 수는 4,300만~8,900만 명이었다. 만약 이 병의 감염치사율이 열 배가 높았다면 사망률 또한 그에 비례하여 훨씬 더 증가했을 것이다. 게다가 돼지독감은 노인들뿐 아니라 나이 어린 사람들까지도 죽음으로 몰아갔다. 사망자들의 평균 연령은 1970~2001년 사이의 독감 계절에 기록된 평균 연령의 절반 수준이었다. 따라서 질 보정 생존연수 면에서 봤을 때 손실이 더 컸다는 것은 분명한 일이다.

코로나19 팬데믹 초기에 전염병학자 래리 브릴리언트는 내게 넌지시 이렇게 말한 바 있다. 코로나19가 미칠 잠재적 영향력을 가늠해보려면 그 전염병이 공격률 면에선 2009년의 독감과 비슷하지만 감염치사율은 0.1~0.4퍼센트라고 가정하여 생각해봐야 한다고 말이다. 그런 전염병이라면 2009년에는 18만 3,000명, 2020년에는 38만 5,000

명의 미국인을 사망에 이르게 했을 것이다. 오바마 정부에게는 팬데믹 대응 계획이 마련되어 있었다는 사실만으로[94] '만약 오바마의 임기 중에 코로나19가 덮쳤다면 그 계획이 실제로 시행되었을 것'이라 말할 순 없다. 뒤에서 살펴보겠지만, 대응 계획은 트럼프 정부도 얼마든지 갖고 있었으니 말이다.

에이즈 팬데믹의 역사

휴이 '피아노' 스미스의 노래 '록 음악 폐렴에 부기우기 독감'이 나오고 30년이 지난 후엔 그를 뛰어넘어 가히 엘비스 프레슬리 급이라 할 수 있는 대형 록스타가 다른 종류의 바이러스와 맞닥뜨렸다. 영국 밴드 퀸Queen의 화려한 양성애자 리드 싱어인 프레디 머큐리Freddie Mercury는 1987년 HIV에 감염되었다는 진단을 받는다. 그는 당시 41세였고, 4년 후 죽음을 맞았다.

1957년부터 2020년까지의 시간 동안 미국과 세계가 맞이한 역사적으로 중요한 팬데믹은 오직 하나였으니 HIV에 의해 유발되는 치명적 질병인 에이즈, 즉 후천성 면역결핍증이 그것이었다. 에이즈에 대한 정책적 대응은 우울할 정도로 보잘것없었다. 세계 지도자들 대개가 최초에 보인 반응은 아예 HIV에 대한 언급 자체를 피하는 것이었다. 이 바이러스가 대부분—전부는 아니다—성행위를 통해 전염된다는 것이 아마 그 이유였을 것이다. 의학계의 반응도 크게 나을 것이 없었다. HIV에 감염된 이들이 에이즈 환자가 되어가는 것을 막는 치료법을 발견하기까지 무려 15년이나 시간을 끌었으니 말이다. 그와 마찬가지로 대중 또한 큰 교훈을 배운 것 같지 않았다. HIV의 확산과 결부된 위험이 어떤 것인지를 충분히 이해한 뒤에도 사람들은 오랫동안 그 감염의 확률을 오히려 높이는 방향으로 계속 행동했던 것이다. 그 결과 에이즈는 지금까지 전 세계에 걸쳐 3,200만 명을 죽음으로 몰아넣었다. 프레디 머큐리가 사망하고 15년이 지난 2005~2006년에 찾아온 팬데믹의 절정 당시 에이즈로 죽어간 이들의 수는 연 200만 명에 육박했다.

에이즈 환자의 대부분은 HIV-1이라는 바이러스 때문에 병을 얻었다. HIV-1은 1920년대 혹은 그 이전에 중앙아프리카의 침팬지에게서 건너온 것으로 보이는데, 아마 '야생동물 고기'를 거래 및 소비하는 과정에서 벌어진 일인 듯하다. 이 바이러스는 몇 십 년에 걸쳐 천천히 확산되었고, 마침내 1970년대 들어—아마도 당시 아프리카에서 진행되었던 급속한 도시화의 결과로—전 세계적 확산이 가속화되었다.[95] 하지만 여기에서 중요한 단어는 '천천히'다(카메룬에서는 이 병을 '천천히 움직이는 독le poison lent'이라고 부른다). 독감 팬데믹에 비하면 에이즈는 그야말로 거북이걸음의 속도로 퍼진 셈인데, 어째서 그 병에 대한 대응 능력은 한 나라의 차원에서든 국제적 차원에서든 그토록 형편없었던 것일까? 샌프란시스코를 기반으로 활동하는 저널리스트 랜디 실츠Randy Shilts—그 역시 1994년에 에이즈로 세상을 떴다—에 따르면 그 원인은 시스템의 실패에 있다고 한다. 미국의 의학 및 공중보건 기관들, 연방 및 민간 과학연구 시설들, 대중매체, 동성애자 집단의 지도자들 모두가 마땅히 해야 할 대응을 하지 않았다는 것이다.[96]

1981년 「뉴욕 네이티브New York Native」라는 매체는 남성 동성애자들이 새로운 괴병에 걸려 중환자실에서 치료 중이라는 기사를 처음으로 게재했다. 기사의 헤드라인은 '질병 관련 루머는 대개 근거가 없다'

였다. 미국에서 제일 초기에 발생한 환자들의 대부분은 샌프란시스코, 뉴욕, 로스앤젤레스에 살았는데 이들이 진단받은 병명은 하나같이 특이했다. 환자가 비정상적인 공격성을 보이다가 목숨을 잃는 치명적인 희귀암인 카포시 육종, 희귀한 형태의 폐렴인 주폐포자충폐렴, 보통 양¥에게서 발견되는 크립토스포리디움증, 헤르페스 바이러스의 일종으로 환자의 몸에 급속히 퍼지면서 심각한 면역결핍증을 낳는 거대세포 바이러스, 톡소플라스마 원충에게서 옮는 병으로 보통 고양이 배설물이나 감염된 고기에서 발견되는 톡소플라스마증 등이었던 것이다.

1981년 6월 5일, CDC의 주간 간행물 「이환율罹患率과 사망률에 대한 주간 보고서」의 2페이지에는 '주폐포자충폐렴–로스앤젤레스'라는 제목의 전염병 보고서가 게재되었다.[97] 그로부터 11일 후 피닉스Phoenix 소재의 CDC 내 간염 실험실에서 돈 프랜시스Don Francis 박사는 성행위를 통해 확산되는 레트로바이러스의 일종인 '고양이 백혈병feline leukemia' 같은 것이 동성애자 남성에게서 면역결핍증을 일으키는 것일 수도 있음을 시사했다.[98] 그로부터 1년이 채 지나기 전, 브루스 에바트Bruce Evatt는 이 신종 바이러스에 감염되었을 가능성이 있는 혈액을 수혈하면 혈우병에 걸릴 위험이 있음을 확인했다.[99] 1983년 파리 파스퇴르연구소의 젊은 연구자 프랑수아즈 바레시누시Francoise Barre-Sinoussi는 에이즈 환자로부터 채취한 림프절에 생체 조직 검사를 행했고, 그 결과 숙주 세포를 모두 죽일 정도로 매우 치명적인 신종 레트로바이러스를 발견했다. 그녀의 상관이었던 뤽 몽타니에Luc Montagnier는 이를 동물들에게서 좀 더 널리 발견되는 유형인 렌티바이러스의 일종으로 확인했다.[100]

하지만 연구자들의 이토록 값진 발견들이 효과적인 공중보건 정책으로 이어지진 않았다. 미국 공중보건청은 1983년이 되어서야 "고위험군의 경우 (…) 성행위 상대가 여럿이면 에이즈에 걸릴 확률이 높아진다."라고 조언하며 헌혈 정책 또한 수정했다.[101] 소아마비로 다리에 철제 보조물을 끼운 아이들이 1950년대에 미국인들의 상상력을 붙잡았던 데 반해, 소모성 성병을 앓는 동성애자 남성들은 1980년대의 미국인들에게 그와 정반대의 대상이 되었다. 레이건 대통령의 자문이었던 보수주의자 팻 뷰캐넌Pat Buchanan은 "불쌍한 호모들. 이들은 자연의 섭리에 전쟁을 선포했고, 자연은 이제 끔찍한 보복을 가하고 있다."라는 말을 남겼다.[102] 레이건 대통령은 1985년까지도 에이즈에 대해 일언반구가 없었고, 1987년 미국 의회는 연방 정부의 자금이 에이즈의 예방 및 "직·간접적으로 동성애 성행위를 '장려' 혹은 '증진'하는" 교육 캠페인에 사용되는 것을 명시적으로 금지하는 법안—상원의원 제시 헴스 Jesse Helms가 발의했다—을 통과시켰다.[103]

하지만 이것이 전반적인 정책 실패의 유일한 이유는 아니었다. CDC, NIH, 국립암연구소NCI: National Cancer Institute 사이에서 벌어진 관료적 내부 분쟁이 이에 더해진 데다[104] NCI의 로버트 갤로Robert Gallo는 에이즈를 야기하는 바이러스를 찾아낸 공이 자신에게 있다는 의심쩍은 주장을 함으로써 사태를 더욱 복잡하게 만들었기 때문이다.[105] '인체면역결핍바이러스'라는 명칭도 이 바이러스의 이름을 무엇으로 할 것인가를 두고 한동안 난항이 계속되던 중, 상호경쟁 관계에 있었던 프랑스 연구팀과 미국 연구팀이 타협함에 따라 겨우 정해진 것이었다.[106] 또 WHO 사무총장인 나카지마 히로시中嶋宏가 당시 '에이즈를 위한 범세계적 계획GPA: Global Program on AIDS'의 수장이었던 조너선 만Jonathan Mann에게 사임을 강요하는 등 WHO 내부에서 일어난 알력도 문제였다.[107] 이런 내부 갈등은 1990년까지도 GPA 및 그보다 훨씬 소규모였던 WHO 내 여타 프로그램 사이에서 계속되었고 세계은행, 유니세프UNICEF, 유네스코UNESCO, 유엔인구기금UNFPA, 유엔개발계획UNDP 사이에서 벌어졌던 혼란스런 기부금 쟁탈전은 말할 필요도 없었다.[108] 대중매체는 독성쇼크증후군, 에어컨으로 전파되는 바이러스로 인해 발생하는 '재향군인병', 오염된 타이레놀 등에 대한 이야기만 쏟아놓을 뿐이었다. 1981년과 1982년 두 해 동안 「뉴욕타임스」에 게재된 에이즈 관련 기사는 여섯 개에 불과했고, 그마저도 1면을 장식한 것은 전혀 없었다.[109]

동성애자 집단 내에서도 분열이 생겨났다. 극작가 로버트 체슬리Robert Chesley는 「뉴욕 네이티브」에 래리 크레이머Larry Kramer(미국의 작가이자 LGBT 운동 활동가_옮긴이)를 공격하는 서한을 여러 번 보냈다. "크레이머는 우리 동성애자 남성들이 하는 행위—마약? 변태적 성행위?—가 카포시 육종을 일으킨다고 우리에게 말한다. (…) 크레이머의 비이성적 감정주의에는 '죄의식의 승리'라는 숨겨진 의미가 자리한다. 즉, 동성애 남성들은 난잡한 성생활을 했으니 그 죄로 죽어 마땅하다는 것이다. (…) 하지만 실제로는 그와 전혀 다른, 그리고 역시 심각한 일이 벌어지고 있다. 동성애자 혐오 및 성적 엄숙주의가 그것이다."[110] 남성 동성애자들 중 매우 활발한 성생활을 즐기는 이들의 비율은 상대적으로 적었기 때문에, 이 대규모의 감염 현상의 책임을 그들에게 돌리는 주장은 전반적으로 큰 공감을 얻지 못했다. 에이즈의 본질적인 점을 파악한 이들은 극소수의 전염병학자들 및 네트워크 과학자들뿐이었다. 이들은 '척도의 대푯값을 말할 수 없는' 종류의 성행위 네트워크에서 슈퍼전파자가 행하는 역할은 과거 있었던 여러 팬데믹에서의 경우와 사뭇 다르다는 점을 알아냈다.[111] 최초로 밝혀진 슈퍼전파자 중 한 명은 "1979년에서 1981년까지 매년 약 250명의 남성 파트너와 성행위를 한 것으로 추정"된 에어캐나다Air Canada의 승무원 가탕 뒤가Gaëtan Dugas였다.[112] 1900년부터 1907년까지, 그리고 1910년부터 1915년까지 요리사로 일하면서 이루 헤아릴 수 없이 많은 뉴욕 주민들에게 티푸스를 옮기고 결국 강제격리된 아일랜드 여성 티푸스 메리 맬런Typhoid Mary Mallon의 후예였던 셈이다.[113]

이 모든 일들의 결과로 에이즈 사망자의 수는 꾸준히 늘어났다. 1987년에 약 1만 2,000명이었던 미국인 에이즈 사망자는 7년 후 4만 명 이상으로 증가했고, 이 무렵엔 희생자들 중 이성애자와 정맥주사 약물 사용자들의 비중이 높아졌다.[114] 하지만 아프리카에 비하면 미국에서의 에이즈 사태는 그저 비극에 불과했다. 아프리카에서는 HIV의 전파가 압도적으로 이성 간 성행위에 의해 확산되어 그 규모가 가히 재난의 수준이었다.[115] 1990년에는 우간다의 캄팔라Kampala와 잠비아의 루사카Lusaka 등 수도에 사는 성인들의 20퍼센트 이상이 HIV 양성 반응을 보였고, 1996년이 되면 에이즈는 사하라 사막 이남의 아프리카 대륙에서 가장 흔한 사망 원인으로 자리 잡았다. 보츠와나, 남아프리카, 짐바브웨에서는 1987년 당시 신생아의 기대수명이 60세 이상이었으나 이후 2003년까지 이 수치는 53세, 50세, 44세로 점점 감소했다. 그 이유는 무엇이었을까? 아마도 부분적인 이유는 성매매와 성적 난교였을 것이다. 트럭 운전자 및 광부 들이 특히 위험에 처한 이유가 이것이었으니 말이다. 잘못된 정보 또한 또 다른 이유가 되었을 수 있다. 프랑스어를 사용하는 아프리카 지역의 사람들은 SIDA─이는 에이즈의 프랑스어식 약자다─가 '열이 식은 연인들이 상상으로 만들어 낸 증상syndrome imaginaire pour décourager les amoureux'의 약자라고 이야기하곤 했다.[116] 남아프리카공화국의 대통령들—1999년 넬슨 만델라Nelson Mandela에 이어 대통령이 된 타보 음베키Thabo Mbeki, 그리고 10년 뒤 음베키를 이은 제이컵 주마Jacob Zuma—은 이 바이러스의 위협이 갖는 성격을 공공연하게 부인한 바 있는데, 특히 주마는 성교 후의 샤워만으로도 이 병을 충분히 예방할 수 있다고 장담했다.

그에 더해 소련의 정보 교란 작전도 상황을 더욱 혼란스럽게 만들었다. 소련은 KGB가 통제하는 인도의 한 신문을 이용해 에이즈는 미국이 의도적으로 만들어낸 것이란 이야기를 퍼뜨렸고, 은퇴한 동독의 생물물리학자 야코프 세갈Jacob Segal의 엉터리 연구—이는 「선데이 익스피리언스Sunday Experience」 등의 매체를 통해 전 세계로 널리 인용되었다—를 통해 이를 증폭시켰다.[117] 이렇게 수백만의 사람들이 명을 다하기도 전에 죽는 엄청난 비극이 벌어졌지만, 그것이 경제에 끼친 악영향은 계산조차 불가능하다. 에이즈는 감염자의 몸을 약하게 만들고 생산성을 저하시키면서 천천히 사망에 이르게 한다. 그 때문에 생겨나는 고아들은 인생의 기회라는 점에서 볼 때 매우 안 좋은 환경에 처한다. 만약 에이즈가 없었다면 사하라 이남의 아프리카는 지금보다 훨씬 더 잘 살았을 것이다.

2016년 유엔에이즈계획UNAIDS은 에이즈의 경험에 대한 교훈을 이야기하는 기념서적 『모든 것이 바뀌었다Changed Everything』를 펴냈지만, 정말 그 제목처럼 현실이 달라진 것은 아니다.[118] 에이즈 팬데믹 역사가 갖는 가장 두드러진 특징은 성행위 및 주사 바늘 재사용으로 이 신종 질병이 퍼진다는 것이 널리 인식된 뒤에도 사람들의 행동은 여전히 부분적으로 똑같았다는 점이다. 미국의 한 초기 보고서는 "동성애 및 양성애 남성과 정맥주사 약물 사용자들 모두의 행태에서 급박하고도 근본적인, 하지만 (…) 불완전한 변화"와 "상당한 불안정성이나 행동 재발"이 나타났다고 밝혔다.[119] 1998년이 되어도 미국 성인들 중 에이즈의 위험에 대응하기 위해 성생활에 어느 정도 변화를 준 이들은 19퍼센트에 불과하다는 보고가 있었다.[120] 1996년에는 HIV 보균자들의 에이즈 감염을 막기 위해 HIV 억제제 혼합물을 사용한 복합 항레트로바이러스 치료법ART: antiretroviral therapy이 등장해 에이즈에 대한 공포를 어느 정도 누그러뜨렸다. 최초의 ART에는 연간 1만 달러에 달하는 비용이 들었으니 사람들의 공포가 좀 더 지속되었을 수도 있을 거라 예상해볼 수는 있겠지만, 2017년의 한 논문은 감염 위험이 있는 남성들 중 가장 최근의 성행위 시 콘돔을 사용한 이들이 절반 미만이라는 사실을 보여주었다.[121] 최근 영국에서 이뤄진 한 연구에 따르면, 콘돔 없는 성행위를 하지 않게끔 동성애자 남성들을 설득하는 데는 공공적 차원과 개인적 차원 모두에서 지속적인 교육이 이뤄져야 할 필요가 있다.[122]

한편 'ABC', 즉 '절제하고abstain, 바람피우지 않으며be faithful, 콘돔을 사용하게condomize' 하는 접근법이 아프리카에서는 그리 큰 성공을 거두지 못했다. 유엔에 따르면 2000~2015년 "동아프리카와 서아프리카에서의 (…) 콘돔 사용은 소년들의 경우 21.1퍼센트에서 22.2퍼센트로, 소녀들의 경우 21.6퍼센트에서 32.5퍼센트로 증가했다."[123] 아프리카의 젊은이들이 성관계를 미루고 '정화cleansing' 의식—남편을 잃은 여성과 남편의 친척이 성관계를 갖는 의식—와 같은 전통적 관습에 등을 돌린다는 고무적인 증거들도 있긴 하지만, 이러한 콘돔 사용 행태 변화의 수치를 보면 결코 승리했다고는 할 수 없다.[124]

효과적인 백신도 없고 처음에는 치료법조차 없었던 데다 나중에 나온 치료법도 큰돈이 드는 것이라면, 그러한 팬데믹의 봉쇄는 전적으로 사람들의 행동 변화에 의존할 수밖에 없다. 하지만 성병의 경우에는 공중보건 당국이 행동 변화를 강제하기가 거의 불가능해서, 기껏 할 수 있는 일이라곤 정보를 널리 알리고 사람들이 그것에 귀를 기울여주길 바라는 것뿐이다. 지난 30년간 사람들의 성적 행동에서 여러 변화가 나타난 것은 분명한 사실이다. 심리학자 브룩 웰스Brook Wells와 진 트웬지Jean Twenge에 따르면 밀레니얼 세대는 이전 세대들보다 평균적으로 성행위 파트너가 적다고 한다.[125] 미국에서의 또 다른 연구는 "문란한 성생활은 1950년대생 남성들을 정점으로 한 뒤 감소한다"는 결론을 내렸다.[126] 콘돔 사용 또한 크게 증가한 것으로 보인다.[127] 2000~2018년의 일반사회조사General Social Survey의 응답자 데이터를 분석하여 2020년에 나온 연구는 근래의 20~24세 청년 집단 중 성생활을 하지 않는 이들의 비율이 1970년대 및 1980년대보다 늘어났다고 밝혔다. 18~24세의 남성들 중 이전 해에 성적 활동이 없었던 이들의 비율은 2000~2002년에 19퍼센트였으나 2016~2018년에는 31퍼센트로 증가했다. 성생활이 없는 현상은 25~34세의 연령대에서도 증가했으며, 매주 1회 이상 성관계를 갖는 이들의 비율은 감소하고 있다.

하지만 이러한 성생활 감소 현상은 학생, 그리고 소득이 적거나 파트타임 고용 혹은 실업 상태에 있는 남성들 사이에서 가장 두드러지게 나타났고, 이는 이 현상이 경제적으로 결정되는 것임을 암시한다. 또한 '현대 생활의 스트레스와 분주함'이나 '성생활과 경쟁할 만한 온라인 오락거리'들, 우울증과 불안증을 앓는 성인들의 비율 증가, 스마트폰이 실제 생활에 가져오는 악영향, 온라인 '유사 성행위hooking up'를 즐기는 여성들의 증가 등 공급 측면에서의 이론으로도 성생활 감소 현상을 설명할 수 있다.[128] 영국에서 이뤄진 '성생활 및 성관념에 대한 전국 조사National Survey of Sexual Attitudes and Lifestyles'는 영국에서도 마찬가지로 성행위 빈도가 주목할 만큼 감소하고 있음을 보여주지만, 이 또한 에이즈와는 거의 무관하다.[129] '영국인이 무슨 섹스야No Sex Please, We're British' 정신의 귀환은 결혼 혹은 동거 커플들에게 큰 영향을 미치고 있는데, 「영국의학저널British Medical Journal」의 신중한 분석에 따르면 이는 "2007년의 아이폰 등장과 2008년의 전 세계적 경기침체"에서 비롯되었을 가능성이 매우 크다.[130] 놀랍게도 가장 최근에 있었던 미국의 일반사회조사는 동성애자나 양성애자임을 스스로 밝히는 남녀들의 경우 섹스 파트너가 세 명 이상일 확률이 이성애자들보다 높고 성생활 감소 현상도 나타나지 않는다고 보고했다. 미국의 남성 동성애자나 양성애자 중 5분의 2 이상은 2019년에 주 1회 이상의 섹스를 즐겼다고, 또 3분의 1 이상은 섹스 파트너가 세 명 이상이라고 응답했다.[131]

한편 HIV는 계속 퍼지고 있다(아마 다음의 데이터로 보자면 놀라운 일이 아닐 것이다). 2018년 미국에서 HIV 감염 진단을 받은 이들은 3만 7,832명이고 그중 69퍼센트는 동성애 혹은 양성애자 남성이다. 이로써 HIV 양성 반응자는 총 100만 명을 넘었으며 그중 절반 이상은 ART 치료를 통해 '바이러스를 억제'하고 있다.[132] 하지만 지난 5년간 총 250만 명 가까이까지 증가한 성병 환자들 중 HIV 환자들은 일부일 뿐이다. 가장 많은 비중을 차지하는 것은 170만 명인 클라미디아 감염증 환자고, 58만 명인 임질 환자 및 11만 5,000명인 매독 환자가 그 뒤를 잇는다. 매독의 경우 절반 이상이 동성애자 및 양성애자 남성이었다.[133] 이렇듯 더 이상 치명적이진 않지만 그럼에도 위험하기 짝이 없는 병원체를 앞에 둔 채 여전히 똑같이 행동하고 있는 것을 보면, 인간의 행태를 바꾼다는 것이 얼마나 어려운 일인지를 여실히 알 수 있다. 코로나

19 사태에서 마스크야말로 우리를 지켜줄 '새로운 콘돔'이라고 치켜세우는 사람들은, 그런 예를 들었다간 마스크를 쓰려던 이들도 죄다 도망가버릴 거란 점을 전혀 이해하지 못한 이들이다.[134] 성생활과 HIV의 관계가 사회생활과 코로나19의 관계에도 그대로 적용된다면, 이 책의 집필이 끝난 뒤 몇 개월 동안 병에 걸린 사람은 훨씬 더 많아질 것이다.

리스 대 핑커

21세기의 초반 20년 중 어느 시점에 또 하나의 팬데믹이 터질 거라 예언하는 것은 어려운 일이 아니었다. 2002년 케임브리지 대학의 천체물리학자 마틴 리스Martin Rees는 "2020년경에는 생물학 테러나 생물학적 오류로 발생하는 단 하나의 사건으로 100만 명의 사상자가 나올 것"이라고 대중 앞에서 공공연하게 내기를 걸었다.[135]• 그리고 하버드대학의 심리학자 스티븐 핑커Steven Pinker는 그 반대쪽에 걸었다.[136] 물질적인 "진보 덕에 인류는 자연적·인위적 위협에 대해 훨씬 더 탄력적으로 대처할 수 있었다"는 것이 그의 주장이었다.

> 어떤 전염병이 터졌다 해서 그것이 반드시 팬데믹으로 발전하는 것은 아니다. (…) 생물학의 진보를 통해 선한 사람들 — 참고로 이런 사람들이 악한 사람들보다 훨씬 많다 — 은 병원체를 찾아내고, 항생제 내

• 여기에서의 '사상자'란 '입원을 요하는 희생자들'이라는 뜻이고, 이 점에서 리스는 내기에서 이긴 것이 거의 확실하다. 참고로 안타까운 일은 그가 건 판돈이 400달러라는 푼돈이었다는 점이다.

성을 극복하는 항생제를 발명하고, 빠른 속도로 백신을 개발하는 등의 일이 훨씬 더 쉬워졌다. 한 예가 바로 2014~2015년의 긴급 사태가 진정되는 시기에 개발된 에볼라 백신이다. 당시 매체에선 수백만 명이 사망할 거라 예측했으나 공중보건 시스템의 노력 덕에 사망자 수는 1만 2,000명에서 늘지 않았고, 백신은 그 이후에 개발되었다. 이로써 에볼라 바이러스 또한 '팬데믹이 될 것'이라는 예언이 빗나간 사례들의 목록에 올랐다. 라싸 열병, 한타 바이러스, 사스, 광우병, 조류독감, 돼지독감이 그랬듯 말이다. 이 병들 중 일부는 사실 애초부터 팬데믹으로 발전할 잠재적 가능성이 전혀 없었고 (⋯) 다른 병들은 의학 및 공중보건의 개입으로 그 싹이 잘렸다. (⋯) 저널리즘의 습관들 그리고 가용성 편향과 부정성 편향 등으로 인해 [팬데믹 발생의] 확률이 부풀려졌으니, 이것이 내가 마틴 경의 반대쪽에 내기를 걸게 된 이유다.[137]

핑커는 감염학적 전환epidemological transition의 이론을 암묵적으로 따르고 있다. 이는 대부분의 전염병은 생활수준과 공중보건의 향상을 통해 정복되었으므로 인간의 기대수명을 늘리는 데 있어 주된 장벽으로 남은 것은 암이나 심장병과 같은 만성적 상태가 전부라는 시각이다. 하지만 이러한 내기가 이루어진 2017년 당시엔 리스 쪽에 돈을 걸겠다고 나선 이들이 매우 많았다. 팬데믹의 발생을 정확히 예측한 이들로는 로리 개럿Laurie Garrett(2005)[138]과 조지 W. 부시,[139] 빌 프리스트Bill Frist(보헤미언 그로브Bohemian Grove의 레이크사이드 간담회 Lakeside Talk에 참석해서 이야기했다), 마이클 오스터홈Michael Osterholm,[140] 래리 브릴리언트(이상 2006),[141] 이언 골딘Ian Goldin(2014),[142] 빌 게이츠Bill Gates(2015),[143] 로버트 G. 웹스터Robert G. Webster(2018)[144]와 에드 영Ed Young(2014),[145] 서티2 Thoughty2(2019),[146] 로런스 라이트Laurence Wright(2019),[147] 피터 프랭코판Peter Frankopan(2019)[148] 등이 있다. 회색 코뿔소라는 게 있었다면 코로나19가 바로 그것이었다.

이들의 논거는 무엇이었을까? 첫째, 이미 보았듯 모리스 힐먼 등의 백신 개척자 세대가 가졌던 낙관주의는 에이즈뿐 아니라 아직 효과적인 백신이 발견되지 않은 폐결핵과 말라리아라는 시험대도 넘지 못하고 처절하게 실패했다.[149] 둘째, 한때 인류에게 정복되어 사라졌다고 여겨졌던 디프테리아와 페스트 등의 전염병들이 다시금 나타났다. 특히 콜레라는 2016~2017년에 전쟁으로 갈가리 찢긴 예멘을 초토화시켜버렸다. 19세기에 성홍열 및 산욕열 팬데믹으로 많은 이들의 목숨을 빼앗아간 화농연쇄상구균이 다시 돌아와 연쇄구균독성쇼크증후군, 류머티즘 열병, 괴사성 근막염 등과 같은 새로운 질병을 야기한 것이다. 원숭이 두창, 라임병, 진드기 매개 뇌염, 뎅기열, 웨스트나일열 등과 같은 인수공통전염병들 또한 더욱 널리 퍼지고 있다.[150] 현재 신종 전염병의 5분의 3 이상은 동물원성 병원체에 의한 것으로 알려져 있는데 그중 70퍼센트는 가축이 아닌 야생동물의 것이다. 이는 불모지에의 정착 및 웨트 마켓'wet' market, 즉 살아 있는 야생동물이 거래되는 동아시아의 재래시장이 계속 존재하는 결과로 야생동물과 인간의 접촉이 증가하고 있다는 점을 보여준다.[151] 셋째, 항공편을 통한 국제 여행의 급속한 증가는 의학에서 이뤄지는 그 모든 동시적 진보를 상쇄하거나 앞지를 가능성이 높은 감염 위험이 늘어날 것임을 의미했다.[152] 세균학자 스티븐 모스Stephen Morse의 말을 빌자면 인류는 이제 "바이러스 흐름viral traffic"의 규칙들을 바꾸어놓았다. 그리고 유전학자 조슈아 레더버그Joshua Lederberg에 따르면 이로 인해 우리 인류는 "그 어느 때보다도 본질적으로 취약한 상태"에 있다.[153] 넷째, 기후변화는 말라리아나 각종 설사 감염증 등 이전까진 열대 지역에 국한되었던 여러 질병들에게 새로운 판을 열어주었다.[154]

팬데믹이 이미 거의 벌어지고 있는 상태에서 팬데믹을 예언하기란 어려운 일이 아니다. 2003년 이전에도 코로나 바이러스의 존재는 알려져 있었으나 특별히 해로운 것은 아니라고 알려졌었다. HKU1, NL63, OC43, 229E 등의 계절성 코로나 바이러스들은 모두 심한 증상을 일으키지 않았다. 그러다가 2002년 말 중국 선전의 식자재 시장에서 사스가 발생했다.[155] 물론 팬데믹으로 번지지 않고 8,098명의 확진자와 774명의 사망자를 낳는 데 그쳤지만, 이 전염병의 출현은 매우 불편한 여섯 가지 진실을 드러냈다.

첫째, 이 코로나 바이러스는 치명적이며 치사율이 거의 10퍼센트에 육박했다. 둘째, 이 바이러스는 특히 나이 많은 이들에게 위협적이어서 64세 이상의 환자들의 중례치사율은 무려 52퍼센트에 달했다.[156] 셋째, 대부분의 감염은 병원에서 발생했다. 즉, 환자에 대한 관리가 세심히 이뤄지지 않아 병이 크게 확산된 것으로 추정할 수 있다. 넷째, 사스는 에이즈보다도 분산율dispersion factor이 낮았다. 다시 말해 소수의 슈퍼전파자들에 의해 감염이 확산되었다는 뜻이다. 2003년 2월 21일 홍콩의 메트로폴리스 호텔에 묵었던 중국 남부 광둥성廣東省의 한 의사는 문서화된 모든 확진자들의 절반을 직·간접적으로 감염시켰다. 싱가포르에서 확진 판정을 받은 206명의 사스 환자들 중 70퍼센트에 해당되는 144명은 다섯 명의 사람들로 감염 경로가 추적되었는데, 그 다섯 명 중 네 명이 슈퍼전파자였다.[157] 전염병 생태학자인 제이미 로이드 스미스Jamie Lloyd-Smith와 공저자들은 이 사실의 중요성과 의미를 설명하는 독창적인 논문을 「네이처Nature」에 게재했다. 해당 논문에 따르면 사스 바이러스는 흔히 k값이라 일컫는 분산율이 낮기 때문에, 즉, 소수의 사람들이 많은 이들에게 병을 전염시키기 때문에 k값이 높은 바이러스에 비해 비록 감염자 수는 적다 해도 폭발적 발병 사태를 낳을 가능성이 높다고 설명했다. 사스의 k값은 1918년 스페인 독감의 1.0보다 훨씬 낮은 0.16이다. 일반적인 유행성 독감보다 발병될 가능성 자체는 낮지만, 슈퍼전파자들로 인한 집단감염이 어느 정도 선에 도달하면 감염자 수도 폭발적으로 증가할 수 있다는 것이다.[158] 이는 곧 동질적 인구와 단일 감염재생산지수R_0를 전제로 하는 역학모델들로는 코로나 바이러스가 팬데믹으로 이어지는 궤적을 제대로 파악하지 못할 가능성이 높음을 뜻한다.

사스 사태로 나타난 다섯 번째 불편한 특징은 그 국제적 대응이었다.[159] WHO는 노르웨이 수상 출신인 그로 할렘 브룬틀란Gro Harlem Brundtland은 강철 같은 지도력으로 곧장 대응에 착수하는 인상적인 모습을 보여주었고, 또한 전 세계적인 조기 경보를 승인했다. 마이클 라이언Michael Ryan이 이끄는 글로벌감염경보네트워크GOARN: Global Outbreak Alert and Response Network는 실로 훌륭하게 빠른 속도로 가동되기 시작했다. 독일의 세균학자 클라우스 슈퇴르Klaus Stöhr는 연구에 있어 효과적으로 국제공조를 이끌면서 과거 HIV 연구에 걸림돌이 되었던 국가 간 소모적 경쟁을 방지했다. WHO의 유일한 실수가 있었다면 이 새 바이러스를 '중증급성호흡기증후군severe acute respiratory syndrome'라 명명하는 바람에 그 머리글자를 딴 '사스'가 이 병의 이름이 되게 했다는 점일 것이다. 'SARS'라는 표기는 홍콩이 중화인민공화국에서 차지하는 공식적 지위인 '특수행정구역special administrative region'과 글자 하나만 다를 뿐

이란 사실을 간과한 것이니 말이다.[160]

하지만 정말로 심각한 문제는 WHO가 중국 정부로부터 신속하고도 솔직한 정보를 얻어내는 데 극도의 어려움을 겪었다는 점이었다. 2003년 4월 9일 브룬틀란은 언론에 이렇게 말했다. "11월부터 4월까지의 초기 단계에서 중국 정부가 좀 더 개방적인 태도를 취해줬더라면 상황은 훨씬 나았을 것입니다." 이 발언은 의도한 효과를 낳았다. 중국 정부의 지도부가 보건부 장관 장원캉張文康을 교체하고 이전보다 협조적인 태도를 보인 덕에 서방 및 중국의 연구자들은 서로 협력하여 바이러스를 추적, 그 기원이 말굽박쥐종임을 밝혀낼 수 있었다.[161]

사스 사태가 드러낸 마지막 불편한 진실은 그에 감염된 나라들이 값비싼 경제적 대가를 치른다는 사실이었다.[162] 관광객과 소매업 매출이 급격히 감소함으로써 동아시아 지역이 치러야 했던 비용은 200억~600억 달러로 추산된다. 2005년의 한 연구는, 그렇게 작은 규모의 사태로도 그토록 큰 손실이 발생하니 만약 세계 인구의 25퍼센트가 영향을 받는 팬데믹이 터진다면 그때의 손실은 세계 GDP의 30퍼센트에 달할 것이라는 결론을 내렸다.[163]

2012년 사우디아라비아, 요르단, 대한민국 등에는 메르스라는 새로운 바이러스의 위협이 또 다시 발생했다. 역시 인수공통바이러스였던 메르스는 단봉낙타에서 비롯된 것이었다. 이번에도 인류는 이 바이러스를 잘 억제, 27개국에서 2,494명의 확진자와 858명의 사망자만을 기록하는 선에서 막아낼 수 있었다. 중례치사율이 약 34퍼센트에 달할 정도로 높고, 대부분의 감염자들이 병원에서 감염되었으며, 분산율이 0.25 정도로 낮다는 것도 사스 때와 유사했다. 한국에서는 186명의 확진자 중 166명이 2차 감염자를 전혀 낳지 않았으나, 다섯 명에 불과한 슈퍼전파자들로부터 총 154명의 2차 감염자가 발생했다. 최초감염자 index case는 28명에게 메르스 바이러스를 전파했는데, 그들 중 세 명은 슈퍼전파자가 되어 각자 84명, 23명, 그리고 일곱 명을 감염시켰다.[164]

사스와 메르스는 모두 치명적일 뿐 아니라 쉽게 감지할 수 있는 병이었다. 사스의 경우 잠복기는 2~7일, 증상 발현 시점부터 최대 감염력maximum infectivity 시점에 도달하기까지 걸리는 시간은 5~7일이었는데[165] 이것이 바로 이 병을 억제할 수 있었던 이유였다. 이는 2014년에전 세계가 주목했던 전혀 다른 질병인 에볼라에도 똑같이 적용되는바였다. 에볼라는 바이러스성 출혈열 그룹 중 하나—나머지 것들로는 마르부르그병, 라싸 열병, 한타 바이러스가 있다—로 서아프리카의 인구에겐 오랫동안 큰 위험이었다. 이 바이러스는 온 몸의 작은 혈관에 구멍을 내기 때문에 입과 코 등 인체의 여러 구멍은 물론 피부를뚫고서도 외출혈을 일으킬 뿐 아니라 심장을 둘러싼 위심강과 허파를둘러싼 흉막강을 내출혈의 피로 채우기도 한다. 그리하여 혈액 손실로 인해 결국 혼수상태와 죽음에 이르는데, 희생자는 마치 "침상에 누워 해체되는" 듯 보인다.[166] 이런 모든 바이러스들은 인체에 유입되면숙주를 너무 빨리 죽음으로 몰아넣기 때문에—에볼라의 경우엔 감염치사율이 80~90퍼센트까지 치솟았다—동물전염원을 필요로 한다.

전염병은 흔히 야생동물의 고기를 먹는다거나 화장 장례를 위해시신을 씻는다든가 하는 오래된 문화적 관행에서 발생한다. WHO에 따르면 1976년에서 2012년 사이에 24번의 에볼라 사태가 있었고 2,387명의 확진자와 1,590명의 사망자가 나왔다고 한다. 현대의 가장큰 에볼라 사태는 2013년 12월, 기니의 외딴 마을 멜리안두Meliandou에서 시작되었다. 당시 막 걸음마를 배우고 있던 아기 에밀 우아모우노

Emile Ouamouno는 그 지역에서 롤리벨로lolibelo라고 알려져 있는 박쥐—앙골라자유꼬리박쥐를 지칭하는 것일 가능성이 높다—와 놀고 난 뒤 병에 걸려 12월 26일에 사망했고, 이틀 뒤엔 아기의 할머니도 죽음에 이르렀다. 이 병은 그들의 마을에서 라이베리아 북부의 포야Foya로, 또 기니의 수도인 코나크리Conakry로 빠르게 번졌다. 그리고 '사스 때에는 그토록 효과적으로 대처했던 WHO가 어째서 이 에볼라 위기는 그토록 엉망으로 다루었는가는 2014년의 수수께끼가 되었다.

그 부분적 이유는 2008~2009년 세계 금융위기 이후의 예산 삭감으로 인한 GOARN의 직원 130명의 정리해고일 것이다. 하지만 또한 기본적인 판단착오도 있었다.[167] WHO의 대변인 그레고리 하틀Gregory Hartl은 3월 23일 트위터에 이렇게 썼다. "지금까지의 에볼라 사태들은 확진자 몇 백 명 이상의 규모였던 적이 결코 없었다." 이틀 뒤 그는 다시 이렇게 강하게 주장했다. "에볼라는 언제나 국지적으로 일어나는 사건이었다."[168] 4월이 되어서도 WHO는 이 사태가 "개선 중"이라고만 반복해서 언급했고 미국의 CDC 또한 이를 지지했지만 현실은 달랐다. 국경없는 의사회Médecins Sans Frontières에 따르면 6월이 되었을 때 상황은 이미 "통제불능" 상태였다.[169] 스웨덴 카롤린스카 의과대학의 저명한 통계학자이자 WHO의 전문가 패널 중 한 명인 한스 로슬링Hans Rosling은 에볼라 바이러스 같은 '자잘한 문제'를 위해 말라리아와의 싸움에 들어가는 자원을 줄이는 것에 강력히 반대했다.[170] 8월 8일이 되어서야 WHO는 "국제적 관심이 필요한 공중보건의 긴급 사태"를 선언했으나 이미 당시엔 기니, 라이베리아, 시에라리온 등이 모두 총체적 혼돈 상태에 빠져들고 있었고, 겁에 질린 사람들이 보건 분야 종사자들을 공격하는 일들까지 간헐적으로 발생했다. 미국의 CDC가 '대규모의 국제적 개입이 이뤄지지 않으면 향후 에볼라 확진자는 기하급수적으로 증가하여 2015년 2월경 100만 명을 돌파할 것'이란 예상을 내놓은 것이 바로 이때였다.[171] 하지만 현실은 달랐다. 비상사태 종식이 선포된 2016년 3월 29일 당시까지의 확진자 수는 2만 8,646명이었고, 사망자는 1만 1,323명에 불과했다. 이렇듯 현실과 동떨어진 자기만족에 빠져 있다가 다시금 패닉으로 치닫는 양상에 대해선 나중에 다시 살펴볼 것이다.

1957~1958년의 아시아 독감과 2014~2016년의 에볼라 사이엔 반세기 이상의 시차가 있다. 그러나 심지어 전염병 병원체에서조차도 영감을 찾아내는 음악가들의 능력은 인간 세상에서 항상 변치 않는 상수인 듯하다. 2014년 여름 라이베리아의 음악가 새뮤얼 '섀도' 모건Samuel 'Shadow' Morgan과 에드윈 'D-12' 트웨Edwin 'D-12' Tweh는 에볼라에서 영감을 얻은 노래를 발표했고, 이는 라이베리아의 수도 몬로비아Monrovia에서 전국으로 급속히 퍼져나갔다(어떤 언론인도 이 노래가 "바이러스처럼 번져나갔다go viral"고 말하지 않을 수 없었다).[172]

에볼라, 에볼라가 퍼졌다/친구를 만지지 마!/만지기 금지/먹기도 금지/너무 위험해!

'에볼라가 퍼졌다'라는 이 노래는 서로 멀리 떨어져 서 있는 사람들이 키스하고 포옹하는 시늉을 하는 춤까지 낳았다. 2014년에 이 노래를 들은 이들은 러시아의 스푸트니크호 발사 당시의 사람들이 향후 세상이 성취해낼 거라 믿었던 정도에 비해 이 세상에서 실제로 이뤄진 발전은 한참 뒤떨어진다는 결론을 내리지 않을 수 없었을 것이다.

8장
재난의 프랙털 기하학

타이태닉호 침몰부터 챌린저호 폭발, 체르노빌 원전 사고 같은 참사들은 언제든 일어날 수 있다. 작은 규모의 재난들은 큰 재난들과 동일한 구조를 가진 소우주와 비슷하지만 복잡도가 덜하기 때문에 좀 더 이해하기가 쉽다. 선박 침몰이든 원자로 폭발이든 모든 재난의 공통된 특징은 현장에서의 운영 오류와 관리 경영의 오류가 결합되어 있다는 것이다. 또한 재난에서 문제가 발생한 지점이 꼭대기('블런트엔드')나 현장과의 접촉 지점('샤프엔드')이 아니라 중간관리 조직일 때도 많다. 이는 물리학자 리처드 파인만이 즐겨 다루었던 주제이며, 보편적으로 적용할 만한 혜안이기도 하다.

그녀는 나의 감옥에서 탈출하여 말 잔등 위로 올라가
자살하려고 했다. 하지만 그 말은 내가 아니었다면 그녀
의 소유가 될 수 없었을 것이었다. 그 이후로…….

프루스트 Proust, 『사라진 알베르틴Albertine disparue』

우연적인 재난들

재난에는 프랙털 기하학이 존재한다. 현미경의 확대 배율을 높여가며
눈송이 결정結晶을 들여다보면 크기는 점점 작아지지만 똑같은 형태들
이 반복되면서 전체를 이룬다는 것을 알 수 있다. 마찬가지로 한 제국
의 붕괴와 같은 거대한 사건 내부에는 작지만 그와 비슷한 여러 재난
들이 존재하고, 그 각각의 재난들은 각각의 규모를 갖추고 하나의 전
체로서의 소우주를 이룬다. 지금까지 이 책은 주로 갖가지 대재난들을
주로 다루며 그 가운데서 공통의 특징을 찾아내려 했다. 하지만 그보
다 작은 규모의 재난들로부터도 우리는 많은 점을 배울 수 있다. 비록
사망자 수가 수백만 명이 아니라 수백 명, 심지어 수십 명 정도로 적다

해도 그렇다. 톨스토이가 이야기했던 행복한 가정들처럼 모든 재난들은 근본적으로 비슷하다. 비록 가정들과 달리 그 규모에서 차이가 많이 나도 말이다.

사고는 일어나기 마련이다. 아주 평범한 실수 하나가 아주 끔찍한 결과를 가져올 수 있다. 인류가 나무나 여타 가연성 재료를 사용하여 거대한 구조물들을 건축하기 시작한 이래 1666년의 런던 대화재부터 시작해 2017년의 그렌펠 타워Grenfell Tower 화재에 이르기까지 사고로 인한 화재는 항상 발생해왔다. 또한 인류가 지표면 아래에서 금, 은, 납, 석탄 등을 캐내기 시작한 이래로 광산에서의 재난 역시 항상 있어왔다. 1,000명 이상의 프랑스 광부들이 목숨을 잃은 1906년의 쿠리에르Courrières 광산 사고, 일본이 만주국을 지배하던 당시 1,500명의 광부들—대부분 중국인이었다—이 목숨을 잃은 1942년 번시후(本溪湖, 일본어로는 혼케이코) 광산 사고 등이 최악의 일이었다고 하겠다. 또 1626년 중국 베이징에서 일어났던 왕공창王恭廠 화약고 대폭발, 또 1984년 인도 보팔Bhopal에서 발생한 유니온 카바이드Union Carbide 공장에서의 사고처럼 폭발 혹은 독성물질 누출에 따른 사고 역시 인류가 그런 것들을 제조하기 시작한 이래로 항상 있었다. 선박 침몰 사고도 인간이 항해를 시작한 이래 언제나 발생했고 말이다. 1,504명의 승객 및 승무원의 목숨을 앗아간 1912년 타이태닉호Titanic의 침몰 사건을 세상은 당분간 잊지 못할 것으로 보인다. 하지만 1865년 미시시피 강에서 그와 비슷한 수의 사람들을 죽음으로 몰아넣은 데다 심지어 더 끔찍하기까지 했던 설타나호Sultana의 침몰은 누가 기억이나 할까? 2,750~3,920명이 죽은 1948년 상하이의 SS 키앙야SS Kiangya 사건이나 1987년 필리핀의 마린두케Marinduque 섬 앞바다에서 4,000명 이상의 사망자를 낸

MV 도냐 파즈MV Doña Paz 침몰 사건은?

기술 진보가 이뤄질 때마다 개별 재난의 잠재적 규모는 더 커지기 마련이다. 열차들은 충돌하고, 비행기는 추락하며, 우주선은 폭발한다. 핵발전소는 앞서 보았듯 1950년대 이후로 새롭고도 잠재적으로 치명적인 위험을 품고 있다. 금융시장, 법의 지배, 대의제 정부, 유능한 관료제, 자유언론 등을 갖춘 사회에선 시간이 지남에 따라 운송과 전기 생산 등이 점점 안전해지는 경향을 띤다. 보험, 소송, 공적 청문회, 규제, 조사 보고서 같은 것들은 모두 공공에서든 민간에서든 운영자들로 하여금 효과적이고 안전한 절차를 마련하게끔 제도적 압력을 가하는 장치다. 세월이 흐르면서 만사는 전반적으로 분명히 더 안전해졌다. 1950년대부터 1970년대까지는 상업적 관광이 붐을 이루었는데, 이 시기에 비행기 사고로 사망한 이들의 수는 연간 약 750명에서 거의 2,000명으로까지 증가했다. 하지만 1980년대와 1990년대를 5년 단위로 나눠 산출한 평균치는 약 1,250명으로 줄어들었고, 2016년에는 500명 이하로 떨어졌다.[1] 항공 여행객의 수 자체가 엄청나게 늘었다는 사실을 고려하면, 1977년 이후로 비행안전 수준은 지속적이고 괄목할 정도로 개선되어왔다고 볼 수 있다. 100만 번의 비행에서의 사건 발생 빈도가 1977년에는 4회 이상이었지만 2017년에는 0.3회로까지 감소했기 때문이다.[2]

그럼에도 사고는 계속 일어나는 법이고, 그 빈도가 줄어들수록 우리는 그 사고의 원인을 특별한 상황에 돌리는 경향이 더욱 강해진다. 세바스티안 융거Sebastian Junger의 책 『퍼펙트 스톰The Perfect Storm』이 놀라운 인기를 얻었다는 사실은 이를 잘 보여준다. 이 책의 출간 이후 온갖 종류의 재난들을 설명하는 데 있어 이 제목만큼 자주 동원된 표현은 없었다.[3] 실제로 앤드리아게일호Andrea Gail에 탑승한 선원들의 운명은 비극 그 자체였다. 매사추세츠주 글로스터Gloucester에서 출항한 이 72피트(약 22미터)짜리 어선은 황새치를 잡던 중 세이블Sable 섬으로부터 동쪽으로 약 162마일(약 261킬로미터) 지점에서 1991년 10월 28일과 11월 4일 사이에 불었던 '노리스터nor'easter'에 휘말려 침몰하고 말았으니 말이다.

하지만 과연 선장이었던 프랭크 W. '빌리' 타인 주니어Frank W. 'Billy' Tyne, Jr.와 그들이 '퍼펙트 스톰'에 걸려든 가엾은 희생자들이었던 걸까? 혹시 그들이 선장의 잘못된 판단에 따른 희생자였던 것은 아닐까? 당시 전국 기상청의 보스턴 예보 사무소에서 일했던 기상학자 밥 케이스Bob Case는 융거에게 다음과 같은 사항을 알려주었다. 캐나다 북부에서 형성된 고기압은 차갑고 큰 기단氣團을 만드는데, 1991년 10월 27일에는 그 기단의 전선前線이 뉴잉글랜드 해안까지 밀려 내려왔다. 이 전선은 뒤쪽에 차가운 공기, 앞쪽에 따뜻한 공기가 자리하기 때문에 비교적 좁은 지역에서도 기온차를 크게 벌리고, 그 결과로 '온대성 저기압extra-tropical cyclone'을 발생시킨다. 뉴잉글랜드 지역에선 이것을 '노리스터'로 일컫는데, 그 이유는 이 온대성 저기압이 북동풍을 타고 매사추세츠에 도달하기 때문이다('노리스터'의 사전적 의미는 '북동풍을 동반한 태풍'임_편집자). 게다가 당시 그 지역에선 그 직전에 허리케인 그레이스Grace가 지나간 탓에 공기 중 습도가 비정상적으로 높았다고 한다. 융거에 따르면 이 태풍으로 100피트(약 30.5미터)가 넘는 높이의 파도가 생겨났다. 하지만 이 태풍보다 더 큰 노리스터는 최근의 역사에도 얼마든지 있었다. 1962년의 '콜럼버스 데이 스톰Columbus Day Storm' 중에도, 또 1993년의 '슈퍼스톰superstorm' 중에도 바다의 날씨는 더 안 좋았다.[4] 앤드리아게일호의 위치가 마지막으로 파악된 지점 근처의 기상 부표weather buoy들에는 60피트(약 18미터)가 약간 넘는 파고가 기록되었는데, 이는 큰 파도이긴 하나 결코 전례가 없을 정도의 것은 아니었다. 앤드리아게일호가 사라진 것에 있어선 선장인 타인이 악천후에 굳이 바다로 배를 몰고 나가는 위험을 선택한 오류가 좀 더 큰 원인으로 작용했음이 분명하다. 플로리다에 매년 찾아오는 허리케인을 검은 백조라 할 수 없듯, 아무리 상상의 나래를 힘껏 펼쳐본들 뉴잉글랜드의 노리스터를 검은 백조라 할 수는 없다. 큰 폭풍은 매년 찾아오기 마련이고, 기상예보의 내용이 위험하면 어부들은 배를 띄우지 않는 쪽으로 대응하는 것이 일반적이다.

심리학자 제임스 리즌James Reason은 두 가지 오류의 유형을 정의하였으니 '능동적 오류active error'와 '잠재적 오류latent error'가 그것이다. 능동적 오류는 "인간이 만든 시스템의 인터페이스와 직접 접촉하는" 이들이 저지르는 것으로 '인간 오류human errors'라고도 자주 불린다. 이 오류를 저지르는 사람들은 '뱃머리'—앤드리아게일호의 경우에는 함교—에 있는 이들이다.[5] 능동적 오류는 다시 그 양상에 따라 기술 문제로 생겨나는 오류, 규칙 문제로 생겨나는 오류, 지식 문제로 생겨나는 오류 등으로 세분된다.[6] 이와 대조적으로 잠재적 오류는 "자원 재배분, 직책 범위의 변화, 인력 조정 등 기술적·조직적 행동 및 의사결정이 지연됨으로써 빚어지는 결과다. 이 오류를 저지르는 사람들은 '배의 뒷전'에 있는 이들, 즉 육지에 있는 선주나 선박회사 경영자 등이다.[7] 타이태닉호의 침몰은 매우 유명한 재앙이었으니 이를 예로 들어 살펴보면 과연 어떤 유형의 오류가 그 배를 가라앉혔고 수많은 이들의 목숨을 앗아가버렸는지에 대해 답할 수 있을 것이다. 그 답을 먼저 말하자면, 두 가지 오류 모두였다.

타이태닉호의 침몰

1912년 4월 15일에 타이태닉호가 침몰한 원인을 그 배와 충돌한 빙산에 돌려서는 안 된다. 그 계절에 바다 어디에든 빙산이 둥둥 떠 있는 것은 너무나 당연한 일이었으니까. 또 그날 밤은 안개가 전혀 없이 청명했으니 짙은 안개도 원인이 못 된다. 에드워드 스미스Edward Smith 선장은 경험 많은 뱃사람이었으나 완전무결한 항해 기록의 소유자는 아니었다. 불과 7개월 전 타이태닉호의 자매 선박인 올림픽Olympic호가 영국 전함 HMS호크호HMS Hawke와 충돌했을 때에도 그 배의 선장이었던 것이다. 타이태닉호에서의 그는 전방에 빙산이 잔뜩 깔려 있다는 보고를 받고서도 배의 속도를 줄이지 않았다(당시 타이태닉호의 선주船主 회사였던 화이트 스타White Star가 뉴욕까지의 최단 항해시간 신기록을 세우라는 압력을 스미스 선장에게 가했다는 주장이 자주 제기되는데 이는 사실이 아니다. 타이태닉호는 모든 증기 엔진을 완전가동하여 최대 속도를 낸다 해도 영국의 선박회사 커나드Cunard의 모르타니아호Mauretania가 기록한 23.7노트에 미치지 못하는 배였으며, 타이태닉호가 충돌 전에 냈던 평균 속도는 불과 18노트였기 때문이다). 이 배의 무선전신기사 잭 필립스Jack Phillips에게도 이 재난에 대한 책임이 일부 있다. 계속해서 다가오는 빙산에 대한 경고보다는 매들린 애스터Madeleine Astor와 같은 부자 승객들의 개인 전보를 전송하는 일을 더 중시했다는 이야기들이 있기 때문이다. 전방을 살피는 역할을 맡았던 프레드 플리트Fred Fleet가 빙산을 발견한 것

은 그것이 불과 500야드(약 457미터) 앞으로 다가왔을 때였다. 쌍안경이 있었다면 1,000야드(약 914미터) 전방에서 발견할 수 있었겠지만 그는 쌍안경을 어디에 두었는지를 몰라 사용하지 못했다고 한다. 1등항해사 윌리엄 머독William Murdoch은 이 결정적 순간에 배의 책임자였기에 고작 37초 안에 (실제로는 그 절반 정도의 시간이었을 것이다) 무얼 할지 결정해야만 했다.[8] "전방에 빙산 발견, 정지 상태"라는 외침을 듣자마자—혹은 그 자신이 직접 봤을 수도 있다—그는 조타수에게 "전력을 다해 우현으로" 가라고 명령했고 기관실에는 엔진을 정지하라는 지시를 내렸다. 이는 틀린 대응이 아니었지만, 최고 속도를 유지하면서 빙산을 우회하거나 그것을 그냥 정면으로 받아버리는 경우보다 배의 한쪽이 빙산에 더욱 크게 부딪혀버리는 의도치 않은 결과를 낳았다. 이것이 바로 타이태닉호를 빙산과 충돌하게 만든 능동적 오류였다. 만일 소수의 사람들이 그 몇 초 동안 다르게 행동했다면, 타이태닉호 사건보다는 지금껏 오랫동안 잊혀온 올림픽호 사건이 우리 기억에 더 크게 자리 잡았을 것이다. 하지만 타이태닉호가 빙산과 충돌한 뒤 그토록 빠르게 침몰한 이유는 무엇일까? 또 어째서 총 승선자의 3분의 2에 달하는 엄청난 사람들이 목숨을 잃은 것일까? 여기에는 두 가지 잠재적 오류가 있었다는 것이 답이다.

첫째, 올림픽호 급의 선박 세 척 모두는 15개의 수밀격벽(배의 외부가 파괴되어 물이 들어올 경우 일부분만 침수되도록 내부를 여러 방향으로 갈라 막은 벽_편집자)을 갖추고 있었고, 그 벽들에는 함교에서 스위치로 각각 혹은 동시에 여닫을 수 있는 전동 수밀문(격벽의 갑판 높이까지 침수되더라도 그 수압을 견디는 강도와 수밀성을 유지할 수 있는 문_편집자)이 있었다. 즉, 배에 구멍이 뚫리더라도 함교에서 그 수밀문들을 닫아버리면 파손된 지점 이상의 구역으로 물이 밀려들지 않을 수 있었던 것이다. 잡지 「십빌더Shipbuilder」가 타이태닉호를 "실질적으로 침몰이 불가능"한 배라 했던 것도 이러한 시스템 때문이었다.[9] 하지만 개별 객실의 격벽은 방수 기능이 뛰어났음에도 그 높이가 해수변보다 불과 몇 피트 높을 뿐이었기에 배가 기울거나 전방으로 속도를 낼 경우에는 다른 부분을 통해 물이 넘쳐 들어올 가능성이 있었다.[10] 타이태닉호의 설계 책임자였던 토머스 앤드루스Thomas Andrews는 빙산과 충돌하던 순간 그 배에 타고 있었다. 빙산과 배가 충돌한 후 스미스 선장과 함께 파손 상황을 조사하던 그는 자신이 저지른 오류를 즉각 깨닫고선 1시간 30분 안에 배가 침몰할 것이라 예측했다.[11] 하지만 실제로 타이태닉호는 밤 11시 40분에 빙산과 충돌했고, 새벽 2시 20분이 되어서야 침몰했다. 자매 선박이었던 브리태닉호Britannic가 1916년 에게해에서 독일이 설치해둔 기뢰機雷 탓에 55분 만에 파도 밑으로 사라진 데 비하면 상대적으로 천천히 진행된 침몰이었다.

스미스, 필립스, 머독, 앤드루는 모두 타이태닉호와 함께 물속으로 가라앉았다. 일각에선 구명보트만 충분했다면 훨씬 더 많은 이들을 살릴 수 있었을 것이라는 주장도 제기되었다. 실제로 구명보트는 고작 16척인 데다 '접을 수 있는collapsible' 보트도 네 척뿐이었다. 따라서 배에 태울 수 있는 총인원은 1,178명이었는데, 이는 당시 타이태닉호에 타고 있었던 승객과 승무원의 대략 절반 정도에 이르는 수였다.

이 문제의 부분적인 이유는 규정의 결함에서 찾을 수 있다. 당시 정부의 무역위원회Board of Trade는 선박에 싣는 구명보트의 수를 해당 선박의 승선자 수가 아닌 톤수tonnage에 기초해 정했다. 이런 문제점 때문에 기준을 변경하는 것이 검토 중에 있었으나 육지에 있는 선주들은

8장 _ 재난의 프랙털 기하학

비용 문제를 들어 이를 반대했다. 타이태닉호의 설계자들은 이 사안에서 선주들 측이 패할 것을 예상했기에 더 많은 구명보트를 실을 수 있게끔 닻 감는 기둥을 이중으로 설치해놓았었다. 하지만 화이트 스타의 회장이자 경영 지휘자였던 J. 브루스 이즈메이J. Bruce Ismay는 더 많은 구명보트를 배에 실을 경우 1등석 승객들이 산책할 수 있는 갑판 공간이 좁아진다는 이유로 이를 거부했다. 이즈메이 역시 타이태닉호에 타고 있다가 재난에서 살아남았으나 언론매체들로부터 비겁한 사람이라는 비난을 받았으며, 여생의 대부분을 대서양이 내려다보이는 외딴 시골집인 코트슬로 로지Cottesloe Lodge—이는 건축가 에드윈 루티엔스Edwin Lutyens가 아일랜드의 골웨이 카운티Galway County에 설계해준 집이다—에서 은둔자로 숨어 지냈다. 훗날 이즈메이의 손녀는 다음과 같이 회고했다. "구명보트에 오르고 나서 몇 시간 만에 할아버지는 당신이 생존한 것이 불운—판단착오라 할 사람도 있겠으나—임을 깨달았다. 하지만 이미 돌이킬 수 없는 일이었다. 할아버지는 침묵 속으로 숨어버렸고 할머니도 그 편을 택했으며, 가족과 친지들 또한 그 침묵에 함께할 수밖에 없었다. 그리하여 타이태닉호는 사실상 우리가 절대 꺼내선 안 되는 주제가 되어버렸다."[12]

그런데 1913년에는 비록 익명이긴 했으나 '대서양 증기 여객선의 고위 승무원' 한 명이 이즈메이를 변호하고 나섰다. 더 많은 구명보트가 있었어야 했다는 주장을 그는 경멸하듯 일축했다. 구명보트가 더 있었다 해도, 특히나 그것들이 뗏목 혹은 접을 수 있는 종류의 질 낮은 보트들이었다면 별 소용이 없었을 거라는 게 그의 주장이었다. 왜냐하면 첫째, 구명보트를 띄울 수 있는 바다 위 공간이 충분히 확보되지 않은 상태에서 보트의 수만 많았다면 사람들의 대피 속도가 더뎌졌을 것이고, 둘째, 여객선 승무원들은 구명보트를 바다 위에 띄우는 것은 물론 그 이후 계속 떠 있게끔 하는 훈련도 제대로 받은 이들이 아니었으며, 셋째, 그렇기에 규정에 맞춰 구명보트를 배에 충분히 실어두었다 해도 이런 상황에선 "그 많은 배들이 아무런 역할도 하지 못했을 것"이라는 이야기였다. 타이태닉호가 갖는 특성— '바다에 떠 있는 궁전floating palace'이라 불릴 정도로 호화로운 경험을 제공한다는 그 이유하나로 상업적 성공을 거뒀다는 점, 그러나 대부분의 승무원이 미숙한 데다 '자격증이 있는' 고급 선원은 소수였다는 점—을 고려했을 때 "700여 명을 구조한 것은 (…) 전설상의 거인들이나 할 수 있는 매우어려운 일"이었다.[13] 그 익명의 고위 승무원 '아틀란티쿠스Atlanticus'는할 말이 훨씬 더 많았을 것 같다. 하지만 1852년부터 2011년 사이에많은 인명피해를 낳으며 침몰했던 18척의 여타 선박들에 비해 타이태닉호는 여성 및 아이 승객들의 생존률이 남자 승객 및 승무원 들보다상당히 더 높다는 점에서 예외적이었다.[14] 이는 '여성 및 아이들을 먼저구한다'는 규칙이 실제로 잘 지켜진 드문 경우 중 하나였다.

교통사고라는 재난들은 대개 똑같은 요소들을 갖고 있다. 나쁜 날씨, 능동적 오류와 잠재적 오류가 그것들이다. 1937년 5월 6일 뉴저지의 레이크허스트Lakehurst에선 800피트(약 244미터) 길이의 독일 여객비행선 힌덴부르크호Hindenburg에 화재 사건이 일어났는데, 타이태닉호의 경우보다 희생자 규모가 매우 작았다. 총 탑승자라고 해봐야 36명의 승객과 61명의 승무원이 전부였기 때문이다. 또한 이 사건에선 타이태닉호의 경우보다 날씨라는 요소가 분명 더 큰 영향을 미쳤다. 강력한역풍 탓에 비행선이 대서양을 건너는 속도가 떨어졌고, 레이크허스트에 근접할 당시엔 번개도 나타났던 것이다. 이 치명적인 화재는 끊어진 철제 케이블에 비행선 뒤편에 고정되어 있던 가스탱크가 찢기는 바람에 그 안에 있던 수소가 새어나왔고, 정전기로 인한 불꽃이 그것에 붙으면서 발생했다(이 비행선의 가스탱크들은 두 겹의 두꺼운 면 사이에 플라스틱 막을 집어넣어 만든 것으로, 상당한 힘이 가해지지 않는 한 찢길 수 없었다). 화재 당시 비행선은 지상 200피트(약 61미터) 높이에 있었고, 꼬리 끝부분에서 앞부분까지 타버리는 데는 34초밖에 걸리지 않았다.

힌덴부르크호의 선장 막스 프루스Max Pruss는 훗날 이 재난이 사보타주의 결과였다고 주장했다. 그러나 이 사고의 실제 책임은 프루

레이크허스트 계류탑에서 화재에 휩싸인 힌덴부르크호. New Jersey, May 6, 1937: National Archives, Records of the U.S. Information Agency(USIA).

스 선장에게 있다는 것이 오늘날의 일반적인 합의다. 이런 상황에서 좀 더 일반적이고 덜 위험한 선택지는 저비행 착륙low landing, 즉 지상의 사람들이 비행선을 계류탑까지 끌고 갈 수 있게끔 비행선의 고도를 서서히 낮추며 내려오는 방식이다. 하지만 프루스 선장이 선택한 것은 고비행 착륙high landing, 즉, 비행선에서 밧줄을 던지면 땅 위의 스태프들이 그것을 당겨 계류탑으로 비행선을 끌어내리는 방식이었다.[15] 그가 이렇게 했던 것은 당시 시간에 쫓기는 상황에 있었기 때문으로 보인다. 힌덴부르크호는 12시간이나 연착된 데다 바로 이튿날엔 조지 6세George VI의 대관식에 참석할 귀빈들을 싣고 영국으로 돌아가야 했다. 이 비행선이 소속된 제플린컴퍼니Zeppelin Company의 운영 담당자 에른스트 레만Ernst Lehmann은 당시 프루스 선장과 함께 힌덴부르크호의 조종석에 있었는데, 아마도 그가 빠른 착륙을 고집했던 듯하다.[16] 하지만 레만과 프루스 모두가 과소평가했던 위험요소가 있었다. 당시 비에 흠뻑 젖어 있었던 계류삭mooring rope(계류를 위해 선박이나 비행선에 설치해 두는 밧줄_편집자)은 땅에 닿는 순간 비행선의 금속 프레임에 가득 차 있던 전하를 땅으로 흘러보냈고, 그럼으로써 프레임의 전압은 즉시 0으로 떨어졌다. 하지만 천으로 만들어진 비행선 표면에선 전기의 전도가 쉽지 않았기에 전하가 그대로 머물러 있었고, 그로 인해 그 치명적인 불꽃이 생겨날 조건이 형성되었던 것이다. 그에 더해 비행선 구조물의 일부—아마도 브레이싱 케이블bracing cable(비행선 지붕에 복곡면을 만들어내기 위해 주 케이블과 직교하여 역곡률을 만들어내는 케이블_옮긴이)이었을 것이다—가 끊어지는 바람에 수소까지 유출되었다. 이런 상황은 프루스 선장이 강풍 때문에 비행선을 왼쪽으로 급히 꺾었다가 계류탑 쪽으로 방향을 맞추기 위해 다시금 오른쪽으로 급히

8장 _ 재난의 프랙털 기하학

꺾을 때 빚어졌을 가능성이 높다.[17] 이후 프루스와 레만 모두 힌덴부르크호의 파선에 대한 책임에서 벗어나긴 했으나, 제플린컴퍼니의 회장이자 그 자신이 베테랑 비행선 조종사였던 우고 에크너Hugo Eckner는 이들이 폭풍우 속에서 고비행 착륙을 시도했던 책임을 물었다.

비행기의 안전성

프루스는 제1차 세계대전이 끝난 뒤 여객 비행선을 다시 살려내고자 노력했지만—물론 그가 직접 겪었던 힌덴부르크호 사고가 이에 도움이 되었을 리는 없다—미래의 대세는 분명 비행기가 될 것이었다. 앞서 보았듯 비행기는 1970년대 이후에 꾸준히 안전성을 더해갔다. 실제로 역사상 최악의 비행기 사고는 1977년 3월 27일에 있었던, 보잉 747 제트 여객기 두 대—암스테르담발 KLM 4805기와 로스앤젤레스발 팬아메리칸Pan American, 즉 팬암Pan Am 1736기였다—가 스페인령인 테네리페Tenerife 섬의 로스 로데오스Los Rodeos 공항 활주로에서 충돌한 사고였다. 이 사고로 KLM 여객기 승무원 전원을 포함해 모두 583명이 사망했고, 팬암 여객기에선 조종사와 부조종사를 포함해 61명이 살아남았다.

　정상적으로는 이 두 비행기 모두 이 공항에 있을 이유가 없었다. 하지만 그날 라스팔마스 데 그란 카나리아Las Palmas de Gran Canaria 공항에 카나리제도독립운동Canary Islands Independence Movement 측이 폭탄을 설치하는 바람에, 그곳으로 향하던 두 비행기는 급히 로스 로데오스 공항으로 행선지를 바꿔야만 했다. 지역 공항이었던 데다 크기도 작은 이 공항은 그날 갑자기 밀어닥친 여러 비행기들을 충분히 소화할 수 없었는데 특히 747 같은 대형 기종에 대해선 더욱 그러했다. 멈춰 있는 비행기들이 대기할 수 있는 공간이라곤 공항의 메인 유도로誘導路가 전부였고, 출발하는 비행기들은 활주로를 따라 이동하다가 180도로 선회하여 이륙해야만 하는 등으로 공항은 금세 혼잡해졌다. 메인 유도로와 활주로를 연결하는 별도의 유도로 네 개가 있긴 했으나 이는 보다 작은 비행기들을 위해 설계된 것이었고, 747 비행기와 같은 대형 기종은 불가능한 회전이 요구되는 곳들도 있었다. 또한 이러한 여러 유도로들로의 진입 지점이 명확하게 표시되어 있지 않았다는 점도 사태를 어렵게 만들었다. 잠시 폐쇄되었던 라스팔마스 공항이 다시 열렸을 때 KLM 여객기와 팬암 여객기는 모두 로스 로데오스 공항에서 출발 준비를 마친 뒤 활주로를 따라 이동하는 참이었다. KML 여객기가 먼저 움직이고 이륙 준비를 위해 180도 선회할 예정이었는데, 두 비행기의 충돌은 팬암 여객기가 여전히 활주로에 있는 상태에서 KML 여객기가 이륙 활주를 시작하면서 일어났다.[18]

날씨는 이 재난에서 한몫을 하긴 했으나 대개 그렇듯 주된 역할을 한 것은 아니었다. 로스 로데오스 공항은 해발 2,080피트(약 634미터) 지대에 있었기에 군데군데 낮은 구름이 낄 위험이 있었다. KLM 여객기가 이륙을 기다리고 있는 동안 깔리기 시작한 짙은 안개 때문에 시계視界는 약 1,000피트(약 305미터) 전방으로 좁아졌고, 이는 이륙에 필요한 최소 시계 2,300피트(약 619미터)에 한참 못 미치는 것이었다. 관제탑에는 지상 레이더를 갖춰지지 않은 상태였으며 두 명의 관제탑 요원들은 짙은 안개 때문에 이 두 비행기를 사실 볼 수도 없었다. 그럼에도 KLM 비행기는 연료 주입을 마친 뒤 시동을 걸고 활주로로 진입했고, 팬암 여객기는 그 뒤를 따르라는 지시를 받았다. 이제―그리니치 표준시 기준 오후 5시 2분이었다―이 두 비행기는 시속 약 10마일(16킬로미터)로 이동하고 있었지만 서로가 보이지 않는 상태였다. 항공조종사협회 Air Line Pilots Association가 후에 제출한 보고서에 따르면, 팬암 비행기가 활주로를 향해 천천히 달리고 있을 당시의 시계는 1,640피트(약 500미터) 정도였다고 한다. 이 두 비행기가 활주로로 선회한 후의 시계는 330피트(약 100미터)에도 못 미칠 정도로 감소해버렸고, 설상가상으로 활주로의 중앙 조명들도 켜지지 않았다. 하지만 활주로의 반대쪽 끝에 있던 KLM 여객기는 3,000피트의 충분한 시계를 확보하고 있었던 듯하다.[19]

이 재난의 원인은 세 가지의 서로 다른 '뱃머리' 오류, 즉 능동적 오류들이었다. 첫째, 항공관제사들은 당시 제 역할을 제대로 하지 못했는데, 그 적지 않은 이유는 당시 라디오에서 흘러나오고 있었던 축구 중계방송에 정신이 팔려 있었기 때문이다. 둘째, '왼쪽 세 번째 출구인 유도로 C-3로 나가서 활주로를 벗어나라'는 관제탑의 지시는 팬암 여객기 승무원들을 혼란스럽게 만들었다. 출구임을 알려주는 표지들이 전혀 없었기 때문에―이는 블런트엔드 에러blunt-end error(의료사고 분석 시 조직적 요인이나 시스템에서 비롯되는 사고를 지칭하는 표현. 이와 달리 환자와 직접 접하는 의료진에 의해 일어나는 사고는 샤프엔드 에러 sharp-end error라 함_옮긴이)에 해당한다―유도로 C-3로 나가라는 것인지, 아니면 왼쪽 첫 번째 출구 바로 뒤에 있는 세 번째 출구(C-4였다)로 나가라는 것인지 확신할 수 없었던 것이다. 유도로 C-3에선 급선회를 해야 하는 문제가 있는 데 반해 C-4는 45도 정도의 경사로였기에 이쪽을 택하는 것이 합리적인 듯했다. 어쩔 줄을 모르고 우왕좌왕하는 가운데 팬암 여객기는 벌써 유도로 C-3를 지나쳐버린 뒤 C-4 근처를 맴돌고 있었다. 오후 5시 5분이었던 이 시점에 활주로의 반대쪽에 도달한 KLM 4805기는 이제 팬암 1736기를 정면으로 바라보게 되는 방향으로 선회하고 있었다. 하지만 양쪽 모두 반대쪽 비행기와의 거리가 반마일에 불과하다는 사실은 까맣게 모르는 상태였다.

세 번째 결정적 오류는 KLM 항공기 기장이었던 야코프 벨드하위젠 판 잔텐Jacob Veldhuyzen van Zanten이 시간에 쫓기는 상태였다는 것이다. 그는 암스테르담으로 돌아가는 데 필요한 연료도 비행기에 충분히 넣었고, 밤새도록 그 섬에 갇혀 있고 싶지도 않았다. 활주로에 들어선 뒤 판 잔텐은 스핀업spin-up, 즉 이륙을 위해 엔진이 제대로 작동하는지를 확인하기 위해 비행기 조종간을 전진시켰다. 그러자 동료 조종사가 놀라서 말했다. "잠깐만요. "잠깐만요. 아직 ATC('항공교통통제air traffic control'의 준말. 모든 비행기가 사전에 제출·수정된 계획대로 움직이고 있는지 확인하고 사고가 벌어지지 않게끔 통제하는 역할을 함. 이륙이나 항로 또한 이에 따라 통제됨_옮긴이) 클리어런스를 받지 못했잖아요." "나도 알아요." 판 잔텐은 대답하고 나서 허둥거리며 말했다. "ATC 클리어런스를 요청하세요." 부기장은 그렇게 했고, 관제탑에서는 이륙 뒤엔 예정된 항로로 비행해도 된다는 허가를 내렸다. 이것이 이륙 허가는 분명아니었음에도 판 잔텐은 이렇게 말했다. "자, 갑시다." 비행기가 앞으로 전진했지만 부조종사는 상관에게 두 번씩이나 질문하기가 꺼려진 탓에 침묵을 지켰다. 관제탑의 관제사는 그다음으로 팬암 여객기 측에 아직 활주로에 있는지를 물었고, 팬암 측이 그렇다고 답하자 판 잔텐에게 이렇게 말했다. "이륙을 준비하고 기다리십시오. 다시 연락하겠습니다." 조금 전 판 잔텐이 "자, 갑시다."라 했던 말은 관제탑이 아닌 승무원들에게 한 것이었기 때문에 관제사는 판 잔텐이 이륙하려 한다는 이야기를 듣지 못했다. 또 때마침 관제탑으로 걸려온 팬암 조종사들의 무선통신으로 전파가 교란된 탓에, KLM 조종사들은 팬암 측이 관제사에게 자신들이 여전히 활주로에 있다고 말하는 것도 제대로 들을 수 없었다.

KLM 항공기가 이륙하기 시작한 직후 관제탑은 팬암 여객기 승무원들에게 그들 앞의 활주로가 비면 보고해달라고 말했다. 이를 들은 KLM의 비행 엔지니어가 판 잔텐에게 물었다. "'팬암 비행기, 혹시 활주로에 있는 것 아닙니까?' 하지만 판 잔텐은 그저 "아닙니다. 없어요."라 대답하고선 계속해서 조종간을 밀어 속도를 올렸다. 오후 5시 06분, 팬암 여객기의 기장 빅터 그럽스Victor Grubbs는 자신들에게 접근하는 KLM 여객기를 발견하고선 소리를 질렀다. "이런, 젠장할! 저 미친놈이 우리 쪽으로 돌진해오고 있어!" 그리고 그럽스가 조종간을 틀어 활주로를 벗어나려 했던 바로 그때, 팬암 여객기를 발견한 판 잔텐은 충돌을 피하기 위해 서둘러 이륙하려 했다. 그러나 비행기의 앞쪽을 지나치게 들어 올린 나머지 비행기 꼬리가 활주로에 닿고 말았다. 너무 늦었다. 55톤의 추가 연료까지 실어 무거워진 상태에서 KLM 4805기는 팬암 1736기를 직각으로 덮쳤고, 동체의 지붕 전체를 걷어내버렸다. 당시 시속 160마일로 달리고 있던 KLM 여객기의 1번 엔진은 이 충돌로 비행기와 분리되어버렸고, 비행기는 30미터 정도 떠오르긴 했으나 이내 활주로에 추락하고 말았다. 그와 동시에 비행기에 가득 실려 있던 연료가 폭발해 탑승자 전원이 사망했다. 팬암747기에도 불이 붙었지만 일부 승객들에겐 탈출할 시간이 있었다.

판 잔텐 기장은 어쩌면 '폐쇄회로 기계와의 공생관계'에서 오는 '기술적 피로'를 앓고 있었을지 모른다는 추측이 제기되었다. 즉, "철저히 기계화된 세계의 연장선이 되어버린 그는 그 세계 안에 갇히고 손발

이 묶여버렸다. 그의 사유는 인간 세계와 인간적 관심들을 **떠나** (…) 기계 자체의 연장선이 되고 말았다"는 것이었다.[20] 또 다른 심리학적 이론에선 다음과 같이 보기도 했다. 판 잔텐은 정기 여객기보다는 시뮬레이션 비행훈련이 더욱 익숙한 조종사였고—그는 KLM의 비행훈련부장이었다—따라서 스트레스를 받을 때 사람들이 흔히 그러듯 "자신에게 보다 습관화된 대응 방식으로 퇴행"했다는 것이다(시뮬레이션 비행훈련에서 교관은 항공관제사 역할을 맡아 스스로 이륙 허가 명령을 내린다).

하지만 그가 정확히 어떤 성격의 심리적 과실을 저질렀는가에 관심을 둘 필요는 없다. 이 사건에는 앞서 언급한 세 가지의 '뱃머리' 오류 및 그와 다른 두 개의 시스템 문제들이 드러나 있기 때문이다. 오늘날에는 조종석에 앉아 있는 모든 이들이 합의하지 않는 한 조종사 한 명이 단독으로 비행기를 이륙시키는 것은 불가능하지만 1977년에는 그렇지 않았다. 둘째, 판 잔텐이 그토록 이륙을 서둘렀던 것은, 그는 물론 그의 동료들도 그 이전 해에 네덜란드에서 법령화된 새로운 '비행승무원들을 위한 노동 및 휴식 규제Work and Rest Regulations for Flight Crews'를 따라야 했기 때문이다. 이 법령에 따라 비행시간은 엄격히 제한되었고 이를 어기는 이는 벌금과 구금형에 처해졌으며, 비행시간이 월간 한도를 초과할 경우엔 아예 조종사 자격을 잃게끔 되어 있었다.[21] 따라서 이 사고의 발생 시점이 월말이었다는 사실은 그리 놀라운 것이 아니었다. 조종사들이 피로에 절어 치명적인 실수를 저지르지 않게 하기 위해 마련한 규정이 오히려 그 치명적 실수의 확률을 높였다는 것은 참으로 아이러니한 일이다.

한 연구에 따르자면, 테네리페 섬 활주로에서의 충돌 사고는 "각각 별개의 우연과 열한 개의 실수—대부분은 사소한 것들이다—가 정확히 맞아떨어져야만" 일어날 수 있는 일이었다.[22] 이는 '퍼펙트 스톰'의 논리를 시사한다. 또 다른 시스템 기반의 분석은 이 사고에서 나타난 네 가지 문제는 당시와 비슷한 상황이 조성되면 언제든 또 다시 발생할 수 있는 것들이란 결론을 내린다. 첫 번째 문제는 "독자적인 시스템들 사이에서, 또 그 각각의 내부에서 일어나는 중요한 일상적 절차에서의 교란", 두 번째는 위기 시 "더욱 긴밀해지는 상호의존적 관계들", 세 번째는 "자율적 각성에 기인하는 인지효율성의 상실", 그리고 네 번째는 "위계적 왜곡의 증가로 인해 손실되는 의사소통에서의 정확성"이다. 이것들이 합쳐지면서 "사소한 실수들을 큰 문제들로" 증폭시키는 "피드백 루프feedback loop를 만들어냈고, 이것으로 인해 여러 다른 오류들이 발생하고 또 급속히 확산"될 수 있다는 것이다.[23]

이 모든 이야기들은 어느 안개 낀 날 있었던 두 비행기 및 관제탑의 이야기를 너무 복잡하게 만드는 경향이 있다. 아마도 핵심은 그저 테네리페 섬의 참사가 매우 빠르게 벌어졌다는 점일 것이다. KLM 여객기와 팬암 여객기가 활주로에 들어선 뒤 충돌까지 걸린 시간은 각각 7분 39초, 그리고 4분 41초에 불과했다.

파인만의 법칙

그로부터 9년도 채 되지 않은 1986년 1월 8일, 우주왕복선 챌린저호가 플로리다의 케이프 커내버럴Cape Canaveral 상공에서 폭발했다. 우주선이 이륙한 다음 폭발한 이 사고에 걸린 시간은 앞서 이야기한 비행기 충돌 사고보다 훨씬 짧은 73초에 불과했다. 사망자는 일곱 명뿐이었으나 이 사고는 미국 역사상 가장 유명한 사건으로 남게 되었다. 사망자 수가 그보다 훨씬 더 많았던 테네리페 참사가 오래전에 잊힌 것과 대조적인데, 그 부분적인 이유는 사망한 우주인들 중 한 명이 뉴햄프셔주 콩코드Concord 출신의 고등학교 교사 크리스타 매콜리프Christa McAuliffe였기 때문이다. 그녀의 여행에 대해 매체가 워낙 많은 관심을 보였기에 우주선이 폭발하는 엄청난 장면은 미국 인구의 거의 17퍼센트가 목격했고, 85퍼센트의 미국인들은 사건 발생 뒤 1시간 내에 그 소식을 접했다.

이 장에서 논의했던 다른 재난들과 달리 챌린저호 사고를 일으킨 것은 오로지 잠재적 오류들이었다. 능동적 오류가 아닌 이유는, 비록 모두 목숨을 잃긴 했으나 승무원들의 행동에는 아무런 흠이 없었기 때문이다. 그렇다면 도대체 무엇이 잘못되었던 것일까? 챌린저호가 폭발하고 두 달 뒤, 원래 챌린저호 발사는 레이건 대통령의 국정연설 이후로 예정되어 있었으나 백악관이 NASA에 반드시 연설 이전에 발사하라는 압력을 가했다는 이야기가 수면 위로 떠올랐다.[24] 이는 무슨 일이 벌어지든 가능한 한 무조건 대통령에게 책임을 돌리려는, 워싱턴 기자단이 가진 고질적 강박을 잘 보여준다. 사실 크리스타 매콜리프를 언급하는 연설 초안은 레이건 대통령의 책상에 올라가기도 전에 폐기된 상태였다. 상부로부터의 압력이 챌린저호 폭발의 이유는 절대 아니었던 것이다. 날씨 또한 춥긴 했으나 본질적인 문제는 아니었음이 확실하다. 발사 당일의 일기예보에선 대기권 온도가 화씨 26~29도(섭씨 약 영하 3.3~영하 1.7도)일 것이라 예측했으나 실제로는 화씨 18도(섭씨 영하 8.9도) 정도―나중엔 조금 더 따뜻해졌다―로, 플로리다에선 '100년 만의 추위'라 할 만한 날씨였다.[25]

당시 많이 언급되었던 또 다른 설명으로는 챌린저호 발사 책임자들이 '집단사고groupthink'에 굴복하고 말았다는 것이 있었다. 예일대 심리학자 어빙 L. 재니스Irving L. Janis는 1972년에 이 용어를 만들며 "관련자들이 응집력 있는 내부집단에 깊이 엮여 있어, 다른 대안적 행동 계획을 현실적으로 평가하려는 동기보다 자신들끼리 만장일치를 이루고자 하는 동기가 더 클 때 나타나는 사고의 양식"이라고 주장했다. 챌린저호 사고 뒤 그는 이것이 NASA에서의 문제였을 수 있음을 시사했으나[26] 그 후에 밝혀진 바들에 따르면 이 또한 잘못된 설명이었다.

챌린저호 사고는 이 우주왕복선을 궤도로 올려놓기 위해 사용된 보조로켓의 본래 설계가 가졌던 결함으로 설명할 수 있다. 고체로켓 부스터solid rocket booster 제작 계약을 따낸 회사 모턴-티오콜Morton-Thiokol은 타이탄 3호Titan III 로켓을 설계 모델로 삼았다. 타이탄 3호의 경우 부스터의 원통형 부분들을 우선 따로따로 제작한 다음 각각의 끝 부분을 서로 끼워 연결하는 방식으로 만들어졌다. 그리고 각 접합부는 고무 같은 재질인 바이턴viton으로 제작되어 신축성이 있는 데다 크기도 꼭 맞는 오링O-ring 두 개로 봉해졌고, 접합부 안쪽에는 퍼티putty 접착제(물이나 가스의 누설을 방지하는 철관의 이음매 고정, 유리창 장착 등에 사용되는 접착제_편집자)를 발라 한층 더 단단히 보호했다.

하지만 모턴-티오콜은 이러한 타이탄 3호의 설계에 수많은 변화를 가해 제조 과정을 단순화하고 비용을 절감하려 했다. 최초 테스트 도중, 또 심지어 챌린저호가 비행을 시작한 뒤에도 모턴-티오콜과 NASA의 엔지니어들은 뜨거운 연소 가스가 퍼티를 뚫고 나와 접합부에서 누출되어 오링을 태우고 있음을 경보로 알아차렸다.[27] 1985년 1월 24일에 있었던 우주왕복선 발사를 예로 들자면 접합부 두 곳의 1차 오링들은 '누출blowing-by'된 연료에 부식되어 위험한 상태에 이르렀고, 2차 오링들이 남아 있긴 했으나 마찬가지로 손상을 입은 상태였다. 사실 챌린저호 이전에 있었던 스물네 번의 발사 중 일곱 번의 발사들에는 문제가 많았다. 물론 그중 두 번은 오링 문제가 아니었지만 말이다.

모턴-티오콜 회사의 엔지니어 로저 보졸리Roger Boisjoly는 1985년 1월에 있었던 발사에서 1차 오링이 평소 이상으로 손상된 것을 보고 추운 날씨가 오링의 탄성에 영향을 준 것이 아닐까 의심하기 시작했다.[28] 한 메모에서 그는 이렇게 경고했다. "만약 연료 누출 문제가 현장 접합field joint(교량 등의 초거대 구조물의 구성 요소들을 미리 조립한 뒤, 각 요소들을 설치 현장에서 용접 등으로 접합하는 작업 방식_옮긴이)에서도 발생한다면 그 결과는 최고 수준의 재앙, 즉 인명 손실로 나타날 것이다."[29] 그에 따라 1986년 1월 모턴-티오콜의 경영진은 챌린저호를 발사하면 안 된다는 내부 엔지니어들의 권고를 받아들여 이를 NASA에 전달했고,[30] 또한 기온이 화씨 53도(섭씨 약 11.6도) 이하일 때에는 셔틀 발사를 삼갈 것을 조언했다. 이 온도는 1985년 1월, 즉 이전의 발사일 중 가장 날씨가 추웠던 날의 기온이었다. 하지만 이 모든 조언들이 있었음에도 챌린저호의 발사는 예정대로 진행되었고, 보졸리의 예언과 정확히 일치하는 참사의 결과로 이어지고 말았다.

챌린저호 참사가 벌어진 이튿날 우주왕복선 고체로켓 모터Space Shuttle Solid Rocket Motor 프로젝트의 지휘자였던 앨런 '앨' 맥도널드Allan 'Al' McDonald는 앨라배마주의 헌츠빌Huntsville로 가서 실패조사팀에 합류했다. 당시까지만 해도 그는 엔진 문제 혹은 연료탱크의 구조적 문제가 원인일 것이라 여기고 있었으나, 헌츠빌에서 사고 동영상을 본 뒤엔 생각이 바뀌었다. "발사 당시 오링 하나에 문제가 생겨 접합부가 제대로 봉인되지 못했으나, 그로 인해 생긴 구멍은 알루미늄 산화물들로 금방 다시 메꿔졌기 때문에 그곳으로 새어나온 불꽃이 폭발을 일으킬 일은 전혀 없었다. 그러나 발사 37초 후에 일어난 윈드 시어wind shear(짧은 거리에 걸쳐 갑자기 바람의 속도나 방향, 또는 두 가지가 동시에 변하는 현상_편집자)가 그 접합부의 봉인을 뜯어버렸고, 그것이 비극적인 참사로 이어진 것이다."[31] 전 국무부장관 윌리엄 P. 로저스William P. Rogers가 의장을 맡은 참사조사위원회의 첫 번째 청문회에서 맥도널드는 폭탄을 터뜨렸다. "우리는 발사하면 안 된다고 권고했습니다." 하지만 오링들—정확히 말하자면 낮은 기온이 오링들의 견고한 봉인력에 미친 영향—이 발사 실패의 원인이고 NASA가 이러한 위험을 명시적으로 경고받은 바 있었다는 사실을 누구도 의심할 수 없게끔 확실하게 밝힌 것은 속세에 관심 없는 듯한 외양의 캘리포니아공과대학 물리학

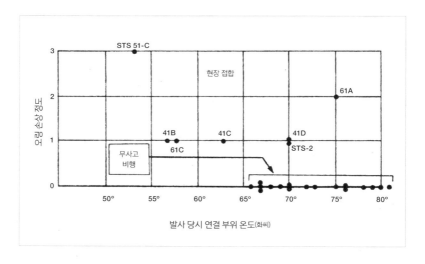

우주왕복선 발사 시점의 온도와 오링 사고 사이의 상관관계. Richard Feynman, "*What Do You Care What Other People Think?*": *Further Adventures of a Curious Character*. Copyright © 1988 by Gweneth Feynman and Ralph Leighton. Used by permission of W. W. Norton & Company, Inc.

자 리처드 파인만Richard Feynman이었다. 물론 참사조사위원회의 구성원이었던 공군 장성 도널드 쿠티나Donald Kutyna와 NASA 우주인 샐리 라이드Sally Ride도 파인만에게 도움을 주었다.[32]

참사조사위원회에서 파인만이 설명한 자신의 역할은 상당히 고전적인 것으로, 말하자면 영화 〈스미스 씨 워싱턴 가다Mr. Smith Goes to Washington〉(뜻하지 않게 상원의원으로 지명된 순박한 시골 청년이 자신의 소신을 지키기 위해 부패한 정치세력과 맞서 싸운다는 내용의 영화임_편집자)의 학자 버전이었다.[33] 파인만이 보기에 죄를 지은 이들은 엔지니어들의 조언을 무시하기로 선택한 NASA 관료 조직의 중간 간부들이었다. 그는 다음과 같이 썼다. "만약 모든 밀봉 부분에서 누출이 발생했다면 심지어 NASA라 해도 문제의 심각성을 명백히 인지했을 것이다. 하지만 밀봉 부분에서의 누출은 몇 번의 비행 사례에, 또 몇몇 군데에만 국한되어 나타난 현상이었다. 그래서 NASA는 기이한 종류의 태도를 발전시켰다. 밀봉 부위 한 곳에서 약간의 누출이 발생했음에도 비행이 성공적이었다면 그 문제는 그리 심각한 것이 아니라는 태도 말이다. 러시안룰렛도 한번 그런 식으로 해보시길."[34] 파인만은 NASA가 작동하는 방식을 탐구해 들어갈수록 더욱 경악했다. 위계적인 명령 구조, 책에 나온 규범이 분명 틀린 것임에도 만사를 무조건 거기에 맞추라는 형식주의적 고집, 무엇보다 재난 위험에 대한 경고를 받아들이길 거부하는 태도 등으로 점철되어 있었던 것이다. 파인만이 보기에 이 문제의 핵심은, 재난 발생 확률이 100분의 1이라는 이야기를 들었을 때 NASA 관리자들이 이를 무시한 것이었다.

케네디 우주센터의 안전범위 담당관range safety officer인 [루이스] 울리언 씨Mr. [Louis] Ullian는 이 우주왕복선을 대상으로 하는 파괴 실험 destruct charges의 실행 여부를 결정해야 했습니다. (…) 무인 로켓은 모두 이 실험을 거치게 되어 있죠. 울리언 씨는 자신이 살펴본 127개의 로켓 중 다섯 개가 문제를 일으켰다고 말했습니다. 약 4퍼센트의 비율인 셈인데, 그는 이 4퍼센트를 다시 넷으로 나누었습니다. 유인비행체는 무인비행체보다 안전해야 하니까요. 그래서 그는 1퍼센트의 실패 확률을 제시하며, 파괴 실험을 행할 근거는 이것만으로도 충분하다고 말했습니다.

하지만 NASA는 울리언 씨에게, 실패 확률은 10의 5승 분의 1에 불과하다고 말했습니다. 저는 이 숫자가 어떻게 나온 것인지 이해하기 위해 애썼습니다. "10의 5승 분의 1이라고요?" "맞아요. 10만 분의 1이요." "그렇다면 300년 동안 매일 한 번씩 우주왕복선을 발사해도 사고가 나지 않을 수 있다는 건데, 이는 당연히 말도 안 되는 이야기이지 않습니까!" 그러자 울리언 씨가 이렇게 말했습니다. "그래요. 그래서 나는 NASA가 내놓는 모든 주장들에 맞서기 위해 내가 제시하는 사고 확률을 1,000분의 1까지 낮췄습니다."

하지만 논쟁은 계속되었습니다. NASA는 사고 확률이 10만 분의 1이라고, 또 울리언 씨는 아무리 낙관적으로 보더라도 1,000분의 1 이상이라고 계속해서 주장했죠. 울리언 씨는 또한 책임자인 킹스베리 씨Mr. Kingsbury와 면담을 갖는 데 문제가 있었다는 이야기도 제게 했습니다. 약속을 잡아도 그 자리엔 하급자들만 나올 뿐이라서 킹스베리 본인을 직접 만나 어떻게 NASA가 10만 분의 1이라는 수치를 얻은 것인지를 알아내는 건 전혀 불가능했다고 합니다.[35]

엔지니어들과 관리자들 사이에서 발생한 이런 간극의 문제를 파인만은 다른 맥락에서도 발견했는데, 엔진 결함의 확률에 대한 것이 그 예였다. "저는 로켓 접합부의 밀봉과 관련된 사안에서 드러난 문제점이 다른 데서도 나타났었다는 확실한 인상을 받았습니다. 엔지니어들이 아래쪽에서 '긴급 도움 요청!' '적색경보, 적색경보!'라고 외치고 있는 동안 관리자들은 기준 한도를 낮추고, 원래 설계에 없었던 오류들을 갈수록 더 많이 묵인하고 받아들였다는 문제점 말입니다."[36]

윌리엄 로저스는 파인만이 발견한 것들이 암시하는 바를 그리 맘에 들어하지 않았다. 로저스는 법률 훈련을 받은 데다 세속적으로 닳고 닳은 워싱턴의 지배 세력을 체현하는 인물이었기 때문이다. 그래서 파인만은 최종 보고서에 자신이 쓴 부기附記를 첨부해야 한다고 고집했다. 이 기록에서 그는, 오링 침식 현상이 분명히 "무언가 잘못되었음"을 나타내고 있었음에도 NASA 관리자들은 "러시안룰렛을 행했다"고 강력하게 비난했다.

예정된 시간에 비행이 이루어지도록 하기 위해 안전 기준이 바뀝니다. 아주 미묘한, 그리고 종종 겉으로 보기엔 논리적인 주장들을 통해서 말입니다. 그 결과 비행 실패의 확률이 1퍼센트 정도―더 정확한 수치를 제시하긴 어렵습니다―에 이르는, 상대적으로 안전하지 못한 상태에서 비행이 이루어집니다.

반면 관리자들은 실패 확률이 이보다 1,000배나 더 낮다고 주장합니다. 이렇게 하는 첫 번째 이유는 아마도 NASA가 완벽하고 성공적인 기관임을 정부에 확신시켜주고 자금 지원을 확보하려 하기 때문일 수 있습니다. 두 번째는 이들이 진심으로 그 확률이 사실임을 믿었기 때문일 수 있는데, 이 경우엔 그들과 그들 밑에서 일하는 엔지니어들 사이에 믿기 힘들 정도로 의사소통이 부재하다는 점이 명확히 입증됩니다.

성공적인 기술을 위해선 홍보보다 현실을 우선시해야만 합니다. 자연은 대충 속이고 넘어갈 수 있는 대상이 아니기 때문입니다.[37]

후에 나온 비망록에서 파인만은 당시의 경험을 이야기하며 한 걸음 더 나아갔다. "NASA에는 큰 떡고물과 결부된 수상한 점들이 몇 가지 있다는 생각이 갑자기 들었다. 고위급 관리자들과 이야기하려 할 때마다 그들은 아래쪽에서 벌어지는 문제들에 대해 아는 바가 아무것도 없다는 말을 반복했다. (…) 꼭대기에 있는 그들이 정말 그랬다면 그들은 마땅히 자신들이 알아야 할 일을 모르고 있었던 셈이고, 문제점들을 알고 있었다면 우리에게 거짓말을 했던 셈이다."[38] 파인만은 NASA 관리자들이 그들 스스로 만들어낸 임무 변경mission creep의 희생물이 되어버렸다고 날카롭게 추론한다.

달 착륙 프로젝트가 끝나자 NASA는 모든 사람들을 모았다. 큰 프로젝트가 끝났다 해서 사람들을 모두 해고하여 길거리로 내몰고 싶어 하는 이는 없다. 그럼 문제는 '이제 무엇을 할 것인가'가 된다.

이를 위해선 오직 NASA만이 할 수 있는 대규모 프로젝트가 존재한다는 점을 의회에게 확신시켜야 한다. 그리고 여기에는 필수적으로 과장이 수반된다. 우주왕복선이 얼마나 경제적인지, 그것이 얼마나 자주 운행할 수 있을지, 또 얼마나 안전할 것이며 그 왕복선을 통해 얼마나 중대한 과학적 사실들이 밝혀질지 등과 관련하여 말이다. "이 우주왕복선은 이만큼이나 많은 비행을 할 수 있는데 그럼에도 여기에 드는 비용은 고작 요 정도에 불과합니다. 우리는 달에 간 적도 있지 않습니까. 그러니 우리라면 할 수 있습니다!"

내 추측이지만, 그 와중에 아래쪽에서 일하는 엔지니어들은 이렇게 말하고 있었을 것이다. "안 돼요, 안 돼! 우린 그렇게 많은 비행이 이뤄지게 할 수 없어요." (…)

하지만 의회로 하여금 자신들의 프로젝트를 승인하게 만들려고 기를 쓰고 있는 관리자들이 그런 말을 듣고 싶어 할 리 없다. 그런 이야기는 아예 듣지 않는 편이 낫다. 그러면 더욱 '정직'해질 수 있으니까. 뻔히 다 알면서도 의회를 향해 거짓말하는 입장에 서고 싶진 않을 것 아니겠는가! 그리하여 이들의 태도는 금세 바뀌기 시작한다. 자신들 마음에 들지 않는 정보—"접합부 밀봉에 문제가 생겼습니다. 이건 발사 전에 반드시 고쳐야 합니다."—가 밑에서 올라와도 숨겨버리는 것이다.[39]

이 이야기로 거의 모든 것이 설명되긴 하지만, 그럼에도 매우 중요한 부분이 남아 있다. NASA 지도부가 우주왕복선 프로그램을 계속 확대해나가야 한다는 압력을 느꼈고, 궁극적으로는 연간 24회의 우주왕복선 비행을 목표로 하고 있었음은 분명하다.[40] 하지만 엔지니어들과 관리자들 사이의 분열은 NASA뿐 아니라 제조업체였던 모턴-티오콜에서도 있었다. 챌린저호 참사 전날 있었던 화상회의에서 NASA의 로런스 멀로이Lawrence Mulloy는 모턴-티오콜의 고체로켓 부스터 프로그램 담당 부사장이었던 조 킬민스터Joe Kilminster에게 프로그램 담당 부서의 권고 사항이 무엇이었는지 물었다.

킬민스터는 방금 제출된 공학적 입장을 근거로 하여 발사를 권고하지 않겠다고 말했다. 그러자 멀로이는 그 공학적 관점이 과연 맞는 것이냐며 이의를 제기했다. 제시된 공학적 데이터가 결정적인 정도까진 못 된다는 것이었다. 그는 우리가 차가운 모터와 따뜻한 모터에서의 연료 누출과 관련된 데이터를 제시했다고 언급하며, 기온이 정말로 접합 부분의 밀봉에 영향을 주는지에 대한 더 많은 정량 데이터를 요구했다.

앨 맥도널드는 혼란스러워졌다. 지금껏 그는 "비행을 해도 안전한 이유를 우리가 설명하면 그것에 도전하는" 주장을 NASA가 내놓는 상황에 익숙해져 있었기 때문이다. "뭔가 이상한 이유로, 우리는 그 로켓이 정말로 확실히 문제를 일으킬 것임을 정량적으로 입증해 보이라는 요구를 받은 셈이었다. 하지만 그것은 우리가 할 수 있는 일이 아니었다." 맥도널드의 회상에 따르면, 이때 멀로이가 쏘아붙이고 나섰다. "이보시오. 그럼 대체 언제 발사하라는 겁니까? 4월쯤에나요? 발사 전날인 오늘이 발사 기준을 바꾸기에 매우 좋지 않은 때라는 건 아시지 않소." 이때 모턴-티오콜의 국장인 제리 메이슨Jerry Mason이 NASA의 편을 들며 끼어들었다. "계획대로 발사를 진행해도 좋을 거라고 생각하는 사람은 저뿐인 겁니까?" 이에 대해 명확하게 반대 의견을 표한 이는 로저 보졸리와 아니 톰슨Arnie Thompson 둘뿐이었다. 톰슨은 "고위경영진이 앉아 있는 탁자로 걸어가 접합 부분의 설계 스케치와" 낮은 기온이 미치는 영향을 보여주는 "데이터 서류를 함께 내려놓았다." 하지만 메이슨은 물론 모턴-티오콜의 부사장이자 우주사업부 부장인 칼 위긴스Cal Wiggins도 그를 "차갑게 쏘아보았다."

이어 보졸리는 1985년 1월의 발사 당시 1차 오링들과 2차 오링들 사이에서 관찰된 새까만 검댕 사진을 그들에게 보여주며 외쳤다. "이 사진들을 잘 보십시오! 이 사진들이 말해주는 바를, 즉 기온이 낮으면 접합 부분에서 연료 누출 현상이 더 많이 일어난다는 점을 무시하시면 안 됩니다!" 하지만 소용없었다. 메이슨은 다른 경영자들에게 눈짓을 했고, 엔지니어링 분야의 부사장이었던 밥 런드Bob Lund 또한 엔지니어들의 주장을 기각하고 모턴-티오콜 측의 권고를 '발사하지 마시오'에서 '발사하시오'로 바꾸는 데 동의했다. 그러나 NASA의 마셜우주비행센터Marshall Space Flight Center의 조지 하디George Hardy가 새로운 권고안을 서면으로 작성해달라고 요구하자 맥도널드는 이를 거부했다.[41] 결국 서류에 서명을 한 것은 킬민스터였다.[42]

모턴-티오콜의 경영자들과 엔지니어들 사이에서 나타난 차이는 명확했다. 엔지니어들에게 있어 무엇보다 중요한 일은 비극적인 실패를 피하는 것이었고, 경영진들에게 있어 무엇보다 중요한 일은 NASA와의 관계를 장기적으로 이어가는 것이었다. 맥도널드는 다음과 같이 회상했다.

> 멀로이는 자신이 킬민스터를 맘대로 움직일 수 있음을 알고 있었다. 킬민스터는 본질적으로 그의 하수인이었기 때문이다. (…) 나는 이것이 그저 공학적 권고 사항에 국한되기를 바랐다. NASA는 고체로켓 부스터의 생산 일부를 2차 공급자에게 맡기는 것에 계속 관심이 있었고, 그 때문에 우리 회사의 경영진은 일정을 비롯한 여러 다른 압박에 시달리고 있다는 걸 나는 잘 알고 있었다. 우리 회사는 이미 이 프로그램에서의 납품 기한을 넘겨버린 데다 추가로 발주할 66개의 추진 로켓에 대해선 NASA와의 계약서에 서명조차 못한 상황이었기에 NASA에 대해 매우 저자세를 취할 수밖에 없었다. 2차 공급자 문제와

8장 _ 재난의 프랙털 기하학

관련하여 취약한 위치에 있었던 모턴-티오콜의 입장에서, 가장 중요한 고객이 바라는 바를 거역한다는 것은 사업적으로나 정치적으로나 어리석은 일이었다. 특히 다음에 나올 고체추진 로켓 사업을 비경쟁 입찰로 따낼 수 있는, 아마도 마지막일 기회를 놓고 아직 그 고객과의 계약이 이뤄지지 않은 상황에선 더욱 그럴 수밖에 없었다.[43]

군수조달 문제를 연구해본 이라면—이는 리처드 파인만의 연구 분야가 아니었다—누구나 이상한 부분이 있음을 알아챌 것이다. 모턴-티오콜은 매달 2회 발사를 목표로 하는 우주왕복선 프로젝트에 로켓 부스터를 단독으로 공급하는 업체였다. 그럼에도 NASA는 만약 모턴-티오콜이 발사 전날 자신들의 요구를 들어주지 않았다면 틀림없이 그 회사의 경쟁사들을 찾아 나섰을 것이다. NASA가 러시안룰렛을 하고 싶어 했다면 모턴-티오콜의 경영진은 기꺼이 총에 총알을 장전해줬을 것이다. NASA의 엔지니어들이 모턴-티오콜의 엔지니어들을 무시했듯 그들 역시 자사 엔지니어들의 의견을 무시하고서 말이다.

따라서 챌린저호 사건에서 정말로 실패가 발생한 지점은 오링 자체도, 나쁜 날씨도, 로널드 레이건이나 '집단사고'도 아니었다. 진정한 실패 지점은 결정적인 화상회의에서 멀로이가 킬민스터를 윽박질렀던 방식, 그리고 그때 메이슨과 위긴스가 자사 엔지니어들의 반대를 억눌러버린 방식이었다. 역사가들은 자꾸 각료 회의라든가 대통령 회의 같은 것들만 연구하려 하지만 실제 재난의 정치학은 그런 것들과는 거리가 먼, 이렇듯 잘 알려지지 않은 회의 자리에서 결정되는 경우가 얼마든지 있다. 중간관리자들의 어스름한 나라, '뱃머리'와 '배 뒷전' 사이의 그 어디쯤에서.

다시 살펴보는 체르노빌

───────

체르노빌 원전사고 같은 재난이 오직 소련처럼 권위적이고 일당독재인 나라에서만 발생할 수 있는 일이라는 상상은 분명 우리에게 위안을 주긴 한다. 그러나 이는 사실 망상이다.

거짓말의 대가가 무엇인지 아는가? 거짓을 진실로 착각하는 것이 아니다. 진짜 위험은 거짓말을 너무나 많이 듣고 나면 더 이상 진실을 인식하지 못한다는 것이다. 그때 할 수 있는 일이 무엇이겠는가? 진실에 대한 희망까지 버리고 그저 이런저런 이야기들로 우리 자신을 만족시키는 것 외에 할 수 있는 일이 있는가? 이러한 이야기들에서 누가 영웅인지는 중요하지 않다. 우리가 알고 싶어 하는 것은 오직 하나, "누구의 잘못인가?"이기 때문이다.

크레이그 메이진Craig Mazin이 쓴, 손에 땀을 쥐게 하는 5부작 드라마 〈체르노빌Chernobyl〉의 첫 부분에서 이 참사를 조사한 소련 정부위원회의 위원장인 화학자 발레리 레가소프Valery Legasov가 했던 말이다. 나중에 나오는 장면에서 그는 이렇게 외친다.

우리의 온갖 비밀과 온갖 거짓말, (…) 이것이 실질적으로 우리를 규정하는 것들이다. 진실이 마음을 불편하게 할 때 우리는 거짓말에 거짓말을 계속하며 마침내 더 이상 진실이라는 게 존재했었단 사실조차 잊어버리고 만다. 하지만 진실은 (…) 여전히 존재한다. 우리가 내뱉는 모든 거짓말은 고스란히 진실에 빚진 부채로 쌓인다. 그리고 그 부채는 조만간 상환된다. 이것이 RBMK [핵] 반응 노심爐心이 폭발하게 된 과정이다. (…) 진실은 우리의 필요나 욕구 따위에는 전혀 신경쓰지 않는다. 우리의 정부, 우리의 이념, 우리의 종교에 대해서도 전혀 개의치 않는다. 진실은 언제나 항상 우리를 기다리며 웅크리고 있다. 그리고 마침내 체르노빌은 이를 선물로 선사했다. 나는 한때 진실의 대가가 무엇일지 두려워했지만, 이제는 이 질문만을 던질 뿐이다. "거짓말의 대가는 무엇인가?"

내가 확인한 바에 따르면 현실의 발레리 레가소프는 절대 이런 말을 한 적이 없다. 하지만 이것은 이 드라마에서 가장 기억에 남는 대사다. 우리가 믿고 싶어 하는 바, 즉 체르노빌 참사는 소련의 쇠퇴와 몰락의 축소판임을 우리에게 알려주기 때문이다. 일본군에 의한 싱가포르의 함락이 대영제국의 쇠퇴와 몰락의 축소판이었던 것처럼 말이다.

어떤 측면에서 보자면 물론 그렇다고 말할 수 있다. 사고 발생 직후 소련 당국은 이를 즉각 은폐하려 들었다. 프리피아트Pripyat의 주민들의 대피는 4번 원자로가 폭발하여 노심이 드러난 지 약 36시간이 지난 1986년 4월 27일에서야 시작되었다. 소련 정부는 이 대피가 시작된 뒤로도 하루 반이 지난 뒤에야 사고가 있었음을 공식적으로 인정했지만, 이는 오직 스웨덴의 핵 당국이 이미 이 사고를 감지해버렸기 때문이었다. 대피 지역의 반경은 사고 발생 후 열흘이 지나서야 비로소 19마일(약 30.5킬로미터)까지 확대되었다. 지역 주민들에겐 노출된 방사능의 위험 수준에 대한 거짓말이 주입되었고, 소련 시민들 전체는 이 상황의 위험성에 대해 사고 이후 며칠 동안이나 전혀 감을 잡지 못했다. 현대 우크라이나의 선도적 역사학자의 말에 따르면, 소련 정부가 이 재앙에 대한 이야기를 검열하여 없애버리려 한 탓에 "국내외의 수백만 명이 위험에 처했고, 그렇게 하지 않았다면 피할 수도 있었을 방사능 피폭 희생자를 수도 없이 낳았다."[44] 볼로디미르 프라비크 Volodymyr Pravyk 같은 소방관들은 다른 원자로로 불이 번지는 것을 막기 위해 죽을 것이 빤한 곳으로 투입되었고, 니콜라이 카플린Nikolai Kaplin 같은 군인들은 나중에 '청산 해결사liquidator' 혹은 '생체로봇bio-robots' 같은 존재가 되어 오염지역에 배치되었다. 엄청난 양의 방사능에 대응해 최소한의 보호장비만 겨우 갖춘 채로 말이다. 이들뿐 아니라 헬리콥터를 타고 날아가 붕산, 납, 돌로마이트 등을 노출된 원자로 노심 위에 퍼부었던 조종사들, '차이나 신드롬'(노심이 녹아 핵물질이 땅속으로 스며들어 미국의 반대편에 있는 중국까지 도달할 것이라는 가상의 원자력발전소 사고를 지칭_옮긴이)을 예방하는 데 필요하다고 여겨진 냉각층 확보를 위해 원자로 밑에 터널을 뚫었던 광부들, 이들 모두는 저 '위대한 애국 전쟁Great Patriotic War'(1941~1945년에 나치 독일과 맞선 소련의 전쟁으로, 소련 측 희생자는 2,000만 명에 달했음_옮긴이)에서 명예롭게 총알받이가 되었던 병사들에 걸맞은 진정한 후손들이었다. 특히나 이 두 노력 모두가 헛된 일이었음이 밝혀졌다는 점에서 더더욱 말이다.[45]

이 재난에는 능동적 오류들과 잠재적 오류들이 모두 존재하며, 그중 일부는 분명히 소련 고유의 독특한 성격을 가진 것들이다. 운영책임자들은 과도한 위험을 무릅쓰는 태도를 통해 '무슨 일이 있어도 해낼 수 있다'는 사고방식을 온몸으로 보여주었다. 이 사고방식은 1917년 이후, 특히 스탈린 시대 말기와 흐루쇼프 시대에 소련의 선전에 의해 주입되었는데 이 시기는 체르노빌 사고에서 핵심적 역할을 했던 이들의 형성기formative years(아동의 사회적·정서적·신체적 발달이 빠르게 이뤄지

8장 _ 재난의 프랙털 기하학

는 0~8세의 시기_편집자)이기도 했다. 원자로 설계 자체에 내재한 결함들, 그리고 운전자들이 그 잠재적 불안정성을 전혀 모르고 있었다는 사실들 또한 중앙계획 경제가 갖는 독특한 정치경제학적 결과물들이었다.[46] 앞으로 살펴보겠지만, 그럼에도 어떤 측면들에서 체르노빌 원전 사고는 소련이 아닌 다른 어디에서든 발생할 수 있는 일이었다.

이 재난의 원인에 가장 가까운 것은 분명 운전자의 단순 오류였다. 이것이 소련의 공식 보고서의 결론이며, 그 주된 범인은 수석 엔지니어인 아나톨리 디아틀로프Anatoly Dyatlov였다(디아틀로프와 다른 고위인사 다섯 명은 1987년에 각각 노동수용소에서의 2~10년형을 선고받았다). 그는 모의 정전 테스트를 해보고자 했다. 정전이 되어 예비 발전기가 작동을 시작하는 데 걸리는 1분 남짓 동안 터빈 발전기의 잔여 회전에너지로 냉각수의 순환 상태를 유지할 수 있는지 알아보려 했던 것이다. 1982년 이후로 그러한 검사가 세 번 시행된 바 있었지만—각각의 실험에선 비상 노심 냉각 시스템을 비롯한 몇몇 안전 시스템을 정지시키는 작업이 포함되었다—분명한 결론이 나오진 않은 상태였다. 이 네 번째 테스트는 본래 체르노빌 4번 원자로의 유지 보수를 위한 정지에 맞춰 시행하도록 예정되어 있었다. 그러나 키에프Kiev 전력망의 요청으로 예상치 못하게 10시간이나 지체되어 본의 아니게 밤 시간에 테스트를 하게 되었고, 그에 따라 직원들도 밤샘 근무를 하는 상황이 빚어졌다.

게다가 테스트 준비를 위해 원자로 전력을 계획적으로 감소시키는 과정에선 전력이 예기치 못하게 거의 0으로 떨어져버리기도 했다. 이는 중성자를 흡수하여 핵분열 반응을 억누르는—이 과정은 '원자로 독작용reactor poisoning'으로 알려져 있다—핵분열 부산물인 제논-135,

446

혹은 또 다른 정체불명의 장비 결함이나 운영자의 오류 때문에 일어난 일일 수 있다. 운전자들은 전력을 다시 끌어올리기 위해 자동 조절 시스템과 원자로 제어봉들 사이의 연결을 끊고 그것들을 거의 모두 수동으로 추출했다. 증기/물 분리기의 드럼이 수위와 냉각수 유량 변화를 감지하고 비상 알람을 울렸으나 운전자들은 그것을 무시하고 1시 23분 4초에 테스트를 시작했다. 그리고 36초 후 원자로가 비상 정지를 시작했을 때, 아까 추출해두었던 모든 제어봉들이 삽입되어버렸다. 누군가―누구인지는 정확히 밝혀지지 않았다―AZ-5 버튼을 누른 것이었다. 뒤에서 살펴보겠지만 이는 원자로를 정지시키는 대신 오히려 전력을 급격히 상승시켜버렸다. 이로 인해 연료 피복재에 문제가 생겨 우라늄 연료가 냉각수로 흘러나왔는데, 이것이 다시 엄청난 수증기 폭발을 일으켜서 원자로를 감싸는 틀은 물론 발전소의 강철 지붕까지 날려버렸다. 곧이어 두 번째 폭발이 발생하자 흑연 감속재moderator 덩어리들이 공기를 가득 메우며 날아다녔고, 그것들이 땅에 떨어지면서 불이 붙었다. 이 폭발들, 그리고 이후 열흘간 이어졌던 화재는 우라늄 입자들의 기둥을, 그리고 그보다 훨씬 더 위험한 방사선 동위원소들인 세슘-137, 요오드-131, 스트론튬-90 등을 밤하늘로 날려 보냈다.

1986년 국제원자력기구IAEA: International Atomic Energy Agency 산하의 국제핵안전자문그룹International Nuclear Safety Advisory Group이 최초로 내놓은 '체르노빌 사고 이후의 조사회의 요약 보고서Summary Report on the Post-Accident Review Meeting on the Chernobyl Accident'는 "사고의 원인은 대단히 광범위한 인간 오류들과 운전 규칙의 위반, 그리고 그에 더해 해당 오류들의 효과를 증폭하고 더욱 심각하게 만든 독특한 원자로 특징들이 결합된 데 있다"는 소련의 관점을 그대로 받아들였다. 특히 이 보고서는

8장 _ 재난의 프랙털 기하학

"운전자들은 고의적으로, 또 규칙을 위반하면서 대부분의 제어봉과 안전봉을 노심에서 빼버렸고 몇몇 중요한 안전 시스템들의 스위치를 내려버렸다"고 밝혔다.[47]

하지만 1991년 11월 예브게니 벨리코프Yevgenii Velikhov가 이끄는 한 소련 핵과학자 위원회는 이 원자로의 설계와 건설 모두에 결함이 있었다는 결론을 내렸다.[48] IAEA에서 업데이트한 1992년 보고서 또한 "제어봉과 안전 시스템들을 포함한 특정 설계들의 특징, 그리고 중요한 안전 정보를 운전자들에 제시하는 방식들이 이 사태를 악화"시켰다는 데 훨씬 더 큰 방점을 찍게 된다.

> 운전자들은 특히 제어봉을 너무 많이 제거하여 원자로를 위험한 상태에 놓이게 했고, 그 결과 원자로의 운전반응여유도ORM: operating reactivity margin가 낮아졌다. (…) 그러나 운전절차상에서는 ORM의 안전이 갖는 중요성이 강조되지 않았고 오히려 ORM을 원자로 전력에 대한 통제 방식 중 하나로 취급했다. 따라서 운전자들의 행동은 부주의함 혹은 능력 부족의 결과가 아닌, 소련 시대를 지배했던 안전 문화의 한 증후였다.[49]

체르노빌 발전소는 RBMK-1000으로 알려져 있다(RBMK는 '고출력 채널형 원자로reaktor bolshoy moshchnosty kanalny'라는 러시아어의 약어다). 소련의 계획가들은 미국의 가압수형 원자로pressurized water reactor에 해당하는 수냉식 원자로water-water energetic reactor보다 고출력 채널형 원자로를 선호했다. 본래 1950년대에 핵잠수함을 위한 기술로 개발된 수냉식 원자로에선 우라늄 원자의 핵분열로 열을 발생시키는 연료봉을 가압

수에 넣어 전력을 생산한다. 여기에서의 물은 핵분열을 통제하는 중성자 감속제인 동시에 냉각제로서도 기능한다.

RBMK 발전소에서도 물을 냉각제로 사용했으나 핵반응을 조절하는 데는 흑연을 사용했다. 이렇게 물을 냉각제로, 흑연을 감속제로 쓰는 방식을 결합하는 것은 예전이든 지금이든 매우 독특한 경우에 해당하고, RBMK는 전 세계에서 유일하게 이 방식을 사용하는 동력 원자로power reactor다. 소련 당국이 이를 선호했던 이유로는 그 전기 에너지의 출력이 수냉식 원자로의 두 배에 이른다는 점뿐 아니라 건설 및 운전에 드는 비용이 훨씬 저렴하다는 점도 있었다. 수냉식 원자로는 강화 우라늄-235를 필요로 했지만 RBMK는 거의 자연적인 우라늄-238로 작동했다. 게다가 RBMK 원자로는 일반적인 기계 제작 공장에서 생산되는 조립식 부품들을 사용하여 어떤 현장에서든 건설이 가능했다.

이고르 쿠르차토프 원자력연구소Igor Kurchatov Institute of Atomic Energy의 소장 아나톨리 알렉산드로프Anatolii Aleksandrov는 RBMK가 "사모바르samovar(러시아에서 찻물을 끓일 때 쓰는 큰 주전자_편집자)만큼이나 안전하다."라고 선언했다. 서방의 원자로들에는 만에 하나 문제가 생길 경우 방사능을 가둬두기 위해 원자를 감싸는 콘크리트 상부구조가 있는데 반해 RBMK는 그런 상부구조 없이 건설해도 될 정도로 매우 안전하다고 이야기되었다. 의미심장한 사실이 있다면 RBMK의 수석설계자인 니콜라이 돌레잘Nikolai Dollezhal은 그러한 원자력 발전소를 소련의 유럽 쪽 지역에 세우는 데 반대했다는 사실이다. 하지만 그의 주장은 무시되었다.[50]

체르노빌 발전소의 건설은 1977년에 시작되었다. 1983년에는 4기의 원자로가 완성되었고 그 이후에도 2기의 원자로가 더 건설될 계획이었다. 하지만 소련에서 보통 벌어지는 일, 즉 당 간부들이 완공 시점을 앞당기고 할당량을 초과 달성하라는 압력을 넣는 바람에 건설 과정이 성급하게 진행되었고 작업의 질도 떨어졌다. 그 전까지의 원자로들은 예핌 슬라브스키Yefim Slavsky라는 가공할 인물의 후원하에 건설되었다. 원자력산업부Ministry of Medium Machine Building의 장관이었던 그는 군산 복합체의 영주로 군림하며 초기 소련의 핵프로그램을 운영한 이였다. 하지만 체르노빌은 그보다 권력이 밀리는 전력에너지부Ministry of Energy and Electrification의 프로젝트였으며, 이 때문에 그 건설은 지역 차원의 사안이 되어버렸다. 디아틀로프가 자신의 역할에 대해 방어 논리를 폈을 때 초점을 맞춘 부분도 바로 '원자로를 세운 것은 2급 공장들'이란 사실이었다.[51]

RBMK는 설계상 무수한 결점이 있었기에 아무리 잘 짓는다 해도 절대 사모바르처럼 안전한 시설이 될 수 없었고, 돌레잘 또한 이를 잘 알고 있었다. 이 원자로는 다음과 같이 작동한다(오늘날에도 10기가 여전히 운전 중이니 현재 시제로 이야기하겠다). 약간 강화된 우라늄 산화물의 펠릿pellet을 12피트(약 3.65미터) 길이의 지르코늄 합금 튜브로 감싼다. 이것이 연료봉인데, 이것 18개를 실린더 모양으로 배열하면 핵연료 집합체fuel assembly가 되며, 이 각각의 핵연료 집합체는 다시 수직의 압력 튜브 안으로 들어간다. 이 튜브에 가압수가 흐르면서 집합체가 냉각되고, 그 과정에서 온도가 화씨 약 550도(섭씨 약 287도)에 이른다. 한편 이 압력 튜브는 핵분열 시 방출되는 중성자의 속도를 늦추는 감속제인 흑연 블록들로 둘러싸여 있어 지속적이고도 안정적인 연쇄반응을 보장한다. 핵분열의 속도는 자동 혹은 수동으로 통제되며 이를 위해 붕소 카바이드 제어봉이 노심 바닥에서부터 위로, 또는 위에서부터 바닥 쪽으로 삽입되기도 한다. 이러한 제어봉의 다수는 운전 중 항시적으로 노심 속에 머문다. 압력 튜브들 속으로 물을 순환시키는 두 개의 냉각수 순환고리에는 각각 증기 드럼 혹은 분리기가 설치되어 있는데, 여기에서 가열된 냉각수에서 나오는 증기는 터빈 발전기를 돌려서 전기를 생산한 뒤 응축되어 다시 냉각수 순환고리로 돌아간다. 원자로 노심은 안쪽에 철근콘크리트가 덧대진 공동空洞 안에 들어 있다. 바닥에는 무거운 강철판이 깔려 있으며, 꼭대기에는 또 다른 강철판이 뚜껑으로 덮인다.[52]

이 설계에는 최소한 두 가지 치명적인 결함이 있었지만 운전자들은 이를 충분히 이해하지 못했다.

물은 증기보다 효율적인 냉각제이자 보다 효과적인 중성자 흡수제이기 때문에, 냉각제로 쓰이는 물에 증기 거품들—즉 '빈 공간voids'—이 생겨나는 비율에 따라 노심의 반응도도 달라진다. 이러한 변화 비율을 반응도의 '보이드 계수void coefficient'라 하는데, 이 계수가 0보다 작으면 수증기가 증가할수록 반응도도 감소한다. 예를 들어 수냉식 원자로에선 물이 냉각제인 동시에 감속제로 기능하므로 수증기가 지나치게 많이 발생하면 연쇄반응이 늦춰진다. 말하자면 이는 시스템에 내장된 안전장치라 할 수 있는 것이다. 그러나 감속제로 흑연을 사용하는 원자로에선 이런 장치가 작동할 수 없다. RBMK에서 증기 발생량이 늘어나 중성자 흡수가 감소하면, 그리고 그때의 보이드 계수가 0보다 크면 시스템의 반응도가 높아질 수 있다. 체르노빌 발전소의 경우 원자로의 전력이 높아지자 더 많은 증기가 발생했고, 이는 전력을 더 높여 냉각회로의 온도를 올렸으며, 이로 인해 더 많은 증기가 발생했다. 그리고 이것이 전력을 급상승시켜 첫 번째 폭발을 일으켰다.

두 번째 치명적 결함은 RBMK의 ORM — 이는 원자로 노심에 있는 등가 제어봉equivalent control rod의 개수로 정의된다 — 에 대한 통제력이 운전자들 자신이 생각하는 것보다 낮았다는 것이다. 디아틀로프와 동료들은 등가 제어봉 15개를 ORM으로 보고 그보다 적어지지만 않으면 안전 기준을 충족하는 것이라고 믿었다. 이들이 깨닫지 못했던 것은, 비상 상황에서 모든 제어봉을 한꺼번에 다시 삽입할 경우 최초에는 노심의 반응도가 줄어드는 게 아니라 오히려 증가하게끔 되어 있다는 점이었다(이는 제어봉의 끝이 흑연으로 만들어졌기 때문이었다). 소련의 핵 관련 노멘클라투라nomenklatura(소련이나 동유럽 사회주의국가의 지배자들, 또는 최고위조직에 소속된 사람들_편집자)에선 사실 이 문제를 알고 있었다. 1983년 리투아니아에 있는 또 다른 RBMK에서 작은 사고가 있었기 때문이다. 하지만 이들은 체르노빌 원자로를 운전하는 하찮은 인력들에게까지 이를 알려야 한다는 생각은 하지 않았다.

체르노빌 사고로 인한 사망자가 정확히 몇 명인지는 확실하지 않으며 이에 대해선 계속 논쟁 중이다. 하지만 그 수는 사람들이 흔히 상상하는 것보다 적다. 폭발 이후 병원에 입원한 237명의 발전소 인력들과 소방관들 중 28명은 급성 방사선 질환으로 이내 사망했고, 그다음 10년 동안엔 15명이 방사능으로 인한 암으로 목숨을 잃었다. 유엔 산하의 '핵방사능 효과에 관한 과학위원회Scientific Committee on the Effects of Atomic Radiation'는 방사능 노출 증가가 원인이 되어 사망에 이른 것이 확실한 이들의 수는 100명 이하라고 결론지었다. 갑상선암 환자들 중에는 방사능에 오염된 우유를 마셔서 병에 걸렸다고 할 수 있는 이들이 약 6,000명 정도 있었으나 — 주로 사고 당시 아동·청소년이었던 사람들이다 — 그들 중 죽음에 이른 사람은 아홉 명뿐이었다.[53] 그리고 정말

놀랍게도, 원자로 아래에 고인 물을 빼내기 위해 홍수가 난 지하실 구역으로 들어갔던 영웅적인 세 남성은 모두 살아남았다.

IAEA의 체르노빌 포럼이 2006년에 내놓은 보고서는 "이 지역의 인구 중 이번 참사의 방사능 노출로 인해 생겨난 암 환자는 몇 천 명 정도일 것으로 보이지만, 그 밖의 다른 원인들로 인해 아마 10만 명 정도의 암 환자 또한 생겨날 것으로 예측된다"고 했다. 백분율로 따져보면 결국 이 사고로 인한 암 사망자의 증가는 그렇게 크지 않다는 뜻이었다.[54] 참여과학자모임Union of Concerned Scientists 및 그린피스Greenpeace와 같은 반핵 운동 단체들은 이러한 추산치가 너무 낮다는 반론을 제기했다. 하지만 2000년경 방사능 '피폭자'임을 주장하는 우크라이나인들이 350만 명에 달했다는 사실은 피폭자로 인정될 경우 두둑한 국가 수당을 받을 수 있었다는 점으로 설명되는 편이 더 나을 것이다. 방사능 노출로 설명할 수 있는 기형아 출산의 증거는 아직 나온 바 없다. 오히려 더 많은 죽음의 원인은 그 폭발의 직접적인 영향 그 자체였다기보다 그에 따른 기형아 출산을 두려워했던 임산부들이 예방적 차원에서 했던 임신중단인 듯하다.[55]

체르노빌 정화 작업은 2065년까지 완료될 예정이다. 하지만 체르노빌 인근은 아주 오랫동안, 즉 수백 혹은 수천, 심지어는 수만 년 동안 인간의 거주가 불가능한 지역이 될 것이다.[56] 이는 1991년 소련에서 독립한 우크라이나에 소련이 가장 오래도록 남겨줄 유산이다. 하지만 가장 심하게 오염된—반감기 30년인 세슘-137의 농도를 기준으로 했을 때의 이야기다—2,000제곱마일(약 5,180제곱킬로미터)의 땅은 러시아와 벨라루스는 물론 발칸 및 스칸디나비아 지역에까지 멀리 퍼져 있다는 점을 기억해야 한다.[57] 발레리 레가소프는 체르노빌 사태 2년 후

자살로 생을 마감했다. 그러나 사후에 출간된 책 『증거Testament』에서 그는 정식으로 소련의 체제를 비판했다. 비록 크레이그 메이진의 드라마 속 레가소프가 했던 말보다는 덜 웅변적이었지만 말이다.

> 체르노빌을 방문한 후 (…) 나는 그 사고가 소련에서 수십 년간 전개되어온 경제 체제가 빚어낸, 피할 수 없는 절체절명의 사건이었다는 결론에 도달했다. 과학 분야의 관리자들과 설계자들이 기구나 설비의 상태엔 아무런 관심도 기울이지 않고 철저히 무시하는 태도로 일관한 흔적이 도처에 널려 있었다. (…) 체르노빌 참사로 이어진 여러

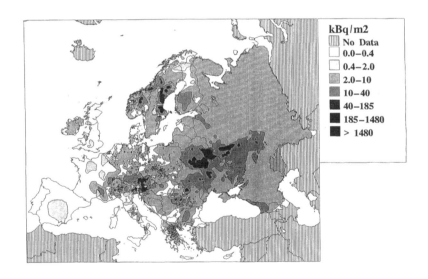

1986년 5월 10일 체르노빌 사고 이후 유럽 전역의 세슘-137 침적 수준. Yu A. Izrael et al., "The Atlas of Caesium-137 Contamination of Europe After the Chernobyl Accident," Joint Study Project of the CEC/CIS Collaborative Programme on the Consequences of the Chernobyl Accident (n.d.), https://inis.iaea.org/collection/NCLCollectionStore/_Public/31/056/31056824.pdf.

사건들의 연쇄관계, 즉 이 사람은 왜 이런 식으로 행동했고 저 사람은 왜 다른 방식으로 행동했는지 등을 따져나가다 보면 단 한 명의 범인, 단 한 명의 사건 개시자를 알아내는 것은 불가능한 일이 되어버린다. 이 사건은 마치 폐쇄된 순환고리나 마찬가지였기 때문이다.[58]

하지만 이젠 독자 여러분도, 이보다 바로 석 달 전 발생했던 챌린저호 참사와 관련된 NASA의 진실 또한 이와 그리 다르지 않다는 생각이 들 것이다. NASA와 모턴-티오콜 모두의 엔지니어들은 오링에 문제가 있음을 알고 있었고, 그들의 경고를 무시하고 발사를 강행한 것은 중간관리자들이었다. 그리고 체르노빌의 경우엔 운전자들이 RBMK의 결정적 약점들을 모르는 상태였고, 소련의 고위관료들은 알고 있었음에도 입을 다무는 쪽을 택했다. 역설적이게도, 챌린저호 사건 당시 미국 매체들이 제일 처음에 보인 충동적 반응은 아마 대통령에 대한 비난이었던 데 반해 소련 정부의 첫 충동적 반응은 노동자들에 대한 비난이었다.

현실을 보자면 실패 지점은 상단도 하단도 아닌 중간이었다. 미국과 소련에서의 인센티브 구조는 확실히 상당히 달랐다. 모턴-티오콜의 경영자들에게 있어 초미의 관심사는 NASA의 사업을 계속 따내는 것이었다. 소련의 당 기관원들에게 있어서는 어떤 문제가 터지더라도 그에 대한 정보를 가능한 한 소수집단 내에 가두어두는 것이 기본적 구조였다. 하지만 두 경우 모두에서 핵심적 역할을 한 것은 비용에 대한 우려였다. 고체추진 로켓에 내재되어 있던 근본적인 구조적 결함의 문제를 해결하지 않고 오링과 퍼티에 의존한 것은 분명 임기응변의 조치일 뿐이었다. 외부에 둘러칠 콘크리트 장막 없이 낮은 가격에 체르노빌 원자로를 건설하기로 했던 결정 또한 이와 똑같이 잘못된 경제학에서 생겨난 것이었다.

여기서는 그런 일이 벌어질 리 없어

소련이나 미국이나 핵 프로그램은 별 차이가 없었음을 가장 잘 보여주는 사례가 있으니, 1979년 3월 28일 펜실베이니아주 미들타운 Middletown에 있는 스리마일Three Mile 섬에서 발생한 원자로 2호기의 부분적 멜트다운 사고가 그것이다. 물론 체르노빌 참사와 달리 이 사고에선 한 명의 사망자도 나오지 않았고, 발전소 위치를 벗어나 누출된 방사능 물질의 양도 최소한에 그쳤다. 하지만 이 사건을 조사한 원자력규제위원회NRC: Nuclear Regulatory Commission의 요약 보고서는 아주 강한 비난을 담고 있다. "TMI-2의 부분적 멜트다운은 장비의 기능 불량, 설계 관련 문제들, 직원의 오류가 결합된 결과로 발생한 사건이다."[59] 멜트다운의 위기에 처한 미국 원자력발전소의 이야기를 담은 영화 〈차이나 신드롬The China Syndrome〉의 제작자들은 자신들에게 온 행운을 믿을 수 없었다. 영화가 개봉하고 불과 12일 후에 그 사고가 발생했기 때문이다.

하마터면 재난으로 커질 수도 있었던 스리마일 사고의 근인近因은 8기의 정화 장치들condensate polishers, 즉 원자로의 2차 순환수에서 불순물들을 제거하는 장치들에 발생한 폐색을 뚫으려던 작업이 엉망이 되어버린 데 있었다. 운전자들은 레진resin 축적물을 정화하는 데 압축공기가 아닌 물을 사용했고 그 때문에 오전 4시경 급수 펌프, 복수 승압 펌프condensate booster pump, 복수 펌프 들이 꺼지는 불상사가 발생했다. 그에 따라 원자로 노심을 식혀주는 증기 발생기steam generator들에서도 물 흐름이 끊기자 원자로는 자동 비상 정지 상태가 되었다. 그러나 당시 세 개의 보조 펌프는 정기 보수를 위해 밸브를 닫아놓은 상태였기에 원자로에는 방사성 물질의 붕괴 시 발생하는 붕괴열decay heat을 상쇄시켜줄 그 어떤 물도 흘러들지 않았다. 이렇듯 압력이 계속 올라가자 운전자들은 이를 제어하기 위해 압력 탱크 중 하나의 꼭대기에 있는, 수동으로 작동되는 감압 밸브를 개방했다. 이 밸브는 압력이 정상 수준으로 낮아지면 도로 닫혀야 했음에도 또 다른 장치 고장으로 인해 계속해서 열린 상태로 있었다. 하지만 통제실 패널의 표시등은 밸브가 닫혀 있음을 나타내는 듯 보였는데, 이는 장치 고장이 아닌 설계상의 결함 때문이었다. 어쨌든 이 때문에 운전자들은 고장 난 밸브에서 냉각수가 증기 형태로 여전히 분출되고 있다는 사실을 전혀 몰랐고, 축적되고 있는 것이 물이 아닌 증기임을 깨닫지 못한 채 노심에서의 수위가 상승 중이라고 잘못 믿었다. 이런 오해 때문에 이들은 분출 밸브가 닫히지 않게 된 이후 자동으로 돌아가기 시작했던 비상 노심 냉각 펌프까지 꺼버리고 말았다.

오전 4시 15분, 방사능을 띤 냉각수가 일반 격납건물로 새어나오기 시작했고, 그다음엔 펌프가 정지된 오전 4시 39분 전까지 봉쇄 경계 바깥에 있는 보조 건물로 거세게 쏟아졌다. 오전 6시가 지나자 곧 원자로 노심의 뚜껑이 열려 그 상부가 노출되었고, 엄청난 열기로 인해 노심과 지르카늄 합금으로 만들어진 핵연료봉의 피복 사이에서 반응이 일어났다. 열기에 피복이 녹아 벗겨지면서 그 안의 연료 펠릿이 손상된 것이다. 이 때문에 방사성 동위원소가 원자로 냉각수로 방출되었을 뿐 아니라 가연성 수소 가스까지 만들어냈는데, 아마도 이 가스가 폭발을 일으켰을 가능성이 있다.

오전 6시 45분, 오염된 물이 감지기에 닿으면서 방사능 알람이 켜졌다. 사고 사흘째인 날 한동안은 원자로 돔에 생긴 수소 버블이 폭발을 촉발할 위험이 있어 보였다. 만약 돔에 산소가 있었더라면 그렇게 되었을 수도 있었다. 그런데 우라늄 연료의 절반이 녹아 멜트다운을 일으켜 거의 모든 연료봉의 피복이 손상되었음에도 방사선 동위원소들은 거의 고스란히 노심에, 또 손상된 연료봉들은 원자로 용기 안에 그대로 남아 있었다. 피복재에 이어 우라늄 연료 누출을 2차로 방지하는 원자료 용기가 버텨준 것이 결정적이었다. 누출된 방사선 물질의 양은 따라서 최소한으로 유지되었고 지역 주민들의 건강을 해칠 만한 결과들도 거의 감지되지 않았다. 이 사고에 이어 발생한 체르노빌 참사로 가장 큰 피해를 입은 것은 미국의 핵 산업이었다. 이전까지는 급속히 팽창하고 있었으나 이 사건으로 그 속도가 더뎌졌기 때문이다. 스리마일 섬 사고 당시엔 129기의 핵발전소가 승인을 받은 상태였으나 이후 완공된 것은 53기에 불과했다.

존 G. 케머니John G. Kemeny를 위원장으로 하여 구성된 스리마일 사고관련대통령직속위원회President's Commission on the Accident at Three MIle Island는 제조사인 밥콕 앤드 윌콕스Babcock & Wilcox, 발전소 운영을 위탁받았던 메트로폴리탄 에디슨Metropolitan Edison, 그리고 NRC 등 이 사태에 대한 책임이 있는 기관들을 가차 없이 비판했다. 한 예로 밥콕 앤드 윌콕스가 세운 또 다른 발전소에선 이 사건이 발생하기 18개월 전에도 비슷한 사고가 있었다는 사실이 밝혀졌다. 즉, 닫히지 않은 감압 밸브와 관련된 문제는 그들에게 있어 '이미 알고 있지만 모른 척하는

unknown known' 것이었고, 체르노빌의 제어봉 끝이 흑연으로 만들어진 데서 비롯된 문제와도 크게 다르지 않았던 것이다. 반면 운전자들은 오히려 쉽게 빠져나갔다. 스리마일사고특별조사단Three Mile Island Special Inquiry Group은 이 사고에서의 인적 오류는 단순한 '운전 미숙'에서 비롯한 것이 아니라 장비 설계, 정보 제시, 비상 절차와 훈련 등의 부족함 때문에 생겨난 것이라고 결론지었다. 해당 원자로는 "인간-기계 통합을 위한 중심 개념이나 철학 없이 설계 및 건설"되었고, 그 결과 비상사태 시 운전자들이 해야 할 역할이 명확히 규정되어 있지 않았다. 불필요한 정보들은 너무나 많았던 데 반해 "결정적으로 중요한 일부 파라미터들이 눈앞에 제시되지 않았"거나 찾으려고 해도 즉각 구할 수 없었다는 것이다. 형편없이 설계된 통제실 패널은 "운전 동작, 작업 부담, 오류 확률, 대응에 걸리는 시간"을 과도하게 늘렸다. 운전자들에겐 "체계적인 문제 진단 방법"이 주어지지 않았고, 훈련을 통해 "사건의 성격을 진단하고 적절한 행동을 취하는 데 필요한 기술들"이 장착되지도 못했다.[60] 체르노빌 발전소의 운전자들에 비하면 스리마일의 운전자들은 정말로 복을 받았다고밖에는 말할 수 없다. 양쪽 모두는 깜깜이 상태로 원자로를 운전했다는 점에서 아무 차이가 없었다. 그러나 미국의 경우 체르노빌과 같은 큰 폭발이 벌어지지 않은 것은 순전히 운이 좋았기 때문이었다.

지역 주민들을 대피시키는 등의 작업에 있어서도 미국 정부 당국이 7년 후의 소련 당국보다 더 효과적이고 솔직했던 것은 아니었다. 발전소 운영자 게리 밀러Gary Miller가 일반 비상사태를 선언한 순간부터 혼란이 덮쳤다. 처음에 메트로폴리탄 에디슨은 방사능 유출을 부인했다. 부주지사였던 윌리엄 스크랜턴 3세William Scranton III도 애초에는 똑같이 주장했으나 나중에는 생각이 달라진 듯했다. 최초의 사고가 터지고 이틀째인 3월 30일, NRC는 발전소 반경 10마일(약 16킬로미터) 내에 있는 모든 이들에게 실내에 머물 것을 권고했다. 그로부터 몇 시간 후 주지사 딕 손버그Dick Thornburgh는 NRC 위원장 조지프 헨드리Joseph Hendrie의 권고를 받아들여 "반경 5마일 내에 있는 (…) 임산부와 미취학 연령 아동들의" 대피를 조언했다. 그날 저녁 폭발 위험이 계속 증가하는 것으로 보이자 공직자들은 반경 10마일, 심지어 20마일 내에 있는 모든 이들을 대피시킬 필요가 있다는 것, 그리고 이 경우엔 주변 6개 카운티에서 총 60만 명 이상의 사람들이 이동해야 할 수도 있음을 깨달았다. 이러한 대규모 대피를 위해 마련되어 있는 계획은 없었고, 유일한 비상 계획은 반경 5마일 내의 사람들을 대피시키는 것이었다. 그 결과 혼돈이 빚어졌다. 발전소 반경 15마일 내에 거주하고 있던 스리마일 섬 사람들 중 약 40퍼센트가 대피를 택했고, 이들이 차를 몰고 떠나기 전에 현금을 인출하는 바람에 급작스러운 뱅크런까지 일어났다. 가톨릭 신부들은 '총사면general absolution'(언제 어떻게 다가올지 모를 죽음에 대비하여 임종성사 대신 모든 이들의 죄를 한꺼번에 사해주는 절차_옮긴이)을 해주기 시작했는데, 이는 남기로 결정한 주민들을 실로 공포에 휩싸이게 하는 경솔한 일이었다. 사고 현장 주변에는 무려 300명의 기자들이 몰려들었다. 최초의 사고가 터진 뒤 불과 1주일 만에 당국에서는 수소 버블이 폭발하지 않을 것이라 공표했고, 그로부터 닷새 뒤에는 대피 권고가 철회되었다.[61]

소련의 경우엔 권력이 중앙 정부에 너무 많이 몰려 있었고 미국의 경우엔 연방 정부, 주 정부, 지방의 여러 기관들로 지나치게 분산되어 있다. 스리마일 비상사태 관련 작업, 그리고 이 사고를 공공에게 알리는 작업과 관련된 기관의 수는 무려 150개가 넘었다. 이들 각자가 행했던 작업은 정말 중구난방이었으니, 이를 두고 조정이 잘 이루어지지 않았다는 정도로 표현한다면 이는 심하게 사태를 미화한 것이리라.[62] 지미 카터 대통령─그는 해군장교로서 원자력 에너지를 공부했고 1952년 캐나다에서 초크 리버Chalk River 원자로 사고 발생 이후의 정화 작업에도 직접 참여한 바 있었다─은 이 위기를 다룬 3개 방송사의 TV 뉴스를 검토한 뒤 분통을 터뜨렸다. "TV에 나와서 떠드는 사람들이 너무 많군요." 그는 공보 담당 비서인 조디 파월Jody Powell에게 불평했다. "그리고 내 보기엔 그들 중 절반은 자기가 무슨 말을 하는지도 모르고 있습니다. (…) 그 사람들이 한목소리를 내게끔 하세요." 하지만 NRC의 해럴드 R. 덴턴Harold R. Denton을 현장으로 보내는 것만으론 충분치 못했기에, 카터 대통령은 사태가 수습되고 있다고 사람들을 안심시켜주기 위해 4월 1일에 직접 스리마일 섬으로 날아갔다.[63]

당시 예일대 사회학자 찰스 패로Charles Perrow가 주장한 '정상사고 normal accident'─'매우 흔한 복잡성으로 인해 정상적인 것이 되어버린 사고'라는 뜻이다─를 통해 대중화된 '복잡성'은 여기에서도 다시 한번 결정적 개념이 된다.[64] 스리마일 섬의 원자로는 그 자체가 대단히 복잡한 시설이었지만 그곳에서 일하는 사람들과 원자로 기술 사이의 접점은 너무나 부족했다. 그로 인해 그저 고정되어버린 밸브, 그리고 오해의 소지가 있는 통제실 패널상의 불빛 신호만으로도 부분적인 멜트다운이 일어났을 뿐 아니라 하마터면 그보다 훨씬 더 큰 사고도 벌어질 뻔했던 것이다. 비상사태가 발생하자 수십 개 정부 기관들은 대응 활동을 이끌겠다며, 또는 최소한 그에 기여라도 하겠다며 기를 썼으나 대규모 대피를 위한 계획이란 애초에 존재하지도 않았다. 만약

8장 _ 재난의 프랙털 기하학

수소 버블이 폭발을 일으켰다면 언론은 분명히 카터 대통령에게 그 책임을 물었을 것이다. 물론 카터 대통령이 사고 지역 인근에 있었던 경우라면 쉽지 않았겠지만 말이다. 하지만 앞서 6장에서 보았듯, 스탈린, 히틀러, 마오쩌둥처럼 일부러 어떤 재난을 일으키려 작심하고 덤볐던 지도자가 아닌 이상, 재난이 터졌을 때 지도자 한 사람에게 결정적 역할을 뒤집어씌우는 것은 톨스토이가 말하는 나폴레옹 오류의 한 버전일 때가 많다.

대부분의 재난들은 하나의 복잡계 시스템이 모종의 작은 동요의 결과로 임계 상태에 다다랐을 때 발생한다. 외생적 충격이 재앙을 일으키는 정도는 대개 그 상황에 처한 사회적 네트워크의 구조에 의해 결정되는 함수다. 실패가 벌어지는 지점—물론 이것이 확인 가능할 때의 이야기다—은 조직도의 최상층보다 중간층에 있을 가능성이 높다.[65]• 하지만 실패가 벌어지면 사회 전체, 그리고 그 내부의 서로 다른 이해집단들은 미래의 위험에 대해 근거 이상의 훨씬 큰 추론을 끄집어 내기 마련이다.[66] 이런 이유로 몇몇 소수의 사고들로부터 '원자력 발전은 만성적 위험을 안고 있다'는 결론이 도출되고 또 널리 퍼진다. 이것이 우리가 2020년의 훨씬 더 큰 재난—혹은 재난들—을 이해하려 노력할 때 염두에 두어야 할 생각의 틀이다.

• 일례로 영국의 그렌펠 타워 화재 당시 어느 보수당 시의원을 문제의 장본인으로 만들려 했던 일부 신문들의 시도들이 실패해야 마땅한 이유도 이것이다. 이 사건에 대한 공식 수사는 이 글을 쓰는 지금도 진행 중이지만 그 건물의 취약성이 과도하게 복잡한 규제, 법적 관할의 중첩, 책임의 불분명성에서 빚어진 결과라는 점은 화재 직후부터 이미 분명해진 사실이었다.

9장

역병들

다른 여러 번의 팬데믹과 마찬가지로 코로나19 또한 중국에서 발원하였다. 하지만 이번 사태는 다른 나라들에 미친 충격이 각각 다르기 때문에 그 예후를 쉽사리 예측할 수가 없다. 미국과 영국은 팬데믹에 대한 준비가 제대로 되어 있지 않았으므로 큰 어려움을 겪고 있다. 사스와 메르스 사태에서 교훈을 얻어 코로나19에 대처하는 곳은 대만과 한국 같은 나라들이다. 영국과 미국이 겪고 있는 고통과 혼란을 두 나라의 무능력한 포퓰리즘 정치지도자의 책임으로 돌리기는 쉽다. 하지만 좀 더 근본적인 차원의 문제가 있다. 두 나라 모두 공중보건 관료 조직이 사태 대응에 실패했다는 것, 그리고 인터넷 플랫폼에서 퍼져나간 코로나19에 대한 가짜 뉴스가 대중의 행동에 있어서 나쁜 그리고 때로는 완전히 파멸적인 결과를 낳았다는 것이다.

그는 간결하게 우리에게 일깨워주었다. 전염병을 퍼뜨리는 것은 달에서 온 생물들이라고. 우리를 공격하는 것은 이 우주의 불길한 기운을 나타내는 저 달이라는 여신이라고.

— 러디어드 키플링Rudyard Kipling, 『의학박사A Doctor of Medicine』

인류 정지

아직 끝나지도 않은 재난의 역사를 쓰겠다는 것은 피상적으로 보면 가능한 일이 못된다. 하지만 지금 눈앞에서 펼쳐지고 있는 사건을 마치 과거의 사건을 역사로서 연구하듯 바라보는 것도 무의미한 활동은 아니다. 사실 이것이야말로 현재 우리가 처한 곤경에 체계적으로 역사를 적용하려는 노력에서 필수적인 부분이다.

이 장은 2020년 8월 첫째 주에 쓰였고 한 달 뒤에 수정되었다. 따라서 독자 여러분이 지금 잘 알고 있는 사실이 이 장이 집필될 당시엔 알려져 있지 않았다. 따라서 이 장에서 내가 내리는 판단들 중에는 이 책이 출간되는 시점엔 이미 잘못된 판단이라고 판명될 것들이 있을 수 있다. 따라서 이 장은 역병이 창궐한 반년간의 일기로 읽히는 편이 나을 것이다. 실제로 이 장은 그런 방식으로 모습을 갖추게 되었다. 나는 다보스세계경제포럼에 참가한 직후인 2020년 1월 29일에 한 주간의 상황을 정리하는 프레젠테이션 슬라이드를 한 장씩 만들었는데, 그것들이 모여 이 장의 초안이 되었다고 할 수 있기 때문이다. 이 슬라이드 묶음은 내가 이 책을 집필한 시점까지 매주 업데이트되었다.

당시의 내 시각에서 볼 때 전 세계의 정치·경제 지도자들은 잘못된 우려에 빠져 있었다. 전 세계적 팬데믹이 진행되고 있는 상황이었음에도—당시 중국 우한에선 바이러스에 감염된 승객들을 태운 비행기들이 온 세계 각지를 향해 떠나고 있었다—세계경제포럼에서의 논의는 거의 전적으로 기후변화의 문제에만 초점이 맞춰졌다. 환경적 책임environmental responsibility, 사회정의social justice, 거버넌스governance 등 소위 ESG와 관련된 문제들이 여러 이사회의 토론을 지배하고 있었다.

1월 23일, 원자력 과학자들은 자신들의 지구 종말 시계바늘을 앞으로 당겨 "그 어느 때보다 지구 종말에 가까운" 지점으로 맞춰놓았다. 하지만 이는 그들이 팬데믹을 예견했기 때문이 아니었다. 그들의 우려한 것은 핵 전쟁, 기후 변화, "사이버 공간에서 가능해진 정보 전쟁", 그리고 "국제적인 정치 인프라"의 "침식" 등이었다.[1] 서방 세계 전역의 사람들은 중국 정부가 2019년의 마지막 날 WHO에 뒤늦게 밝힌 '신종 코로나 바이러스'가 어떤 중요성을 갖는지를 놓쳐버렸고, 너무 늦게 깨달았다. 아이러니한 사실은 21세기판 천년왕국 운동에서 어린 성자의 자리에 오른 그레타 툰베리의 소원이 코로나19 덕에 이루어졌다는 것이다. 그녀는 다보스에서 이렇게 선언했다. "우리는 탄소 배출을 멈춰야만 합니다. 오늘 당장 원천적으로 탄소 배출량을 삭감할 방안이 담겨 있지 않다면 당신들이 내놓는 그 어떤 계획이나 정책도 모두 쓸모없는 것들입니다."[2] 인공위성 관측 결과에 따르면 그로부터 불과 몇 주 만에 이산화질소 배출량이 급격히 감소했다. 2019년의 동기 대비 중국에서는 40퍼센트, 미국에서는 38퍼센트, 유럽에서는 20퍼센트가 줄어든 것이다.[3] 말할 것도 없이 이런 현상들은 신종 바이러스의 확산을 억누르는데 필요하다고 여겨진 경제활동 중단의 직접적인 결과였다. 환경보존론자들 역시 이 '인류 정지anthropause'를 축하했다. 수억 마리의 새들과 수백만 마리의 동물들이 자동차 운전자들에 의한 일상적 학살을 면할 수 있었기 때문이다.[4] 이로써 인간들을 몇 개월이라도 집에 가둬두는 것이 지구의 나머지 부분에겐 가장 이로운 일이라는 게 판명되었다.

나는 지구 기온의 상승으로 발생할 수 있는 갖가지 잠재적 위험들을 일축하는 것이 아니라, 그것들에 대해 2019년과 2020년 초에 생겨난 강박적 논의 탓에 사람들이 근시안적 사고에 갇히게 되었음을 시사하려는 것이다. 팬데믹 전야의 평균적 미국인의 시각에서 보자면 약물 과용으로 죽을 확률은 엄청나게 큰 태풍으로 죽을 확률보다 200배, 자동차 사고로 죽을 확률은 홍수로 죽을 확률보다 1,500배나 더 컸다.[5] 기후위기와 관련하여 벌어질 재난의 위협은 미래의 일이지만, 팬데믹의 위협은 아주 가까이에 있다. 2018년 독감과 폐렴으로 죽은 미국인은 5만 9,120명으로, 자동차 사고로 사망한 3만 9,404명보다 훨씬 더많다.[6] 지금부터 꼭 한 세기 전인 1918~1919년의 인플루엔자 팬데믹은 호흡기를 공격하는 신종 바이러스라는 존재가 얼마나 많은 사망자를 낳는지를 잘 보여주었다. 하지만 반복되는 여러 경고에도 불구하고 정책 입안자들의 관심은 이 위험으로부터 멀어져버렸다.

466

SARS-CoV-2라는 이 신종 바이러스의 최초 발병은 제 기능을 하지 못하는 일당독재국가 중국에서부터 시작되었다 할 수 있다. 하지만 이 바이러스가 어떻게 확산되었는지를 정확히 설명하려면 네트워크 과학의 통찰이 필요하다. 바이러스의 위협에 신속하고 효과적으로 대응하는 데 있어 미국, 영국, 유럽연합 등의 각국 정부는 저마다의 방식으로 실패하고 말았다. 남미 국가들에서의 실패는 훨씬 더 통탄스러웠다. 하지만 그 실패가 흔히들 말하듯 그저 포퓰리스트 지도자의 잘못에서 비롯된 것이라 할 순 없다. 이는 시스템의 실패이기도 하고, 대만과 한국 등 보다 작고 보다 잘 준비된 국가들은 이런 실패가 불가피한 것은 아님을 잘 보여주었으니 말이다.

　　하지만 바이러스와 관련하여 인터넷에 퍼진 잘못된 정보 및 역정보들은 이 전염병을 얼마나 심각하게 다뤄야 하는가에 대해 사람들을 크게 혼란스럽게 만들며 상황을 악화시켰다. 물론 사회적 거리두기는 정확한 대응이었다. 그럼에도 경제를 '봉쇄하는' 뒤늦은 조치에 따른 경제적 결과들은 역사적으로 유례가 없는 것이었고, 그러한 조치가 공중보건 면에서 갖는 유용성보다 그에 드는 비용이 더 크다는 사실 또한—코로나19의 실제 감염치사율이 점점 더 또렷이 드러남에 따라—분명해졌다. 10장에서 논하겠지만, 코로나19 사태에 대응하여 나온 통화 및 재정 조치들은 경제적 고통에 대한 완화책일 뿐 부양책은 되지 못한다. 이런 조치들이 가져온 주요 효과는 자산 가격과 경제적 현실을 분리하고 (아마도) 장래에 닥칠 금융불안과 인플레이션의 씨앗을 뿌리는 것이었다.

　　우리가 앞으로 나아갈 길이 존재한다는 점은 2020년 여름이 되면서 분명해졌다. 하지만 이전의 정상 상태로 곧장 되돌아가는 길은 아니고, 설령 완전히 회복된다 해도 예전 수준에 도달하기까진 상당 시간이 걸릴 것이다. 이 책의 마지막 장에서 시사하겠지만 그 길은 정치적 위기 및 지정학적 대결, 심지어는 전쟁으로 이어질 수 있다.

우한, 병든 숨을 크게 내쉬다

———

코로나19 팬데믹은 3월 중순경 영국의 임페리얼칼리지런던에서 내놓은 역학 모델이 예측한 것만큼 나빴을 **수도 있었다.** 당시로선 분명하게 말할 수 없었다. 닐 퍼거슨Neil Ferguson과 그 동료들은 세계가 1918~1919년의 스페인 독감만큼이나 심각한 팬데믹에 직면해 있으며, 봉쇄 같은 단호한 조치들을 취하지 않으면 미국에서만 220만 명의 목숨이 위험할 수 있음을 암시했다. 하지만 이는 0.9퍼센트라는 높은 감염치사율을 가정한 것으로서, 비록 사태 초기였다 해도 너무 높게 잡은 듯 보였다. 실제로 8월이 되자 2020년의 팬데믹은 초과사망률 면에서 1957~1958년의 아시아 독감에 더 가까운 모습으로 끝날 가능성이 높아 보였다(7장에서 보았듯 아시아 독감으로 사망한 미국 및 전 세계의 사망자 수는 각각 11만 5,700명과 70만~150만 명인데, 이를 2020년의 인구에 대입하여 재산출해보면 21만 5,000명 및 200만~400만 명에 해당한다). 이는 2020년 8월에도 코로나19 바이러스로 인해 더 많은 사망자가 나올 것임을 뜻했다.

2020년 1월 말 당시 코로나19 전체 확진자는 1만 명이 채 되지 않았고 사망자는 212명이었는데, 거의 전부가 중국의 후베이성 안에서 발생한 경우였다.[7] 하지만 당시는 이미 감염된 여행자들이 우한을 떠나 전 세계 도시들로 퍼진 상태였고 그 수는 파악조차 할 수 없었는데, 그 원인은 중국 당국의 애매하고 느린 대응에 있었다. 2월 말에 8만 6,000명이었던 전 세계 확진자 수는 점점 증가해 3월 말엔 87만 2,000명, 4월 말엔 320만 명, 5월 말엔 620만 명, 그리고 6월 말엔 1,040만 명에 도달했다. 8월 3일 기준 전 세계 누적 확진자 수는 1,810만 명, 사망자 수는 69만 명을 약간 넘는 수준이었다. 미국에선 전 세계 사망자 중 4분의 1가량(23퍼센트)이, 그리고 뉴욕과 뉴저지 두 곳에선 미국 내 총 사망자 중 3분의 1가량(31퍼센트)이 나왔다.[8]

그렇다면 코로나19로 인한 사망자 수는 최종적으로 몇 명에 이를까? 이 글을 쓰는 현재, 전 세계 코로나19 사망자의 7일 평균값은 계속해서 증가하고 있다. 4월 18일에 7,000명 이상으로 정점에 달했던 1일 사망자 수는 5월 말이 되자 4,000명 정도로 감소했으나 이내 다시 5,700명으로 늘어났다. 이 추세가 개선되지 않는 한 2020년 10월에는 100만 명, 연말에는 200만 명에 이를 것이다. 미국과 관련한 예측은 역학모델마다 달라서, 11월 1일까지 23만 822명의 사망자가 나올 것이라 추정하는 모델이 있는가 하면 11월 23일까지 27만 2,000명의 사망자를 예상하는 모델도 있다.[9] 나는 역사적 경험을 기반으로 하여 2020년 말까지 미국에서만 약 25만 명의 사망자가 나올 것으로 추산했는데, 2020년 8월 현재 시점에서 보자면 이는 아직까진 현실성 있는 예측이다.

하지만 역사적으로 봤을 때 이러한 규모의 팬데믹이 불과 1년 만에 끝나는 것은 극히 이례적인 일이다. "우리가 갖는, '존재한다는 사실은 알고 있으나 그것이 정확히 무엇인지는 모르는known unknowns' 리스크 가운데에는 남반구에서의 사망자가 얼마나 더 늘어날지, 또 북반구에서 다시금 돌아올 겨울이나 학교 개방은 어느 정도로 중요한 역할을 미칠지 등이 있다. 한 조사는 약 3억 4,900만 명—이는 전 세계 인구의 4.5퍼센트에 해당한다—의 사람들이 "코로나19에 있어 심각한 고위험군이며 감염 시 입원이 필요하다"는 결론을 내렸으나, 분명한 것은 이들 중 일부만이 감염되고 또 그중 일부만이 사망에 이를 것이라는 점이다.[10]

바이러스가 보다 전염성이 강하거나 치명적인 것으로 변이하지 않는다는 가정하에서, 코로나19는 사망률(초과사망률에서든 질보정 생존연수에서든) 면에서 1918~1919년 스페인 독감이 아닌 1957~1958년의 아시아 독감의 규모가 될 것으로 보였다.

이 전염병의 발원지가 중국이라는 것은 전혀 놀라운 사실이 아니다. 앞서 보았듯 역사상 있었던 여러 팬데믹 중 상당수는 아시아, 특히 중국에서 시작되었다. 2020년 8월인 현재, 우한에서 정확히 무슨 일이 일어났는지에 대해선 아직 분명히 밝혀진 바가 없다. 서방 언론들의 보도에 따르면 2018년에 이미 미국 외교관들이 우한바이러스연구소Wuhan Institute of Virology의 안전성에 우려를 표한 바 있었다. 이곳은 중국의 생물학자이자 바이러스학자인 스정리石正麗가 여러 해 동안 박쥐의 코로나 바이러스들을 연구했던 곳이고, 또 근처에는 우한질병통제예방센터Wuhan Center for Disease Control and Prevention가 자리하고 있다.[11] 하지만 중국 정부는 여전히 코로나19 바이러스가 최초로 발생한 곳은 화난Huanan '수산물' 시장—사실상 살아 있는 모든 야생동물종이 판매되는 곳이다—이라는 입장을 고수하고 있다.[12] 이 바이러스가 인위적으로 조작되어 만들어졌다는 증거는 어느 쪽에도 없다. 코로나19는 인수공통바이러스가 동물에서 인간으로 넘어온 역사의 가장 최근 사례다.

이 바이러스의 경우 보유숙주는 아마 중간관박쥐, 중간 숙주는 말레이 반도에서 수입된 천산갑이었을 듯하고 인간 대 인간 전염의 초기 단계에서 이미 변이했을 가능성도 있다.[13]

만약 중국 당국이 신속하고 정직하게 행동했다면 이 재앙을 피할 수 있었을 것이다.[14] 우한에서 나온 최초 확진자—화난 '수산물' 시장과는 아무 관련이 없는 사람이었다—가 증상을 보인 것은 2019년 12월 1일이었다. 이어 이 시장과 관련된 한 남성이 폐렴과 비슷한 증상을 보였고 닷새 후엔 그 부인에게서 유사한 증상이 나타났으니, 이는 인간 대 인간의 전염을 시사하는 현상이었다. 이후 12월 한 달 동안 104명의 확진자와 15명의 사망자가 발생했고, 최초 확진자 41명 중 여섯 명이 사망했다는 사실이 밝혀졌다.[15] 하지만 우한보건위원회WHC: Wuhan Health Commission는 한 달 내내 아무런 조치도 취하지 않았다. 장지센張繼先과 리원량李文亮 등 현지 의사들은 비정상적인 폐렴 환자들이 쏟아지는 상황을 보며 무언가 잘못되었음을 감지했다. 하지만 모바일 메신저인 위챗WeChat에 이 병이 사스일 수도 있음을 시사했던 리원량은 '유언비어'를 유포했다며 문책당했고 해당 발언을 철회하라는 강요도 받았다(그는 코로나19로 2021년 2월 7일에 세상을 떴다). 2019년 12월 31일 WHO에 제출한 공식 보고서에서 중국은 병인이 불분명한 일군의 폐렴 확진자들이 존재한다는 점은 인정했으나, 그것이 인간 대 인간의 전염을 뜻한다는 "분명한 증거는 없다."라고 언명했다. "이 전염병은 예방과 통제가 가능하다."라는 것이 중국 정부의 입장이었다. 이렇게 사태를 은폐하는 태도는 2020년 1월까지 계속되었는데, 심지어 1월 11일에 한 61세 남성이 이 신종 바이러스로 인한 첫 번째 사망자로 보고된 이후에도 그러했다. 의사들은 침묵을 강요당했고, SNS에서는 검열이 이루어졌다. 1월 10일에는 베이징의 권위 있는 의학자 왕광파王廣發가 나서서 이 사태는 "통제 가능"하며 대부분 "심각하지 않은 상태"라고 말했다. 우한시와 후베이성의 정치 지도자들이 연례 회의를 위해 우한에 모였을 때 WHC는 계속해서 감염자 수를 인위적으로 낮게 유지했고 감염 위험에 대해서도 반복적으로 경시했다. 또한 우한 당국은 구정을 앞두고 열리는 대규모 대중집회를 허용했다.

중국의 과학자들은 할 수 있는 모든 것을 다 했다. 1월 2일 스정리는 이 바이러스의 유전자를 완전히 해독했지만, 바로 이튿날 중국 국가위생건강위원회NHC: National Health Commission는 정부 승인 없인 이 신종 바이러스에 대한 그 어떤 정보도 공개하지 말 것을 자국 내 모든 연구소에 지시했다. 같은 날인 1월 3일에는 중국질병예방통제센터Chinese Center for Disease Control이, 또 1월 5일엔 상하이공중보건임상센터Shanghai Public Health Clinical Center의 장용전張永振과 그의 팀 역시 이 바이러스의 유전자 배열을 밝혀냈다. 중국 정부는 이 모든 발견들을 그저 무시하는 태도로 일관했으나 이에 굴하지 않은 장용전은 1월 11일, 그 유전자 배열을 바이러스 전문 웹사이트인 virological.org에 공개해버렸다. 이튿날 그의 실험실은 당국의 '교정rectification'을 이유로 폐쇄되었지만, 이미 비밀은 외부로 알려진 상황이었다.[16] 1월 14일에 비밀리에 이루어진 화상회의에서 국가위생건강위원회 주임인 마샤오웨이馬曉偉는 다른 중국 관리들에게 우한 발병 사태는 "주요 공중보건 사태로 발전할 가능성이 있고" "집단감염"은 곧 "인간 대 인간 전염"을 시사하는 것이라고 사적으로 경고했다. 캐나다의 한 보고서에 따르면 이와 거의 비슷한 시점에 중국 정부는 전 세계의 중국 영사관에 긴급 지침을 보냈다. "팬데믹에 대한 대비 및 대응"을 위해 중국이 개인용 보호장비를 대규모로 수입하여 국내에 공급할 수 있게 하라는 내용이었다. NHC가 우한으로 보낸 전문가 팀이 보고서를 제출한 뒤인 1월 20일이 되어서야 중국 정부는 인간 대 인간 전염의 첫 번째 확진자 사례를 확인하고, (시진핑의 말을 빌자면) "발병 사태를 심각하게 다루어야 한다"는 것을 공식적으로 인정했다. 따라서 중국 정부는 아무리 적게 잡아도 최소한 1주일을 허비한 것인데, 어쩌면 그 이상이었을 가능성도 있다. 인공위성 사진 및 인터넷 데이터에 기초한 하버드대학의 한 연구에 따르면 2019년 8월 말부터 12월 1일까지 우한의 여섯 개 병원에 주차한 차량들의 수는 눈에 띄게 늘어났고, '기침'과 '설사'를 키워드로 하는 온라인 검색도 증가했기 때문이다.[17]

중국 당국의 행태는 사스 전염병 초입 당시 그들이 보여준 것과 거의 비슷했다. 차이점이 있다면 이번에는 테워드로스 아드하놈 거브러여수스Tedros Adhanom Ghebreyesus 사무총장 휘하의 WHO가 중국에 대해 비굴한 것까진 아니더라도 고분고분한 모습을 보였다는 점이다. 중국은 테워드로스의 사무총장 선출을 강력히 지원했고, 이에 그는 중국의 '보건 실크로드Health Silk Road' 계획을 지지하는 것으로 화답한 바 있다. 이번 위기의 초기 단계에서 테드로스 사무총장은 1월 14일에 나온 중국 정부의 입장—"중국 당국은 인간 대 인간 전염이 벌어졌다는 증거를 찾지 못했다."—그대로 반복했고, 우한이 봉쇄된 지 1주일이 지나도록 세계 공중보건 비상사태를 선포하지 않았으며, 팬데믹이라는 현실도 3월 11일이 되어서야 인정했다. 대만은 봉쇄 없이도 전염병을 통제했다는 점에서 다른 여러 나라들이 따를 만한 빛나는 귀감이 되었으나, WHO는 중국의 눈치를 보면서 마치 그런 나라는 존재하지도 않는다는 듯 행동했다.[18]

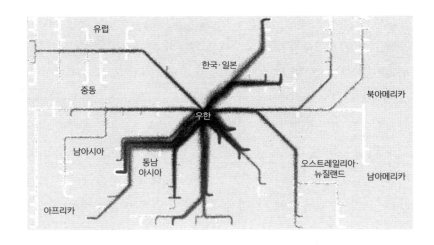

1월 23일 봉쇄되기 전 우한에서 빠져나간 여행자들의 흐름도. 1월에 우한을 출발해 존 F. 케네디 공항이나 샌프란시스코로 향한 여객기는 19대에 이른다. 항공데이터 제공사인 베리플라이트에 의하면 이 여객기들은 대부분 만석이었다. 감염된 승객들 중 85퍼센트는 추적이 불가능했다. *The New York Times.*

1월 23일 아침 우한은 봉쇄 상태에 돌입했고 이틀 후엔 후베이성의 15개 도시도 그 뒤를 따랐다. 1월 24일엔 중국 내에서의 단체 여행을 중지하라는 명령이 내려졌다. 하지만 중국 정부는 그로부터 사흘 후인 1월 27일까지도 외국으로의 단체 여행을 중지하란 명령은 내리지 않음은 물론 개인들의 외국 여행을 막는 그 어떤 조치도 취하지 않았으니, 이는 매우 중대한 결과를 초래한 크나큰 실수였다.[19] 여행이 제한되기 전인 1월에만도 우한을 떠난 여행객들의 수는 약 700만 명에 달했다.[20] 구정 연휴 이전의 며칠 동안엔 그 수를 짐작조차 할 수 없는―왜냐하면 이 시기에 발생한 감염 중 86퍼센트는 문서로 기록되지 않기 때문이다[21]―감염자들이 일가친척 및 가까운 친구들을 찾아 중국 전역과 전 세계를 여행했다.[22] 바이러스는 버스, 기차, 비행기를 통해 확산되었다.[23] 하지만 후베이성을 제외한 중국 내 다른 성에서는 코로나19 감염자가 비약적으로 증가하는 경우가 없었던 데 반해[24] 유럽과 북미, 남미 등 세계의 다른 지역에서는 그런 양상이 나타났다. 어째서일까? '중국 정부가 우한과 중국 내 타 지역 간의 여행 제한은 엄격히 시행한 반면 우한과 세계 다른 지역 간의 여행에 대해선 그렇지 않았기 때문'은 아니다(물론 실제로 그렇게 하긴 했지만 말이다). 정답은 중국의 경우 우한 외의 다른 지역에서 전 세계 어떤 곳보다 가장 먼저 비의학적 개입 조치들—도시 간 대중교통 정지, 학교 및 유흥 시설 폐쇄, 공공집회 금지 및 확진자 및 감염 의심자 격리—을 시행했기 때문이었다.[25] 우한발 여행 금지 조치의 단행은 다른 도시의 당국에게 그런 조치들을 준비하는 데 필요한 최대 2~3일의 시간을 확보해주었다는 데 의의가 있다. 이러한 비의학적 개입 조치들은 이후 각 지역의 공산당 위원회들을 통해 전국적 차원에서 엄격히 법으로 강제되었다. 사람들은 집에 갇혔고, 어떤 아파트는 아예 문이 용접되기도 했다. 또 체온 및 기타 테스트, 수동 접촉추적manual contact tracing을 위한 전국적 시스템이 급히 구축되었다. 중국의 확진자 증가 추세가 2020년 2월에 안정화된 것은 이런 것들로 설명될 수 있다.[26]

2020년 1월, 그리고 2월의 상당 기간 동안 중국 외의 국가들에선 확진자가 기하급수적으로 늘지 않았다. 하지만 그 이후 처음에는 유럽, 그다음엔 북미에서 전염이 확산됐다. 이는 놀라운 일이었는데, WHO에 따르면 미국은 만약 팬데믹이 발생한다 해도 그에 대해 "상대적으로 잘 준비된" 국가들 중 하나로 여겨졌기 때문이었다.[27] 2019년의 세계보건안전지수GHS: Global Health Security Index도 미국을 캐나다, 영국 및 다른 몇몇 국가들과 함께 "가장 잘 준비되어 있는" 나라로 평가한 바 있었다.[28] 하지만 WHO와 GHS 순위는 전혀 의미 없는 것임이 밝혀졌다. 실제 팬데믹 통제와 그 순위는 사실 부정적 상관관계에 있었던 것이다. 보편적 의료 시스템을 갖췄다는 것도 통계적으로 유의미한 이점은 못 된다는 점 역시 드러났다.[29] 2020년 4월에 나온 팬데믹 대응의 초기 순위의 상위권에는 이스라엘, 싱가포르, 뉴질랜드, 홍콩, 대만이 올라 있고 그 뒤를 일본, 헝가리, 오스트리아, 독일, 한국이 바짝 쫓고 있다.[30]

미국에서의 첫 번째 코로나19 확진자—당시 우한에서 막 돌아온 35세의 남성이었으나 그는 아무도 감염시키지 않았던 것으로 보인다—는 2020년 1월 20일 워싱턴주의 스노호미시 카운티Snohomish County에서 보고되었다. 바이러스는 중국에서 직접, 그리고 유럽과 이란에서 간접적으로 유입되었다.[31] 미국의 확진자 수는 3월 내내 전국에서 매우 급속히 증가했으나 그중에서도 북동부, 특히 뉴욕시의 내부와 주변에 집중되었다. 3월 이후에는 확진자와 사망자 곡선이 평평해졌지만, 다른 선진국들에 비해 신규 확진자와 신규 사망자의 비율이 훨씬 높았다. 코로나19 바이러스는 불과 4개월 만에 미국의 모든 주 및 90퍼센트 이상의 카운티로 퍼졌다.[32] 6월이 되자 미국의 상황은 인구비례로 따져보더라도 이탈리아보다 나쁘다는 점이 분명해졌다. 참고로 이탈리아는 유럽에서 가장 큰 타격을 입은 국가들 중 하나였다.[33]

어떤 팬데믹이 발생했을 때 그 충격을 보여주는 가장 좋은 척도는 총인구 대비 사망자 비율, 그리고 최근의 계절별 평균치를 웃도는 초과 사망자의 수다. 첫 번째 척도에 기초해서 보자면, 2020년 8월 4일자로 미국은 100만 명당 469명의 사망자가 나왔으니 아일랜드(357명), 캐나다(237명), 오스트레일리아(9명), 뉴질랜드(5명)에 비해 훨씬 더 나

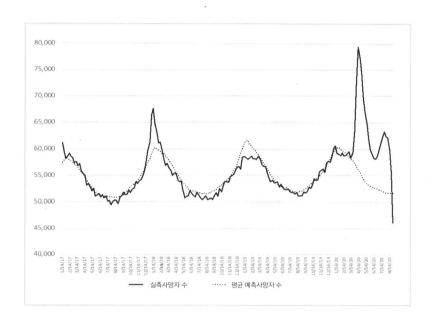

미국에서의 주간 예측사망자 수와 실측사망자 수(모든 사망 원인 포함). 2017~2020: Center for Disease Control and Prevention.
주: 마지막 몇 주간의 데이터는 불완전하다. 사망 10일 이내에 NCHS에 제출된 사망자 기록은 60퍼센트에 불과하다.

뺀 상태였으나 680명을 기록한 영국보다는 나은 편이었다. 미국보다 더 큰 타격을 받은 나라로는 영국 외에도 벨기에(850명), 스페인(609명), 이탈리아(582명), 스웨덴(569명) 등이 있었으나 8월 당시 유럽의 확진자 증가 곡선은 대개 평평해진 상태였다. 미국에서의 코로나19 사망률 곡선의 궤적은 갈수록 브라질(445명) 혹은 멕시코(372명)의 그것과 닮아가고 있다. 2020년 7월 중순경 미국에선 역사적 평균치보다 23퍼센트가 높은 약 14만 9,000명의 초과사망자가 발생했고 브라질, 네덜란드, 스웨덴, 스위스 등에서도 이와 비슷한 수치가 기록되었다(「뉴욕타임스」에 따르면 2020년 3월 1일부터 7월 25일 사이의 초과사망자는 총 21만 9,000명으로 추산된다.[34] 하지만 CDC 데이터에 의하면 1월 1일부터 8월 1일까지 모든 원인으로 인한 초과사망자 수는 20만 5,985명이며, 이는 이 기간 동안의 총 예상사망자 수를 12퍼센트 초과한 수치다[35]). 다른 나라들의 초과사망률을 보자면 칠레는 46퍼센트, 영국은 45퍼센트, 이탈리아는 44퍼센트, 벨기에는 40퍼센트, 스페인은 56퍼센트로 미국보다 상당히 높으며, 유럽연합 국가들 중 최악은 영국으로 나타나고 있다.[36] 초과사망률이 가장 높은 나라는 페루(149퍼센트)와 에콰도르(117퍼센트)였고 일부 국가들—아이슬란드, 이스라엘, 노르웨이—에선 초과사망자가 나타나지 않았으며, 독일의 초과사망률은 5퍼센트였다.[37]

미국이 2020년 여름에 맞닥뜨린 문제는 전 국민이 당시 이 바이러스 및 전염병에 대해 알려진 바들을 그냥 무시해버리는 식으로 행동한다는 것이었다. 미국 내에서 코로나19의 확산이 정말 제대로 통제된 유일한 주는 버몬트다(알래스카, 하와이, 몬태나 등도 6월까지는 이러했다 할 수 있으나, 확진자가 더 많은 다른 주들의 휴가 여행객들이 몰려들면서 확진자 수가 증가했다). 봉쇄가 시행된 뉴잉글랜드, 뉴저지, 뉴욕의 상황은 크게 개선되었는데, 특히 봄에 1차 유행의 예봉을 견뎌내야 했던 뉴욕에서 더욱 그러했다. 하지만 전몰장병기념일Memorial Day인 5월 25일 이후 대부분의 주, 특히 남부와 서부에서 코로나19 확진자들이 계속해서 증가했다는 점은 분명했다. 이 병이 억제되는가 싶었던 기간이 지나자 2차 유행의 물결이 10개 이상의 주에서 재차 나타났다. 캘리포니아, 플로리다, 텍사스 등 몇몇 주요 주들에서의 1차 유행은 8월 초에야 비로소 그 정점을 찍기 시작했다.[38]

2020년 8월, 코로나19 바이러스에 대한 우리의 지식은 1월에 비해 매우 많아졌다. 신뢰할 수 없는 중국발 정보들에 대해 1월에 취한 합리적 대응이라곤 중국에서 유입되는 인적·물적 흐름을 최소화하여 최악의 사태에 대비하고, 새 바이러스의 검사 횟수를 늘리며, 접촉자 추적 시스템을 마련하는 것—이것이 대만과 한국이 시행한 일이다—정도였다. 코로나19 바이러스의 유전자 암호는 박쥐 코로나 바이러스인 RaTG13과 대단히 유사했다. 아마추어 감염학자들이 보기에도 이 새로운 전염병은 최소한 계절 독감만큼이나 감염력이 크고 치사율은 훨씬 더 높을 것임이 명백했다.[39] 코로나19는 사스나 메르스, 에볼라나 1918년 스페인 독감보다 감염치사율이 낮고, 따라서 그것들만큼 목숨을 위협하는 바이러스는 아니라는 점, 또 홍역—이는 그 어떤 질병보다 감염재생산지수가 높다—만큼 전염성이 크지 않다는 것도 밝혀졌다. 순식간에 퍼질 정도의 감염력은 있는 데 반해 치사율이 높지 않아 보균자들이 이곳저곳으로 움직이며 확산시킬 수 있다는 점에서 코로나19 바이러스는 팬데믹을 일으키기에 최적의 조건을 갖춘 병원체였던 것이다. 이 병의 R_0, 즉 감염재생산지수—바이러스 보균자 한 명이 다른 사람들을 몇 명이나 감염시킬 수 있는지를 나타내는 지수—에 대한 초기 추산치는 6에서 15까지로 편차가 심했으나, 결국 드러난 수치는 경각심을 가지기에 충분한 높은 수준이었다.[40] 여름에 사람들이 합의에 도달한 지수는 1.8~3.6이었다.[41] 또한 결정적 사실이 하나 있었으니, 바이러스 보균자들의 상당수—약 40퍼센트—는 무증상자임이 분명하다는 점이었다. 일부 보균자들, 특히 아이들의 경우엔 그 어떤 증상도 나타내지 않았다.[42] 미국 CDC는 7월 10일에 발표한 행동 수칙에서 R_0를 2.5로, 또 무증상 감염자들의 비율을 50퍼센트로 추산했다.[43]

과학자들은 이 바이러스의 스파이크 단백질이 인체 세포 표면의 단백질—ACE2로 알려져 있다—에 달라붙으며, 일단 세포 안으로 들어오고 나면 자신의 RNA를 방출하고 인체의 상기도上氣道에서부터 생식을 시작한다는 것을 상당히 신속하게 확인했다. 7월에는 이 바이러스가 미세입자 에어로졸 혹은 플뤼게 비말Flügge droplets(1897년 독일의 의학자 칼 플뤼게는 눈에 보이는 비말로 병원균이 2미터까지 전파될 수 있음을 발견했음_옮긴이)로 전파될 수 있음이 밝혀졌다.[44] 비교적 붐비고 에어컨이 작동하는 실내에서 기침, 재채기, 소리 지르기, 노래하기 등을 통해 매우 쉽게 전파된다는 뜻이었다.[45] 이런 상황에서는 6피트(약 1.8미터) 정도의 거리를 두는 것도 안전하지 않았고,[46] 그에 따라 '붐비는 장소에서는 항상 마스크를 써야 한다'는 주장이 힘을 얻게 되었다.[47] 실외에서 코로나19에 감염되는 경우는 훨씬 드물었다.[48] 코로나19 바이러스는 호흡과 타액은 물론 배설물에도 존재하나 배설물을 통해 전파된다는 증거는 없었다. 물론 이론상으로는 변기의 물을 내리는 것만으로도 바이러스 입자가 공기 중으로 퍼질 수 있지만 말이다.[49] 이 모든 것들은 곧 계절별 평균 기온의 변화가 감염률에 미치는 충격은 제한적이며 난방, 에어컨, 실내 전파 등의 역할로 인해 외부 온도는 그리 중요한 요소가 되지 않음을 뜻했다.[50] 또한 감염 증상 중 가장 독특한 것이 후각상실anosmia이라는 점도 분명해졌다.[51]

문제는 '이 병의 치사율은 어느 정도인가?'다. 2020년 봄까지 코로나19 바이러스의 감염치사율은 일부 초기 모델들에서 가정했던 0.9~1.0퍼센트가 아니라, 확실하진 않지만 0.3~0.7퍼센트 정도일 가능성이 높다고 보았다. 감염자 중에는 무증상인 이들, 또 그저 며칠간 비교적 소소한 증상만 나타난 이들도 많았다. 병을 앓는 기간이 긴 이들 중 일부—프랑스의 경우 4퍼센트에 약간 못 미쳤다[52]—는 입원을 필요로 했고 중환자실에 들어가야 했던 사람들 중 많은 이들—영국의

	스페인 독감 (1918)	아시아 독감 (1957)	돼지독감[a] (2009[j])	돼지독감[b] (2009[b])	사스	코로나19
전염성	2.0		1.7		2.4	2.5
잠복기간, 일수	미상		2		2-7	4-12
증상 발현 시점에서 전염성이 극대에 이르는 기간, 일수	2		2		5-7	0
경증 환자의 비율	높음		높음		낮음	높음
입원을 요하는 환자의 비율	매우 낮음		매우 낮음		많음 (70% 이상)	적음(20%)
위중증 환자의 비율	미상		1/104,000		많음(40%)	1/16,000
65세 이하 연령에서의 사망자 비율	95%		80%		미상	0.6-2.8%
미국에서의 사망자 수 (2000년 인구를 기준으로 조정)	1,272,300	156,000	7,500-44,100	8,500-176,000	0	164,037
사망자 연령 중간값	27.2	64.6	37.4		미상	미상
상실된 수명 연수 (2000년 인구를 기준으로 조정)	63,718,000	2,698,000	334,000-1,973,000	328,900-680,300	미상	3,730,530

코로나19와 다른 바이러스 질환의 비교.

Eskild Petersen et al., "Comparing SARS-CoV-2 with SARS-CoV and Influenza Pandemics," *Lancet Infectious Diseases* 20, no.9 (September 2020), pp. E238-244, https://doi.org/10.1016/S1473-3099(20)30484-9.

주:

a: 이 범위는 폐렴 및 독감 초과 사망자 추산치를 아래로, 모든 원인의 사망자 숫자를 위로 하여 잡은 것이다. 122개 도시의 사망률 감시에 근거한 프로젝션에서 추산하였다.

b: 미국 질병관리예방센터의 2009년 팬데믹 조사 데이터에서 추산하였다.

※최종적인 전국 인구 통계에 적용되는 초과사망률 접근법에 기초하여 추산하였다.

† 2020년 9월 11일까지의 데이터.

9장 _ 역병들

경우엔 대략 절반―이 목숨을 잃었는데, 이들의 가장 흔한 사인은 저산소증hypoxemia, 즉 동맥혈의 산소결핍증에 수반되는 급성 호흡곤란 증후군이 사이토카인 '폭풍'으로 발전하는 것이었다.[53] 증상 발현부터 시작해 사망하는 데까지 걸리는 시간은 평균 2주에 불과했고[54] 부검된 사체에선 세포 내 바이러스 및 세포막 파괴와 결부된 심한 내피 손상, 광범위하게 퍼져 있는 혈전미세혈관병증과 같이 독특한 유형의 폐 손상이 발견되었다.[55]

코로나19 팬데믹에서 가장 취약한 집단이 노인층이란 점은 매우 초기 단계 당시부터 분명했다. 70대 및 80대 이상 환자들의 치사율은 각각 약 8퍼센트와 15퍼센트였고[56] 유럽에선 코로나19 관련 사망자들의 80퍼센트가 75세 이상의 노인들이었다.[57] 이는 나이 많은 이들이 갖고 있는 허혈성 심장질환, 당뇨, 암, 심방세동, 치매 등 다양한 기저 질환이 그들을 코로나19 바이러스에 더욱 취약하게 만든다는 점을 반영한다.[58] 이에 더해 영국의 데이터는 감염자들 중 남성이 여성보다 남성이, 체질량이 정상인 이들보다 비만인 이들의 사망 가능성이 높다는 점도 보여준다. 더불어 영국에서는 천식이 또 다른 위험 요인으로 떠올랐다.[59] 미국에서 나타나는 양상들도 크게 다르지 않았다. 연령집단별 코로나19의 치사율을 보면 20~54세와 55~64세는 각각 1퍼센트 미만과 1~5퍼센트, 65~84세와 85세 이상은 각각 3~11퍼센트와 10~27퍼센트였다.[60] 뉴욕주의 경우 총인구 중 70대 이상은 9퍼센트지만 코로나19 사망자 중에선 64퍼센트를 차지했다.[61]

그렇다 해서 청장년층이 안전하다는 뜻은 아니었다. 전체 사망자에서 50대가 차지하는 비율은 유럽보다 미국이 더 높았는데, 이는 미국인들의 높은 비만율 및 그와 연관된 건강 문제가 심각하다는 점을 반영하는 것임이 거의 확실했다.[62] 뇌졸중, 비정상적 혈전, 급성사지 허혈증 등은 30~40대 코로나19 바이러스 보균자 중 다수에서 보고된 증상들이다.[63] 또 코로나에 걸렸다가 회복한 사람들 중 많은 이들이 장 기적인 폐 손상을 입었고[64] 또 다른 이들은 피로와 호흡곤란, 통증 등 의 증상을 지속적으로 보고했다는 증거들이 축적되었다.[65] 이탈리아와 뉴욕주에서는 가와사키증후군과 비슷한 염증 등을 보이면서 중증에 빠진 아동들이 나타났다.[66] 유럽의 한 연구에서는 코로나19 양성 반응 을 보인 아이들 582명 중 네 명이 사망에 이르렀다.[67] 또한 아프리카 혈통의 사람들은 백인들보다 코로나19로 목숨을 잃을 가능성이 높다 는 것도 매우 초기부터 분명한 사실이었는데[68] 영국의 경우에는 카리 브해와 남아시아 혈통의 이들이 이에 해당되었다.[69] 시카고를 예로 들 자면 흑인 인구가 전체 인구의 30퍼센트였으나 코로나19 사망자 중에 선 52퍼센트를 차지했고, 미국 전체 인구 중 흑인의 사망률은 백인보 다 2.5배가 높았다.[70] 라틴계 미국인 및 아메리카 원주민의 감염률 또 한 백인의 경우보다 높게 나타났다.[71] 이것이 이들 집단의 사회경제적 취약 요소(열악한 의료 서비스, 밀도 높은 거주 시설, 바이러스에 노출되기 쉬운 직업군 등), 기저질환(비만이나 당뇨), 유전적 요인들을 어느 정도나 반영하는지에 대해선 더 많은 연구와 논쟁이 필요하다. 비록 유전적 요인은 아예 사전에 배제하려는 이들도 있지만 말이다.[72]

이 모든 악조건들을 고려하면 '집단면역' 같은 단순한 전략은 현 명한 것이 아닌 듯하다. 표준역학모델에 근거했을 때, 집단면역은 오 직 전체 인구의 약 70퍼센트가 바이러스에 걸릴 때에만 달성할 수 있 다.* 그런데 이는 감염치사율을 상대적으로 낮게 가정해도 도저히 용 납할 수 없을 정도로 많은 사망자와 중환자들이 발생함을 뜻한다. 미국의 경우 감염치사율을 0.6퍼센트로만 가정해도 140만 명에 가까운 사망자가 나올 것으로 추산된다.[73]

하지만 2002년 여름이 다가오는 시점에서도 이 바이러스 및 병에 대해 우리가 모르고 있는 것, 또 우리가 모르고 있다는 점조차 알지 못하는 것들은 여전히 많았다. 감염되었다가 회복한 이들에게서 면역이 형성된다는 것은 알고 있으나 그 면역성이 얼마나 오래갈지에 대해 우리는 알지 못한다.[74](회복한 이들에게 면역력이 생긴다는 것조차도 확실한 사실은 아니다. 한 번 감염되었던 사람들이 재감염될 수 있다는 이론은 문제가 있는 듯 보였으나, 최근의 몇몇 사례들은 그 이론이 옳을 수도 있음을 시사한다.[75]) 또 감염되었다가 회복하긴 했으나 여전히 몸 상태가 좋지 않은 이들이 얼마나 오랫동안 그 상태로 있을지, 또 얼마나 안 좋은 상태일지도 알지 못했다. 더불어 가령 독일이나 일본의 경험이 어째서 벨기에나 미국의 경험과 그토록 다른지, 영국과 스웨덴은 근본적으로 상이한 공중보건 정책을 취했음에도 왜 비슷한 일을 겪게 되었는지, 포르투갈은 스페인과 매우 인접한 데다 매우 비슷한 국가인데 왜 그 나라보다 나은 상황인지, 스위스 내의 이탈리아어 사용 지역의 상황은 왜 독일어 사용 지역보다 훨씬 나쁜지에 대해서도 모르고 있다. 결핵을 예방하는 BCG 접종이 의무화된 국가는 그렇지 않은 국가에 비해 코로나19 바이러스로 인한 피해가 덜할까?[76] 혈액형은 관계가 있을까? 만약 있다면 A형이 B형보다 더 감염되기 쉬울까?[77] 다른 코로나 바이러스들

• R_0가 4인 병원체의 경우에는 평균적으로 감염자 한 사람이 다른 네 사람을 감염시키게 되어 있다. 따라서 수리적으로 표현한다면 집단면역이 발생하기 위한 최소한의 면역 보유 인구 비율은 1에서 $1/R_0$을 뺀 것이 된다. 즉 R_0가 4인 전염병이라면 인구의 최소한 75퍼센트 이상이 면역을 보유해야 집단면역이 생겨나는 것이다.

484

에 노출되면서 생겨난 항체나 기억 T세포memory T cells들은 어떤 역할을 할까?[78] 요컨대 신경과학자 칼 프리스턴Karl Friston의 말마따나, 설명되지 않은 '암흑 물질dark matter'이 아직도 많이 존재하는 것이다.[79] 또 전염성이 강해지거나, 치사율이 높아지거나, 혹은 백신 저항도가 커지는 쪽으로 이 바이러스가 변이를 일으킬 확률은 얼마나 될까?[80]

한편 코로나19에 대한 효과적인 치료법으론 뾰족한 것이 딱히 없어 보인다. 렘데시비르, 바리시티닙, 카모퍼, 덱사메타손 등이 어느 정도 효과를 보이긴 하지만 그중 치료제라 얘기되는 것은 없다. 심지어 트럼프 대통령이 여러 번 치료제라 주장했던 하이드록시클로로퀸(말라리아 예방·치료약으로 사용되는 항바이러스제_편집자)은 아무 효과도 보이지 않았다.[81] 백신이 개발될 가능성도 있어 보였다. 202곳에서 개발 중이고, 24곳에서는 임상 실험에 들어갔으며, 다섯 곳에서는 3상에 돌입한 상태인데,[82] 그중 특히 모더나 백신과 옥스퍼드 백신(아스트라제네카 백신을 지칭_편집자)의 2상 실험 결과는 고무적이었다. 하지만 어떤 백신이 되었든 그것이 널리 유포되는 데는 분명 몇 개월이 걸릴 것이다. 새로운 백신이 나오는 데 10년 혹은 그 이상이 걸렸던 최근의 백신 개발 역사엔 전혀 신경 쓰지 않는 매우 낙관적인 시나리오를 가정해도 말이다.[83]

2020년 여름 시점에서 봤을 때 코로나19 검사를 위해 사용되는 대부분의 방법은 신뢰성에 있어 한계가 있는 듯하다. 민감도가 높은 테스트에서는 위양성false positive 반응이, 특이도가 높은 검사에선 위음성 false negative 반응이 나타났기 때문이다.[84] 따라서 이러한 영역에서 상당한 진전이 이뤄지기 전까지 바이러스의 확산 정도는 마스크 착용, 사회적 거리두기, 정기적이고 광범위한 테스트, 체계적인 접촉자 추적,

확진자 및 감염의심자에 대한 효과적 격리 등의 비의학적 개입이 얼마나 잘 이루어지는가에 달려 있다. 정부와 일반인들이 이를 이해하지 못하는 한, 확진자 및 사망자 수는 계속 많아지거나 기껏해야 천천히 감소하는 데 그칠 것이다.

팬데믹의 네트워크 성격

코로나19 팬데믹 위기는 오로지 역사 그리고 네트워크 과학의 렌즈를 통해서만 이해할 수 있다. 전자는 이 병이 갖는 잠재적 규모와 그에 따른 결과들을 이해하게 해주었고, 후자는 바이러스가 일부 지역과 일부 인구집단에서 더 빠르고 더 멀리 전파되는 이유를 설명해주었다. 중국 후베이성을 네트워크에서 단절시킨 것이 어떤 점에서 전 세계 공급망 관리에 충격이 되었는지, 유럽에서 바이러스를 억제하지 못한 것이 왜 봉쇄라는 극단적인 조치로 이어졌는지, 그리고 그러한 봉쇄가 어째서 전 세계적 금융위기를 촉발시켰는지도 네트워크 과학으로 설명될 수 있었다. 무엇보다 네트워크 과학은 코로나19에 대한 가짜뉴스가 SNS를 통해 바이러스처럼 퍼지면서 어떻게 그토록 많은 사람들에게 모순적인 그리고 종종 비생산적인 행태를 장려하게 되었는지도 설명해주었다.

4장에서 보았듯 표준역학모델들은 네트워크 토폴로지network topology(네트워크 요소들의 물리적·논리적 연결 구조_편집자)를 감안하지 않는 경향이 있다. 모든 개인들이 무작위로 다른 모든 개인들과 접촉하고 그 횟수 면에서도 비슷하다는 가정을 취하는 것이다. 그러나 이렇게 동질적인 사회는 현실에 존재하지 않는다. 무작위적 네트워크를 맺는 인구라는 이론적 세계에서는 이러한 모델들로 충분할 수 있다. 하지만 복잡계 네트워크 이론의 창시자인 앨버트-라즐로 바라바시가 말한 바 있듯, '대푯값을 말할 수 없는' 네트워크 토폴로지가 적용되는 인구집단에서는 "허브가 가장 먼저 감염된다. 그것에 있는 여러 연결선을 통해 감염 노드와 접촉했을 가능성이 매우 크기 때문이다. 감염된 허브는 그 질병을 네트워크의 나머지 부분으로 '널리 퍼뜨리며 broadcast' 슈퍼전파자로 변해간다. (…) 이는 전통적인 역학모델이 예측하는 것보다 더 빠른 속도로 병원체가 확산됨을 의미한다."[85] 이러한 경우에는 전통적인 면역 전략들과 특히 집단면역 모델들이 무너지고 만다.[86] 넓게 보자면 여러 사회 네트워크는 그 허약성(감염취약성, 노출 정도, 치사율 등이 네트워크마다 다르다)과 간섭(병이 돌 때 연결성을 줄일 수 있는 정도가 네트워크마다 다르다)이라는 두 가지 점에서 각자 독특한 특징을 갖는다. 팬데믹이 발생하면 이렇게 각각의 네트워크가 가지고 있는 허약성이 모두 그대로 드러나며, 모든 네트워크는 간섭을 행하여 내부의 연결성을 줄이지 않을 수 없게 된다.[87] 따라서 인구의 이질성까지 고려하여 정확하게 타깃을 설정하고 제대로 대응한다면, 표준적인 집단면역의 개념에 함축되어 있는 것보다 훨씬 더 낮은 일반적 감염율로 팬데믹을 억제할 수 있어야 한다.[88]

코로나19의 역사는 마치 바라바시와 그 동료 연구자들의 혜안을 보여주기 위해 고안된 사례 연구와도 같다. 이 바이러스는 전 세계 국제공항들 사이에서 형성된 '대푯값을 말할 수 없는' 네트워크를 타고 제트기의 속도로 확산되었는데, 15년 전 동기 대비 두 배에 달할 정도로 많았던 2019년 12월~2020년 1월의 전례 없는 여행량은 그 확산을 더욱 촉진했다.[89] 비행기 안에서 그 바이러스가 얼마나 멀리 퍼졌는가는 별로 중요하지 않았다.[90] 코로나19 팬데믹의 첫 단계에서 중요했던 것은 우한으로부터의 지리적 거리가 아닌 '유효 거리effective distance'였다.

2019년 12월 1일에서 2020년 1월 23일 사이 우한발 직항 비행기 중 유럽─파리, 런던, 로마, 모스크바─으로 향한 것은 46대, 미국─뉴욕 혹은 샌프란시스코─으로 향한 것은 19대였다. 중국의 항공데이터 제공업체인 베리플라이트VariFlight에 따르면 불행히도 중국 항공 산업의 대목인 1월을 맞아 해당 비행기들은 거의 만석이었다.[91] 역시 항공 데이터 제공업체인 미국의 플라이트스태츠Flightstats의 자료에선 비록 우한이 아닌 광저우발이긴 했으나 중국 남방항공China Southern의 한 비행기가 2월 1일 샌프란시스코 국제공항에 착륙했음이 확인되었다.[92] 1월 23일 이후 우한에서 아시아 기타 지역으로 향한 다른 비행기들의 경우 승무원 외의 탑승자는 없었던 것으로 밝혀졌다.[93] 앞서 보았듯 그날 우한에 내려진 봉쇄령은 중국 내에서의 바이러스 확산 속도를 약간 늦췄을 뿐이지만, 그 조치가 해외 다른 나라들에 미친 영향은 그보다 훨씬 컸을 것으로 보인다.[94] 하지만 중국의 다른 공항에서 국제 비행편이 계속 출발했던 탓에 바이러스도 계속 확산되었다. 1월 31일에 트럼프 대통령은 중국인들의 미국 입국 금지 조치를 공표했으나 이는 늦은 조치였던 데다 미국 시민권자 및 영주권자들은 제외되는 등 구멍도 너무 많아서 효과를 발휘하지 못했다.[95] 2020년 상반기에 대부분의 나라들은 해외여행자들의 입국을 완전히 틀어막았고, 나머지 나라들은 부분적으로만 국경을 폐쇄했다.[96] 이렇게 많은 국가들이 소 잃고 외양간 고치는 것은 처음 있는 일이었다.

미국은 지도상으로 보이는 것에 비하면 실질적으로 우한과 대단히 가까운 나라였다. 하지만 그보다 더 가까운 나라들도 있었다. 한 네트워크 분석에 따르면 중국에서 코로나19 바이러스가 가장 쉽게 유입될 만한 나라로는 태국, 일본, 대만, 한국이 있었고 그다음이 미국이었다. 또 다른 분석에선 캄보디아, 말레이시아, 캐나다가 미국보다 위험한 나라로 꼽혔다.[97] 이들 국가의 확진자 및 사망자 수가 어째서 미국보다 상대적으로 적었는지를 설명하려면 감염 네트워크의 그다음 부분을 이해해야만 한다. 대부분의 승객들이 공항에 도착한 뒤 이용하는 전국, 지방 및 지역 교통망 또한 이 이야기에서 결정적인 부분이다. 버스들은 그 자체가 바이러스 전파자였다. 어떤 여성은 버스를 타고 왕복으로 오가는 사이에 무려 23명을 감염시켰다.[98] 런던과 뉴욕의 지하철―특히 뉴욕 7호선―또한 버스들과 동일한 역할을 했다.[99]

대중교통 외에 바이러스를 확산시킨 다른 배경으로는 어떤 것이 있었을까? 당연히 가정이었다. 가족 중 한 명만 감염되어도 다른 식구들까지 옮을 가능성이 매우 크니 말이다.[100] 보건의 관점에서 보자면 얼마나 많은 세대generation들이 한 집에 사는지가 중요했는데, 이탈리아 북부가 스웨덴보다 안 좋은 상황을 겪게 된 이유도 이것으로 설명할 수 있을 것이다.[101] 여러 세대들이 사용하는 공용 엘리베이터가 설치된 아파트 건물들 또한 문제 지역이었다. 외국에서 중국으로 돌아온 한 여성은 그저 엘리베이터를 탔을 뿐인데도 무려 70명을 감염시켰다.[102]

아이들은 성인보다 감염 확률이 낮고 설사 감염되더라도 무증상인 경우가 많았다. 하지만 베를린에서의 한 연구에서 밝혀졌듯, 이들 또한 다른 사람들을 감염시키는 것은 마찬가지였다. 따라서 학교는 코로나19 네트워크에서 그다음으로 명백히 허브 역할을 했다.[103] 학교들은 대만의 경우처럼 세밀하고도 엄격히 강제되는 예방조치들하에서만 개방되었다.[104] 이스라엘은 초반에 팬데믹을 성공적으로 통제하는 기

489 · 9장 _ 역병들

록을 자랑했으나 예루살렘의 학교 하나 때문에 그 기록에 먹칠을 하고 말았다.[105] 대학의 경우에는 바이러스가 더욱 쉽게 전파될 수 있는 장소였는데, 이는 학생들이 먼 곳에서 오는 데다 붐비는 기숙사에서 생활하는 이도 많기 때문이었다(캠퍼스로 돌아오는 대학생들에서부터 전염의 새로운 물결이 촉발될 것임은 불 보듯 뻔한 일이었다). 싱가포르의 경우도 초반 대응에는 흠잡을 데가 없었으나 이주노동자들이 더욱 빽빽이 모여 생활하는 공동숙소에서의 감염 사태 때문에 몰락하고 말았다.[106]

식당 또한 감염이 잘 일어나는 장소였다. 한국의 어느 식당에선 한 사람이 세 테이블에 앉았던 아홉 명을 감염시켰다.[107] 노래방이야말로 반드시 피해야 할 장소였다.[108] 한국에 있는 어느 사무실 건물의 경우 한 층에서 근무하던 직원들 중 5분의 2 이상이 양성 반응을 보인 일도 있었다.[109] 또한 이전에 있었던 코로나 바이러스 전염 사태들에서 그랬듯 이번에도 병원은 그 자체가 감염의 주요 근원지였다. 크루즈 여행선, 교도소, 식품가공 공장, 결혼식장보다 순위에서 밀리긴 했지만 말이다.[110] 하지만 2020년의 팬데믹에서 다른 어느 곳보다 많은 인명피해를 기록한 기관은 바로 노인요양원이었다.

한 부족 혹은 한 민족 전체에 대한 살인 행위를 뜻하는 '제노사이드genocide'는 나치를 피해 망명했으나 가족 전체가 홀로코스트로 사라져버린 폴란드계 유대인 라파엘 렘킨Raphael Lemkin이 만든 말이었다. 다수의 노인들을 고의로 살해한다는 의미의 '시니사이드senicide'는 그 기원이 더 오래된 말이지만 '제노사이드'만큼 잘 알려져 있진 않다. 옥스퍼드 영어사전에 따르면 이 말을 처음 쓴 사람은 영국 빅토리아 여왕시대의 탐험가 헨리 해밀턴 존스턴 경Sir Henry Hamilton Johnston이다. 렘킨이 만든 말은 널리 퍼졌지만 '시니사이드'는 별로 그렇지 않다. 아마

존Amazon 사이트에서 이 키워드로 검색을 하면 두 권의 책, 그리고 캘리 포니아의 어느 헤비메탈 그룹이 만든 시끄러운 노래 하나가 나올 뿐이다. 이 말이 사용되는 몇몇 옛날 책들이 있긴 하나 거의 모두가 고대의 혹은 잘 알려지지 않은 부족들—인도의 파다엔족Padaean, 러시아의 보탸크족Votyak, 초기의 미국 호피족Hopi, 캐나다의 네칠리크 이누이트족 Netsilik Inuit, 남아프리카의 산족San, 아마존 유역의 보로로족Bororo—에 시니사이드 풍습이 있었다는, 그 근거가 애매한 주장들과 관련된 부분에서만 언급되는 정도다. 이 표현의 사용 빈도가 얼마나 낮은지, 마이크로소프트 워드Microsoft Word 프로그램에서 이 단어를 입력하면 당장 맞춤법 검사 기능이 붉은색 밑줄을 긋고, 잠시잠깐도 견디지 못한 채 금세 '자살suicide'로 자동고침을 해버린다.

하지만 2020년 상반기에 벌어진 일을 일반 대중이 파악하고 나면 이 모든 것은 바뀔 수도 있다. 5월 1일 영국의 노인요양원들에서는 거의 2만 명에 육박하는 '초과사망자'가 나왔다. 이는 여러 산하기관들까지 희생하며 영국 건강보험공단NHS: National Health Service을 우상으로 떠받들었던 데 따른 역설적 결과였다.[111] 미국의 경우 7월 중순까지 기록된 모든 코로나19 사망자의 45퍼센트가 요양원에서 나왔다.[112] 뉴욕주의 주지사 앤드루 쿠오모Andrew Cuomo 및 보건국장 하워드 저커Howard Zucker는 병원들이 퇴원시킨 '의학적으로 안정된' 환자들을 아무 검사도 없이 입소시키라고 요양원들에게 강제했고 그 결과 뉴욕주의 요양원들에서 생활하던 모든 노인의 약 6퍼센트가 사망한 것이다.[113] 요양원에서 죽은 이들이 전체 코로나19 사망자에서 차지하는 비중은 홍콩과 한국처럼 0퍼센트인 경우에서부터 뉴질랜드처럼 72퍼센트인 경우까지 다양하다. 물론 뉴질랜드는 사망자들의 절대숫자absolute number 자체가 낮지만 말이다. 사망자의 절대숫자가 훨씬 높은 유럽에서는 그 비중이 프랑스의 35퍼센트(1만 4,341명), 영국의 38퍼센트(1만 9,700명)을 거쳐 벨기에의 50퍼센트(6,213명) 등으로 나타났다.[114]

헨리 해밀턴 존스턴은 1889년에 쓴 글에서 이렇게 말한다. "사르디니아Sardinia 섬에 살던 고대 사르디족Sardi은 젊은이들이 자신의 늙은 친척들을 살해하는 것을 종교적 의무로 여겼다." 19세기 러시아의 역사가인 니콜라이 카람진Nikolai Karamzin은 시니사이드를 "고령과 질병으로 가족에게 지나치게 무거운 짐이 되고 동료 시민들에겐 쓸모가 없어진 부모를 살해할 수 있는 어린이들의 권리"라 정의했다. 탐험가 크누드 라스무센Knud Rasmussen과 공트랑 드퐁생Gontran de Poncins은 킹 윌리엄King William 섬의 네칠리크족이 1930년대까지만 해도 시니사이드 관습을 따랐다고 보고한 바 있다. 그렇다면 2020년, 그것도 현대적인 선진 민주국가에서 시니사이드가 일어날 거라 예견한 이는 누구였을까? 답은 1960년 『자유헌정론The Constitution of Liberty』에서 "제 몸을 스스로 가누는 것이 불가능한 노인들을 가둬두는 수용소는 자신의 수입을 전적으로 젊은이들에게 강제하며 의존하는 노인 세대의 운명이 될 가능성이 있다."라고 이야기한 오스트리아의 경제학자, 프리드리히 하이에크다."[115]

하지만 사람으로 꽉 찬 버스에서부터 시작해 시니사이드가 벌어지는 가정에 이르기까지 '장소'는 이 네트워크 감염 스토리의 일부일 뿐이고, 장소라는 무대 위에서 연기를 펼치는 배우는 따로 있다. 에이즈와 사스, 메르스에 이르는 과거의 팬데믹들에서 그랬듯 2020년 초에 핵심적 역할을 한 것은 개인 '슈퍼전파자들'이었다. 코로나 바이러스로 인한 과거의 발병들 초기에 분산율 k를 고안했던 전염병 생태학자 제이미 로이드 스미스는 코로나19의 k값이 사스의 그것만큼이나 비슷하게 낮다는 것을 계산해냈다.[116] 그는 코로나19의 k값을 약 0.1로 추산했고, "이것은 "2차 감염의 80퍼센트가 소수―10퍼센트 이하―의 감염자들에 의해 발생한 것일 수 있음을 시사한다."라고 밝혔다.[117] 홍콩에서의 이 비율은 거의 완벽한 20 대 80, 즉 파레토 비율Pareto ratio로 나타났다.[118] 이는 곧 세계적 팬데믹을 만드는 데는 우한이라는 모닥불에서 한두 개가 아닌 여러 개의 불씨가 튀었어야 했음을 뜻했다. 또한 그 불씨가 걷잡을 수 없는 불길로 번져나가는 데는 비교적 소수의 슈퍼전파자 및 슈퍼전파 사건 들이 풀무질을 했다는 의미도 있었다.[119] 우한에 있는 부모들을 방문하고 1월 19일 뮌헨행 비행기로 귀국했던 한 중국 여성은 자신이 일하는 독일 기업의 직원 열여섯 명에게 병을 옮겼다.[120] 또 1월에 싱가포르에서 바이러스에 감염되었던 서섹스Sussex의 사업가는 이후 몽블랑Mont Blanc 근처로 스키를 타러 갔고, 개트윅Gatwick에 있는 집으로 돌아온 뒤에는 동네 술집에 들러 술을 마셨다.[121] 한국에는 사교성이 뛰어난 31번 환자가 있었다. 이 환자는 대구 및 서울의 수천 명에게 무심결에 바이러스를 퍼뜨렸고, 특히 신천지 교회의 동료 교인들에게도 전파했다.[122] 또 이탈리아 북부의 '마티아Mattia'라는 1번 환자는 2월에 몸이 아파와 병원에 세 번이나 방문하는 사이사이에도 사회생활을 계속했다.[123] 2월 말 보스턴 메리어트 롱워프Boston Marriott Long Wharf 호텔에서 열린 생명공학 학술회의에선 처음엔 89명의 코로나19 확진자가 나온 것으로 알려졌으나[124] 이후의 연구는 그 수가 2만 명이었다고 추산했다.[125] 워싱턴주 스카짓 카운티Skagit County에 있는 한 합창단의 단원 61명은 3월 10일에 연습 시간을 가졌다가 53명이 바이러스에 감염되었고, 입원한 세 명 중 두 명은 목숨을 잃었다.[126]

9장 _ 역병들

확진자들 사이의 관계　　확진자 번호　　　　　　　　　　추적된 접촉자들

최초 확진자들 대부분은
중국 **우한**을 여행했음.　　#1

　　　　　　　　　　#2

　　　　　　　　　　#3

6번 환자는 최초의
현지 감염자였으며
네 명의 다른 확진자들과
접촉했음.　　　　　　#6

부부관계

확진자들 중 많은 수는
다른 바이러스 보유자들과
여러 형태로 접촉했음.

　　　　　　　　　　　　422명

　　　　　　　　　　　　450명

가족관계

부부관계　　　　　#28

　　　　　　　　#29

　　　　　　　　#30

　　　　　　　　　　　　1,160명

31번 확진자는 한국에서 코로나가 확산되기 시작했을 무렵
질병관리청에서 추적한 이들 중 접촉자 수가 가장 많았음.

한국의 31번 확진자는 수천 명에게 코로나19를 퍼뜨린 슈퍼전파자였다. 61세 여성인 이 확진자는 검사에서 양성 반응이 나오기 전인 2주 동안 서울과 대구를 오가며 여러 모임에서 많은 사람들을 만났다. 2월 6일에는 대구에서 가벼운 교통사고를 당해 새로난한방병원에서 치료를 받았는데, 그 치료 기간 중에도 2월 9일과 16일 양일간 대구에 있는 신천지교회에서 2시간씩 예배에 참여했다. 또 발열 증상이 있었음에도 퀸벨 호텔에서 친구와 점심식사를 하기도 했다. Reuters, March 20, 2020, https://graphics.reuters.com/CHINA-HEALTH-SOUTHKOREA-CLUSTERS/0100B5G33SB/index.html.

이런 양상과 관련하여 네트워크 과학은 대단히 중요한 통찰을 내놓았다. 이 새 바이러스의 확산을 막으려면 기존의 사회적 네트워크— 특히 폐쇄된 공간에서 사람들이 가까이에서 이야기를 나누게 되는 종류의 것—들은 어느 정도 해체되고, '작은 세상'은 좀 더 커져야 한다는 게 그것이었다.[127] 이는 웨스트체스터 카운티Westchester County에서 애스펀Aspen을 거쳐 팜비치Palm Beach에 이르는 엘리트 집단의 사회적 연계들,[128] 또 로스앤젤레스의 라틴계 미국인들 또는 미국 남부에 있는 침례교 교회들 사이에서의 긴밀한 사회적 네트워크들에도 적용되었어야 했다. 하지만 미국의 시민들은 물론 정책입안자들까지도 이러한 통찰을 대부분 망각해버렸는데, 다른 나라들의 예들은 얼마든지 그렇게 하지 않을 수도 있었음을 보여준다. 대만에서는 디지털 담당 정무위원인 오드리 탕Audrey Tang의 영향하에 병증 및 노출 관련 정보의 공유, 마스크 품귀 시 그것의 배급, 강제격리에 다양한 온라인 플랫폼들이 활용되었다.[129] 또한 대만 당국자들은 만약 국내에서 코로나19 사태가 터지면 해당 도시를 몇몇 지역으로 분리할 계획도 갖고 있었다.[130] 한국에서는 정부와 민간 부문이 서로 협력하여 신속히 검사를 확대했고, 그와 동시에 스마트폰에 기초한 동선 추적 시스템이 구축되었다. 메르스 사태 당시 통과되었던 법에 따라 한국 정부는 코로나19 양성 판정을 받은 모든 이들로부터 핸드폰과 신용카드, 기타 정보를 수집할 뿐 아니라 그것들을 소유자의 최근 동선을 재구성하는 데 사용할 수 있는 권한을 갖게 되었다. 이러한 데이터는 개인식별자가 제거된 뒤 소셜미디어 앱에서 공유되었고, 다른 이들은 자신의 동선이 감염자의 그것과 겹쳤는지를 확인할 수 있었다.[131] 대만에서와 마찬가지로 한국에서도 격리 조치는 엄격히 시행되었다. 홍콩의 경우엔 민주화 운동의 물결에 휩싸인 터라 상황이 사뭇 달랐으나, 그럼에도 감염 추적에 기술을 활용하고 마스크 착용 및 격리를 통해 확산을 제한하는 동일한 접근법을 취했다.[132] 싱가포르도 이와 비슷한 접근법을 택했지만, 접촉추적 앱을 내려받은 이들의 수가 너무나 적어 수동식 추적에 더 의존할 수밖에 없었다.[133]

이 올바른 전략을 선택한 것은 아시아인들뿐만이 아니었다. 독일과 그리스는 그토록 광범위한 ─ 혹자는 사생활 침해라고 할 ─ 기술 활용 없이도 감염을 조기에 감지해내고 행동을 취하는 것이 실제로 가능할 뿐 아니라 효과적인 방법임을 각자의 방식으로 보여주었다.[134] 미국은 만약 초기에 모든 주들이 워싱턴주처럼만 효과적으로 대응했어도 훨씬 상황이 좋았을 것이다.[135]

팬데믹 예측 프로그램

세계 최대의 영어 사용국 두 곳이 보인 코로나19 대응 방식이 아시아와 유럽의 동료 국가들보다 그토록 형편없었다는 사실에 대해선 대체 누가 책임을 져야 할까? 그에 대해 언론인 대부분이 내놓는 답은 당연히 두 명의 포퓰리스트 지도자, 보리스 존슨Boris Johnson과 도널드 트럼프다. 아무리 좋게 말하려 해도 이 두 사람이 코로나19 위기에 유능하게 대처했다고는 할 수 없다. 하지만 코로나19 팬데믹 이야기를 그 포퓰리스트들에 대한 권선징악적 교훈극으로 바꿔버리면 우리는 좀 더 깊은 곳에 자리한 체제적·사회적 면에서의 실패를 놓쳐버릴 테고, 미래의 역사가들도 이 사태를 안이한 시각으로 바라보게 될 것이다.

영국의 경우가 이를 분명히 보여준다. 국가가 직면한 질병이 치명적인 팬데믹인지 아닌지, 또 만약 치명적인 팬데믹으로 밝혀질 경우 해야 할 일들이 무엇인지 결정하는 것은 총리의 업무가 아니다. 이러한 책임을 진 이들은 영국 정부의 의학자문인 크리스 위티Chris Witty, 런던위생열대의학대학원London School of Hygiene and Tropical Medicine의 존 에드먼즈John Edmunds, 임페리얼칼리지런던의 닐 퍼거슨, 신규 호흡기 바이러스의 위협에 관한 자문그룹NERVTAG: New and Emerging Respiratory Virus Threats Advisory Group의 핵심 역학 전문가들, 또 보리스 존슨은 물론 그가 비상대책회의COBRA: Cabinet Office Briefing Rooms에 소집하는 여러 장관들에게 직접 보고하는 비상상황을 위한 과학자문그룹SAGE: Scientific Advisory Group for Emergencies도 있었다.

처음에는 전문가들도 머무적거렸다. NERVTAG는 2월 21일까지도 코로나19의 위협 수준을 '심하지 않음moderate'으로 유지할 것을 권고했다.[136] 영국에서 첫 사망자가 나오고 나흘 뒤인 3월 9일, SAGE는 만약 중국식 봉쇄 방안을 택한다면 "그것이 해제된 뒤엔 대규모 2차 유행의 물결"만 초래될 것이라며 그 안을 거부했다. 이 전문가들이 코로나19를 신종 독감이라고 여긴 것은 분명하다. 3월 13일 금요일, BBC 방송에 나온 영국 최고과학자문 패트릭 밸런스 경Sir Patrick Vallance은 정부가 '집단면역'을 꾀하고 있지만 NHS에 과도한 부담이 주어지지 않는 선에서 이뤄지게 할 것이라고 밝혔다.[137] 그러자 전문가들은 패닉에 빠졌다. 3월 16일 퍼거슨은 자신이 발표한 논문에서 '완화', 즉 사회적 거리두기와 '억제', 즉 봉쇄라는 두 방안 모두를 백신이 나올 때까지 유지하지 않으면 "영국에선 약 51만 명, 미국에선 약 220만 명의 사망자"가 나올 것이라 예측했다.[138] 여론의 불안감이 높아지고 보리스 존슨의 수석 전략가 도미니크 커밍스Dominic Cummings의 만류로 집단면역에 대한 구상은 폐기되었으며 그 대신 영국의 사회생활과 경제생활에는 전례 없는 봉쇄가 시행되었다. 비록 이런 전환을 이루어내기는 했으나 퍼거슨은 그 이후 이 새로운 정책을 통해 2020년 영국은 "2만 명 이하의 사망자를 낳을 것이며, 그중 3분의 2의 사인은 다른 것일 것"이라고, 즉 코로나19로 인한 2020년 영국의 순 사망자는 6,700명 수준일 것이라 예측하며 절망적으로 사태를 혼란스럽게 만들었다.[139]

그다음 며칠 동안 상황은 비극과 희극 사이를 오갔다. 퍼거슨 자신에게서도 코로나19 증상이 나타났고, 보리스 존슨 총리와 매트 행콕Matt Hancock 보건부 장관은 3월 27일에 양성 반응을 보였다. 존슨은 4월 5일에 입원했으며 이튿날 중환자실로 옮겨졌다. 퍼거슨은 연인과 밀회를 가지면서 본인 스스로가 권고했던 바의 거리두기 규칙을 위반하다가 현장에서 잡혔고, 커밍스 또한 몰래 크로스컨트리 여행을 떠나는 모습이 적발되었다. 앞서 퍼거슨이 제시했던 역학모델을 손에 넣은 민간 컴퓨터 프로그래머들은 그것을 살펴보며 철저히 부숴버렸다(임페리얼칼리지 런던이 퍼거슨의 역학모델 소프트웨어를 공개하자 프로그래머들이 그것을 분석한 뒤 '이 모델 자체의 신뢰도가 낮으므로 그것에서 산출된 결과도 전혀 믿을 만한 것이 못 된다'고 공개적으로 반박한 일을 일컬음_편집자).[140] 이런 일련의 일들은 집에 갇혀 심심해져버린 사람들의 관심사가 되었지만, 정작 중요한 점은 정부 최고위층뿐만 아니라 공중보건 전문가들에게서 그런 실패가 나타났다는 점이었다.[141] 이런 점에선 파인만 씨가 행했던 챌린저호 부검 스토리와 비슷한 버전의 이야기를 보고 있다는 착각이 들기도 한다.

미국의 트럼프 대통령 또한 2020년 초에 자신이 직면한 질병의 심각성을 완전히 잘못 파악하고 있었다. 이에 대한 증거는 차고 넘친다.

498

1월에 그는 "우리가 잘 통제하고 있습니다. 모두 안심하십시오."라 했으나 2월에는 "4월이 되어서 날씨가 풀리면 감쪽같이 없어질 병입니다."라고, 3월에는 "나는 이게 마음에 드는군요. 완전히 감 잡았습니다. 사람들은 내가 이해했다는 것에 놀라고 있습니다."라고 말했다.[142] 그런데 실상은 그와 달라서, 사실 트럼프는 2월 7일에 이 병의 심각성을 깨달았음에도 그것을 '폄하하는play it down' 쪽을 선택한 것이었다.[143] 그러니 "유일한 실패 지점은 비합리적인 대통령"이었다고 말하면서 코로나19에 대한 미국의 잘못된 대응을 모조리 트럼프 탓으로 뒤집어씌우는 건 매우 쉬운 일이다.[144]

언론인들 또한 이러한 스토리를 거침없이 끝도 없이 반복해서 쏟아냈다. 그런데 전현직 공직자들이 어째서 「뉴욕타임스」 같은 매체에 그토록 기탄없이 자기 생각을 털어놓는지에 의문을 품은 언론인은 거의 없었다.[145] 또한 1월과 2월에 「타임스」 「워싱턴 포스트」 「복스Vox」 등의 매체가 이 팬데믹의 위험성을 폄하하고 트럼프의 중국 여행 금지조치를 인종주의라 비난하면서 쏟아놓은 멍청한 기사들에 대해 가책을 느끼는 이들 역시 거의 전무했다.[146] •

이는 트럼프를 변호하려는 것이 아니다. 전임자인 오바마는 미국

• 1월 29일 「뉴욕타임스」는 "두려워해야 할 것은 팬데믹이 아니라 팬데믹으로 인한 패닉"이라고 경고했다. 1월 31일 「워싱턴 포스트」는 "차라리 독감이 훨씬 더 큰 위협이니" "당황하지 말라"고 했으며, 나중에 삭제되긴 했으나 이날 「복스」는 "이것이 극도의 팬데믹으로 발전할까? 그렇지 않다."라고 했다. 2월 3일.「워싱턴 포스트」의 머리기사 제목은 '코로나 바이러스에 대한 정부의 공격적 대응을 우려해야 하는 이유—이미 소외된 이들을 가혹한 조치의 희생양으로 삼는 경향이 있다'였다. 2월 5일,「타임스」는 중국 시민들의 미국 입국을 금지하는 조치가 제대로 된 증거도 없는 "극단적 반응"이며 "일반인들 사이에서 적나라한 인종주의로 전환"될 수 있는 "위로부터의 일방적인 결정"이라고 비판했다. 2월 7일 「복스」는 중국인에 대한 혐오야말로 우리가 정말로 걱정해야 할 문제라는 입장을 분명히 한다.

9장 _ 역병들

정부가 마약과의 전쟁을 벌이는 기간 동안, 잘 알지도 못하면서 앞에 나서서 떠드는 잘못에 빠지는 일을 슬기롭게 피해간 바 있었다. 하지만 트럼프는 이러한 오류를 심각하게 그리고 돌이킬 수 없을 지경으로까지 저질렀다. 코로나19 위기에 대한 최소한의 이해도 없이 자신을 위기의 전면에 내세우면서 말이다(4월 13일 그는 "미국 대통령의 자리에 앉은 사람은 완전한 권위를 갖습니다. 그래야 옳습니다."라 말했다). 1월과 2월 내내 코로나19를 전반적으로 무시하는 식이었던 트럼프는 3월이 되자 결국 그 위험성을 심각히 여겨야 한다는 주장에 설득되었다("저는 사람들이 이 병을 팬데믹이라고 부르기 훨씬 이전부터 그것이 팬데믹임을 알고 있었습니다." 그가 3월 17일에 했던 말이다). 그리고 책임의 전면에 나서는 듯한 모습을 보이자 그의 지지율도 3월에 잠시나마 상승했지만 금세 끝나고 말았다. 그의 일간 기자회견 또한 중단되었다. 검사를 늘려야 한다는 주장에 대해서도 마치 검사가 병자를 만들어내기나 한다는 듯 무조건 반대했던 그의 태도는 명백히 바보 같은 것이었다.

3월 이후 많은 유권자들은 트럼프에 대한 태도를 바꿨다. 47퍼센트였던 트럼프의 평균 지지율은 6월 말 41퍼센트로 떨어졌다. 코로나19 사태를 공중보건의 문제가 아니라 전적으로 트럼프가 주인공인 문제처럼 보게 만드는 이 상황은 언론인들과 트럼프가 함께 꾸며낸 일종의 서커스 같은 것이었고, 여론 조사의 부침은 그 일부일 뿐이었다. 트럼프는 심지어 백악관 비서실장인 마크 메도스Mark Meadows의 조언을 따라 각 주지사들에게 책임을 넘겨주기로 한 뒤에도 이러한 서커스 놀이를 계속했다(하기야 그 조언마저 따르지 않았다면 아무 일도 하지 않는다며 분노에 가득 찬 비판을 받았을 것이다). 사실 이 사태는 미국 보건사회복지부, 특히 CDC의 공중보건 관료 조직이 저지른 참담한 실패였으나 그럼에도 언론은 이 문제를 거의 다루지 않았다.

서류상으로 보자면 미국은 팬데믹에 대한 만반의 준비가 되어 있는 나라였다. 2006년 미 의회는 '팬데믹 및 각종 위험 대비법Pandemic and All Hazards Preparedness Act'을 통과시켰고, 2013년에는 동명同名의 법을 재승인했으며, 2019년 6월에는 '팬데믹과 각종 위험 대비 및 선진 혁신법Pandemic and All Hazards Preparedness and Advanced Innovations Act'을 통과시킨 바 있었다.[148] 2015년 10월에는 조 리버먼Joe Lieberman과 톰 리지Tom Ridge가 이끄는 초당적 연구단체 '바이오디펜스에 대한 최고전문가 연구패널Blue Ribbon Study Panel on Biodefense'이 그 최초의 보고서를 내놓았다('바이오디펜스'는 생화학 공격에 대한 방어를 뜻함_편집자).[149] 2019년 이 단체는 '초당적 바이오디펜스 위원회Bipartisan Commission on Biodefense'로 개칭되었는데, 이는 "작업의 성격뿐 아니라 임무의 긴급성도 좀 더 정확히 반영하기 위해"서였다.[150] 2017년 8월부터는 미 공군 군의관 로버트 캐들렉Robert Kadlec이 보건복지부의 대비 및 대응Prepardness and Response 담당 차관보로 있었다. 2018년 9월에 트럼프 행정부는 '국가 바이오디펜스 전략National Biodefense Strategy'이라는 36페이지짜리 자료를 발간했는데,[151] 그 실행 플랜에 명시된 다섯 개 목적 중 하나는 이것이었다. "잠재적 전염병 병원체의 경우와 같이 생물학적 안전biosafety이 실패할 때 대단히 심각한 결과를 낳을 수 있는 위험을 연구를 통해 평가한다." 무당파 싱크탱크인 키케로연구소Cicero Institute의 선임정책고문인 저지 글록Judge Glock이 지적한 바 있듯[152] 2006년 이후 미국 정부에서는 팬데믹 대비 계획이 쏟아져 나왔다.•

하지만 이 모든 다양한 계획에도 불구하고—아니, 어쩌면 그렇게나 계획이 다양했기 때문에—실제로 팬데믹이 닥쳤을 때 누가 책임자인지를 확실히 아는 이는 아무도 없었다. 팬데믹에 대한 대비 및 대응을 맡은 보건복지부 차관보는 분명히 아니었고, 2020년 상반기 전반에 그는 거의 눈에 띄지도 않았다.•• CDC의 설립법을 보면 이 기관은 "국내외 공중보건 위협을 방어 및 퇴치하는 데 있어 필수적 역할을 맡는다."라고 되어 있는데, 이는 그 지휘자인 로버트 R. 레드필드Robert R. Redfield에게 상당한 책임을 부여하는 것으로 보였다. 하지만 의회는 공중보건서비스단PHSCC: United States Public Health Service Commissioned Corps 단장인 제롬 M. 애덤스Jerome M. Adams에게도 유사한 역할을 부여했다. 비록 보건복지부의 보건 담당 차관보인 브렛 P. 지어와Brett P. Giroir에게 보고하는 위치이긴 했지만 말이다. 또한 CDC의 본부장과 보건 담당 차관보 모두는 보건복지부 장관인 앨릭스 M. 아자르Alex M. Azar에게, 미국 식품의약국FDA: Food and Drug Administration 및 국립보건원의 지휘자는 장관에게 보고를 해야 했다. 따라서 보건복지부 장관이야말로 전체 책임을 맡은 이라고 추론하는 사람도 있을 수 있다. 하지만 연방

• 글록이 열거한 것들은 다음과 같다: 유행성 독감에 대한 백악관 국토안보위원회 국가전략White House Homeland Security Council National Strategy for Pandemic Influenza', '유행성 독감에 대한 국가 전략 실행 플랜National Strategy for Pandemic Influenza Implementation Plan', '유행성 독감에 대한 국방부 실행 플랜Department of Defense Implementation Plan for Pandemic Influenza', 2005년과 2009년 및 2017년에 나온 '보건사회복지부 플랜Department of Health and Human Services Plan', 매년 나오는 '국토안보부 국가대응 체제Department of Homeland Security National Response Framework', '대응 연방 기관 간 운영 계획Response Federal Agency Interagency Operational Plan', '미국 국가보건 전략National Health Security Strategy for the United States', '백악관 국가안보 전략White House National Security Strategy', '중대 전염병의 초기 대응을 위한 국가안보회의 전략National Security Council Playbook for Early Response to High-Consequence Infectious Disease', '미국 보건안보 국가행동 계획United States Health Security National Action Plan', '북미 동물 및 유행성 독감에 대한 북미행동 계획North American Plan for Animal and Pandemic Influenza' 등.
•• 그가 했던 기여 중 매체에서 다뤄질 만한 유일한 것은 릭 브라이트Rick Bright 박사를 바이오의학첨단연구개발청Biomedical Advanced Research and Development Authority의 수장 자리에서 즉각 해고한 것이었다.

재난관리청 또한 책임을 갖는 기관이었으며, 최소한 그 기관의 권한과 책임 관계로 보자면 청장인 피터 T. 게이너Peter T. Gaynor는 국토안보부 장관 대행인 채드 F. 울프Chad F. Wolf —또는 아마도 차관보 대행—에 게 보고하는 위치였다. 더불어 백악관 자체 내에도 코로나19 태스크포 스가 있었다는 사실을 잊어선 안 된다. 이를 이끈 인물은 '대응 조정관 response coordinator'인 데버라 버스Deborah Birx였고, 그녀의 본업은 에이즈 에 대한 미국의 전 세계적 대응 활동을 조정하는 것이었다. 이 모든 자 리들에도 불구하고 대중의 주목을 가장 자주 받은 보건 담당 공직자는 국립알레르기·전염병연구소National Institute for Allergy and Infectious Disease의 지휘자 앤서니 S. 파우치Anthony S. Fauci였다.

정말로 팬데믹이 닥치면 문제가 발생할 것임을 우려한 공직자들이 최소한 몇 명은 분명히 있었다. 2018년 10월 10일, 캐틀렉 차관보는 텍사스 대학의 스트라우스 센터Strauss Center에서 바이오디펜스 정책에 대한 강연을 했다. "만약 이것〔팬데믹에 맞설 확실한 방어 전략〕을 수립하 지 못한다면, 그리고 그 상황에서 혹시라도 팬데믹이 발생한다면 우리 는 완전히 망해버릴 겁니다." 또한 이렇게 덧붙였다. "그러고도 아무렇 지 않은 척하고 있을 겁니다, 어느 정도는."[153] 항간에는 미국의 공공기 관—그리고 일부 민간기관—들이 지난 20~30년간 큰 퇴락을 겪었다 는 가설이 있는데, 그 가설을 잘 보여주는 예가 있다면 아마 이 사태일 것이다.[154]

따라서 잘못된 것은 대통령의 판단 착오 정도의 문제가 아니었다. 그러나 트럼프 행정부가 '예측Predict' 프로그램—이는 2009년 미국국 제개발처U.S. Agency for International Development의 자금으로 설치된 '신규 팬데믹 위협Emerging Pandemic Threats' 이니셔티브의 일환이었다—을 축소한 탓에 우한에서의 최초 발병 당시 중국에는 미국 CDC의 대표자가 없었음에도, 정보기관들은 그 발병이 갖는 위협의 심각성을 경고하며 제 역할을 다한 것으로 보인다.[155] CDC, 보건사회복지부, 국가안보회의NSC: National Security Council 등은 모두 1월 첫째 주에 이미 이 위협에 대해 알고 있었다. 대통령의 무역자문 중 한 명이었던 피터 나바로Peter Navarro는 중국에서 뻗어 나오고 있는 "심각한 팬데믹"의 위험을 반복해서, 또 정확하게 경고했다.[156] 상황의 심각성을 감지한 그 외의 영향력 있는 인물로는 국가안보보좌관보 매트 포팅어Matt Pottinger, 상원의원 톰 코튼Tom Cotton, 하원의원 리즈 체니Liz Cheney 등이 있었다.[157] "이 일은 대통령께서 재임하시는 기간 동안 직면하는 가장 큰 국가안보 위협이 될 것입니다." 1월 28일, 트럼프의 국가안보 보좌관이었던 로버트 오브라이언Robert O'Brien은 이렇게 말했다. "이 일은 대통령께서 마주하는 가장 큰 시련이 될 것입니다."[158] 중국 및 유럽으로부터의 미국 입국을 금지하는 조치는 너무 늦었을 뿐 아니라 시행 면에서도 형편없었기에 효과를 내지 못했지만 방향 자체는 옳은 것이었다.[159] 그때 아예 미국 영공 자체를 봉쇄했어야 했다고 이제 와서 말하는 이들은 당시 언론들이 그 제한적 조치들마저도 얼마나 비난해댔는지를 까맣게 잊고 있다.[160]

훨씬 더 큰 실패는 CDC가 모든 테스트를 관장했다는 것, 그리고 그로 인해 미국 전역에서 테스트가 원활히 진행되지 않았다는 것이다. CDC는 WHO의 검사키트를 거부했을 뿐 아니라 미국 내 다른 기관 및 병원 들이 자체적인 방법으로 검사를 행하는 것도 지연시켰고, 그 다음에는 전혀 효과가 없는 검사법을 배포했다. FDA는 다른 기관들이 각자의 검사법을 만들어 사용하도록 승인해야 할 필요가 있었으나 이 또한 이뤄지지 않았다. 2월 28일까지 CDC가 행한 총 검사 수는 459건뿐이었다.[161] 3월 7일에도 1,895건에 불과했는데, 이는 최초의 지역 감염 확진자가 나온 뒤 1주일 만에 6만 6,650명이 검사를 받은 한국과 대조되는 양상이었다.[162] 게다가 위음성 결과와 관련된 문제들도 심각했고[163] 여행객들에 대한 CDC의 모니터링 또한 엉망이었다. 이러한 혼란은 백악관과 별 관계없었고, 자원 부족 탓이라 하기에도 설득력이 없다.[164] 이는 전형적인 관료제의 경화증을 보여주는 예였는데, 한 CDC 전직 공무원은 이렇게 인정했다. "상황에 개입하는 것은 우리의 문화가 아닙니다." 이 기관은 "이루 형언할 수조차 없이 부담스러운 위계제"에 꽉 짓눌려 있었다. "CDC야말로 바로 이 순간을 위해 지금까지 기다려온 조직이라고 할 수 있습니다." 한 전직 FDA 직원의 말이다. "그런데 완전히 다 망쳐버렸네요. 너무 슬픕니다. 이런 일을 하라고 만든 기관이었잖아요."[165]

영국에서 벌어진 일과 마찬가지로, 3월 중순이 되자 그전까진 태평했던 미국의 분위기가 패닉으로 바뀌었다. 트럼프는 이미 1월 31일 공중보건서비스법Public Health Service Act을 발동하여 공중보건 비상사태를 선포한 바 있었다. 그러나 3월 13일 또 다시 스태포드 법Stafford Act과 국가비상법National Emergency Act을 발동함으로써 두 번의 국가비상사태 선언을 행했고, 그에 더해 닷새 후에는 국방물자생산법Defense Production Act까지 동원하여 행정 명령을 내리며 비상지휘권을 발동했다. CDC 또한 갑자기 "1억 6,000만~2억 1,400만 명의 사람들이 감염될" 위험이 있다며 경고하고 나섰다. "20만 명~170만 명의 사망자가 나올 수 있다. 미국에선 240만 명~2,100만 명이 입원해야 할지 모른다"는 게 「뉴욕타임스」의 보도였다.[166] 만성적인 마스크 부족 문제, 중환자실의 준비된 병상 수가 지역마다 매우 큰 편차를 보이는 문제가 논의되기 시작한 것도 이때부터다.[167] 이것이 미국이 보여준, 그 많은 '팬데믹 대비책pandemic preparedness'이었다.

갑자기 무수히 많은 기사들이 쏟아지기 시작했다. 중국 후베이성이나 북이탈리아의 운명을 그대로 겪는 미국의 모습을 상상하는 그 글들은 미국이 그 지역들보다 인구밀도가 낮고, 특히나 도시의 경우엔 훨씬 그러하다는 명백한 차이점들을 무시하고 있었다.[168] • 이탈리아인들은 미국인들보다 대중교통을 세 배나 더 자주 사용한다. 뉴욕시의 사태만큼은 우한 혹은 밀라노에서 벌어졌던 사태와 비교하는 것이 정확했다. 하지만 3월 말이 되면서 미국의 대다수 주들은 여행 제한을 강제했기 때문에, 위치기술 제공업체 탐탐TomTom의 데이터에 따르면 미국 내 주요 도시 대부분에서의 교통량은 약 50퍼센트에서 90퍼센트까지 급감했다. 자택대피 명령을 내린 국가들의 도시가 가장 큰 타격을 받긴 했으나 이동성의 급격한 감소는 거의 모든 곳에서 나타났다. 항공 운행은 계속되었지만 승객은 없었다. 3월 26일부터 5월 20일까지의 비행기 여객량은 2019년의 동기 대비 10퍼센트에도 미치지 못했다.[169]

거의 주목받지 못한 정책 실패는 또 있었다. 앞서 보았듯 아시아에서 코로나19를 가장 성공적으로 관리한 국가들은 스마트폰 기술을 최대한 활용하여 접촉추적 시스템을 매우 세련되게 발전시키고 운영했다. 그런데 미국에서는 왜 이런 일이 일어나지 않았을까? 인터넷이 탄

• 우한의 인구밀도는 샌프란시스코보다 2.6배, 밀라노의 인구밀도는 뉴욕보다 1.6배가 높으며, 뉴욕은 단연코 미국에서 인구밀도가 가장 높은 도시다.

생되었을 뿐 아니라 세계 최대 IT 기업들의 본고장 같은 나라이자 그 사용자들의 모든 생활 측면과 관련된 대규모 데이터가 존재하는 국가인데 말이다. 이에 대한 종래의 대답은 '미국인은 자신들의 민권이 그런 식으로 침범당하는 것을 절대 참지 않기 때문'이었으나 이는 전혀 설득력이 없다. 다양한 정도의 가택구금 상태에 있는 전체 국민들이 시민적 자유를 누리고 있다고 하긴 어렵기 때문이다. 3월 17일자 「워싱턴 포스트」의 기사 하나를 제외하면,[170] 수월한 접촉추적을 위해 구글Google, 애플Apple, 페이스북Facebook 등이 매우 쉽게 제공할 수 있는 위치 데이터 및 사회적 네트워크 그래프들을 활용하겠다는 계획이 2020년 4월 10일 이전에 존재했다는 증거는 전혀 없다.[171] 그리고 드디어 부활절 직전에 '애플과 구글, 코로나19 접촉추적 기술 위해 협력'이라는 발표가 있었다. 좀 더 정확한 기사 제목은 '애플과 구글, 코로나19 접촉추적 기술 차단을 위해 협력'이었어야 했다. 이 엄청난 IT 기업들의 법률가들은 접촉추적을 가능케 하는 것에 너무나 많은 잠재적 위험이 있음을 깨달았던 것으로 보이기 때문이다.

실리콘밸리 또한 처음에는 글로벌 표준을 설계할 필요가 있다고 주장했으나 그다음에는 주정부에 문제를 떠넘기는 쪽을 선택했다. 그러나 주 정부 차원에서의 해법이 합리적이었다 해도 각 주들 사이의 경계선이 통제되지 않는 한 의미가 없었고, 따라서 주 정부는 효과적인 시스템을 제공할 능력이 없음이 분명한 상황이었다. 9월 초가 되었을 때에도 앱을 만들어 사용한 주 정부는 불과 여섯 곳뿐이었다.[172] 위치 데이터는 오로지 전국에서 코로나19가 어떻게 확산되는지를 추적하는 데만 활용되었다. 가령 봄 휴가 기간 동안의 플로리다 해변과 팬데믹 선언 이전인 3월 전반기의 뉴욕시에서 어떻게 확진자들이 이동하고 다른 이들을 감염시켰는지를 추적하는 데만 이용된 것이다.[173] 4월 11일, 미국은 거의 완전한 정지 상태에 도달했다. 소매점과 레크리에이션 장소로의 교통량은 45퍼센트, 일터로의 교통량은 48퍼센트가 감소했고 대부분의 지역들에선 자택대피령이 내려졌다. 하지만 바이러스는 이미 사방으로 퍼진 뒤였다. 이때도 여행 제한 조치는 너무 늦게 이루어져서 효과를 발휘할 수 없었다.[174]

미국은 연방 국가다. 1918년과 마찬가지로 2020년에도 비의학적 개입을 강제할 수 있는 권력은 워싱턴의 연방 정부가 아닌 각 주와 도시에 있었다. 주지사들은 여기에서 비롯된 기회를 잡는 데 주저하지 않았다. 하지만 그들의 실적은 엇갈렸고, 언론에서 가장 많이 다루어졌던 이들의 실적이 가장 나빴다. 앞서 우리는 뉴욕주를 포함한 많은 주의 정부들이 노인요양원에서 저지른 시니사이드를 본 바 있다. 그들이 그다음으로 해낸 일은 인공호흡기를 둘러싸고 추한 쟁탈전을 벌이는 것이었는데, 사실 이 장비는 미국에 충분할 뿐 아니라 코로나19 환자들의 생명을 구하는 데 크게 효과적이지도 않았기에 그런 경쟁 또한 불필요한 것이었음이 나중에 밝혀졌다.[175] 2002년 5월 캘리포니아주는 뉴욕주보다 더 빠르게 '봉쇄'를 시행하는 승리를 거두었다고 선언했다.[176] 그러나 이는 환상에 불과했음이 드러났다. 5월 중순부터 6월 말 사이 캘리포니아의 확진자 수는 무려 여섯 배나 증가하면서 뉴욕을 앞질렀기 때문이다. 어찌 되었든 자택대피 명령이 결정적이었다고 주장하는 것 역시 상당히 허무한 일이었다. 사실 미국 전역의 사람들은 3월 16일 캘리포니아에서 첫 번째로 자택대피령이 내려지기 전에 이미 사회적 거리두기를 택했던 것으로 보인다. 이는 곧 시민들 스스로의 자율적인 행동 변화가 매우 중요하다는 것, 또 이것이 오히려 정부의 명령보다 시간적으로 선행할 때가 많다는 것을 잘 보여준다.[177] 사회적 거리두기의 정도는 들쭉날쭉했는데, 이는 개별 도시 및 동네의 성격과 더 많은 관계가 있었을 수 있다. 지역공동체 정서가 강한 곳에서는 아이러니하게도 사회적 거리두기를 실천하려는 의지가 더 적었던 데 반해, 개인들의 정치적 참여가 높은 마을들에선 그 의지가 높았다.[178]

아이젠하워 시대의 연방 정부를 이상화한다거나 1950년대의 미국 사회를 장밋빛 색안경을 끼고 바라보려는 것은 아니다(7장 참조). 그저 '행정국가administrative state'의 발흥은 코로나19 바이러스만큼 해로운, 어쩌면 장기적으로는 그보다 더 해로울 병리학이라는 점만 언급해두기로 하자.[179] 역사학자 필립 젤리코프Philip Zelikow는 2019년에 "미국에서 최근 몇 십 년간 수립된 정책들의 질이 20세기의 기간 대부분보다 훨씬, 훨씬 더 떨어졌다는 현실은 매우 충격적인(그리고 상당히 우울한 일이다)."라 했는데 이는 틀린 말이 아니었다.[180] 미국의 정치학자 프랜시스 후쿠야마Francis Fukuyama의 말을 빌자면 특히 1970년대 이후부터 "미국 정부의 전체적인 질은 한 세대 이상 꾸준히 악화되고 있다." 미국에선 "정부의 범위가 돌이킬 수 없을 정도로 확연히 커진 탓에 그 질이 크게 떨어졌다는 사실은 은폐되어왔다."[181] 이런 현상을 두고 벤처투자가 마크 안드레센Marc Andreessen처럼 '의지의 실패'라 할 수도, 또 '비토크라시vetocracy' 혹은 '클루지크라시kludgeocracy'의 승리라 할 수도 있다.[182] (비토크라시는 '상대 정파의 주장을 모조리 거부하는 극단적인 파당 정치', 클루지크라시는 '특정 문제를 해결하기 위해 만들어진 임시방편적이고 엉터리인 정치 혹은 그에 의한 통치'를 의미_편집자) 하지만 문제는 분명 겉으로 드러나는 대통령의 개인적 결함들보다 훨씬 더 엄청나고 훨씬 더 고치기 어려운, 시스템 차원에서의 실패다.

플랜데믹, 인포데믹

좋은 정보는 한 인구집단이 훌륭한 선택을 하는 데 있어 필수적 역할을 한다. 그러나 팬데믹 기간 동안 대통령을 포함한 미 정부 공직자들이 이런 면에서 보여준 모습들은 형편없었다고밖에 말할 수 없다. 마스크 착용부터 시작해 코로나19의 잠재적 치료제에 이르기까지, 이들은 실로 다양한 문제들에 대해 알아듣기 힘들고 혼란스러운 메시지—완전히 잘못된 메시지는 말할 것도 없다—를 내놓았으니 말이다. 하지만 2020년 사태에서 대중의 이해를 가로막은 최악의 장애물은 이것이 아니었다. 불행히도 미 의회는 인터넷 네트워크 플랫폼들을 대상으로 하는 유의미한 법률 및 규제 개혁을 이뤄내지 못했다. 2016년의 대통령 선거에서 이미 문제들이 드러난 데다 거대 IT 기업들이 스스로를 개혁하려는 시도와 관련해 무성의한 모습을 보였음에도 말이다.[183] 그리고 의회의 그런 실패 탓에 미국과 전 세계는 코로나19 바이러스의 존재가 확인된 지 불과 몇 주도 채 지나지 않아 온갖 가짜뉴스의 홍수에 휩쓸려버렸다.• "어떤 나라도 바이러스의 촉수로부터 안전하지 못하다."라 이야기한 오스트레일리아의 한 웹사이트(news.com.au)에선 "우한시가 코로나19 발발로 봉쇄되기 직전의 2주간 이 도시를 빠져나간 우한 시민들은 500만 명일 것으로 추산된다"며 "6만 명의 핸드폰 및 비행 데이터를 보여준다"는 사진을 게재했다. 그러나 2월 19일 BBC는 해당

• 2020년의 코로나19 사태 이야기에서 이는 결정적 부분에 해당하기 때문에 나는 본래 2016년 미국 대선에서 드러난 문제들에 대한 글('공론장의 구조적 변화'), 그리고 의회와 규제 당국 또한 2020년에 몇몇 주변적인 개선 외엔 아무것도 얻어내지 못했다는 점에 대한 글('행해지지 못한 일들') 등의 두 장을 이 책에 넣으려 했다. 그러나 전체 책의 분량 문제로 이 장들은 싣지 못했다.

사진은 그런 내용이 아닌, 전 세계 항공로를 모두 담은 10년 전 사진에 불과하다고 보도했다.[184] 그럼에도 이렇듯 사람들을 오해로 이끄는 이 내용은, 다른 많은 웹사이트 및 SNS 계정에서 무수히 재생산되었다.

가짜뉴스를 내놓는 원천은 차고 넘치도록 많고, 그중에는 매우 권위 있는 신문들도 있다. 「워싱턴 포스트」는 트럼프 정부가 CDC가 이끌던 국제기구인 글로벌보건안보구상Global Health Security Agenda을 폐쇄했다는 잘못된 기사를 실었다가 이를 정정해야 했다.[185] 폭스TV의 여러 앵커, 특히 〔터커 칼슨Tucker Carlson(폭스 TV의 대표 앵커 중 하나로, 코로나19 바이러스를 미국의 파우치 박사가 '만들어냈다'고 주장하는 등 논란이 될 정보들을 여럿 퍼뜨렸음_옮긴이)도 아닌〕 숀 해니티Sean Hannity는 시청자들로 하여금 코로나19의 위협이라는 건 과장으로 여겨야 한다고 부추겼는데, 이는 사람들의 행위에 상당한 영향을 미쳤고 해니티의 뉴스를 시청하는 사람들 중에서 확진자와 사망자가 더 많이 나타나는 결과를 낳았다.[186] 전체적으로 보자면 폭스TV 뉴스를 많이 보는 사람일수록 사회적 거리두기도 하지 않을 것임을 예견할 수 있었다.[187] 하지만 사람들은 이런 것들보다 더 이상한 생각들을 진짜로 믿곤 했다.

그중 특히 중요한 음모론 하나는 중국 정부에 의해 적극적으로 홍보되었다. 중국 외교부의 정보부Information Department 차장인 자오리지앤趙立堅은 팬데믹이 사실은 미국에서 시작되었다고 주장하려 애썼다. 3월 12일 그는 영어로, 또 중국어로 '미국에서 최초의 환자가 발생한 것은 언제인가?'라는 글을 썼다. "미국에서 이 병이 퍼져나간 정보는 여러 면에서 분명치 않다. 최초의 감염자 수는? 관련된 병원들의 이름은? 오히려 우한으로 이 전염병을 들여온 것은 미국 육군일 수도 있다. 미국 정부는 투명성을 보여라! 보유하고 있는 데이터를 공개하라!

미국은 마땅히 우리에게 설명할 의무가 있다!"[188] (이는 2019년 10월 우한에서 개최된 세계군인체육대회Military World Games 및 그에 참가한 미국의 17개 팀과 관련된 언급인 듯하다.) 자오리지앤의 트윗은 중국 최대의 소셜미디어 플랫폼인 웨이보Weibo에서 널리 퍼졌다.[189] 그와 거의 동시에 트럼프 대통령이 전국을 봉쇄할 것이라고 경고하는 가짜 메시지들이 수백만 미국인들의 DMdirect message 앱에 쏟아지기 시작했다. 그중 하나는 익명의 국토안보부 직원이 했던 말이라며—이와 유사한 메시지들에서도 다른 정부 부서들을 언급한다—이렇게 전한다. "정부는 폭력배들과 강도들을 막기 위해 군대를 배치한 직후 이를 공표할 것이다. 어젯밤 그 직원은 '내일 급히 파견 명령이 내려질 테니 짐을 꾸리고 연락을 기다리라'는 전화를 받았다고 한다." 미국 정보 당국은 이 메시지의 출처가 중국 정부임을 확인했다.[190] 2016년과 마찬가지로 각종 음모론을 증폭시키는 중요한 역할은 '봇bot'에게 맡겨졌다. 코로나19를 언급한 2억 개의 트윗을 분석한 카네기멜론대학의 연구자들은 그 계정들 중 대략 절반—가장 영향력이 큰 리트위터 1,000개 중 62퍼센트가 이에 포함된다—이 봇으로 보인다는 사실을 발견했다. '미국을 다시 열어라'에 대한 트윗들 중 66퍼센트는 아마도 봇을 활용하는 사람들이 만들어낸 것으로 보이며, 34퍼센트는 직접 봇 계정들에서 생성되었다고 한다. 가장 영향력이 큰 리트위터 50개 중 82퍼센트는 봇이었다. 사회·조직시스템컴퓨터분석센터Center for Computational Analysis of Social and Organizational Systems의 센터장인 캐슬린 칼리Kathleen Carley는 "이는 선동용 장치로 보이며, 러시아와 중국의 각본과 확실히 일치한다."라고 말했다.[191] 6월 3일 트위터Twitter는 34만 8,608개의 트윗을 보낸 2만 3,750개 계정은 중국 정부가 운영하는 계정이라는 결론을 내리고 모두 폐쇄

했다.[192]

사실 중국의 정보 전쟁은 2016년의 러시아 정보전과 마찬가지로 영향력이 크긴 하나 가짜뉴스 네트워크에서 차지하는 부분은 작고, 대부분의 가짜 중국 계정들은 팔로어가 거의 없는 것이 분명하다. 가장 널리 유포된 가짜뉴스는 중국도 러시아도 아닌 일반 가정에서 만들어진 것이었다. 영국 셰필드 대학 교수 출신이자 브리스톨에 자리 잡은 프로파간다연구기구OPS: Organization for Propaganda Studies에서 일하는 피어스 로빈슨Piers Robinson은 "코로나 바이러스는 새로운 9.11 사태인가?"라는 질문을 던졌고, 그의 동료이자 OPS의 지휘자이면서 뉴욕대 교수인 마크 밀러Mark Miller는 이 바이러스가 생물무기임을 암시했다. 5G 송신탑이 바이러스에 대한 저항력을 낮춘다고 주장하는 이론들도 있다(이로 인해 영국에서는 송신탑을 공격하는 일들이 벌어지기도 했다). 또 다른 이론들은 엉터리 치료법을 홍보하고 있는데 그 유해성은 제각각이다. 이라크의 이슬람 성직자 무크타다 알-사드르Muqtada al-Sadr에 따르면 코로나19 팬데믹의 원인은 동성 결혼이다.[193]

그러나 가장 흔한 음모론은 백신과 관련되어 있다. 에든버러대학의 환경정치학 교수인 팀 헤이워드Tim Hayward는 빌 게이츠가 코로나19 백신 개발을 최우선과제로 내건 숨은 동기가 무엇인지에 대한 주장들을 리트윗하는 이들 중 하나다.[194] 이 이론의 한 버전은 널리 퍼진 음모론 영화 〈플랜데믹Plandemic〉에 영감을 주기도 했다.[195] WHO는 생물학적 팬데믹과 더불어 팬데믹에 대한 '인포데믹infodemic'이라는 현상이 일어나고 있음을 뒤늦게나마 이해했다. 가짜정보를 퍼뜨리는 10대 사이트들 중 여덟 곳이 코로나19에 대한 허위사실을 흘리고 있다. 이런 사이트들에선 '연구 보고서: 높은 확률로 코로나 바이러스 감염을 예방

하는 중국 약초 26종', '왜 코로나 바이러스는 하나님의 벌인가' 같은 제목들이 눈에 띈다.[196]

현실의 팬데믹과 마찬가지로 이 '인포데믹' 또한 그것을 확산시키는 네트워크 구조와 별개로 이해할 수 있는 현상이 아니다. 새로이 등장하는 음모론들은 백신 반대 운동인 '안티박스Antivaxx'와 큐어넌QAnon 컬트―페이스북에는 이 둘의 그룹 및 페이지가 많다[197]―와 같은 기존에 만들어진 네트워크들이 돌아가게끔 하는 연료가 된다. 데이터 회사 펄사Pulsar는 온라인에서 열두 가지의 서로 다른 음모론 주제들―5G 송신탑이 코로나19에 대한 저항력을 약화시킨다는 설, 코로나19 바이러스의 실험실 제조설, 마늘이 코로나19의 치료제라는 설, 코로나19 사태에 외계인이 개입되어 있다는 설, 『어둠의 눈Eye of Darkness』 관련설(40여 년 전 미국의 소설가 딘 쿤츠Dean Koontz가 이 작품을 통해 코로나19 사태를 예견했다는 내용_편집자), 러시아의 사자들 관련설(러시아에선 국민들의 외출을 금지시키기 위해 거리에 사자를 풀어놓았다는 내용_편집자), 중국의 코로나19 바이러스 제조설, 코로나19 바이러스가 인구통제를 위해 개발되었다는 설, 보드카는 손소독제로 사용할 수 있다는 설, 코카인으로 코로나19를 예방할 수 있다는 설, 코로나19는 독감 같은 것에 불과하다는 설, 코로나19와 인구통제와의 관련설, 코로나19와 신新 세계질서와의 관련설―이 어떻게 퍼지다가 사라지는지를 추적했고, 이 음모론들이 '딥스테이트deep state(군부 세력이나 정보기관 등 민주주의 제도나 법 제도의 범위 밖에서 영향을 미치는 숨은 권력 집단_편집자)에 맞서는 트럼프 팬 모임'과 '공화당 애국자들Republican Patriots'과 같은 온라인 인플루언서 집단들 사이에서 확산되어가는 양상을 연구했다.[198] 한편 페이스북은 사용자들이 보통 접하는 것보다 넓은 범위의 페이스

514

북 그룹들을 추천하기 위한, 또 '슈퍼공유자들'―즉 '슈퍼전파자들'의 온라인 버전―의 영향력을 줄이기 위한 자체 알고리즘 수정은 하지 않겠다고 결정했는데, 앞서와 같은 맥락에서 이는 대단히 중요한 것이었음이 입증되었다.[199] 미국 유권자들을 대상으로 이뤄진 2020년 3월의 조사에 따르면 응답자의 10퍼센트는 미국 정부가 코로나19 바이러스를 만들어냈다는 이론이 분명히 사실이거나 사실일 가능성이 높다고 답했으며, 19퍼센트는 CDC가 이 바이러스의 위험을 과장하여 '트럼프를 해치려' 든다고 믿었고, 23퍼센트는 중국 정부가 이 바이러스를 만들어낸 것이 분명히 사실이거나 사실일 가능성이 높다고 답했다.[200] 영국의 여론조사 또한 코로나19 바이러스가 실험실에서 만들어졌다고 기꺼이 믿는 경향이 사람들에게 있음을 보여주었다.[201] 5월 중순에 있었던 미국의 여론조사에서, 폭스뉴스가 자신의 가장 중요한 뉴스 출처라고 밝힌 이들의 절반은 빌 게이츠가 사람들의 몸에 마이크로칩을 심고 그 움직임을 모니터하기 위해 코로나19 백신을 사용하려 한다는 이론을 믿는다고 밝혔다.[202] 팬데믹과 관련된 거짓 정보들은 또한 중국, 러시아, 이란, 터키 등에 의해 유럽 여러 나라로도 향하고 있지만, 그 정보들의 총체적인 영향은 상대적으로 덜한 것으로 나타났다.[203]

6월 24일 미국 플로리다주에서 열린 어느 카운티 위원회의 워크숍에서 한 젊은 여성은 의무적인 마스크 착용에 반대하는 주장을 펴면서 그런 조치를 신봉하는 자들은 악마, 5G, 빌 게이츠, 힐러리 클린턴Hillary Clinton, '소아성애자들', 딥스테이트 등과 연결된 이들이라고 비난했다.[204] 자신이 코로나19를 하이드록시클로로퀸으로 고쳤다고 강하게 주장한 휴스턴의 스텔라 이마누엘Stella Immanuel이라는 의사는 '네필림Nephilim', 즉 인간 모습을 한 악령들과 섹스를 하면 자궁내막증, 낭포, 불임, 성불능 등이 야기된다는 이야기, 또 '외계인 DNA'가 병원 치료에서 이미 사용되고 있다는 이야기를 믿고 있음이 밝혀졌다.[205] 히드록시클로로퀸과 관련한 이마누엘 박사의 주장이 담긴 동영상—이는 소셜미디어에서 1,300만 회 이상 시청되었다—을 트럼프 대통령이 리트윗했다는 사실은 2020년 세계가 직면한 이 이중의 역병이 갖는 성격을 간명히 집약해준다.

10장

코로나19의 경제적 결과들

2020년 3월 많은 나라들이 이 사태를 별것 아닌 것으로 여겨 여유만만하게 있다가 급작스럽게 패닉에 빠지고 말았고, 이것이 봉쇄로 이어지면서 경제가 큰 타격을 입었다. 과연 봉쇄는 코로나19의 문제에 대한 올바른 해결책이었을까? 아마도 그렇지 않았을 가능성이 높다. 하지만 그렇다 해서 제대로 된 검사와 역학조사도 하지 않은 채 여름이 되자마자 어리석게도 봉쇄를 해제하고 이전의 상태로 되돌아가고자 했던 미국의 선택이 현명했던 것은 아니다. 예측했던 대로 그 결과는 규모가 작긴 했으나 전염병의 재확산으로, 또 '거북이 모습'의 재등장으로 나타났다. 하지만 예측하기 힘들었던 사태도 발생했다. 인종주의의 문제를 놓고 거의 혁명에 가까운 정치적 폭발이 일어난 것이었는데, 이는 과거의 여러 팬데믹에서도 나타났던 급작스런 대중운동의 폭발과 놀라울 정도로 닮아 있다.

우리는 오랜 시간에 걸쳐 무감각한 존재들로 변해왔습니다. 이제는 사람들이 살해당하는 소리도 귀에 들어오지 않습니다.

예브게니 자먀틴Yevgeny Zamyatin, 『X』

긴 것과 짧은 것

존 메이너드 케인스가 그를 유명하게 만든 공격적인 소책자 『평화의 경제적 결과The Economic Consequences of the Peace』를 집필한 것은 1919년 스페인 독감에서 회복된 직후였다. 이 저서에서 그는 베르사유 조약의 징벌적 조건들이 비록 그 금액은 명시하지 않았으나 막대한 규모에 이를 전쟁배상금을 독일에 부과했다고 개탄했고, 또 인플레이션이라는 경제적 재난에 이어 정치적 반동이 일어날 것임을 예측했다.[1] 케인스가 결론으로 내놓은 예언은 궁극적으로 옳은 것임이 확인되었다.

감히 예측컨대, 우리가 만약 고의적으로 중부 유럽의 빈곤화를 목표로 삼는다면 복수의 불길은 계속 남을 것이다. 끔찍했던 독일의 전쟁 기억이 아직도 생생한 가운데 이러한 불길이 계속 타오른다면 이는 금세 절망적인 혁명의 발작을 일으킬 것이며 반동 세력과의 최종 전쟁으로 가차 없이 치달을 것이다.[2]

하지만 독일 통화의 가치가 약세를 보일 것이라는 그의 단기적 예측은 빗나갔다. 1920년 봄, 독일의 마르크화가 예상 외로 다른 유럽 통화들과 함께 안정세를 보인 것이다. 이는 오래가지 않았지만 프랑화, 마르크화, 리라화의 선물환 거래에서 가격 하락을 예상하고 매도 약정을 맺었던 케인스는 큰 손해를 입어 거의 파산에 이를 뻔했다.[3]

코로나19 팬데믹은 어떤 경제적 결과를 낳을까? 이것이 크나큰 경제적 재난의 목록에 오를 것임은 분명하다. 만약 미국 GDP에 대한 IMF의 판단이 옳다면—6월에 IMF는 미국 GDP의 11퍼센트 감소를 예측한 바 있다—2020년은 1946년 이후 미국 경제에 있어 최악의 해가 될 것이다.[4] 2020년 4월, 미국의 실업률은 1930년대의 대공황 이래 최고치에 도달했다. 다른 국가들의 상황은 더욱 나빴다. 5월 영국 중앙은행은 유럽 전체에 한파가 몰아쳤던 1709년의 '대혹한' 이후 최악의 경기 침체를 예고했다.[5] 하지만 대부분의 나라에서 생산이 감소하고 실업률이 올라갈 것이라는 사실 외에 더 얘기할 수 있는 것은 없을까? 2020년이 지나면서 상당수 논평가들은 미국의 한심한 공중보건 대응, 봉쇄령이 경제에 가져오는 파괴적 효과, 전례 없는 정부 부채 및 중앙은행 화폐 발행량 증가로 세계 경제에서의 '달러 시대의 종말'이 가까워지고 있다는 결론을 도출했다. 하지만 1920년 케인스가 겪었던 일을 떠올려보면 환율의 역사에서는 쉬운 예측이라는 게 거의 불가능하다는 것을 상기하게 된다. 미국의 전 재무장관인 로런스 서머스Lawrence Summers가 2020년 8월 초 한 회의에서 남긴 말은 미국 쪽 케임브리지Cambridge에서(영국의 케임브리지 대학은 케인스가 몸담았던 학교였는데, 하버드나 MIT 등 미국 유수의 경제학자들이 포진한 학교들도 매사추세츠주 동부의 케임브리지에 있음_옮긴이) 지금까지 나온 발언 중 케인스와 가장 가까운 것이었다. "무언가 대안이 없는 한 지금 있는 것을 없앨 순 없다." "유럽의 통화는 미술관에 전시되어 있고, 일본의 통화는 노인요양원에 들어갔으며, 중국의 통화는 감옥에 갇혀 있는 상황에서" 무역통화 및 준비통화로서 달러보다 선호될 것이 있겠느냐는 게 그것이었다.[6]

팬데믹이 중국에서 일어난 전염병처럼 보였던 초기에 코로나19 바이러스는 주로 우한 및 그 주변을 지나는 글로벌 공급망에 대한 위협처럼 여겨졌다.[7] 그러나 중국 정부가 이 바이러스에 대한 통제력을 회복한 뒤에는 질문이 달라졌다. 중국은 얼마나 빠르게 회복할 것이며, 이 병이 여러 번 또 다시 유행한다면 회복은 얼마나 지연될 것인가?[8] 공급 측면에서 에너지 소비와 같은 지표들에 기초하여 판단해보면 회복은 단연코 브이v자의 모습을 보여주었다. 2000년 1/4분기 중국은 마오쩌둥 시절 이래 가장 깊은 침체의 골짜기로 떨어졌다가—GDP가 2019년 4/4분기 대비 6.8퍼센트 감소했다— 빠른 반전을 보였다. 하지만 주요 도시에서의 교통 및 환승을 지표로 보면 수요 측면에서의 회복 속도는 훨씬 느린 것으로 나타난다.[9] 5월 중국 정부는 명시적인 성장 목표치를 포기하는 대신 고용 창출 목표치를 선택, 신규 지방 정부 인프라 공채公債를 5,000억 달러 상당으로 발행할 뿐 아니라 통화 정책도 계속해서 완화해나가겠다고 공표했다.[10] 하지만 중국의 중앙은행인 중화인민은행People's Bank of China의 정책입안자들과 은행보험감독위원회Banking and Insurance Regulatory Commission의 규제가들이 경계한 것은 자산 가격이나 소비자 물가보다는 신용팽창과 인플레이션, 그리고 그에 따르는 금융위기의 리스크였다.[11] 중국 주식시장의 경우 신속하게 회복하긴 했으나 그것이 반드시 거시경제의 완전한 회복을 나타내는 지표는 아니었다. 주요 도시에서의 노점상 영업을 다시금 허용하기로 결정한 것은 당 지도부가 실업 문제에 대해 대단히 불안감을 느낀다는 증후였다.

코로나19 바이러스가 전 세계로 확산되었던 2020년 처음 몇 달 동안은 각종 계약 취소가 폭포수처럼 쏟아졌다. 항공 여행객들의 수는 완전히 주저앉았다. 보통 때 매우 붐빈다고 알려져 있던 싱가포르의 창이Changi 공항의 경우 1월 이용객 수는 590만 명이었으나 4월에는 그보다 무려 99.5퍼센트가 급감한 2만 5,200명을 기록했다.[12] 항공사들은 줄줄이 파산을 선언했고, 여행업은 침체에 빠졌다.[13] 자동차 판매도 곤두박질쳤다. 사람들이 여행을 멈추긴 했으나 석유 공급량은 여전했기에 원유 저장 비용이 원유 가격을 뛰어넘으면서 짧게나마 유가가 마이너스로 내려가는 일까지 벌어졌다. 3월 8일~3월 26일에는 식당 예약 앱 '오픈 테이블Open Table'이 적용되는 모든 지역의 식당들이 영업을 중단했다. 그로부터 두 달이 지난 뒤에도 독일, 그리고 적극적으로 봉쇄되지 않은 미국 내 몇몇 주들—애리조나, 플로리다, 오하이오, 텍사스—을 제외하고 외식 산업은 여전히 중단된 상태에 있었다.[14] 술집은 문을 닫았고, 카페도 마찬가지였다.[15] 소매업에선 식료품과 의약품 분야만이 정상 수준 비슷하게 유지되었을 뿐이다. 유일하게 성장한 분야는 온라인 전자제품 및 온라인 소매업이었는데, 이는 집에 묶인 소비자들이 자신들의 필요를 충족하기 위해 인터넷에 의지하게 된 결과였다. 전 세계적으로 노동자들은 1930년대 초 이후로는 볼 수 없었던 빠른 속도로 직장을 잃거나 '무급휴가furloughed'를 떠났다. 금융 시장의 변동성은 2008~2009년 글로벌 금융위기 당시 최악이었던 기간 이래 가장 높은 수준으로 뛰어올랐다. 3월 23일 미국의 주요 주가지수인 S&P500은 34퍼센트 하락했다. 유럽 및 영국의 투자자들은 꽤 심한 타격을 입었으나 동아시아 시장의 상황은 그보다 상당히 나았다. 잠시 동안은 아마존을 제외한 거대 IT 기업들의 주가마저도 떨어졌다. 비트코인도 투매 붐이 불어 3월 12일엔 그 가격이 4,000달러 아래로 주저 앉았다. 안전해 보이는 건 오직 금과 미국 채권뿐이었다. 대공황이 다시 도래한 듯 느껴졌으나 1930년대에는 1년 동안 발생했던 일들이 이제는 불과 한 달 만에 일어났다.

금융공황은 3월 15일 일요일 밤 미국 연방준비제도Federal Reserve System가 비상사태를 선포하면서 그 절정에 달했다. 연준은 이자율 인하 및 7,000억 달러어치의 국채 매수 계획을 발표했으나, 이는 투자자들에게 자신감을 불어넣어주기는커녕 수많은 MMFmoney market fund 및 헤지 펀드들의 자금 인출 사태를 촉발시켜버렸다.[16] 월스트리트가 어떻게 손을 써볼 틈도 없이 채권시장에서는 대량 부도사태가 벌어졌는데, 특히 에너지 기업들의 타격이 컸다.[17] 2008~2009년과 마찬가지로 전 세계의 달러 채무자들이 현금을 찾기 위해 안간힘을 쓴 탓에 달러 유동성이 단기적으로 낮아지기도 했다.[18] 하지만 연준을 가장 염려하게 만든 것은 세계에서 가장 안전하고 가장 유동성이 높다고 여겨지는 미국 국채시장에서 나타난 이상 증후들이었다.[19]

트럼프 행정부로선 팬데믹에 대해서야 아무 말이나 주워섬기며 얼버무리는 게 가능했을지 모르나, 이러한 주식시장의 대폭락에 대해선 그렇게 하기가 불가능했다(사실 트럼프가 코로나19 바이러스의 위협을 '펌하 하면서까지 피하려 했던 것이 바로 이런 종류의 금융공황이었다). 공중보건 분야에서의 대응과 달리 통화 및 재정 분야에서의 대응은 신속했고 그 규모도 엄청났다. 연준은 각종 프로그램들을 쏟아낼 뿐 아니라 정크 본드junk bond를 매수하겠다는 전례 없는 약속까지 하며 그 스스로가 인정하듯 "선을 넘었다." 3월 23일 연준은 "순조로운 시장 기능을 떠받치는 데" 필요한 만큼의 미국 국채 및 주택저당증권mortgage-backed securities을 사들이겠다고 약속했다.[20] 금융 기업, 외국의 중앙은행, 비금융권 기업, 주 정부 및 각급 지방 정부 등에 대출을 해줄 14개 신규 기관도 발표되었다. 3월 11일에 4조 3,000억 달러였던 대차대조표상 연준 자산은 6월 3일에 7조 2,000억 달러로 53퍼센트나 증가했다.[21] 비록 14개 기관 중 열세 곳은 합법성 면에서 의심스러웠으나[22] 그럼에도 연준은 원하는 결과를 얻었다. 금융시장의 상태는 크게 요동쳤던 3월 중순 당시보다 크게 완화되었다.

그와 동시에 3월 25일 의회 지도자들은 2조 달러 규모의 재정지원 정책에 합의했다. 일정 소득 수준 이하의 모든 미국인들에게 1,200달러짜리 수표를 보내고, 실업보험을 확대하고, 주 정부 수준의 실업 수당을 4개월간 주당 600달러 늘리며, 대기업들에겐 5,000억 달러를 지원하고, 소기업들에는 3,500억 달러를 대출해주며, 의료인들에게 추가적으로 1,500억 달러를 지급한다는 내용이었다. 이는 백신 개발 지원에 83억 달러, 그리고 유급휴가 지원에 1,000억 달러를 배정했던 이전 입법에 더하여 나온 지원책이었다.[23] 골드만삭스Goldman Sachs는 2020 회계연도에 연방 정부의 적자가 대략 3조 6,000억 달러(GDP의 18퍼센트), 이듬해에는 2조 4,000억 달러(GDP의 11퍼센트)가 될 것이라 예상했고, 그에 따라 미 국민은 GDP의 100퍼센트 이상 및 총부채의 117

퍼센트 규모에 이르는 정부 부채를 짊어지게 될 것이라고 내다보았다.[24] (사실 2020년 1/4분기에 새로 발행된 국채는 거의 전부 연준이 매입했다.)

만약 이런 조치들의 목표가 오직 금융위기를 피하는 데 있었다면 엄청난 성공을 거두었다고 말할 수 있다. 주가들은 반등했고 8월 초 주식시장은 다시금 호조세에 들어섰다. 직관적으로 쉽게 이해할 수 있듯, 이러한 상승을 이끈 것은 대개 거대 IT 기업들의 주식이었다. 확실히 팬데믹은 여러 추세들이 물리적 세계에서 가상 세계로 넘어가는 속도를 높여주었다. 시장의 여러 조건이 오직 세계대전 상황에서나 볼 수 있었던 통화 정책으로 왜곡되면서 이러한 '성장주들'은 수익 대비 높은 기업가치를 그대로 유지할 수 있을 것으로 보였다. 다른 한편 앞서 언급된 미 정부의 재정 정책들이 갖는 함의는 실로 놀라운 것이었다. 그전까지는 지극히 급진적이라 여겨졌던 두 가지 아이디어, 즉 '현대 화폐 이론MMT: modern monetary theory'과 보편적 기본소득을 팬데믹 덕에 불과 몇 개월 만에 주류의 위치에 올려놓은 것이었기 때문이다. 보통 때보다 더 후한 실업수당을 받더라도 집에는 갇혀 있어야 하는 상황을 사람들이 얼마나 오랫동안 견뎌낼지에 대해서는 많이 논의되지 않았다.

트럼프 대통령에겐 미국인들의 삶을 가능한 한 빨리, 가급적 부활절까지는 정상적으로 되돌려놓아야 한다는 강한 직감이 있었다. 3월 마지막 주 당시 트럼프 정부의 위기 대응에 대한 지지율은 공화당 지지자들 사이에서 94퍼센트, 중도층에선 60퍼센트를 기록했고 심지어 민주당 지지자들 사이에서도 27퍼센트가 나왔다.[25] 하지만 트럼프는 봉쇄가 너무 오래 지속되면 그런 지지율도 금세 사라질 것임을 잘 알고 있었다. 특히 코로나19로 인한 충격이 크지 않아 '경제활동이 중단되어야 한다'는 논리가 그리 자명하게 받아들여지지 않는 주들의 경우엔 더욱 그럴 것이었다. 4월부터 대중의 감정은 트럼프를 떠나 보다 두각을 발휘하는 주지사들, 그리고 앤서니 S. 파우치 박사와 같은 공중보건 분야 공직자들에게 향했다.[26] 4월 중순의 분위기는 공중의 불안감이었으니, 한 여론조사에서는 응답자의 3분의 2가 '공공활동에 대한 제한을 주 정부가 너무 늦게 해제하기보다는 너무 빨리 해제할까 봐 걱정스럽다'고 답했으며, '최악의 상황은 아직 오지 않았다'고 응답한 이들은 4분의 3에 달했다.[27] 양당 지지자들의 분열도 적나라하게 나타났다. 민주당 지지자들은 계속해서 코로나19를 걱정했으나, 공화당 지지자들은 4월 중순~5월 중순이 되자 걱정을 그만두었다.[28] 앞으로 살펴보겠지만, 초과사망률의 관점에서 보자면 미국에서의 코로나19는 2020년 6월 초에 이미 최악의 상황을 지난 상태였다. 그러나 팬데믹의 경제적 결과는 아직 드러나지 않고 있었다.

슈뢰딩거의 바이러스

'슈뢰딩거의 바이러스Schrödinger's virus'라는 표현이 만들어진 것도 대략 이 무렵의 일이었다. 이는 물리학자 에르빈 슈뢰딩거Erwin Schrödinger의 그 유명한, (양자역학의 문제를 보여주기 위해 고안된) 살아 있는 동시에 죽어 있기도 한 고양이를 다룬 연극에서 나온 표현이다.

우리는 이제 모두 슈뢰딩거의 바이러스를 가지고 있다.
검사를 받을 수가 없으므로 우리가 바이러스에 걸렸는지 아닌지는 알 수 없다.

10장 _ 코로나19의 경제적 결과들

남에게 바이러스를 퍼뜨리면 안 되니 우리는 자신이 바이러스에 걸렸다고 가정하고 행동해야 한다.

안전을 위해 우리는 우리에게 면역이 없다고 가정하고 조심히 행동해야 한다. 즉, 바이러스에 한 번도 걸린 적이 없다고 가정하고 행동해야 하는 것이다.

따라서 우리는 바이러스에 걸리지 않은 동시에 걸려 있다.[29]

만약 통제 불가능한 전염이 엄청나게 공포스러운 상태라면 이렇게 난감한 상황은 계속 지속될 수도 있다. 사회적 거리두기와 봉쇄가 이뤄지지 않으면 미국에서의 사망자 수가 220만 명에 달할 수 있다고 임페리얼칼리지런던의 전염병학자들이 2020년 3월 중순경 경고했던 것을 떠올려보자. 한 논문에서 이들은 "개입이 없다면 코로나19는 2020년에만 전 세계적으로 70억 명의 감염자와 4,000만 명의 사망자를 낳을 것"이라 주장하기도 했다.[30] 이러한 가정법적 서술은 언론에서 널리 인용되었고, 사람들로 하여금 자택 대피령이 고통스럽긴 해도 이를 통해 수천만 명의 목숨을 구할 수 있다는 생각으로 버틸 수 있게 해 주었다.[31] 하지만 '플래트닝 더 커브Flattening the Curve 전략(감염 확산을 최대한 지연시켜 발생 환자 수를 가용 의료자원 내에서 관리하게 하는 전략_편집자)이 단지 사망을 늦추기 위한 것이라면, 이런 주장들은 잘못된 것이다.[32] 이 전략으로 이룰 수 있는 일이란 그저 사망자들을 긴 시간 동안에 걸쳐 펼쳐놓아 의료 시스템의 과부하를 피하게 함으로써 어느 정도의 인명을 구하는 것일 뿐이다. 그것으로 대부분의 인명을 구할 수 있는 게 아님은 분명하고 말이다. 논리적으로 보자면 백신이 나올 때까지 완화와 통제가 계속되어야 하지만, 그때까지 1년이 걸릴지 그 이상이 걸릴지는 아무도 모른다. 유럽의 경험에 대한 연구들이 봉쇄라는 조치로 구할 수 있는 인명 수의 예상치를 크게 낮추자 사람들은 봉쇄 조치가 과연 지혜로운 전략인지를 의심하기 시작했다.[33]

런던의 역학자들은 계산을 하는 과정에서 비의학적 개입에 들어가는 비용은 전혀 상관하지 않고 오로지 그것이 가져오는 편익만을 생각했다. 이들의 말은 공허하다. "우리는 억제 조치로 인해 발생할 더 폭넓은 사회적 비용과 경제적 비용은 고려하지 않는다. 그 비용들은 물론 클 것이다."[34] 그 비용이 얼마나 클지는 이내 분명해졌다. 텍사스 부주지사인 70세의 댄 패트릭Dan Patrick은 3월에 이런 질문을 내놓았다. "고령의 시민으로서 당신은 생존이 위험해지는 일을 감수할 용의가 있습니까? 모든 미국인들이 사랑하는 이 나라를 당신의 손자 및 증손자들을 위해 지키는 대가로 말입니다. (…) 그런 대가가 필요하다면 저는 얼마든지 감수하겠습니다."[35] 이에 대해 뉴욕 주지사는 분노의 트윗으로 대응했다. "제 어머니는 소모품이 아닙니다. 당신의 어머니도 소모품이 아니고요. 우리는 사람 목숨을 놓고 돈 계산을 하지 않겠습니다."[36] 물론 도덕적으로 보자면 모든 사람은 가격을 매길 수 없는 값진 존재다. 하지만 현실에 있는 연방 정부의 규제 당국은 한 사람의 생명이 대략 900만~1,000만 달러라는 통계적 가치를 추산한다(이렇게 냉정한 듯 보이는 계산들은 사실 공공 정책의 비용 및 편익 분석에 있어 필수적인 기초이기도 하다).[37] 이탈리아계 미국인 물리학자 알레산드로 베스피냐니Alessandro Vespignani는 4월 말이 되면 미국에서만 5만 3,000명의 사망자가 나오겠지만 만약 완화 조치가 없다면 58만 4,000명까지 그 수가 늘어날 것이라고 추산했다. 즉, 완화 조치를 취한다면 50만가량의 인명을 구할 수 있을 거란 의미였다.[38] 하지만 이제 분명해졌듯, 그렇

10장 _ 코로나19의 경제적 결과들

게 해서 구해진 인명은 대개 여생이 5~15년 정도 남은 노인들의 것이었다. 다시 말해 코로나19로 사상자가 나온다 해도 그것을 질보정 생존연수 값으로 고쳐보면 1957년에 비해 훨씬 작다는 것이다.[39] 따라서 사망자들의 대부분은 노인들일 것이며, 기대수명을 80세로 보았을 때 이들이 죽음을 맞아 잃게 되는 수명을 평균 10년으로 가정한다면 그 50만 명의 죽음을 피한다 해도 거기에서 오는 경제적 편익은 대략 6,250억 달러 정도라고 보는 것이 합리적인 추산일 수 있다. 만약 1개월간 봉쇄를 시행하는 비용이 5,00억 달러라고 가정할 경우 이 정책을 한 달 보름 정도 지속하고 나면 비용이 편익을 초과하기 시작할 텐데, 심지어 이는 봉쇄로 인한 여러 의도치 않은 부정적 결과들을 계산에 넣지 않았을 때의 이야기다.[40] 국가 차원 분석에 기초한 또 다른 추산치는 1개월간의 봉쇄 비용을 2조 2,000억 달러가량이라 보기도 한다.[41] 매우 장기간의 경제활동 중단 조치가 정당화되려면 봉쇄 정책으로 구할 수 있는 인명이 아주 많다고 생각하지 않으면 안 된다. 하지만 3월 중순만 해도 미국의 전문가 대부분은 2020년의 총 사망자 수가 25만 명에 채 이르지 않을 것이라 보았다.[42] 역학자들의 불확실성, 그리고 그들 모델의 예측이 현실과 일치하지 않는 경향[43]은 봉쇄를 하지 않을 경우의 잠재적 사망자 수가 100만 명이 될 것이라는 주장에 대한 의문을 증폭시켰는데, 특히나 공화당 지지자들 사이에선 더욱 그러했다. 하지만 어쨌거나 1일 사망자 수가 이미 4월 중순에 최고점을 지났다는 점에 대해서는 여러 모델들이 합의하는 듯 보였다.

이러한 회의주의에는 그럴 만한 근거가 있다. 역사학자의 시각에서 보자면 1918~1919년의 스페인 독감 같은 전염병에 직면한 듯하다는 염려는 2002년 3월 중순 당시에 현실성을 잃었다. 중국과 이탈리아에서 사망한 이들의 연령을 고려해보면—그러한 데이터를 내놓은 최초의 나라가 이들 둘이었다—코로나19의 충격은 거의 아무런 비의학적 개입이 이뤄지지 않았으나 별다른 경제적 혼란이 없었던 1957~1958년의 아시아 독감에 훨씬 가까울 가능성이 높아 보였다.[44] 초과사망률 데이터를 보면 대부분의 선진국에서 팬데믹 유행의 물결은 상당히 빠르게 그 절정을 지났음을 알 수 있다. 이는 봉쇄 대신 사회적 거리두기와 공공행사 금지에 의존했던 스웨덴에도 적용되는 바인데, 이 사실은 매우 의미심장하다. 2020년의 첫 12주 동안 유럽에서의 초과사망자 수치에선 전혀 이상한 기미가 보이지 않았고, 심지어 12주차에서 나타난 초과분도 예외적인 수준이 아니었다(2016~2017년 겨울의 상황과 비슷하다). 그런데 13~16주차(3월 23일~4월 19일)가 되자 이례적으로 급증하는 양상이 나타났다. 20주차(5월 11일~17일)에 유럽의 사망자 수는 다시 정상으로 돌아갔고, 이후 3주 동안은 심지어 정상 이하를 기록했다. 10~17주차에 발생한 초과사망자의 90퍼센트 이상은 70세 이상의 노인층에서 발생한 것이었다.[45] 앞서 보았듯 최악의 초과사망률 수치는 나라마다 편차가 상당해서 스페인(56퍼센트), 영국(45퍼센트), 이탈리아(44퍼센트), 벨기에(40퍼센트) 등으로 나타났다. 이에 비해 프랑스(31퍼센트)와 네덜란드(27퍼센트), 스위스(26퍼센트) 및 스웨덴(24퍼센트)은 비교적 심하지 않은 편이었고 포르투갈(11퍼센트), 오스트리아(8퍼센트), 덴마크(6퍼센트), 독일(5퍼센트)은 좋은 성적을 보였다. 노르웨이와 아이슬란드에서는 초과사망자가 전혀 발생하지 않았다.[46] 영국의 경우 초과사망률은 3월 27일로 끝나는 13주차부터 오르기 시작했는데, 이때의 값은 5년 평균값보다 10퍼센트가 높았다. 그다음 3주 동안, 즉 4월 17일에 끝나는 주까지 초과사망률은 열

배 이상인 113퍼센트에 달했다. 이때 기록된 초과사망자 수는 거의 2만 2,000명에 이르렀는데 그중 4분의 3은 코로나19 바이러스가 사인이라 할 수 있었다.[47] 이후 이 비율은 상승할 때보다는 다소 완만한 속도로 감소했고, 정점의 시기에서 7주가 지나 6월 5일로 끝나는 주에 이르렀을 때에는 7퍼센트에 불과해졌다.[48] 데이터 수집에서 있었던 지연 시간을 고려하면 초과사망률이 실제로 절정에 달했던 것은 4월 8일 무렵이었을 가능성이 크다.[49] 영국의 경우 이때는 또한 병원에서의 사망자 수 및 사망 시 코로나19 양성 반응을 보인 이들의 수가 5,486명으로 절정에 달한 시기였으나, 6월 19일로 끝나는 주간의 그 수는 334명이었다.[50] 따라서 영국의 경우 최근 5년간 최악의 초과사망률이 나타난 시기는 2020년 4월과 5월임이 분명해졌다. 비록 초과사망률이 가장 높았던 곳은 런던이었지만 이러한 사태는 영국 전역에 걸친 것이었다. 베르가모Bergamo 등 이탈리아 및 스페인의 도시 10여 곳에서의 초과사망률은 런던보다 높았지만,[51] 다른 나라들과 비교했을 때 영국은 인구 대비 초과사망률이 가장 높은 나라였다.[52] 그래도 1970년으로까지 돌아가 장기적 관점에서 순위를 매겨보면, 2020년 영국의 초과사망률이 최악으로 나타났던 16주차의 기록은 21위에 해당한다. 1969~1970년, 1989~1990년, 1975~1976년의 겨울 시즌에 기록된 초과사망률은 2020년 봄의 것보다 훨씬 끔찍해서, 1970년의 1주차 초과사망률은 2020년 4월 중순의 것보다 3분의 1이 더 높았다.[53]

미국의 경험은 영국과 비슷하긴 했으나 정도가 덜했다. 어쩌면 '미국 북동부의 여러 주들은 영국과 비슷한 경험을 했다'고 이야기하는 편이 더욱 정확할 것이다. 그 외의 주들은 그 양상이 달랐으니 말이다.

6월 중순 미국의 누적 초과사망자는 14만 9,200명으로 근년의 평균 수준보다 23퍼센트 높게 나타났다. 이는 스웨덴에서 나타난 비율과 거의 비슷했다.[54] 인구 비례로 보자면 미국의 초과사망자 수는 스위스와 오스트리아의 중간 수준이었다.[55] 과거 4년과 비교했을 때 2020년 4~5월은 폐렴, 독감, 코로나19 등으로 사망한 이들의 비중이 매우 두드러졌다.[56] 코로나19를 계절 독감과 비교한 매체의 보도들은 크게 빗나갔다. 4월 21일로 끝나는 주간에 발생한 코로나19 사망자 수는 이전에 있었던 일곱 차례의 유행성 독감 시즌 당시 절정 주간에 기록된 사망자 수보다 10~44배나 많았다.[57] 절정기의 코로나19는 미국 제1위의 사망 원인이었다.[58] 하지만 초과사망자가 모든 주에서 나온 것은 아니었고, 모든 초과사망자들의 사인을 코로나19로 설명할 수 있는 것도 아니었다.[59] 유럽의 경우를 자세히 살펴보면 알 수 있듯 코로나19 팬데믹은 몇몇 소수 지역에서 집중적으로 발생했다. 이탈리아의 경우엔 베르가모와 그 주변 지역이 그에 해당했다.[60] 스페인에서는 초과사망자가 아라곤, 카스티야이레온, 카스티야라만차, 카탈루냐, 에스트레마두라, 마드리드, 파이스 바스코, 나바라, 라리오하, 발렌시아 등에서 나타났으나 안달루시아, 아스투리아스, 발레아레스 제도, 카나리 제도, 칸타브리아, 세우타, 갈리시아, 무르시아 등에서는 나타나지 않았다.[61] 프랑스에서 가장 큰 타격을 받은 곳은 일드프랑스 및 북동쪽 먼 지역이었다.

미국에서 코로나19로 인해 사망한 이들 중 3분의 1은 뉴욕주와 뉴저지주에서 발생했다.[62] 뉴욕시의 경우 초과사망자 수가 이례적일 정도로 높아서, 3월 11일~4월 13일의 사망자 수는 2013~2017년의 동기간에 나타난 평균 사망자 수에 기초하여 예측된 사망자 수보다 대략 3.6배가 많았다. 7월 중순까지 기록된 미국의 모든 초과사망자 중 뉴욕에서 발생한 이들이 차지하는 비율은 17퍼센트에 약간 못 미쳤는데, 이는 영국의 모든 초과사망자 중 런던에서 발생한 이들이 차지하는 비중(15퍼센트)과 비슷했다.[63] 캘리포니아주에서도 이와 유사한 사망자 집중 현상이 나타났다. 주 내 확진자의 45퍼센트, 그리고 사망자의 56퍼센트가 로스앤젤레스에서 나타났던 것이다.[64]

3월 28일로 끝나는 주간에 시작된 미국 코로나19 팬데믹은 4월 11일로 끝나는 주에 보통 때보다 36~41퍼센트 높은 초과사망자 수를 기록하며 그 절정에 달했다. 그리고 이는 6월 25일로 끝나는 주간에 평상시 대비 5~9퍼센트 높은 초과사망자 수준을 기록하면서 끝맺음된 것으로 보인다. 하지만 영국 및 유럽과 달리 초과사망자 수치가 완전히 정상으로 돌아가진 않았다. 6월 중순에 정상보다 7~11퍼센트 높아 최저치를 기록했던 초과사망자 수는 7월 말에 정상보다 20~25퍼센트 높아졌고, 그 후 점차 낮아지긴 했으나 기대수준에 도달하진 않았다.[65]

이런 상황에 대해 많은 미국인들—특히 공화당이 우세한 주들 중 코로나19 확진자가 거의 나오지 않은 곳의 공화당 지지자들—의 조바심은 충분히 이해할 만한 것이었다. 최선의 출처에서 나온 정보라 해도 불확실성이 너무나 컸을 것이기 때문이다. 바이러스에 걸린 이들은 몇 명이나 되는가? 초기의 추산치들은 심하게 들쭉날쭉했다. 무증상 감염자들에 대한 11개 연구들을 보면 모든 감염자 중 이들이 차지하는 비율에 대한 예측치가 18~86퍼센트로 큰 편차를 보인다. 또 혈청학적 검사에 따르면—정확도는 물론 달랐지만—각 지역의 확진자 중 유럽 내에서 감염되었을 것으로 짐작되는 이들의 추정 백분율은 오스트리아의 0.33퍼센트부터 스페인의 5퍼센트, 보스턴 노숙자 쉼터의 36퍼센트, 오하이오주 교도소의 73퍼센트까지 다양하다.[66] 7월 초 뉴욕에선 인구의 26퍼센트가, 코로나가 많이 퍼진 퀸스Queens에서는 인구의 68퍼센트가 양성 반응을 보였다.[67] 가장 중요한 감염치사율의 추산치 또한 마찬가지로 제각각이다. 캘리포니아의 한 연구는 0.12~2.0퍼센트를 내놓았다.[68] 유럽 국가에서의 추산치는 대부분 아이슬란드의 0.05퍼센트와 스페인의 1.18퍼센트 사이에 위치했는데,[69] 8월에 나온 영국의 한 연구에서는 0.3~0.49퍼센트가 제시되었다.[70] 전문가들의 조사로 도출된 수치도 그 범위가 0.02퍼센트부터 0.78퍼센트에 이를 정도로 넓어 별 도움이 되지 못했다.[71] 2020년 중반 전문가들 사이에선 감염치사율이 대략 0.53~0.82퍼센트 정도일 거라는 모종의 합의가 형성되었다.[72] 하지만 연령대에 따른 감염치사율의 편차가 매우 크다―65세 이상 연령대의 감염치사율은 평균 대비 열 배 이상이다―는 것, 그리고 의료계 종사자들 역시 평균보다 훨씬 취약하다는 점은 분명했다〔왜냐면 병의 중증도는 바이러스 밀도viral load(측정 당시 일정량의 체액 내에 존재하는 바이러스의 수_옮긴이)와 상관관계가 있으며, 후자는 일반적으로 노출된 정도의 함수이기 때문이다〕.[73] 설사 코로나19가 '플랜데믹plandemic'('계획plan'과 '팬데믹'이 합쳐진 표현으로 '계획적으로 퍼뜨려진 전염병'을 뜻함_편집자)이라는 가짜뉴스들이 쏟아지지 않았다 해도, 봉쇄는 지나친 조치이며 전몰장병기념일인 5월 25일이 아니라면 늦어도 독립기념일인 7월 4일은 정상적인 생활로 돌아갈 시점이라고 미국인들이 생각한 것도 무리는 아니었던 것이다.

봉쇄 조치와 확산율

봉쇄 조치는 실수였던 것일까? 4월에는 수많은 이들이 봉쇄 조치의 타이밍이야말로 이 병의 확산 속도를 제한하는 데 결정적임을 보여주려 애를 썼다.[74] 하지만 면밀하게 조사하니 그 둘의 상관관계는 사라져버렸다.[75] 옥스퍼드대학의 블라바트니크정부학교Blavatnik School of Government에 있는 연구자들은 사실상 정부 조치의 엄격함과 이 병이 억제되는 정도 사이에 아무런 연관이 없음을 보여주었다.[76] 한 논평자는 5월에 이렇게 말한 바 있다. "독일은 이탈리아보다 이동 제한이 덜 엄격한 편이지만 바이러스를 훨씬 더 잘 억제했다." 다만 엄격함과 경제적 붕괴의 정도의 사이에선 통계적으로 유의미한 관계가 있었다.[77] 갈수록 더 많은 연구자 집단이 대안적인 해석을 내놓았다. 모든 형태의 사회적 거리두기에는 감염 억제라는 기능이 있었다. 이것이 강제될 경우 대개 효과도 좀 더 큰 것이 일반적이지만 그렇다고 반드시 강제되어야 할 필요가 있는 것은 아니었다. 사회적 거리두기가 효과적으로 이뤄진다면 봉쇄는 거의 불필요한 것이었다. 학교 폐쇄와 공공 모임 금지로 충분했고 이것이 싱가포르,[79] 심지어 중국[80]의 경우가 주는 교훈이라고 보았다. 정부 조치에 대해 지금까지 나온 가장 종합적인 연구는 사회적 거리두기의 의무화가 가게 문을 닫고 모두에게 재택근무를 강요하는 것보다 훨씬 더 효과적인 정책임을 시사했다.[81]• 좀 더 광범위하게 채택되었어야 할 다른 조치들도 있다. 노인들과 여타 취약 집단의 인구를 고립시키는 데 초점을 두는 정책 등이다.[82] 하지만 가장 효과적인 조치는 슈퍼전파자들을 격리시키고 슈퍼전파 성격의 행사들을 금지하는 것이다. 봉쇄는 SARS-CoV-2와 같이 확산율 낮은 바이러

스에 대한 대응책으로서는 너무나 무차별한 성격을 갖는 것이다.[83]

4월 중순에서 말 사이에 오스트리아, 덴마크, 독일, 노르웨이, 스위스 등의 나라들은 상점과 학교를 부분적으로 다시 열기 시작했고 그 뒤에는 카페와 식당에도 같은 조치를 행했다.[84] 6월 중순의 이동성과 관련된 데이터를 보면 베를린, 제네바, 밀라노, 파리, 스톡홀름(이곳에선 봉쇄가 전혀 행해지지 않았다) 등의 교통량이 정상으로 돌아갔음을 알 수 있다.[85] 여름 무렵의 독일은 대개 정상적으로 돌아가고 있었다.[86] 스페인 및 여러 동유럽 국가들에서 확진자 수가 크게 증가하긴 했으나 전반적으로 여름휴가가 끝나갈 때쯤의 유럽은 봉쇄 해제가 그런대로 잘 진행되었다. 확진자 수란 환자가 아닌 양성 반응자의 수일 뿐이었고, 또 초과사망자가 쏟아지는 증후도 없었다. 반면 영국에선 초과사망자의 발생이 멈췄으나 그렇다 해서 정상으로 되돌아간 것은 아니었다. 사람들의 이동성은 여전히 예외적으로 낮아서, 7월 말에는 팬데

• 이 연구는 '기타 사회적 거리두기'라는 상위범주하에 여러 다른 조치들을 포함시키고 있다. 1)특정 인구집단의 격리: 노인들, 면역력이 저하된 이들, 최근 크루즈 여행에서 돌아온 이들의 격리를 권고 혹은 명령한다. 2)실외에서의 사회적 거리두기 규칙 준수: 외출 시엔 다른 이들과 최소한 6피트(약 1.8미터) 거리를 유지하고, 대중교통 이용 시에도 거리를 유지하며, 매장에서는 한 번에 줄을 서는 사람들의 수를 제한해야 한다. 또한 고객들과 신체적 상호 작용을 포함하는 것을 포함한 특정(식료품점에서 현금을 받고 상품을 봉지에 넣어주는 등의) 활동을 제한한다. 3)마스크 쓰기의 의무화: 실외에서의 마스크 착용을 의무화한다. 4)공공시설 운영 중단: 도서관 미술관, 벼룩시장, 사적, 기념관, 투표소 등을 닫는다. 5)야외 시설 운영 중단: 해변, 국립공원, 공원, 공중화장실, 호수, 야영장 등을 닫는다. 6)특정 시설들에 대한 방문 제한: 감옥, 장기요양시설, 육아시설, 노숙자 쉼터 등의 방문을 제한하고, 긴급하지 않은 의학적·수의학적 절차들을 중지하며, 단기 숙박 임대를 금지한다. 7)필수적이지 않은 국가 운영/정부 서비스의 중지: 정부 청사를 폐쇄하고, 공무원들의 대인회합을 금지하며, 법원의 운영을 중지한다. 허가증은 연장하거나 완화한다. 특정 종류(공증, 경찰, 허가증 발급 등)의 업무는 정상적으로 수행할 수 없을 때 원격으로 수행하도록 허용한다.
그러나 이러한 제약들 가운데에서도 불필요한 것들이 있다. 코로나19 감염이 거의 모두 실내에서 벌어진다는 것이 분명해짐에 따라 해변과 공원의 폐쇄는 무의미한 것이 되었다.

믹 이전 수준보다 약 25퍼센트나 낮았다. 정부도 사람들도 '하던 대로 business as usual'와 비슷한 것으로라도 돌아갈 정도의 자신감은 없는 듯 보였다.[87] 9월엔 공공모임에 대한 새로운 제한 조치들이 강제되었다.

미국의 이야기는 이와 전혀 달랐다. 이곳에서는 4월에도 갈수록 더 많은 유권자들이 '지금 당장' 일터로 돌아가고 싶다는 의사를 표현하고 나섰는데, 특히 공화당 지지자들과 45~63세 의 사람들이 그러했다(역설적이게도, 보다 젊은 사람들은 위험이 덜했으나 정상으로 돌아가는 것을 더 꺼려했다).[88] 이것이 트럼프 대통령의 강력한 바람이기도 했다는 점은 이미 살펴본 바 있다. 하지만 유럽인들이 사회적 거리두기 규범을 지키고 일부 지역에서는 마스크를 더 열심히 쓰면서 제한적인 봉쇄 해제 작업에 착수하고 있을 때, 미국인들은 무모하게 예전의 정상 상태로 돌아가는 접근법을 취했다. 사회적 거리두기는 미국 대부분 지역에서 6월 중순 정도에 중지되었고 사람들, 특히 공화당 지지자들이 다시 차를 몰고 도로로 나서면서 이동성 또한 급증했다.[89] 하지만 미국 전체의 차원으로 보자면 이 나라는 주지사 및 시장 들이 적절하다고 판단할 시 제한 조치들을 풀어나가는 방식을 통해 각 주 단위로 정상 상태에 복귀했다. 이 모든 일들은 좀 더 광범위하고 좀 더 신속한 검사가 전제되었을 때,[90] 또 효과적인 접촉추적 시스템이 있는 상태에서[91] 행해져야 했지만 실제론 전혀 그렇지 않았다(효과적인 접촉추적 시스템과 관련해선 아마도 매사추세츠주 정도만이 예외였을 것이다). 토머스 푸요Tomas Pueyo의 생동감 있는 표현처럼, 코로나19에 맞서는 미 정부의 합리적인 전략은 "화끈하게 망치로 몇 대 맞고 나서 걱정 없이 춤을 추는 것 Hammer and Dance"이라 할 수 있었다.[92] 하지만 미국이 정작 했던 바는 눈가리개를 한 채로 두더지잡기 망치를 내려치는 짓이었다. 그렇게 하다

보면 상황이 나아지던 여러 주들에선 2차 유행이 일어날 테고 나머지 대부분의 주들에선 1차 유행이 계속될 것이라는 점은 누가 봐도 명백했다. 실제로 6월과 7월엔 여름 기온이 워낙 높아 외식, 쇼핑, 모임 등이 에어컨 있는 실내에서 이뤄지는 지역들, 즉 남부에 있는 주들(조지아주, 플로리다주, 텍사스주)과 서부(애리조나주) 등에서 이런 일이 발생했다.[93] "봉쇄 해제는 어리석은 과정으로 진행될 것dumb reopening"이라던 경제학자 존 코크레인John Cochrane의 예견이 현실화된 것이다.[94] 더불어 코크레인은 확진자, 입원 환자, 사망자 수가 크게 증가하면 사람들의 행동도 그 현실에 적응하게 될 것이라 했는데 이 또한 옳은 말이었다. 연구 결과를 보면 그의 가설이 옳았다는 것이 입증된다. 미국에서 전염병이 진행되는 궤적을 결정한 것은 정부의 각종 명령이 아니라 사람들 스스로가 취한 적응적 행태였다.[95] 이는 곧 8월 초가 되면 신규 확진자 및 입원 환자의 수가 정체를 보이다가 다시금 줄어들 것임을 뜻했다. 하지만 한편으로는 경제를 신속히 회복할 가능성이 갈수록 멀어진다는 의미이기도 했다.

2020년 상반기만 해도 경제학자들은 자연재해는 비교적 짧고 심지어 급속한 성격의 경제위기를 낳는 경향이 있다는 주장을 내놓을 때가 많았다. 이러한 주장은 따라서 코로나19 팬데믹이 끝난 뒤 각국 경제는 급속한 브이자형으로 회복할 것이란 주장으로 이어졌다. 마치 해변의 휴양지 마을이 겨울 동안엔 문을 닫았다가 5월 말에 다시 문을 여는 경제 주기를 갖는 것처럼 말이다.[96] 그러나 이는 2020년 여름까지 신규 확진자가 아주 낮은 수준으로 떨어진 나라들엔 적용될 수도 있지만, 미국처럼 팬데믹이 여전히 기승을 부리고 봉쇄 해제 과정에서 어리석은 짓들을 저지르다가 결국 부분적으로 실패해버린 나라에는 그럴 수 없는 이야기다. IMF, OECD, 세계은행 등은 모두 말을 아끼면서 2차 유행의 위험을 인정했다.[97] 일부 경제학자들은 불확실성에 따른 길고도 깊은 침체를 예견하며 비관적인 시각을 보였다. 1930년대 대공황의 규모에 허리케인 카트리나의 속도, 제2차 세계대전의 노동 재분배 비용이 결합된 "프랑켄슈타인급 침체Frankenstein recession"가 온다는 것이었다.[98] 경제회복의 양상이 V자형과 W자형, K자형, 혹은 '나이키Nike의 로고' 모양이나 거꾸로 뒤집은 루트√ 모양 중 어느 것이 될 것인지를 놓고 경제학자들이 점점 부조리해지는 논쟁을 벌이던 4월 초에, 나는 거대한 거북이와 같은 모습이 될 거라는 전망을 내놓았다. 거북이 등껍질 높이에 있던 생산량 수준이 거북이 목으로 뚝 떨어졌다가 다시 올라가서 거북이 머리의 평평한 부분에 달할 것이며, 그래서 최초의 출발점인 등껍질보다는 더 높아질 것이라는 것이었다. 월스트리트는 (또 다시) 구제금융을 받아 살아났지만, 연방 정부의 정책들 가운데 중소기업들에 도움이 되는 것은 거의 없었다. 5월 둘째 주까지 중소기업들의 가동률은 절반에서 4분의 3에 불과했음에도 말이다. 또한 중소기업들의 정리해고를 막기 위해 탕감 가능 대출forgivable loans을 내주는 급여보호프로그램Paycheck Protection Program조차도 상당히 큰 기업들에게나 도움이 되었던 것으로 보인다.[99]

가장 유명한 경제학자들도 이 모든 사태를 이해해보려고 애를 써야 했다. 진보파의 대표 격인 폴 크루그먼Paul Krugman은 봉쇄가 "의학적으로 유도된 혼수상태를 경제에 실현한 것"이긴 하나 정부 부채 등의 케인스식 치료법을 쓴다면 필요한 재정지원과 경기부양을 이룰 수 있다고 주장한다. 그는 "이러한 부채 탓에 약간의 후유증은 있을 수 있겠지만 그게 큰 문제를 낳을 리는 없다."라고 4월 1일의 글에 썼다.[100] 반면 재정 문제에 있어 케인스와 매우 거리가 먼 케네스 로고프Kenneth Rogoff는 "지난 150년간 있었던 모든 경제침체와 맞먹거나 그것을 넘어서는 재앙"이 올 것이고, 그 영향이 계속 남아 사라지지 않는 가운데 '세계적 공황'으로 이어질 수 있다고 이야기했다. 그는 이 팬데믹이 '외계인들의 침략'과 비슷하다고 주장했다.[101] 로런스 서머스는 흥측한 비유를 즐기는 그 특유의 방식을 살려 이렇게 말했다. "물리적 격리는 항암 치료이며 그 목적은 암의 억제다. 문제는 이 항암 치료가 (…) 시간이 갈수록 독성도 강해지고 있다는 점이다." 그는 백신이 널리 보급될 때까지 "아코디언과 같은 역학"이 나타날 것이라고 예견했다.[102] 시카고학파(시카고대학을 중심으로 발생한 경제학파로 정부의 개입보다 민간의 자유로운 경제 활동을 지지함_편집자)의 가장 날카로운 논평가인 존 코크레인은 "사람들이 아무 걱정 없이 돌아다니는 경제에서 영구적인 사회적 거리두기와 부정적인 영구적 기술 쇼크가 지배하는 경제로 이동하면서 (…) 수요의 **대이동**이 벌어질 것"이라고 본다.[103]

이 모든 추측들은 몇몇 경제사에 근거를 두고 있다. 팬데믹은 지속 기간이 대단히 불확실하다는 점에서 허리케인과—또 코드 곶Cape Cod의 겨울과—다르다. 코로나19는 사스와 메르스 때처럼 인류가 자신들의 행동을 똑똑하게 수정한다면 그냥 사그라들 수도 있지만, 에이즈처럼 우리가 지금 상상할 수 있는 것보다 훨씬 더 많은 이들의 목숨을 앗아가면서 오랜 세월 동안 우리 곁에 있을 수도 있다. 이런 점에서 핵심이 되는 경제적 사안은, 공급 측면을 통한 경제회복의 경우 비교적 신속히 이뤄질 수 있으나(중국은 이미 이를 명확히 보여주었다), 지속적이면서 한 치 앞을 내다볼 수 없는 공중보건의 위기에 맞서 소비 수요를 되살리는 일은 훨씬 더 어려울 것이라는 점이다.[104] 한계소비성향(추가로 벌어들인 소득 중 소비되는 금액의 비율_옮긴이)—이는 사람들이 언급만 하고 잘 읽지는 않는, 케인스의 『일반 이론』에 나오는 핵심 개념이다—은 팬데믹으로 큰 타격을 입었고 그와 결부된 불확실성 및 불안전성은 크게 증가했다. 비교적 위험한 팬데믹에 직면했던 1957~1958년에도 미국인들은 초과사망자의 발생을 영리사업에 따른 일종의 비용 정도로 여기며 묵묵히 받아들였다. 하지만 2020년에는 이런 일이 벌어지지 않았다. 물론 거의 모든 경제학자들의 예언과 달리 실업률은 1930년대 대공황 당시의 수준까지 이르진 않았으나 5월에는 13퍼센트, 6월에는 11퍼센트, 7월에는 10퍼센트, 8월에는 8퍼센트로 조금씩 주저앉았다. 돈을 쓸 수 없었던 봉쇄 기간 중엔 개인저축률이 상승해서 6월에도 19퍼센트를 유지했는데, 이는 과거 19년 동안의 평균보다 세 배가 높고 1959년 이후의 평균보다는 두 배 이상 높은 수치였다.[105] 많은 이들이 6월에는 서둘러 정상 상태로 돌아가기를 원했다.[106] 하지만 선벨트Sun Belt(온난한 기후와 풍부한 석유 및 가스 자원 덕에 제2차 세계대전 이후 농업, 석유, 군수, 부동산, 관광 등의 산업을 주축으로 급속한 성장을 이룬 미국 남부의 15개 주를 지칭_편집자) 지역에서의 확진자가 증가하는 2차 유행이 나타나고 또 20개 이상의 주에서 '재폐쇄' 혹은 '멈춤' 조치들이 시행되면서[107] 소비심리 회복세도 다시금 사그라들고 말았다. 4월 중순에서 6월 중순까지의 이동성에 대한 구글의 데이터에 근거하자면 6월에는 소매업과 휴가 여행이 회복되기 시작해 7월 10일까지는 초기 상태를 회복할 것처럼 보였다. 하지만 그 좋았던 옛날로 되돌아가던 가파른 곡선은 7월 말이 되자 기준점에 10~20퍼센트 못 미치는 지점에서 힘이 빠져 평평한 고원을 그리고 말았다. 미국 교통안전국Transportation Security Administration의 검문소 통행객 수는 정상 수치의

4분의 1 수준에서 요지부동으로 멈춰버렸다.[108] 워싱턴 D.C., 마이애미, 시애틀, 로스앤젤레스, 보스턴, 뉴욕시, 샌프란시스코의 유동인구 규모 또한 여전히 정상 수준보다 25~50퍼센트 적었는데,[109] 샌프란시스코에서는 운전도 10~16퍼센트 줄어든 것으로 나타났다.[110] 8월 3일 기준으로 보면 중소기업들의 매출은 다시 1월 수준보다 17퍼센트 낮은 수준으로 내려갔다. 소비자 지출은 1월 수준보다 6퍼센트 낮은 지점에서 평평하게 이어지는데, 부유한 가구에서 허리띠를 가장 많이 졸라매고 있다.[111] 잠시 정상으로 돌아갔던 소비전력 역시 팬데믹 이전 수준보다 4퍼센트 낮은 수준으로 떨어져버렸다.[112]

한편 주식시장에선 현대에 들어 가장 직관적으로 이해하기 힘든 상승세가 지속되었다. 시장은 현재 팬데믹이 계속되고 있으며 봉쇄 해제가 아주 어리석게 이루어져 큰 실패로 귀결되었다는 것도 완전히 잊

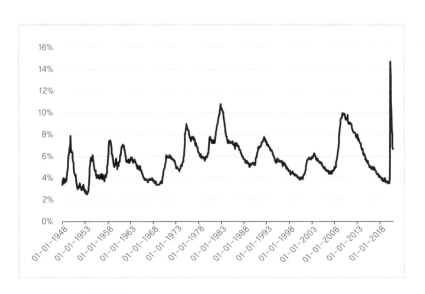

1948년 이후의 미국 실업률 (계절별로 변동 조정): Federal Reserve Bank of St. Louis.

10장 _ 코로나19의 경제적 결과들

은 듯했고, 패닉에 휩싸였던 3월 한 달 동안 지속된 모든 손실을 다 없애버리겠다고 마음먹은 듯했다. 이를 어떻게 설명해야 할까? 가장 먼저 나올 수 있는 당연한 설명은 신속하고도 대규모로 이뤄진 재정 및 통화 정책을 통한 재난지원 조치들이 미국의 기업 및 가계 들을 거액의 자금으로 떠받쳐줌으로써 봉쇄 조치가 가져올 최악의 경제적 효과를 성공적으로 완화시켰다는 것이다. 하지만 이 이상한 여름이 계속되면서 불편한 감정도 계속 자라났다. 코로나19는 그저 미국인들이 싫증을 낸다는 이유로 물러나주는 존재가 아닌데, 그렇다면 중소기업들의 도산으로 전체 일자리 중 약 3분의 1이 사라져버린 상황에서 정부가 돈으로 경제를 떠받치는 일은 얼마나 오랫동안 가능한 것일까?[113] 공무원들의 대규모 정리해고를 피하기 위해 많은 주 정부와 지방 자치 단체들은 연방 정부의 재정구제를 필요로 하고 있는데, 양당의 극심한 적대 관계가 의회에서 이를 가로막을 수도 있지 않을까?[114] 재무부는 이렇게 크게 늘어난 부채를 어떻게 관리하려 할까? 단기 부채로? 아니면 19세기 때처럼 영구채로?[115] 연준은 은연중에 그 독립성을 상실하고 1951년 이전처럼 국가의 부채에 무조건 복무하는 노예 상태로 되돌아간 것일까?[116] 우리가 두려워했어야 했던 것은 장기 침체였을까, 아니면 인플레이션의 재림이었을까?[117] 물론 단기적으로 보면 팬데믹은 디플레이션을 불러온다.[118] 하지만 폭발적으로 빠르게 이뤄지는 통화 팽창—미국의 전체 통화량을 보여주는 척도 중 하나인 총유동성M3은 2020년 6월 현재 연 23퍼센트의 속도로 증가하고 있었다—은 미래의 어느 시점에 이르러선 분명한 결과를 가져올 수밖에 없다.[119] 세계 무역은 12퍼센트가, 해외직접투자는 그보다 더욱 큰 폭으로 감소했다.[120] 만약 2020년 미국 공화당 정부가 통화 및 재정 정책에 대한 모든 제약을 벗어던진다면 달러화의 약화를 막아줄 수 있는 장치로는 무엇이 있을 수 있을까?[121] 1960년의 미국은 수렁과 같은 쌍둥이 위기, 즉 베트남 전쟁의 위기와 더불어 '위대한 사회Great Society' 복지 프로그램조차도 해결하지 못한 미국 내 도시 지역의 위기에 직면했고 이의 해결을 위해 지금보다 훨씬 규모가 작은 케인스주의적 정책들을 행한 바 있었다. 그럼에도 그 정책들이 통제불능이 되어버려 1960년대 말에 달러화의 위기가 시작되었던 것인데, 그와 비슷한 일이 앞으로 벌어지지 않을 것이라고 장담할 수 있을까? 또 어쩌면 지금의 주식시장은 데이브 포트노이Dave Portnoy •와 같은 초짜 단타 매매자들이 만들어낸 눈속임의 거품으로 부풀려진 게 아닐까?[122]

거대한 속죄

미국 정치의 모든 이슈들이 그렇듯—대중국 대응에 관한 사안은 아마도 예외일 것이다—이 코로나19 문제 또한 양대 거대 정당의 정쟁 이슈가 되었다. 민주당 지지자들 사이에선 "내가 사는 지역에서 코로나 바이러스가 발발하는" 사태에 대한 걱정이 여전히 높았다(온라인 여론조사 사이트인 시빅스Civiqs에 따르면 걱정하지 않는 사람들보다 걱정하는 사람들이 80퍼센트 더 많았다). 공화당 지지자들 사이에서 그런 걱정은 8월 무렵에 사라졌고(걱정하지 않는 쪽이 31퍼센트), 무당층에서는 그 중간 정

• 포트노이는 주식시장에서 돈을 벌 수 있는 두 가지 원칙을 제시한 바 있다. 첫 번째 원칙은 그가 자신의 150만 트위터 팔로워들에게 항상 말하듯 '주가는 오직 상승할 뿐'이란 것이고, 두 번째 원칙은 '팔아야 할지 사야 할지 애매할 경우엔 첫 번째 원칙을 보라'는 것이다.

　　　　　　　　　　　10장 _ 코로나19의 경제적 결과들

도의 비율을 보였다(걱정하는 쪽이 25퍼센트).[123] 7월이 되면 전체적으로 트럼프를 지지하는 극성 공화당원을 제외한 미국인들이 마음을 바꾸게 된다. 4월만 해도 트럼프가 팬데믹을 잘 다루고 있다고 믿었으나 이제는 그가 사태를 엉망으로 만들어놨다고 생각하기에 이른 것이다. 전망기관들의 의견뿐 아니라 여론조사 또한 분명히 2020년 11월 3일의 대선에서 조 바이든이 승리할 것임을 가리키고 있었다.[124] 미시건주와 펜실베이니아주, 위스콘신주는 2016년 대선에서 트럼프를 백악관에 입성시켜준 결정적인 3대 주였으나, 2020년 대선에서는 팬데믹 및 그로 인한 경기침체의 충격 때문에 트럼프의 승리가 매우 어려운 곳이 되어버린 것이다. 또한 애리조나주, 플로리다주, 조지아주, 아이오와주, 노스캐롤라이나주 등도 유동적인 상태로 보였다. 만약 바이든이 대통령에 당선되면 민주당이 상원도 차지할 것이라는 시나리오의 가능성이 높아 보였다. 이렇게 민주당이 모두 쓸어버릴 전망이 있는 데다 민주당 내에서 진보 좌파Progressive Left의 영향력이 커지고 있음을 감안하면 2021년에는 법인세율이 더 올라갈 것이라 예측하는 편이 합리적일 듯했다. 게다가 앞서 보았듯 공화당은 코로나19 위기로 인해 보편적 기본소득과 '현대 화폐 이론' 같은 보다 급진적인 정책들을 본의 아니게 정상적인 것으로 만들었다. 따라서 '블루 웨이브blue wave'(민주당의 힘이 강하여 미국 의회의 상·하원 모두를 장악하는 추세를 지칭. 민주당의 상징색이 파란색인 데서 유래한 표현_편집자)는 경기부양을 위한 재정정책이 더 많아진다는 의미일 수 있다.

하지만 2016년의 중요한 교훈은 여론조사를 미국 대통령 선거의 예측에 대한 근거로 사용하는 경우를 조심하라는 것이었다. 대통령으로서 바이든이 가질 신뢰성에 결정적인 흠집을 내기 위해 트럼프 선거운동 본부에서 소셜미디어를 꼼수로 동원—이는 1996년 빌 클린턴 Bill Clinton이 밥 돌Bob Doll 후보를 이기고 재선에 성공한 이래로 고전적인 전략이 되었다—할 것인지도 지켜봐야 한다. 분명한 것은 페이스북 광고에 쓰는 액수 면에서 트럼프가 그의 경쟁자를 한참 앞섰다는 점이다.[125] 또한 트위터의 잭 도시Jack Dorsey와 달리 마크 저커버그Mark Zuckerberg는 정치 광고에 대해 편집권을 행사하여 개입하라는 압력에 계속 저항하고 있다는 점도 의미심장하다. 페이스북 안팎에서 계속 비판이 커지는 데다 바이든 선거운동 본부의 정면 공격을 받고 있음에도 말이다.[126] 또 2020년 여름 현재 바이든 선거운동 본부는 바이든을 전면에 내세우지 않는 전략을 택하고 있으나, 그럼에도 유권자들은 그의 나이와 정신건강에 대한 걱정을 여전히 품고 있다.[127]

트럼프 선거운동 본부의 핵심 문제는 매우 간단해서, 팬데믹—만약 경제봉쇄로 경기침체가 초래될 경우엔 특히나 더욱 악화될 수도 있는—이 무수한 방식으로 무수한 사람들의 삶을 무너뜨리고 있다는 점이다. 이러한 피해를 입은 이들 중 일부는 공화당을 찍는다는 건 상상도 하지 않을 테고, 2020년의 경험 덕에 민주당을 찍을 가능성이 더욱 커졌을 것이다. 특히 2012~2016년에 투표율이 가장 낮았던 흑인 유권자들에게 있어 이는 매우 중요한 문제가 될 수 있다. 반대로 팬데믹 및 그에 따른 경기침체로 가장 큰 타격을 입은 유권자들 중 일부는 평생 동안 공화당 지지자였어도 2020년 대선에선 공화당을 찍을 가능성이 낮아질 수 있다. 이는 특히 투표 기간에 즈음하여 코로나19가 다시금 새로이 유행할 경우 노인들에게서 나타날 확률이 크다.

재난이 발생하면 사람들은 함께 뭉치고 이타적 행위도 늘어나는데, 이런 일이 2020년에도 있었다는 몇몇 증거가 있다.[128] 하지만 팬데믹이 덮친 미국 사회는 불평등이 지극히 심한 사회다. 그리고 팬데믹의 결과로 그러한 불평등이 더욱 악화되었음은 누구나 알 수 있고 관찰할 수 있는 문제가 되었다.[129] 오직 부자들만이 검사를 받을 수 있는 것으로 보였던 코로나19 사태 초기에 트럼프는 이에 대한 논평을 요청받았다. 그는 이 상황에 대해 부정적인 태도를 보였으나 이렇게 덧붙였다. "아마도 그런 게 인생 아닐까요."[130] 봉쇄 조치는 마치 압력솥 같았다. 교통사고가 줄었듯 범죄도 줄었지만, 가정 내 폭력이 크게 늘었다.[131] 초과사망자 중에는 코로나19뿐 아니라 당뇨와 심장병이 사인인 경우도 많았는데, 그 이유는 사람들이 병원과 수술을 기피했기 때문이었을 것이다.[132] 중국에서와 마찬가지로 정신건강상의 문제와 약물남용 습관도 악화되었다.[133] 약물과용으로 의심되는 사례는 3월에 18퍼센트, 4월에 29퍼센트, 5월에는 42퍼센트가 증가했다.[134] 영국에서와 마찬가지로, 뉴욕시 인근의 브롱크스 같은 빈곤 지역에서의 사망률은 맨해튼 같은 부자 지역의 약 두 배였다.[135] 각종 경제 정책은 대개 부자들이 소유하고 있는 금융자산의 가격을 다시금 부풀려주는 데 가장 크게 성공했을 뿐 저축이 없는 이들에겐 거의 도움이 되지 않았다.[136] 미국 흑인들은 코로나19에 유독 크게 취약했을 뿐 아니라 경제적으로도 더 큰 타격을 입었다. 팬데믹 이전에는 흑인들과 백인들의 실업률이 수렴하는 양상을 보였으나 이후엔 점차 다시 벌어지기 시작한 것이다.[137] 또한 청년층은 나이 많은 이들에 비해 경제적 타격이 컸고[138] 여성들은 남성들보다 일자리를 잃을 확률이 더 높았다.[139]

　무언가 일이 터질 만한 상황이었다. 5월 25일 월요일 저녁 8시, 조지 플로이드George Floyd라는 이름의 흑인 남성이 미네소타주 미니애폴리스에 있는 컵 푸즈Cup Foods라는 가게에 들어갔다. 가게 점원은 그가 담뱃값으로 낸 50달러가 위조지폐였다고 주장하면서 경찰을 불렀다. 과거 동네 술집에서 안전요원으로 일할 당시 플로이드와 알고 지냈던 백인 경찰관 데릭 쇼빈Derek Chauvin은 컵 푸즈 바깥에 주차한 경찰차 뒤쪽에서 플로이드의 목을 무릎으로 짓눌렀다. 무려 8분 46초 동안 쇼빈은 아무 말 없이 그렇게 했고, 옴짝달싹하지 못했던 플로이드는 숨을 쉴 수 없다고 반복해서 말하며 헐떡였다. 주변의 사람들이 핸드폰으로 찍고 있음을 알리면서 쇼빈에게 물러나라고 애원했으나 그는 계속해서 2분 53초 동안이나 더 플로이드를 무릎으로 누르고 있었고, 결국 플로이드의 몸부림은 멈췄다. 사망선고가 내려진 시각은 밤 9시 25분이었다. 이후 나흘 밤 내리 미니애폴리스는 아수라장이 되었다.[140]

쇼빈이 플로이드를 살해한 것은 사회 시스템에 내재한 인종주의 탓에 미국 경찰이 목숨을 위협하는 폭력을 흑인들에게 훨씬 더 많이 휘두른다는 '흑인의 생명도 소중하다Black Lives Matter' 운동의 주장을 입증하는 완벽한 사례로 보였다. 그 이후에는 새로운 전염의 물결이 덮쳤으니, 이는 이제 독자들도 충분히 알고 있는 일일 것이다. 5월 26일에서 6월 28일 사이에 '흑인의 생명도 소중하다' 운동을 지지하는 시위에 참여한 총인원은 1,500만~2,600만 명으로 추산된다. 시위는 6월 6일에 절정에 달했는데, 이날 미국 전역의 거의 550개 장소에서 50만 명이 시위에 참여했다. 미국의 315개 대도시 중 시위가 벌어지지 않은 도시는 34곳에 불과했고, 미국 내 모든 카운티 중 5분의 2에선 최소한 어떤 형태로든 시위가 있었다. 절정에 이르렀던 이날의 시위 규모는 2017년 1월 21일에 300만~500만 명이 참가했던 여성행진Women's March보다는 작았다. 그러나 2020년의 이 시위들은 훨씬 더 오래 지속되어, 사실상 미 공화국의 탄생 이래 있었던 모든 대중시위의 규모를 넘는 것이었다고 한다.[141] 하지만 여성행진과 달리 '흑인의 생명도 소중하다' 시위는 급히 조직되는 데다 무질서할 때가 많아서, 시위대가 행진을 했던 도시들의 약 절반에서 폭력 행위가 있었음이 보고되었다.[142] 또 다른 연구에선 이 시위들 중 폭력이 벌어진 경우가 7퍼센트뿐이었다고 했으나, 오리건주─주로 포틀랜드Portland─에선 연방 군대가 배치된 뒤 그 비율이 17퍼센트에서 42퍼센트로 급증했다.[143]

윌리엄 바William Barr 법무장관은 이러한 혼란을 두고 "무정부주의자들과 극좌파들이 안티파Antifa(파시즘, 백인우월주의, 신나치주의 등의 극우세력에 폭력적인 방식으로 대항할 것을 표방하는 집단_편집자) 식의 전술을 쓴 소행"이라고 비난했다.[144] 이를 지지하는 몇몇 증거들이 존재하지만, 전체적으로 봤을 때 '흑인의 생명도 소중하다'의 움직임은 그보다 1년 전 홍콩과 베이루트, 산티아고 등 전 세계에서 일어났던 사회적 대중운동과 비슷한 양상이었고, 이런 시위들엔 이렇다 할 지도부가 없다는 본질적 특징이 있었다. "이 행진을 이끄는 게 누구냐고 묻지만, 그게 누군지 말해주는 사람이 있다면 그게 오히려 놀랄 일이겠죠." 브루클린 자치체의 의장borough president(뉴욕시는 다섯 개의 지역 자치체로 구성되며 각 자치체마다 의장을 선출함_옮긴이)이 전직 경찰 간부였던 에릭 애덤스Eric Adams의 말이다.[145] 이 시위의 또 다른 핵심적 특징은 많은 도시에서 당국의 권위를 처참히 붕괴시켰다는 것이다. 5월 28일 미니애폴리스 시장 제이콥 프레이Jacob Frey는 제3경찰서Third Police Precinct에 대피 명령을 내렸고, 경찰서 건물은 금방 불에 탔다. 5월 29일 미네소타주 주지사인 팀 월츠Tim Walz는 주 방위군을 동원하지 않는 이유가 '억압적'으로 보이는 것을 피하기 위해서라고 설명했다. 뉴욕시장 빌 데 블라시오Bill de Blasio는 시위자들이 행하는 폭력과 파괴 행위에 대해 "가벼운 느낌light touch"으로 대응하라고 경찰에게 지시했다.[146] 로스앤젤레스의 시장 에릭 가세티Eric Garcetti 같은 이들은 '경찰 예산을 없애라'는 시위자들의 요구에 따라 경찰 예산을 삭감하겠다고 약속하며, 사면초가가 된 경찰들의 사기를 진작시키는 일은 전혀 하지 않았다.[147] 포틀랜드시의 몇 지역은 무정부상태가 되어버렸다.

만약 세상에 '의도치 않은 결과의 법칙'이라는 게 있다면 그것을 집행하는 이는 짓궂은 장난꾸러기임에 틀림없다. 많은 이들이 이 팬데믹 한가운데에서 대중집회를 열다 보면 바이러스가 더 심하게 퍼질 것이라고 두려워했다. 하지만 그렇지 않았다. 시위 기간 동안 대부분의 사람들은 실내에 꼭꼭 숨어 있었고 특히 폭력 행위가 발생했다는 소리가 들리면 더욱 그렇게 했기에, 오히려 시위 기간 동안 사회적 거리두기는 전반적으로 더 강화된 결과가 나온 것이다.[148] 크게 증가한 것은 범죄였다. 미니애폴리스시의 경우 조지 플로이드가 살해당한 후 4주 만에 111명이 총에 맞았다. 뉴욕시에선 6월의 첫 3주간 125회의 총기 사건이 보고되었는데 이는 2019년의 동기 대비 두 배에 해당하는 수치였다. 시카고에서는 어느 주 주말 동안 무려 100명 이상이 총에 맞으며 2012년 이후 최악의 수치를 기록했다.[149]

1968년 선거에서 폭력 시위가 리처드 닉슨에게 도움이 되었던 것과 마찬가지로 이러한 시위 및 범죄 사태 역시 트럼프에게 정치적 도움을 줬다고 볼 수 있는데, 여기엔 그럴 만한 이유가 있다.[150] 이전까지의 전국적인 토론 주제는 '팬데믹에 대해 미국 정부는 전혀 준비되어 있지 않다'였는데 이런 시위들로 인해 그 주제가 트럼프가 좋아하는 정치 지형인 문화 전쟁culture war 쪽으로 갑자기 옮겨간 것이다. 6월 2~3일에 있었던 여론조사에서 시위 자체를 반대한다고 답한 이들은 38퍼센트에 불과했으나 재물 손괴에 대한 반대를 표한 이들은 4분의 3에 달했다.[151] 2020년 '흑인의 생명도 소중하다' 운동에 대한 지지가 특히 젊은이들 가운데에서 급상승한 것은 분명하지만[152] 이런 여론에 대해 회의적일 이유도 있었다. 이 운동을 공공연히 비판하는 것은 곧 대학 및 학계에서 시작해 기업 사회 미국 전역으로까지 퍼진 '캔슬 컬처cancel culture'(사회적 물의를 빚는 말이나 행동을 한 이들을 공공의 장에 나타나지 못하도록 '지워버리는' 집단행동. 미국의 경우 19세기 이전부터 간간이 있었지만, 최근 들어 이른바 '깨어 있는 행동주의'와 맞물리면서 정치적으로 용납할 수 없다고 생각되는 인물들을 공론장은 물론 일터에서도 쫓아내는 집단행동으로 발전했음_옮긴이)로 자신의 경력과 직업을 위태롭게 만드는 행동이 되었기 때문이다. 폭스 TV의 앵커 터커 칼슨이 '흑인의 생명도 소중하다' 운동에 대해 비방을 퍼붓자 일부 기업들은 그의 뉴스쇼에서 광고를 철회해버렸다. 하지만 정작 터커 칼슨의 인기는 하늘로 치솟았다.[153]

2020년 6월의 여러 시위는 모종의 기이한 장면들을 만들어냈는데, 여러 면에서 이는 흑사병이 절정이었던 과거 유럽에서 있었던 종교적 속죄 행위들을 떠올리게 했다. 조지 플로이드의 죽음에 대한 '다인종, 다문화, 다민족적인 대응'으로서 6월 8일 노스캐롤라이나주의 캐리Cary에서 열린 한 의식에선 도심에서 경찰서까지 '단결의 행진unity walk'이 있은 뒤 몇 명의 백인 경찰관들이 레거시중앙교회Legacy Center Church의 페이스 워코마Faith Wokoma 목사와 소보마 워코마Soboma Wokoma 목사의 발을 물로 씻는 절차가 있었다.[154] 영국식 억양의 한 젊은 백인 남성이 무릎을 꿇고 확성기로 낮게 읊조렸다. "모든 백인들을 대표하여 (…) 모든 백인 인종을 대표하여 (…) 우리는 여기에서 죄를 고백하고 뉘우칩니다, 주님. (…) 주님, 우리는 마음속에 그토록 심한 증오를 담은 나머지 노예제의 죄를 지었고, 부당한 일들을 저질렀으며, 편견의 죄를 범했나이다. 심지어 오늘날에도, 심지어 법률 시스템에서도 이런 일들을 계속 저지르고 있습니다. 주여, 우리 죄를 용서하소서." 이들 모두는 베데스다Bethseda의 포장도로에 무릎을 꿇고서 팔을 들어 올리며, 백인의 특권과 그 모든 결과물들을 내려놓는다고 외쳤다.[155] 이와 비슷한 다른 행사에선 백인 시위자들이 흑인들 앞에서 절을 했고,[156] 또 다른 행사에 참가한 '흑인의 생명도 소중하다' 운동의 활동가들은 백인 시위자들이 자학적인 채찍질 '의식'—실제로 채찍질을 하든 그게 아니면 기껏해야 채찍 자국을 그려 넣는 정도에 불과하든—에만 치중하는 것 같다고 비판했다.[157] 워싱턴 D.C.에서는 실로 초현실주의적인 만남이 있었으니, 젊은 백인 여성 시위자가 백인 및 흑인으로 이루어진 경찰 그룹과 논쟁을 벌인 게 그것이다. 그녀가 먼저 시스템 차원의 인종주의의 의미를 설명하자 흑인 경찰관 한 사람이 응수했다. "미국의 문제는 바로 죄입니다. 이 세상 전체가 죄의 문제로 난관에 처해 있죠. 아시겠습니까? 예수께선 '나는 길이요 진리요 생명이니 나를 통하지 않고서는 아무도 하나님 아버지에게 갈 수가 없노라.'라 말씀하셨습니다. 미국도, 또 전 세계도 죄가 문제입니다. 인종주의, 부당함, 증오, 분노, 폭력 모두가 죄에서 나오는 겁니다. 지금의 문제는 인종주의가 아닙니다. 성경을 읽으세요. 성경을 읽으세요. 성경을 읽으세요. 이게 진짜 해법입니다."[158] '대각성 운동The Great Awakening'이 완전한 맞수를 만난 셈이었다(대각성 운동은 본래 18세기 미국 식민지에서 있었던 신앙각성 운동이었으나 최근에는 흑인에 대한 인종주의가 미국 사회 체제에 얼마나 팽배해 있는지를 인식하려는 의식각성 운동의 의미로 쓰인다. 이 문장은 이러한 아이러니를 노린 표현이다_옮긴이).

이러한 종교적 형태가 나타나는가 하면 성상 파괴 운동의 물결도 일어났다. 16세기 개신교도들, 19세기 중국에서 태평천국운동을 이끌었던 농민들, 20세기의 볼셰비키들 및 마오쩌둥주의자들처럼 '흑인의 목숨도 소중하다'의 시위자들도 여러 동상과 석상을 끌어내리거나 파괴했는데, 그 대부분은 노예 소유주나 미국 남부연합의 장군 들이었다. 켄터키주 루이스빌Louisville에서는 존 브레켄리지 캐슬먼John Breckenridge Castleman, 앨라배마주의 몽고메리와 모빌Mobile에서는 로버트 E. 리Robert E. Lee와 래피얼 셈스Raphael Semmes, 테네시주 내슈빌Nashville에서는 에드워드 카맥Edward Carmack의 동상이 무너졌다. 하지만 이게 다가 아니었다. 크리스토퍼 콜럼버스Christopher Columbus의 동상도 눈앞에서 사라져야 했고, 뉴멕시코주 앨버커키Albuquerque에 있는 후안 드 오냐테Juan de Oñate의 동상과 오리건주 포틀랜드시에 있는 조지 워싱턴 George Washington 동상도 마찬가지였다. 뉴욕에선 율리시스 그랜트Ulysses Grant의 동상과 시어도어 루스벨트Thedore Roosevelt 동상은 물론 링컨 파크Lincoln Park에 있는 링컨노예해방기념관Emancipation Memorial of Lincoln도 시위대를 피해가지 못했다.[159]

영국에선 16세기까지 거슬러 올라가는 급진적 전통을 무의식중에 되풀이하는, 미국에서와 유사한 성상 파괴 행동들이 있었다.[160] 또 과거의 여러 혁명에서 나타났던 것처럼 아이들이 자신들의 부모를 비난하는 일도 벌어졌다. 소련의 게라시모프카Gerasimovka라는 마을에서 자기 아버지를 고발했던 소년 파블리크 모로조프Pavlik Morozov와 마찬가지로(1932년 게라시모프 마을의 소년 파블리크는 아버지가 했던 반국가적 행위를 소련 당국에 고발했다가 가족의 보복으로 목숨을 잃었다고 한다. 이런 일이 실제로 있었는지의 진위를 떠나, 소련 당국은 이를 가장 중요한 소비에트적 미덕의 선전 도구로 활용했다_옮긴이), 미국의 10대들이 소셜미디어를 이용하여 자신의 부모를 인종주의자라고 비난한 것이다.[161] 심지어 성인들의 수준 역시 이 정도로 낮아졌다. 어느 경제학자는 다른 한 경제학자가 감히 '흑인의 생명도 소중하다' 운동에 대해 회의를 표하는 대죄를 범했다며 트위터 무리를 선동하기도 했다.[162] 역사는 정치적 감염과 생물학적 감염이 함께 일어나는 경우가 많다는 교훈을 준다. 앞서 보았듯, 러시아 혁명 내전은 당시 기승을 부렸던 티푸스는 말할 것도 없고 1918~1919년의 스페인 독감과도 다소 맞물려 진행되었다. 그리고 2020년 7월 초에는 이와 유사한 쌍둥이 감염이라는 현상이 벌어질 위험이 나타났다.

다수의 보통 미국인들에게 있어 이 모든 것은 불길한 조짐이었다. 미국의 여론조사기관 라스무센Rasmussen의 한 조사에서는 모든 유권자의 56퍼센트가 역사적 기념물들을 손상 또는 파괴한 이들을 범죄자로 기소해야 한다고 답했다. 그리고 73퍼센트는 "우리 모두는 미국이라는, 역사상 가장 위대한 이야기 중 하나의 일부를 이루고 있습니다. (…) 이 위대한 국민의 영웅적 이야기 속에서 우리 미국인들은 옳다고 생각하는 것을 위해 모든 것을 희생해왔습니다."라는 말—이는 트럼프의 연설 중에 나온 것이다—에 동의했다.[163] 대통령 선거에 대한 여론조사와는 아주 다른 이야기를 드러내주는 자료가 있다. 통계 조사를 보면 2020년의 총기 구매가 급증했음을 알 수 있다. 전 세계 소형무기 시장에 대한 컨설팅 업체인 SAAFSmall Arms Analytics and Forecasting에 따르면 2020년 6월에는 총 240만 건의 총기 판매가 이뤄졌는데, 이는 2019년 6월에 비해 145퍼센트가 많은 수치이며 판매된 총기의 대부분은 권총이었다.[164] 총기 소유 통계는 2016년 대선에서 트럼프가 얻을 표수를 대단히 정확히 예측한 지표였다.[165] 놀랄 것도 없이, 이 새로운 총기들은 한층 늘어난 총기 폭력 및 총기 사고와도 연관성을 보였다.[166]

마지막으로 2020년 8월 초 현재 시점에서 떨쳐버리기 힘든 불안한 일이 하나 있다. 3개월 후로 다가온 2000 미국 대선의 최종 결과가 선거 당일 밤에 그 결과가 확정되기에는 표 차이가 매우 적었던 2000년, 혹은 어느 후보자의 승리인지를 두고 상원과 하원이 합의하지 못했던 1876년의 대통령 선거와 비슷한 양상으로 끝날 가능성이 있다는 것이다(하지만 2000년 대선과 달리 이번에는 하나가 아닌 여러 주에서의 결과에 대해 의문이 제기될 가능성도 있다). 또한 1887년에 제정된 선거인계수법Electoral Count Act 역시 이러한 시나리오를 완전히 배제하지 못한다.[167] 공화당은 이미 트럼프 대통령의 지휘를 따라 우편투표에 대해 욕설과 비난을 퍼부었고, 우편투표에 대한 대중의 여론 역시 당연히 양당의 노선을 따라 둘로 완전히 갈려 있다.[168] 이에 대응하여 민주당은 공화당이 우세한 주에서는 공화당에 의한 고의적인 유권자 탄압이 이뤄지고 있다고 주장했다. 이러한 요소들은 후에 선거 결과가 어떻게 나오든 정당성을 둘러싼 시비가 생길 것임을 보여주었다. 이런 상황에 도시 지역에서의 무질서에 따른 문제가 겹치면—그에 더해 코로나19의 새로운 유행과 계절 독감까지 겹치는 경우는 아예 생각하지도 말자[169]—참으로 암울한 전망이 아니라 할 수 없다. 일부 사람들이 걱정하는 것처럼 제2차 남북전쟁의 전주곡까지는 아닐 것이라 해도 말이다.

예측 불가능한 미래

트럼프가 사태 초반에 가졌던 직감과 반대로, 미국은 각종 역학모델에 밀려 사회적 거리두기뿐 아니라 경제적 봉쇄까지 함께 시행함으로써 코로나19를 억누르는 유럽식—물론 스웨덴식은 아니다—의 길을 걸어왔다. 이러한 조치들은 감염 인구의 비율을 분명 억제하고 있으며, 이탈리아 롬바르디아의 경우처럼 미국의 일부 병원들이 혼란에 빠지는 상황도 피할 수 있게 해주었을 것이다. 하지만 지속되는 봉쇄에 따르는 경제적 충격은 실로 어마어마했다. 좀 더 합리적인 전략은 재택근무가 불가능한 이들의 일자리를 지켜내는 한편 사회적 거리두기를 의무화하고 마스크 쓰기를 강제하면서 노인들 및 취약집단을 격리하는 일이었을 것이다. 이러한 예방조치들이 전혀 없이, 게다가 전혀 효과적이지 못한 검사 및 추적 시스템에 의지하는 상황에서 사람들이 일터로 복귀한 것은 1차 유행의 지속 및 대규모 2차 유행의 물결을 피할 수 없게 만들었다. 하지만 8월 초에는 이 2차 유행도 절정을 지나는 듯 보였고, 8월 말이 되자 초과사망자가 더 이상 나오지 않았다. 만약 가을에 더 이상의 유행이 일어나지 않는다면, 하나 혹은 두 개의 백신이 3상을 통과하게 된다면, 경제가 주식시장을 따라 호황으로 돌아선다면, 트럼프는 전염병 학자들이 두려워했던 재난을 그럭저럭 견딜 만한 비용 정도로 피해간 것이 모두 자기 덕분이라고 공功을 내세울 수 있을 것이다.

　문제는 과연 사람들이 그런 이야기에 수긍할 것인가다. 오히려 트럼프는 경제의 어려움, 시위로 초래된 대혼란의 책임을 모두 뒤집어쓰게 되지 않을까? 오래전 헨리 키신저가 지적한 바 있듯, 지도자들은 재난을 피한 공으로 상을 받는 경우는 매우 드물며, 되레 예방책을 권고해도 만약 그것이 고통스러운 것일 경우엔 큰 비난만 받기 마련이다. 2020년 8월까지만 해도 트럼프의 정치적 미래는 밝아 보였으나 11월에는 패배로 끝날 듯싶다. 하지만 종래의 정치 분석 및 그것과 결합된 예전 시대의 방법론들은 오늘날 이루어지고 있는 국내·국제적인 온라인 정보 전쟁의 역할을 충분히 반영하지 못하는 경향이 있다. 미국과 중국 사이에 점점 고조되고 있는 냉전이 선거 이후에 어떤 역할을 하게 될 것인지도 분명치 않다. 앞으로 보겠지만, 이 초강대국들의 갈등이야말로 2020년의 일부 논평가들이 미국 달러화의 쇠퇴와 몰락을 예견하는 또 다른 이유다. 하지만 이들은 예전에 존 메이너드 케인스에게 뜨거운 맛을 보여주었던 외환시장의 가르침을 지금도 잊고 있는 것으로 보인다.

케인스는 20세기의 가장 영향력 있는 경제학자였을지 모르지만 외환시장에선 지극히 평범한 선수였다. 그는 1920년에 외환거래에 실패해 거의 파산에 몰렸을 뿐 아니라 12년 뒤에도 비슷한 계산착오를 일으켰다. 1932년 10월부터 1933년 2월 사이의 달러 공매도에서 별로 수익을 내지 못한 그는 1933년 3월 2일자로 매도 포지션을 청산했다. 그리고 나서 딱 8일 후에 미국은 달러화의 금태환을 중지해버렸다. 그리고 연말이 되자 달러화의 가치는 파운드화에 대해 50퍼센트가 떨어져 버렸다. 케인스는 회한에 찬 어조로 결론을 내렸다. "이제 환율은 온갖 추측으로 지배당하고 있다."[170] 2020년 3/4분기와 4/4분기에 의학적·경제적·정치적으로 어떤 일이 닥칠지는 정말 아무도 예측할 수 없다.

556

11장

삼체문제

코로나19 위기는 미국이 중국과의 경쟁에서 쇠퇴하기 시작하는 운명의 계기라는 생각이 널리 퍼져 있다. 하지만 이는 틀릴 가능성이 높다. 우리 시대의 제국들이라 할 미국, 중국, 유럽연합 등은 제각각의 방식으로 하나같이 팬데믹에 대해 엉망으로 대응하는 모습을 보여주었다. 하지만 이 사태에 잘 대처한 나라들이 시진핑의 지구적 파놉티콘에 기꺼이 몸을 던지려 할 것이라 볼 수는 없다. 오히려 여러 면에서 볼 때 이번 위기는 미국의 권력이 여전하다는 것을 여실히 보여주고 있다. 금융의 관점에서 봐도, 백신 개발 경쟁이나 기술 경쟁의 관점에서 봐도 그러하다. 미국이 망해가고 있다는 소문은 그 전에도 여러 번 있었듯 이번에도 과장된 것에 불과하다. 그런데 이러한 과장으로 인해 냉전뿐 아니라 열전까지 벌어질 위험도 점점 높아지고 있다.

우주사회학의 기본적 구상을 풀어내려면…… 두 개의
다른 개념들이 필요하겠지. 의심의 연쇄반응 그리고 기
술의 폭발.

- 류츠신劉慈欣,『암흑의 숲The Dark Forest』

냉전의 시작점에서

중국의 소설가 류츠신劉慈欣의 놀라운 SF소설『삼체The Three-Body Problem』
에서는 중국이 인류의 존속에 위협이 될 일을 만들었다가 그다음에는
또 아주 창의적으로 그것을 해결하는 이야기가 나온다. 혼란스러운 마
오쩌둥의 문화대혁명 시기에, 천체물리학자 예웬지에는 전파를 태양
에 반사시켜 증폭시킬 수 있는 가능성을 발견하고 이 방식으로 메시지
를 우주에 쏘아 보낸다. 세월이 지난 뒤 그녀는 외계로부터 응답을 받
았다. 대단히 불안정하고 권위주의적인 행성인 트리솔라리스에서 온
그 메시지는 이제 더 이상 어떤 메시지도 보내지 말라는 무뚝뚝한 경
고의 형태를 띠고 있었다. 하지만 그녀는 이미 인류에게 깊은 환멸을

느끼는 상태였으므로 이를 무시하고 트리솔라리스 행성의 외계인들에게 지구의 위치를 알려주는 메시지를 보낸다. 트리솔라리스는 세 개의 태양—이 책의 제목이 갖는 뜻이다—이 휘두르는 혼돈의 중력에 휘둘리고 있었기에 외계인들은 새로운 행성을 찾는 중이었고, 워낙 인간을 싫어하는 입장이었던 예웬지에는 그들의 침략을 환영한다. 그녀는 미국의 한 급진파 환경론자와 손을 잡고 일종의 제5열the fifth column에 해당하는 '지구-트리솔라리스 기구'를 함께 설립한다. 하지만 트리솔라리스 외계인들의 지구 정복을 도와 인류를 말살하려는 이들의 음모는 나노 기술을 연구하는 교수 왕미아오, 그리고 입은 험해도 신기가 있는 베이징 경찰관 시치앙으로 이뤄진 역동적인 2인조에 의해 기발한 방식으로 좌절되고 만다.[1]

우리 인류가 2020년의 현실에서 직면한 위협은 물론 외계인의 침략이 아니다. SARS-CoV-2라는 이름의 코로나19 바이러스는 비록 트리솔라리스 외계인들처럼 우리를 식민화하려는 충동을 갖고 있기는 하나 우주에서 온 존재는 아니다. 하지만 트리솔라리스로 보내는 첫 번째 메시지가 중국발이었던 것과 마찬가지로, 코로나19의 첫 번째 확진자 또한 중국에서 나왔다. 소설 『삼체』에서처럼 이번 재난을 야기한 것은 중국이다. 처음에는 이 SARS-CoV-2라는 새로운 바이러스가 갖는 위험성을 계속 은폐함으로써, 그다음에는 그것의 전 세계 확산을 방지할 수도 있었을 조치들을 계속 지연시킴으로써 말이다. 하지만 류츠신의 소설에서 그렇듯 중국은 검사키트, 마스크, 인공호흡기 등을 코로나19가 전염된 나라에 후한 조건으로 수출하고, 또 언제가 됐든 백신 개발에 성공하면 그 역시 똑같이 수출하겠다고 약속함으로써 세계를 이 재난에서 구했다는 공로 또한 차지하려 한다. 뿐만 아니다. 중국 외무부의 정보부 차장은 심지어 코로나 바이러스가 미국에서 시작되었다는 음모론까지 서슴지 않고 지지한다(9장 참고).

　　미국과 중국 사이에서 새로운 냉전이 시작되었음은 이미 2019년 초에 명확해졌다.[2] 그 시작이었던 2018년 초의 무역전쟁—미국의 무역적자와 중국의 지적재산권 침범 문제를 놓고 양국이 언쟁을 벌이다가 '팃포탯tit for tat, 눈에는 눈 이에는 이' 식으로 관세 싸움을 벌이는 형태였다—은 그해 말이 되자 전 세계의 5G 네트워크 통신 분야에서 중국 회사 화웨이Huawei가 가질 지배력을 둘러싼 기술 전쟁으로 바뀌었다. 그다음에는 신장新疆 지구에 있는 소수민족 위구르족Uighur 및 홍콩의 민주화 운동에 참여하는 시민들을 중국 공산당이 다루는 방식을 두고 이데올로기 대립이 일어났다. 더불어 대만과 남중국해를 둘러싸고 예전부터 존재해왔던 해묵은 갈등이 다시 고조되었다. 2019년 11월 나는 베이징에서 열렸던 블룸버그신경제포럼Bloomberg New Economy Forum에서 헨리 키신저를 인터뷰할 기회가 있었다. 1971년 이후 중국–미국의 공진화co-evolution를 설계했던 장본인이기도 한 그는 이 새로운 현실을 냉전으로 인정했다. "우리는 지금 냉전의 시작점에 있습니다."[3]

　　코로나19 팬데믹은 이 제2차 냉전을 그저 더 격화시켰을 따름이다. 또한 그전까지는 미국과 중국 간의 알력을 냉전이라고까지 할 수 있는지 의심하던 이들에게 그것이 이미 현존하는 현실임을 드러냈다. 중국경제연구센터China Center for Economic Research의 교수이자 베이징대학의 국립개발학교National School of Development 교장인 야오양姚洋은 이제 공공연히 그런 이야기를 풀어놓는다.[4] 1971년 이후 중국과 미국의 '교전engagement'을 지지했던 이들은 이제 아쉬운 어조로 그것이 사라져버렸음을 고했다. 아시아소사이어티Asia Society의 미중관계센터 주임인 오빌 셸Orville Schell의 말을 빌자면 "정말 의미 있는 방식으로 이뤄지는 교전은 더 많은 중국의 개혁과 변화 그리고 궁극적으로는 공산당의 소멸에 대한 요구로 이어질 수 있다는 데서 중국 공산당이 크게 주저했기 때문"이라는 것이다.[5] 오스트레일리아의 정치분석가이자 중국 전문가인 존 가노John Garnaut는 시진핑이 실은 스탈린과 마오쩌둥의 교조적 마르크스-레닌주의를 계승한 인물이라고 주장한 바 있는데, 서방에서 중국을 관찰하는 사람들 중엔 이에 동조하는 이들이 점점 늘어나고 있다.[6] 이 '교전' 전략을 비판했던 이들은 이제 그 무덤 위에 올라가 춤을 추면서, 중화인민공화국을 경제적으로 '격리 상태에 몰아넣어야 한다고 강력히 촉구하고 있다. 글로벌 공급망에서 중국이 차지하는 역할을 크게 축소시켜야 한다는 것이다. 미국기업연구소American Enterprise Institute의 대니얼 블루먼솔Daniel Blumenthal과 닉 에버스탯Nick Eberstadt의 말을 인용하자면, "'문화대혁명'에서 '중국몽Chinese Dream'으로 달려가는 자기부상열차는 로크Locke 사거리나 토크빌Tocqueville 마을에 정차하지 않으며, 다보스 행성으로 연결되지도 않는다."[7]

중국을 경제적 격리로 몰아넣는 움직임은 2020년 봄부터 시작되었다. 중국구맹상회European Union Chamber of Commerce in China(중국에 진출한 EU 회원국의 권익보호 및 정보교류를 위해 2000년에 설립된 비영리단체로 1,100여 개 기업이 가입되어 있음_편집자)는 회원 기업들 중 절반 이상이 공급망을 중국 바깥으로 빼낼 것을 고려 중이라고 말했다. 일본은 중국을 떠나려 하는 제조업자들을 돕기 위해 2,400만 엔, 즉 23억 달러를 따로 책정했다. 아베 신조安倍晋三 총리는 4월에 이렇게 이야기했다. "사람들은 우리의 공급망에 대해 염려하고 있다. 우리는 고부가가치 아이템들을 일본으로 재이전시키기 위해 노력해야 하고, 그 외 다른 아이템들은 아세안ASEAN 같은 국가들로 생산을 다변화해야 한 다."[8](아세안은 동남아시아국가연합Association of Southeat Asian Nations을 말한 다.) 미주리주의 공화당 상원의원 조시 홀리Josh Hawley는 이렇게 이야기 한다. "우리가 지난 30년간 알고 있었던 국제질서는 지금 무너지고 있 습니다. 이제 중국은 제국주의로 돌변하여 전 세계를 자신의 이미지에 맞게 다시 만들려 하고, 자신들의 의지대로 세계 경제를 굽히려 들고 있다. (…) 냉전 종식 이후 서방의 정책입안자들이 설계한 경제 시스템 은 이 새로운 시대에 우리가 갖는 목적에 도움이 되지 않는다는 점을 우리는 인식해야만 한다."[9] 5월 초 미주리주의 검찰총장은 중국 정부 에게 코로나19 바이러스 발발에 대한 책임을 묻는 소송을 연방 법원에 제기했다.[10]

이 제2차 냉전을 반대하는 목소리는 확실히 많았다. 야오양은 중 국이 2019년 12월과 2020년 1월에 우한에서 잘못되었던 일들을 인정 하고 민족주의적인 '전랑외교戰狼外交'(경제력·군사력을 바탕으로 하여 자 국에 대한 외교 공세에 공격적으로 대응하는 중국의 외교 전략. '전사'의 뜻인 '전랑'은 〈특수부대 전랑戰狼2〉이라는 중국 액션영화에서 비롯된 명칭임_옮긴 이)를 피해야 한다고 주장하며, 미국 정부에 대해 좀 더 유화적인 노선 을 취할 것을 중국 정부에 촉구했다. 경제학자 위용딩余永定과 케빈 갤 러거Kevin Gallagher 역시 이와 유사한 주장, 즉 '투키디데스의 함정'—여 기에선 현재의 강대국과 새로 떠오르는 신흥 강대국 사이의 전쟁을 지 칭한다—을 피하려면 양국의 화해가 필요하다는 의견을 제시했다.[11] 특히 헨리 폴슨Henry Paulson과 로버트 졸릭Robert Zoellick 등 '고전' 전략의 저명한 설계자들은 이 전략을 되살려야 한다고 웅변적으로 주장했다.[12] 월스트리트는 본Bonn대학 경제학 교수인 모리츠 슐라릭Moritz Schularick

과 내가 2007년에 '차이메리카Chimerica'라 명명했던 양국의 금융적 공생 관계에 그 어느 때보다 중독되어 있었고[13] 아메리칸익스프레스American Express, 마스터카드Mastercard, J. P. 모건J. P. Morgan, 골드만삭스, 블랙록BlackRock과 같은 미국의 큰 금융 기업들을 자국으로 끌어오려는 중국 정부의 노력 또한 큰 진전을 거두었다.[14] 그럼에도 2020년 중반의 정치적 추세는 매우 뚜렷이 그 반대쪽을 향했다. 중국에 대한 미국 대중의 감정은 2017년 이후 눈에 띄게 강경해졌는데, 노년층 유권자들의 경우에서 특히 그러했다.[15] 2020년의 미국에서 진정한 초당적 합의가 이루어진 주제는 거의 없었지만, 그 유일한 예외가 바로 중국이었다. 두 번째 냉전이 벌어지기 직전엔 공화당 지지자들 중 51퍼센트, 민주당 지지자들 중 47퍼센트가 중국에 대해 호의적이지 않았으나, 2020년 7월

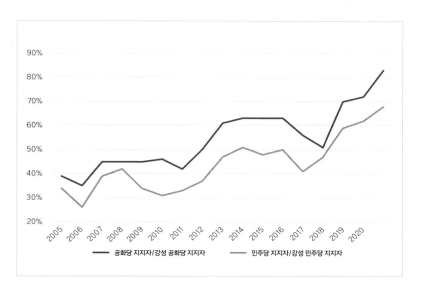

중국에 대해 "호의적이지 않다"고 답한 공화당 지지자들과 민주당 지지자들의 비율. 2020년 6월 16일~7월 14일의 여론 조사: Pew Research Center, July 30, 2020.

11장 _ 삼체문제

에 그 비율은 각각 83퍼센트와 68퍼센트로 뛰어올랐다.[16]

따라서 2021년 1월 미국에서 누가 대통령으로 취임하든, 그의 임기 대부분 동안 세계 질서에 대한 가장 큰 도전이 바로 이 새로운 냉전일 것임은 자명하다. 백악관 국가안보보좌관National Security Advisor이었던 존 볼턴John Bolton의 새 비망록은 도널드 트럼프 대통령이 공적인 자리에서는 시진핑에 대해 드센 태도를 보이지만 사적으로는 매우 유화적이라는 사실을 폭로했고, 바이든 선거운동 본부는 이 비망록을 '바이든이 대통령이 되면 트럼프보다 훨씬 강경하게 중국을 상대할 것'이라 주장하는 근거로 활용할 수 있게 되었다.[17] 중국 정부가 통제하는 신문 「환구시보環球時報」의 영어판인 「글로벌 타임스Global Times」에 따르면 중국 네티즌들은 트럼프 대통령을 조롱하여 추안지앤궈川建國, 즉 '중국을 건설해줄 트럼프'로 부르는데, 이는 〈맨추리언 캔디데이트Manchurian Candidate〉를 패러디한 것이라 할 수 있다('추안지앤궈'는 '대통령으로서의 자질이 부족한 트럼프는 미국을 퇴락시키고 결국 중국을 더 부상하게 만드는 엑스맨'이라며 조롱하는 의미로 쓰이는 말이고, 〈맨추리언 캔디데이트〉는 만주로 납치되어 러시아 및 중국 공산당으로부터 세뇌당한 미국인이 자기 의사에 반해 미국 대통령을 암살하려 든다는 내용의 영화임_옮긴이).[18] 반면 바이든 정부가 들어설 경우 각료급으로 임명될 수 있는 일부 인사들의 언사도 2020년 들어 너무 거칠어져서, 갈수록 호전적이 되어가는 현 국무장관 마이크 폼페이오Mike Pompeo의 그것과 거의 구별할 수 없을 정도다(마이크 폼페이오는 2021년 1월 말에 국무장관직을 사임했음_편집자). 미셸 플러노이Michèle Flournoy(바이든 행정부의 첫 국방부 장관 후보로 거론되었던 미국 정치인_옮긴이)가 국제관계 평론지 「포린어페어스Foreign Affairs」에 기고한 글은 고인이 된 상원의원 존 매케인John McCain에게서

나 나왔을 법한 거친 싸움꾼의 말들을 보여주었는데,[19] 실제로 이런 험악한 표현들은 매케인 의원의 전 보좌관 크리스티안 브로스Christian Brose가 그의 책 『킬 체인The Kill Chain』에서 내놓는 주장들과 정확히 궤를 같이한다.[20]

미국에겐 과연 스스로를 다시 일으켜 세울 역량이 있는지를 의심하는 (수많은) 논평가들은 이번 냉전에선 공산주의자들이 이길 것이라고 암시하거나 명시적으로 언명하기도 했다. 전직 싱가포르 외교관이었던 키쇼어 마부바니Kishore Mabubani는 2020년 4월 독일의 시사 잡지 「슈피겔Der Spiegel」과의 인터뷰에서 이렇게 말했다. "강대국들은 다른 나라들이 자신들의 편에 서기를 기대한다. 미국도 그렇지만 중국 또한 힘이 계속 강해지면서 그런 기대를 갖게 될 것이다."[21] 또한 그는 「이코노미스트The Economist」와의 인터뷰에서는 한 걸음 더 나아간다. "역사는 이제 한 시대를 지났다. 서방 지배의 시대는 끝나가고 있다."[22] 이는 마틴 자크Martin Jacques[23]나 대니얼 벨Daniel Bell[24]과 같은 좌파 혹은 친중국 성향의 서방 지식인들 사이에서 오랫동안 지지를 받아온 관점이었는데 코로나19 사태로 인해 더욱 주류의 것이 되었다. 이 치명적 바이러스가 우한에서 시작된 것은 맞지만 중국 정부는 초기에 일련의 참담한 사건들이 있은 뒤 놀라운 속도로 전염병을 통제했으므로 이는 '중국 모델'의 힘을 잘 보여주는 예라는 논지에서였다.[25]

반면 미국은 팬데믹에 대해 엉망으로 대응하는 모습을 보였다. "미국은 사망자 수에서 전 세계 1위, 확진자 수에서 전 세계 1위를 기록하며 세계적인 무능함의 상징이 되어버렸다." 이는 저명한 외교관 윌리엄 번스William Burns가 2020년 5월 「파이낸셜 타임스」에서 했던 이야기다. "명성과 영향력 면에서 미국이 입은 손상은 너무나 커서 되돌리기 매우 힘들 것이다."[26] 블룸버그Bloomberg의 편집장인 존 미클스웨이트John Micklethwait와 에이드리언 울드리지Adrian Wooldridge도 4월에 함께 쓴 글에서 이와 비슷한 맥락의 이야기를 내놓았다.[27] 또한 5월에 로런스 서머스는 "20세기가 미국의 세기였던 것처럼 만약 21세기가 아시아의 세기로 판명난다면 이번 팬데믹이 바로 그 전환점으로 기억될 것이다."라 이야기했다.[28] 유럽연합 외교·안보 고위대표 특별보좌관인 나탈리 토치Nathalie Tocci는 2020년 코로나19 사태를 1956년의 수에즈 운하 위기에 비유하기도 했다.[29] 미국 언론인이자 역사가인 앤 애플바움Anne Applebaum은 이렇게 한탄했다. "이 세계에 미국의 지도력이란 존재하지 않는다. (…) 지금까지와는 아주 다른 미국 이후의 세계, 코로나19 이후의 세계가 벌써 그 윤곽을 드러내고 있다. (…) 공백이 생겨나자 중국 정부는 그것을 메우는 경주에서 맨 앞자리를 차지하고 있다."[30] 프린스턴대학의 역사가 해럴드 제임스Harold James는 심지어 트럼프 시기의 미국을 황혼기의 소련에 비유하기까지 했다.[31] 컬럼비아대학의 인류학자 웨이드 데이비스Wade Davis는 "제 기능을 못하고 무능한 정부의 통치로 실패한 국가"가 "해체"되는 사태에 대해 썼다. "역사의 문은 이제 아시아의 세기를 향해 열렸다."[32] 이 논쟁의 반대편에 선 이들—기디언 래크먼Gideon Rachman과 조지프 나이Joseph Nye를 주목할 만하다—은 분명 소수에 불과했다.[33] 심지어 "코로나19 팬데믹 이후의 세계가 그 이전과 근본적으로 다른 세계가 될 가능성은 없다."라고 주장했던 미국외교협회Council on Foreign Relation 회장 리처드 하스Richard Haass까지도 "기울어가는 미국의 지도력, 비틀거리는 세계 협력, 강대국 간의 불화" 등을 경고했다.[34] 한편 투자가 출신의 금융사가金融史家 레이 달리오Ray Dalio처럼 역사의 순환주기를 믿는 이들은 이미 달러가 지

배하는 세계 경제에 종말을 고하고 있다.[35] 역사가 피터 터친은 2012
년에 이미 '구조인구학 이론structural demographic theory'에 근거, 2020년은
"미국 내에서의 [폭력의] 불안정성 주기상 다음 번 절정"이 찾아올 시기
라고 예언한 바 있다.[36] 극작가 데이비드 매멋David Mamet은 파국을 경
고했던 카산드라의 예언이 자꾸 떠오른다 한 바 있는데, 2020년에 펼
쳐진 상황을 볼 때 과연 누가 그를 비웃을 수 있겠는가?[37] 분명히 우리
는 파멸을 향해 가고 있는 것으로 보였다.

　　2020년 4월에 쓴 글에서 키신저는 이번 팬데믹이 "세계 질서를 영
구히 바꿔놓을 것이다. (…) 코로나19 바이러스 이후로 이 세계는 완전
히 다른 길을 가게 될 것이다."라고 주장했다. 하지만 국제 시스템이 정

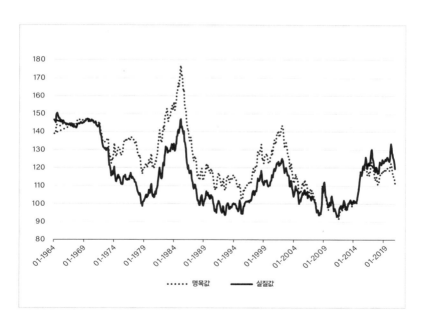

1964년 이후 미국 달러화의 무역가중 유효환율의 명목값과 실질값. Bank for International
Settlements.

　　　　　　　　　　　　　　　　　　　　　11장 _ 삼체문제

확히 어떻게 바꾼다는 것일까? 가능한 대답 하나는 코로나19가 많은 나라들에게 자립의 중요성을 상기시켰다는 데 있다. 키신저의 말을 들어보자.

> 국가들은 그것들이 갖는 여러 제도가 재난을 예견하고, 그 충격을 통제하며, 그에 따라 안정성을 회복할 수 있다는 믿음 위에서만 결속하고 번성한다. 이 팬데믹이 끝날 무렵이면 많은 나라들의 제도들은 완전히 실패했음이 인지될 것이다. 이러한 판단이 객관적으로 정당한 것인가는 중요한 문제가 아니다.[38]

대니얼 벨은 중국 공산당이 보여준 활약을 황홀감에 차서 높이 평가했지만 모든 이들이 이에 공감하는 것은 아니다. 물론 시진핑 치하 중국의 코로나19 위기가 옛 소련의 체르노빌과 같은 사태로 이어질 가능성은 크지 않다. 1986년의 소련 지도부와 달리 중국 공산당은 어떤 재난이 덮쳐도 그것을 견뎌내고 자국 경제의 산업 핵심을 다시 가동시킬 능력이 있기 때문이다. 하지만 2020년의 중국 GDP가 2010년의 두 배에 이르게끔 하겠다는 시진핑의 소중한 목표가 2020년 중반까지 달성될 만한 길은 보이지 않는다. 그 달성에 필요한 성장 목표를 팬데믹 탓에 포기할 수밖에 없었기 때문이다. 또한 시진핑이라 해서 정치적으로 난공불락인 것은 아니다. 그의 집권 기간 중엔 이미 여름 대홍수로 싼샤 댐이 붕괴할 뻔했던 위기가 있었다. 코로나19라는 두 번째 큰 재난은 그의 위상, 그리고 아마도 공산당의 위상에 대해서도 주요한 위협이 될 것이다. 현재의 중국은 이른바 '천명'이 철회된 것 같은 모습을 하고 있으니 말이다. 따라서 중국이 이번 팬데믹의 으뜸가는 지정학적 수혜자가 될 거란 생각은 지나치게 순진무구한 것이다.

　하지만 미국도 이번 팬데믹을 거치면서 세계적 차원에서의 지배력에 손상을 입지 않을 것이라 보긴 어렵다. 물론 트럼프가 이번 위기에 대한 대응을 망쳐놓은 것은 분명하지만 그것 때문만은 아니다. 이러한 위기에 대처하는 데 일차적 책임이 있는 연방 정부의 여러 부분들 또한 큰 실수로 사태를 엉망으로 만들어놓았다는 깨달음은 트럼프 개인이 갖는 문제보다 훨씬 더 심각하게 다가온다. 앞서 보았듯 이는 입법이나 팬데믹에 대응 계획 따위가 부족했기 때문이 아니었다. 그리고 그 결과 미국은 1918~1919년 스페인 독감 당시처럼 '팬데믹 다원주의' 매뉴얼에 의존할 수밖에 없었다. 즉, 각 주마다 알아서 사태에 대처했고, 그 와중에 어떤 주에서는 매우 많은 사람들이 목숨을 잃는 사태가 빚어진 것이다. 그다음에는 어리석은 방식으로 봉쇄가 해제되어 버렸고, 그에 이어선 예측했던 바대로 경제 회복이 지체되었다. 이러한 사태가 전개되는 중에 나는 나의 3부작 『콜로서스Colossus』(2004), 『니얼 퍼거슨의 시빌라이제이션』(2011), 『니얼 퍼거슨 위대한 퇴보』(2012)에서 그려봤던 미국이라는 제국의 엔드게임endgame이 그대로 눈앞에서 펼쳐지고 있는 것 같다는 느낌을 받았다. 그것도 아주 빠른 속도로.

재난의 카탈로그

모든 정부는 그들이 가장 준비되어 있지 않은 재난과 맞닥뜨리고, 이는 응당 치러야만 하는 일이기도 하다. 이것이 냉전 종식 이후의 미국 역사를 바라보는 관점들 중 하나임은 분명하다.

빌 클린턴이 1992년에 선출된 것은 40년에 걸친 미국과 소련의 싸움이 그보다 한 해 앞서 끝났기 때문이었다. 사방에서 '평화 배당금'을 나눠달라는 목소리가 높았던 당시는 조지 H. W. 부시George H. W. Bush 대통령처럼 전쟁, 외교, 정보기관 등에서 특출한 경험을 쌓은 이가 필요한 시기가 아니었다. 해군 전투기 조종사로 제2차 세계대전에 참전했던 부시는 자신이 몰던 그루먼 어벤저Grumman Avenger가 이오지마硫黃島(일본 도쿄도 남쪽 해상에 있는 화산섬_옮긴이)의 북쪽에 있는 지치지마父島에서 격추되어 죽을 고비를 넘긴 용사였다.[39] 반면 클린턴은 베트남 전쟁 당시 징병을 피하려 기를 쓴 인물이었다. 그는 로즈 장학금Rhodes Scholar으로 옥스퍼드대학에 유학하면서 반전 시위에 참여하기도 했다. 미국으로 돌아온 이후엔 주 방위군 혹은 공군에 입대하려 했으나 실패했고, 아칸소대학의 학군사관ROTC 프로그램에 지원하기도 했으나 이는 순전히 베트남으로 파병되는 일을 피하기 위해서였다. 색소폰을 불줄 아는 바람둥이에 치킨 엔칠라다를 열렬히 사랑하는 남자 클린턴은 베이비붐 세대를 8년간 계속될 파티로 이끌 자격을 완벽히 갖춘 인물로 보였다. 그런 그에게 역사는 유고슬라비아 해체 문제와 르완다 인종학살 문제를 안겨주었다.

클린턴 정부는 보스니아-헤르체고비나 전쟁을 끝내기 위해 개입하긴 했으나 그 전까지 참으로 오랫동안 시간을 끌며 결정을 미루었고, 르완다에서 벌어진 대규모 학살을 막기 위해 한 일도 전혀 없었다.[40] 1992년 대통령 선거운동 중 보스니아 문제가 불거지자 클린턴은 미국 군대가 "본질적으론 내란에 불과한 수렁으로" 끌려들어가선 안 된다고 주장했다. 말하자면 보스니아 분쟁을 일컬어 "또 하나의 베트남 전쟁"이라 한 셈이다. 또 클린턴 정부의 국방부 장관 윌리엄 코언William Cohen은 미국이 세르비아의 전쟁에 끼어드는 일은 없을 것이라 선언했는데, 이는 세르비아 측에게 고라즈데Goražde(보스니아-헤르체코비나 연방의 동쪽 끝에 위치한 보스니아포드리네 주의 주도州都_편집자)를 공격해도 좋다는 파란 신호등을 무의식중에 켜준 것이나 다름없었다.[41] 이후 클린턴은 아주 적은 군사 행동만으로도 미국이 전쟁을 종식시킬 수 있다는 확신을 갖기에 이르렀는데, 이는 W. 앤서니 레이크W. Anthony Lake(클린턴 행정부의 백악관 국가안보보좌관이었음_편집자)와 리처드 홀브룩Richard Holbrooke(미국의 외교 전문가. 클린턴 행정부에선 유럽 담당 차관보로서 유고슬라비아 내전을 종식시킨 데이턴 협정을 성사시켰음_편집자)이 클린턴을 설득하기 위해 엄청나게 노력했던 데다 언론의 태도도 갈수록 부정적으로 변한 덕분이었다.[42] 그러나 이때는 고라즈데에서 이미 10만 명 가까이가 살해당하고 220만 명이 쫓겨난 뒤였다.[43] 르완다 사태에 대한 클린턴 정부의 태도를 결정한 것 역시 미국인 사상자의 발생에 대한 두려움이었다. 1994년에 고작 200명의 미군을 르완다의 키갈리 공항Kigali Airport에 파견하겠다는 결정이 내려지긴 했으나, 이는 미군 장교가 유엔 평화유지군 대표에게 말했듯 "미국인 사상자 한 명은 르완다인 사망자 약 8만 5,000명의 가치를 갖는다."라는 역겨운 계산에 기초한 것이었다.[44] 1994년 4월부터 7월까지 르완다에서는 50만~100만 명의 사람들이 죽었으며 그 대부분은 후투족Hutu 애국주의자들에게 살해당한 투치족Tutsi이었다.

2000년에 당선된 조지 W. 부시는 선거운동 때부터 해외에 대한 미국의 책임을 줄이겠다고 선언했다. 그런데 그가 아주 근소한 차이로 신승辛勝을 거두며 대통령이 된 첫해에 9.11 테러가 터졌다. 이는 리처드 클라크Richard Clarke 외 여러 사람들이 예견한 바 있는 사건이었다. 클라크는 1992년 조지 H. W. 부시 대통령에 의해 대테러안보그룹Counter-terrorism Security Group 의장으로 임명되어 국가안보회의에 참여했던 인물로, 클린턴 대통령은 그를 유임시켰을 뿐 아니라 나중에는 '국가안보, 기간시설 보호 및 대테러 조정자National Coordinator for Security, Infrastructure Protection, and Counterterrorism'로 승진시키기도 했다. 클라크는 조지 W. 부시 정권의 국가안보팀 고위 인사들에게 오사마 빈라덴Osama bin Laden과 알카에다의 위협을 우선적으로 다루어야 한다고 반복해서 설득하고 나섰으나 결국 실패하고 말았다. 그는 2001년 4월의 어느 차관회의에서 이렇게 말했다. "알카에다는 미국을 대상으로 대규모 테러 활동을 계획하고 있습니다. 이는 각국의 이슬람 정부를 전복하고 급진적인 다국적 칼리프caliph 체제를 세우려는 획책입니다." 폴 울포위츠Paul Wolfowitz는 이를 무시했다. 클라크가 봤을 때 당시 울포위츠와 그의 상관인 국방장관 도널드 럼즈펠드Donald Rumsfeld는 이미 이라크에 개입하기로 결정한 상태였고 9.11은 그 구실을 제공했을 뿐이었다.[45] 뉴욕과 워싱턴에 행해진 공격 직후 부시 정부는 빈라덴을 숨겨준 것을 벌하기 위해 아프가니스탄 정부에 전쟁을 선포했을 뿐 아니라—이는 앨 고어Al Gore가 대통령이 되었더라도 했을 일이었다—이라크의 독재자 사담 후세인을 전복시킴으로써 '보다 큰 중동Greater Middle East'을 재편하겠다는 야심찬 전략에 착수했다. 알카에다가 파키스탄의 핵무기 전문가들을 손에 넣을 가능성에 대해 CIA의 조지 테닛George Tenet, 부통령 딕 체니Dick Cheney, 국가안보 보좌관 콘돌리자 라이스Condoleezza Rice가 2001년 11월에 행한 브리핑은 미국의 이러한 새로운 사고방식을 전형적으로 보여주었다. 체니 부통령은 미국이 새로운 종류의 위협, 즉 "발생할 확률은 낮지만 충격은 아주 큰 사건"들을 상대해야 하며 따라서 "파키스탄 과학자들이 알카에다의 핵무기 제조나 개발을 도울 확률이 단 1퍼센트만 존재해도 우리는 이를 확실히 대응해야 할 문제로 다뤄야 한다. 중요한 것은 우리의 분석이 옳은가 그른가가 아니라, 우리가 어떤 대응을 하느냐 마느냐."라고 말했다.[46] 이러한 '1퍼센트 원칙'에 합세한 것은 일부 행정 각료들의 신식민주의적 교만이었다. 언론인 론 서스킨드Ron Suskind는 조지 W. 부시 행정부의 누군가가 그에게 했던 말에 대해 이런 이야기를 들려준다.

> 그는 나 같은 사람들이 "우리가 현실 기반 공동체라 부르는 곳에서" 살고 있다며, 그런 이들을 "인식 가능한 현실을 신중히 연구하는 데서 생겨나는 해법들을 신봉하는" 사람들이라고 정의했다. 내가 고개를 끄덕이며 계몽주의 원리와 경험주의에 대해 웅얼거리자 그는 내 말을 잘라버렸다. "이제 현실은 그런 식으로 작동하지 않습니다." 그의 말은 계속되었다. "우리는 이제 제국이 되었고, 우리가 행동을 취할 때 우리 자신의 현실을 창조해냅니다. 그리고 당신들이 그런 현실을 연구하는—아마 '신중히' 하시겠죠—동안 우리는 또 다시 행동을 함으로써 또 다른 새로운 현실들을 만들어낼 테고, 그러면 당신들은 또 그것들을 연구하겠죠. 세상일들은 이런 식으로 정리됩니다. 우리는 역사를 만드는 행동가들이고 (…) 당신들, 그러니까 당신들 모두는 그저 뒤에 남아 우리가 하는 일들을 연구나 하는 겁니다."[47]

보통의 미국인 대부분은 빈라덴과 그의 동맹자들에게 정의의 심판이 내려지길 목마르게 기대하지만 그래도 이런 식으로 생각하진 않는다. 2003년 캔자스의 한 농부는 영국 작가 티머시 가턴Timothy Garton 에게 이렇게 말했다. "아무래도 우리가 이 세계의 문제를 너무 많이 관장하려 드는 것 같습니다. 옛날 로마 사람들이 그랬던 것처럼 말입니다."[48] 이러한 보통 사람들의 불편한 감정을 달래기 위해 부시 대통령은 2004년 4월 13일에 이렇게 선언한다. "우리는 제국의 권력이 아닙니다. (…) 우리는 해방의 권력입니다."[49] 국방부 장관 럼즈펠드도 이 말을 그대로 받았다. "우리는 군대를 끌고 전 세계를 쏘다니며 다른 이들의 땅이나 자원, 석유를 뺏는 그런 자들이 아닙니다." 그는 알자지라 Al Jazeera에 이렇게 말했다. "이는 미국이 하는 일이 아닙니다. 그렇게 한 적도 없고, 앞으로도 절대 그럴 일은 없습니다. 이는 민주주의 국가들의 행동 방식이 아닙니다."[50] 이렇듯 안심시키려는 그의 말을 곧이곧대로 믿는 이가 미국 바깥에는 거의 없었다.

냉전 기간 동안 미국이 겪었던 분쟁에 비추어봤을 때 이런 '테러와의 세계적 전쟁'은 그 비용이 아주 낮았다. 2003년부터 2010년까지 이루어졌던 '이라크 해방 작전Operation Iraqi Freedom'에서는 3,490명의 미군이 목숨을 잃었고 3만 1,994명이 부상을 입었다. 그 이후에 진행된 '새로운 새벽New Dawn' 작전과 '내재적 해결Inherent Solve' 작전에서는 59명이 더 사망하였다. 아프가니스탄에서 작전 중 사망한 인원은 1,847명, 부상자는 2만 149명이었는데, 2014년 말 '항구적 자유 작전Operation Enduring Freedom'(2003~2010)이 공식적으로 끝나고 '자유의 파수꾼 작전Operation Freedom's Sentinel'이 시작된 이후엔 66명의 사망자와 571명의 부상자가 더해졌다.[51] (한국전쟁 및 베트남전쟁의 전투에서 사망한 미군의 수는 총 8만 1,110명, 부상자는 총 24만 5,437명이었던 것과 이 수치를 비교해보라.)

하지만 오늘날 돌아볼 때 이러한 개입들이 큰 성공을 거두었다고 주장하긴 어렵다. 물론 개입하지 않았을 경우를 상상하는 것 자체가 어려우니 그런 가정하에서 계산해보기란 더욱 힘들 것이다. 분명한 것은 그런 개입들의 목적이 이라크와 아프가니스탄을 번영하는 민주주의 국가로, 또 외교적으론 미국과 동일한 노선의 국가로 만드는 것이었다면 최종 결과는 그에 한참 못 미쳤다는 점이다. 반면 이 정책들의 수혜자가 되어야 할 이 두 나라에서도 예상보다 훨씬 더 큰 규모의 인명희생이 따랐다. 민간 웹사이트인 '이라크 사상자 파악iraqbodycount.org'에 따르면 미국 침공 이후 발생한 폭력으로 총 28만 8,000명이 사망했는데 그중 18만 5,000~20만 8,000명이 민간인이었다고 한다.[52] 아프가니스탄에서의 사망자 수는 15만 7,000명이었고 그중 민간인은 4만 3,000명이었다.[53] 미국이 이 두 전쟁을 위해 치러야 했던 금전적 비용은 약 6조 4,000억 달러로 추산된다.[54] 하지만 '1퍼센트 독트린The one percent doctrine'(미국의 저널리스트 론 서스킨드가 제시한 개념으로, 미국에 위협이 될 가능성이 1퍼센트만 있더라도 그것을 100퍼센트로 상정하고 그에 맞는 군사행동을 취하겠다는 미국의 대외 전략을 지칭_편집자)은 오로지 대외적 위협에만 적용되는 것임이 드러났다. 허리케인 카트리나가 덮쳤던 2005년 8월 당시의 부시 정부는 완전히 무방비 상태였다. 또 이미 금융위기가 감지되었던 2006년 말에도 이를 예측하고 준비하는 데 실패했으며, 이는 결국 2008년 9월 리먼브러더스Lehman Brothers의 파산과 함께 은행 시스템에 전면적인 타격을 입히고 말았다. 전략과 재무리스크 관리는 서로 완전히 별개인 두 영역에 제각기 존재하는 것처럼 보였다.[55]

2002년 2월 12일에 있었던 언론 브리핑에서 럼즈펠드 국방장관은 사담 후세인과 알카에다의 연계성이 존재한다는 주장과 관련된 질문을 받았다. 이 주장은 정부의 입장에서 중심적인 것이었지만 잘못된 것임이 거의 확실했다. 당시의 문답을 보면 실로 많은 것이 드러난다.

기자: 이라크의 대량살상 무기와 테러리스트들에 관해 질문 드리겠습니다. 이라크가 테러리스트들에게 대량살상 무기를 제공하려 시도했거나 그럴 생각이 있음을 보여주는 증거가 있는지요? 이 질문을 드리는 것은 바그다드와 이 테러리스트 조직들이 직접적으로 관련되어 있다는 증거는 없다는 보도들이 나오고 있기 때문입니다.

럼즈펠드: 저는 어떤 일이 아직 일어난 건 아니라는 신문 보도를 보면 항상 흥미를 느낍니다. 왜냐면 '알려져 있기에 아는 것들known knowns'이 존재한다는 것을 우리가 알고 있기 때문입니다. 즉, 우리가 알고 있다는 사실을 우리가 아는 사안들이 있죠. 또 우리는 '잘 모르게 아는 것들known unknowns', 즉 우리가 모르는 어떤 것들이 존재함을 알고 있습니다. 하지만 또한 '모른다는 사실조차 모르고 있는 것들unknown unknowns', 다시 말해 우리가 모르고 있다는 사실마저도 알지 못하고 있는 것들이 있죠. 미국, 그리고 다른 자유국가들의 전반적인 역사를 들여다보면, 어려운 문제들은 바로 그 [마지막] 범주의 것들임을 알 수 있습니다.[56]

이 '모른다는 사실조차 모르고 있는 것들'이라는 개념의 기원은 심리학자 조지프 러프트Joseph Luft와 해링턴 잉엄Harrington Ingham이 발표한 1955년 논문에서 찾을 수 있는데,[57] 럼즈펠드 자신은 이를 NASA 관리자인 윌리엄 그레이엄William Graham으로부터 들은 것이라 했다. 1990년대에 의회의 '대미탄도미사일위협평가위원회Commission to Assess the Ballistic Missile Threat to the United States'에서 함께 일했을 때 들었다는 것이었다.[58] 8장에서 보았듯 NASA 관리자들은 '모른다는 사실조차 모르고 있는 것들'에 대해 걱정할 만한 충분한 이유가 있었다. 하지만 그들도 럼즈펠드처럼 이 '알고 있다는 사실이 알려져 있지 않은 것들unknown knowns', 즉 완벽히 자명한 위험들—가령 오링에서 발생한 문제라든가 사담 후세인 이후의 이라크에서 벌어지는 반란과 소요—이지만 정책 입안자들이 자신들의 선입견과 일치하지 않는다는 이유 때문에 무의식적으로 무시해버리는 것들에 대해 좀 더 많은 관심을 기울였어야 했다. 앞서 언급한 기자회견에서 딱 1년이 지나 사담 후세인이 사라지고 이라크가 이미 무정부상태로 퇴락하고 있을 무렵, 럼즈펠드는 다시 기자회견장에 나와야 했다. 바그다드에서 벌어지는 약탈에 대해 그는 '억눌린 좌절감'이 터진 결과이며 곧 가라앉을 것이라고 설명했다. "자유는 단정한 상태가 아닙니다. 그리고 자유로운 시민에겐 실수를 저지를 자유나 범죄를 저지를 자유, 또 나쁜 일을 할 자유도 있습니다." 럼즈펠드의 말이다. "별의별 일이 다 벌어지기 마련이죠.Stuff happens."[59]

2008년 10월 부시의 지지율은 25퍼센트로 떨어졌고, 당시 초선 상원의원이었던—그리고 미국의 이라크 침공을 반대했던—버락 오바마는 호전적 기질로 유명했던 공화당 후보 존 매케인을 선거에서 가볍게 이길 수 있었다(당시 뉴햄프셔의 한 타운홀 미팅town hall meeting(정책 결정권자 또는 선거입후보자가 지역 주민들을 초대하여 정책 또는 주요 이슈에 대해 설명하고 의견을 듣는 비공식적 공개회의_편집자)에 참석한 매케인은 어느 반전활동가의 질문에 대해 미국 군대는 이라크에 "어쩌면 100년간"

주둔할 수도 있는데 "나는 그래도 괜찮다고 본다."라고 답했다가 홍역을 치렀다.[60])

하지만 미국을 중동 지역에서 구출해내는 일은 말보다 어려웠다. 2011년 8월 아랍 세계가 혁명에 휩쓸렸을 때 오바마는 시리아의 독재자 바샤르 알아사드Bashar al-Assad에게 '하야하라'고 말했다. 그러나 한편으론 자유시리아군Free Syrian Army에게 무기를 제공함으로써 그럴 의도는 아니었다고 반박했다. 2012년 당시 그가 했던 일이라고는 그리 힘을 발휘하지 못하는 자유시리아군 1만 명에 대한 CIA의 훈련을 승인한 것 정도였다. 2012년 7월과 2013년 8월 사이에 백악관은 만약 알아사드가 화학무기를 사용한다면 그는 "레드라인red line(대립 혹은 협상 시 한쪽이 절대 양보할 수 없는 쟁점이나 요구_편집자)을 넘은 것"으로 간주될 것이라 했다. 이에 개의치 않고 화학무기는 마구 사용되었지만, 2013년 8월 30일 오바마 대통령은 수석보좌관인 데니스 맥도너Denis McDonough에게만 자문을 구한 뒤 이미 계획되어 있었던 공습을 취소해버림으로써 그의 국가안보팀을 좌절에 빠뜨렸다. 그다음으로 그는 아사드가 자신의 화학무기(의 일부)를 넘겨주는 협상을 러시아 정부로 하여금 진행하게 했다. 2013년 9월 10일의 대국민 연설에서 오바마는 미국이 더 이상 "전 세계의 경찰"이 아니라고 선언했다.[61] 그로부터 1년이 채 되지 않아 테러집단인 ISIS ─ 오바마가 이라크에서 미군을 철수시킨 뒤 알카에다의 잔재로부터 생겨난 집단이다 ─ 는 제임스 폴리James Foley 및 다른 서방 인질들을 참수했고, 이에 오바마는 시리아 내의 ISIS에 대한 페르시아만 국가들과의 합동공습을 승인하기에 이르렀다. 2015년 9월 러시아의 합동군사행동 제안을 오바마가 거절하자 블라디미르 푸틴 대통령은 30여 대의 전투기는 물론 1,500명의 군대를 라타키아Latakia

에, 또 군함들을 카스피해로 파견했다.

이즈음 백악관은 참으로 어설픈 구호를 만들어냈으니, "멍청한 짓은 하지 마라Don't do stupid shit."가 그것이었다(오바마의 국가안보보좌관으로 전략커뮤니케이션을 담당했던 벤 로즈Ben Rhodes는 "백악관에서 우리가 고민했던 질문은 '이 멍청한 그룹에 있는 사람들은 정확히 누구지? 그 멍청한 짓들을 지지하는 건 누구인 거고?' 같은 것이었다."라고 말한 바 있다). 푸틴이 시리아 분쟁에 개입하게 내버려두는 것을 두고 로즈와 동료들은 "톰 소여식 접근법Tom Sawyer approach"이라 불렀다. '푸틴이 시리아의 담벼락에 페인트칠이나 하면서 자기 체제의 자원을 써버리겠다고 하면 미국은 그들이 그렇게 하도록 내버려두어야 한다'는 의미였다.[62] 그리고 그 결과는 처참했다. 시리아 내전이 계속되면서 50만 명 이상의 사망자가 나왔는데 그중 거의 절반은 민간인이었고,[63] 약 1,340만 명이 강제로 고향에서 쫓겨났으며 그 가운데 660만 명은 이제 외국을 떠도는 신세가 되었다.[64] 그리하여 비단 시리아인들뿐 아니라 이슬람 세계 전역의 난민과 이주민 200만~300만 명이 이를 기회로 여겨 유럽으로 밀려든 것이다. 분쟁이 격화되자 중대한 전략적 결과들도 나타났는데, 그중 가장 중요한 것은 러시아가 1970년대 초 이후 처음으로 이 지역의 주요 국가로서 귀환한 것이었다. 요컨대 미국이 시리아에 개입하지 않는 입장으로 일관했던 결과는 여러 면에서 미국의 이라크 개입에 따른 결과만큼이나 끔찍했다. 비록 미국인들의 생명과 달러는 훨씬 더 아낄 수 있었지만 말이다.[65]

여기에 참으로 큰 아이러니가 있다. 2012년 미국 대선 토론에서 오바마는 공화당 후보 미트 롬니Mitt Romney에게 이렇게 말했다. "1980년대는 당시의 외교 정책을 물러달라고 우리에게 외치고 있습니다. 냉전이 끝난 지는 이미 20년이나 되었다면서 말이죠." 이는 롬니가 러시아를 "우리의 으뜸가는 지정학적 적수"라 묘사했던 것에 대한 조롱이었다.[66] 1년 후인 2014년 1월 자신의 두 번째 취임 연설 직후에도 오바마는 「뉴요커The New Yorker」의 편집자에게 여유만만한 태도로 말했다. "지금 당장은 조지 케넌George Kennan도 별로 필요하지 않습니다."[67] 조지 케넌은 냉전이 시작될 당시 소련의 팽창주의에 대한 '억제' 정책을 전략으로 설계했던 인물인데, 그런 사람이 필요한 상황은 아님을 암시한 것이다. 하지만 그다음 한 달이 끝나기도 전에 러시아 군대는 크림반도를 점령했고 동우크라이나를 침략했다. 그 후 3월 18일 크림반도는 러시아에 병합되었다. 러시아의 지원을 받는 분리주의자들이 우크라이나의 상당 부분을 장악하면서 도네츠크Donetsk와 루한스크Luhansk를 둘러싼 싸움이 일어났고, 이는 오늘날에도 계속되고 있다.

하지만 오바마의 재임 기간에 있었던 가장 큰 재난은 외국이 아닌 국내에서 터졌다. 보수주의자들은 오바마가 대통령에 당선될 당시 그를 좌파 민주당원이라고 간주했으나, 당선 이후 그는 심각한 사회경제적 위기에 맞서 국가를 이끌어나가는 위치에 서게 되었다. 이 위기는 부분적으로는 전임자로부터 물려받은 금융혼란에서 시작되었지만 부분적으로는 그보다 장기적인 추세에서 비롯된 것이었다. 그런데 그가 경제회복을 위해 취한 조치들, 특히 연준의 '양적 완화' 프로그램 같은 것들은 금융 자산 소유자들에게 간접적으로 큰 혜택을 주었다. 미국인들의 전체 순자산 중 최상위 1퍼센트가 보유한 것의 비중은 2009년 1/4분기에 26퍼센트였으나 2016년 4/4분기엔 32퍼센트로 훌쩍 뛰었다.[68] 한편 중산층 및 하류층의 미국 백인들은 경제침체는 물론 프린스턴 대학의 경제학자 앤 케이스Anne Case와 앵거스 디턴Angus Deaton이 '절

망사deaths of despair'라 일컬었던 것의 확산도 감내해야만 했다. '절망사'
는 약물남용, 알코올중독, 자살뿐 아니라 장애, 통증, 불안감의 확연한
증가로 인해 초래되는 죽음을 말한다. 케이스와 디턴에 따르면 "1979
년부터 1998년까지 사망률이 연간 1.8퍼센트씩 감소했던 추세가 계속
되었더라면 1999~2013년에는 48만 8,500명의 죽음을 막을 수 있었
을 것"이다.[69] 오바마의 재임 기간 동안에는 세 번의 약물남용 유행—
첫 번째는 마약성 처방약, 두 번째는 헤로인, 세 번째는 펜타닐과 같
은 합성 마약이었다—시기가 있었는데 이로 인해 마약 사망자 수가
급증, 2008년에는 10만 명당 6.4명이었던 것이 2016년에는 그 두 배
인 13.3명에 이르렀다.[70] 2009년과 2016년 사이에 약물남용으로 목숨
을 잃은 미국인의 수는 36만 5,000명 이상이었다. 가장 심각한 영향을
받은 연령집단은 25~54세로, 2016년 당시 이 집단의 약물남용자 비
율은 10만 명당 34~35명이었고 그 결과 망실된 수명 연수의 총합은
1918~1919년 스페인 독감 당시의 것에 육박했다.[71] 미국인들을 죽음
으로 몰아넣은 합성 오피오이드와 펜타닐 전구체의 주요 공급원이 중
국이라는 사실은 잘 지적되지 않는다.[72]

하지만 언론매체는 오바마 행정부가 약물남용의 유행에 제대로 대
처하지 못한 점에 대해 거의 침묵했다. 그리고 이러한 사회적 추세는
2016년 대통령 선거에서 도널드 트럼프와 같은 포퓰리스트 별종이 처
음에는 공화당 후보 자리를, 그다음에는 힐러리 클린턴을 물리치고 대
통령 자리까지 꿰차게 된 현상을 상당 부분 설명해준다. 미국 중부 지
역이 "대학살극carnage"을 겪었다는 트럼프의 주장은 많은 유권자들의
마음을 울렸고, 특히 미시건과 위스콘신처럼 중서부에 있는 경합주들
의 핵심 유권자들에게 크게 다가갔다. 그는 낯익은 포퓰리즘의 수사법

11장 _ 삼체문제

을 사용하여 대중의 분노를 좌파 포퓰리즘이 즐겨 공격하는 은행가들 쪽이 아닌 중국(세계화), 멕시코(이민), 힐러리 클린턴 등으로 향하게 만드는 데 뛰어난 기술을 보였다. 특히 부유한 진보 엘리트인 힐러리 클린턴은 '현실의 보통 사람들'이 갖는 관심사와는 완전히 유리된 채 트럼프 지지자들의 절반을 비웃고 무시한 바 있었다. "참 한심한 작자들의 무리입니다. (…) 인종주의자, 성차별주의자, 동성애 혐오자, 외국인 혐오자, 이슬람 혐오자 등 뭐든지 말해보세요. 그들에게 다 해당됩니다."[73] 국가관료 조직, 학계, 기업계의 엘리트 집단에 포진한 많은 오바마 추종자들은 트럼프 당선 소식에 아연실색했다. 이런 엘리트층의 공포가 가장 명확하게 드러난 것은 2017년의 여성행진 당시 벌어졌던 항의 시위였다. 그 시위에 참여한 한 집단을 샘플로 삼아 추정해볼 때 시위대 중 절반은 대학원 졸업 이상의 고학력자였다.[74]

그보다 좀 더 세련된 공격도 있었으니, 오바마 정권에 참여했던 이들이 줄줄이 나서서 꾸준히 트럼프를 비난하는 브리핑의 흐름을 이어가는 것이었다. 투자은행가였다가 오바마 정권에서 에너지부Energy Department의 리스크 담당관이 되었던 존 맥윌리엄스John McWilliams는 마이클 루이스Michael Lewis와의 대화에서 다섯 가지 리스크를 경고한다. 첫째는 '부러진 화살'(즉, 분실 혹은 손상된 핵미사일/폭탄), 둘째와 셋째는 북한 및 이란의 핵공격, 넷째는 미국 전력망에 대한 공격, 그리고 '다섯째 리스크'는 정부 프로그램 관리의 퇴락이다. 루이스의 설명에 따르면 이 '다섯째 리스크'는 "사회가 장기적 리스크들에 대해 단기적 해법들로 대응하는 버릇에 젖어들 때 나타난다. (…) '프로그램 관리 program management'는 사람들이 보통 리스크라고 상상조차 해본 적 없는, 그야말로 존속 자체의 위험에 대응하는 것이다. (…) 하지만 이러한 혁신은 결코 벌어지지도 않으며 그러한 지식도 창출되는 법이 없다. 그런 혁신과 지식을 위한 기반 작업이 중지된 상태이기 때문이다. 이 리스크가 터지지 않고 별 탈 없이 넘어갈 수도 있지만, 그때에도 우리는 무엇이 우리를 구해주었는지 결코 알 길이 없을 것이다."[75] 요컨대 이는 럼즈펠드가 말하는 '모른다는 사실조차 모르고 있는 것'이며, 이걸 제대로 다룰 줄 알아야 대통령이라는 점을 암시하는 이야기다. 그런데 코로나19가 덮친 2020년에 무엇이 잘못되었던 것인지를 정말 이걸로 설명할 수 있을까? 이는 정부가 일하는 방식에 대해 매우 천진난만한 관점을 갖고 있을 때에야 가능하다. 중국에서 시작된 위협을 막는 최상의 방법은 철저한 국경통제일 수 있었고, 그런 위협에 준비된 정부가 있다면 그것은 바로 반중국 성향을 내보이는 데다 국경통제를 지지하는 트럼프 정부였다. 즉 '우한 독감'(트럼프 대통령이 코로나19 바이러스를 지칭할 때 사용했던 표현_편집자)은 트럼프 같은 포퓰리즘 대통령에게 이상적인 재앙이었어야 했다.

인생이 매우 1차원적인 논평가들은 2020년 코로나19 사태로 인한 초과사망률에 대한 책임을 거리낌 없이 트럼프에게로 돌렸다. 물론 최종적으로 책임을 져야 하는 사람이 트럼프임엔 틀림없다. 모든 대통령은 다 그럴 수밖에 없으니 말이다. 트럼프가 사태를 악화시켰다는 것은 분명한 사실이다. 그는 코로나19의 위험을 별것 아닌 것처럼 만들었고, 돌팔이 의사의 요법 같은 것을 치료법인 듯 떠벌였다. 잘못된 인물들을 책임자로 앉혔는가 하면 마스크 쓰기의 중요성을 무시했다. 또 트위터에 새빨간 거짓말을 올렸으며, 주변 사람들의 건강을 매정하게 무시하고선 선거운동을 다녔다. 물론 트럼프 정부에겐 '초광속 작전 Operation Warp Speed'(미 정부가 코로나19에 대한 백신과 치료제, 검사키트의 개발제조 및 보급을 가속화하기 위해 시작한 민관 파트너십_편집자)처럼 잘 해낸 일도 있긴 하나, 해야 할 것은 제대로 하지 않으면서 하지 말아야 할 것은 열심히 했던 트럼프의 죄가 너무 크기 때문에 그런 업적은 내세울 수도 없는 처지다. 하지만 트럼프가 미국으로 하여금 공중보건에서의 재앙을 피해가게 할 수도 있었다고 주장하는 것은 마치 빌 클린턴이 보스니아의 해체나 르완다 인종학살을 막을 수도 있었다고 주장하는 것이나 마찬가지다. 부시 대통령은 허리케인 카트리나로부터 뉴올리언스를 구출하거나 2008년 금융위기를 피할 수도 있었다고, 오바마는 시리아 내전을 피하거나 조속히 끝내고 또 수십만의 미국인들을 약물과용에서 구해낼 수 있었다고 주장하는 것도 이와 다를 바 없다. 이 모든 주장들은 톨스토이가 말하는 '나폴레옹 오류'의 다른 버전들일 뿐으로, 미국 대통령을 전능한 집행자라 상상하고선 정치적 재난에 따르기 마련인 복잡성을 너무나도 크게 무시해버리는 일이다. 실제의 대통령은 관료적 위계조직의 꼭대기에 올라앉은 한 개인일 뿐이며, 지난 몇 십 년 동안 그 조직은 이런저런 재난을 관리하는 갈수록 능력이 저하되어온 것으로 보인다.

비동맹 세력의 귀환

코로나19 팬데믹은 세계 모든 강대국들의 여러 약점을 여실히 드러냈다. 미국뿐 아니라 중국, 그리고 유럽연합도 마찬가지였다.[76] 이는 전혀 놀랄 일이 아니다. 앞서 보았듯 역병은 일반적으로 큰 제국들에게 해로운 현상이며, 특히 사람과 물자가 자유로이 드나드는 국경의 제국이라면 더욱 그러하다(마르쿠스 아우렐리우스와 유스티니아누스 치하의 로마가 이에 해당함을 본 바 있다). 도시국가와 소규모 국민국가는 전염병을 막는 데 있어 유리한 위치에 있다. 핵심 포인트는 병원체가 잡히지 않고 있는 상황에서는 '규모의 비경제'가 존재한다는 것이다. 하지만 대만, 한국, 싱가포르, 뉴질랜드, (그리고 코로나19 사태 초기의) 이스라엘 등 팬데믹 사태에 유능하게 대처했던 작은 나라들은 현대판 도시국가 이상이 결코 아니며, 강대국이라 할 수 있는 국가들 또한 아니다. 따라서 이런 질문이 생긴다. '진정한 위기상황에서는 작은 국가가 아름답다'는 것이 증명된 상황에서 이익을 얻는 것은 누구일까? 전지적 감시국가를 구축하고 있는 중국은 최소한 팬데믹 억제라는 점에서 봤을 때 갈수록 무능해지고 있는 미국 민주주의에 비해 우수성을 입증한 것으로 보인다. 다른 한편, 홍콩이 근년에 겪은 운명은 중국의 제국주의식 판옵티콘으로 통합되는 것이 얼마나 큰 악몽인지를 여실히 보여주었다. 더욱이 팬데믹으로 드러난 각종 분열 양상은 이미 탈중앙화가 어느 정도 필요해진 연방 체제보다는 일당국가 체제에 더 큰 위협이 된다. 최소한 이론적으로는 그렇다.

키신저가 말했듯, "어떤 나라도 순전히 그 혼자만의 노력으로 바이러스를 극복할 수는 없다. (…) 이번 팬데믹은 모종의 시대착오적 질서가 다시 돌아오게끔 재촉하고 있다. 물자와 사람의 세계적 이동이 번영의 기초가 되는 오늘날에 성벽 도시를 다시 부활시키고 있으니 말이다." 궁극적으로 보자면 대만은 고립된 상태에서 번영을 이룰 수 없고 한국도 마찬가지다. "지금이야 당장의 여러 문제에 대처하는 데 급급하겠지만 궁극적으론 이러한 노력도 세계적 차원에서의 협력적 비전과 프로그램과 연결되어야만 한다. 마셜 플랜Marshall Plan과 맨해튼 프

11장 _ 삼체문제

로젝트Manhattan Project의 개발 과정에서 얻은 교훈을 기억한다면, 미국은 자유주의적 세계 질서의 원칙들을 수호하기 위해 (…) 큰 행동과 노력을 떠안을 의무가 있다."[77] 많은 이들이 이를 희망사항이라 여겼다. 코로나19 사태 이전부터 국제관계학자 대부분이 봤을 때 트럼프 정부의 명성은 이미 완전히 바닥으로 추락한 상태였다. 트럼프 대통령은 건물 철거 시 크레인에 매달고 휘두르는 레킹볼wrecking ball 같은 존재로 여겨졌다. 말하자면 세계적 안정의 기반이라 여겨지는 많은 기관 및 제도들을 가차 없이 한 방에 무너뜨리는 이미지였던 것이다. 특히 세계무역기구World Trade Organization가 그러했고 최근에는 WHO가 일을 당했으며, 이란핵협정과 파리기후협정은 말할 것도 없다. 하지만 트럼프 정부는 중국과의 '전략적 경쟁'에 매진하는 것을 핵심 전략으로 삼는 정권이었으니, 이와 관련해 이런 모든 기관들 및 협정들이 얼마나 효율적이었는지도 한 번 따져보는 것이 합리적일 것이다.[78] 트럼프 정부에 대한 평가를 할 때, 대개 신화처럼 여겨지는 '자유주의적 국제질서'란 것에 대해 대통령이 날려댄 트윗뿐 아니라 그 정부가 목표로 삼는 것과 관련해 실제로 어떤 행동을 취했는지를 살펴보면 상당히 다른 그림이 나타난다.[79] 중국과의 경쟁에 있어 트럼프 정부는 서로 다른 네 가지 영역에서 성과를 냈거나 그럴 가능성을 갖고 있었으며, 최소한 어느 정도의 성공은 거두었다고 할 수 있다.

첫 번째는 금융 영역이다. 중국은 오랜 시간 동안 자국 통화의 태환 가능성을 타진해왔다. 이는 중국 바깥의 자산에 대한 중국 내 자산가들의 수요가 비록 억눌려 있긴 하나 아주 크기 때문에 사실상 실현 불가능한 일로 판명되었다. 좀 더 최근 들어 중국 정부는 개발도상국들에게 대규모 대출—전부는 아니지만 그중 상당액은 '일대일로' 계획의 일부다―을 향함으로써 자국의 금융적 영향력을 늘리고자 했다. 코로나19로 촉발된 위기는 미국에게 세계 금융에서의 리더십을 재정립할 수 있는 기회를 제공했다. 3월에는 전 세계적으로 심각한 유동성 위기가 있었고, 이에 대응하여 미 연준은 통화스와프, 그리고 '환매조건부채권 거래를 위한 레포 기구FIMA Repo facility' 설치 등 각국 중앙은행들에 달러 유동성을 공급하기 위한 두 가지 방안을 마련했다. 통화스와프는 이미 유럽, 영국, 캐나다, 일본, 스위스 등에 적용되었으며 브라질, 멕시코, 한국 등을 포함한 9개국으로 대상 국가가 확대되었는데, 절정에 달했을 때는 미결제 스와프 달러 총액이 4,490억 달러에 이르기도 했다.[80] 새로운 레포 제도는 170개국의 중앙은행이 단기적으로 달러를 빌릴 수 있게 해주었다. 동시에 IMF―트럼프 정부는 이 다자기구를 건드릴 조짐을 전혀 보이지 않았다―는 100여 개국으로부터 쏟아져 나온 도움 요청에 대처하여 아프가니스탄, 아이티, 르완다, 예멘 등 25개 저소득 국가들이 물어야 할 원리금을 6개월 연기해주었다. 또한 G20 국가들은 빈곤한 76개 개발도상국들과 양자간 부채를 동결하는 데 합의했다.[81] 아르헨티나, 에콰도르, 레바논, 르완다, 잠비아 등의 나라들이 줄줄이 상환 중지, 기한 재조정, 채무 재조정 등을 외치고 나서자 국제 금융 채권자들은 몸을 사리기 시작했으며, 이에 미국은 중국보다 훨씬 강력한 입지에 서게 되었다. 물론 2013년 이후 중국의 금융 기관들이 '일대일로' 프로젝트에 대출해주었다고 공표한 총액은 4,610억 달러에 달하며, 이로 인해 중국 또한 신흥 시장에서 다른 이들이 넘볼 수 없는 최대의 채권자가 되었다.[82] 하지만 이러한 대출들은 구체적인 계약 조건을 밝히지 않아 투명성이 결여되어 있었기 때문에 현 세계은행의 수석경제학자인 카르멘 라인하트Carmen Reinhart를 포

함한 서방 학자들의 의심을 상당 기간 동안 불러일으키기도 했다.[83]

국제 결제 시스템이 달러에 지배되는 상황을 한탄하는 것과 그 지배력을 줄일 수 있는 방법을 고안하는 것은 전혀 다른 문제다.[84] 미국 달러화가 국제준비통화로 영국 파운드화를 대체할 준비가 되어 있었던 1940년대와 달리, 헨리 폴슨 등이 지적한 것처럼 2020년 중국의 인민폐는 태환 통화로 갈 길이 여전히 먼 상태다.[85] 중국과 유럽에서 중앙은행의 디지털 통화 실험이 있었지만 이는 달러의 지배력에 대해 아무런 명백한 위협도 되지 않는다. 페이스북이 내놓은 장대한 디지털 통화 계획인 리브라Libra 구상이 달러를 대체할 수 있는 확률은 어떤 이의 말마따나 "에스페란토어가 영어를 대체할 확률과 비슷하다."[86] 2020년 중반의 시점에서 볼 때 미국은 이 새로운 금융 기술을 채택하는 데 있어 아시아, 유럽, 심지어 남미에도 뒤진 상황이라고 할 수 있다. 하지만 달러화를 대체하기 위한 가장 야심찬 대안이었던 동아시아 디지털 통화 구상─중국의 위안화, 일본의 엔화, 한국의 원화, 홍콩의 달러화로 구성된다─은 일본 및 한국 정부가 중국 정부의 금융적 야심에 대해 깊은 의심을 품고 있으므로 결실을 맺기 어려울 것으로 보인다.[87]

비록 확실하진 않지만, 미국의 지배력이 재정립되었을 가능성이 높은 두 번째 영역은 코로나19 바이러스의 백신을 찾아내는 분야다.[88] 밀켄연구소Milken Institute에 따르면 내가 이 글을 쓰고 있는 현 시점을 기준으로 진행 중인 백신 연구 프로젝트는 200개 이상이며, 그중 다섯은 이미 인체실험 3상 단계에 있다고 한다. 옥스퍼드 백시테크, 모더나 등을 포함한 여덟 후보들은 트럼프 행정부의 '초광속 작전'의 일환으로 미 정부의 자금 지원을 받았다.[89] 3상 단계의 백신들 중 세 개는 중국의 것으로, 모더나의 mRNA-1273보다 한 세대 이전의 의학 기술에 기초한 사백신inactivated whole virus vaccine이다.[90] 2020년 4월에 있었던 「네이처」의 조사에 따르면 "코로나19 백신 개발 활동의 대부분은 북미에서 이뤄지고 있으며, 확인된 생백신active vaccine 후보들을 개발 중인 업체가 36곳(전체의 46퍼센트)에 달한다. 이에 비해 중국의 업체, (중국을 제외한) 아시아 및 오스트레일리아 업체, 유럽 업체는 각각 14곳(18퍼센트)이다."[91] 물론 중국의 경쟁사들 중 하나가 성공 확률이 희박한 상황을 뚫고 백신을 먼저 내놓을 수도 있다. 그렇지만 중화인민공화국에겐 백신 안전성과 규제의 문제가 여러 번 반복해서 발생했던 역사가 있음을 기억할 필요가 있다. 가장 최근의 사례는 2019년 1월 장쑤성江蘇省에서 아이들에게 유통기한이 지난 소아마비 백신을 접종한 사건이었고,[92] 그 전인 2018년 7월에는 25만 회분의 디프테리아, 파상풍, 백일해 백신에 결함이 있음이 밝혀지기도 했다.[93] 중국식품의약국Chinese State Food and Drug Administration의 전 수장이었던 정샤오위郑筱萸가 자국의 제약회사 여덟 곳으로부터 뇌물을 수수한 죄로 사형 선고를 받았던 것이 불과 14년 전 일이다.[94] 중국과 러시아의 백신 프로젝트는 1950년대에나 사용되었던 개발 및 시험 방법에 기초하고 있는 듯 보이는데, 그렇다면 양국은 그에 따르는 모든 리스크도 감당해야 할 것이다.

세 번째, 2020년 들어 미국은 중국과의 '기술 전쟁'에서 겨우 앞서나가기 시작했다. 화웨이가 생산한 5G 장비를 사용하지 말라고 트럼프가 동맹국들에게 압력을 넣었던 것이 결과를 내기 시작한 것이다. 독일에서는 앙겔라 메르켈Angela Merkel 총리의 기독교민주동맹Christian Democratic Union 내 주요 인사인 노르베르트 뢰트겐Norbert Röttgen이 "믿을 수 없는" 기업이 "핵심 및 주변 네트워크 모두"에 접근하지 못하게 하는 법안을 만드는 데 일조했다.[95] 영국의 보수당 하원의원이자 중국

11장 _ 삼체문제

연구그룹China Research Group의 설립자인 닐 오브라이언Neil O'Brien과 38명의 보수당 일반 의원들은 보리스 존슨 총리가 화웨이를 바라보는 관점을 바꾸어놓는 데 성공했고, 이는 중국 「차이나 데일리China Daily」의 편집자들을 분노하게 만들기도 했다.[96] 그리고 이보다 좀 더 중요한 조치가 있었다. 미국 상무부U.S. Commerce Department가 5월 15일에 공표하고 8월 17일에 더욱 강화한 뒤 9월 중순부터 발효되는 조치로, 이제 미국뿐 아니라 세계 어디에서든 미국의 기술이나 지적 재산으로 생산되는 선진 반도체는 화웨이로 공급되어선 안 된다는 것이었다. 여기에는 세계 1위의 반도체 제조사인 대만의 TSMCTaiwan Semiconductor Manufacturing Company가 생산한 칩도 포함되어 있었다. 이 새로운 미국의 규제는 화웨이의 반도체 자회사인 하이실리콘HiSilcon에게 잠재적으로 치명적인 위협이 될 수 있다.[97]

마지막으로, 미국은 인공지능과 양자컴퓨팅 분야에서 우위를 점하고 있는데, 이것이 아주 중요한 이점으로 부각되기 시작하였다. 물론 H-1B 비자(의료, IT 등 중요한 기술 분야의 전문직 자격증 소지자들에게 발급되는 비자_옮긴이)로 미국에 입국한 컴퓨터 프로그래머 및 여타 숙련된 노동자들에 대해 비자를 제한하겠다고 했던 트럼프 대통령의 조치에는 궁극적으로 이러한 우위를 줄일 위험이 있다는 점을 기억할 필요가 있다.[98] 그럼에도 2020년에 나온 한 연구는 "최고급 인공지능 연구원들을 양산하는 가장 큰 국가는 중국이지만 (…) 그 중국 연구원들의 대다수는 연구, 일, 생활을 위해 중국을 떠나 미국으로 향한다"는 사실을 보여준 바 있다.[99] 기술 전쟁에 대해 옥스퍼드에서 이뤄진 한 조사는 이렇게 결론을 맺었다. "2003년 이후 가장 많이 인용된 100대 특허 중 중국에서 나온 것은 단 하나도 없다. (…) 인터넷이 전면적으로 검열당하는 데다 순응과 굴종을 장려하는 사회신용 시스템까지 결합된 감시국가가 창의성을 키울 가능성은 없다고 보인다."[100] 칭화대학교의 국제관계연구소Institute of International Relations 소장인 옌쉐퉁闖學通은 만약 2차 냉전이 일어난다면 1차 냉전을 고위험 고비용 전쟁으로 만들었던 대리전도, 또 핵전쟁이라는 벼랑 끝 전술도 없는 순수한 기술 경쟁이 될 것이라 이야기한 바 있는데, 만약 그렇다면 미국이 승리할 가능성이 커질 것이다.[101]

트럼프 정부가 '자유주의적 세계 질서의 원칙들을 수호'하고 있었다고 주장하긴 힘들다. 이는 결코 트럼프 정부의 존재 이유가 아니었다. 그럼에도 트럼프 정권은 스스로가 공언한 목표, 즉 중국과 '전략적'으로 경쟁하여 이기겠다는 목표를 달성하는 데 필요한 일부 조치들에선 상당한 효과를 거두었다. 하지만 이 전략 자체엔 잠재적 결함이 있다. 1차 냉전 당시 다양한 억지 전략들로 미국이 이룬 큰 성과는 바로 제3차 세계대전을 일으키지 않고서도 소련 권력의 팽창을 견제하고 심지어 결국에는 붕괴시킨 것이었다. 그렇다면 미국의 이런 '전략 경쟁 strategic competition'이 이번엔 과거보다 덜 성공적일 수도 있지 않을까? 그럴 수 있다. 첫째, 러시아 정부가 갈고닦았으며 중국 정부가 채택한 정보 전쟁 및 사이버 전쟁 작전은 미국의 정치적·경제적 시스템에 심각한 혼란을 초래할 수 있다.[102] 둘째, 남중국해나 대만 해협에서 재래식 전쟁이 벌어질 경우 미국은 불리한 위치에 놓일 수도 있다. F-35 전투기들을 실은 미국 항공모함 함대는 이제 '항공모함 킬러'라고도 불리는 DF-21D, 즉 세계 최초로 타격이 가능한 대함탄도미사일을 비롯한 중국의 신무기에 대단히 취약하기 때문이다.[103] 미국이 해전에서의 대패와 외교적 망신을 함께 당할 가능성은 누구라도 쉽게 상상할 수 있다.[104] 사망자 수와 무관하게, 코로나19 이후의 상황에서 이는 전혀 다른 규모의 재난이 될 것이다.

그리고 셋째, 미국은 이미 말로 뱉은 약속들을 행동으로 뒷받침하기 어려운 상태가 되었다. 2020년 여름 중국은 홍콩에 대해 새로운 국가보안법을 강제함으로써 이 지역의 자치에 치명타를 날렸고 2047년까지 '일국양제'를 보장했던 1981년의 홍콩반환협정의 내용을 확실하게 위반했다. 중국의 여러 정부 기관 및 기업 들을 미국 상무부의 제재 리스트에 올린 것도 중국 정부가 계속 나아가는 것을 막진 못했다. 분노한 미국 상원의원들이 더욱 폭넓은 경제제재로 중국에 위협을 가한 것 역시 소용이 없었다. 폼페이오 국무장관은 2020년 1월 재선에 성공한 대만 총통 차이잉원蔡英文에게 공식 축하 메시지를 보내며 대만 정부에 우호적인 태도를 보였다. 심지어 미 동부 출신의 정통 공화당 의원인 리처드 하스마저도 대만을 중국으로부터 지켜주겠다는 미국 측의 '모호한' 대對대만 정책을 끝내야 한다고 주장했다. 9월에 하스는 "중국은 미국이 대만과 관련한 개입 여부를 결정하기 전에 대만에 대한 행동을 취할 수 있다. 이를 그저 기다리고만 있는 것은 패망의 지름길이다."라 썼다.[105] 하지만 만약 중국 정부가 수륙양용작전으로 대만을 급습한다면 미국은 그에 대해 얼마나 효과적으로 반격할 수 있을까? 실제로 TSMC가 화웨이와의 거래를 중단할 수도 있는 위협에 대해 중국 민족주의자들이 자국 소셜미디어에서 제안한 해법도 이런 급진적인 것이었다. 이 주제로 길게 작성된 어느 글의 제목은 "양국을 통일하고 TSMC를 장악하라!"였다.[106]

대만과 중국 본토의 재통합은 시진핑의 가장 소중한 야망이었고 그 후에도 그러했으며, 그가 자신의 임기제한을 없앴던 명분 중 하나

이기도 했다. 2020년의 시진핑으로서는 미국의 상황을 고려했을 때 지금만큼 이 문제를 강하게 밀어붙이기에 좋은 시점이 또 오진 않을 것이라 여길지도 모른다. 미국은 봉쇄에 따른 경기침체에서 막 빠져나오고 있는 데다 분열이 심한 대통령 선거로 인해 국내의 마찰이 줄어들진 않을 것으로 보이기 때문이다. 중국이 과연 대만 침략에 성공할 만한 능력이 있는지에 대해 미국 국방부는 여전히 회의적이지만, 중국 인민해방군은 수륙 모두에서의 실력을 급속히 늘려가고 있다.[107] 하버드대학교의 그레이엄 앨리슨Graham Allison은 '화웨이 죽이기'라는 트럼프 정부의 야심이 1941년 8월 일본에 대한 석유 수출 금지로 절정에 달했던 1939~1941년의 대일본 제재와 비슷한 역할을 할 수 있다고 경고했다.[108] 당시 일본 정부는 석유 수출 금지를 포함한 일련의 조치들 때문에 궁극적으로 전쟁이라는 도박을 선택했고, 이는 결국 진주만 공습이라는 결과로 이어졌다.[109] 만약 중국이 불시에 대만을 침략하여 미국이 TSMC와의 거래를 중단당한다면 상황은 정반대가 될 것이다. TSMC가 애리조나에 짓고 있는 새 반도체 공장은 완성되는 데도 오랜 세월이 걸릴 뿐 아니라 그 규모 면에서도 대만에 있는 훨씬 더 큰 시설을 대체할 순 없기 때문이다.[110]

우리가 알고 있듯, 냉전은 데탕트라는 과정을 통해 완화될 수 있지만, 그와 반대로 심화될 수도 있다. 1950년대부터 1980년대 초에 이르는 기간 동안 반복해서 나타났던 특징은 벼랑 끝 전술이 아마겟돈으로 치달을지 모른다는 공포였다. 존 볼턴이 분명히 말했듯, 트럼프 대통령은 간혹 매우 세련되지 못한 데탕트를 시도하기도 했다. 트럼프 정부에는 또한 이러한 방향으로 기울었던 주요 인사들이 있었다. 2020년 중반까지도 2019년 말에 공표된 미중무역협상 1단계가 잘될 것 같다는 분위기가 간혹 조성되기도 했다. 물론 이 협상을 중국 정부가 지킬 리 없다는 증거는 매우 많았지만 말이다.[111] 하지만 미 국무장관의 언사는 갈수록 호전적으로 변해갔다. 그가 6월 17일 하와이에서 중국 공산당 외교담당 정치국원인 양제츠楊潔篪와 회담을 가진 이후 중국 측은 공식 성명서를 발표했는데, 용납하기 힘든 거친 표현들이 그 안에서 사용된 것을 보면 이를 알 수 있다.[112] 하지만 이것이 바로 폼페이오 장관이 코펜하겐민주주의정상회의Copenhagen Democracy Summit에서의 연설 전에 정확히 필요로 했던 것일 수도 있다. 왜냐하면 이 정상회의는 유럽 국가들에게 중국의 위협을 일깨우기 위해 기획된 것이었기 때문이다.[113]

중국 견제를 위해 대서양 동맹이 다시 부활할 가능성은 얼마나 될까? 어떤 부분에서는 전혀 없다고 할 수 있다. 이탈리아의 외무부 장관 루이지 디마이오Luigi di Maio는 이탈리아 북부에서 코로나19 위기가 극심했던 3월 당시 중국 정부가 제안했던 원조와 선전을 받기 위해 몸이 달아 있던 수많은 이탈리아 정치인들 중 하나였다. 한 인터뷰에서 디마이오는 "우리가 중국의 일대일로에 참여한다고 비웃었던 자들은 이제 그러한 우정에 대한 우리의 투자 덕분에 이탈리아 국민들의 생명을 구할 수 있게 되었음을 인정해야 한다."라고 선언했다.[114] 헝가리 수상인 빅토르 오르반Viktor Orbán 또한 똑같이 몸이 달아 있었다. "서방 세계에선 기본적으로 모든 물자가 부족하다."[115] 북경의 의사진이 베오그라드로 날아오자 세르비아의 대통령 알렉산다르 부치치Aleksandar Vučić는 "중국이야말로 우리를 도울 유일한 친구"라고 거침없이 쏟아내면서 중국 국기에 키스를 퍼부었다.[116] 하지만 유럽 주류, 특히 독일과 프랑스의 반응은 매우 달랐다. 독일 연방의회 녹색당 의원인 라인하르트 뷔티코퍼Reinhard Bütikofer는 "최근 몇 달 동안 중국은 유럽을 잃고 말았다."

라 선언했고,[117] 중국구맹상회 회장인 외르크 부트케Jörg Wuttke는 "유럽은 중국 문제에 대해 상당히 격앙되어 있는 분위기다."라고 말했다. 4월 17일 독일의 가장 큰 타블로이드 신문사 「빌트Bild」의 수석에디터는 '당신은 전 세계를 위험에 빠뜨리고 있다'라는 제목으로 시진핑에게 공개서한을 보냈다.[118] 프랑스에서도 '전량외교'는 역효과를 일으켜 되려 중국의 '늑대들'이 궁지에 몰리는 일이 있었다(〈특수부대 전랑〉의 영어 제목은 '늑대 전사들Wolf Warrior'임_옮긴이) 중국의 외교부장 왕이王毅가 늦여름 유럽 각국의 수도들을 순방했을 때의 분위기는 매우 싸늘했다.[119] 10월 초에 발표된 조사 데이터에 따르면 미국뿐만 아니라 유럽연합 국가들을 포함한 모든 선진 경제 국가들에서 2020년 들어 반중 감정이 생겨났다고 한다.[120]

중국이 유럽에 대한 영향력을 늘리지 못했던 한 가지 이유는, 코로나19가 처음 발생했던 3월 초엔 각자도생이 지배적 분위기였던 데 반해 이후엔 유럽의 여러 기관들이 바이러스의 도전에 맞서기 위해 일어났다는 것이었다.[121] 프랑스의 에마뉘엘 마크롱Emmanuel Macron 대통령은 4월 16일의 주목할 만한 인터뷰에서, 유럽연합이 과연 단일 경제 시장 이상의 그 무엇인지 아닌지를 결정해야 할 "진실의 순간"에 직면했다고 선언했다. "사람들이 희생당하는 곳에서 (…) 단일 시장을 만들 수는 없다." 그는 「파이낸셜 타임스」에 말했다. "코로나19와의 전쟁에서, 또 이후의 경제회복에서 써야 할 돈이 간절히 필요한데, 그런 돈은 이제 반드시 상호화mutualization(회원국들의 국채를 서로 '상호화'하여 유럽 전체 차원에서 인수한다는 개념으로, 유럽연합 형성 과정에서의 오랜 논점 중 하나임. 회원국 중 독일처럼 상대적으로 더 많은 부담을 져야 하는 나라들은 이에 반대하지만, 국채 부담을 유럽이나 상대적으로 부유한 유럽 국가로 떠넘

길 수 있는 나라들은 이를 강력히 주장하고 있음_옮긴이)되어야 한다. 다른 가능성은 이제 없다." "지금 당장 상호화를 하지 못하면 포퓰리스트들은 오늘이나 내일, 모레 언제가 됐든, 또 이탈리아, 스페인, 아마도 프랑스 및 다른 곳 어디에서든 승리하게 될 것이다."[122] 독일 수상 메르켈은 이에 동의하며 유럽은 "운명공동체Schicksalsgemeinschaft"라 선언했고, 그 결과는 과거 세계적 금융위기 당시 인색한 태도로 대응했던 독일의 모습과 매우 달라 회의적인 논평가들을 놀라게 했다. 5월 27일 유럽연합집행위원회European Commission는 유럽연합의 공채를 통해 7,500억 유로의 추가적인 보조금 및 대출금을 마련, 팬데믹으로 가장 큰 타격을 입은 지역에 배분한다는 내용의 '차세대 유럽연합Next Generation EU' 계획을 발표했다.[123] 아마 이보다 좀 더 의미 있는 일은 독일이 1,560억 유로(독일 GDP의 4.9퍼센트에 해당)의 추가경정예산을 채택한 데 이어 그 직후엔 1,300억 유로(독일 GDP의 3.8퍼센트에 해당)의 두 번째 재정부양 패키지까지 내놓은 일일 것이다. 이는 새로운 경제안정화 기금에서 나오는 대규모 보증과 결합시킴으로써, 재무부 장관 올라프 숄츠Olaf Scholz의 말을 빌자면 "짜잔ka-boom"하며 회복에 불을 붙이겠다는 계획이었다.[124] 유럽중앙은행European Central Bank이 시행할 대규모 자산 매입과 결합된 이러한 재정 조치는 1790년 미국 최초의 재무부장관인 알렉산더 해밀턴Alexander Hamilton이 국가부채를 통합 정리했던 '해밀턴 모먼트Hamilton moment'(독립전쟁 시 미국 각 주가 짊어지게 된 각각의 전쟁 부채들을 연방 정부가 모두 떠안아 집단적 차원에서 해결하기로 당시 재무장관 해밀턴이 결정했던 것으로, 미국의 연방 정부가 실체로서 나타난 결정적 조치였다고 평가됨_옮긴이) 같은 것이 되기는 어려웠다. 유럽회복기금European Recovery Fund은 점점 다가오는 이탈리아 부채 위기를 해결하기 위해 한 일이 거의 아무것도 없었다. 2020년 가을이 되어 대학교들이 개학을 하면 코로나19의 2차 유행이 일어나겠지만, 이 경우에도 과연 이러한 조치가 (설령 꼭 필요하다 해도) 반복될 수 있을지는 분명치 않다. 그럼에도 EU 회원국들 대부분에서 득세하는 우파 포퓰리즘에 찬물을 끼얹는 데는 분명 도움이 되었다.

유럽이 다시금 연대에 성공한 것—이는 영국이 유럽연합에서 탈퇴한 덕에 더 쉬워졌다—은 미국 정부의 입장에서 미처 예측하지 못한 결과였다. 1945년 이래 유럽인들, 특히 유럽의 젊은이들과 독일인들이 미국과의 관계에 대해 이토록 심한 환멸을 느낀 적은 없었다. 이는 트럼프가 대통령으로 당선된 직후 무렵부터 시작된 일이었다. 유럽 전체를 대상으로 2020년 3월에 이뤄진 여론조사에서 젊은 응답자의 53퍼센트는 '기후위기 문제 해법에 관해선 민주주의 국가들보다 권위주의 국가들을 더 신뢰한다'고 답했다.[125] 5월 쾨르버재단Körber Foundation이 발표한 여론조사에서는 73퍼센트의 독일인들이 '코로나19 팬데믹으로 미국에 대한 생각이 안 좋아졌다'고 답했는데, 이는 중국에 대해 그리 되었다고 응답한 이들보다 두 배가 많은 수치였다. 2019년 9월까지만 해도 19퍼센트였던, '독일의 가장 가까운 동반자는 미국이라고 생각한다'는 응답 비율은 10퍼센트로 낮아졌다. 더불어 '미국 정부와의 관계가 중국 정부와의 관계보다 우선시되어야 한다'고 답한 독일인들의 비율 또한 2019년 9월의 50퍼센트에서 37퍼센트로 크게 줄어들어 '미국보다 중국을 선호한다'고 답한 이들(36퍼센트)과 거의 같은 비율에 이르렀다.[126] 달리 말하자면, 반중 정서가 생겨난 만큼 반미 정서가 일어나면서 양자가 상쇄된 것이다.

비록 사람들이 가끔 잊곤 하지만, 1차 냉전 시기에는 비동맹운동

NAM: Non-Aligned Movement이 존재했다. 그 기원이 되는 것은 1955년 인도네시아의 수카르노Sukarno 대통령이 주재하여 인도 수상 자와할랄 네루Jawaharlal Nehru, 이집트 대통령 가말 압델 나세르Gamal Abdel Nasser, 유고슬라비아 대통령 요시프 브로즈 티토Josip Broz Tito, 가나 대통령 콰메 은크루마Kwame Nkrumah, 북베트남 대통령 호찌민Ho Chi Minh, 중국 수상 저우언라이周恩來, 캄보디아 수상 노로돔 시아누크Norodom Sihanouk가 참석한 반둥 회의Bandung Conference다. 그리고 1956년 티토, 네루, 나세르가 공식적으로 구성한 이 비동맹운동의 목표는 (이 운동에 함께한 어느 아랍 지도자의 말을 빌자면) 제3세계의 새로운 독립국들이 "초강대국들이 규칙을 만드는 세계에서 자신들의 독립을 수호하고 계속해서 목소리를 낼 수 있게 하는 것"이었다.[127] 하지만 대부분의 서유럽인들, 그리고 많은 동아시아 및 동남아시아 사람들에게 있어 비동맹운동은 매력적인 선택지가 되지 못했다. 미국 정부와 소련 정부 중 어느 쪽을 택할지 결정하는 것—소련군의 탱크가 그 나라 수도로 밀고 들어오지 않는 한—이 상당히 쉬운 일이었던 데다, 비동맹운동은 지정학적 차원의 비동맹을 표방했으나 그에 걸맞은 이념적인 면에서의 비동맹은 이뤄지지 못했다는 이유도 있었다. 이 특징은 특히 쿠바의 독재자 피델 카스트로가 부상했던 1970년대에 더욱 두드러졌고, 소련의 아프가니스탄 침공은 결국 이 운동이 거의 와해되는 계기가 되었다. 앞서 비동맹운동의 목표를 이야기했다던 그 아랍 지도자는 바로 사담 후세인으로, 그는 1981년 바그다드에서 비동맹회의를 개최하려 했으나 같은 비동맹국가에 속하는 이란과의 전쟁 때문에 그 계획을 무산시켜야 했다.

이런 면과 대조적으로, 2020년 많은 유럽인들에게 있어 '미국 정부냐, 아니면 중국 정부냐' 하는 선택은 기껏해야 '프라이팬이냐, 불이냐 또는 '주전자냐, 냄비냐' 하는 선택처럼 여겨진다. 앞서 언급한 쾨르버 재단의 여론조사가 시사하듯 "[독일의] 여론은 미국과 중국에 대한 등거리 외교의 입장으로 기울고 있다." 싱가포르 정부마저도 "미국과 중국 사이에서 선택을 강요당하지 않길 강력히 희망한다"는 입장을 분명히 했다. 리셴룽李顯龍 싱가포르 총리는 「포린어페어스」에 이렇게 썼다. "아시아 국가들은 미국을 이 지역에 중요한 이해관계가 얽혀 있는 주재국駐在國으로, 또 동시에 중국을 문 앞에 다가온 현실로 여긴다. 아시아 국가들은 이 둘 중 어느 한쪽을 선택하라고 강요당하길 원치 않는다. 그리고 어느 쪽이든 그런 선택을 강요한다면—즉, 미국이 중국의 발흥을 견제하려 들거나 중국이 아시아에 배타적인 영향권을 구축하려 든다면—양국은 수십 년간 이어질 대결을 시작하게 될 것이며, 오래전부터 예견되어왔던 아시아 시대는 도래하지 못할 것이다. (…) 이 두 강대국들 사이의 대결이 정말로 불거진다면 이는 냉전 때처럼 한 나라가 평화롭게 붕괴하는 식으로 끝나진 않을 듯하다."[128]

싱가포르 총리의 말 중 분명히 옳은 것이 하나 있다. 두 번의 세계대전이 똑같은 결과—즉, 영국과 그 동맹국들이 독일 및 그 동맹국들을 패배시킨 것—를 낳았다 해서 2차 냉전이 1차 냉전 때처럼 미국과 그 동맹국들이 승리하는 방식으로 끝나리라는 법은 없다는 것이다. 냉전은 대개 양극화의 상태로 간주되지만 실상은 항상 두 강대국과 그 각각의 동맹진영이 있고 그 사이에 제3의 비동맹 네트워크가 존재하는 '삼체'의 문제다. 사실상 이는 전쟁 자체에 해당되는 보편적 진리이기도 하다. 전쟁은 클라우제비츠가 말한 것처럼 서로 반대되는 두 세력이 상대를 꿇리기 위해 기를 쓰는 경쟁이기보다는 '삼체' 문제, 다시 말해 중립의 제3자를 자기 쪽으로 끌어들이는 것이 적에게 패배를 가하는 것과 똑같이 중요한 문제일 때가 훨씬 더 많다.

지금까지 미국과 동맹이었던 나라들 다수가 이 2차 냉전에선 비동 맹 세력으로 넘어갈 가능성을 심각하게 고민하고 있다는 것, 이는 오 늘날 및 앞으로 수년간 미국 대통령이 직면하게 될 가장 큰 문제다. 미 국 정부는 호의적인 중립 국가들은 물론이거니와 동맹국들도 충분히 확보하지 못하면 이 2차 냉전에서 이길 수 없다는 점을 깨닫게 될 수도 있다.

암흑의 숲

2020년 8월의 시점에서 볼 때 이 문제의 핵심은 '전 세계가 중국을 얼 마나 두려워하는가' 혹은 '중국을 두려워해야 한다고 설득하는 일이 어 느 정도나 가능할 것인가'다. 2차 냉전을 도널드 트럼프가 시작했다고 유럽인들이 믿는 한 비동맹 세력으로 남아야 한다는 주장도 계속될 것 이다. 하지만 이는 2016년 이후 미국 외교 정책의 변화에 너무 많은 중 요성을 부여할 뿐 아니라, 그보다 4년 전 시진핑이 중국 공산당 총서기 자리에 올랐을 당시 중국의 외교 정책에 이미 중대한 변화가 있었음을 제대로 고려하지 않은 관점이다. 미래의 역사가들은 '차이메리카'의 쇠퇴와 몰락은 세계적 금융위기의 여파로 시작되었음을 알아볼 것이 다. 새로 등극한 중국의 지도자는 덩샤오핑鄧小平이 권장했던 바에 따라 중국의 야망이라는 '빛'을 감출 필요(덩샤오핑이 1980년대 중국의 대외정 책으로 삼은 '빛을 감추고 조용히 힘을 기른다韜光養晦'라는 말에서 나온 표현 임_편집자)는 더 이상 없다는 결론을 내렸으니 말이다. 2016년 미국 중부의 유권자들이 트럼프를 찍었던 것 또한 부분적으로는 중국과의 '교전' 전략 및 그 경제적 귀결인 세계화의 소득이 비대칭적으로 분배된 것에 대한 반동이었다. '차이메리카'의 경제적 혜택이 중국 쪽으로 지나치게 치우쳤을 뿐 아니라 그 비용을 미국의 노동계급이 너무 많이 감내했던 것이다. 미국 노동자들이 몸담았던 제조업 일자리 중 다수는 중국으로 이전했고, 이렇게 일자리를 빼앗긴 미국인들은 자국에서 선출된 대통령들이 오히려 중국의 산파 역할을 하는 것을 보았다. 소련보다 강한 경제력으로 세계패권에 도전장을 내민, 새로운 전략적 초강대국의 탄생을 돕는 모습을 말이다.

나는 이 새로운 냉전이 불가피할 뿐 아니라 바람직하다고 주장한 바 있다. 그 적지 않은 이유는 이 냉전이 미국으로 하여금 지나친 자족 상태에서 벗어나 인공지능, 양자컴퓨팅, 그 외 전략적으로 결정적인 기술들에서 중국에 뒤지지 않기 위해 온 힘을 기울이도록 충격을 주기 때문이다. 하지만 이렇게 2차 냉전을 걱정하는 것은 그만두고 그걸 즐기는 법을 배워야 한다는 관점에 대해 특히 학계에선 상당한 반발을 보인다. 존스홉킨스대학의 키신저국제문제센터Kissinger Center for Global Affairs가 7월에 조직한 '코로나19 이후의 세계 질서' 회의의 발표자들 중 다수를 차지한 것도 새로운 냉전의 위험을 경고하는 이들이었다. 그러나 구글의 전 회장이었던 에릭 슈미트Eric Schmidt는 다른 주장을 펼쳤다. 삼성과 애플이 오랫동안 그래왔듯 미중 양국 역시 경쟁과 동시에 협력을 지속하면서 '협쟁coop-etition'의 '경쟁자–동반자' 모델을 지향해야 한다는 것이었다. 하버드대학의 그레이엄 앨리슨도 이에 동의하며 11세기 중국의 송나라와 북방의 요나라 사이의 '우적frenmity' 관계를 예로 들었다. 팬데믹은 "중국을 친구나 적 중 하나로 명확히 정의하기가 불가능하게" 만들었다는 것이다. "경쟁자-동반자 관계라는 말이 복잡한 것으로 들릴 수 있지만, 인생 자체가 원래 복잡한 것이다." 한 편 IMF 출신의 존 립스키John Lipsky는 "생산적이면서도 예측 가능한 미중 관계를 확립하는 것이 세계적 거버넌스의 여러 제도들을 강화시키는 필수조건"이라고 썼다. 전 미국 국무부 차관보인 제임스 스타인버그James Steinberg는 지난 냉전은 "수십 년 동안 전 세계적 홀로코스트의 그림자"를 드리웠다고 지적했다. 또 후버연구소Hoover Institution의 엘리자베스 이코노미Elizabeth Economy는 "경쟁을 제한하고 협력을 위한 공간을 만드는 맥락을 창출하려면 무엇을 해야 할까?"라는 질문을 던진 뒤 그 답을 내놓았다. "미국과 중국은 (…) 전 세계적인 도전을 해결하기 위해 동반자가 될 수 있다." 여기에서의 '전 세계적인 도전'은 기후변화를 뜻한다. 브루킹스연구소Brookings Institution의 톰 라이트Tom Wright 역시 이와 비슷한 이야기를 했다. "협력의 필요를 무시하면서 오로지 강대국 경쟁에만 초점을 둔다면 사실상 미국은 중국에 대한 전략적 우위를 지속시킬 수 없을 것이다."[130]

이 모든 이야기들의 핵심적 개념인 '협쟁'은 듣기엔 낯설지만 그럼에도 매우 합리적인 생각을 담은 단어로 여겨질 수 있다. 그런데 문제가 하나 있다. 중국 공산당은 삼성이 아니며, 요나라는 더더욱 아니다. 1차 냉전 당시, 특히 1968년 이후 더욱 더 학계의 인물들은 매파가 아닌 비둘기파가 되는 경향을 띠었는데, 오늘날 '경쟁자-협력자'를 이야기하는 이들 역시 마찬가지로 중국이 '우적' 따위엔 관심이 없을 가능성을 간과하고 있다. 중국인들은 이것이 냉전이라는 점을 잘 알고 있다. 이 상황을 시작한 것이 그들 자신이기 때문이다. 내가 처음으로 2차 냉전이라는 표현을 회의에서 공공연히 하기 시작했던 2019년 당시 중국

측 참가자들 중 그 누구도 그것을 반박하지 않는다는 것에 나는 무척 놀랐었다. 그해 9월 나는 어느 주요 국제기구의 중국인 수장에게 그 이유를 물었고, 그는 웃으며 대답했다. "당신 말에 동의하니까요!" 북경의 칭화대학교에 방문교수로 가 있을 때 나는 시진핑 치하에서 중국의 이념적 흐름이 어떻게 바뀌었는지를 직접 보았다. 문화대혁명처럼 금기시되는 주제들을 연구하는 학자들은 조사를 받거나 그보다 더 심한 일도 당했다. 중국 정부와의 '교전'을 되살리고 싶어 하는 이들은, 시진핑의 자문 중 가장 영향력이 큰 인물이자 2017년 이후 중국 내의 최고권력기관인 중국 공산당 중앙정치국의 위원으로 있는 왕후닝王滬寧을 과소평가하고 있다. 1988년 8월 왕후닝은 방문학자로 미국에 8개월간 체류하면서 30개 이상의 도시와 20개 가까운 대학을 돌아다녔고, 1991년에 이 여행 이야기를 『미국에 맞서는 미국America against America』라는 책으로 출간했다. 이 책에는 미국의 문화, 민주주의, 자본주의에 대한 매우 준열한 비판이 많이 담겨 있고, 특히 3장에선 인종 간 분열이 크게 다뤄진다.

널리 구독되는 뉴스레터 '스트래트처리Stratechery'의 필자인 벤 톰슨 Ben Thompson에 따르면, 2019년과 2020년에 발생한 일들은 많은 진실을 드러내고 있다. 과거의 그는 중국 정부의 정치적 이념적 동기가 그리 중요하지 않다고 폄하했으나 2019년엔 '신냉전 전사'로 돌변했다. 중국은 기술의 역할에 대해 서방의 것과는 근본적으로 다른 비전을 갖고 있고, 또 그 반자유주의적 비전을 전 세계에 수출하려는 의도로 가득 차 있다고 주장하는 것이다.[131] 트럼프가 중국의 동영상 및 음악 앱인 틱톡TikTok의 사용을 금지하자고 2020년 8월에 제안했을 당시 톰슨은 이에 찬성하는 견해를 내놓았다. 그가 2020년 7월에 쓴 글을 보자.

"만약 중국이 자국뿐 아니라 미국 영토 안에서도 자유주의에 반대하는 공세를 취한다면 그 싹을 뿌리부터 잘라버리는 것이 자유주의의 이익에 부합한다. 틱톡은 인간이 원하는 것을 정확히 내어주도록 훌륭하게 설계되어 있다는 바로 그 이유 때문이다."[132] 미국의 10대들이 자신의 개인정보를 스스로 중국 앱에 갖다 바치게끔 허용하는 것이 얼마나 위험한 일인지를 이해하려면, 중국 공산당이 인공지능을 활용하여 어떻게 감시국가를 구축하고 있는지―이에 비하면 조지 오웰George Orwell의 '빅브러더'는 원시적인 것으로 느껴질 정도다―를 생각해보라(앞으로 보겠지만, 시진핑의 판옵티콘은 사실 예브게니 자먀틴Yevgeny Zamyatin의 1920년대 소설 『우리We』에서 그려지는 디스토피아와 더 닮아 있다). 영국 케임브리지대학의 컴퓨터공학 교수인 로스 앤더슨Ross Anderson의 말을 빌자면, "가까운 장래에 〔중국에서〕 공공장소에 들어가는 모든 개인들은 인공지능에 의해 즉각 신원이 확인될 것이다. 인공지능은 이들을 개인정보의 바다에 비추어 판단할 텐데, 그런 개인정보에는 해당 인물이 보낸 모든 문자와 그 사람 고유의 단백질 구성표protein-construction schema도 포함된다. 조만간 알고리즘은 각 개인의 여행 기록, 친구와 지인, 독서 습관, 구매 기록 등 다양한 소스에서 데이터 포인트를 한 줄로 엮어 내어 그가 정치적 저항 행동을 일으키기 전에 그것을 예측해낼 것이다."[133] 중국의 유명한 인공지능 스타트업 중 다수가 이러한 중국 공산당의 방향에 "기꺼이 협조하는 상업적 동반자들"이라는 것은 참으로 나쁜 소식이다. 하지만 앤더슨의 말에 따르면 이보다 더 큰 우려는 그 모든 기술들이 수출용이라는 것이다. 이를 구매하는 국가들로는 볼리비아, 에콰도르, 에티오피아, 케냐, 말레이시아, 모리셔스, 몽고, 세르비아, 스리랑카, 우간다, 베네수엘라, 잠비아, 짐바브웨 등이 있다.

미국이 틱톡에 대한 공격을 감행하자 중국은 이 게임을 미국에 줘버리는 것으로 대응했다. 중국 정부의 통제하에 있는 「환구시보」의 영어판 「글로벌 타임스」의 편집장인 후시진胡錫進 은 미국의 이러한 행동을 "공공연한 강도짓"이라 일컬으며 트럼프가 "한때 위대했던 미국을 깡패 국가로 만들고 있다"고 비난했고, "이와 비슷한 일들이 계속 벌어진다면 미국은 점점 몰락과 가까워질 것"이라 경고했다. 중국의 정치 이론가이자 북경대학교 법학 교수인 창스궁强世功은 미국 쇠퇴의 귀결을 다음과 같이 예견했다. "인류의 역사가 제국의 패권을 위한 경쟁의 역사임은 분명하다. 제국의 형태는 처음엔 본래 생겨난 곳의 지역성을 가졌으나 오늘날에는 전 세계적 제국의 경향을 띠고 있으며, 최종적으로는 단일 세계 제국의 방향으로 나아갈 것이다." 우리 시대의 세계화란 "영국과 미국이 세웠던 세계 제국의 모델을 따른 단일 세계 제국 1.0 버전"이라는 게 창스궁의 생각이다. 하지만 그는 이 앵글로-아메리카 제국은 "세 가지 해결불능의 큰 문제들"로 인해 내부적으로 "해체되고" 있는데, 그 문제들이란 "자유주의적 경제 때문에 갈수록 커지는 불평등, (…) 정치적 자유주의로 인해 효과적이지 않은 통치, 문화적 자유주의가 만들어낸 퇴폐주의와 허무주의"라고 말한다. 게다가 이 서방 제국은 "러시아의 저항과 중국의 경쟁"이라는 외적인 공격에 직면해 있으며, 이는 대안이 될 유라시아 제국을 세우고자 하는 싸움이 아니라 "유일한 세계 제국의 중심이 되려는 투쟁"이라는 것이 그의 이야기다.[134]

　정말로 중국이 이 '세계 제국 1.0'을 장악하고 자국의 반자유주의적 문명에 기초하여 그것을 '세계 제국 2.0'으로 바꾸려 드는 것인지 의심스럽다면, 이러한 전략이 시행되고 있는 갖가지 방식에 충분히 주의를 기울이지 못한 것이다. 중국은 서방 세계를 제치고 세계의 공장이 되는 데 성공했으며, 이제는 거대 기간시설 프로젝트인 빌헬름 황제 시절의 '세계 정책Weltpolitik'— 1902년에 영국의 경제학자 존 A. 홉슨John A. Hobson은 이를 유럽 제국주의와 유사해 보인다고 묘사한 바 있다—을 '일대일로'의 방식으로 현실화하고 있다.[135] 또한 중국은 미국 기업들로 하여금 중국의 노선을 따르게 하기 위해 자국 시장에 대한 접근권을 하나의 미끼로 이용한다. 미국을 포함한 서방 세계 전역에 대해 '영향력 공작influence operation'을 펴는 것이다.[136]

미국이 1차 냉전 당시 소련을 잠식하기 위해 사용했던 여러 방식 중 하나는 '문화 냉전cultural cold war'이었다.[137] 이의 부분적인 골자는 소련이 자랑해왔던 여러 분야에서 그들을 패배시키는 것이었다. 미국의 체스 선수 바비 피셔Bobby Fischer가 러시아의 보리스 스파스키Boris Spassky를 꺾은 것, 러시아 발레리노인 루돌프 누레예프Rudolf Nureyev가 망명한 것, 1980년 레이크 플래시드Lake Placid 동계올림픽의 아이스하키 경기에서 미국이 소련을 꺾은 '빙판 위의 기적Miracle on Ice' 등이 그 예였다. 하지만 무엇보다도 핵심이 되었던 것은 거부할 수 없는 매력의 미국 대중문화로 소련인들을 유혹하는 것이었다. 1986년 프랑스 좌파 철학자이자 체 게바라Che Guevara의 전우였던 레지 드브레Régis Debray는 이렇게 한탄했다. "록 음악, 비디오, 청바지, 패스트푸드, 뉴스 네트워크와 TV 위성방송은 소련 군대 전체보다 더 큰 힘을 갖고 있다."[138] 프랑스 좌파들은 '코카콜라 식민화Coca-colonization'을 비웃었으나 파리 사람들 역시 코카콜라를 마셨다. 하지만 이제는 입장이 반대로 바뀌었다. 2018년 스탠퍼드대학에서 내가 진행을 맡았던 어느 토론회에 참석한 기술 억만장자 피터 틸Peter Thiel(페이팔PayPal 등을 세운 미국의 기업가_편집자)은 참으로 잊지 못할 아포리즘 하나를 던졌다. "인공지능은 공산주의고 암호화폐는 자유지상주의다."¹³⁹ 틱톡은 이 말의 앞부분이 사실임을 입증한다. 1960년대 문화대혁명 당시 중국 어린이들은 자신들의 부모가 우익편향에 빠져 있다고 비난했는데,[140] 2020년 미국의 십대들은 자신들의 부모를 인종주의자라고 꾸짖는 동영상을 틱톡에 올리고 있다.

창스궁 및 다른 이들이 내놓고 있는 여러 저작은 오늘날의 중국이 스스로 냉전 중에 있음을, 또 과거의 냉전처럼 이번 냉전 역시 두 형태의 제국 사이에서 벌어지는 투쟁으로 이해하고 있다는 사실을 분명히 보여준다. 하지만 중국이 미국과 오늘날의 세계를 어떻게 보는지에 대해 가장 깊은 혜안을 제공하는 책은 정치 저작이 아닌 SF소설로, 류츠신이 2008년에 『삼체』의 속편으로 내놓은 『암흑의 숲The Dark Forest』이다. 오늘날 중국에서 대단히 큰 영향력을 갖는 작가인 류츠신은 선전深圳과 항저우杭州의 기술 기업들로부터 크게 존경받을 뿐 아니라 왕후닝 같은 거물로부터도 '21세기 중국의 독창성을 보여주는 얼굴'이라고 치하받는 등 국가적 차원에서 인정받은 인물이다.[141] 전편에 이어 기술적으로 우월한 데다 피도 눈물도 없는 트리솔라리스 외계인들의 지구 침략 이야기를 이어나가는 『암흑의 숲』에선 류츠신의 '우주사회학cosmic sociology'의 3대 공리axiom가 등장한다. 첫째, "생존은 문명의 으뜸가는 욕구다." 둘째, "문명은 계속해서 성장하고 팽창하지만 우주 전체의 질량은 일정하다." 셋째, "다른 문명에 있는 '의심의 연쇄' 및 '기술적 폭발'의 위험은 곧 우주엔 정글의 법칙만이 존재할 수 있음을 뜻한다." 이 책의 주인공인 '면벽자' 루오지의 말을 들어보자.

이 우주는 암흑의 숲입니다. 모든 문명은 나무들 사이를 발소리도 내지 않고 유령처럼 떠도는 무장 사냥꾼들이고요. 사냥꾼들은 조심해야 합니다. 숲속의 사방에는 자신들처럼 소리 없이 움직이는 사냥꾼들이 있으니까요. 만약 다른 생명체를 발견한다면 그 사냥꾼이 할 수 있는 일은 단 하나뿐입니다. 총을 발사하여 그것들을 제거해버리는 것이죠. 그게 다른 사냥꾼이든, 천사든 악마든, 여린 갓난아기든 절룩거리는 늙은이든, 요정이든 반신반인이든 상관없습니다. 이 숲 안에서는 다른 사람들이 바로 지옥입니다. (…) 자기 존재를 드러내는 생명체가 있다면 즉시 말살되어버리죠.[142]

헨리 키신저는 미국에서 '현실주의 국제정치Realpolitik'를 신봉하는 거두로 여겨질 때가 많다(내 생각에 이는 잘못된 관점이다). 하지만 방금 인용한 글은 현실주의는 저리 가라 할 정도로 훨씬 더 가혹한 무엇이다. 이는 은하계 사이의 다윈주의Darwinism다. 만약 중국이 이미 우리에게 냉전을 선언한 상태라면, 중국과 냉전을 치를지의 여부는 우리에게 달린 문제가 아니다. 우리는 지금 새로운 냉전이 시작되는 지점에 서 있을 뿐 아니라 그 지점은 중국이 만들어낸 암흑의 숲으로 덮여 있어 도저히 뚫고 나갈 수 없다. 따라서 우리에게 남는 문제는—이는 냉전을 지지하는 가장 좋은 논거이기도 하다—과연 그 암흑 속에서 전쟁에 휘말리는 일을 피할 수 있을 것인가의 여부다. 만약 정말 그렇게 된다면, 그 결과는 코로나19의 가장 끔찍한 시나리오와도 비교할 수 없을 정도로 어마어마하게 충격적인 재난이 될 것이다.

미래 충격

코로나19 다음에 덮쳐올 재난이 무엇일지는 알 길이 없다.
우리가 목표로 삼을 수 있는 것은 그저 사회와 정치 시스
템의 회복재생력을 지금보다 강화하는 것 정도이며, 위기
를 발판으로 더욱 강해질 수 있는 체질로 만든다면 더욱
좋을 것이다. 이를 위해서는 네트워크라는 것의 구조, 관
료 조직의 기능부전에 대해 현재 우리가 가지고 있는 정도
의 지식보다 훨씬 더 많은 것들을 이해할 수 있어야 한다.
공공의 안전을 명분으로 하여 도처에서 감시가 이루어지
는 새로운 전체주의 체제에 순응하려는 이들도 있지만, 이
들은 이 책에서 다루는 최악의 재난 중에 바로 그러한 전
체주의 체제 때문에 벌어진 것들이 있다는 점을 깊게 생각
해보아야 한다.

"사실상," 무스타파 몬드는 말했다. "당신은 불행해질 권리를 요구하고 있는 셈입니다." "좋소, 그렇다면," 그 야만인은 당차게 대답했다. "나는 불행해질 권리를 요구하는 바입니다."

– 올더스 헉슬리Aldous Huxley, 『멋진 신세계Brave New World』

세 가지 예측

"이게 사실일까. (…) 자연의 이러한 무질서로 모든 나라들이 폐허가 되고, 모든 국가들이 무너진다는 게? 미국의 거대한 도시들, 힌두스탄의 비옥한 평야, 중국의 바글바글한 집들은 모두 폐허가 될 상황이다. 얼마 전까지만 해도 무수한 사람들이 쾌락이나 이익을 위해 늦은 시간까지 모여들었던 곳인데 이제는 슬픔과 비참의 소리만이 들리는구나. 공기는 독으로 가득하며, 젊고 건강한 이들이라 해도, 한 사람 한 사람 숨을 쉴 때마다 죽음이 그들의 몸으로 들어간다. 이들의 희망은 꽃뿐이로다. (…) 역병은 이 세계를 지배하는 여왕이 되었다."

영국의 소설가 메리 셸리Mary Shelley의 소설 『마지막 인간The Last

Man』(1826)의 끝부분에서 주인공은 비극적인 팬데믹의 유일한 생존자가 되어 해변에 홀로 남는다. 21세기를 배경으로 하는 이 작품은 이스탄불에서 시작된 페스트가 극단적인 기상 조건, 사회적 분쟁, 종교적 광신주의의 물결과 맞물림에 따라 인류가 절멸하는 사태를 그리고 있다. 디스토피아의 미래를 그린 이 선구적 환상 소설에서 시작해 마거릿 애트우드의 『미친 애덤』 3부작에 이르기까지 거의 200년간, 많은 작가들은 인류의 종말을 이런 방식으로 상상해왔다. 한때 우리는 이런 책들을 SF소설로 읽었다. 그런데 진짜 팬데믹이 덮쳐온 지금 이 소설들은 으스스한 호소력을 발휘했고, 같은 주제로 만들어진 영화들도 마찬가지였다. 에밀리 세인트존 맨덜Emily St. John Mandel의 소설이자 내가 지금까지 간과했던 '전염병 장르'에 속하는 작품 『스테이션 일레븐 Station Eleven』을 2020년에 뒤늦게 찾아 읽은 사람이 나뿐만은 아닐 것이다. 또한 한때 도시를 떠나 전원으로 숨으려고까지 했던 나 같은 사람들 중에는 에드거 앨런 포Edgar Allan Poe의 소설 『붉은 죽음의 가면Masque of the Red Death』을 불편하게 떠올린 이들도 많을 것이다.

하지만 최소한 2020년 8월 현재 시점까지, 코로나19는 '붉은 죽음'이나 '흑사병'이 아니며 심지어는 스페인 독감에도 미치지 못한다는 것이 밝혀졌다. 그보다는 당시에야 전 세계적 보건의 주요한 위기였으나 오늘날에는 대개 잊혀진 1957~1958년의 아시아 독감에 더 가깝다. 대규모 검사 시스템, 접촉추적, 사회적 거리두기, 표적 격리가 이뤄지는 국가에선 코로나19 바이러스의 확산이 억제될 것으로 보였다. 이 바이러스는 슈퍼전파자에게 크게 의존하며 널리 퍼지고 주로 노인들을 환자 혹은 사망자로 만들기 때문이었다. 이 책이 나올 때쯤엔 적어도 백신이 널리 보급되어 있을 것으로 보인다. 제1차 세계대전과 달리 어쩌면 이 병은 '크리스마스까지, 그게 아니라면 이듬해 부활절까지는' 끝이 날지도 모르겠다. 마찬가지로 이 문제가 일단 해결되면 세계 경제가 정상으로 금세 돌아올 가능성도 있다.

물론 더 끔찍한 시나리오도 존재한다. 효과가 있는 백신이 전혀 없고 병에 걸렸던 이들의 면역도 얼마 가지 않는 가운데 이 만연한 바이러스를 잡으려고 두더쥐잡기 망치를 지치도록 내려치는 상황의 시나리오 말이다. 과거의 여러 팬데믹을 기준으로 보자면 지금은 초기 단계일 수 있으며, 어쩌면 처음 4분의 1도 지나지 않은 시점일 수 있다. 또 과거의 팬데믹 경험이 혹시 참고가 된다면, 앞으로 더 많은 유행의 물결이 나타날 가능성도 배제할 수 없다.[1] 또 코로나19에 감염된 사람들은—설사 젊고 건강한 이들이라 해도—아마 우리가 생각했던 것보다 오래 지속되는 문제를 겪을지도 모른다. 2020년 8월 첫째 주에 코로나19 확진자 수는 64개국에서 상승 추세를 보였다. 하지만 코로나19가 팬데믹들의 상위권에 오를 거라 보긴 힘들다. 인류의 0.05퍼센트 이상을 사망으로 몰아간, 역사상 있었던 20개 정도의 팬데믹 안에는 들지 못할 것이란 뜻이다.[2]

일부 국가에서는 재난이라고 할 만한 상황도 발생하지 않았다. 정상보다 25퍼센트 이상의 초과사망률을 경험한 나라는 소수인 데다 그 기간도 몇 주에 불과하다. 제2차 세계대전 시 추축국에 맞서 참전했던 나라들 중 당시보다 더 많은 1일 사망자를 코로나19로 기록한 나라는 매우 소수다. 그리고 미국은 그중 하나다.[3] 이 책의 핵심 논점은 바로 이것, 즉 모든 재난들은 설령 그것이 새로운 병원균 때문에 생겨난 것이라 해도 어느 정도는 인간이 만들어낸 정치적 재난이라는 것이다. 제2차 세계대전 중 독일인들이 미국인들보다 25배나 많이 죽은 현상은 정치로밖에 설명될 수 없듯, 코로나19가 지금까지 독일인들보다 미국인들을 18배나 더 많이 죽인 것 또한 정치로밖에 설명할 수 없다.

이 역병은 많은 이들이 예견했던 회색 코뿔소로 시작되었다. 그러다가 전혀 예견하지 못한 검은 백조 같은 모습으로 다가왔다. 이 병이 과연 드래건 킹으로까지 발전해나갈까? 앞서 보았듯 어떤 종류의 재난이 됐든 시대의 한 획을 그을 정도가 되려면 그로 인해 발생한 초과사망자보다 큰 사회적·경제적·정치적 충격이 있어야만 한다. 그렇다면 이 중간 정도 크기의 재난은 그럼에도 우리의 삶을 영구적으로, 또 근본적으로 바꾸어놓게 될까? 지금부터는 틀릴 위험을 무릅쓰고 이에 관한 세 가지 추측을 내놓으려 한다.

첫째, 코로나19와 사회적 삶의 관계는 에이즈와 섹스의 관계와 같다. 이 팬데믹은 우리의 행태를 바꾸어놓긴 하겠으나 상당수의 때 이른 죽음을 막을 수 있을 정도로까지 바꾸진 못할 것이다. 나는 태생적으로 군중을 싫어하고 포옹과 악수를 하지 못하는 상황도 별로 아쉬워하지 않는 터라 개인적으로는 이 사회적 거리두기의 시대를 환영한다. 하지만 대부분의 사람들은 봉쇄가 끝난 뒤에 우르르 모여 왁자지껄 놀아보자는 유혹을 이기지 못할 것이다. 30년간 3,000만 명이 에이즈 바이러스로 사망했음에도 여전히 안전하지 않은 섹스가 존재하듯, 안전하지 않은 사회적 교제는 앞으로도 존재할 것이다.

둘째, 그러한 이유 때문에 대부분의 큰 도시에서는 이 병의 '종식'을 고할 수 없다. 이제부터 우리는 고담Gotahm시나 '거대한 고름 덩어리Great Wen'(저널리스트 윌리엄 코베트William Cobbett 등 영국의 일부 급진파가 런던이라는 대도시의 인구밀도와 위생 상태를 혐오하여 붙인 별명_옮긴이)를 뒤로 하고 농촌으로 가서 찬란하고 소박한 고립의 삶을 살며 텃밭

　　　　　　　　　　　　　결론 _ 미래 충격

을 가꾸게 될까? 우리 중 거의 절반은 이제 팬데믹 시기 때처럼 그전보다 세 배 이상 많이 재택근무를 계속하게 될까?[4] 그럴 리는 없다. 도시가 사라진다는 건 결코 쉬운 일이 아니다. 물론 베니스의 경우 토마스 만Thomas Mann이 1912년에 『베니스에서의 죽음Death in Venice』을 쓴 이후 한 세기 만에 상당히 죽은 도시가 되었지만, 이는 콜레라 때문이 아니라 국제무역의 패턴이 달라진 탓이었다. 마찬가지로 코로나19 또한 런던과 뉴욕을 죽이지는 못할 테고 그저 물가가 내려가게, 더 지저분하게, 그리고 더 젊어지게만 만들 것이다. 일부 억만장자들은 도시로 돌아오지 않을 것이며, 일부 기업들과 많은 가족들은 교외로 옮겨가거나 더 멀리의 들판으로 향할 수도 있다. 세수는 줄어들 테고, 범죄율은 껑충 뛸 것이다. 1975년 뉴욕시가 부채 위기에 몰려 연방 정부에 구제를 요청했을 때 제럴드 포드Gerald Ford 대통령이 그랬듯, 앞으로의 대통령 또한 뉴욕시에 대고 "웃기지 마라drop dead."라고 말할지도 모른다. 샌프란시스코에 모여 있는 인재들은 텍사스 오스틴으로 빠져나갈 것이다.

하지만 관성이란 참으로 강력한 힘이다. 오늘날의 미국인들은 예전보다 주거지를 옮기는 빈도수가 줄었다. 재택근무에 적합한 일자리는 전체 중 3분의 1 정도뿐이니 나머지는 여전히 모두 사무실, 상점, 공장으로 가서 일해야 한다. 일터는 더 넓어지고 대학캠퍼스처럼 바뀔 것이다. 이미 실리콘밸리가 그렇게 되어가고 있듯 말이다. 통근은 더 이상 깡통 속의 꽁치마냥 지하철에 꽉꽉 실려 떠밀려가는 모습을 하지 않을 것이다.[5] 엘리베이터에서의 친밀한 대화도 이제는 그만두어야 하고, 사람들 대부분의 얼굴에는 마스크가 씌워져 있을 것이다. 남들이 히잡이나 니캅을 착용해야 하는지 아닌지를 두고 참견할 일도 없어질 것이다. 이젠 어쩔 수 없는 일이니, 우리 모두 겸손해지자.

2020년인 지금 많은 나라에서 더 이상 참을 수 없을 정도로 커져 버린 세대 간 불균형에 이 전염병은 어떤 영향을 미칠까? 코로나19 바이러스는 지나치게 많은 노인들을 부양해야 하는 재정적 부담에 짓눌린 밀레니얼 세대와 Z세대를 구원해주기 위해 젊음의 여신인 프레이야Freya가 보낸 것일까? 지금까지 어떤 팬데믹도 이토록 젊은이들을 편애하면서 노인들을 차별한 경우가 없었으니 코로나19는 연령주의자 같은 바이러스란 생각에 놀랄 수도 있다. 하지만 사실 초과사망자 수의 측면에서 봤을 때 코로나19는 이렇게 세대 간 장부의 균형을 맞춰줄 만큼 큰 역병은 아니다. 단기적으로 보자면 노인들 중 다수는 여전히 연금을 탈 것이고, 그중 병으로 일찍 사망하는 이의 수는 비교적 적을 것이다. 특히 평균 연령이 가장 높은 나라인 일본에서는 더더군다나 말이다. 한편 젊은이들은 일자리—아마존 택배를 제외한—를 찾기 위해, 또 즐기고 놀기 위해 몸부림을 치게 될 것이다. 사람들이 붐비지 않는 경제는 '뉴 노멀new normal'이 아니다. 에밀 뒤르켐Émile Durkheim이 근대성과 연관된 관계 단절이라는 의미에서 사용한 용어로 표현하자면 이는 '새로운 아노미anomie'에 더 가까울 수 있다. 대부분의 젊은이들에게 있어 이 '재미있게 논다fun'라는 단어는 '많은 이들이 붐빈다'의 동의어에 가깝다. 거리두기의 시대는 경제적 의미에선 침체의 시기, 그리고 심리학적 의미에선 우울증의 시기이기도 하다. 특히 Z세대의 우울함이 깊을 것이다. 이들의 대학 생활은 완전히 망가져버렸다. 사실 신나게 놀아보는 것이야말로 대학을 다니는 목적 중 최소한 절반을 차지하는데 말이다. 이들은 핸드폰이나 다른 전자기기를 팬데믹 이전보다 아마 매일 1시간 이상 더 사용하게 되었을 텐데, 이 상황에서 더 행복해질 리는 없다.

결론 _ 미래 충격

이 글을 쓰는 지금으로선 이번 팬데믹이 어떤 정치적·지정학적 결과를 낳을지 확실히 알 수가 없다. 이토록 바이러스가 창궐하는 상황에서 국경선이 갖는 중요성에 시비를 거는 이가 아무도 없으니 포퓰리스트 우익들은 더 큰 이익을 보게 될까? 아니면 좌파들은 미국과 영국의 큰 (하지만 무능한) 정부들이 보기 좋게 망해버렸음에도 더 큰 정부가 필요하다는 논리를 내세울 수 있게 될까? 허드슨연구소Hudson Institute 고위 자문관인 브루노 마상이스Bruno Maçães가 이야기한, "거대한 정지the great pause"의 여파로 이제부터는 경제를 자연적 유기체가 아닌 프로그램된 컴퓨터처럼 여기게 될 것이라는 생각은 옳은 것일까?[6] 우리에겐 '광란의 1920년대Roaring Twenties'(사람들이 활기와 자신감에 넘쳤던 1920년대를 지칭_편집자)가 다시 도래할까? 아니면 1970년대가 다시 반복되어 '현대 화폐 이론'의 약속을 믿었다가 스태그플레이션만 잔뜩 떠안고 실망하게 될까?[7] 달러화를 대신해선 어떤 통화가 선호될까? 유로? 금? 비트코인? 미니애폴리스에서의 조지 플로이드 살해로 인해 형성된 저항적 시위의 물결은 어떤 결과를 가져올까?(만약 결과랄 게 있다면 말이다.) 미국 경찰의 질은 개선될까, 아니면 악화될까? 미국과 중국 사이의 2차 냉전은 격화될까? 혹시 대만을 사이에 두고 아예 전쟁으로 향하게 될까? 코로나19가 터지자 러시아와 터키는 리비아에서 각자 영향력을 미칠 지역을 나누었고, 중국과 인도의 군인들은 국경선에서 맨손으로 격투를 벌이고 있으며, 레바논은 비유적인 의미에서—하지만 베이루트항은 글자 그대로—폭발해버렸다. 평화는 가까이 있는 것일까? 아마도 아닐 것이다. 그 옛날 흑사병이 터진 덕에 백년전쟁이 중지되었던가? 스페인 독감 때문에 러시아 내전을 피할 수 있었던가?

전쟁 및 세계적 금융위기와 마찬가지로 팬데믹 또한 크나큰 역사적 교란 상황이다. 인재로 보든 천재로 보든, 미리 예언이 있었든 마른 하늘에 날벼락처럼 갑자기 발생했든, 이런 사건들은 진실을 드러낸다. 재난은 우리 모두를 세 그룹으로 나눈다. 목숨을 잃는 이들, 운 좋게 멀쩡히 살아남는 이들, 그리고 몸이나 마음에 상처를 입는 이들의 그룹이 그것이다. 또한 재난은 우리를 깨져버리는 이들, 회복재생력이 큰 이들, 재난을 통해 오히려 더 강해지는 앤티프래절—이는 곤경에 처했을 때 오히려 힘을 얻는 이들을 묘사하기 위해 나심 탈레브가 사용한 멋진 표현이다—로 나눈다("나를 죽이지 않는 것들은 나를 더 강하게 한다."라 했던 니체Nietzsche의 말을 기억하라). 일부 도시, 대기업, 국가, 제국은 재난의 충격으로 붕괴하지만 다른 것들은 비록 약해질지언정 살아남는다. 하지만 니체가 말한 범주인 앤티프래절은 강자로 떠오르게 된다. 나는 미국이 그 겉모습과 달리 첫 번째가 아닌 두 번째 범주에 속하고, 중화인민공화국은 세 번째 범주가 아닌 첫 번째 범주, 그리고 대만의 중화민국은 중국 정부에 병합당하지 않는 한 세 번째 범주에 해당한다고 본다.

진보는 그것이 진행되는 한 역병으로 멈추는 법이 없다. 1665년의 마지막 대규모 페스트, 그리고 이듬해 대화재로 고통받았던 바로 그 런던은 이후 거의 두 세기 동안 전 세계의 중심 도시이자 과학 및 금융혁신이 샘솟는 활기찬 도시가 되었다. 어떤 병원체도 이를 막을 수는 없었다. 우리의 역병은 진보가 이미 멈추고 침체가 시작된 지역들에 가장 심한 파괴적 충격을 가져올 것이다. 그 첫 순서가 될 대상은 아마도 이 위기에 대처하는 데 형편없이 실패한, 영국과 미국을 포함한 일부 국가들의 관료 조직일 것이다. 그다음 순서는 과학과 인류의 과거로부터 도움이 될 만한 지식을 끌어내고 가르치는 일은 뒷전으로 하고

'깨어 있음woke'(특히 2014년 이후 미국과 유럽 각국에서 급속히 퍼진 풍조로서, 인종과 젠더 등 각종 정체성 정치를 내세우면서 스스로를 '비판적 정의Critical Justice'의 수호자라 일컫는 운동 및 개인들을 총칭한다. 자신들의 눈에 거슬린다고 여겨지는 모든 것들을 비타협적으로 공격하고 집단적인 인신공격까지 가해 사회적 물의를 일으키고 있다_옮긴이)이란 이름의 이데올로기를 퍼뜨리는 데나 몰두하는 대학이 될 것이다. 또한 이 전염병을 놓고서 각종 거짓말과 터무니없는 이야기가 들불처럼 퍼진 '2차 감염'이 얼마나 해로운지도 드러났다. 지금 미국은 물론 전 세계 많은 지역에서 공론장은 소수의 세력에 독점당하거나 반대로 완전히 무정부상태에 빠지거나 심지어 양자가 결합되기까지 하는 기괴한 상태에 처해 있다. 이번 사태를 계기로 이러한 기형적인 공론장 상태에 대한 본격적인 도전이 나타나길 나는 희망한다. 이미 데이터를 훔쳐갈 만큼 훔쳐간 인터넷상의 '동인도회사들'은 진실의 기근과 정신의 역병을 이미 충분히 창궐시킨 상태임을 기억해야 한다. 마지막으로, 이 팬데믹의 위기가 마치 순전히 소수의 사악한 대통령 및 총리 개개인들의 잘못인 것처럼 몰아가려 한사코 애쓰는 유치한 언론 매체들에 대해서도 응당 변화를 일구어내야 한다. 이렇게 한심한 상태로 정체되어 있었던 제도 및 기관들이 이번 재난을 통해 크게 흔들려버린다면, 우리는 2020년까지만 해도 오로지 퇴행의 추세만을 보여주던 이곳저곳에서 다시금 진보가 살아나는 모습을 볼 수 있게 될 것이다. 이번 코로나19 사태를 통해 우리 시스템의 어느 부분에 문제가 있는지가 드러났으니, 그러한 부분들을 없앤다면 코로나19는 오히려 우리를 더욱 건강하고 강력하게 만들 수도 있다.

러시안룰렛

그렇다면 다음으로 우리를 덮칠 재난은 무엇일까? 또 다른 팬데믹은 분명히 아닐 것이다. 그런 식으로 진행되는 역사는 아무도 믿지 않을 이야기가 될 것이 분명하다. 그럼에도 아예 불가능한 것은 아니다. 신종 돼지독감이 상당히 가까이에 와 있고[8] 아시아에서 모종의 새로운 호흡기 질환이 나타날 가능성도 적지 않기 때문이다.[9] 황색포도상구균처럼 항생제에 내성을 가진 미생물들은 이미 존재하고 있다.[10] 이렇게 항생제에 대한 내성이 있는 신종 페스트가 나타나는 사태를 우리는 두렵게 떨면서 기다리고 있는 형국이다.[11] 이런 병들에 비하면 코로나19는 점잖은 몸살 정도로 보일 수도 있다.

하지만 이러한 가능성을 일단 제쳐둔다면, 전 세계적으로 나타나게 될 리스크로는 어떤 것이 있을까? 후보들은 많다.[12] 본래 한 재난은 다른 재난을 야기할 때가 많듯 이미 코로나19는 메뚜기떼의 습격에 도움을 받아 아프리카와 남아시아 여러 지역에서 기아의 위기를 낳을 가능성을 띤다. 유엔 세계식량계획WFP: World Food Programme은 긴급한 기아의 위험에 처한 사람들이 2019년에 1억 3,500만 명이었으나 2020년 말에는 그 두 배인 2억 6,500만 명으로 늘어날 것이라고 경고한 바 있다.[13] 계획되어 있던 백신 접종 프로그램들에 혼선이 야기되면서 사태는 점점 악화되는 중이다. 파키스탄, 방글라데시, 네팔에선 디프테리아가, 남수단과 카메룬, 모잠비크, 예멘, 방글라데시에선 콜레라가, 또 콩고에선 홍역이 퍼지고 있는 중이다. 심지어 한때 사라졌던 소아마비도 파키스탄과 아프가니스탄에서 되살아나고 있다. 콜레라는 남수단, 카메룬, 모잠비크, 예멘, 방글라데시에 다시 되돌아왔다. 코로나

19는 또한 에이즈, 폐결핵, 말라리아의 치료를 방해하고 있다.[14]

게다가 미국의 과학자인 제임스 핸슨James Hansen 및 많은 다른 이들이 경고한 바 있듯, 지속해서 상승 중인 지구의 기온이 재앙적인 기후변화로 이어질 위험도 계속되는 상태다.[15] '기후변화에 관한 정부간 패널IPCC: Intergovernmental Panel on Climate Change'이 제5차 보고서를 발표한 2013~2014년 이후, 그 보고서에서 제시된 여러 대표농도경로RCP: Representative Concentration Pathways(인간 활동에 의해 배출되는 온실가스 농도의 미래 추정치. IPCC는 RCP를 통해 네 가지 가능한 시나리오를 설정하고 각 시나리오에 따른 미래 기후를 추정하여 온실가스 배출량 정도를 산출함_ 편집자) 중 8.5를 기록한 가장 최악의 시나리오가 현실화될 가능성은 줄어들기는커녕 오히려 더욱 늘어났다. 이는 곧 21세기 전체에 걸쳐 온실가스 배출, 기온, 강수량, 해수면의 증가에 가속도가 붙을 것을 암시하고 있다.[16] 이를 놓고서 이는 그다지 급박한 문제가 아니며 우리가 감당할 수 있는 정도의 완화 조치로 얼마든지 대응할 수 있다는 주장도 있었다. 또 중세의 천년왕국 운동가들을 방불케 하는 철없는 젊은 환경운동가들은 엄혹한 해결책들을 요구하고 있지만 개중에는 오히려 독이 될 수 있는 것들도 있다는 주장도 제기된 바 있다.[17] 하지만 세계의 기후라는 복잡계 시스템이 장래에 어떻게 움직일지에 대해서는 여러 불확실성들이 존재한다. 이런 상황에서는 현재처럼 시간만 끌면서 실속 없이 폼만 잡는virtue signalling 행태는 용납될 수 없다는 주장이 설득력을 갖는다.

이 글을 쓰는 현재 미국 캘리포니아주에선 많은 면적이 불에 타고 있다. 이 화재는 삼림관리 실패라는 만성적 이유 때문에 발생한 것이기도 하지만 비정상적인 고온 또한 분명 한 가지 원인이 된다.[18] 중국에선 정상 수준을 뛰어넘는 강수량이 동반된 여름으로 인해 싼샤 댐의 안전에 유의미한 위협이 나타난 바 있다.[19] 만약 그때 작은 지진이라도 일어났다면 큰 사태가 초래되었을 것이다. 또한 캘리포니아주와 오리건주에서는 지진 문제가 상존하는데, 이는 산불에 비해 매우 큰 위험인 데다 이산화탄소 배출과는 아무 상관도 없는 사안이다. 내가 지금 앉아 있는 곳에서 불과 100마일(약 191킬로미터)도 떨어져 있지 않은 지역엔 옐로우스톤 초대형 화산Yellowstone Supervolcano이 있는데,[20] 만약 이것이 폭발한다면 인간이 기후변화를 초래했는가 아닌가에 관한 토론은 중요한 문제가 아니게 될 것이다. 대규모의 생물 대멸종 사태가 삽시간에 초래될 테니 말이다.

더 놀랄 만한 다른 일들도 있을 수 있다. 외계인 침략은 비록 SF소설과 음모론에 단골로 등장하는 일이긴 하나 발생 가능성은 가장 낮은 일이다. 일단 지구까지의 거리부터가 너무 멀지 않은가.[21] 이보다 발생 가능성이 높은 일은 태양이나 다른 항성 활동의 변동에서 비롯되는 외계의 위협으로, 코로나 질량 방출coronal mass ejection이나 초신성 혹은 '극초신성'으로부터의 감마선 폭발 등이 그 예가 된다.[22] 그런가 하면 소행성이 지구와 부딪히는 또 다른 대규모 충돌로 지구의 기후가 완전히 달라질지도 모른다.[23] 아주 작게 생겨난 블랙홀이라도 지구 전체를 삼켜버릴 수 있다. 음전하를 띤 안정적인 '기묘체strangelets'—아원자 쿼크들로 이루어진 가설적 입자—가 있다면 지구 위의 모든 보통 물질이 '기묘 물질strange matter'로 바뀌게끔 매개할 수 있을 것이다. 진공의 상전이는 우주가 기하급수적으로 팽창하게 할 수 있다.[24]

이러한 외생적 위험들에 더해, 우리 인류 전체가 발명했고 또 발명하고 있는 다양한 기술들이 우리를 파괴해버릴 잠재적 위험도 있다.

이 세계는 항상 취약했다. 그리고 우리는 그것을 더욱 취약하게 만들어왔다.[25] 1950년대 후반 이후 인류는 핵무기를 수단으로 하여 인류라는 종 전체를 놓고 자살—혹은 최소한 치명적인 자해—을 저지를 수 있는 역량을 갖추게 되었다. 두 강대국 사이에서의 핵전쟁 혹은 핵무기를 사용한 대규모의 테러 활동은 코로나19 바이러스가 8개월 동안 앗아간 수만큼의 생명을 불과 몇 시간 만에, 심지어 젊은이들이라도 가차 없이 죽음에 이르게 할 수 있다. 핵전쟁 뒤에 따라올 핵겨울은 지구의 많은 부분을 인간이 살 수 없는 곳으로 만들 것이다.[26] 소련이 구상했던 종류의 생물학전 무기들도 실전에 배치되든 사고로 누출되든 이와 비슷하게 참담한 결과를 가져올 수 있다.[27] 유전공학은 핵에너지가 그렇듯 악의적 목적으로든 선한 목적으로든 사용될 수 있는 좀 더 최근의 혁신이다. Cas9 단백질 그리고 DNA의 특징을 만드는 크리스퍼CRISPR: clustered, regularly interspaced, short, palindromic repeats(유전자의 특정 부위를 절단해 유전체 교정을 가능케 하는 리보핵산 기반의 인공 제한효소_편집자)를 사용하여 유전자들을 '편집'할 수 있다는 것은 실로 혁명적인 발견이었다.[28] 그러나 편집에는 크나큰 결함이 있으니, 그에 드는 비용이 핵분열에 비해 너무나 낮다는 점이 그것이다. '유전공학 가정용 실험키트'는 이미 2020년에 단돈 1,845달러의 가격으로 시장에 나온 바 있다.[29] 여기에서 위험한 문제는 다른 모든 인종들을 지배할 '지배 인종master race'을 누군가 만들어낼 수 있다는 식의 것이 아니라, 매우 쉽게 복제될 수 있지만 전혀 바람직하지 못한 식으로 수정된 모종의 유전체가 실수로 만들어질 수 있다는 것이다.[30]

컴퓨터 기술의 영역에서도 새로운 위험들은 이미 나타났거나 곧 나타날 수 있다. 현존하는 '사물인터넷'은 만약 고삐 풀린 사이버 전쟁이 벌어질 경우 다양한 취약점들을 무수히 많이 만들어낼 수 있다. 한 나라의 사활이 달린 전력, 통제, 소통 시설이 사물인터넷을 통해 부분적으로 혹은 완전히 무력화될 수 있기 때문이다.[31] 인공지능 시스템들은 이미 체스와 바둑 등의 게임에서 인간 챔피언들을 패배시키는 법을 스스로 학습할 수 있다. 하지만 인간만큼 똑똑한 컴퓨터인 범용인공지능artificial general intelligence은 아마 반세기쯤 기다려야 나올 것이다. 버클리 대학의 기계지능연구소Machine Intelligence Research Institute를 이끌고 있는 엘리저 유드코프스키Eliezer Yudkowsky는 인간에게 우호적이지 않거나 탈도덕적인 인공지능을 인간들이 무심결에 만들어낼 수도 있을 것이라고 주장한다. 가령 인공지능에게 기후위기를 막으라고 명령했는데 인공지능은 호모 사피엔스를 절멸시키는 것이 최적의 해법이라 결론짓는 일이 발생할 수 있다는 것이다. 유드코프스키는 '무어의 법칙Moore's Law'(반도체 집적회로의 성능이 18개월마다 두 배로 증가한다는 법칙_편집자)을 수정하여 우리에게 경고한다. 18개월마다 이 세상을 파괴하는 데 필요한 최소지능IQ가 1점씩 떨어진다고 말이다.[32] 최종적인 악몽의 시나리오는 나노 기술(분자 제조)이 자기영속적이고 멈출 수 없는 모종의 과정을 일으켜 우리를 혼란에 빠뜨리는 것이다.[33] 이러한 "인류의 절멸 혹은 문명의 회복불능의 붕괴 사태"가 벌어질 확률은 얼마나 될까? 어떤 대담한 이가 계산해본 바에 따르면 그 확률은 6분의 1이라고 한다.[34] 삶이라는 것 자체가 러시안룰렛임이 밝혀진 것이다(러시아룰렛은 대개 6연발인 회전식 연발권총에 총알 하나를 장전하고 하는 것이기에 이것으로 목숨을 잃을 확률은 6분의 1임_편집자). 그러나 그 방아쇠는 하나가 아닌 무수한 손가락이 무작위로 당기고 있는 것이 현 상황이다.

인류가 파괴 및 자기파괴로부터 스스로를 지키는 방법들을 제안한 저자들은 매우 많았다. 제아무리 엄청난 재앙적 위협이라 해도 발생 가능성과 시기가 불확실하다면 현재 구성되어 있는 국가 정부들이 그와 관련된 유의미한 보장 장치의 마련을 위해 동기부여되는 경우는 (전혀는 아니겠으나) 거의 없다는 점을 그들도 인정한 바 있다.[35] 이를 전제로 하여 나온 제안 하나는 각국 정부, 국제기구, 대학, 대기업의 내부에 공식적으로 카산드라와 같은 재난 전문 예견자들을 두고, 또 '국가경고청National Warnings Office'을 설치해 최악의 시나리오들을 찾아내고, 각종 위험을 측정하며, 그것의 회피와 예방 및 완화 전략을 찾아내는 임무를 부여하자는 것이다.[36] 또 다른 제안으로는 '보호 기술이 진보하는 속도보다 위험을 증가시키는 기술들의 진보 속도가 떨어지게끔' 만들자는 것이 있다. 새로운 기술 개발에 참여하는 사람들에겐 그 기술이 악이 아닌 선을 위해 사용하는 데 동의하게 하고, 또 '어떤 개인이나 소집단이 매우 위법적인 행동을 하지 못하게끔 극도의 신뢰성을 갖고 예방을 행하는 데 필요한 국가 간 거버넌스 역량을 발전시키자'는 것이다.[37]

하지만 이 모든 것들이 함축하는 바를 생각해보면, 이것 자체가 하나의 존재론적 위협이라는 사실이 드러난다. '편재하는 감시권력을 부여받은 예방적 경찰력, (⋯) 파괴적 행동의 시도를 금지시킬 수 있는 효과적인 세계적 거버넌스와 모종의 감시 및 집행 메커니즘'을 갖는 '하이테크 판옵티콘'을 만들어낸다는 것.[38] 이것이야말로 전체주의로 가는 길이다. 세계적 차원의 감시국가를 가능케 하는 기술들은 이미 존재하고 있다. 경제학자 브라이언 캐플런Bryan Caplan의 말을 빌자면, "미래에 대한 특히 무서운 시나리오가 하나 있다. 세상의 종말에 대한 걱정이 지나치게 비대해진 나머지 세계 정부가 필요하다는 논리로까지 나아가고, 이를 통해 예기치 못했던 전 세계적 재앙인 전체주의로의 길이 닦이는 것이다. 인류에 닥친 위협에 함께 맞서기 위해 전 세계 국가들에게 단결하라고 외치는 이들은 단결 그 자체가 훨씬 더 큰 위협일 수 있다는 가능성 또한 고려해야 한다."[39] 이스라엘의 역사학자 유발 노아 하라리Yuval Noah Harari에 따르면, "우리가 무엇을 공부할지, 어디에서 일할지, 누구와 데이트를 하거나 심지어 결혼을 할지 말지 등을 인공지능에 의존하기 시작하면 인간의 삶은 더 이상 의사결정의 드라마가 아니게 될 것이다. (…) 우리는 이제 엄청난 양의 데이터를 생산하면서 거대한 데이터 처리 메커니즘에 들어가는 효율적인 칩 조각들로 기능하는 데 길들여진 인간들을 만들어내고 있다." 인공지능의 진보는 인류를 새로운 종류의 전체주의로 향하는 파멸적 운명으로 내몰고 있으며 자유민주주의와 자유시장 경제학을 '쓸모없는 낡은 것'으로 만들고 있다는 것이 하라리의 주장이다. 그에 따르면 우리는 이제 곧 암소에서 젖을 짜내는 것처럼 데이터를 짜내기 위한 몸들이 될 것이다.[40] 하지만 이러한 삭막한 전망조차도 지나치게 낙관적인 것일 수 있다. 전체주의 체제들의 과거 기록을 조회해보면, 그 노예helot들에게서 젖만 짜내는 게 아니라 목숨까지 빼앗아버린다는 것을 알 수 있기 때문이다.

디스토피아의 세계

이러한 잠재적 재난들에 대해선 우리가 만들어낸 확률을 갖다 붙이는 것 이상의 일을 할 수 없다. 그렇다면 이런 재난들의 모습은 어떻게 그려내야 할까? 가장 좋은 답은 그것들을 상상해보기 위해 매우 많이 노력해야 한다는 것인 듯하다. 메리 셸리 이래 두 세기 동안, 이것이야말로 SF소설 작가들의 역할이었다. 끔찍한 역병은 인류의 운명이 그들의 상상 속에서 취한 많은 형태들 중 하나일 뿐이다.

　디스토피아 소설들은 미래의 역사—이는 분명 모순적인 용어다—처럼 읽힌다. 현실적으로 보자면 이러한 상상 속의 디스토피아란 해당 작가의 목적이 풍자, 도발, 경종, 아니면 단순히 재미 중 무엇이었든 결국은 현재에 존재하는 각종 공포, 좀 더 정확히 말하자면 문필 엘리트들의 여러 불안을 담아낸 것이었다. 따라서 SF소설을 연구한다는 것은 곧 과거에 존재했던 각종 걱정을 이해해가는 작업이다. 그리고 과거의 그런 걱정들 중 일부는 역사에서 매우 중요한 역할을 하기도 했다. 소설가 레이 브래드버리Ray Bradbury는 이렇게 말한 적이 있다. "나는 다가올 여러 미래를 미연에 방지하는 사람일 뿐, 그런 미래들을 예언하는 사람은 아니다."[41] 하지만 디스토피아적 비전의 영향으로 정책 결정이 이루어지는 경우가 얼마나 되겠는가? 또 그런 결정들은 얼마나 자주 현명한 것으로 밝혀졌을까? 한 예로 네빌 체임벌린Neville Chamberlain 영국 수상이 히틀러에 대해 펼쳤던 유화 정책은 부분적으로 독일 공군이 H. G. 웰스H. G. Welles의 『우주 전쟁The War of the Worlds』에 나오는 화성인들처럼 런던을 무너뜨릴 것이란 과장된 공포에 기초한 것이었다. 하지만 악몽의 비전들은 정책 입안자들이 선제적으로 행동하게끔 설득하는 데 실패할 때가 훨씬 많았다. 물론 SF소설이 영감의 원천 역할도 했던 것은 분명하다. '인터넷을 활용하면 어떤 일들이 가능할까?'를 생각했던 실리콘밸리의 선구자들은 윌리엄 깁슨William Gibson과 닐 스티븐슨Neal Stephenson 같은 작가들에게 아이디어를 의지할 때가 많았다. 오늘날 인공지능에 담긴 함의를 논의할 때에는 〈2001년: 스페이스 오디세이2001: A Space Odyssey〉나 〈터미네이터Terminator〉 같은 영화들을 최소한 한 번이라도 언급하지 않을 수 없게 되었다. 마찬가지로 로봇공학에 대한 거의 모든 대화 또한 필립 K. 딕Philip K. Dick의 소설 『안드로이드는 전기양의 꿈을 꾸는가?Do Androids Dream of Electric Sheep?』나 그것에서 영감을 얻은 영화 〈블레이드 러너Blade Runner〉에 대한 언급을 담고 있다.

그토록 오랫동안 작가들이 두려워했던 팬데믹은 이제 우리의 현실에 도달했다. 그와 함께 해수면 상승, 가상현실, 그리고 시제품이긴 하지만 비행자동차에 조지 오웰조차 꿈꾸지 못했던 수준의 국가 감시까지도. 이렇게 되면 우리는 이제 SF소설로 돌아가 물을 수 있다. 미래를 제일 정확히 본 이는 누구였을까? 왜 이런 질문이 나오느냐면, 디스토피아는 이제 다가올 미래의 일이 아니라 (적어도 어떤 면들에서는) 바로 지금의 문제가 되었기 때문이다. 미래의 역사는 우리의 관심을 끌 자격이 있다. 최소한 그 덕분에 우리는 앞으로 다가올 일들의 모습을 좀 더 엄밀히 생각할 수 있기 때문이다. 모든 종류의 예측에서 기초가 되는 것은 여전히 역사적 데이터다. 이론에 기초한 모델들도 효과적일 순 있으나 과거의 통계가 없다면 그것들을 검증할 방법이 없다. 하지만 미래의 기술 변화는 과거로부터 추론하기 어려운 문제다. SF소설은 우리가 과거만을 바라보고 있다면 결코 생각도 하지 못할 미래의 불연속 지점들을 상상력을 통해 아주 큰 샘플로 확대하여 우리 눈앞에 보여주는 미덕이 있다.

메리 셸리의 『프랑켄슈타인Frankenstein』(1818)에선 이 이름의 과학자가 인조인간을 만들어내는데, 이는 이후 문학에서 쏟아져 나올 끔찍한 파국으로 향하는 이야기의 선구자격이라 할 수 있다. 불을 만드는 기술을 훔쳤던 프로메테우스처럼 프랑켄슈타인 또한 스스로의 오만

결론 _ 미래 충격

함에 대한 처벌을 받게 된다. 셸리는 그 후속작으로 1826년에 『마지막 인간』을 쓰는데, 앞서 보았듯 이 작품에서는 역병 하나가 인류를 모두 멸망시키고 단 한 사람을 남겨놓는다. 이러한 대규모 멸망으로 인간이 사라져버린 세계를 그려냈다는 점에서 『마지막 인간』은 최초의 진정한 디스토피아 소설로 간주되어야 마땅하다. 비록 이 작품은 상업적 성공을 거두지 못했지만, 1890년대에 H. G. 웰스는 SF장르의 인기를 확립했다. 『타임머신The Time Machine』에서 웰스가 그려내는 악몽 같은 미래—이 작품의 배경은 802701년이다—의 지구는 호기심이라곤 전혀 없고 채식을 하는 엘로이족이 땅속에 사는 몰록족의 먹잇감으로 잡아먹히는 곳이다. 다른 말로 하자면 인류가 종분화를 거쳐 두 종류의 퇴화된 종족으로 나뉘었는데, 하나는 멍청한 가축들이고 다른 하나는 탐욕스러운 동굴 생활자들인 것이다. 웰스의 주인공은 이 세계를 떠나 다시 더 먼 시간의 미래로 향하고, 결국 활기가 사라진 지구 위에서 생명체가 마지막 숨을 쉬는 장면을 목격한다. 한편 『우주 전쟁』에는 지구로 침략해온 화성인들이 런던 주민들을 완전히 절멸시키는 장면이 나오는데, 여기에서 화성인들이 사용하는 무기는 20세기 지구의 강대국들 사이에서 일어난 세계대전을 너무나도 생생히 떠올리게 하는 것들이라 소름이 끼친다. 이 작품에서 인류는 병원균 하나 덕에 구원을 받는다. 침략자인 화성인들은 그에 대한 면역이 전혀 없었기 때문이다.

우리 시대에는 인간이 만들어낸 기후변화에 대한 여러 불안이 급증했고, 이로 인해 환경재앙이 디스토피아 소설의 주제가 되었다. 마거릿 애트우드의 『인간 종말 리포트Oryx and Crake』(2003)는 셸리의 『마지막 인간』의 이야기를 다시 풀어놓는다. 지구온난화, 무분별한 유전공학, 세계적 역병이라는 재난으로 끝나버린 인구감소 계획 등으로 온 세계가 쑥밭이 되어버린 상황을 그리는 것이다. 셀리의 이야기와 다른 점은 머리가 뒤죽박죽이 되어버린 '눈사람Snowman' 말고도 다른 생존자들이 소수나마 더 있다는 점이다. 코맥 매카시Cormac McCarthy의 『길The Road』(2006)에서는 폭발로 폐허가 된 황무지를 식인종들이 어슬렁거리고, 파올로 바치갈루피Paolo Bacigalupi의 『와인드업 걸Windup Girl』(2009)은 해수면 상승의 문제가 통제불능의 유전공학에서 비롯된 전염병 창궐과 결합되는 창의성을 보여준다. 하지만 이 소설들 이전에도 이를 다룬 이야기들이 있었다. 기후재난에 대한 상상은 냉전 시대에도 반핵운동가들과 환경운동가들 모두를 움직인 핵심 추동력이었다. 네빌 슈트의 『해변에서』(1957)에는 핵전쟁에 직면한 보통 사람들이 어쩔 줄을 몰라 하는 모습이, J. G. 발라드J. G. Ballard의 『물에 잠긴 세계The Drowned World』(1962)에서는 (공해가 아닌 태양 흑점의 활동으로 발생한) 기온상승 때문에 대부분의 도시들이 물에 잠기는 장면이 나온다.

마지막으로, 대규모 이민에서 영감을 받은 디스토피아들이 있다. 미셸 우엘베크Michel Huellebecq의 소설 『순종Soumission』(2015)에서 프랑스 좌파들은 우익정당 국민전선이 아닌 이슬람 근본주의 정당이 권력을 잡는 데 협력한다. 그렇게 해서 들어선 정부는 국가와 대학에서 무슬림이 아닌 이들을 모두 몰아내고, 일부다처제를 합법화하며, 매력적인 아내들을 분배하고 주인공은 이런 새로운 질서에 순종하는 것으로 이야기가 끝난다. 이 책이 출간되었을 때 우엘베크는 이슬람 혐오증에 대한 혐의로 많은 비판을 받았으나 사실 이 작품은 프랑스의 위태위태한 여러 제도들, 그리고 그것들을 지켜내지 못하는 도시 지식인들의 모습을 조롱하는 풍자소설이다.

이 『순종』의 예가 보여주듯, SF소설의 많은 부분은 자연적 혹은 기술적 종류의 재난만큼이나 정치적 재난에도 관심을 쏟는다. 1930년대 이래 계속 나타나는 한 가지 디스토피아는 미국이 파시즘 국가가 되는 것이다. 이와 관련해선 싱클레어 루이스Sinclair Lewis의 『있을 수 없는 일이야It Can't Happen Here』(1935)에서부터 스티븐 킹Stephen King의 『러닝맨The Running Man』(1982), 마거릿 애트우드의 『시녀 이야기The Handmaid's Tale』(1985), 필립 로스Philip Roth의 『더 플롯 어겐스트 아메리카The Plot Against America』(2004) 및 수잰 콜린스Suzanne Collins의 『헝거 게임The Hunger Games』(2008)에 이르는 소설들이 나왔다.

그와 반대되는 정치적 악몽으로 스탈린식 전체주의가 등장하기도 했다. 에인 랜드Ayn Rand의 『찬가Anthem』(1937)에서 주인공('평등 7-2521')은 길거리 청소부로 주어진 자신의 운명을 거부하고 자유를 위해 투쟁하면서 평등주의의 독재에 반란을 일으킨다. 에벌린 워Evelyn Waugh의 『폐허에서의 사랑Love Among the Ruins』(1953)은 대규모 투옥과 국영안락사센터들로 점철된 부조리한 영국을 묘사하고 있다. 레이 브래드버리의 『화씨 451Fahrenheit 451』(1953년에 출간되었지만 1999년을 무대로 한다)는 자유주의가 사라져 정부가 모든 책을 금지시키고 금서들의 소각이 소방관의 임무가 되어버린 미국을 그린다(이는 간혹 매카시즘의 비판으로 해석되기도 했지만, 브래드버리가 진정으로 전달하려 했던 것은 영혼 없는 TV 예능 프로그램에 보통 사람들이 빠져 있는 상황과 종교에 빠진 소수파들이 끝없이 검열을 요구하는 상황이 결합됨에 따라 책이 진지한 내용을 담는 형식으로 존재하는 데 점점 위협이 가해지고 있다는 점이었다). 하지만 전체주의에 대한 이 모든 디스토피아의 비전들 가운데 조지 오웰의 『1984』만큼 널리 읽히고 또 많은 영향력을 발휘한 책은 없다.

올더스 헉슬리Aldous Huxley—그는 에릭 블레어Eric Blair(조지 오웰의 본명_편집자)가 이튼스쿨에 다닐 당시 그의 프랑스어 교사였다—는 1949년 10월 오웰에게 쓴 어느 주목할 만한 편지에서, 오웰이 포착하고 있는 것은 미래의 가능성이 아니라 그가 처한 현실인 것이 아닌지를 상기시켰다. "『1984』에 나오는 소수 지배집단의 철학은 사디즘을 그 논리적 결말까지 밀고 나간 것이네. (…) 그런데 실제 현실에서 이렇듯 마구 얼굴을 짓밟아대는 폭력적인 정책이 과연 무한히 지속될 수 있을지 의심스럽군. 내 믿음이지만, 소수 지배집단은 좀 더 힘이 덜 들고 낭비도 덜한 방식으로 통치를 행하면서 자신들의 권력욕도 만족시키는 방법을 찾아낼 걸세. 그리고 그런 방식들은 내가 『멋진 신세계 Brave New World』에서 묘사했던 것들과 비슷할 거라네."⁴² 헉슬리의 이 소설에서 우리는 서기 2540년의 매우 다른 디스토피아에 도달한다. 이때의 세상은 스탈린주의 대신 포드주의에 우생학을 합친 것을 기초로 한다. 시민들은 경직된 구조적 불평등의 카스트 제도에 순종하고 있는데, 이는 그들이 애초부터 자신들의 얄팍한 육체적 욕망의 충족에 만족하며 살도록 조건 지어져 있기 때문이다. 자기명상('소마'), 끊임없는 오락('필리스'). 정기 휴가와 도처에 널린 성적 자극이 바로 대중의 순종을 형성하는 기초가 된다. 검열과 프로퍼갠더 또한 『1984』에서와 마찬가지로 제 역할을 하지만 공공연한 강제 따위는 거의 눈에 띄지 않는다. 오늘날의 서방 사회는 이렇게 오웰보다는 헉슬리를 더 닮아 있다. 국가의 잔혹행위보다는 사람들의 정신을 쥐락펴락하는 대기업의 활동이 훨씬 더 크게 작용하니 말이다.

하지만 오늘날의 디스토피아들을 이해하려 하는 데 있어 헉슬리나 오웰보다 훨씬 적합한 다른 작가가 있다. 시진핑 치하의 중국은 갈수록 예브게니 자먀틴의 놀라운 소설 『우리』—1921년 작품이지만 볼

　　　　　　　　결론 _ 미래 충격

셰비키 체제에서는 출간되지 못했다―를 떠올리게 한다. '베푸는 자 the Benefactor'가 지도하는 '한 국가One State'를 무대로 하는 이 소설은 오웰의 작품보다 더욱 소름 돋게 감시국가를 효과적으로 묘사한다(이 소설은 오웰의 작품에 부분적으로 영감을 주었고, 오웰의 작품은 다시 아인 랜드의 『찬가』에 영감을 주었다). 모든 '암호명들ciphers'―이들은 이름 대신 숫자만 가지며, 표준화된 '유니프unifs'를 입는다―은 24시간 감시하에 있으며 모든 아파트는 유리로 만들어져 있다. 커튼이 있기는 하나 오로지 국가에서 허가받은 섹스를 할 때에만 칠 수 있을 뿐이다. 이 '베푸는 자'는 결국 반란에 직면하자 모든 '암호들'의 두뇌에 전두엽 절제술을 시행하도록 명령한다. 보편적 행복을 유지하는 유일한 길은 무언가 상상하는 능력을 제거하는 것뿐이기 때문이다. 그는 묻는다. "사람들이 요람에서부터 기도하고, 꿈꾸고, 몸부림치며 얻고자 하는 것은 무엇인가? 그들은 누가 됐든 좋으니 행복이라는 게 무엇인지 확실하게 말해주고 자신들을 그 행복에 쇠사슬로 묶어줄 사람을 원한다."[43]

하지만 좀 더 성찰해보면 이런 작가들 중 우리의 네트워크 세상이 갖는 독특한 특질들을 정말로 모조리 예견한 이는 한 명도 없음을 알 수 있다. 소비자 정보 기술 분야에서는 속도와 침투력이 점점 높아지지만 핵에너지 혹은 정부 통치의 한심한 퇴보 같은 분야는 진보가 멈춰버린 상태를 기묘하게 결합한 세상 말이다. 좀 더 자세히 찾아보면 진짜 예언자는 별로 알려져 있지 않은 인물들임이 드러난다. 한 예로 2010년을 배경으로 하는 존 브루너John Brunner의 『잔지바르에 서다Stand on Zanzibar』(1969)는 인구압력으로 인해 사회적 분열과 정치적 극단주의가 갈수록 심해지는 상황을 그린다. 제너럴테크닉스 같은 미국의 대기업들은 테러리즘의 위협에도 불구하고 살마네서라는 이름의 슈퍼컴퓨터 덕분에 호황을 구가하고 있으며, 중국은 미국의 새로운 경쟁국이고, 유럽은 통일되어 있다는 설정이다. 브루너는 또한 이 작품에서 소수집단 우대정책, 유전공학, 비아그라, 디트로이트의 몰락, 인공위성 TV, 여객기 내 영화 상황, 아바타, 동성 결혼, 레이저 프린터, 전기자동차, 마리화나 합법화 및 흡연자 감소 등을 내다보고 있다. 심지어 이 소설엔 (비록 미국이 아닌 '베니니아'라는 나라이긴 하지만) '오보미Obomi'라는 이름의 진보적인 대통령까지 등장한다.

윌리엄 깁슨의 『뉴로맨서Neuromancer』(1984)는 인터넷과 인공지능을 예견한 작품이다. 일본 치바현의 디스토피아 지하세계에서 시작하는 이 소설의 중심인물들은 마약에 찌든 해커, 고양이 같은 길거리 사무라이, 부상당한 작전장교다. 하지만 깁슨의 진정한 상상력은 '매트릭스'라 불리는 사이버스페이스의 전 세계적 컴퓨터 네트워크, 그리고 이 소설의 중심 플롯을 이루는 '윈터뮤트'와 '뉴로맨서'라는 쌍둥이 인공지능을 고안해내는 데서 폭발한다. 닐 스티븐슨의 『스노 크래시Snow Crash』(1992)는 특히 페이스북 초기에 그 직원들 사이에서 인기가 높았던 책으로, 거의 무정부상태가 된 미국에서 대기업이 모든 것을 장악하고 또 가상현실이 지배하는 모습을 예견한다. 캘리포니아에서는 국가가 사멸하여 모든 것이 사유화되어 있고 고속도로도 예외가 아니다. 연방 정부는 흔적만 남은 기관이 되어버렸다. 대부분의 사람들은 가상현실의 세계에서 자기 시간의 절반 정도를 보내며, 가상현실 속 아바타들은 현실 세계의 사람들보다 훨씬 더 많은 재미를 보며 살고 있다. 그러던 어느 날 난민들과 이민자들로 가득 찬 거대한 함선이 태평양을 건너 미국에 도달한다. 루이스, 애트우드, 로스 등이 그려낸 권위주의적 디스토피아들보다 이러한 하이테크 SF소설 속 미국이 2020년의 미국에 훨씬 가까워 보인다.

오늘날의 미국이 길리어드(마거릿 애트우드의 『시녀 이야기』에 나오는 전체주의 공화국_옮긴이)보다 치바현에 더 가깝다고 한다면, 오늘날의 중국은 정말로 자먀틴이 쓴 『우리』의 새 버전에 해당할까? 찬쿤청陳冠中의 소설 『태평성대Fat Years』(2009) ─ 중국 본토에서 이 소설은 판매가 금지되었다 ─ 에 나오는 사람들은 마약이 들어 있는 수돗물 때문에 유순해지지만 그에 따른 대가를 치러야 했다. 대중의 기억과 공적 기록에서는 2011년 2월이 삭제되어 있었던 것이다. 알고 보니 이때는 중국 경제의 안정화를 위해 일련의 가혹한 비상조치들이 도입되어야 했던 시기였을 뿐 아니라 동아시아에서 중국의 지배력을 키워야 했던 시기였다. 찬쿤청은 중국 굴기의 귀결로 미국의 쇠퇴를 상상하려 했던 최근의 많은 중국 작가들 중 하나다. 『태평성대』가 배경으로 하는 시대는 서방의 2차 금융위기로 인해 중국이 세계 최대의 경제대국으로 떠오른 이후인 가상의 2013년이다. 한송韓松의 소설 『2066: 미국 하늘의 붉은 별2066: Red Star over America』(2000)에는 테러 공격으로 뉴욕의 세계무역센터가 파괴되고 해일로 맨해튼이 무너지는 이야기가 나온다. 류츠신의 작품 『삼체』(2006)는 앞서 보았듯 인류를 혐오하는 중국 물리학자의 잘못으로 벌어진 외계인 침략에 맞서 중국의 나노 기술 전문가와 북경의 경찰관이 지구를 수호한다는 이야기다. 『삼체』3부작에서의 미국인들은 악하거나 무능한 이들로 그려진다.

하지만 중국 본토의 작가들조차도 중화인민공화국은 근본적으로 반자유주의적 성향을 띤다는 점, 또 중국 정치사에서 불안정성이 반복해서 나타난다는 점을 의식하고 있다. 소설 『삼체』에서의 '문제'는(『삼체』의 원제는 '삼체 문제The Three Body Problem'임_편집자) 태양이 세 개나 되는 이상한 먼 나라를 배경으로 벌어지는 하나의 가상현실 게임으로 독자들에게 소개된다. 이 세 태양의 중력은 서로를 교란하면서 끌어당기기 때문에 그 행성이 예측 가능한 궤도에 안착하지 못하며 일정한 낮과 밤과 계절도 없다. 이따금 '안정된 시대들'이 찾아와 문명이 진보하기도 하지만, 이내 거의 아무런 경고도 없이 강렬한 열이나 냉기로 인해 누구도 생존할 수 없는 '혼돈의 시대'로 넘어가버린다. 류츠신의 서술에서 중심을 차지하는 비유는 중국 역사가 이 삼체문제와 똑같은 패턴, 즉 안정기가 항상 혼돈의 시대인 '동란動亂'으로 이어진다는 것이다.

예리한 독자들은 아마도 그 소설에 나오는 '지구-트리솔라리스 운동', 즉 급진적 인류혐오 조직이 트리솔라리스 외계인들의 지구 정복을 돕기 위해 헌신하는 운동이 마오쩌둥 사상의 세련된 패러디가 아닐까 생각할 수 있다. 이 운동의 구성원들은 "인간문명에 대한 모든 희망을 버렸고, 자신의 종을 증오하고 또 기꺼이 배반할 준비가 되어 있었을 뿐 아니라 자신들과 자식들까지 포함한 인류 전체를 없애버리는 것을 최고의 이상으로 떠받드는 이들이다." 이들은 외친다. "전 세계적 반란을 시작하라! 트리솔라리스 정신 만세! 우리는 들불이 사방을 다 태워버린 후 다시 자라나는 질긴 잡초들처럼 버텨내리라! (…) 인간의 독재를 없애라!" 그러나 이렇듯 적에게 협조하고자 했던 이들은 트리솔라리스 외계인들이 인간들보다 훨씬 더 끔찍한 존재들임을 전혀 몰랐다. 외계인 중 하나는 이렇게 지적한다. "만사는 생존이라는 목표의 수단이 되어야 한다. 문명 전체의 생존을 가능케 하려면 개인에겐 거의 전혀 신경 쓸 필요가 없다. 더 이상 일할 수 없는 자는 죽여야 한다. 트리솔라리스 사회는 극단적 권위주의 국가의 치하에서 성립한다." 개인들을 위한 삶이란 '무미건조함'으로 이루어진다는 이 이야기는 마오쩌둥 시대의 중국과 매우 비슷하다.

이 소설의 주인공은 입이 험하고 줄담배를 피워대는 베이징 경찰관 시치앙인데, 그가 뻣뻣하고 거만한 미국 장성에게 세계를 구할 수 있는 최선의 방법이 무엇인지에 대해 일장연설을 늘어놓는 장면을 중국 독자들은 틀림없이 즐기며 읽을 것이다. 하지만 이 책의 좀 더 깊은 의미는 트리솔라리스가 바로 중국이라는 점에 있음이 분명하다. 서로 싸우는 이 '삼체'는 태양들이 아니라 지배자, 지식인, 대중의 세 계급을 지칭한다. 트리솔라리스의 외계인들은 훌륭한 전체주의자처럼 모든 것을 아는 존재들이다. 이들의 보이지 않는 '소폰sophon'은 이들에게 인류 전체를 완벽히 감시할 수 있게 해줌은 물론 미래의 지구에 나타날 수 있는 과학적 진보를 효과적으로 막아낼 수 있게 해준다. 하지만 이 무시무시하게 밀고 들어오는 침략자들에게도 약점 하나가 있음이 밝혀진다. 완벽히 투명한 문화를 가지고 있으므로—각자의 머릿속에 떠오르는 생각이 아무런 여과도 없이 서로에게 소통된다—속임수나 거짓말이 불가능하고, 그래서 '복잡한 전략적 사유'를 할 수가 없다는 게 그것이다. 이들이 지구에 도착할 때까지 남은 시간은 400년 정도로 추정되므로, 인류는 그 사이에 그들의 약점을 십분 이용하여 방어 전략을 준비할 시간을 갖는다.

이것을 중국이 세계에서 차지하는 위치의 변화, 또 어쩌면 미국과 중화인민공화국 사이의 새로운 냉전에 대한 비유로 읽어낸다면 지나친 비약일까? 만약 아니라면 이는 참으로 불안한 비유다. 곧 미래에 지정학적 재난이 닥친다는 암시와도 같으니 말이다.

하지만 나는 살아 있다네

폴 새뮤얼슨은 '미국에서 지금까지 나타난 주가하락 현상은 과거에 있었던 다섯 번의 경기침체 중 아홉 번을 정확히 예측한 바 있다'는 농담을 지어냈는데, 그렇다면 SF소설은 과거 다섯 번의 기술적 비약 중 아홉 번을 정확히 예견해냈다고 할 수 있다. 비행자동차는 아직도 시제품 단계에 머물러 있고, 타임머신은 어디에도 보이지 않으며, 외계인들은 여전히 '암흑의 숲'에서 모습을 드러내지 않고 있다. 또한 지금까지 한 번도 벌어진 적 없는 세계의 종말에 대해서는 아홉 번 이상의 훨씬 더 많은 예측을 했다. 그럼에도 SF소설은 우리가 미래에 대한 생각을 명쾌하게 만드는 데 중요한 역할을 할 수 있다.

앞으로 다가올 많은 일들은 인류 역사의 아득한 오래전부터 존재해왔던 규칙들을 따를 것이다. 현재의 권력은 떠오르는 권력에서 위협을 느낄 테고, 대중선동가는 헌법의 여러 제약 때문에 좌절감을 느낄 테며, 권력은 타락할 것이고, 절대권력은 절대적으로 타락할 것이다. 이것이 역사와 위대한 문학 작품에서 배울 수 있는 것들이다. 하지만 과학, 의학, 기술의 변화 때문에 그 외의 면에서 인류의 미래는 지금과 다를 것이며, 역사가들은 그런 일이 벌어질 것임을 확인하는 것 외엔 이런 종류의 불연속을 예측할 자격과 능력이 거의 없다. 아이작 아시모프Isaac Asimov는 『파운데이션Foundation』(1951)에서 역사, 사회학, 수리통계학을 결합하여 미래에 대한 일반적 예언들을 내놓는 '심리사psychohistory'를 상상한 적이 있다. 지금은 고인이 된 이스라엘의 대통령 시몬 페레스Simon Peres는 예전에 내게 이스라엘 학자들이 아시모프가 말한 '제1 발광체prime radiant' (아시모프의 소설 『파운데이션』의 주인공 셸던 박사는 심리사를 연구한 끝에 인류의 과거와 역사의 모든 일들을 수학 방정식으로 설명해주는 '제1발광체'를 발명함_옮긴이) 비슷한 것을 확실하게 만들어냈다고 장담했지만, 나는 그런 학문의 존재 가능성 자체에 대해 회의적이다. 만약 '역사동역학'이 궁극적으로 또 하나의 역사 순환이론으로 끝나고 만다면 그 처음의 약속을 저버리는 셈이 될 것이다.

역사는 재난이라는 거대한 마침표가 전혀 예측할 수 없는 순서로 찾아올 것이라고 우리에게 가르친다. 성경의 계시록에 나오는 정복, 전쟁, 기근, 창백한 죽음의 네 기사들은 그 어떤 기술 혁신이 있다 해도 인류를 무적의 상태로 만들 순 없음을 우리에게 상기시키기 위해 매우 무작위적으로 보이는 간격을 두고 등장한다. 또한 일부 혁신들―이를테면 중국 우한에서 감염된 이들을 전 세계로 실어 날랐던 제트 여객기들 같은 것들―은 그 네 기사들로 하여금 후류slipstream에 올라타 더 빨리 달려 나올 기회를 주기도 한다. 하지만 어쨌든 이 기사들은 항상 우리를 놀라게 하는 형태로 우리 앞에 나타난다. 당분간 우리는 인류의 총체적 절멸에 관한 시나리오를 두고 이런저런 생각을 하게 될 것이다. 우리는 각자 자신의 자리에 숨어서 영화 〈컨테이젼Contagion〉 혹은 애트우드의 소설을 읽으며 시간을 보낼 것이다. 이번의 검은 백조는 드래건 킹이 되어 우리의 삶을 송두리째 뒤집어놓을 수도 있겠지만, 그럴 가능성은 매우 낮다. 다수의 우리는 운이 좋을 것이다. 그리고 이번 재난 이후에도 대부분의 삶은 지속될 것이며, 몇 가지 면에서는 변화가 있을 것이지만 전체적으로는 놀랄 정도로, 안심할 수 있을 정도로, 지루할 정도로 똑같을 것이다. 이번 재난으로 우리는 우리 모두가 죽는 존재라는 사실을 상기하게 되었다. 하지만 실로 놀랄 만한 속도로 우리는 그런 사실을 다시 잊어버릴 것이고, 웃고 쾌활하게 삶을 이어나갈 것이며, 재난에서 운이 없었던 이들을 잊어버릴 테고, 우리를 기다리고 있는 다음 재난이 무엇일지에 대해서도 신경 쓰지 않을 것이다. 내 말이 의심스러운 이들은 대니얼 디포가 『전염병 연대기』의 결론으로 내놓은 엉터리 시를 생각해보라.

> 무서운 페스트가 런던을 덮쳤다네,
> 1665년이었다네,
> 이 병이 수십만의 사람들을 쓸어가
> 모두 사라졌다네, 하지만 나는 살아 있다네![44]

감사의 말

이런 책은 저자 혼자서 모든 책임을 지는 것이 맞지만, 집필 중에 많은 이들로부터 도움을 받아 마음의 빚을 엄청나게 질 수밖에 없는 책이기도 하다. 우선 세라 월링턴Sarah Wallington과 카일 키니Kyle Kinnie는 신속하고도 아주 유능하게 연구 조수의 역할을 해주었다.

또한 후버연구소에 있는 나의 동료들인 존 코크레인, 빅터 데이비스 핸슨Victor Davis Hanson, H. R. 맥매스터H. R. McMaster, 콘돌리자 라이스, 매니 링컨-크루즈Manny Rincon-Cruz, 존 테일러John Taylor 등에게 아이디어와 영감을 준 것에 감사한다.

나는 거시경제학 및 지정학 문제의 자문 기업인 그랜맨틀Greenmantle에서 놀라운 재능을 지닌 전문 위원회의 구성원들과 함께 일하는 특권을 누리고 있다. 이 책은 2020년에 일어난 사건들의 전개를 놓고 2주에 한 번씩 열린 토론회의 논의에서 많은 도움을 얻었다. 거기에 참여한 이들은 피에르파올로 바비에리Pierpaolo Barbieri, 앨리스 한Alice Han, 니콜라스 쿰레벤Nicholas Kumleben, 풀라니 마요지Phumlani Majozi,

640

제이 맨스Jay Mens, 크리스 밀러Chris Miller, 스테파니 페트렐라Stephanie Petrella, 에밀 심슨Emile Simpson, 존 수누누John Sununu, 디미트리스 발라차스Dimitris Valatsas, 조셉 데 웨크Joseph de Weck 등이다. 특히 이 책에 꼭 필요한 의학 문제에 대한 논의에서 길잡이 역할을 해준 이는 저스틴 스테빙Justin Stebbing이었고, 7장에서 큰 도움을 준 이는 길 하이어트Gil Highet였으며, 결론 부분에서는 대니얼 랜스버그-로드리게스Daniel Lansberg- Rodríguez와 에이크 프레이만Eyck Freymann이 도움을 주었다. 또이 책의 초기 원고를 읽어 준 이들에게도 특별한 감사를 드린다. 앞에서 말한 피에르파올로, 앨리스, 제이, 크리스, 디미트리스, 에밀, 에이크뿐 아니라 조 론스데일Joe Lonsdale, 노먼 나이마크Norman Naimark, 팀 심스Tim Simms 등에게도 감사를 드린다. 또한 나에게 혜안과 지혜를 나눠준 피오트르 브레진스키Piotr Brzezinski, 사힐 마타니Sahil Mahtani, 글렌 오하라Glen O'Hara, 라이언 오를리Ryan Orley, 제이슨 로켓Jason Rockett, 숀쉬Sean Xu에게도 감사를 드린다. 여기에서 거명하는 이들 중 가장 나이가 적지만 8장에서 아주 큰 도움이 되었던 토머스 퍼거슨Thomas Ferguson에게도 감사를 드린다.

또한 스탠퍼드, 하버드, 그 밖의 다른 곳에 걸쳐 있는 응용사학applied history 네트워크의 많은 구성원들도 나와 이 책의 여러 부분에 대해 토론하면서 도움을 주었다. 특히 그레이엄 앨리슨, 할 브랜즈Hal Brands, 프랜시스 개빈Francis Gavin, 찰스 마이어Charles Maier, 콜더 월턴Calder Walton 등에게 감사한다.

이 책의 편집자인 스콧 모이어스Scott Moyers와 사이먼 와인더Simon Winder에게 감사하며, 또한 나의 출판 관련 대행 에이전트인 앤드루 와일리Andrew Wylie에게도 깊은 감사를 드린다.

　　　　　　　　　　　　　　　　　　　감사의 말

옮긴이의 글

이 짧은 글에서는 저자인 니얼 퍼거슨에 대해서, 또 이 책에 대해서 소개하거나 요약하는 일은 하지 않겠다. 대신 이러한 책이 나오게 된 계기와 그 의미를 음미하는 데에 도움이 되도록 좀 더 큰 역사적 맥락에 대해 생각해 보고자 한다. 이미 인간 문명에서의 재난이라는 사건의 의미를 역사적으로 파헤친 이 책,『둠: 재앙의 정치학』을 다시 또 역사적 맥락에 녹여내려면, 아주 거시적이고 추상적인 차원에서 현대 사회의 형성 과정을 다시 반추해보아야 한다.

예측가능성, 계산가능성, 최적화

16세기 이후 서양에서 배태된 근대·현대 문명은 국민국가와 산업 생산과 자본주의라는 세 개의 기둥 위에 서 있다. 국민국가는 폭력 수단의 강력한 집적과 집중을 통하여 국내적인 또 국제적인 혼란 상태에서 사람들을 안전하게 지켜주는 것을 정당성의 기초로 삼는다. 산업 생산은 자연의 정복을 통하여 인류가 운명으로 여겨왔던 희소성을 극복하고 풍요의 세상을 가져다주는 것을 정당성의 기초로 삼는다. 자본주의는 화폐적 계산을 토대로 하여 그것으로 계산되는 바의 수익의 흐름을 영구적으로 극대화 안정화하는 것을 정상성의 기초로 삼는다. 이 세 가지는 물론 서로의 존재를 전제로 하며 또 전제가 되어 주면서 서로 삼투작용을 일으켜 불가분의 하나가 된다. 이것이 근대·현대 문명을 그 이전의 인간 사회와 구분 짓는 본질적인 제도적 기반이라고 할 수 있다.

이러한 근대·현대 문명의 정치 경제 사회 구조의 논리는 "인간 세상의 만사만물은 예측할 수 있고 계산할 수 있다"는 전제를 깔고 있다. 그리고 이러한 전제에 기반하여 인간, 자연, 사회의 모든 자원의 사용과 배분을 가장 적절하게 가장 적재적소에 배치한다는 최적화 optimization를 조직과 운영의 원리로 도출한다. 국가도 공장도 금융시장도 이 만사만물의 예측가능성과 계산가능성에 기반한 최적화의 기계가 되는 것을 스스로의 이상으로 삼아 끊임없이 거기에 수렴하려고 기를 쓴다. 인간 세상을 이렇게 조직할 수 있다는 비전이 정확히 언제 어떻게 나타났는지는 알기 힘들지만, 과학과 철학과 예술의 발전, 정치 및 행정의 변화, 경제 조직과 제도의 변화, 교육과 가족과 오락과 연애와 같은 삶의 영역의 변화 등등이 모두 이러한 "합리화"의 논리에 맞추어 변화해온 것이 근대-현대 문명의 큰 흐름이었음은 분명하다.

옛날 이집트 사람들은 자기들이 만들어놓은 왕국이 완벽한 무리고 전지전능한 하나의 "거대 기계"가 되어 있다고 믿었다. 그래서 나일 강의 범람도 지배할 수 있고, 천체의 운행도 지배할 수 있고, 나아가 파

옮긴이의 글

라오들은 죽음까지 정복할 수 있다고 믿었고, 이러한 자기들의 능력을 상징하는 엠블럼으로서 피라미드를 건설하기도 했다. 이러한 "기계의 신화"(루이스 멈퍼드, 1967)는 근대-현대에 그대로 살아났다. 국민국가, 산업생산, 자본주의가 하나로 합쳐진 우리의 문명 또한 무소불위 전지전능의 "거대 기계"라고 숭배된다. 과학과 기술의 무한한 진보로 생산력은 무한히 발전하며 빈곤과 질병은 물론 전쟁과 학살 등의 비합리적인 갈등 양상도 모두 극복할 수 있다. 이 현대의 "거대 기계"가 더 커지고 더 강해지고 더 똑똑해질수록 인간 세상과 우주와 자연의 정복은 물론 심지어 신이 정해놓은 섭리도 거스를 수 있다고 믿는다.

하지만 정말 만사만물은 예측가능할까? 또 계산가능할까? 그리고 이에 기반한 최적화라는 것은 항상 최선의 결과를 가져오게 될까? 이런 명제들은 불변의 진리이기는커녕 특정한 전제와 작업가설에 기반한 아주 독특한 믿음에 불과하다는 반론이 점점 늘어났고, 실제로 인류가 보유한 예측가능성과 계산가능성의 기술과 기법이 실제로는 '허당'에 불과함을 암시하는 불길한 사건들도 점점 늘어났다. 2009년에 우리가 겪었던 세계 금융 위기는 최근에 벌어진 그 정점의 사례라고 할 수 있다. 이렇게 근대-현대 문명의 논리적 기초가 무너지고 의심되는 일과 동시에 또 다른 문제가 나타났다. 규모와 범위의 증가다.

지구화와 그 귀결, 재난의 문제

'세계화'는 익숙한 용어이지만 인류 역사에서 그것이 차지하는 의미를 제대로 음미하기 위해서는 '세계le monde'의 (앙리 르페브르와 코스타스 악셀로스) 개념으로 다시 해석할 필요가 있다. 세계화는 위의 국민국가, 산업생산, 자본주의로 이루어진 현대의 "거대 기계"가 그 규모와 범위에 있어서 폭발적으로 팽창하는 사건을 말한다. 이는 지리적 공간적인 팽창이라는 넓이의 차원뿐만 아니라 인간 생활에 파고드는 깊이의 차원까지 포괄하는 의미다. 83개국의 무수한 사람들이 같은 시간대에 자기 방에서 불 꺼놓고 맥주를 홀짝이며 1960년대 서울 변두리 동네에서 행해지던 '오징어 게임'에 빠져드는 일은 21세기에 들어와서 비로소 가능해진 일이다. 단순히 지구 표면을 모두 뒤덮는다는 의미의 세계화가 아니라, 거기에 서식하는 인간 나아가 생태영역biosphere 전체의 정신적 물질적 삶을 총체적으로 지배하고 통일시켜 나간다는 의미에서의 세계화이기도 하다.

이러한 의미의 세계화mondialisation가 급속도로 진행된 21세기가 되면, 예측가능성과 계산가능성에 기반한 최적화라는 그 "거대 기계"의 알고리즘 자체가 영향을 받고 잠식당하게 된다. 우리가 보유한 예측의 기술이란 어김없이 몇 개 변수의 연관 관계를 잡아 그 연관 관계를 파악하기 위해 "다른 조건이 동일하다면ceteris paribus"이라는 정지된 세계의 스냅 사진을 무수히 찍어서 시계열로 이어놓는 활동사진의 형태를 띤다. 그런데 "거대 기계"가 지구 전체를 속속들이 집어삼키게 되면 무엇이 변수이고 무엇이 패러미터인지를 나누는 것이 점점 무의미해진다. 금융 시장의 "재귀적" 운동이 (조지 소로스) 잘 보여주듯이, 이제는 인간 세상을 어떤 아이디어로 어떻게 조직하느냐와 그 조직의 대상이 되는 인간과 사회와 자연의 운동과 흐름이 연결되어 인과 관계의 되먹임feedback을 형성하게 된다.

원래부터 그 과학적 근거가 미심쩍었던 예측가능성이나 계산가능

옮긴이의 글

성과 그에 근거한 최적화의 기술은 이러한 전면적 지구화의 조건에서는 더욱 더 여러 문제를 안게 되며, 그로 인해 운영되는 지구적 산업 문명이라는 "거대 기계"는 갈수록 더 기능부전에 심각하게 노출된다. 『둠: 재앙의 정치학』이 다루고 있는 "재난"이라는 것이 근대-현대 이전의 문명과 달리 새롭게 안게 되는 의미를 깨달을 수 있다. 이 책에서 강조하듯이, 재난이란 정규분포곡선에 따라 벌어지는 일이 아니며 예측 가능성이나 계산가능성의 영역을 벗어나는 일이며, 따라서 최적화의 논리에 기반한 국민국가, 산업생산, 자본주의라는 "거대 기계"의 장치들로서 대응할 수 있는 일이 아니다. 재난이란 동서고금 어디서나 벌어지는 '흔한' 사건이지만, 이러한 이유에서 근대-현대 문명은 특별히 취약하다. 이집트의 전지전능한 파라오도 모세가 불러온 메뚜기떼의 창궐 등 각종 재앙 앞에 무릎을 꿇는다. 그 "거대 기계"도 이제 속수무책인 종류의 각종 재난에 휩싸인다. 게다가 세계화를 계기로 하여 그 규모와 범위가 지구 전체를 뒤덮은 상태다. 기후 위기를 위시한 생태 위기, 맹목적 증오와 파괴에 근거한 테러리즘, 갈수록 벌어져만 가는 불평등과 만성적 실업 따위는 그 능력 바깥에 있는 문제들이라는 비관적 견해가 짙어져 가고 있다.

니얼 퍼거슨은 이러한 문명사적인 위기의 변곡점의 맥락에서 2020년에 터진 코로나19 사태의 의미를 새기고 있다. 중국 우한에서 본격적으로 터지기 시작한 이 질병과 그로 인해 1년 반 동안 벌어진 전 지구적인 변화의 문제는 근대-현대 이전의 인간 역사에서 벌어졌다면 (실제로 질병의 창궐은 인간 세상의 다반사였다) 그 의미와 전개 과정과 해법 등은 모두 전혀 달랐을 것이다. 하지만 21세기 그것도 2020년이라는 시점에서 재난이 갖는 성격과 의미는 정치, 행정, 경제, 문화 나아가 지정학적 구조까지 염두에 두면서 생각해야 하는 엄청난 사건이 되었다.

근대-현대 문명의 변화?

———

저자는 그래서 이번 코로나19 재난이 우리의 지구적 산업 문명 전반을 재정비해야 할 근본적인 숙고의 계기가 되어야 한다고 주장한다. 필자 또한 작년 5월에 한 라디오 방송에서 코로나 사태가 금융화, 지구화, 지정학, 의회 민주주의 등의 전반적 위기와 관련될 것이라고 말한 적이 있었다. 사회 전체를 각종 재난에 대해 회복재생력이 큰 성격의 사회로, 가능하다면 오히려 "재난을 계기로 더욱 강해지는" 성격의 사회로 재구성할 필요가 있다고 말한다. 코로나19 뿐만이 아니다. 지금 진행되고 있는 각종 생태위기 특히 화급하게 다가오는 기후 위기의 문제를 생각한다면, 이러한 저자의 주장과 이 책에 담긴 혜안은 아주 중요한 시의적절성을 가지고 있음이 분명하다.

하지만 이 책이 담긴 주장을 넘어서는 근본적인 질문이 계속 남아 우리 머릿속을 맴돌 수밖에 없다. 그러한 사회의 "체질 변화"라는 게 과연 가능할까? 그리고 지금 우리에게 다가오고 있는 각종 위기가 그런 "체질 변화" 정도로 대처할 수 있는 것일까? 예측가능성 및 계산가능성이라는 "합리화"의 논리를 막스 베버는 벗어나려야 벗어날 수가 없는 근대-현대 문명의 운명적 굴레, 즉 "쇠우리iron cage"라고 보았다. 이는 우리 문명을 떠받치고 있는 국민국가, 산업생산, 자본주의 모두가 작동의 근간으로 삼는 본질적인 알고리즘이기 때문이다. 생태 위기, 불평등의 위기, 지정학적 갈등의 위기 등 지금 우리가 겪고 있는 문제들은 거기에서 비롯되는 필연적인 결과물들이 아닐까? 그렇다면 지금 우리가 해야 할 일은 "체질 변화" 정도가 아니라 인간과 사회와 자연에 대한 근본적으로 다른 세계관에 근거한 다른 논리로 조직되고 운영되는 대안적 문명으로의 전환이 아닐까?

이 책의 저자인 니얼 퍼거슨은 잘 알려진 대로 냉철한 현실주의자이며 보수주의자이니 이러한 급진적이고 근본적인 문제 제기를 얼마나 심각하게 받아들일지는 잘 모르겠다. 하지만 지금 우리 인류가 처한 상태가 보수적 현실주의로 대처할 상황인지 급진적 이상주의로 대처해야 할 상황인지도 불분명한 상태다. 2021년 가을 현재, 코로나19 사태의 전체적인 종식은 아직도 시야에 들어오지 않았다. 이것으로 우리 세상이 옛날의 '평온했던' 때를 회복하게 될지, 아니면 이를 시작으로 더 많은 더 심각한 재난들의 소용돌이로 빨려 들어가게 될지도 지금으로서는 예측할 수가 없다.

주

서론_어느 '슈퍼전파자'의 고백

1. "Davos Man Is Cooling on Stockholm Girl Greta Thunberg," *Sunday Times*, January 26, 2020, https://www.thetimes.co.uk/edition/comment/davos-man-is-cooling-on-stockholm-girl-greta-thunberg-z2sqcx872.
2. "The Deadliest Virus We Face Is Complacency," *Sunday Times,* February 2, 2020, https://www.thetimes.co.uk/edition/comment/the-deadliest-virus-we-face-is-complacency-wsp7xdr7s.
3. "Trump May Shrug Off Coronavirus. America May Not," *Sunday Times,* March 1, 2020, https://www.thetimes.co.uk/edition/comment/trump-may-shrug-off-coronavirus-america-may-not-bmvw9rqzd.
4. "'Network Effects' Multiply a Viral Threat," *Wall Street Journal,* March 8, 2020, https://www.wsj.com/articles/network-effects-multiply-a-viral-threat-11583684394.
5. Data from Worldometer, https://www.worldometers.info/coronavirus/country/us.
6. "The First Coronavirus Error Was Keeping Calm," *Sunday Times,* March 15, 2020, https://www.thetimes.co.uk/edition/comment/the-first-coronavirus-error-was-keeping-calm-zvj28s0rp.
7. Richard J. Evans, *Death in Hamburg: Society and Politics in the Cholera Years, 1830–1910* (Oxford: Oxford University Press, 1987).
8. Niall Ferguson, *The Pity of War: Explaining World War I* (New York: Basic Books, 1999), pp. 342f.
9. Niall Ferguson, *The War of the World: Twentieth-Century Conflict and the Descent of the West* (New York: Penguin Press, 2006), pp. 144f.
10. Niall Ferguson, *Empire: The Rise and Fall of the British World Order and the Lessons for Global Power* (New York: Penguin Press, 2006), p. 65.
11. Niall Ferguson, *Civilization: The West and the Rest* (New York: Penguin Press, 2011), p. 175.
12. Niall Ferguson, *The Great Degeneration: How Institutions Decay and Economies Die* (New York: Penguin Press, 2012), p. 144.
13. Niall Ferguson, *The Square and the Tower: Networks and Power from the Freemasons to Facebook* (New York: Penguin Press, 2018), p. 203.
14. SeroTracker, Public Health Agency of Canada, https://serotracker.com/Dashboard.
15. 이 내기의 조건이 정확히 어떤 것이었는지는 다음을 보라. Bet 9, Long Bets Project,

http://longbets.org/9/. 리스가 우선 관심을 둔 것은 생물학 무기 테러리즘이었지만, 여기에는 '바이오 에러'도 들어간다. 그 의미는 "테러 공격과 동일한 결과를 낳지만, 악한 의도가 아니라 부주의에서 생겨나는 모종의 사태"이다. 또 "사상자(casualties)"라는 말이 사망자만 의미하는 것인지 아닌지에 대해서도 모호한 점이 있다. "사상자란 이상적으로는 '입원을 요하는 희생자들'을 포함하며, 병원균으로 야기되는 간접적인 사망자는 포함하지 않는다."

16. Patrick G. T. Walker et al., "The Global Impact of COVID-19 and Strategies for Mitigation and Suppression," MRC Centre for Global Infectious Disease Analysis, Imperial College London, Report 12, March 26, 2020, https://www.imperial.ac.uk/mrc-global-infectious-disease-analysis/covid-19/report-12-global-impact-covid-19/.

17. For an introduction, Ferguson, *Square and the Tower*.

18. Nassim Nicholas Taleb, *Antifragile: Things That Gain from Disorder* (New York: Random House, 2012).

19. "South Africa's 'Doom Pastor' Found Guilty of Assault," BBC News, February 9, 2018, https://www.bbc.com/news/world-africa-43002701.

20. Nicole Sperling, "'Contagion,' Steven Soderbergh's 2011 Thriller, Is Climbing up the Charts," New York Times, March 4, 2020, https://www.nytimes.com/2020/03/04/business/media/coronavirus-contagion-movie.html.

21. Louis-Ferdinand Céline, *Journey to the End of the Night,* trans. Ralph Manheim (New York: New Directions, 1983 [1934]), p. 14.

22. Marc Bloch, *L'étrange défaite: Témoignage écrit en 1940* (Paris: Gallimard, 1997 [1946]).

23. Max H. Bazerman and Michael D. Watkins, *Predictable Surprises: The Disasters You Should Have Seen Coming, and How to Prevent Them,* 2nd ed. (Cambridge, MA: Harvard Business School Publishing, 2008); Michele Wucker, *The Gray Rhino: How to Recognize and Act on the Obvious Dangers We Ignore* (New York: Macmillan, 2016).

24. Nassim Nicholas Taleb, *The Black Swan: The Impact of the Highly Improbable* (London: Penguin/Allen Lane, 2007).

25. Didier Sornette, "Dragon Kings, Black Swans and the Prediction of Crises," Swiss Finance Institute Research Paper Series No. 09-36 (2009), available at SSRN, http://ssrn.com/abstract=1470006.

26. Keith Thomas, *Religion and the Decline of Magic: Studies in Popular Beliefs in Sixteenth and Seventeenth Century England* (London: Weidenfeld & Nicolson, 1971).

27. Norman Dixon, *On the Psychology of Military Incompetence* (London: Pimlico, 1994).

28. Christina Boswell, *The Political Uses of Expert Knowledge: Immigration Policy and Social Research* (Cambridge: Cambridge University Press, 2009).

29. Henry A. Kissinger, "Decision Making in a Nuclear World" (1963), Henry A. Kissinger papers, Part II, Series I, Yale University Library, mssa.ms.1981/ref25093.

30. Richard Feynman, *"What Do You Care What Other People Think?," Further Adventures of a Curious Character* (New York: W. W. Norton, 1988), pp. 179–184.

31. "House Approves Creation of Committee to Investigate Katrina Response," Voice of America, October 31, 2009, https://www.voanews.com/archive/house-approves-

creation-committee-investigate-katrina-response.

32. J. R. Hampton, "The End of Medical History?," *Journal of the Royal College of Physicians of London* 32, no. 4 (1998), pp. 366–75.

33. Larry Brilliant, "My Wish: Help Me Stop Pandemics," February 2006, TED video, 25:38, https://www.ted.com/talks/larry_brilliant_my_wish_help_me_stop_pandemics.

34. 일반적인 논의로는 다음을 보라. Nick Bostrom and Milan M. Ćirković, eds., *Global Catastrophic Risks* (Oxford: Oxford University Press, 2008).

35. Ricki Harris, "Elon Musk: Humanity Is a Kind of 'Biological Boot Loader' for AI," *Wired,* September 1, 2019, https://www.wired.com/story/elon-musk-humanity-biological-boot-loader-ai/.

1장_죽음의 의미

1. Retirement & Survivors Benefits: Life Expectancy Calculator, Social Security Administration, https://www.ssa.gov/cgi-bin/longevity.cgi; Life Expectancy Calculator, Office for National Statistics (UK), https://www.ons.gov.uk/peoplepopulationandcommunity/healthandsocialcare/healthandlifeex pectancies/articles/lifeexpectancycalculator/2019-06-07; Living to 100 Life Expectancy Calculator, https://www.livingto100.com/calculator/age.

2. Max Roser, Esteban Ortiz-Ospina, and Hannah Ritchie, "Life Expectancy," Our World in Data, 2013, last revised October 2019, https://ourworldindata.org/life-expectancy.

3. "Mortality Rate, Under-5 (Per 1,000 Live Births)," World Bank Group, https://data.worldbank.org/indicator/SH.DYN.MORT; "Mortality Rate Age 5-14," UN Interagency Group for Child Mortality Estimation, https://childmortality.org/data/Somalia.

4. Salvator Rosa, *L'Umana Fragilita (Human Frailty),* c.1656, Fitzwilliam Museum, Cambridge, https://www.fitzmuseum.cam.ac.uk/pharos/collection_pages/italy_pages/PD_53_1958/TXT_SE-PD_53_1958.html.

5. Philippe Aries, *The Hour of Our Death,* trans. Helen Weaver (New York: Alfred A. Knopf, 1981).

6. Adam Leith Gollner, "The Immortality Financiers: The Billionaires Who Want to Live Forever," *Daily Beast,* August 20, 2013, https://www.thedailybeast.com/the-immortality-financiers-the-billionaires-who-want-to-live-forever.

7. Jon Stewart, "Borges on Immortality," *Philosophy and Literature* 17, no. 2 (October 1993), pp. 295–301.

8. Murray Gell-Mann, "Regularities in Human Affairs," *Cliodynamics: The Journal of Theoretical and Mathematical History* 2 (2011), pp. 53f.

9. Cynthia Stokes Brown, *Big History: From the Big Bang to the Present* (New York: New Press, 2007), pp. 53f. 또한 다음을 보라. Fred Spier, Big History and the Future of Humanity (Chichester, UK: Blackwell, 2011), p. 68.

10. Nick Bostrom and Milan M. Ćirković, "Introduction," in *Global Catastrophic Risks,* ed. Nick Bostrom and Milan M. Ćirković (Oxford: Oxford University Press, 2008), p. 9.

11. Bostrom and Ćirković, "Introduction," p. 8.

12. 일반적인 논의로는 다음을 보라. Tom Holland, *Dominion: How the Christian Revolution Remade the World* (New York: Basic Books, 2019).

13. Richard Landes, *Heaven on Earth: The Varieties of Millennial Experience* (New York and Oxford: Oxford University Press, 2011), pp. 426f. 또한 다음을 보라. Paul Casanova, *Mohammed et la fin du monde: étude critique sur l'Islam primitive* (Paris: P. Geuthner, 1911), pp. 17f.

14. Norman Cohn, *The Pursuit of the Millennium* (Oxford: Oxford University Press, 1961 [1957]), pp. 106f.

15. Holland, *Dominion,* p. 300.

16. James J. Hughes, "Millennial Tendencies in Responses to Apocalyptic Threats," in *Global Catastrophic Risks,* ed. Nick Bostrom and Milan M. Ćirković (Oxford: Oxford University Press, 2008), pp. 9, 78, 83.

17. Holland, *Dominion,* p. 451.

18. Robert Service, *Lenin: A Biography* (London: Pan Macmillan, 2011), pp. 538, 539, 594. 또한 다음을 보라. Robert C. Williams, "The Russian Revolution and the End of Time: 1900–1940," *Jahrbücher für Geschichte Osteuropas,* Neue Folge, 43, no. 3 (1995), pp. 364–401.

19. "Lenin Opposed as Antichrist by Peasants in Old Russia," *New York Times,* June 21, 2019, https://www.nytimes.com/1919/06/21/archives/lenin-opposed-as-antichrist-by-peasants-in-old-russia.html.

20. Eric Voegelin, *The New Science of Politics: An Introduction,* 4th ed. (Chicago: University of Chicago Press, 1962), pp. 120f.

21. Voegelin, *The New Science,* p. 124.

22. Voegelin, *The New Science,* pp. 122, 129, 131f.

23. Landes, *Heaven on Earth,* p. 470.

24. James A. Hijiya, "The Gita of J. Robert Oppenheimer," *Proceedings of the American Philosophical Society* 144, no. 2 (June 2000).

25. Doomsday Clock, *Bulletin of the Atomic Scientists,* https://thebulletin.org/doomsday-clock/.

26. Sewell Chan, "Doomsday Clock Is Set at 2 Minutes to Midnight, Closest Since 1950s," *New York Times,* January 25, 2018, https://www.nytimes.com/2018/01/25/world/americas/doomsday-clock-nuclear-scientists.html.

27. Bulletin of the Atomic Scientists Science and Security Board, "Closer than Ever: It Is 100 Seconds to Midnight," ed. John Mecklin, *Bulletin of the Atomic Scientists,* January 23, 2020, https://thebulletin.org/doomsday-clock/current-time/.

28. Matthew Connelly, "How Did the 'Population Control' Movement Go So Terribly Wrong?," *Wilson Quarterly* (Summer 2008), https://www.wilsonquarterly.com/quarterly/summer-2008-saving-the-world/how-did-population-control-movement-go-so-terribly-wrong/. 또한 다음을 보라. Matthew Connelly, *Fatal Misconception: The Struggle to Control World Population* (Cambridge, MA: Harvard University Press, 2008).

29. Greta Thunberg, *No One Is Too Small to Make a Difference* (London: Penguin, 2019), p. 46.

30. William Cummings, "'The World Is Going to End in 12 Years If We Don't Address Climate Change,' Ocasio-Cortez Says," *USA Today,* January 22, 2019, https://www.usatoday.com/story/news/politics/onpolitics/2019/01/22/ocasio-cortez-climate-change-alarm/2642481002/.

31. "Greta Thunberg's Remarks at the Davos Economic Forum," *New York Times,* January 21, 2020, https://www.nytimes.com/2020/01/21/climate/greta-thunberg-davos-transcript.html.

32. Leonard Lyons, "Loose-Leaf Notebook," *Washington Post,* January 20, 1947.

33. "Der Krieg? Ich kann das nicht so schrecklich finden! Der Tod eines Menschen: das ist eine Katastrophe. Hunderttausend Tote: das ist eine Statistik!" Kurt Tucholsky, "Französische Witze (I)" and "Noch einmal französische Witze (II)," *Vossische Zeitung,* August 23, 1925, and September 10, 1925. The columns were reprinted in Tucholsky's book Lerne lachen ohne zu weinen (Berlin: Ernst Rowohlt, 1932), pp. 147–56.

34. Eliezer Yudkowsky, "Cognitive Biases Potentially Affecting Judgement of Global Risks," in *Global Catastrophic Risks,* ed. Nick Bostrom and Milan M. Ćirković (Oxford: Oxford University Press, 2008), p. 114.

35. Pasquale Cirillo and Nassim Nicholas Taleb, "Tail Risk of Contagious Diseases" (working paper, 2020); Lee Mordechai, Merle Eisenberg, Timothy P. Newfield, Adam Izdebski, Janet E. Kay, and Hendrik Poinar, "The Justinianic Plague: An Inconsequential Pandemic?," *Proceedings of the National Academy of Sciences of the United States of America* (henceforth PNAS) 116, no. 51 (2019), pp. 25546–54, https://doi.org/10.1073/pnas.1903797116.

36. 리처드슨의 기여에 대한 훌륭한 논의로는 다음을 보라. Brian Hayes, "Statistics of Deadly Quarrels," *American Scientist* 90 (January– February 2002), pp. 10–15.

37. The standard works are Lewis F. Richardson, Statistics of Deadly Quarrels, ed. Quincy Wright and C. C. Lienau (Pittsburgh: Boxwood Press, 1960), and Jack S. Levy, *War in the Modern Great Power System, 1495–1975* (Lexington: University of Kentucky Press, 1983). More recent publications of importance include Pasquale Cirillo and Nassim Nicholas Taleb, "On the Statistical Properties and Tail Risk of Violent Conflicts," Tail Risk Working Papers (2015), arXiv:1505.04722v2; Cirillo and Taleb, "The Decline of Violent Conflicts: What Do the Data Really Say?," in *The Causes of Peace: What We Know Now,* ed. Asle Toje and Bård Nikolas Vik Steen (Austin: Lioncrest, 2020), pp. 51–77; Bear F. Braumoeller, *Only the Dead: The Persistence of War in the Modern Age* (Oxford: Oxford University Press, 2019); Aaron Clauset, "On the Frequency and Severity of Interstate Wars," in Lewis Fry Richardson: *His Intellectual Legacy and Influence in the Social Sciences* (Pioneers in Arts, Humanities, Science, Engineering, Practice, vol. 27), ed. Nils Gleditsch (Berlin: Springer, 2020), pp. 113–127.

38. Cirillo and Taleb, "Statistical Properties."

39. Alfred W. Crosby, *Ecological Imperialism: The Biological Expansion of Europe, 900– 1900* (New York: Cambridge University Press, 1993). For a critique of Crosby's view of the "Columbian Exchange," which stresses the effects of exploitation and enslavement on indigenous mortality, see David S. Jones, "Virgin Soils Revisited," *William and Mary*

Quarterly 60, no. 4 (2003), pp. 703–42. 또한 다음을 보라. Noble David Cook, *Born to Die: Disease and New World Conquest, 1492–1650* (New York: Cambridge University Press, 1998.)

40. 종합적인 차원의 논의로는 다음을 보라. Niall Ferguson, *The War of the World: History's Age of Hatred* (London: Penguin Press, 2006), appendix, pp. 647–54.

41. Hayes, "Statistics of Deadly Quarrels," p. 12.

42. Robert J. Barro, "Rare Disasters and Asset Markets in the Twentieth Century," *Quarterly Journal of Economics* 121, no. 3 (2006), pp. 823–66, table 1.

43. John A. Eddy, "The Maunder Minimum," *Science* 192, no. 4245 (June 18, 1976), pp. 1189–1202. 또한 다음을 보라. Stephanie Pain, "1709: The Year That Europe Froze," New Scientist, February 4, 2009, https://www.newscientist.com/article/mg20126942-100-1709-the-year-that-europe-froze/.

44. Nicholas Dimsdale, Sally Hills, and Ryland Thomas, "The UK Recession in Context— What Do Three Centuries of Data Tell Us?," *Bank of England Quarterly Bulletin* (Q4 2010), pp. 277–91. 또한 다음을 보라. David Milliken and Andy Bruce, "Bank of England Sees Worst Slump in 300 Years as Coronavirus Bites," Reuters, May 6, 2020, https://www.reuters.com/article/us-health-coronavirus-britain-boe/bank-of-england-sees-worst-slump-in-300-years-as-coronavirus-bites-idUSKBN22I3BV.

45. Gita Gopinath, "Reopening from the Great Lockdown: Uneven and Uncertain Recovery," IMF Blog, June 24, 2020, https://blogs.imf.org/2020/06/24/reopening-from-the-great-lockdown-uneven-and-uncertain-recovery/.

46. 또한 다음을 보라. Leandro Prados de la Escosura, "Output per Head in Pre-Independence Africa: Quantitative Conjectures," Universidad Carlos III de Madrid Working Papers in Economic History (November 2012).

47. "Global Data," Fragile States Index, Fund for Peace, https://fragilestatesindex.org/data/.

48. Leandro Prados de la Escosura. "World Human Development: 1870–2007," EHES Working Paper No. 34 (January 2013).

49. Allison McCann, Jin Wu, and Josh Katz, "How the Coronavirus Compares with 100 Years of Deadly Events," *New York Times,* June 10, 2020, https://www.nytimes.com/interactive/2020/06/10/world/coronavirus-history.html. 또한 다음을 보라. Jeremy Samuel Faust, Zhenqiu Lin, and Carlos del Rio, "Comparison of Estimated Excess Deaths in New York City During the COVID-19 and 1918 Influenza Pandemics," *JAMA Network Open* 3, no. 8 (2020), https://jamanetwork.com/journals/jamanetworkopen/fullarticle/2769236.

50. Edgar Jones, "The Psychology of Protecting the UK Public Against External Threat: COVID-19 and the Blitz Compared," *Lancet*, August 27, 2020, https://doi.org/10.1016/S2215-0366(20)30342-4.

2장_순환주기들, 그리고 비극들

1. Lucretius, *On the Nature of the Universe,* trans. R. E. Latham, rev. ed. (Harmondsworth,

UK: Penguin, 1994), pp. 64ff.

2. Herbert Butterfield, *The Origins of History,* ed. J. H. Adam Watson (London: Eyre Methuen 1981), p. 207.

3. Polybius, *The Rise of the Roman Empire,* trans. Ian Scott-Kilvert (Harmondsworth, UK: Penguin, 1979), pp. 41, 44; Tacitus, *The Histories,* trans. Kenneth Wellesley (Harmondsworth, UK: Penguin, 1975), p. 17.

4 Butterfield, *Origins of History,* p. 125.

5. Michael Puett, "Classical Chinese Historical Thought," in *A Companion to Global Historical Thought,* ed. Prasenjit Duara, Viren Murthy, and Andrew Sartori (Hoboken, NJ: John Wiley, 2014), pp. 34–46. 또한 다음을 보라. Edwin O. Reischauer, "The Dynastic Cycle," in *The Pattern of Chinese History,* ed. John Meskill (Lexington, KY: D. C. Heath, 1965), pp. 31–33.

6. Giambattista Vico, "The New Science," in *Theories of History,* ed. Patrick Gardiner (New York: Free Press, 1959), pp. 18f.

7. Pieter Geyl and Arnold Toynbee, "Can We Know the Pattern of the Past? A Debate," in *Theories of History,* ed. Patrick Gardiner (New York: Free Press, 1959), pp. 308ff. On Toynbee's monumental, briefly influential, and now almost entirely unread *A Study of History,* see Arthur Marwick, *The Nature of History,* 3rd ed. (London: Palgrave Macmillan, 1989), pp. 287f.

8. Karl Marx, *Das Kapital: A Critique of Political Economy,* trans. Serge L. Levitsky (New York: Simon & Schuster, 2012), vol. I, chapter 32.

9. David C. Baker, "The Roman Dominate from the Perspective of Demographic-Structure Theory," *Cliodynamics* 2, no. 2 (2011), pp. 217–51.

10. Leonid Grinin, "State and Socio-Political Crises in the Process of Modernization," *Cliodynamics* 3, no. 1 (2012), pp. 124-57.

11. A. Korotayev et al., "A Trap at the Escape from the Trap? Demographic-Structural Factors of Political Instability in Modern Africa and West Asia," *Cliodynamics* 2, no. 2 (2011), p. 289.

12. H. Urdal, "People vs. Malthus: Population Pressure, Environmental Degradation, and Armed Conflict Revisited," *Journal of Peace Research* 42, no. 4 (July 2005), p. 430; H. Urdal, "A Clash of Generations? Youth Bulges and Political Violence," *International Studies Quarterly* 50 (September 2006), pp. 617, 624.

13. Jack A. Goldstone et al., "A Global Model for Forecasting Political Instability," *American Journal of Political Science,* 54, no. 1 (January 2010), pp. 190–208. 또한 다음을 보라. J. A. Goldstone, *Revolution and Rebellion in the Early Modern World* (Berkeley: University of California Press, 1991).

14. Arthur M. Schlesinger Jr., *The Cycles of American History* (New York: Houghton Mifflin Harcourt, 1986).

15. William Strauss and Neil Howe, *The Fourth Turning: What the Cycles of History Tell Us About America's Next Rendezvous with Destiny* (New York: Three Rivers Press, 2009 [1997]).

16. Robert Huebscher, "Neil Howe—The Pandemic and the Fourth Turning," Advisor Perspectives, May 20, 2020, https://www.advisorperspectives.com/articles/2020/05/20/

neil-howe-the-pandemic-and-the-fourth-turning.

17. 예를 들면 다음과 같다. W. R. Thompson, "Synthesizing Secular, Demographic-Structural, Climate, and Leadership Long Cycles: Moving Toward Explaining Domestic and World Politics in the Last Millennium," *Cliodynamics* 1, no. 1 (2010), pp. 26–57.

18. Ian Morris, "The Evolution of War," *Cliodynamics* 3, no. 1 (2012), pp. 9-37. 또한 다음을 보라. S. Gavrilets, David G. Anderson, and Peter Turchin, "Cycling in the Complexity of Early Societies," *Cliodynamics* 1, no. 1 (2010), pp. 58–80.

19. Qiang Chen, "Climate Shocks, Dynastic Cycles, and Nomadic Conquests: Evidence from Historical China," School of Economics, Shandong University (October 2012).

20. 예를 들면 다음과 같다. Michael J Storozum et al., "The Collapse of the North Song Dynasty and the AD 1048–1128 Yellow River Floods: Geoarchaeological Evidence from Northern Henan Province, China," *Holocene* 28, no. 11 (2018), https://doi.org/10.1177/0959683618788682.

21. Peter Turchin, *Historical Dynamics: Why States Rise and Fall* (Princeton, NJ: Princeton University Press, 2003), p. 93.

22. Peter Turchin, *War and Peace and War: The Rise and Fall of Empires* (New York: Plume, 2006), p. 163.

23. Peter Turchin and Sergey A. Nefedov, *Secular Cycles* (Princeton, NJ: Princeton University Press, 2009).

24. Turchin and Nefedov, *Secular Cycles,* p. 314.

25. Peter Turchin, "Arise 'Cliodynamics,'" *Nature* 454 (2008), pp. 34–35.

26. Peter Turchin, *Ages of Discord: A Structural-Demographic Analysis of American History* (Chaplin, CT: Beresta Books, 2016), p. 11.

27. Peter Turchin et al., "Quantitative Historical Analysis Uncovers a Single Dimension of Complexity That Structures Global Variation in Human Social Organization," *PNAS* 115, no. 2 (2018), pp. E144–E151.

28. Jaeweon Shin et al., "Scale and Information-Processing Thresholds in Holocene Social Evolution," *Nature Communications* 11, no. 2394 (2020), pp. 1–8, https://doi.org/10.1038/s41467-020-16035-9.

29. Shin, "Scale and Information-Processing Thresholds," p. 7.

30. Turchin and Nefedov, *Secular Cycles.*

31. Turchin, *Ages of Discord,* pp. 243f. 또한 다음을 보라. Peter Turchin, "Dynamics of Political Instability in the United States, 1780–2010," *Journal of Peace Research* 49, no. 4 (July 2012), p. 12. 또한 다음을 보라. Laura Spinney, "History as Science," *Nature,* August 2, 2012.

32. Turchin, *Ages of Discord,* pp. 72ff., 86ff., 91, 93, 104ff., 109f., 201–39.

33. Turchin, *Ages of Discord,* fig. 6.1.

34. Ray Dalio, "The Changing World Order: Introduction," *Principles* (blog), https://www.principles.com/the-changing-world-order/#introduction.

35. Dalio, "Changing World Order."

36. Michael Sheetz, "Ray Dalio Says 'Cash Is Trash' and Advises Investors Hold a Global, Diversified Portfolio," CNBC, January 21, 2020, https://www.cnbc.com/2020/01/21/

ray-dalio-at-davos-cash-is-trash-as-everybody-wants-in-on-the-2020-market.html.

37. Andrea Saltelli et al., "Five Ways to Ensure That Models Serve Society: A Manifesto," *Nature,* June 24, 2020. 또한 다음을 보라. D. Sarewitz, R. A. Pielke, and R. Byerly, *Prediction: Science, Decision Making, and the Future of Nature* (Washington, DC: Island Press, 2000).

38. Jared Diamond, *Collapse: How Societies Choose to Fall or Survive* (London: Penguin, 2011), p. 11.

39. Diamond, *Collapse,* p. 509.

40. Diamond, *Collapse,* pp. 118f.

41. Benny Peiser, "From Genocide to Ecocide: The Rape of Rapa Nui," *Energy and Environment* 16, nos. 3–4 (2005); Terry L. Hunt and Carl P. Lipo, "Late Colonization of Easter Island," Science, March 9, 2006; Hunt and Lipo, *The Statues That Walked: Unraveling the Mystery of Easter Island* (Berkeley, CA: Counterpoint Press, 2012). For Diamond's response, see Mark Lynas, "The Myths of Easter Island—Jared Diamond Responds," September 22, 2011, *Mark Lynas* (blog), https://www.marklynas. org/2011/09/the-myths-of-easter-island-jared-diamond-responds/. 또한 다음을 보라. Paul Bahn and John Flenley, "Rats, Men—or Dead Ducks?," *Current World Archaeology* 49 (2017), pp. 8f.

42. Catrine Jarman, "The Truth About Easter Island," The Conversation, October 12, 2017, https://theconversation.com/the-truth-about-easter-island-a-sustainable-society-has-been-falsely-blamed-for-its-own-demise-85563.

43. Jared Diamond, *Upheaval: How Nations Cope with Crisis and Change* (London: Allen Lane, 2019).

44. David Mamet, "The Code and the Key," *National Review,* May 14, 2020, https://www.nationalreview.com/magazine/2020/06/01/the-code-and-the-key/.

45. Aeschylus, *Agamemnon, in The Oresteia,* trans. Ian Johnston (Arlington, VA: Richer Resources, 2007), loc. 599, Kindle.

46. Aeschylus, *Agamemnon,* loc. 599, 617.

47. Aeschylus, *Agamemnon,* loc. 689.

48. Aeschylus, *Agamemnon,* loc. 727, 748.

49. Aeschylus, *The Libation Bearers, in The Oresteia,* trans. Ian Johnston (Arlington, VA: Richer Resources, 2007), loc. 1074, Kindle.

50. Aeschylus, *The Kindly Ones, in The Oresteia,* trans. Ian Johnston (Arlington, VA: Richer Resources, 2007), loc. 2029, Kindle.

51. Sophocles, *Oedipus Rex,* trans. Francis Storr (London: Heinemann, 1912).

52. Richard A. Clarke and R. P. Eddy, *Warnings: Finding Cassandras to Stop Catastrophes* (New York: HarperCollins, 2018).

53. Clarke and Eddy, *Warnings,* pp. 171–76.

54. Clarke and Eddy, *Warnings,* pp. 177–181.

55. Nick Bostrom, *Anthropic Bias: Observation Selection Effects in Science and Philosophy* (New York: Routledge, 2002); Charles S. Taber and Milton Lodge, "Motivated Skepticism in the Evaluation of Political Beliefs," *American Journal of Political Science* 50, no. 3

(2006), pp. 755–69.

56. Frank H. Knight, Risk, Uncertainty and Profit (Boston: Houghton Mifflin, 1921). 또한 다음을 보라. John A. Kay and Mervyn A. King, *Radical Uncertainty: Decision-Making Beyond the Numbers* (New York: W. W. Norton, 2020).

57. John Maynard Keynes, "The General Theory of Employment," *Quarterly Journal of Economics* 51, no. 2 (1937), p. 214.

58. Daniel Kahneman and Amos Tversky, "Prospect Theory: An Analysis of Decision Under Risk," *Econometrica* 47, no. 2 (March 1979), pp. 263–92.

59. Eliezer Yudkowsky, "Cognitive Biases Potentially Affecting Judgment of Global Risks," in *Global Catastrophic Risks,* ed. Nick Bostrom and Milan Cirkovic (Oxford: Oxford University Press, 2008), pp. 91–119.

60. Leon Festinger, *A Theory of Cognitive Dissonance* (Stanford, CA: Stanford University Press, 1957), pp. 2f.

61. Gilbert Ryle, *The Concept of Mind* (Chicago: University of Chicago Press, 1949), p. 17.

62. Ryle, *Concept of Mind,* p. 15f.

63. Keith Thomas, *Religion and the Decline of Magic: Studies in Popular Beliefs in Sixteenth and Seventeenth Century England* (London: Weidenfeld & Nicolson, 1971).

64. Thomas S. Kuhn, *The Structure of Scientific Revolutions* (Chicago: University of Chicago Press, 2006 [1962]).

65. 예를 들면 다음과 같다. R. M. Szydlo, I. Gabriel, E. Olavarria, and J. Apperley, "Sign of the Zodiac as a Predictor of Survival for Recipients of an Allogeneic Stem Cell Transplant for Chronic Myeloid Leukaemia (CML): An Artificial Association," *Transplantation Proceedings* 42 (2010), pp. 3312–15.

66. Philip W. Tetlock and Dan Gardiner, *Superforecasting: The Art and Science of Prediction* (New York: Crown, 2015).

67. Scott Alexander, *Slate Star Codex* (blog), April 14, 2020, https://slatestarcodex.com/2020/04/14/a-failure-but-not-of-prediction/.

68. Edward Verrall Lucas, *The Vermilion Box* (New York: George H. Doran Company, 1916), p. 343.

69. Lucas, *Vermilion Box,* pp. 342f.

70. Lucas, *Vermilion Box,* p. 346.

71. Carl Werthman, "The Police as Perceived by Negro Boys," in *The American City: A Source Book of Urban Imagery,* ed. Anselm L. Strauss (Chicago: Aldine, 1968), p. 285.

3장_회색 코뿔소, 검은 백조, 드래건 킹

1. Kevin Rawlinson, "'This Enemy Can Be Deadly': Boris Johnson Invokes Wartime Language," *Guardian,* March 17, 2020; Donald J. Trump (@realDonaldTrump), "The Invisible Enemy will soon be in full retreat!" Twitter, April 10, 2020, 9:15 a.m., https://twitter.com/realdonaldtrump/status/1248630671754563585.

2. Lawrence Freedman, "Coronavirus and the Language of War," *New Statesman,* April

11, 2020, https://www.newstatesman.com/science-tech/2020/04/coronavirus-and-language-war; Karl Eikenberry and David Kennedy Tuesday, "World War COVID-19: Who Bleeds, Who Pays?," *Lawfare* (blog), April 28, 2020, https://www.lawfareblog.com/world-war-covid-19-who-bleeds-who-pays.

3. Anne Curry, *The Hundred Years War,* 2nd ed. (Basingstoke, UK: Palgrave Macmillan, 2003),

4. Izabella Kaminska, "Man Group's Draaisma Notes Inflation Paradigm Shift Is Possible," *Financial Times*, March 20, 2020, https://ftalphaville.ft.com/2020/03/20/1584698846000/Man-Group-s-Draaisma-notes-inflation-paradigm-shift-is-possible/.

5. John Authers, "And Now for Something Completely Different," *Bloomberg,* March 19, 2020, https://www.bloomberg.com/opinion/articles/2020-03-19/lagarde-s-ecb-bazooka-needs-fiscal-support-from-governments.

6. "Coronavirus Tracked," *Financial Times,* July 10, 2020, https://www.ft.com/content/a26fbf7e-48f8-11ea-aeb3-955839e06441. 또한 다음을 보라. Giuliana Viglione, "How Many People Has the Coronavirus Killed?," *Nature* 585 (September 1, 2020), pp. 22–24, https://www.nature.com/articles/d41586-020-02497-w.

7. Patrick G. T. Walker et al., "The Global Impact of COVID-19 and Strategies for Mitigation and Suppression," MRC Centre for Global Infectious Disease Analysis, Imperial College London, Report 12, March 26, 2020, https://www.imperial.ac.uk/mrc-global-infectious-disease-analysis/covid-19/report-12-global-impact-covid-19/.

8. Michele Wucker, *The Gray Rhino: How to Recognize and Act on the Obvious Dangers We Ignore* (New York: Macmillan, 2016).

9. Nassim Nicholas Taleb, *The Black Swan: The Impact of the Highly Improbable* (London: Penguin/Allen Lane, 2007).

10. Peter Taylor, "Catastrophes and Insurance," in *Global Catastrophic Risks,* ed. Nick Bostrom and Milan M. Ćirković (Oxford: Oxford University Press, 2008), p. 181. 또한 다음을 보라. Didier Sornette, *Critical Phenomena in Natural Sciences: Chaos, Fractals, Self-Organization and Disorder: Concepts and Tools,* 2nd ed. (Berlin: Springer, 2004).

11. Mark Buchanan, *Ubiquity: Why Catastrophes Happen* (New York: Penguin Random House, 2002).

12. Brian Hayes, "Statistics of Deadly Quarrels," *American Scientist* 90 (January–February 2002), pp. 10–15.

13. Céline Cunen, Nils Lid Hjort, and Håvard Mokleiv Nygård, "Statistical Sightings of Better Angels: Analysing the Distribution of Battle-Deaths in Interstate Conflict Over Time," *Journal of Peace Research* 57, no. 2 (2020), pp. 221–34.

14. Edward D. Lee et al., "A Scaling Theory of Armed Conflict Avalanches," April 29, 2020, arXiv:2004.14311v1.

15. Didier Sornette, "Dragon Kings, Black Swans and the Prediction of Crises," Swiss Finance Institute Research Paper Series 09, 36 (2009), http://ssrn.com/abstract=1470006.

16. Edward Lorenz, "Deterministic Nonperiodic Flow," *Journal of the Atmospheric Sciences,* 20 (1963), pp. 130, 141.

17. Edward Lorenz, "Predictability: Does the Flap of a Butterfly's Wings in Brazil Set Off a Tornado in Texas?," presented before the American Association for the Advancement of Science, December 29, 1972.

18. Simon Kennedy and Peter Coy, "Why Are Economists So Bad at Forecasting Recessions?," *Bloomberg Businessweek,* March 27, 2019, https://www.bloomberg.com/news/articles/2019-03-28/economists-are-actually-terrible-at-forecasting-recessions.

19. Christopher G. Langton, "Computation at the Edge of Chaos: Phase Transitions and Emergent Computation," *Physica D: Nonlinear Phenomena* 42, nos. 1–3 (1990), pp. 12–37.

20. Taleb, *Black Swan,* pp. 62–84.

21. Lawrence Wright, *The Looming Tower: Al-Qaeda and the Road to 9/11* (New York: Knopf, 2006).

22. Paul Krugman, "Disaster and Denial," *New York Times,* December 13, 2009.

23. Melanie Mitchell, *Complexity: A Guided Tour* (New York: Oxford University Press, 2009).

24. M. Mitchell Waldrop, *Complexity: The Emerging Science at the Edge of Chaos* (New York: Simon & Schuster, 1992).

25. 다음을 보라. John H. Holland, *Hidden Order: How Adaptation Builds Complexity* (New York: Perseus, 1995).

26. See, e.g., Stuart Kauffman, *At Home in the Universe: The Search for the Laws of Self-Organization and Complexity* (New York: Oxford University Press, 1995), p. 5.

27. Holland, *Hidden Order,* p. 5. 또한 다음을 보라. John H. Holland, *Emergence: From Chaos to Order* (Reading, MA: Perseus, 1998).

28. Nassim Nicholas Taleb, "The Fourth Quadrant: A Map of the Limits of Statistics," *Edge,* September 15, 2008.

29. Niall Ferguson, *The Ascent of Money: A Financial History of the World* (New York: Penguin Press, 2008).

30. Yacov Haimes, "Systems-Based Risk Analysis," in *Global Catastrophic Risks,* ed. Nick Bostrom and Milan M. Ćirković (Oxford: Oxford University Press, 2008), pp. 161f.

31. D. C. Krakauer, "The Star Gazer and the Flesh Eater: Elements of a Theory of Metahistory," *Cliodynamics* 2. no. 1 (2011), pp. 82–105; Peter J. Richerson, "Human Cooperation Is a Complex Problem with Many Possible Solutions: Perhaps All of Them Are True!" *Cliodynamics,* 4, no. 1 (2013), pp. 139–52.

32. W. R. Thompson, "Synthesizing Secular, Demographic-Structural, Climate, and Leadership Long Cycles: Explaining Domestic and World Politics in the Last Millennium," Annual Meeting of the International Studies Association, San Francisco (2008).

33. "The World Should Think Better About Catastrophic and Existential Risks," *Economist,* June 25, 2020, https://www.economist.com/briefing/2020/06/25/the-world-should-think-better-about-catastrophic-and-existential-risks.

34. John A. Eddy, "The Maunder Minimum," *Science* 192, no. 4245 (June 1976), pp. 1189–1202, https://doi:10.1126/science.192.4245.1189.

35. William Napier, "Hazards from Comets and Asteroids," in *Global Catastrophic Risks,*

ed. Nick Bostrom and Milan M. Ćirković (Oxford: Oxford University Press, 2008), pp. 230–35.

36. Michael M. Rampino, "Super-Volcanism and Other Geophysical Processes of Catastrophic Import," in *Global Catastrophic Risks,* ed. Nick Bostrom and Milan M. Ćirković (Oxford: Oxford University Press, 2008), pp. 214f.

37. Joseph R. McConnell et al., "Extreme Climate After Massive Eruption of Alaska's Okmok Volcano in 43 BCE and Effects on the Late Roman Republic and Ptolemaic Kingdom," *PNAS* 117, no. 27 (2020), pp. 15443–49, https://doi.org/10.1073/pnas.2002722117.

38. Giuseppe Mastrolorenzo et al., "The Avellino 3780-yr-B.P. Catastrophe as a Worst-Case Scenario for a Future Eruption at Vesuvius," *PNAS* 103, no. 12 (March 21, 2006), pp. 4366–70, https://doi.org/10.1073/pnas.0508697103.

39. "Two Letters Written by Pliny the Younger about the Eruption of Vesuvius," Pompeii Tours, http://www.pompeii.org.uk/s.php/tour-the-two-letters-written-by-pliny-the-elder-about-the-eruption-of-vesuvius-in-79-a-d-history-of-pompeii-en-238-s.htm.

40. Catherine Connors, "In the Land of the Giants: Greek and Roman Discourses on Vesuvius and the Phlegraean Fields," *Illinois Classical Studies* 40, no. 1 (2015), pp. 121–37. 또한 다음을 보라. Andrew Wallace-Hadrill, "Pompeii—Portents of Disaster," BBC History, last updated March 29, 2011. http://www.bbc.co.uk/history/ancient/romans/pompeii_portents_01.shtml.

41. "Two Letters Written by Pliny the Younger about the Eruption of Vesuvius."

42. "Two Letters Written by Pliny the Younger about the Eruption of Vesuvius."

43. Giuseppe Mastrolorenzo et al., "Herculaneum Victims of Vesuvius in AD 79," *Nature* 410, no. 6830 (April 12, 2001), pp. 769–70, https://doi.org/10.1038/35071167.

44. Boris Behncke, "The Eruption of 1631," Geological and Mining Engineering and Sciences, Michigan Tech, January 14, 1996, http://www.geo.mtu.edu/volcanoes/boris/mirror/mirrored_html/VESUVIO_1631.html.

45. Catherine Edwards, "Italy Puzzles Over How to Save 700,000 People from Wrath of Vesuvius," *The Local,* October 13, 2016, https://www.thelocal.it/20161013/evacuation-plan-for-vesuvius-eruption-naples-campania-will-be-ready-by-october.

46. F. Lavigne et al., "Source of the Great A.D. 1257 Mystery Eruption Unveiled, Samalas Volcano, Rinjani Volcanic Complex, Indonesia," *PNAS* 110, no. 42 (2013), pp. 16742–47, https://doi.org/10.1073/pnas.1307520110.

47. Aatish Bhatia, "The Sound So Loud That It Circled the Earth Four Times," *Nautilus,* September 29, 2014, http://nautil.us/blog/the-sound-so-loud-that-it-circled-the-earth-four-times.

48. Tom Simkin and Richard S. Fiske, *Krakatau 1883: The Volcanic Eruption and Its Effects* (Washington, DC: Smithsonian Institute Press, 1983).

49. I. Yokoyama, "A Geophysical Interpretation of the 1883 Krakatau Eruption." *Journal of Volcanology and Geothermal Research* 9, no. 4 (March 1981), p. 359, https://doi.org/10.1016/0377-0273(81)90044-5. 또한 다음을 보라. Simon Winchester, *Krakatoa: The Day the World Exploded* (London: Penguin, 2004); Benjamin Reilly, *Disaster and*

Human History: Case Studies in Nature, Society and Catastrophe (Jefferson, NC, and London: McFarland, 2009), pp. 44f.

50. Reilly, *Disaster and Human History,* pp. 44f.

51. K. L. Verosub and J. Lippman, "Global Impacts of the 1600 Eruption of Peru's Huaynaputina Volcano," *Eos* 89, no. 15 (2008), pp. 141–48.

52. William S. Atwell, "Volcanism and Short-Term Climatic Change in East Asian and World History, c.1200–1699," *Journal of World History* 12, no. 1 (2001), pp. 29–98.

53. T. De Castella, "The Eruption That Changed Iceland Forever," BBC News, April 16, 2010, http://news.bbc.co.uk/1/hi/8624791.stm; J. Grattan et al., "Volcanic Air Pollution and Mortality in France 1783–1784," *C. R. Geoscience* 337, no. 7 (2005), pp. 641–651.

54. B. de Jong Boers, "Mount Tambora in 1815: A Volcanic Eruption in Indonesia and Its Aftermath," *Indonesia* 60 (1995), pp. 37–60.

55. Raymond S. Bradley, "The Explosive Volcanic Eruption Signal in Northern Hemisphere Continental Temperature Records," *Climatic Change* 12 (1988), pp. 221–43, http://www.geo.umass.edu/faculty/bradley/bradley1988.pdf.

56. Mary Bagley, "Krakatoa Volcano: Facts About 1883 Eruption," *LiveScience,* September 15, 2017, https://www.livescience.com/28186-krakatoa.html; Stephen Self and Michael R. Rampino, "The 1883 Eruption of Krakatau," Nature 294 (December 24, 1981), p. 699, https://doi.org/10.1038/294699a0.

57. Alexander Koch et al., "Earth System Impacts of the European Arrival and Great Dying in the Americas After 1492," *Quaternary Science Reviews* 207 (2019), pp. 13–36. For a scathing critique, see Alberto Borettia, "The European Colonization of the Americas as an Explanation of the Little Ice Age," *Journal of Archaeological Science: Reports* 29 (February 2020).

58. John A. Matthews and Keith R. Briffa, "The 'Little Ice Age': Re-Evaluation of an Evolving Concept," *Geografiska Annaler* 87 (2005), pp. 17–36.

59. M. Kelly and Cormac Ó Gráda, "The Economic Impact of the Little Ice Age," UCD School of Economics Working Paper Series, WP10/14 (2010), pp. 1–20. See Tom de Castella, "Frost Fair: When an Elephant Walked on the Frozen River Thames," *BBC News Magazine,* January 28, 2014, https://www.bbc.com/news/magazine-25862141.

60. Atwell, "Volcanism," pp. 53, 69; Verosub and Lippman, "Global Impacts."

61. G. Neale, "How an Icelandic Volcano Helped Spark the French Revolution," *Guardian,* April 15, 2010, http://www.guardian.co.uk/world/2010/apr/15/iceland-volcano-weather-french-revolution/print.

62. De Jong Boers, "Mount Tambora in 1815."

63. Robert Coontz, "Comparing Earthquakes, Explained," *Science,* March 15, 2011, https://www.sciencemag.org/news/2011/03/comparing-earthquakes-explained.

64. U.S. Geological Survey, "Preferred Magnitudes of Selected Significant Earthquakes," June 24, 2013, https://earthquake.usgs.gov/data/sign_eqs.pdf.

65. Eduard G. Reinhardt et al., "The Tsunami of 13 December A.D. 115 and the Destruction of Herod the Great's Harbor at Caesarea Maritima, Israel," *Geology* 34, no.

12 (December 2006), pp. 1061–64, https://doi.org/10.1130/G22780A.1.

66. Mohamed Reda Sbeinati, Ryad Darawcheh, and Mikhail Mouty, "The Historical Earthquakes of Syria: An Analysis of Large and Moderate Earthquakes from 1365 B.C. to 1900 A.D.," *Annals of Geophysics* 48 (June 2005), p. 355, https://www.earth-prints.org/bitstream/2122/908/1/01Sbeinati.pdf.

67. H. Serdar Akyuz et al., "Historical Earthquake Activity of the Northern Part of the Dead Sea Fault Zone, Southern Turkey," *Tectonophysics* 426, nos. 3–4 (November 2006), p. 281.

68. Mischa Meier, "Natural Disasters in the Chronographia of John Malalas: Reflections on Their Function—An Initial Sketch," *Medieval History Journal* 10, nos. 1–2 (October 2006), p. 242, https://doi.org/10.1177/097194580701000209.

69. Lee Mordechai, "Antioch in the Sixth Century: Resilience or Vulnerability?," in *Environment and Society in the Long Late Antiquity,* ed. Adam Izdebski and Michael Mulryan (Leiden: Koninklijke Brill, 2018), pp. 25–41.

70. G. Magri and D. Molin, *Il terremoto del dicembre 1456 nell'Appeninno centro-meridionale* (Rome: Energia Nucleare ed Energie Alternative (ENEA), 1983), pp. 1–180.

71. Umberto Fracassi and Gianluca Valensise, "Frosolone Earthquake of 1456," *Istituto Nazionale di Geofisica e Vulcanologia (INGV) Database of Individual Seismogenic Sources,* August 4, 2006, p. 20. 또한 다음을 보라. C. Meletti et al., "Il Terremoto del 1456 e la sua interpretazione nel quadro sismotettonico dell'Appennino Meridionale," in *Il Terremoto del 1456. Osservatorio Vesuviano, Storia e Scienze della Terra,* ed. B. Figliuolo (1998), pp. 71–108; Gruppo di Lavoro CPTI, "Catalogo Parametrico dei Terremoti Italiani, versione 2004 (CPTI04)," *Istituto Nazionale di Geofisica e Vulcanologia* (2004), http://emidius.mi.ingv.it/CPTI; Enzo Boschi et al., "Catalogue of Strong Italian Earthquakes from 461 B.C. to 1997," *Annals of Geophysics* 43, no. 4 (2000), pp. 609–868, https://doi.org/10.4401/ag-3668.

72. C. Nunziata and M. R. Costanzo, "Ground Shaking Scenario at the Historical Center of Napoli (Southern Italy) for the 1456 and 1688 Earthquakes," *Pure and Applied Geophysics* 177 (January 2020), pp. 3175–90, https://doi.org/10.1007/s00024-020-02426-y.

73. A. Amoruso et al., "Spatial Reaction Between the 1908 Messina Straits Earthquake Slip and Recent Earthquake Distribution," *Geophysical Research Letters* 33, no. 17 (September 2006), p. 4, https://doi.org/10.1029/2006GL027227.

74. Giuseppe Restifo, "Local Administrative Sources on Population Movements After the Messina Earthquake of 1908," *Istituto Nazionale di Geofisica e Vulcanologia (INGV) Annals of Geophysics* 38, nos. 5–6 (November–December 1995), pp. 559–66, https://doi.org/10.4401/ag-4058; Heather Campbell, "Messina Earthquake and Tsunami of 1908," *Encyclopaedia Britannica,* January 29, 2020, https://www.britannica.com/event/Messina-earthquake-and-tsunami-of-1908.

75. Emanuela Guidoboni, "Premessa a terremoti e storia," *Quaderni Storici* 20, no. 60 (3) (December 1985), pp. 653–64, https://www.jstor.org/stable/43777325.

76. Giacomo Parrinello, "Post-Disaster Migrations and Returns in Sicily: The 1908 Messina

Earthquake and the 1968 Belice Valley Earthquake," *Global Environment* 9 (2012), pp. 26–49, http://www.envi ronmentandsociety.org/sites/default/files/key_docs/ge9_parrinello.pdf.

77. A. S. Pereira, "The Opportunity of a Disaster: The Economic Impact of the 1755 Lisbon Earthquake," *Journal of Economic History* 69, no. 2 (June 2009), pp. 466–99.

78. Pereira, "Opportunity of a Disaster," pp. 487f.

79. Gregory Clancey, "The Meiji Earthquake: Nature, Nation, and the Ambiguities of Catastrophe," *Modern Asian Studies* 40, no. 4 (2006), p. 920.

80. Gregory Clancey, "Japanese Seismicity and the Limits of Prediction," *Journal of Asian Studies* 71, no. 2 (May 2012), p. 335.

81. Christopher Sholz, "What Ever Happened to Earthquake Prediction?," *Geotimes* 17 (1997), pp. 16–19.

82. Ishibashi Katsuhiko, "Why Worry? Japan's Nuclear Plans at Growing Risk from Quake Damage," *International Herald Tribune,* August 11, 2007, reposted on *Asia-Pacific Journal: Japan Focus,* http://www.japanfocus.org/-Ishibashi-Katsuhiko/2495.

83. Richard A. Clarke and R. P. Eddy, *Warnings: Finding Cassandras to Stop Catastrophes* (New York: HarperCollins, 2018), pp. 76ff., 92, 96f.

84. Peter Symonds, "The Asian Tsunami: Why There Were No Warnings," World Socialist Web Site, January 3, 2005, https://www.wsws.org/en/articles/2005/01/warn-j03.html.

85. "Scientist Who Warned of Tsunamis Finally Heard," NBC News, November 1, 2005, https://www.nbcnews.com/id/wbna6813771. 또한 다음을 보라. Natalie Muller, "Tsunami Warning: Why Prediction Is so Hard,' *Australian Geographic,* May 11, 2012, https://www.australiangeographic.com.au/topics/science-environment/2012/05/tsunami-warning-why-prediction-is-so-hard/.

86. Becky Oskin, "Two Years Later: Lessons from Japan's Tohoku Earthquake," *LiveScience,* March 10, 2013, https://www.livescience.com/27776-tohoku-two-years-later-geology.html.

87. Clarke and Eddy, *Warnings,* pp. 81–82.

88. Ari M. Beser, "One Man's Harrowing Story of Surviving the Japan Tsunami," *National Geographic,* March 23, 2016, https://blog.nationalgeographic.org/2016/03/23/exclusive-one-mans-harrowing-story-of-surviving-the-japan-tsunami/.

89. Clancey, "Japanese Seismicity," p. 333.

90. Harrison Salisbury, *The Great Black Dragon Fire* (New York: Little, Brown, 1989).

91. Rev. Peter Pernin and Stephen J. Pyne, *The Great Peshtigo Fire: An Eyewitness Account* (Madison: Wisconsin Historical Society Press, 1999), Kindle ed., loc. 273–75. The largest of the 2020 California wildfires, the "August Complex," is estimated to have burned just over one million acres, not quite matching Peshtigo.

92. Erin Blakemore, "Why America's Deadliest Wildfire Is Largely Forgotten Today," *History,* August 4, 2017 (updated September 1, 2018), https://www.history.com/news/why-americas-deadliest-wildfire-is-largely-forgotten-today.

93. Pernin and Pyne, *Great Peshtigo Fire,* loc. 273–75.

94. Pernin and Pyne, *Great Peshtigo Fire,* loc. 413–14.

95. Pernin and Pyne, *Great Peshtigo Fire*, loc. 437–47. 또한 다음을 보라. Tom Hultquist, "The Great Midwest Fire of 1871," https://www.weather.gov/grb/peshtigofire2.

96. A. Korotayev et al., "A Trap at the Escape from the Trap? Demographic-Structural Factors of Political Instability in Modern Africa and West Asia," *Cliodynamics* 2, no. 2 (2011), pp. 276–303.

97. Thayer Watkins, "The Catastrophic Dam Failures in China in August 1975," San José State University Department of Economics, n.d., https://www.sjsu.edu/faculty/watkins/aug1975.htm.

98. Yi Si, "The World's Most Catastrophic Dam Failures: The August 1975 Collapse of the Banqiao and Shimantan Dams," in *The River Dragon Has Come!*, ed. Dai Qing (New York: M. E. Sharpe, 1998).

99. Eric Fish, "The Forgotten Legacy of the Banqiao Dam Collapse," *Economic Observer*, February 8, 2013, http://www.eeo.com.cn/ens/2013/0208/240078.shtml; Justin Higginbottom, "230,000 Died in a Dam Collapse That China Kept Secret for Years," Ozy, February 17, 2019, https://www.ozy.com/true-and-stories/230000-died-in-a-dam-collapse-that-china-kept-secret-for-years/91699/; Kenneth Pletcher and Gloria Lotha, "Typhoon Nina—Banqiao Dam Failure," *Encyclopaedia Britannica* (2014), https://www.britannica.com/event/Typhoon-Nina-Banqiao-dam-failure. 또한 다음을 보라. N. H. Ru and Y. G. Niu, *Embankment Dam—Incidents and Safety of Large Dams* (Beijing: Water Power Press, 2001) (in Chinese).

100. Yi, "World's Most Catastrophic Dam Failures."

101. "The Three Gorges Dam in China: Forced Resettlement, Suppression of Dissent and Labor Rights Concerns," *Human Rights Watch* 7, no. 1 (February 1995), https://www.hrw.org/reports/1995/China1.htm.

102. David Schoenbrod, "The Lawsuit That Sank New Orleans," *Wall Street Journal*, September 26, 2005, http://online.wsj.com/article/SB112769984088951774.html.

103. Lawrence H. Roth, "The New Orleans Levees: The Worst Engineering Catastrophe in US History—What Went Wrong and Why," seminar given at Auburn University College of Engineering, April 5, 2007, https://web.archive.org/web/20071015234208/http://eng.auburn.edu/admin/marketing/semi nars/2007/l-roth.html.

104. Rawle O. King, "Hurricane Katrina: Insurance Losses and National Capacities for Financing Disaster Risks," Congressional Research Service Report for Congress, January 31, 2008, table 1.

105. John Schwartz, "One Billion Dollars Later, New Orleans Is Still at Risk," *New York Times*, August 17, 2007; Michael Lewis, "In Nature's Casino," *New York Times Magazine*, August 26, 2007.

106. Clarke and Eddy, *Warnings*, pp. 41–5.

107. Louise K. Comfort, "Cities at Risk: Hurricane Katrina and the Drowning of New Orleans," *Urban Affairs Review* 41, no. 4 (March 2006), pp. 501–16.

108. Comfort, "Cities at Risk," pp. 47–54.

109. U.S. House of Representatives, *A Failure of Initiative: Final Report of the Select Bipartisan Committee to Investigate the Preparation for and Response to Hurricane*

Katrina (Washington, DC: U.S. Government Printing Office, 2006), https://www.nrc.gov/docs/ML1209/ML12093A081.pdf.

110. Neil L. Frank and S. A. Husain, "The Deadliest Tropical Cyclone in History?," *Bulletin of the American Meteorological Society* 52, no. 6 (June 1971), p. 441.

111. "A Brief History of the Deadliest Cyclones in the Bay of Bengal," *Business Standard,* May 19, 2020, https://tbsnews.net/environment/brief-history-deadliest-cyclones-bay-bengal-83323.

112. Frank and Husain, "Deadliest Tropical Cyclone," p. 443.

113. Jack Anderson, "Many Pakistan Flood Victims Died Needlessly," *Lowell Sun,* January 31, 1971, https://www.newspapers.com/clip/2956402/many-pakistan-flood-victims-died/.

114. N. D. Kondratieff and W. F. Stolper, "The Long Waves in Economic Life," *Review of Economics and Statistics* 17, no. 6 (November 1935), pp. 105–15.

115. Paul Schmelzing, "Eight Centuries of Global Real Rates, R-G, and the 'Suprasecular Decline,' 1311-2018" (PhD diss., Harvard University), August 2019. See, for a summary, Paul Schmelzing, "Eight Centuries of Global Real Interest Rates, R-G, and the 'Suprasecular' Decline, 1311–2018," Bank of England Staff Working Paper No. 845 (January 2020), https://www.bankofengland.co.uk/working-paper/2020/eight-centuries-of-global-real-interest-rates-r-g-and-the-suprasecular-decline-1311-2018.

4장_네트워크의 세계

1. George R. Havens, "The Conclusion of Voltaire's Poème sur le désastre de Lisbonne," *Modern Language Notes* 56 (June 1941), pp. 422–26. 또한 다음을 보라. Peter Gay, *The Enlightenment: An Interpretation,* vol. I (New York: Norton, 1995), pp. 51f.

2. Voltaire, "The Lisbon Earthquake," in *Candide, or Optimism,* trans. Tobias Smollett (London: Penguin, 2005).

3. John T. Scott, "Pride and Providence: Religion in Rousseau's Lettre á Voltaire sur la providence," in *Rousseau and l'Infâme: Religion, Toleration, and Fanaticism in the Age of Enlightenment,* ed. Ourida Mostefai and John T. Scott (Amsterdam and New York: Editions Rodopi, 2009), pp. 116–32.

4. Catriona Seth, "Why Is there an Earthquake in Candide?," Oxford University, https://bookshelf.mml.ox.ac.uk/2017/03/29/why-is-there-an-earthquake-in-candide/.

5. Maria Teodora et al., "The French Enlightenment Network," *Journal of Modern History* 88, no.3 (September 2016), pp. 495–534.

6. Julie Danskin, "The 'Hotbed of Genius': Edinburgh's Literati and the Community of the Scottish Enlightenment," *eSharp,* special issue 7: *Real and Imagined Communities* (2013), pp. 1–16.

7. Adam Smith, *The Theory of Moral Sentiments* (Los Angeles: Enhanced Media Publishing, 2016 [1759]), p. 157.

8. Claud Cockburn, *In Time of Trouble: An Autobiography* (London: Hart-Davis, 1957), p.

125.

9. "'Times' Not Amused by Parody Issues," *New York,* July 30, 1979, p. 8, https://books.google.com/books?id=bNECAAAAMBAJ&pg=PA8&lpg=PA8&dq=colgrave+%22not+the+times%22&source=bl&ots=HPc47oSltE&sig=bMp0qCbaXE62rqAa6RHmmdQvbso&hl=en&sa=X&ei=RV-CUdnUF8X20gW_lID4Dw&ved=0CDMQ6AEwAA#v=onepage&q=colgrave%20%22not%20the%20times%22&f=false.

10. Geoffrey West, *Scale: The Universal Laws of Growth, Innovation, Sustainability, and the Pace of Life in Organisms, Cities, Economies, and Companies* (New York: Penguin Press, 2017).

11. Steven H. Strogatz, "Exploring Complex Networks," *Nature* 410 (March 8, 2001), pp. 268–76.

12. Duncan J. Watts, "Networks, Dynamics, and the Small-World Phenomenon," *American Journal of Sociology* 105, no. 2 (1999), p. 515.

13. Geoffrey West, "Can There Be a Quantitative Theory for the History of Life and Society?," *Cliodynamics* 2, no. 1 (2011), pp. 211f.

14. Guido Caldarelli and Michele Catanzaro, *Networks: A Very Short Introduction* (Oxford: Oxford University Press, 2011), pp. 23f.

15. Joseph Henrich, *The Secret of Our Success: How Culture Is Driving Human Evolution, Domesticating Our Species, and Making Us Smarter* (Princeton, NJ: Princeton University Press, 2016), p. 5.

16. R. I. M. Dunbar, "Coevolution of Neocortical Size, Group Size and Language in Humans," *Behavioral and Brain Sciences* 16, no. 4 (1993), pp. 681–735.

17. Nicholas A. Christakis and James H. Fowler, *Connected: The Surprising Power of Our Social Networks and How They Shape Our Lives* (New York: Little, Brown, (2009), p. 239.

18. Michael Tomasello et al., "Two Key Steps in the Evolution of Human Cooperation: The Interdependence Hypothesis," *Current Anthropology* 53, no. 6 (2012), pp. 673–92.

19. Douglas S. Massey, "A Brief History of Human Society: The Origin and Role of Emotion in Social Life," *American Sociological Review* 67, no. 1 (2002), pp. 3–6.

20. J. R. McNeill and William McNeill, *The Human Web: A Bird's-Eye View of Human History* (New York and London: W. W. Norton, 2003).

21. Niall Ferguson, *The Square and the Tower: Networks and Power from the Freemasons to Facebook* (New York: Penguin Press, 2018).

22. Shin-Kap Han, "The Other Ride of Paul Revere: The Brokerage Role in the Making of the American Revolution," *Mobilization: An International Quarterly* 14, no. 2 (2009), pp. 143–62.

23. Duncan J. Watts, *Six Degrees: The Science of a Connected Age* (London: Vintage, 2004), p. 134.

24. Albert-László Barabási, *Linked: How Everything Is Connected to Everything Else and What It Means for Business, Science, and Everyday Life* (New York: Basic Books, 2014), p. 29.

25. Miller McPherson, Lynn Smith-Lovin, and James M. Cook, "Birds of a Feather: Homophily in Social Networks," *Annual Review of Sociology* 27 (2001), p. 419.

26. Mark Granovetter, "The Strength of Weak Ties," *American Journal of Sociology* 78, no. 6 (1973), pp. 1360–80.

27. Mark Granovetter, "The Strength of Weak Ties: A Network Theory Revisited," *Sociological Theory* 1 (1983), p. 202.

28. Andreas Tutic and Harald Wiese, "Reconstructing Granovetter's Network Theory," *Social Networks* 43 (2015), pp. 136–48.

29. Duncan J. Watts and Steven H. Strogatz, "Collective Dynamics of 'Small-World' Networks," *Nature* 393 (June 4, 1998), pp. 400–442.

30. Watts, "Networks, Dynamics, and the Small-World Phenomenon," p. 522.

31. Nicholas A. Christakis and James H. Fowler, *Connected: The Surprising Power of Our Social Networks and How They Shape Our Lives* (New York: Little, Brown, (2009), p. 97.

32. Eugenia Roldán Vera and Thomas Schupp, "Network Analysis in Comparative Social Sciences," *Comparative Education* 43, no. 3, pp. 418f.

33. Matthew O. Jackson, "Networks in the Understanding of Economic Behaviors," *Journal of Economic Perspectives* 28, no. 4 (2014), 3–22, p. 8.

34. Alison L. Hill et al., "Emotions as Infectious Diseases in a Large Social Network: The SISa Model," *Proceedings of the Royal Society B: Biological Sciences* (2010), pp. 1–9.

35. Peter Dolton, "Identifying Social Network Effects," *Economic Report* 93, supp. S1 (2017), pp. 1–15.

36. Christakis and Fowler, *Connected*, p. 22.

37. Charles Kadushin, *Understanding Social Networks: Theories, Concepts, and Findings* (New York: Oxford University Press, 2012), pp. 209f.

38. Karine Nahon and Jeff Hemsley, *Going Viral* (Cambridge, UK: Polity, 2013)

39. Damon Centola and Michael Macy, "Complex Contagions and the Weakness of Long Ties," *American Journal of Sociology* 113, no. 3 (2007), pp. 702–34.

40. Watts, *Six Degrees*, p. 249.

41. Sherwin Rosen, "The Economics of Superstars," *American Economic Review* 71, no. 5 (1981), pp. 845–58.

42. Albert-László Barabási and Réka Albert, "Emergence of Scaling in Random Networks," *Science* 286, no. 5439 (1999), pp. 509–12.

43. Barabási, *Linked*, pp. 33–34, 66, 68f., 204.

44. Barabási, *Linked*, p. 221.

45. Barabási, *Linked*, pp. 103, 221. "대푯값을 말할 수 없는" 네트워크들이 일반적이라는 것이 바르바시와 앨버트의 중심 주장이지만, 이에 대한 중요한 비판이 있다. 다음을 보라. Anna D. Broido and Aaron Clauset, "Scale-Free Networks Are Rare," January 9, 2018, arXiv:1801.03400v1.

46. Vittoria Colizza, Alain Barrat, Marc Barthélemy, and Alessandro Vespignani, "The Role of the Airline Transportation Network in the Prediction and Predictability of Global Epidemics," *PNSAS* 103, no. 7 (2006), pp. 2015–20.

47. Dolton, "Identifying Social Network Effects."

48. Romualdo Pastor-Satorras and Alessandro Vespignani, "Immunization of Complex

Networks," Abdus Salam International Centre for Theoretical Physics, February 1, 2008.

49. Strogatz, "Exploring Complex Networks."

50. Niall Ferguson, "Complexity and Collapse: Empires on the Edge of Chaos," *Foreign Affairs* 89, no. 2 (March/April 2010), pp. 18–32.

51. Barabási, *Linked*, pp. 113–18.

52. Barabási, *Linked*, 135.

53. Dorothy H. Crawford, *Deadly Companions: How Microbes Shaped Our History* (Oxford: Oxford University Press, 2007).

54. Angus Deaton, *The Great Escape: Health, Wealth, and the Origins of Inequality* (Princeton, NJ: Princeton University Press, 2015).

55. Edward Jenner, *An Inquiry into the Causes and Effects of the Variolae Vaccinae* (1798), quoted in Daniel J. Sargent, "Strategy and Biosecurity: An Applied History Perspective," paper prepared for the Hoover History Working Group, June 18, 2020.

56. Crawford, *Deadly Companions*, pp. 13f.

57. M. B. A. Oldstone, *Viruses, Plagues, and History: Past, Present and Future* (Oxford and New York: Oxford University Press, 2010).

58. M. B. A. Oldstone and J. C. De La Torre, "Viral Diseases of the Next Century," *Transactions of the American Clinical and Climatological Association* 105 (1994), pp. 62–68.

59. A. Moya et al., "The Population Genetics and Evolutionary Epidemiology of RNA Viruses," *Nature Reviews* 2 (2004), pp. 279–88; P. Simmonds, "Virus Evolution," *Microbiology Today* (May 2009), pp. 96–99; R. Ehrenberg, "Enter the Viros: As Evidence of the Influence of Viruses Escalates, Appreciation of These Master Manipulators Grows," *Science News* 176, no. 8 (October 10, 2009), pp. 22–25; G. Hamilton, "Viruses: The Unsung Heroes of Evolution," *New Scientist* 2671 (August 2008), pp. 38–41, http://www.newscientist.com/article/mg19926711.600-viruses-the-unsung-heroes-of-evolution.html.

60. Crawford, *Deadly Companions*, pp. 25, 43.

61. M. Achtman et al., "*Yersinia pestis*, the Cause of Plague, Is a Recently Emerged Clone of *Yersinia pseudotuberculosis*," *PNAS* 96, no. 24 (1999), pp. 14043–48. 또한 다음을 보라. G. Morelli et al., "*Yersinia pestis* Genome Sequencing Identifies Patterns of Global Phylogenetic Diversity," *Nature Genetics* 42, no. 12 (2010), pp. 1140–43.

62. Crawford, *Deadly Companions*, pp. 96f. 또한 다음을 보라. Richard E. Lenski, "Evolution of the Plague Bacillus," *Nature* 334 (August 1988), pp. 473f.; Stewart T. Cole and Carmen Buchrieser, "A Plague o' Both Your Hosts," *Nature* 413 (2001), pp. 467ff.; Thomas V. Inglesby et al., "Plague as a Biological Weapon," *Journal of the American Medical Association* 283, no. 17 (2000), pp. 2281–90.

63. R. Rosqvist, Mikael Skurnik, and Hans Wolf-Watz, "Increased Virulence of *Yersinia pseudotuberculosis* by Two Independent Mutations," *Nature* 334 (August 1988), pp. 522–25.

64. S. Ayyadurai et al., "Body Lice, *Yersinia pestis* Orientalis, and Black Death," *Emerging*

Infectious Diseases 16, no. 5 (2010), pp. 892–93.

65. Stephen M. Kaciv, Eric J. Frehm, and Alan S. Segal, "Case Studies in Cholera: Lessons in Medical History and Science," *Yale Journal of Biology and Medicine* 72 (1999), pp. 393–408.

66. Crawford, *Deadly Companions,* pp. 96f., 109.

67. World Health Organization, "Yellow Fever Fact Sheet No. 100" (May 2013), http://www.who.int/me diacentre/factsheets/fs100/en/.

68. Alice F. Weissfeld, "Infectious Diseases and Famous People Who Succumbed to Them," *Clinical Microbiology Newsletter* 31, no. 22 (2009), pp. 169–72.

69. Nathan D. Wolfe et al., "Origins of Major Human Infectious Diseases," *Nature* 447, no. 7142 (2007), pp. 279–83, http://www.ncbi.nlm.nih.gov/books/NBK114494/; Robin A. Weiss, "The Leeuwenhoek Lecture, 2001: Animal Origins of Human Infectious Diseases," *Philosophical Transactions of the Royal Society Biological Sciences* 356 (2001), pp. 957–77.

70. David Quammen, *Spillover: Animal Infections and the Next Human Pandemic* (New York: W. W. Norton, 2012).

71. L. Dethlefsen et al., "An Ecological and Evolutionary Perspective on Human-Microbe Mutualism and Disease," *Nature* 449 (October 2007), pp. 811–18.

72. Thucydides, *The History of the Peloponnesian War,* trans. Richard Crawley (Project Gutenberg, 2009), book I, chap. 1.

73. Kyle Harper, *The Fate of Rome: Climate, Disease, and the End of an Empire* (Princeton, NJ: Princeton University Press, 2017).

74. Edward Gibbon, *The Decline and Fall of the Roman Empire* (New York: Harper & Bros., 1836), vol. I, chap. 10, part IV.

75. Guido Alfani and Tommy E. Murphy, "Plague and Lethal Epidemics in the Pre-Industrial World," *Journal of Economic History* 77, no. 1 (March 2017), pp. 316f.

76. R. P. Duncan-Jones, "The Impact of the Antonine Plague," *Journal of Roman Archaeology* 9 (1996), pp. 108–36, https://doi:10.1017/S1047759400016524; R. P. Duncan-Jones, "The Antonine Plague Revisited," *Arctos* 52 (2018), pp. 41–72.

77. Rodney Stark, "Epidemics, Networks, and the Rise of Christianity," *Semeia* 56 (1992), pp. 159–75.

78. Gibbon, *Decline and Fall,* vol. IV, chap. 43, part IV.

79. Gibbon, *Decline and Fall.*

80. Lee Mordechai et al., "The Justinianic Plague: An inconsequential Pandemic?," *PNAS* 116, no. 51 (2019), pp. 25546–54, https://doi.org/10.1073/pnas.1903797116.

81. Elizabeth Kolbert, "Pandemics and the Shape of Human History," *New Yorker,* March 30, 2020, https://www.newyorker.com/magazine/2020/04/06/pandemics-and-the-shape-of-human-history.

82. Gibbon, *Decline and Fall,* vol. IV, chap. 43, part IV.

83. Matthew O. Jackson, Brian W. Rogers, and Yves Zenou, "Connections in the Modern World: Network-Based Insights," *VoxEU & CEPR,* March 6, 2015, https://voxeu.org/

article/network-based-insights-economists.

84. J. Theilmann and Frances Cate, "A Plague of Plagues: The Problem of Plague Diagnosis in Medieval England," *Journal of Interdisciplinary History* 37, no. 3 (2007), pp. 371–93.

85. M. Drancourt et al., "*Yersinia pestis* Orientalis in Remains of Ancient Plague Patients," *Emerging Infectious Diseases* 13, no. 2 (2007), pp. 332–33; S. Haensch et al., "Distinct Clones of *Yersinia pestis* Caused the Black Death," *PLOS Pathogens* 6, no. 10 (2010), pp. 1–8.

86. Manny Rincon Cruz, "Contagion, Borders, and Scale: Lessons from Network Science and History," Hoover History Working Group, June 24, 2020.

87. Mark Bailey, "After the Black Death: Society, Economy and the Law in Fourteenth-Century England," James Ford Lectures, 2019, Lecture 1: "Old Problems, New Approaches," https://www.history.ox.ac.uk/event/the-james-ford-lectures-old-problems-new-approaches.

88. Mark Bailey, "After the Black Death," Lecture 2: "Reaction and Regulation," https://www.history.ox.ac.uk/event/the-james-ford-lectures-reaction-and-regulation.

89. N. C. Stenseth et al., "Plague Dynamics Are Driven by Climate Variation," *PNAS* 103, no. 35 (2006), pp. 13110–15.

90. Mark R. Welford and Brian H. Bossak, "Validation of Inverse Seasonal Peak Mortality in Medieval Plagues, Including the Black Death, in Comparison to Modern *Yersinia pestis*-Variant Diseases," PLOS One 4, no. 12 (2009), pp. 1–6.

91. Stenseth et al., "Plague Dynamics."

92. Stenseth et al., "Plague Dynamics. 또한 다음을 보라. Ayyadurai et al., "Body Lice."

93. Ferguson, *Square and the Tower*, p. 431.

94. Rincon Cruz, "Contagion, Borders, and Scale." 또한 다음을 보라. Mark Koyama, Remi Jedwab, and Noel Johnson, "Pandemics, Places, and Populations: Evidence from the Black Death," Centre for Economic Policy Research Discussion Paper No. 13523 (2019).

95. Maarten Bosker, Steven Brakman, Harry Garretsen, Herman De Jong, and Marc Schramm, "Ports, Plagues and Politics: Explaining Italian City Growth 1300–1861," *European Review of Economic History* 12, no. 1 (2008), pp. 97–131, https://doi.org/10.1017/S1361491608002128.

96. Ricardo A. Olea and George Christakos. "Duration of Urban Mortality for the 14th-century Black Death Epidemic," *Human Biology* 77, no. 3 (2005), pp. 291–303, https://doi.org/10.1353/hub.2005.0051.

97. José M. Gómez and Miguel Verdú, "Network Theory May Explain the Vulnerability of Medieval Human Settlements to the Black Death Pandemic," *Nature Scientific Reports,* March 6, 2017, https://www.nature.com/articles/srep43467.

98. Oscar Jorda, Sanjay R. Singh, and Alan M. Taylor, "Longer-Run Economic Consequences of Pandemics," Federal Reserve Bank of San Francisco Working Paper 2020-09 (March 2020).

99. Gregory Clark, *A Farewell to Alms: A Brief Economic History of the World* (Princeton, NJ: Princeton University Press, 2007). 또한 다음을 보라. Paul Schmelzing, "Eight Centuries of Global Real Rates, R-G, and the 'Suprasecular Decline', 1311–2018" (PhD diss.,

Harvard University, August 2019).

100. Mark Bailey, "A Mystery Within an Enigma: The Economy, 1355–1375," Ford Lectures 2019, Lecture 3, https://www.history.ox.ac.uk/event/the-james-ford-lectures-a-mystery-within-an-enigma-the-economy-1355-75.

101. Mark Bailey, "The End of Serfdom and the Rise of the West," Ford Lectures 2019, Lecture 6. https://www.history.ox.ac.uk/event/the-james-ford-lectures-the-end-of-serfdom-and-the-rise-of-the-west.

102. Mark Bailey, "Injustice and Revolt," Ford Lectures 2019, Lecture 4, https://www.history.ox.ac.uk/event/the-james-ford-lectures-injustice-and-revolt.

103. Mark Bailey, "A New Equilibrium," Ford Lectures 2019, Lecture 5, https://www.history.ox.ac.uk/event/the-james-ford-lectures-a-new-equilibrium-c.1375-1400.

104. Bailey, "The End of Serfdom," Ford Lectures 2019, Lecture 6.

105. Alexander Lee, "What Machiavelli Knew About Pandemics," New Statesman, June 3, 2020, https://www.newstatesman.com/2020/06/what-machiavelli-knew-about-pandemics; Eleanor Russell and Martin Parker, "How Pandemics Past and Present Fuel the Rise of Mega-Corporations," The Conversation, June 3, 2020, https://theconversation.com/how-pandemics-past-and-present-fuel-the-rise-of-mega-corporations-137732; Paula Findlen, "What Would Boccaccio Say About COVID-19?," Boston Review, April 24, 2020, http://bostonreview.net/arts-society/paula-findlen-what-would-boccaccio-say-about-covid-19.

106. Richard Trexler, Public Life in Renaissance Florence (New York: Academic Press, 1980), p. 362.

107. Norman Cohn, The Pursuit of the Millennium (New York: Oxford University Press, 1961 [1957]), pp. 132f.

108. Nico Voigtlander and Hans-Joachim Voth, "Persecution Perpetuated: The Medieval Origins of Anti-Semitic Violence in Nazi Germany," Quarterly Journal of Economics 127, no. 3 (August 2012), pp. 1339–92, https://www.jstor.org/stable/23251987.

109. Samuel K. Cohn Jr., "The Black Death and the Burning of Jews," Past and Present 196 (August 2007), pp. 3–36.

110. Cohn, "The Black Death," pp. 87, 136–40.

111. M. W. Flinn, "Plague in Europe and the Mediterranean Countries," Journal of European Economic History 8, no. 1 (1979), pp. 134–47.

112. Stephen Greenblatt, "What Shakespeare Actually Wrote About the Plague," New Yorker, May 7, 2020.

113. Daniel Defoe, A Journal of the Plague Year (London: Penguin, 2003 [1722]).

114. Charles F. Mullett, "The English Plague Scare of 1720–30," Osiris 2 (1936), pp. 484–516.

115. Defoe, Journal, pp. 18f.

116. Defoe, Journal, p. 172.

117. Defoe, Journal, p. 66.

118. Gibbon, Decline and Fall, vol. IV, chap. 43, part IV.

119. Defoe, *Journal*, p. 9.

120. Defoe, *Journal*, pp. 40f.

5장_과학의 미망

1. Quoted in Roy MacLeod and M. Lewis, eds., *Disease, Medicine and Empire: Perspectives on Western Medicine and the Experience of European Expansion* (London and New York: Routledge, 1988), p. 7.

2. Niall Ferguson, *Civilization: The West and the Rest* (New York: Penguin Press, 2011).

3. John Jennings White III, "Typhus: Napoleon's Tragic Invasion of Russia, the War of 1812," in *Epidemics and War: The Impact of Disease on Major Conflicts in History*, ed. Rebecca M. Seaman (Santa Barbara, CA: ABC-CLIO, 2018), pp. 74f.

4. Richard Bonney, *The Thirty Years' War 1618–1648* (New York: Bloomsbury, 2014).

5. T. Nguyen-Hieu et al., "Evidence of a Louse-Borne Outbreak Involving Typhus in Douai, 1710–1712 During the War of the Spanish Succession," *PLoS One* 5, no. 10 (2010), pp. 1–8. See, in general, Joseph M. Conlon, "The Historical Impact of Epidemic Typhus" (2009), www.entomology.montana.edu/history bug/TYPHUS-Conlon.pdf.

6. Dominic Lieven, *Russia Against Napoleon: The True Story of the Campaigns of War and Peace* (New York: Penguin Publishing Group, 2010).

7. D. Raoult et al., "Evidence for Louse-Transmitted Diseases in Soldiers of Napoleon's Grand Army in Vilnius," *Journal of Infectious Diseases* 193 (2006), pp. 112–20.

8. Alfred W. Crosby, *Ecological Imperialism: The Biological Expansion of Europe, 900–1900* (New York: Cambridge University Press, 1993); Noble David Cook, *Born to Die: Disease and New World Conquest, 1492–1650* (New York: Cambridge University Press, 1998). For a critique of the "virgin soil" framework, stressing the effects of exploitation and enslavement on indigenous mortality, see David S. Jones, "Virgin Soils Revisited," *William and Mary Quarterly* 60, no. 4 (2003), pp. 703–42.

9. Angus Chen, "One of History's Worst Epidemics May Have Been Caused by a Common Microbe," *Science*, January 16, 2018, https://doi.org/10.1126/science.aat0253.

10. Niall Ferguson, *Empire: How Britain Made the Modern World* (London: Penguin, 2003), p. 65.

11. John E. Lobdell and Douglas Owsley, "The Origin of Syphilis," *Journal of Sex Research* 10, no. 1 (1974), pp. 76–79; Bruce M. Rothschild et al., "First European Exposure to Syphilis: The Dominican Republic at the Time of Columbian Contact," *Clinical Infectious Diseases* 31, no. 4 (2000), pp. 936–41; Robert M. May et al., "Infectious Disease Dynamics: What Characterizes a Successful Invader?," *Philosophical Transactions of the Royal Society* 356 (2001), pp. 901–10; Bruce M. Rothschild, "History of Syphilis," *Clinical Infectious Diseases* 40, no. 10 (2005), pp. 1454–63; George J. Armelagos et al., "The Science Behind Pre-Columbian Evidence of Syphilis in Europe: Research by Documentary," *Evolutionary Anthropology* 21 (2012), pp. 50–57.

12. Dorothy H. Crawford, *Deadly Companions: How Microbes Shaped Our History* (Oxford: Oxford University Press, 2007), pp. 129ff.

13. J. R. McNeill, *Mosquito Empires: Ecology and War in the Greater Caribbean, 1620–1914* (New York: Cambridge University Press, 2010); Jason Sharman, *Empires of the Weak: The Real Story of European Expansion and the Creation of the New World Order* (Princeton, NJ: Princeton University Press, 2019).

14. M. B. A. Oldstone, *Viruses, Plagues, and History: Past, Present and Future* (Oxford and New York: Oxford University Press, 2010), p. 103. 또한 다음을 보라. J. R. McNeill, "Yellow Jack and Geopolitics: Environment, Epidemics, and the Struggles for Empire in the American Tropics, 1650–1825," *OAH Magazine of History,* April 2004, pp. 9–13.

15. McNeill, "Yellow Jack."

16. Emmanuel Le Roy Ladurie, "A Concept: The Unification of the Globe by Disease," in *The Mind and Method of the Historian* (Chicago: University of Chicago Press, 1981), pp. 28–91.

17. Ferguson, *Empire,* pp. 70, 170.

18. Ferguson, *Civilization,* p. 168.

19. Louis-Ferdinand Céline, *Journey to the End of the Night,* trans. Ralph Manheim (New York: New Directions, 2006 [1934]), p. 126.

20. Ferguson, *Empire,* pp. 167–70.

21. 실망스럽게도 이 문제는 다음의 저작에서 간과되고 있다. William Dalrymple, *The Anarchy: The East India Company, Corporate Violence and the Pillage of an Empire* (New York: Bloomsbury, 2019).

22. Stephen M. Kaciv, Eric J. Frehm, and Alan S. Segal, "Case Studies in Cholera: Lessons in Medical History and Science," *Yale Journal of Biology and Medicine* 72 (1999), pp. 393–408. 또한 다음을 보라. Jim Harris, "Pandemics: Today and Yesterday," Origins 13, no. 10 (2020).

23. R. E. McGrew, "The First Cholera Epidemic and Social History," *Bulletin of the History of Medicine* 34, no. 1 (January–February 1960), pp. 61–73.

24. Richard J. Evans, *Death in Hamburg: Society and Politics in the Cholera Years, 1830–1910* (Oxford: Oxford University Press, 1987), p. 313.

25. M. Echenberg, "Pestis Redux: The Initial Years of the Third Bubonic Plague Pandemic, 1894–1901," *Journal of World History* 13, no. 2 (2002), pp. 429–49.

26. Ballard C. Campbell, *Disasters, Accidents, and Crises in American History: A Reference Guide to the Nation's Most Catastrophic Events* (New York, 2008), pp. 182–84.

27. Sarah F. Vanneste, "The Black Death and the Future of Medicine" (unpublished master's thesis, Wayne State University, 2010), pp. 41, 77.

28. Alexander Lee, "What Machiavelli Knew About Pandemics," *New Statesman,* June 3, 2020, https://www.newstatesman.com/2020/06/what-machiavelli-knew-about-pandemics.

29. Nancy G Siraisi, *Medieval and Early Renaissance Medicine: An Introduction to Knowledge and Practice* (Chicago: University of Chicago Press, 1990); Ismail H. Abdalla, "Diffusion of Islamic Medicine into Hausaland," in *The Social Basis of Health and*

Healing in Africa, ed. Steven Feierman and John M. Janzen (Berkeley: University of California Press, 1992).

30. Richard Palmer, "The Church, Leprosy, and Plague in Medieval and Early Modern Europe," in *The Church and Healing,* ed. W. J. Shiels (Oxford: Basil Blackwell, 1982), p. 96.

31. S. White, "Rethinking Disease in Ottoman History," *International Journal of Middle East Studies* 42 (2010), p. 554.

32. Manny Rincon Cruz, "Contagion, Borders, and Scale: Lessons from Network Science and History," Hoover History Working Group, June 24, 2020.

33. Gianfranco Gensini, Magdi H. Yacoub, and Andrea A. Conti, "The Concept of Quarantine in History: From Plague to Sars," *Journal of Infection* 49, no. 4 (November 1, 2004), pp. 257–61; Eugenia Tognotti, "Lessons from the History of Quarantine, from Plague to Influenza A," *Emerging Infectious Diseases* 19, no. 2 (February 2013), pp. 254–59.

34. Frank M. Snowden, *Epidemics and Society: From the Black Death to the Present* (New Haven, CT: Yale University Press, 2019), p. 70.

35. 다음을 보라. John Henderson, *Florence Under Siege: Surviving Plague in an Early Modern City* (New Haven, CT: Yale University Press, 2019).

36. Rincon Cruz, "Contagion, Borders, and Scale."

37. Alexander William Kinglake, *Eothen, or Traces of Travel Brought Home from the East* (New York: D. Appleton, 1899 [1844]), p. 1.

38. A. Wess Mitchell and Charles Ingrao, "Emperor Joseph's Solution to Coronavirus," *Wall Street Journal,* April 6, 2020, https://www.wsj.com/articles/emperor-josephs-solution-to-coronavirus-11586214561; Snowden, *Epidemics and Society,* pp. 72–73; Gunther Rothenberg, "The Austrian Sanitary Cordon and the Control of the Bubonic Plague: 1710–1871," *Journal of the History of Medicine and Allied Sciences* 28, no. 1 (1973), pp. 15–23.

39. Simon Schama, "Plague Time: Simon Schama on What History Tells Us," *Financial Times,* April 10, 2020, https://www.ft.com/content/279dee4a-740b-11ea-95fe-fcd274e920ca.

40. Norman Howard-Jones, "Fracastoro and Henle: A Re-Appraisal of Their Contribution to the Concept of Communicable Diseases," *Medical History* 21, no. 1 (1977), pp. 61–68, https://doi.org/10.1017/S0025727300037170; V. Nutton, "The Reception of Fracastoro's Theory of Contagion: The Seed That Fell Among Thorns?," *Osiris* 6 (1990), pp. 196–234.

41. Ferguson, *Empire,* p. 9.

42. Cary P. Gross and Kent A. Sepkowitz, "The Myth of the Medical Breakthrough: Smallpox, Vaccination, and Jenner Reconsidered," *International Journal of Infectious Disease* 3 (1998), pp. 54–60; S. Riedel, "Edward Jenner and the History of Smallpox and Vaccination," *Baylor University Medical Center Proceedings* 18 (2005), pp. 21–25.

43. John D. Burton, "'The Awful Judgements of God upon the Land': Smallpox in Colonial Cambridge, Massachusetts," *New England Quarterly* 74, no. 3, (2001), pp. 495–506. 또

한 다음을 보라. Elizabeth A. Fenn, *Pox Americana: The Great Smallpox Epidemic of 1775-82* (New York: Farrar, Straus and Giroux, 2002).

44. Gross and Sepkowitz, "Myth of the Medical Breakthrough," p. 57.

45. Burton, "Awful Judgements of God," p. 499.

46. Edward Edwardes, *A Concise History of Small-pox and Vaccination in Europe* (London: H.K. Lewis, 1902).

47. Charles E. Rosenberg, *The Cholera Years: The United States in 1832, 1849, and 1866* (Chicago and London: University of Chicago Press, 1987), pp. 66f.

48. Dona Schneider and David E. Lilienfeld, "History and Scope of Epidemiology," in *Lilienfeld's Foundations of Epidemiology*, 4th ed. (Oxford: Oxford University Press, 2015), pp. 1–53.

49. V. Curtis, "Dirt, Disgust and Disease: A Natural History of Hygiene," *Journal of Epidemiology and Community Health* 61 (2007), pp. 660–64; M. Best and D. Neuhauser, "Ignaz Semmelweis and the Birth of Infection Control," *Quality and Safety in Health Care* 13 (2004), pp. 233–34; K. Codell Carter, "Ignaz Semmelweis, Carl Mayrhofer, and the Rise of Germ Theory," *Medical History* 29 (1985), pp. 33–53; K. Codell Carter, "Koch's Postulates in Relation to the Work of Jacob Henle and Edwin Klebs," *Medical History* 29 (1985), pp. 353–74.

50. Muhammad H. Zaman, *Biography of Resistance: The Epic Battle between People and Pathogens* (New York: HarperWave, 2020).

51. Sheldon Watts, *Epidemics and History* (New Haven, CT: Yale University Press, 1997), p. xii.

52. A. Lustig and A. J. Levine, "One Hundred Years of Virology," *Journal of Virology* 66, no. 2 (1992), pp. 4629–31.

53. J. Erin Staples and Thomas P. Monath, "Yellow Fever: 100 Years of Discovery," *Journal of the American Medical Association* 300, no. 8, (2008), pp. 960–62.

54. J. Gordon Frierson, "The Yellow Fever Vaccine: A History," *Yale Journal of Biological Medicine* 83, no. 2 (June 2010), pp. 77–85.

55. Ferguson, *Civilization*, p. 147.

56. Ferguson, *Civilization*, pp. 169f., 174.

57. Frierson, "Yellow Fever Vaccine."

58. McGrew, "First Cholera Epidemic," p. 72.

59. Theodore H. Friedgut, "Labor Violence and Regime Brutality in Tsarist Russia: The Iuzovka Cholera Riots of 1892," *Slavic Review* 46, no. 2 (Summer 1987), pp. 245–65.

60. Richard L. Stefanik, "The Smallpox Riots of 1894," *Milwaukee County Historical Society Historical Messenger* 26, no. 4 (December 1970), pp. 1–4.

61. Echenberg, "Pestis Redux," pp. 443f.

62. Valeska Huber, "The Unification of the Globe by Disease? The International Sanitary Conferences on Cholera, 1851–1894," *Historical Journal* 49, no. 2 (2006), pp. 453–76. 또한 다음을 보라. Andrew Ehrhardt, "Disease and Diplomacy in the 19th Century," *War on the Rocks* (blog), April 30, 2020, https://warontherocks.com/2020/04/disease-and-diplomacy-in-the-nineteenth-century/.

63. Peter Baldwin, *Contagion and the State in Europe, 1830–1930* (Cambridge: Cambridge University Press, 1999).

64. Echenberg, "Pestis Redux," pp. 443f.

65. Mahatma Gandhi, *Hind Swaraj* (New Delhi: Rajpal & Sons, 2010), p. 30.

66. Ferguson, *Civilization,* p. 146.

67. Ferguson, *Civilization,* pp. 171f., 175.

68. William H. McNeill, *Plagues and Peoples* (Garden City, NY: Anchor, 1998 [1976]), p. 182.

69. James C. Riley, "Insects and the European Mortality Decline," *American Historical Review* 91, no. 4 (October 1986), pp. 833–58.

70. Rosenberg, *Cholera Years,* pp. 206–10.

71. David Cutler and Grant Miller, "The Role of Public Health Improvements in Health Advances: The 20th Century United States," NBER Working Paper No. 10511 (May 2004).

72. George Bernard Shaw, *The Doctor's Dilemma* (London: Penguin, 1946), pp. 64f.

73. Ian Gazeley and Andrew Newell, "Urban Working-Class Food Consumption and Nutrition in Britain in 1904," *Economic History Review* 68, no. 1 (February 2015), p. 17

74. Andrew T. Newell and Ian Gazeley, "The Declines in Infant Mortality and Fertility: Evidence from British Cities in Demographic Transition," IZA Discussion Paper No. 6855 (October 2012), p. 17.

75. Valeska Huber, "The Unification of the Globe by Disease? The International Sanitary Conferences on Cholera, 1851–1894," *The Historical Journal* 49, no. 2 (2006), pp. 466f.

76. Nigel Jones, *Rupert Brooke: Life, Death and Myth* (London: Head of Zeus, 2015), p. 60.

77. Victoria Y. Fan, Dean T. Jamison, and Lawrence H. Summers, "Pandemic Risk: How Large Are the Expected Losses?," *Bulletin of the World Health Organization* 96 (2018), pp. 129–34, http://dx.doi.org/10.2471/BLT.17.199588.

78. D. E. Kilbourne, "Influenza Pandemics of the 20th Century," *Emerging Infectious Diseases* 12, no. 1 (2006), pp. 9–14.

79. Niall Ferguson, "Black Swans, Dragon Kings and Gray Rhinos: The World War of 1914–1918 and the Pandemic of 2020–?," Hoover History Working Paper 2020-1 (May 2020).

80. Christopher Clark, *The Sleepwalkers: How Europe Went to War in 1914* (New York: HarperCollins, 2012).

81. Niall Ferguson, *The War of the World: Twentieth-Century Conflict and the Descent of the West* (New York: Penguin Press, 2006).

82. Charles S. Maier, *Recasting Bourgeois Europe: Stabilization in France, Germany, and Italy in the Decade After World War I* (Princeton, NJ: Princeton University Press, 1975).

83. Barry Eichengreen, *Golden Fetters: The Gold Standard and the Great Depression, 1919–1939* (New York and Oxford: Oxford University Press, 1992).

84. Charles P. Kindleberger, *The World in Depression, 1929–1939* (Berkeley: University of California Press, 2013 [1973]).

85. Niall Philip Alan Sean Johnson, "Aspects of the Historical Geography of the 1918–19

Influenza Pandemic in Britain" (unpublished PhD diss., Cambridge University, 2001), p. 116.

86. Jeffery K. Taubenberger and David M. Morens, "1918 Influenza: The Mother of All Pandemics." *Emerging Infectious Diseases* 12, no. 1 (January 2006), pp. 15–22.

87. Edwin D. Kilbourne, "Influenza Pandemics of the 20th Century," *Emerging Infectious Diseases* 12, no. 1 (2006), pp. 9–14.

88. Alfred W. Crosby, *America's Forgotten Pandemic: The Influenza of 1918,* 2nd ed. (Cambridge: Cambridge University Press, 2003), p. 19; Eugene Opie et al., "Pneumonia at Camp Funston," *Journal of the American Medical Association* 72 (January 1919), pp. 114f.

89. Niall Ferguson, *The Pity of War: Understanding World War I* (New York: Basic Books, 1998), pp. 342f.

90. Johnson, "Aspects of the Historical Geography," pp. 177ff., 355.

91. Crosby, *America's Forgotten Pandemic,* p. 37.

92. Alexander W. Peters, "Influenza and the Press in 1918," *Concord Review* 14, no. 2 (Winter 2003), https://www.tcr.org/Influenza/.

93. Niall P. A. S. Johnson and Juergen Mueller, "Updating the Accounts: Global Mortality of the 1918–1920 'Spanish' Influenza Pandemic," *Bulletin of the History of Medicine* 76 (2002), pp. 105–15. 또한 다음을 보라. Robert J. Barro, José F. Ursúa, and Joanna Weng, "The Coronavirus and the Great Influenza Pandemic: Lessons from the 'Spanish Flu' for the Coronavirus's Potential Effects on Mortality and Economic Activity," NBER Working Paper No. 26866 (2020).

94. Johnson, "Aspects of the Historical Geography," pp. 76, 234.

95. Carol R. Byerly, "War Losses (USA)," *International Encyclopedia of the First World War,* October 8, 2014, https://encyclopedia.1914-1918-online.net/article/war_losses_usa/2014-10-08.

96. T. A. Garrett, "Economic Effects of the 1918 Influenza Pandemic Implications for a Modern-Day Pandemic," Federal Reserve Bank of St. Louis (November 2007).

97. Elizabeth Brainard and Mark V. Siegler, "The Economic Effects of the 1918 Influenza Epidemic," Centre for Economic Policy Research Discussion Paper No. 3791 (February 2003).

98. Katherine Ann Porter, "Pale Horse, Pale Rider," in *Pale Horse, Pale Rider: Three Short Novels* (New York: Literary Classics, 2008).

99. Johnson, "Aspects of the Historical Geography," pp. 298, 314.

100. Johnson, "Aspects of the Historical Geography," p. 423.

101. Johnson, "Aspects of the Historical Geography," pp. 258n., 269, 283.

102. Crosby, *America's Forgotten Pandemic,* pp. 64f.

103. Brainard and Siegler, "Economic Effects."

104. Garrett, "Economic Effects," tables 1 and 3, pp. 13–15.

105. Sergio Correia, Stephan Luck, and Emil Verner, "Pandemics Depress the Economy, Public Health Interventions Do Not: Evidence from the 1918 Flu," March 26, 2020, available at SSRN, https://ssrn.com/abstract=3561560; Andrew Lilley, Matthew Lilley,

and Gianluca Rinaldi, "Public Health Interventions and Economic Growth: Revisiting the Spanish Flu Evidence," May 2, 2020, available at SSRN, https://ssrn.com/abstract=3590008; Sergio Correia, Stephan Luck, and Emil Verner, "Response to Lilley, Lilley, and Rinaldi (2020)," May 15, 2020, https://almlgr.github.io/CLV_response.pdf.

106. Crosby, *America's Forgotten Pandemic,* pp. 52f.

107. Francesco Aimone, "The 1918 Influenza Epidemic in New York City: A Review of the Public Health Response," *Public Health Reports* 125, supp. 3 (2010), pp. 71–79, doi:10.1177/00333549101250S310.

108. Peters, "Influenza and the Press."

109. H. Markel et al., "Nonpharmaceutical Interventions Implemented by U.S. Cities During the 1918–1919 Influenza Pandemic," *JAMA* 298, no. 6 (2007), pp. 644–54, doi:10.1001/jama.298.6.644.

110. Crosby, *America's Forgotten Pandemic,* pp. 93–119.

111. Paul Roderick Gregory, "Coronavirus and the Great Lockdown: A Non-Biological Black Swan," RealClear Markets, May 5, 2020, https://www.realclearmarkets.com/articles/2020/05/05/coronavirus_and_the_great_lockdown_a_non-biological_black_swan_490756.html.

112. Barro, Ursúa, and Weng, "Coronavirus and the Great Influenza Pandemic."

113. Dave Donaldson and Daniel Keniston, "How Positive Was the Positive Check? Investment and Fertility in the Aftermath of the 1918 Influenza in India," October 24, 2014, http://citeseerx.ist.psu.edu/viewdoc/download?doi=10.1.1.704.7779&rep=rep1&type=pdf.

114. Amanda Guimbeauy, Nidhiya Menonz, and Aldo Musacchio, "The Brazilian Bombshell? The Short and Long-Term Impact of the 1918 Influenza Pandemic the South American Way," November 21, 2019, available at SSRN, https://ssrn.com/abstract=3381800 or http://dx.doi.org/10.2139/ssrn.3381800.

115. Garrett, "Economic Effects."

116. François R. Velde, "What Happened to the U.S. Economy During the 1918 Influenza Pandemic? A View Through High-Frequency Data," Federal Reserve Bank of Chicago, April 10, 2020.

117. Christina D. Romer, "World War I and the Postwar Depression: A Reinterpretation Based on Alternative Estimates of GDP," *Journal of Monetary Economics* 22 (1988), pp. 91–115.

118. Brainard and Siegler, "Economic Effects."

119. Douglas Almond, "Is the 1918 Influenza Pandemic Over? Long-Term Effect of In Utero Influenza Exposure in the Post-1940 U.S. Population," *Journal of Political Economy* 114, no. 4 (2006), p. 673.

120. Mikko Myrskylä, Neil K. Mehta, and Virginia W. Chang, "Early Life Exposure to the 1918 Influenza Pandemic and Old-Age Mortality by Cause of Death," *American Journal of Public Health* 103, no. 7 (July 2013), pp. E83–E90.

121. Tommy Bengtsson and Jonas Helgertz, "The Long Lasting Influenza: The Impact of Fetal Stress During the 1918 Influenza Pandemic on Socioeconomic Attainment and

Health in Sweden 1968–2012," IZA Discussion Paper No. 9327 (September 2015), pp. 1–40.

122. Richard E. Nelson, "Testing the Fetal Origins Hypothesis in a Developing Country: Evidence from the 1918 Influenza Pandemic," *Health Economics* 19, no 10 (October 2010), pp. 1181–92, https://onlineli brary.wiley.com/doi/full/10.1002/hec.1544; Ming-Jen Lin and Elaine M. Liu, "Does In Utero Exposure to Illness Matter? The 1918 Influenza Epidemic in Taiwan as a Natural Experiment," NBER Working Paper 20166 (May 2014), https://www.nber.org/papers/w20166.pdf; Sven Neelsen and Thomas Stratmann, "Long-Run Effects of Fetal Influenza Exposure: Evidence from Switzerland," *Social Science & Medicine* 74, no. 1 (2012), pp. 58-66, https://ideas.repec.org/a/eee/socmed/v74y2012i1p58-66.html.

123. Marco Le Moglie et al., "Epidemics and Trust: The Case of the Spanish Flu," Innocenzo Gasparini Institute for Economic Research Working Paper Series No. 661 (March 2020), pp. 1–32.

124. Crosby, *America's Forgotten Pandemic,* pp. 86, 100-104.

125. Crosby, *America's Forgotten Pandemic,* pp. 12–16.

126. Johnson, "Aspects of the Historical Geography," p. 76.

127. Schama, "Plague Time."

128. George Morton-Jack, *Army of Empire: The Untold Story of the Indian Army in World War I* (New York: Basic Books, 2018).

129. Robert Skidelsky, *John Maynard Keynes: Hopes Betrayed, 1883–1920* (London: Penguin, 1986), p. 378.

130. John M. Barry, *The Great Influenza: The Story of the Deadliest Pandemic in History* (New York: Penguin, 2018), p. 386.

131. Crosby, *America's Forgotten Pandemic,* p. 175.

132. Emily Willingham, "Of Lice and Men: An Itchy History," *Scientific American,* February 14, 2011, https://blogs.scientificamerican.com/guest-blog/of-lice-and-men-an-itchy-history/.

133. Ian Kershaw, *Hitler: 1889–1936: Hubris* (New York: W.W. Norton, 1998), p. 152.

134. Adolf Hitler, *Mein Kampf,* trans. Ralph Manheim (Boston/New York: Mariner, 1999) p. 305.

135. Richard A. Koenigsberg, "Genocide as Immunology: Hitler as the Robert Koch of Germany," *Library of Social Science,* n.d., https://www.libraryofsocialscience.com/newsletter/posts/2018/2018-12-11-immunology.html.

136. Michael Burleigh and Wolfgang Wippermann, *The Racial State: Germany 1933–1945* (Cambridge: Cambridge University Press, 1991)

6장_정치적 무능의 심리학

1. Norman Dixon, *On the Psychology of Military Incompetence* (London: Pimlico, 1994).

2. Dixon, *Psychology of Military Incompetence,* pp. 19, 162ff., 306.

3. Dixon, *Psychology of Military Incompetence,* pp. 152–53.

4. Dixon, *Psychology of Military Incompetence,* p. 155.

5. R. Collins, "A Dynamic Theory of Battle Victory and Defeat," *Cliodynamics* 1, no. 1 (2010), pp. 3–25.

6. Leo Tolstoy, *War and Peace,* trans. Louise and Aylmer Maude (London: Wordsworth, 1993), Book IX, chap. 1.

7. Christina Boswell, *The Political Uses of Expert Knowledge: Immigration Policy and Social Research* (Cambridge: Cambridge University Press, 2009).

8. Henry Kissinger, *White House Years* (New York: Simon & Schuster), p. 43.

9. Christopher Guyver, *The Second French Republic 1848–1852: A Political Reinterpretation* (New York: Palgrave Macmillan, 2016), p. 196.

10. Amartya Sen, *Poverty and Famines: An Essay on Entitlement and Deprivation* (Oxford: Oxford University Press, 1983).

11. Amartya Sen, *Development as Freedom* (Oxford: Oxford University Press, 1999), p. 16.

12. Amartya Sen, "How Is India Doing?," *New York Review of Books,* December 16, 1982, https://www.ny books.com/articles/1982/12/16/how-is-india-doing/.

13. Adam Smith, *An Inquiry into the Nature and Causes of the Wealth of Nations,* vol. II (Oxford: Clarendon Press, 1976 [1776]), p. 102.

14. Marcel Lachiver, *Les années de misère: La famine au temps du Grand Roi* (Paris: Fayard, 1991).

15. Rajat Datta, *Society, Economy and the Market: Commercialisation in Rural Bengal, c. 1760–1800* (New Delhi: Manohar, 2000), p. 264. See William Dalrymple, *The Anarchy: The East India Company, Corporate Violence and the Pillage of an Empire* (New York: Bloomsbury, 2019), pp. 259–304.

16. Tyler Goodspeed, *Famine and Finance: Credit and the Great Famine of Ireland* (Cham, Switzerland: Palgrave Macmillan, 2017).

17. "Introduction," *The Great Irish Famine Online,* Geography Department, University College Cork and Department of Culture, Heritage and the Gaeltacht, https://dahg. maps.arcgis.com/apps/MapSeries/index.html?appid=8de2b863f4454cbf93387dacb5 cb8412.

18. K. Theodore Hoppen, "The Franchise and Electoral Politics in England and Ireland 1832–1885," *History* 70, no. 299 (June 1985), pp. 202–17.

19. Angus D. Macintyre, *The Liberator: Daniel O'Connell and the Irish Party, 1830–1847* (London: Hamish Hamilton, 1965), p. 292.

20. Thomas Keneally, *Three Famines: Starvation and Politics* (New York: PublicAffairs, 2011), p. 64.

21. Niall Ferguson, *The House of Rothschild,* vol. I: *Money's Prophets: 1798–1848* (New York: Penguin, 1999), pp. 443, 449.

22. Christine Kinealy, "Peel, Rotten Potatoes and Providence: The Repeal of the Corn Laws and the Irish Famine," in *Free Trade and its Reception, 1815–1960,* ed. Andrew Marrison (London: Routledge, 2002).

23. *The Times,* September 22, 1846.

24. Debate on the Labouring Poor (Ireland) Bill, House of Commons, February 1, 1847, Hansard, vol. 89, cc615-90, https://api.parliament.uk/historic-hansard/commons/1847/feb/01/labouring-poor-ireland-bill. 또한 다음을 보라. Tim Pat Coogan, *The Famine Plot: England's Role in Ireland's Greatest Tragedy* (New York: St. Martin's Griffin, 2012), p. 229.

25. Roman Serbyn, "The First Man-Made Famine in Soviet Ukraine, 1921–23," *Ukrainian Weekly* 56, no. 45 (November 6, 1988), http://www.ukrweekly.com/old/archive/1988/458814.shtml.

26. Anne Applebaum, *Red Famine: Stalin's War on Ukraine* (London: Penguin, 2018), pp. 67–69.

27. Applebaum, *Red Famine,* pp. 166f.

28. Applebaum, *Red Famine,* pp. 229f.

29. Sergei Nefedov and Michael Ellman, "The Soviet Famine of 1931–1934: Genocide, a Result of Poor Harvests, or the Outcome of a Conflict Between the State and the Peasants?," *Europe-Asia Studies* 71, no. 6 (July 2019), pp. 1048–65.

30. Michael Ellman, "The Role of Leadership Perceptions and of Intent in the Soviet Famine of 1931–1934," *Europe-Asia Studies* 57, no. 6 (September 2005), p. 824.

31. Benjamin I. Cook, Ron L. Miller, and Richard Seager, "Amplification of the North American 'Dust Bowl' Drought Through Human-Induced Land Degradation," *PNAS* 106, no. 13 (March 31, 2009), pp. 4997–5001.

32. Ben Cook, Ron Miller, and Richard Seager, "Did Dust Storms Make the Dust Bowl Drought Worse?," Lamont-Doherty Earth Observatory, Columbia University Earth Institute, http://ocp.ldeo.columbia.edu/res/div/ocp/drought/dust_storms.shtml.

33. Timothy Egan, *The Worst Hard Time: The Untold Story of Those Who Survived the Great American Dustbowl* (Boston and New York: Mariner/Houghton Mifflin Harcourt, 2006), p. 5.

34. Robert A. McLeman et al., "What We Learned from the Dust Bowl: Lessons in Science, Policy, and Adaption," *Population and Environment* 35 (2014), pp. 417–40. 또한 다음을 보라. D. Worster, *Dust Bowl: The Southern Plains in the 1930s* (New York: Oxford University Press, 1979).

35. Cook, Miller, and Seager, "Amplification of the North American 'Dust Bowl' Drought," p. 4997.

36. Egan, *Worst Hard Time,* p. 8.

37. "Honoring 85 Years of NRCS—A Brief History," Natural Resources Conservation Service, USDA, https://www.nrcs.usda.gov/wps/portal/nrcs/detail/national/about/history/?cid=nrcs143_021392.

38. Mike Davis, *Late Victorian Holocausts: El Niño Famines and the Making of the Third World* (London and New York: Verso, 2001).

39. Tirthankar Roy, *The Economic History of India, 1857–1947* (Delhi: Oxford University Press, 2000), pp. 22, 219f., 254, 285, 294. Cf. Michelle Burge McAlpin, *Subject to Famine: Food Crises and Economic Change in Western India, 1860–1920* (Princeton, NJ: Princeton

University Press, 1983).

40. Christopher Bayly and Tim Harper, *Forgotten Armies: Britain's Asian Empire and the War with Japan* (London: Penguin, 2005).

41. Cormac Ó Gráda, "'Sufficiency and Sufficiency and Sufficiency': Revisiting the Great Bengal Famine, 1943–44," in *Eating People Is Wrong, and Other Essays on Famine, Its Past, and Its Future* (Princeton, NJ: Princeton University Press, 2015), p. 90.

42. Arthur Herman, *Gandhi and Churchill: The Rivalry That Destroyed an Empire and Forged Our Age* (London: Hutchinson, 2008), p. 513.

43. Keneally, *Three Famines*, p. 93.

44. Herman, *Gandhi and Churchill*, p. 515.

45. Andrew Roberts, *Churchill: Walking with Destiny* (London: Allen Lane, 2018), p. 788.

46. Keneally, *Three Famines*, p. 95.

47. Bayly and Harper, *Forgotten Armies*, pp. 284–87.

48. Frank Dikötter, *Mao's Great Famine: The History of China's Most Devastating Catastrophe, 1958–1962* (London: Bloomsbury, 2017), p. 333; Andrew G. Walder, *China Under Mao: A Revolution Derailed* (Cambridge, MA: Harvard University Press), p. 173.

49. Dali L. Yang, *Calamity and Reform in China: State, Rural Society, and Institutional Change Since the Great Leap Famine* (Stanford, CA: Stanford University Press, 1996).

50. Xin Meng, Nancy Qian, and Pierre Yared, "The Institutional Causes of China's Great Famine, 1959–61," NBER Working Paper No. 16361 (September 2010).

51. Dikötter, *Mao's Great Famine*, pp. 39f.

52. Dikötter, *Mao's Great Famine*, pp. 113f., 133

53. Dikötter, *Mao's Great Famine*, pp. 178ff., 276, 301f.

54. Cormac Ó Gráda, "Eating People Is Wrong: Famine's Darkest Secret?," in *Eating People Is Wrong*, pp. 11–37.

55. 벵갈 지역의 통계 수치는 다음에서 가져왔다. Tim Dyson, *Population History of India: From the First Modern People to the Present Day* (Oxford: Oxford University Press, 2018), 그리고 Stephen Devereux, "Famine in the Twentieth Century," IDS Working Paper 105 (2000). 아일랜드의 통계 수치는 다음에서 가져왔다. Joel Mokyr, *Why Ireland Starved: A Quantitative and Analytical History of the Irish Economy, 1800–1850* (London: Allen & Unwin, 1983).

56. Theodore M. Vestal, "Famine in Ethiopia: Crisis of Many Dimensions," *Africa Today* 32, no. 4 (1984), pp. 7–28.

57. Mark R. Jury, "Climatic Determinants of March–May Rainfall Variability over Southeastern Ethiopia," *Climate Research* 66, no. 3 (December 2015), pp. 201–10.

58. Alex de Waal, *Evil Days: Thirty Years of War and Famine in Ethiopia* (New York and London: Human Rights Watch, 1991); Peter Gill, *Famine and Foreigners: Ethiopia Since Live Aid* (Oxford: Oxford University Press, 2010).

59. Keneally, *Three Famines*, p. 125.

60. David Rieff, "The Humanitarian Aid Industry's Most Absurd Apologist," *New Republic*, November 28, 2010, https://newrepublic.com/article/79491/humanitarian-aid-

industrys-most-absurd-apologist-geldof.

61. Chandler Collier, "London Coal Fog of 1880," https://prezi.com/fbho-h7ba7f5/london-coal-fog-of-1880/.

62. The Hon. R. Russell, *London Fogs* (Gloucester: Dodo Press, 2009 [1880]), pp. 5–6, https://www.victorianlondon.org/weather/londonfogs.htm.

63. Christopher Klein, "The Great Smog of 1952," *History*, December 5, 2012, updated August 22, 2018, https://www.history.com/news/the-killer-fog-that-blanketed-london-60-years-ago.

64. Camila Domonoske, "Research on Chinese Haze Helps Crack Mystery of London's Deadly 1952 Fog," *The Two-Way*, NPR, November 23, 2016, https://www.npr.org/sections/thetwo-way/2016/11/23/503156414/research-on-chinese-haze-helps-crack-mystery-of-londons-deadly-1952-fog; Jane Onyanga-Omara, "Mystery of London Fog That Killed 12,000 Finally Solved," *USA Today*, December 13, 2016, https://eu.usatoday.com/story/news/world/2016/12/13/scientists-say-theyve-solved-mystery-1952-london-killer-fog/95375738/.

65. Peter Thorsheim, *Inventing Pollution: Coal, Smoke, and Culture in Britain Since 1800* (Athens: Ohio University Press, 2017), p. 161.

66. H. Ross Anderson et al., "Health Effects of an Air Pollution Episode in London, December 1991," *Thorax* 50 (1995), pp. 1188–93.

67. Winston S. Churchill, *The World Crisis, 1911–1914* (New York: Charles Scribner's Sons, 1923), p. 41.

68. David Lloyd George, *War Memoirs,* vol. I (London: Odhams Press, 1938), pp. 32, 34f.

69. Samuel Hynes, *A War Imagined: The First World War and English Culture* (London: Pimlico, 1990), p. 106.

70. Alan Clark, *The Donkeys* (London: Random House, 2011 [1961]); John Laffin, *British Butchers and Bunglers of World War One* (Stroud, UK: Sutton, 1992).

71. John Terraine, *Douglas Haig: The Educated Soldier* (London: Cassell, 1963).

72. Gary Sheffield, "An Exercise in Futility," *History Today* 66, no. 7 (2016), pp. 10–18. 또한 다음을 보라. Gary Sheffield, *The Somme* (London: Cassell, 2003).

73. William Philpott, *Bloody Victory: The Sacrifice on the Somme and the Making of the Twentieth Century* (London: Abacus, 2016).

74. Gary Sheffield, *The Chief: Douglas Haig and the British Army* (London: Aurum Press, 2012) p. 166.

75. Robin Prior and Trevor Wilson, *Command on the Western Front: The Military Career of Sir Henry Rawlinson, 1914–18* (Oxford: Basil Blackwell, 1992), p. 78.

76. David French, "The Meaning of Attrition," *English Historical Review* 103, no. 407 (1986), p. 403.

77. Trevor Wilson, *The Myriad Faces of War: Britain and the Great War, 1914–1918* (Cambridge: Cambridge University Press, 1986), p. 309; Prior and Wilson, *Command on the Western Front,* pp. 150f.

78. Sheffield, "Exercise in Futility."

79. Prior and Wilson, *Command on the Western Front,* pp. 153, 163–66.

80. Ernst Jünger, *The Storm of Steel: From the Diary of a German Storm-Troop Officer on the Western Front,* trans. Basil Creighton (London: Chatto & Windus, 1929), pp. 92ff., 106f.

81. John Terraine, *The First World War* (London: Secker and Warburg, 1984), p. 172.

82. French, "Meaning of Attrition," p. 386.

83. Niall Ferguson, *The Pity of War: Understanding World War I* (New York: Basic Books, 1998), pp. 332f.

84. R. H. Tawney, "Some Reflections of a Soldier," in *The Attack and Other Papers* (London: Allen & Unwin, 1953).

85. Nicholas Reeves, "Film Propaganda and Its Audience: The Example of Britain's Official Films During the First World War," *Journal of Contemporary History* 18, no. 3 (1983), pp. 464–94.

86. Brian Bond, *British Military Policy Between the Two World Wars* (Oxford: Clarendon, 1980), p. 24.

87. James Neidpath, *The Singapore Naval Base and the Defence of Britain's Eastern Empire, 1919–1941* (Oxford: Clarendon, 1981), p. 131.

88. Bond, *British Military Policy,* p. 217.

89. 좀 더 자세한 논의는 다음을 보라. Niall Ferguson, *The War of the World: Twentieth-Century Conflict and the Descent of the West* (New York: Penguin Press, 2006), pp. 312–82.

90. Winston Churchill, "The Munich Agreement," address to the House of Commons, October 5, 1938, International Churchill Society, https://winstonchurchill.org/resources/speeches/1930-1938-the-wilderness/the-munich-agreement.

91. Randolph Spencer Churchill and Martin Gilbert, *Winston S. Churchill,* vol. V: *The Prophet of Truth, 1922–1939* (New York: Houghton Mifflin, 1966), p. 1002.

92. Roberts, *Churchill,* p. 438.

93. Roberts, *Churchill,* p. 696.

94. Barnaby Crowcroft, "The End of the British Empire of Protectorates, 1945–1960" (PhD diss., Harvard University, 2019).

95. Field Marshal Lord Alanbrooke, *Alanbrooke War Diaries 1939–1945* (London: Orion, 2015), February 11 and 18, 1942.

96. "'The Buck Stops Here' Desk Sign," Harry S. Truman Library and Museum, https://www.trumanlibrary.gov/education/trivia/buck-stops-here-sign.

97. Adrian Goldsworthy, *How Rome Fell: Death of a Superpower* (New Haven, CT: Yale University Press, 2009).

98. Peter Heather, *The Fall of the Roman Empire: A New History* (London: Pan, 2006).

99. Bryan Ward-Perkins, *The Fall of Rome and the End of Civilization* (Oxford: Oxford University Press, 2005).

100. Dennis O. Flynn and Arturo Giraldez, "Arbitrage, China, and World Trade in the Early Modern Period," *Journal of the Economic and Social History of the Orient* 38, no. 4 (1995), pp. 429–48.

101. Patricia Buckley Ebrey, *The Cambridge Illustrated History of China* (Cambridge: Cambridge University Press, 1996), esp. p. 215.

102. For a good summary, see Jack Goody, *Capitalism and Modernity: The Great Debate* (Cambridge: Polity Press, 2004), pp. 103–17.

103. Hanhui Guan and Li Daokui, "A Study of GDP and Its Structure in China's Ming Dynasty," *China Economic Quarterly* 3 (2010).

104. See, e.g., L. Brandt, Debin Ma, and Thomas G. Rawski, "From Divergence to Convergence: Re-Evaluating the History Behind China's Economic Boom," University of Warwick Working Paper Series No. 117 (February 2013).

105. Friedrich Percyval Reck-Malleczewen, *Diary of a Man in Despair* (Richmond, UK: Duckworth, 2000 [1947]), p. 31.

106. Stephen Kotkin, *Armageddon Averted: The Soviet Collapse, 1970–2000* (Oxford: Oxford University Press, 2008).

107. Leon Aron, "Everything You Think You Know About the Collapse of the Soviet Union Is Wrong," *Foreign Policy,* June 20, 2011, https://foreignpolicy.com/2011/06/20/everything-you-think-you-know-about-the-collapse-of-the-soviet-union-is-wrong/.

108. Charles King, "How a Great Power Falls Apart," *Foreign Affairs,* June 30, 2020, https://www.foreignaffairs.com/articles/russia-fsu/2020-06-30/how-great-power-falls-apart.

109. 전반적인 논의로는 다음을 보라. Samir Puri, *The Great Imperial Hangover: How Empires Have Shaped the World* (London: Atlantic Books, 2020).

110. Eyck Freymann, *One Belt One Road: Chinese Power Meets the World* (Cambridge, MA: Harvard University Press, 2021), pp. 42, 62, 100.

111. 2019년 12월 20일 상트페테르부르크에서 있었던 비공식 CIS 정상회의에서 그가 행한 연설은 다음을 보라. President of Russia website, http://en.kremlin.ru/events/president/news/62376; 그리고 다음의 연설도 보라. "Shared Responsibility to History and Our Future," Moscow, June 19, 2020, President of Russia website, http://en.kremlin.ru/events/president/news/63527.

112. Manmohan Singh, speech on the acceptance of an honorary degree from Oxford University, July 8, 2005, https://archivepmo.nic.in/drmanmohansingh/speech-details.php? nodeid=140.

113. Michael Colborne and Maxim Edwards, "Erdogan Is Making the Ottoman Empire Great Again," *Foreign Policy,* June 22, 2018, https://foreignpolicy.com/2018/06/22/erdogan-is-making-the-ottoman-empire-great-again/. 또한 다음을 보라. Abdullah Bozkurt, "Erdoğan's Secret Keeper Says Lausanne Treaty 'Expired,' Turkey Free to Grab Resources," *Nordic Monitor,* February 24, 2020, https://www.nordicmonitor.com/2020/02/erdogans-secret-keeper-says-lausanne-treaty-invalid-turkey-free-to-grab-resources/; Sinan Baykent, "Misak-ı Millior the 'National Oath': Turkey's New Foreign Policy Compass?," Hurriyet Daily News, October 31, 2016, https://www.hurriyetdailynews.com/misak-i-mill-or-the-national-oath-turkeys-new-foreign-policy-compass-105529.

114. Michael Morell, "Iran's Grand Strategy Is to Become a Regional Powerhouse," *Washington Post,* April 3, 2015, https://www.washingtonpost.com/opinions/irans-

grand-strategy/2015/04/03/415ec8a8-d8a3-11e4-ba28-f2a685dc7f89_ story.html.

7장_부기우기 독감에서 에볼라 전염까지

1. Pasquale Cirillo and Nassim Nicholas Taleb, "Tail Risk of Contagious Diseases," *Nature Physics* 16 (2020), pp. 606–13.
2. Niall P. A. S. Johnson and Juergen Mueller, "Updating the Accounts: Global Mortality of the 1918–1920 'Spanish' Influenza Pandemic," *Bulletin of the History of Medicine* 76 (2002), pp. 105–15.
3. "Eisenhower Seeks Fund to Fight Flu," *New York Times,* August 8, 1957, https://timesmachine.nytimes.com/timesmachine/1957/08/08/90831582.html.
4. Presidential Approval Ratings—Gallup Historical Statistics and Trends, Gallup, https://news.gallup.com/poll/116677/presidential-approval-ratings-gallup-historical-statistics-trends.aspx.
5. 1889년의 팬데믹 또한 사실 코로나바이러스로 벌어진 것이라는 이론에 대해서는 다음을 보라. Nicholas A. Christakis, *Apollo's Arrow: The Profound and Enduring Impact of Coronavirus on the Way We Live* (New York: Little, Brown Spark, 2020), pp. 309f.
6. D. A. Henderson, Brooke Courtney, Thomas V. Inglesby, Eric Toner, and Jennifer B. Nuzzo, "Public Health and Medical Responses to the 1957–58 Influenza Pandemic," *Biosecurity and Bioterrorism: Biodefense Strategy, Practice, and Science* (September 2009), pp. 265–73.
7. Cécile Viboud et al., "Global Mortality Impact of the 1957–1959 Influenza Pandemic," *Journal of Infectious Diseases* 213 (2016), pp. 738–45.
8. Viboud et al., "Global Mortality Impact," p. 744.
9. "1957–1958 Pandemic (H2N2 Virus)," Centers for Disease Control and Prevention (henceforth CDC), https://www.cdc.gov/flu/pandemic-resources/1957-1958-pandemic.html.
10. Christakis, *Apollo's Arrow,* pp. 62f. Robert J. Barro, José F. Ursúa, and Joanna Weng, "The Coronavirus and the Great Influenza Pandemic: Lessons from the 'Spanish Flu' for the Coronavirus's Potential Effects on Mortality and Economic Activity," NBER Working Paper No. 26866 (2020).
11. Elizabeth Brainard and Mark V. Siegler, "The Economic Effects of the 1918 Influenza Epidemic," Centre for Economic Policy Research Discussion Paper No. 3791 (February 2003).
12. Patrick G. T. Walker et al., "The Global Impact of COVID-19 and Strategies for Mitigation and Suppression," Imperial College COVID-19 Response Team Report 12 (March 26, 2020), https://doi.org/10.25561/77735.
13. 코로나19의 감염치사율에 대해 내가 추측하는 것보다 좀 더 낙관적인 새로운 조사가 나온 바 있다. John P. A. Ioannidis, "The Infection Fatality Rate of COVID-19 Inferred from Seroprevalence Data," May 19, 2020, MedRxiv, https://doi.org/10.1101/2020.05.13.20101253.

14. Elizabeth W. Etheridge, *Sentinel for Health: A History of the Centers for Disease Control* (Berkeley: University of California Press, 1992), p. 85.

15. Robert E. Serfling, Ida L. Sherman, and William J. Houseworth, "Excess Pneumonia-Influenza Mortality by Age and Sex in Three Major Influenza A2 Epidemics, United States, 1957–58, 1960 and 1963," *American Journal of Epidemiology* 88, no. 8 (1967), pp. 433–42.

16. Eskild Petersen et al., "Comparing SARS-CoV-2 with SARS-CoV and Influenza Pandemics," *Lancet Infectious Diseases* 20, no. 9 (September 2020), table 3, https://doi.org/10.1016/S1473-3099(20)30484-9.

17. "Influenza 1957," *American Journal of Public Health and the Nation's Health* 47, no. 9 (September 1957), pp. 1141f.

18. Lina Zeldovich, "How America Brought the 1957 Influenza Pandemic to a Halt," *JSTOR Daily,* April 7, 2020, https://daily.jstor.org/how-america-brought-the-1957-influenza-pandemic-to-a-halt/.

19. Henderson et al., "Public Health and Medical Responses," p. 266.

20. Henderson et al., "Public Health and Medical Responses," p. 271.

21. Henderson et al., "Public Health and Medical Responses."

22. Edwin D. Kilbourne, "Influenza Pandemics of the 20th Century," *Emerging Infectious Diseases* 12, no. 1 (January 2006), p. 10.

23. Albert-László Barabási, *Network Science* (Cambridge: Cambridge University Press, 2016), esp. chap. 10.

24. Etheridge, *Sentinel for Health,* p. 85.

25. Etheridge, *Sentinel for Health,* p. 269.

26. Jere Housworth and Alexander D. Langmuir, "Excess Mortality from Epidemic Influenza, 1957–1966," *American Journal of Epidemiology* 100, no. 1 (1974), pp. 40–49.

27. Cécile Viboud et al., "Multinational Impact of the 1968 Hong Kong Influenza Pandemic: Evidence for a Smoldering Pandemic," *Journal of Infectious Diseases* 192 (2005), pp. 233–48; Petersen et al., "Comparing SARS-CoV-2 with SARS-CoV and Influenza," table 3.

28. Jack M. Holl, "Young Eisenhower's Fight with the 1918 Flu at Camp Colt," *Brewminate,* May 5, 2020, https://brewminate.com/young-eisenhowers-fight-with-the-1918-flu-at-camp-colt/.

29. Henderson et al., "Public Health and Medical Responses," p. 266.

30. Henderson et al., "Public Health and Medical Responses," p. 270.

31. Fred M. Davenport, "Role of the Commission on Influenza," *Studies of Epidemiology and Prevention* 73, no. 2 (February 1958), pp. 133–39.

32. Henderson et al., "Public Health and Medical Responses," p. 270.

33. "Hong Kong Battling Influenza Epidemic," *New York Times,* April 16, 1957.

34. Henderson et al., "Public Health and Medical Responses," p. 270.

35. Zeldovich, "1957 Influenza Pandemic."

36. Etheridge, *Sentinel for Health,* p. 84.

37. Henderson et al., "Public Health and Medical Responses," p. 270.

38. Kilbourne, "Influenza Pandemics," p. 10.

39. Paul A. Offit, *Vaccinated: One Man's Quest to Defeat the World's Deadliest Diseases* (Washington, DC: Smithsonian, 2007), pp. 128–31.

40. Milton Friedman and Anna Jacobson Schwartz, *A Monetary History of the United States,* 1867–1960 (Princeton, NJ: Princeton University Press, 2008), p. 615.

41. Federal Reserve Bank of St. Louis, "The 1957–1958 Recession: Recent or Current?," *FRBSL Monthly Review* 40, no. 8 (August 1958), pp. 94–103.

42. Henderson et al., "Public Health and Medical Responses," pp. 269f.

43. U.S. Congressional Budget Office, "A Potential Influenza Pandemic: Possible Macroeconomic Effects and Policy Issues," December 8, 2005 (revised July 27, 2006), http://www.cbo.gov/ftpdocs/69xx/doc6946/12-08-BirdFlu.pdf.

44. "Democrats Widen Congress Margin," *New York Times,* November 5, 1958.

45. Heidi J. S. Tworek, "Communicable Disease: Information, Health, and Globalization in the Interwar Period," *American Historical Review,* June 2019, pp. 823, 836.

46. Tworek, *"Communicable Disease,"* p. 838.

47. Tworek, *"Communicable Disease,"* p. 841.

48. Frank Furedi, "Why the WHO Should Be Scrapped," *Spiked,* April 27, 2020, https://www.spiked-online.com/2020/04/27/why-the-who-should-be-scrapped/.

49. Franklin D. Roosevelt, address in Chicago, October 5, 1937, https://www.presidency.ucsb.edu/documents/address-chicago.

50. Elizabeth Borgwardt, *A New Deal for the World: America's Vision for Human Rights* (Cambridge, MA: Harvard University Press, 2005).

51. Julia Emily Johnsen, *Plans for a Post-War World* (New York: H. W. Wilson, 1942), p. 115.

52. Odd Arne Westad, *The Global Cold War: Third World Interventions and the Making of Our Times* (New York: Cambridge University Press, 2005).

53. Sargent, "Strategy and Biosecurity."

54. 다음의 데이터에서 계산하였다. The Nobel Prize, http://www.nobelprize.org/prizes/.

55. S. Jayachandran, Adriana Lleras-Muney, and Kimberly V. Smith, "Modern Medicine and the 20th Century Decline in Mortality: New Evidence on the Impact of Sulfa Drugs," Online Working Paper Series, California Center for Population Research, UCLA (2008), pp. 1–48.

56. Thomas McKeown, R. G. Record, and R. D. Turner, "An Interpretation of the Decline of Mortality in England and Wales During the Twentieth Century," Journal of Population Studies 29, no. 3 (1975), pp. 391–422.

57. Christakis, *Apollo's Arrow,* p. 111.

58. David Cutler and Ellen Meara, "Changes in the Age Distribution of Mortality Over the 20th Century," NBER Working Paper No. 8556 (October 2001).

59. Hampton, "End of Medical History," pp. 367–71.

60. Joel Slemrod, "Post-War Capital Accumulation and the Threat of Nuclear War," NBER

Working Paper No. 887 (1982); Joel Slemrod, "Fear of Nuclear War and Intercountry Differences in the Rate of Saving," NBER Working Paper No. 2801 (1988); Bruce Russett and Joel Slemrod, "Diminished Expectations of Nuclear War and Increased Personal Savings: Evidence from Individual Survey Data" NBER Working Paper No. 4031 (1992).

61. John Farley, *Brock Chisholm, the World Health Organization and the Cold War* (Vancouver and Toronto: UBC Press, 2008), p. 56.

62. Meredith Reid Sarkees, "The Correlates of War Data on War: An Update to 1997," *Conflict Management and Peace Science* 18, no. 1 (2000), pp. 123–44.

63. Max Roser, "War and Peace After 1945," Our World In Data (2015), http://ourworldindata.org/data/war-peace/war-and-peace-after-1945/.

64. Center for Systemic Peace, "Assessing the Qualities of Systemic Peace," https://www.systemicpeace.org/conflicttrends.html.

65. Peter J. Hotez, "Vaccines as Instruments of Foreign Policy," *European Molecular Biology Organization Reports* 2, no. 10 (2001), pp. 862–68.

66. David M. Oshinsky, Polio: *An American Story* (Oxford: Oxford University Press, 2005), pp. 252f.

67. Erez Manela, "Smallpox Eradication and the Rise of Global Governance," in *The Shock of the Global: The 1970s in Perspective,* ed. Niall Ferguson et al. (Cambridge, MA: Harvard University Press, 2010), pp. 256–57.

68. Jared Diamond, "Lessons from a Pandemic," *Financial Times,* May 25, 2020, https://www.ft.com/content/71ed9f88-9f5b-11ea-b65d-489c67b0d85d.

69. "Biological Weapons in the Former Soviet Union: An Interview with Dr. Kenneth Alibek," *Nonproliferation Review,* Spring/Summer 1999, pp. 1–10.

70. Clark Whelton, "Say Your Prayers and Take Your Chances: Remembering the 1957 Asian Flu Pandemic," *City Journal,* March 13, 2020, https://www.city-journal.org/1957-asian-flu-pandemic.

71. Henderson et al., "Public Health and Medical Responses," pp. 270, 272.

72. Justin McCarthy, "Americans Differ Greatly in Readiness to Return to Normal," Gallup, April 30, 2020, https://news.gallup.com/poll/309578/americans-differ-greatly-readiness-return-normal.aspx.

73. R. J. Reinhart, "Roundup of Gallup COVID-19 Coverage," October 19, 2020, https://news.gallup.com/opinion/gallup/308126/roundup-gallup-covid-coverage.aspx.

74. Michele Gelfand et al., "Cultural and Institutional Factors Predicting the Infection Rate and Mortality Likelihood of the COVID-19 Pandemic," PsyArXiv, April 1, 2020, https://doi.org/10.31234/osf.io/m7f8a.

75. Charles Murray, *Coming Apart: The State of White America, 1960–2010* (New York: Crown Forum, 2012).

76. Office of Personnel Management, "Historical Federal Workforce Tables," https://www.opm.gov/policy-data-oversight/data-analysis-documentation/federal-employment-reports/historical-tables/executive-branch-civilian-employment-since-1940/.

77. U.S. Bureau of Labor Statistics, "All Employees, Government [USGOVT]," retrieved

from FRED: Federal Reserve Bank of St. Louis, https://fred.stlouisfed.org/series/USGOVT.

78. U.S. Bureau of Labor Statistics, "All Employees, Government."

79. Federal Reserve Bank of St. Louis and U.S. Office of Management and Budget, "Gross Federal Debt as Percent of Gross Domestic Product [GFDGDPA188S]," retrieved from FRED: Federal Reserve Bank of St. Louis, https://fred.stlouisfed.org/series/GFDGDPA188S.

80. "Budget Projections: Debt Will Exceed the Size of the Economy This Year," Committee for a Responsible Federal Budget, April 13, 2020, http://www.crfb.org/blogs/budget-projections-debt-will-exceed-size-economy-year.

81. Oshinsky, *Polio: An American Story*, pp. 8.

82. Oshinsky, *Polio: An American Story*, p. 53.

83. Oshinsky, *Polio: An American Story*, p. 162.

84. Oshinsky, *Polio: An American Story*, p. 204.

85. Oshinsky, *Polio: An American Story*, p. 218.

86. Oshinsky, *Polio: An American Story*, p. 219.

87. Oshinsky, Polio: An American Story, p. 268.

88. Richard Krause, "The Swine Flu Episode and the Fog of Epidemics," *Emerging Infectious Diseases* 12, no. 1 (January 2006), pp. 40–43, https://doi.org/10.3201/eid1201.051132.

89. Homeland Security Council, *National Strategy for Pandemic Influenza* (November 2005), https://www.cdc.gov/flu/pandemic-resources/pdf/pandemic-influenza-strategy-2005.pdf.

90. David C. Morrison, "Pandemics and National Security," *Great Decisions* (2006), pp. 93–102, https://www.jstor.org/stable/43682459.

91. James Fallows, "The 3 Weeks That Changed Everything," *Atlantic,* June 29, 2020, https://www.theatlantic.com/politics/archive/2020/06/how-white-house-coronavirus-response-went-wrong/613591/.

92. Anna Mummert et al., "A Perspective on Multiple Waves of Influenza Pandemics," *PLOS One,* April 23, 2013, https://doi.org/10.1371/journal.pone.0060343.

93. Petersen et al., "Comparing SARS-CoV-2 with SARS-CoV and Influenza." 또한 다음을 보라. "2009 H1N1 Pandemic (H1N1pdm09 Virus)," CDC, https://www.cdc.gov/flu/pandemic-resources/2009-h1n1-pandemic.html.

94. Executive Office of the President of the United States, "Playbook for Early Response to High-Consequence Emerging Infectious Disease Threats and Biological Incidents," n.d., https://assets.documentcloud.org/documents/6819268/Pandemic-Playbook.pdf.

95. A. Moya et al., "The Population Genetics and Evolutionary Epidemiology of RNA Viruses," *Nature Reviews* 2 (2004), pp. 279–88.

96. Randy Shilts, *And the Band Played On: Politics, People and the AIDS Epidemic* (London: Souvenir Press, 2011)

97. Shilts, *And the Band Played On,* pp. 68f.

98. Shilts, *And the Band Played On,* pp. 73f.

99. Shilts, *And the Band Played On,* p. 165.

100. Shilts, *And the Band Played On,* p. 229.

101. Shilts, *And the Band Played On,* pp. 242f.

102. "How HIV/AIDS Changed the World," *Economist,* June 25, 2020, https://www.economist.com/books-and-arts/2020/06/25/how-hiv/aids-changed-the-world.

103. Natasha Geiling, "The Confusing and At-Times Counterproductive 1980s Response to the AIDS Epidemic," *Smithsonian,* December 4, 2013, https://www.smithsonianmag.com/history/the-confusing-and-at-times-counterproductive-1980s-response-to-the-aids-epidemic-180948611/.

104. Shilts, *And the Band Played On,* p. 129.

105. Shilts, *And the Band Played On,* 319f., 450ff.

106. Shilts, *And the Band Played On,* p. 593.

107. Laurie Garrett, "Ebola's Lessons: How the WHO Mishandled the Crisis," *Foreign Affairs* 94, no. 5 (September/October 2015), pp. 84f.

108. Peter Piot, *No Time to Lose: A Life in Pursuit of Deadly Viruses* (New York and London: W.W. Norton, 2012), pp. 183f.

109. Piot, *No Time to Lose,* pp. 100, 191

110. Piot, *No Time to Lose,* pp. 108f., 167.

111. See, e.g., Romualdo Pastor-Satorras and Alessandro Vespignani, "Immunization of Complex Networks," Abdus Salam International Centre for Theoretical Physics, February 1, 2008.

112. David M. Auerbach et al., "Cluster of Cases of the Acquired Immune Deficiency Syndrome. Patients Linked by Sexual Contact," *American Journal of Medicine* 76, no. 3 (1984), pp. 487–92, https://doi.org/10.1016/0002-9343(84)90668-5. Dugas was later wrongly identified as "patient zero," the first AIDS case in the United States. In fact, the authors of the 1984 paper had originally designated him "Patient O" for "Out-of-California."

113. Filio Marineli et al., "Mary Mallon (1869–1938) and the History of Typhoid Fever," *Annals of Gastroenterology* 26, no. 2 (2013), pp. 132–34, https://www.ncbi.nlm.nih.gov/pmc/articles/PMC3959940/.

114. "Trends in Sexual Behavior and the HIV Pandemic," *American Journal of Public Health* 82, no. 11 (1992), p. 1459.

115. 일반적인 논의로는 다음을 보라. Jonathan Engel, *The Epidemic: A Global History of AIDS* (Washington, DC: Smithsonian Books, 2006).

116. "How HIV/AIDS Changed the World," *Economist.*

117. Calder Walton, "Intelligence and Coronavirus: Rethinking US National Security: An Applied History Analysis," unpublished paper, Harvard University (May 2020).

118. UNAIDS, *How AIDS Changed Everything: MDG 6: 15 Years, 15 Lessons of Hope from the AIDS Response* (New York: United Nations, 2016), https://www.unaids.org/en/resources/documents/2015/MDG6_15years-15lessonsfromtheAIDSresponse.

119. Marshall H. Becker and Jill G. Joseph, "AIDS and Behavioral Change to Reduce Risk: A Review," *American Journal of Public Health* 78, no. 4 (1988), pp. 394–410.

120. Joel A. Feinleib and Robert T. Michael, "Reported Changes in Sexual Behavior in Response to AIDS in the United States," *Preventive Medicine* 27, no. 3 (May 1998), pp. 400–411, https://doi.org/10.1006/pmed.1998.0270.

121. Muazzam Nasrullah et al., "Factors Associated with Condom Use Among Sexually Active U.S. Adults, National Survey of Family Growth, 2006–2010 and 2011–2013," *Journal of Sexual Medicine* 14, no. 4 (April 2017), pp. 541–50, https://doi.org10.1016/j.jsxm.2017.02.015. 또한 다음을 보라. Wenjia Zhu, Samuel A. Bazzi, and Angel R. Bazzi, "Behavioral Changes Following HIV Seroconversion During the Historical Expansion of HIV Treatment in the United States," *AIDS* 33, no. 1 (January 2, 2019), pp. 113–21, https://journals.lww.com/aidsonline/fulltext/2019/01020/behavioral_changes_following_hiv_seroconversion.12.aspx.

122. Gus Cairns, "Behaviour Change Interventions in HIV Prevention: Is There Still a Place for Them?," NAM AIDS Map, April 12, 2017, https://www.aidsmap.com/news/apr-2017/behaviour-change-interventions-hiv-prevention-there-still-place-them.

123. UNAIDS, *How AIDS Changed Everything*, p. 33.

124. Tony Barnett and Justin Parkhurst, "HIV/AIDS: Sex, Abstinence, and Behaviour Change," *Lancet,* September 2005, https://doi.org/10.1016/S1473-3099(05)70219-X; Emily Oster, "HIV and Sexual Behavior Change: Why Not Africa?," *Journal of Health Economics* 31, no. 1 (January 2012), pp. 35–49, https://www.sciencedirect.com/science/article/abs/pii/S016762961100172X.

125. Brooke E. Wells and Jean M. Twenge, "Changes in Young People's Sexual Behavior and Attitudes, 1943–1999: A Cross-Temporal Meta-Analysis," *Review of General Psychology* 9, no. 3 (September 2005), pp. 249–61.

126. Nicholas H. Wolfinger, "Nine Decades of Promiscuity," Institute for Family Studies, February 6, 2018, https://ifstudies.org/blog/nine-decades-of-promiscuity.

127. Steven Reinberg, "Only About One-Third of Americans Use Condoms: CDC," WebMD, August 10, 2017, https://www.webmd.com/sex/news/20170810/only-about-one-third-of-americans-use-condoms-cdc#1; Rachael Rettner, "US Men's Condom Use Is on the Rise," *LiveScience,* August 10, 2017, https://www.livescience.com/60095-condom-use-men.html.

128. Peter Ueda, Catherine H. Mercer, and Cyrus Ghaznavi, "Trends in Frequency of Sexual Activity and Number of Sexual Partners Among Adults Aged 18 to 44 Years in the US, 2000–2018," *JAMA Network Open* 3, no. 6 (2020), https://doi.org/10.1001/jamanetworkopen.2020.3833.

129. National Survey of Sexual Attitudes and Lifestyles, Natsal, http://www.natsal.ac.uk/home.aspx.

130. Kaye Wellings et al., "Changes in, and Factors Associated with, Frequency of Sex in Britain: Evidence from three National Surveys of Sexual Attitudes and Lifestyles (Natsal)," *BMJ* 365, no. l1525 (2019), pp. 1–9, https://doi.org/10.1136/bmj.l1525.

131. Ueda, Mercer, and Ghaznavi, "Trends in Frequency of Sexual Activity," eTable 6.

132. CDC, "HIV in the United States and Dependent Areas," https://www.cdc.gov/hiv/statistics/overview/ataglance.html.

133. CDC, "2018 STD Surveillance Report," https://www.cdc.gov/nchhstp/newsroom/2019/2018-STD-surveillance-report.html.

134. James Gorman, "Are Face Masks the New Condoms?," *New York Times,* April 18, 2020, https://www.nytimes.com/2020/04/18/health/coronavirus-mask-condom.html.

135. 2010년 리스는 이 주제를 놓고 "오래 지속되는 현재 Long Now"라는 인터뷰를 행하였다. 다음을 보라. FORA.tv, "Biotech Disaster by 2020? Martin Rees Weighs the Risks," September 14, 2010, YouTube video, 3:50, https://www.youtube.com/watch?v=zq_OBNft2OM.

136. 이 내기의 세부 조건에 대해서는 다음을 보라. Bet 9, Long Bets Project, http://longbets.org/9/.

137. Steven Pinker, *Enlightenment Now: The Case for Reason, Science, Humanism, and Progress* (New York: Viking, 2018), pp. 142, 301, 307.

138. Laurie Garrett, "The Next Pandemic," *Foreign Affairs,* July/August 2005, https://www.foreignaffairs.com/articles/2005-07-01/next-pandemic.

139. Dan Balz, "America Was Unprepared for a Major Crisis. Again," *Washington Post,* April 4, 2020, https://www.washingtonpost.com/graphics/2020/politics/america-was-unprepared-for-a-major-crisis-again/.

140. Michael Osterholm, "Preparing for the Next Pandemic," *Foreign Affairs,* July/August 2005, https://www.foreignaffairs.com/articles/2005-07-01/preparing-next-pandemic.

141. Larry Brilliant, "My Wish: Help Me Stop Pandemics," February 2006, TED video, 25:38, https://www.ted.com/talks/larry_ brilliant_ my_ wish_ help_ me_ stop_ pandemics.

142. Ian Goldin and Mike Mariathasan, *The Butterfly Defect: How Globalization Creates Systemic Risks and What to Do About It* (Princeton, NJ: Princeton University Press, 2014), chap. 6.

143. Bill Gates, "The Next Outbreak: We're Not Ready," March 2015, TED video, 8:25, https://www.ted.com/talks/bill_gates_the_next_outbreak_we_re_not_ready.

144. Robert G. Webster, *Flu Hunter: Unlocking the Secrets of a Virus* (Otago, New Zealand: University of Otago Press, 2018).

145. Ed Yong, "The Next Plague Is Coming. Is America Ready?," *Atlantic,* July/August 2018, https://www.theatlantic.com/magazine/archive/2018/07/when-the-next-plague-hits/561734/.

146. Thoughty2, "This Is the New Killer Virus That Will End Humanity," November 15, 2019, YouTube video, 15:35, https://www.youtube.com/watch?v=-Jhz0pVSKtI&app=desktop.

147. Lawrence Wright, *The End of October* (New York: Random House, 2020). This book was presumably completed in 2019.

148. Peter Frankopan, "We Live in the Age of the Pandemic. This Is What We Need to Do About It," *Prospect,* December 8, 2019, https://www.prospectmagazine.co.uk/magazine/pandemic-likelihood-preparedness-uk-who-global.

149. A. S. Fauci, "Infectious Diseases: Considerations for the 21st Century," IDSA lecture, *Clinical Infectious Diseases* 32 (2001), pp. 675–78. On the difficulties with TB vaccines, see Morven E. M. Wilkie and Helen McShane, "TB Vaccine Development: Where Are We and Why Is It So Difficult?," *Thorax* 70 (2015), pp. 299–301, https://doi.org/10.1136/thoraxjnl-2014-205202.

150. David M. Morens et al., "The Challenge of Emerging and Re-Emerging Infectious Diseases," *Nature* 430 (July 8, 2004), pp. 242–49; Robin A. Weiss, "The Leeuwenhoek Lecture, 2001: Animal Origins of Human Infectious Diseases," *Philosophical Transactions of the Royal Society Biological Sciences* 356 (2001), pp. 957–77. 또한 다음을 보라. Dorothy H. Crawford, *Deadly Companions: How Microbes Shaped Our History* (Oxford: Oxford University Press, 2007), pp. 214f.

151. K. E. Jones et al., "Global Trends in Emerging Infectious Diseases," *Nature* 451 (February 2008), pp. 990–94.

152. Vittoria Colizza et al., "The Role of the Airline Transportation Network in the Prediction and Predictability of Global Epidemics," *PNAS* 103, no. 7 (2006), pp. 2015–20. 또한 다음을 보라. Globalization 101, "Health and Globalization," SUNY Levin Institute, http://www.globalization101.org.

153. Stephen S. Morse, "Emerging Viruses: Defining the Rules for Viral Traffic," *Perspectives in Biology and Medicine* 34, no. 3 (1991), pp. 387–409; Joshua Lederberg, "Infectious Diseases as an Evolutionary Paradigm," *Emerging Infectious Diseases* 3, no. 4 (December 1997), pp. 417–23. 또한 다음을 보라. Mark Honigsbaum, *The Pandemic Century: A History of Global Contagion from the Spanish Flu to Covid-19* (London: Penguin, 2020), pp. 165f.

154. D. Campbell-Lendrum, "Global Climate Change: Implications for International Public Health Policy," *Bulletin of the World Health Organization* 85, no. 3 (2007), pp. 235–37. 또한 다음을 보라. World Health Organization, *Climate Change and Human Health: Risks and Responses, Summary* (Geneva: WHO, 2003).

155. Kristian G. Andersen et al., "The Proximal Origin of SARS-CoV-2," *Nature Medicine* 26 (2020), pp. 450–52, https://www.nature.com/articles/s41591-020-0820-9.

156. Petersen et al., "Comparing SARS-CoV-2 with SARS-CoV and Influenza."

157. Barabási, *Network Science,* chap. 10.

158. J. O. Lloyd-Smith et al., "Superspreading and the Effect of Individual Variation on Disease Emergence," *Nature* 438 (2005), pp. 355–59, https://www.nature.com/articles/nature04153.

159. 일반적인 논의로는 다음을 보라. Thomas Abraham, *Twenty- First Century Plague: The Story of SARS* (Baltimore: John Hopkins University Press, 2007).

160. Abraham, *Twenty-First Century Plague,* p. 87.

161. Abraham, *Twenty-First Century Plague,* pp. 101–4.

162. Richard D. Smith, "Responding to Global Infectious Disease Outbreaks: Lessons from SARS on the Role of Risk Perception, Communication and Management," *Social Science and Medicine* 63 (2006), pp. 3113–23.

163. V. Rossi and John Walker, "Assessing the Economic Impact and Costs of Flu Pandemics

Originating in Asia," Oxford Economic Forecasting Group (2005), pp. 1–23.

164. "COVID-19 Science Update for March 27th: Super-Spreaders and the Need for New Prediction Models," *Quillette*, March 27, 2020, https://quillette.com/2020/03/27/covid-19-science-update-for-march-27-super-spreaders-and-the-need-for-new-prediction-models/.

165. Petersen et al., "Comparing SARS-CoV-2 with SARS-CoV and Influenza," table 1.

166. David Quammen, *Ebola: The Natural and Human History* (London: Bodley Head, 2014), loc. 702–15, Kindle; Richard Preston, *The Hot Zone* (New York: Random House, 1994), p. 68.

167. Laurie Garrett, "Ebola's Lessons: How the WHO Mishandled the Crisis," *Foreign Affairs* 94, no. 5 (September/October 2015), pp. 80–107.

168. Honigsbaum, *Pandemic Century,* pp. 202f.

169. Garrett, "Ebola's Lessons," pp. 94f.

170. Garrett, "Ebola's Lessons," p. 97.

171. Zeynep Tufekci, "Ebola: The Real Reason Everyone Should Panic," *Medium,* October 23, 2014, https://medium.com/message/ebola-the-real-reason-everyone-should-panic-889f32740e3e.

172. John Poole, "'Shadow' and 'D-12' Sing an Infectious Song About Ebola," *Morning Edition,* NPR, August 19, 2014, https://www.npr.org/sections/goatsandsoda/2014/08/19/341412011/shadow-and-d-12-sing-an-infectious-song-about-ebola.

8장_재난의 프랙털 기하학

1. Airline Accident Fatalities Per Year, 1946–2017, Aviation Safety Network, https://aviation-safety.net/graphics/infographics/Airliner-Accident-Fatalities-Per-Year-1946-2017.jpg.

2. Airliner Accidents Per 1 Million Flights, 1977–2017, Aviation Safety Network, https://aviation-safety.net/graphics/infographics/Fatal-Accidents-Per-Mln-Flights-1977-2017.jpg.

3. Sebastian Junger, *The Perfect Storm* (New York: W. W. Norton, 1997).

4. "Meteorologists Say 'Perfect Storm' Not So Perfect," *Science Daily,* June 29, 2000, https://www.sciencedaily.com/releases/2000/06/000628101549.htm.

5. James Reason, *Human Error* (Cambridge: Cambridge University Press, 1990), p. 175.

6. Jens Rasmussen, "The Definition of Human Error and a Taxonomy for Technical Systems Design," in *New Technology and Human Error,* ed. J. Rasmussen, K. Duncan, and J. Leplat (London: Wiley, 1987), pp. 23–30.

7. James B. Battles, "Disaster Prevention: Lessons Learned from the *Titanic,*" *Baylor University Medical Center Proceedings* 14, no. 2 (April 2001), pp. 150–53.

8. Roy Mengot, "Titanic and the Iceberg," Titanic Research and Modeling Association, https://web.archive.org/web/20130920234448/http://titanic-model.com/db/db-02/rm-db-2.html.

9. "Did Anyone Really Think the Titanic Was Unsinkable?," *Britannica,* https://www. britannica.com/story/did-anyone-really-think-the-titanic-was-unsinkable.

10. History.com, "The Titanic: Sinking & Facts," November 9, 2009, updated March 10, 2020, https://www.history.com/topics/early-20th-century-us/titanic.

11. Battles, "Disaster Prevention," p. 151.

12. Andrew Wilson, *Shadow of the Titanic: The Extraordinary Stories of Those Who Survived* (New York; Atria, 2012), p. 7. 또한 다음을 보라. Frances Wilson, *How to Survive the Titanic, or The Sinking of J. Bruce Ismay* (London: Bloomsbury, 2012).

13. Atlanticus, "The Unlearned Lesson of the Titanic," *Atlantic* (August 1913), https://www.theatlantic.com/magazine/archive/1913/08/the-unlearned-lesson-of-the-titanic/308866/.

14. Mikael Elinder and Oscar Erixson, "Every Man for Himself! Gender, Norms and Survival in Maritime Disasters," IFN Working Paper No. 913 (April 2, 2012) Research Institute of Industrial Economics (Stockholm).

15. Bob Vosseller, "Remembering the Hindenburg Is Important for All," *Jersey Shore Online,* May 6, 2017, https://www.jerseyshoreonline.com/ocean-county/remembering-hindenburg-passion-important/.

16. National Geographic Channel, *Seconds from Disaster: The Hindenburg* (2005), dir. by Yavar Abbas, YouTube video, 1:06:29, https://www.youtube.com/watch?v=mCQ0uk3AWQ8& t=2811s.

17. Joanna Walters, "The Hindenburg Disaster, 80 Years On: A 'Perfect Storm of Circumstances,'" *Guardian,* May 7, 2017, https://www.theguardian.com/us-news/2017/may/07/hindenburg-disaster-80th-anniversary.

18. Karl E. Weick, "The Vulnerable System: An Analysis of the Tenerife Air Disaster," *Journal of Management* 16, no. 3 (1990), p. 573.

19. Diane Tedeschi, "Crash in the Canary Islands," *Air & Space Magazine,* June 2019, https://www.airspacemag.com/history-of-flight/reviews-crash-in-canary-islands-180972227/.

20. John David Ebert, "The Plane Crash at Tenerife: What It Unconceals," in *The Age of Catastrophe: Disaster and Humanity in Modern Times* (Jefferson, NC, and London: McFarland & Co., 2012), loc. 60, 598–612, Kindle.

21. Weick, "Vulnerable System," p. 573.

22. Tedeschi, "Crash in the Canary Islands."

23. Weick, "Vulnerable System," p. 587.

24. Terence Hunt, "NASA Suggested Reagan Hail Challenger Mission in State of Union," Associated Press, March 12, 1986, https://apnews.com/00a395472559b3afcd22de473da2e65f.

25. Margaret Lazarus Dean, "The Oral History of the Space Shuttle Challenger Disaster," *Popular Mechanics,* January 28, 2019, https://www.popularmechanics.com/space/a18616/an-oral-history-of-the-space-shuttle-challenger-disaster/.

26. John Schwartz and Matthew L. Ward, "NASA's Curse? 'Groupthink' Is 30 Years Old and Still Going Strong," *New York Times,* March 9, 2003, https://www.nytimes.

com/2003/03/09/weekinreview/the-nation-nasa-s-curse-groupthink-is-30-years-old-and-still-going-strong.html.

27. Richard A. Clarke and R. P. Eddy, *Warnings: Finding Cassandras to Stop Catastrophes* (New York: HarperCollins, 2018), 11–13.

28. Wade Robison, Roger Boisjoly, David Hoeker, and Stefan Young, "Representation and Misrepresentation: Tufte and the Morton Thiokol Engineers on the Challenger," *Science and Engineering Ethics* 8, no. 1 (2002), p. 72.

29. Roger Boisjoly, "Ethical Decisions—Morton Thiokol and the Space Shuttle Disaster," *ASME Proceedings,* December 13–18, 1987, p. 4.

30. 또한 다음을 보라. Diane Vaughan, *The Challenger Launch Decision* (Chicago: University of Chicago Press, 1996), pp. 155, 343.

31. Joe Atkinson, "Engineer Who Opposed Challenger Launch Offers Personal Look at Tragedy," *Researcher News* (Langley Research Center, Hampton, VA), October 2012, https://www.nasa.gov/centers/langley/news/researchernews/rn_Colloquium1012.html.

32. Lazarus Dean, "Oral History of the Space Shuttle Challenger Disaster."

33. Richard Feynman, *"What Do You Care What Other People Think?,": Further Adventures of a Curious Character* (New York: W. W. Norton, 1988).

34. Feynman, *"What Do You Care,"* pp. 138ff.

35. Feynman, *"What Do You Care,"* pp. 179f.

36. Feynman, *"What Do You Care,"* pp. 181–84.

37. Richard Feynman, "Personal Observations on the Reliability of the Shuttle," appendix F to the Rogers Commission report, https://science.ksc.nasa.gov/shuttle/missions/51-l/docs/rogers-commission/Appendix-F.txt.

38. Feynman, *"What Do You Care,"* p. 212.

39. Feynman, *"What Do You Care,"* pp. 213–17.

40. Allan J. McDonald and James R. Hansen, *Truth, Lies, and O-Rings: Inside the Space Shuttle Challenger Disaster* (Gainesville, FL: University Press of Florida, 2009), pp. 91f.

41. McDonald and Hansen, *Truth, Lies, and O-Rings,* pp. 102–10.

42. WJXT, *"Challenger: A Rush to Launch,"* posted by Jason Payne, January 28, 2016, YouTube video, 50:21, https://www.youtube.com/watch?v=2FehGJQlOf0.

43. McDonald and Hansen, *Truth, Lies, and O-Rings,* p. 107.

44. Serhii Plokhy, *Chernobyl: History of a Tragedy* (London: Penguin, 2018), p. 347.

45. "The Real Chernobyl," dir. by Stephanie DeGroote, Sky News (2019).

46. Plokhy, *Chernobyl,* pp. 46–49, 321–22, 347.

47. World Nuclear Association, "Chernobyl Accident 1986," https://www.world-nuclear.org/information-library/safety-and-security/safety-of-plants/chernobyl-accident.aspx.

48. Plokhy, *Chernobyl,* pp. 321–22.

49. World Nuclear Association, "Chernobyl Accident 1986."

50. Plokhy, *Chernobyl,* pp. 46–49.

51. Plokhy, *Chernobyl,* p. 347.

52. World Nuclear Association, "RBMK Reactors—Appendix to Nuclear Power Reactors,"

https://www.world-nuclear.org/information-library/nuclear-fuel-cycle/nuclear-power-reactors/appendices/rbmk-reactors.aspx.

53. United Nations Scientific Committee on the Effects of Atomic Radiation, *UNSCEAR Report to the General Assembly: Sources and Effects of Ionizing Radiation* (New York: United Nations, 2018), pp. 5, 15–17.

54. International Atomic Energy Agency, "Chernobyl's Legacy: Health, Environmental and Socio-Economic Impacts," in *The Chernobyl Forum, 2003–2005,* 2nd rev. version (Vienna, 2006), p. 8, http://www.iaea.org/Publications/Booklets/Chernobyl/chernobyl. pdf. 또한 다음을 보라. UN Chernobyl Forum Expert Group "Health," *Health Effects of the Chernobyl Accident and Special Health Care Programmes* (Geneva: World Health Organization, 2006).

55. J. Little, "The Chernobyl Accident, Congenital Anomalies and Other Reproductive Outcomes," *Paediatric and Perinatal Epidemiology* 7, no. 2 (April 1993), pp. 121–51, https://doi.org/10.1111/j.1365-3016.1993.tb00388.x.

56. Story Hinckly, "Chernobyl Will Be Uninhabitable for At Least 3,000 Years, Say Nuclear Experts," *Christian Science Monitor,* April 24, 2016, https://www.csmonitor.com/World/Global-News/2016/0424/Chernobyl-will-be-unhabitable-for-at-least-3-000-years-say-nuclear-experts.

57. Yu A. Izrael et al., "The Atlas of Caesium-137 Contamination of Europe After the Chernobyl Accident," Joint Study Project of the CEC/CIS Collaborative Programme on the Consequences of the Chernobyl Accident (n.d.), https://inis.iaea.org/collection/NCLCollectionStore/_Public/31/056/31056824.pdf.

58. World Nuclear Association, "Chernobyl Accident 1986," updated April 2020, https://www.world-nuclear.org/information-library/safety-and-security/safety-of-plants/chernobyl-accident.aspx.

59. United States Nuclear Regulatory Commission, "Backgrounder on the Three Mile Island Accident" (June 2018), https://www.nrc.gov/reading-rm/doc-collections/fact-sheets/3mile-isle.html.

60. Three Mile Island Special Inquiry Group, *Human Factors Evaluation of Control Room Design and Operator Performance at Three Mile Island-2,* NUREG/CR-1270, vol. I (Washington, DC: United States Nuclear Regulatory Commission, January 1980), v–vi, https://www.osti.gov/servlets/purl/5603680.

61. Erin Blakemore, "How the Three Mile Island Accident Was Made Even Worse by a Chaotic Response," History.com, March 27, 2019, https://www.history.com/news/three-mile-island-evacuation-orders-controversy.

62. Federal Emergency Management Agency, *Evacuation Planning in the TMI Accident* (Washington, DC: FEMA, January 1980), pp. 167–70, https://apps.dtic.mil/dtic/tr/fulltext/u2/a080104.pdf.

63. "A Presidential Tour to Calm Fears," *Washington Post,* April 10, 1979, https://www.washingtonpost.com/wp-srv/national/longterm/tmi/stories/ch10.htm.

64. Charles B. Perrow, "The President's Commission and the Normal Accident," in *Accident at Three Mile Island: The Human Dimensions,* ed. D. Sils, C. Wolf, and V. Shelanski

(Boulder, CO: Westview Press, 1982), pp. 173–84.

65. Tayler Lonsdale, "Complexity Kills: What Regulators Should Learn from the Grenfell Tower Fire," July 31, 2017, https://medium.com/@tayler_lonsdale/complexity-kills-what-regulators-should-learn-from-the-grenfell-tower-fire-21ec3cdfde47.

66. 다음을 보라. Mary Douglas and Aaron Wildavsky, *Risk and Culture: An Essay on the Selection of Technical and Environmental Dangers* (Berkeley: University of California Press, 1982); Ulrich Beck, *Risikogesellschaft: Auf dem Wege in eine andere Moderne* (Frankfurt am Main: Suhrkamp, 1982).

9장_역병들

1. Bulletin of the Atomic Scientists Science and Security Board, "Closer than Ever: It Is 100 Seconds to Midnight," ed. John Mecklin, https://thebulletin.org/doomsday-clock/current-time/.

2. "Greta Thunberg's Remarks at the Davos Economic Forum," *New York Times,* January 23, 2020, https://www.nytimes.com/2020/01/21/climate/greta-thunberg-davos-transcript.html.

3. M. Bauwens et al., "Impact of Coronavirus Outbreak on NO2 Pollution Assessed Using TROPOMI and OMI Observations," *Geophysical Research Letters* 47, no. 11 (May 6, 2020), pp. 1–9, https://doi.org/10.1029/2020GL087978.

4. Ben Goldfarb, "Lockdowns Could Be the 'Biggest Conservation Action' in a Century," *Atlantic,* July 6, 2020, https://www.theatlantic.com/science/archive/2020/07/pandemic-roadkill/613852/.

5. "Facts + Statistics: Mortality Risk," Insurance Information Institute, https://www.iii.org/fact-statistic/facts-statistics-mortality-risk; Kenneth D. Kochanek et al., "Deaths: Final Data for 2017," *National Vital Statistics Reports* 68, no, 9 (June 24, 2019), pp. 1–77, https://www.cdc.gov/nchs/data/nvsr/nvsr68/nvsr68_09-508.pdf.

6. CDC Wonder, "About Underlying Cause of Death, 1999–2018," https://wonder.cdc.gov/ucd-icd10.html.

7. COVID-19 Dashboard, Center for Systems Science and Engineering (CSSE), Johns Hopkins University, https://gisanddata.maps.arcgis.com/apps/opsdashboard/index.html#/bda7594740fd40299423467b48e9ecf6.

8. "United States Coronavirus Cases," Worldometers, https://www.worldometers.info/coronavirus/coun try/us/.

9. "COVID-19 Projections: United States of America," Institute for Health Metrics and Evaluation (IHME), August 6, 2020, https://covid19.healthdata.org/united-states-of-america; "United States COVID-19 Simulator," Massachusetts General Hospital (MGH) Institute for Technology Assessment, August 10, 2020, https://analytics-tools.shinyapps.io/covid19simulator06/.

10. Andrew Clark et al., "Global, Regional, and National Estimates of the Population at Increased Risk of Severe COVID-19 Due to Underlying Health Conditions in 2020:

A Modelling Study," *Lancet Global Health* 8, no. 8 (June 15, 2020), pp. E1003–E1017, https://doi.org/10.1016/S2214-109X(20)30264-3.

11. Josh Rogin, "State Department Cables Warned of Safety Issues at Wuhan Lab Studying Bat Coronaviruses," Washington Post, April 14, 2020, https://www.washingtonpost.com/opinions/2020/04/14/state-department-cables-warned-safety-issues-wuhan-lab-studying-bat-coronaviruses/; Adam Sage, "Coronavirus: China Bars Safety Experts from Wuhan Lab," *Times* (London), April 22, 2020, https://www.thetimes.co.uk/edition/news/coronavirus-china-bars-safety-experts-from-wuhan-lab-brbm9rwtm.

12. Wu Fan et al., "A New Coronavirus Associated with Human Respiratory Disease in China," *Nature* 579 (February 3, 2020), pp. 265–69, https://doi.org/10.1038/s41586-020-2008-3.

13. Kristian G. Andersen et al., "The Proximal Origin of SARS-CoV-2," *Nature Medicine* 26 (March 17, 2020), pp. 450–52, https://doi.org/10.1038/s41591-020-0820-9; Li Xiaojun et al., "Emergence of SARS-CoV-2 Through Recombination and Strong Purifying Selection," *Science Advances* 6, no. 27 (July 1, 2020), pp. 1–11, https://doi.org/10.1126/sciadv.abb9153.

14. 다음의 두 문단에서의 논의는 다음의 문헌들에 기초하고 있다. Julia Belluz, "Did China Downplay the Coronavirus Outbreak Early On?," *Vox,* January 27, 2020, https://www.vox.com/2020/1/27/21082354/coronavirus-outbreak-wuhan-china-early-on-lancet; Dali L. Yang, "China's Early Warning System Didn't Work on COVID-19. Here's the Story," *Washington Post,* February 24, 2020, https://www.washingtonpost.com/politics/2020/02/24/chinas-early-warning-system-didnt-work-covid-19-heres-story/; Zhuang Ping-hui, "Chinese Laboratory That First Shared Coronavirus Genome with World Ordered to Close for 'Rectification,' Hindering Its COVID-19 Research," *South China Morning Post,* February 28, 2020, https://www.scmp.com/news/china/society/article/3052966/chinese-laboratory-first-shared-coronavirus-genome-world-ordered; Sue-Lin Wong and Yuan Yang, "China Tech Groups Censored Information About Coronavirus," March 3, 2020, https://www.ft.com/content/35d7c414-5d53-11ea-8033-fa40a0d65a98; Sharri Markson, "Coronavirus NSW: Dossier Lays Out Case Against China Bat Virus Program," *Daily Telegraph,* May 4, 2020, https://www.dailytelegraph.com.au/coronavirus/bombshell-dossier-lays-out-case-against-chinese-bat-virus-program/news-story/55add857058731c9c71c0e96ad17da60.

15. Nicholas A. Christakis, *Apollo's Arrow: The Profound and Enduring Impact of Coronavirus on the Way We Live* (New York: Little, Brown Spark, 2020), p. 5.

16. "China Delayed Releasing Coronavirus Info, Frustrating WHO," Associated Press, June 2, 2020, https://apnews.com/3c061794970661042b18d5aeaaed9fae.

17. Elaine Okanyene Nsoesie et al., "Analysis of Hospital Traffic and Search Engine Data in Wuhan China Indicates Early Disease Activity in the Fall of 2019," Harvard Medical School Scholarly Articles (2020), pp. 1–10, https://dash.harvard.edu/handle/1/42669767. For critiques of this paper, see Christopher Giles, Benjamin Strick, and Song Wanyuan, "Coronavirus: Fact-Checking Claims It Might Have Started in August 2019," BBC News, June 15, 2020, https://www.bbc.com/news/world-asia-china-53005768, and Zhao Yusha and Leng Shumei, "Doctors Reject 'Error-

Filled' Harvard Paper," *Global Times,* June 10, 2020, https://www.globaltimes.cn/content/1191172.shtml.

18. Lanhee J. Chen, "Lost in Beijing: The Story of the WHO," *Wall Street Journal,* April 8, 2020, https://www.wsj.com/articles/lost-in-beijing-the-story-of-the-who-11586365090; Dan Blumenthal and Nicholas Eberstadt, "China Unquarantined," *National Review,* June 22, 2020, https://www.nationalreview.com/magazine/2020/06/22/our-disastrous-engagement-of-china/#slide-1.

19. Katsuji Nakazawa, "China's Inaction for 3 Days in January at Root of Pandemic," *Nikkei Asian Review,* March 19, 2020, https://asia.nikkei.com/Editor-s-Picks/China-up-close/China-s-inaction-for-3-days-in-January-at-root-of-pandemic.

20. Wu Jin et al., "How the Virus Got Out," *New York Times,* March 22, 2020, https://www.nytimes.com/interactive/2020/03/22/world/coronavirus-spread.html.

21. Li Ruiyun et al., "Substantial Undocumented Infection Facilitates the Rapid Dissemination of Novel Coronavirus (SARS-CoV-2)," *Science* 368, no. 6490 (May 1, 2020), pp. 489–93, https://doi.org/10.1126/science.abb3221. 또한 다음을 보라. Wang Chaolong et al., "Evolving Epidemiology and Impact of Non-Pharmaceutical Interventions on the Outbreak of Coronavirus Disease 2019 in Wuhan, China," MedRxiv, March 6, 2020, pp. 1–30, https://doi.org/10.1101/2020.03.03.20030593.

22. Steven Sanche et al., "High Contagiousness and Spread of Severe Acute Respiratory Syndrome Coronavirus 2," *Emerging Infectious Diseases* 26, no. 7 (July 2020), pp. 1470–77, https://doi.org/10.3201/eid2607.200282.

23. Zheng Ruizhi et al., "Spatial Transmission of COVID-19 Via Public and Private Transportation in China," *Travel Medicine and Infectious Disease* 34 (March–April 2020), https://doi.org/10.1016/j.tmaid.2020.101626.

24. Benjamin F. Maier and Dirk Brockmann, "Effective Containment Explains Sub-Exponential Growth in Confirmed Cases of Recent COVID-19 Outbreak in Mainland China," MedRxiv, February 20, 2020, pp. 1–9, https://doi.org/10.1101/2020.02.18.20024414.

25. Maier and Brockmann, "Effective Containment Explains Sub-Exponential Growth; Tian Huaiyu et al., "An Investigation of Transmission Control Measures During the First 50 Days of the COVID-19 Epidemic in China," *Science* 368, no. 6491 (May 8, 2020), pp. 638–42, https://doi.org/10.1126/science.abb6105.

26. Peter Hessler, "How China Controlled the Coronavirus," New Yorker, August 10, 2020, https://www.newyorker.com/magazine/2020/08/17/how-china-controlled-the-coronavirus.

27. "Readyscore Map," Prevent Epidemics, https://preventepidemics.org/map.

28. "2019 Global Health Security Index," https://www.ghsindex.org/.

29. Sawyer Crosby et al., "All Bets Are Off for Measuring Pandemic Preparedness," Think Global Health, June 30, 2020, https://www.thinkglobalhealth.org/article/all-bets-are-measuring-pandemic-preparedness.

30. "Coronavirus Health Safety Countries Ranking," Deep Knowledge Group, April 2, 2020, https://www.dkv.global/covid-19-health-safety.

31. Christakis, *Apollo's Arrow,* pp. 13–16.

32. Hamada S. Badr et al., "Association Between Mobility Patterns and COVID-19 Transmission in the USA: A Mathematical Modelling Study," *Lancet Infectious Diseases,* July 1, 2020, pp. 1–8, https://doi.org/10.1016/S1473-3099(20)30553-3. 또한 다음을 보라. Stan Oklobdzija, "Visualization of NYT COVID-19 Data," University of California, San Diego, August 14, 2020, http://acsweb.ucsd.edu/~soklobdz/covid_map. html.

33. Hassani M. Behroozh and Yutong (Yuri) Song, "COVID-19 Application," ShinyApps, https://behroozh.shinyapps.io/COVID19/.

34. Denise Lu, "The True Coronavirus Toll in the U.S. Has Already Surpassed 200,000," *New York Times,* August 13, 2020, https://www.nytimes.com/interactive/2020/08/12/us/covid-deaths-us.html.

35. National Center for Health Statistics, "Excess Deaths Associated with COVID-19," https://www.cdc.gov/nchs/nvss/vsrr/covid19/excess_deaths.htm.

36. Charles Tallack, "Understanding Excess Mortality: Comparing COVID-19's Impact in the UK to Other European Countries," Health Foundation, June 30, 2020, https://www.health.org.uk/news-and-comment/charts-and-infographics/comparing-covid-19-impact-in-the-uk-to-european-countries.

37. "Coronavirus Tracked: The Latest Figures as Countries Fight COVID-19 Resurgence," *Financial Times,* August 14, 2020, https://www.ft.com/content/a2901ce8-5eb7-4633-b89c-cbdf5b386938.

38. Era Iyer, "Some Are Winning—Some Are Not: Which States and Territories Do Best in Beating COVID-19?," End Coronavirus, https://www.endcoronavirus.org/states?itemId=wja54gdfp032z0770l s4y81fw8cq66.

39. Tomas Pueyo, "Coronavirus: Why You Must Act Now," *Medium,* March 10, 2020, https://medium.com/@tomaspueyo/coronavirus-act-today-or-people-will-die-f4d3d9cd99ca.

40. Jacob B. Aguilar et al., "A Model Describing COVID-19 Community Transmission Taking into Account Asymptomatic Carriers and Risk Mitigation," MedRxiv, August 11, 2020: pp. 1–32, https://doi.org/10.1101/2020.03.18.20037994; Sanche et al., "High Contagiousness."

41. Eskild Petersen et al., "Comparing SARS-CoV-2 with SARS-CoV and Influenza Pandemics," *Lancet Infectious Diseases* 20, no. 9 (September 2020), pp. E238–E244, https://doi.org/10.1016/S1473-3099(20)30484-9.

42. See, e.g., Arnaud Fontanet et al., "Cluster of COVID-19 in Northern France: A Retrospective Closed Cohort Study," MedRxiv, April 23, 2020, pp. 1–22, https://doi.org/10.1101/2020.04.18.20071134.

43. "COVID-19 Pandemic Planning Scenarios," CDC, July 10, 2020, https://www.cdc.gov/coronavirus/2019-ncov/hcp/planning-scenarios.html.

44. Kim Jeong-min et al., "Identification of Coronavirus Isolated from a Patient in Korea with COVID-19," Osong Public Health and Research Perspectives 11, no. 1 (February 2020), pp. 3–7, https://doi.org/10.24171/j.phrp.2020.11.1.02; Joshua L. Santarpia et

al., "Aerosol and Surface Transmission Potential of SARS-CoV-2," MedRxiv, June 3, 2020, pp. 1–19, https://www.medrxiv.org/content/10.1101/2020.03.23.20039446v2.

45. Valentyn Stadnytskyi et al., "The Airborne Lifetime of Small Speech Droplets and Their Potential Importance in SARS-CoV-2 Transmission," *PNAS* 117, no. 22 (June 2, 2020), pp. 11875–77, https://doi.org/10.1073/pnas.2006874117; Lydia Bourouiba, "Turbulent Gas Clouds and Respiratory Pathogen Emissions: Potential Implications for Reducing Transmission of COVID-19," *Journal of the American Medical Association* (henceforth JAMA) 323, no. 18 (March 26, 2020), pp. 1837–38, https://doi.org/10.1001/jama.2020.4756.

46. Jonathan Kay, "COVID-19 Superspreader Events in 28 Countries: Critical Patterns and Lessons," *Quillette,* April 23, 2020, https://quillette.com/2020/04/23/covid-19-superspreader-events-in-28-countries-critical-patterns-and-lessons/; Lidia Morawska and Donald K. Milton, "It Is Time to Address Airborne Transmission of COVID-19," *Clinical Infectious Diseases,* July 6, 2020, pp. 1–9, https://doi.org/10.1093/cid/ciaa939.

47. Kimberly A. Prather, Chia C. Wang, and Robert T. Schooley, "Reducing Transmission of SARS-CoV-2," *Science* 368, no. 6498, June 26, 2020, pp. 1422–24, https://doi.org/10.1126/science.abc6197; Richard O. J. H. Stutt et al., "A Modelling Framework to Assess the Likely Effectiveness of Facemasks in Combination with 'Lock-Down' in Managing the COVID-19 Pandemic," *Proceedings of the Royal Society* 476, no. 2238 (June 10, 2020), pp. 1–21, https://doi.org/10.1098/rspa.2020.0376. For the unconvincing case against masks, see Graham P. Martin, Esmée Hanna, and Robert Dingwall, "Face Masks for the Public During COVID-19: An Appeal for Caution in Policy," SocArXiv, April 25, 2020, pp. 1–7, https://doi.org/10.31235/osf.io/uyzxe.

48. Qian Hua et al., "Indoor Transmission of SARS-CoV-2," MedRxiv, April 7, 2020, pp. 1–22, https://doi.org/10.1101/2020.04.04.20053058.

49. Jordan Peccia et al., "SARS-CoV-2 RNA Concentrations in Primary Municipal Sewage Sludge as a Leading Indicator of COVID-19 Outbreak Dynamics," MedRxiv, June 12, 2020, pp. 1–12, https://doi.org/10.1101/2020.05.19.20105999; Li Yun-yun, Wang Ji-xiang, and Chen Xi, "Can a Toilet Promote Virus Transmission? From a Fluid Dynamics Perspective," *Physics of Fluids* 32, no. 6, June 16, 2020, pp. 1–15, https://doi.org/10.1063/5.0013318.

50. 잘못된 것일 가능성이 큰 가설이지만, 이 가설을 다룬 논문들이 다수 존재한다. 다음을 보라. Wang Jingyuan et al., "High Temperature and High Humidity Reduce the Transmission of COVID-19," May 22, 2020, pp. 1–33, available at SSRN, http://dx.doi.org/10.2139/ssrn.3551767; Ma Yueling et al., "Effects of Temperature Variation and Humidity on the Mortality of COVID-19 in Wuhan," MedRxiv, March 18, 2020, pp. 1–13, https://doi.org/10.1101/2020.03.15.20036426; Qi Hongchao et al., "COVID-19 Transmission in Mainland China Is Associated with Temperature and Humidity: A Time-Series Analysis," MedRxiv, March 30, 2020, pp. 1–19, https://doi.org/10.1101/2020.03.30.20044099; Mohammad M. Sajadi et al., "Temperature, Humidity and Latitude Analysis to Predict Potential Spread and Seasonality for COVID-19," April 6, 2020, pp. 1–18, available at SSRN, http://dx.doi.org/10.2139/ssrn.3550308; Kyle Meng, "Research: Working Papers," http://www.kylemeng.com/

research; Qasim Bukhari and Yusuf Jameel, "Will Coronavirus Pandemic Diminish by Summer?," April 18, 2020, pp. 1–15, available at SSRN, http://dx.doi.org/10.2139/ssrn.3556998; Mohammad M. Sajadi et al., "Temperature, Humidity and Latitude Analysis to Estimate Potential Spread and Seasonality of Coronavirus Disease 2019 (COVID-19)," *JAMA Network Open* 3, no. 6 (June 11, 2020), pp. 1–11, https://doi.org/10.1001/jamanetworkopen.2020.11834.

51. Cristina Menni et al., "Real-Time Tracking of Self-Reported Symptoms to Predict Potential COVID-19," *Nature Medicine* 26 (May 11, 2020), pp. 1037–40, https://doi.org/10.1038/s41591-020-0916-2; Tyler Wagner et al., "Augmented Curation of Medical Notes from a Massive EHR System Reveals Symptoms of Impending COVID-19 Diagnosis," MedRxiv, June 11, 2020, pp. 1–13, https://doi.org/10.1101/2020.04.19.20067660.

52. Henrik Salje et al., "Estimating the Burden of SARS-CoV-2 in France," *Science* 369, no. 6500 (July 10, 2020), pp. 208–11, https://doi.org/10.1126/science.abc3517.

53. Liu Xiaoqing et al., "COVID-19 Does Not Lead to a 'Typical' Acute Respiratory Distress Syndrome," *American Journal of Respiratory and Critical Care Medicine* 201, no. 10 (May 15, 2020), pp. 1299–1300, https://doi.org/10.1164/rccm.202003-0817LE.

54. Derek Thompson, "COVID-19 Cases Are Rising, So Why Are Deaths Flatlining?," *Atlantic,* July 9, 2020, https://www.theatlantic.com/ideas/archive/2020/07/why-covid-death-rate-down/613945/.

55. Maximilian Ackermann et al., "Pulmonary Vascular Endothelialitis, Thrombosis, and Angiogenesis in COVID-19," *New England Journal of Medicine* (henceforth NEJM) 383 (July 9, 2020), pp. 120–28, https://doi.org/10.1056/NEJMoa2015432.

56. Jennifer Beam Dowd et al., "Demographic Science Aids in Understanding the Spread and Fatality Rates of COVID-19," *PNAS* 117, no. 18 (May 5, 2020), pp. 9696–98, https://doi.org/10.1073/pnas.2004911117.

57 Jason Douglas and Daniel Michaels, "New Data Reveal Just How Deadly COVID-19 Is for the Elderly," *Wall Street Journal,* June 27, 2020, https://www.wsj.com/articles/new-data-reveal-just-how-deadly-covid-19-is-for-the-elderly-11593250200.

58. Graziano Onder, Giovanni Rezza, and Silvio Brusaferro, "Case-Fatality Rate and Characteristics of Patients Dying in Relation to COVID-19 in Italy," *JAMA* 323, no. 18 (March 23, 2020), pp. 1775–76, https://doi.org/10.1001/jama.2020.4683; Giacomo Grasselli et al., "Baseline Characteristics and Outcomes of 1591 Patients Infected with SARS-CoV-2 Admitted to ICUs of the Lombardy Region, Italy," *JAMA* 323, no. 16 (April 6, 2020), pp. 1574–81, https://doi.org/10.1001/jama.2020.5394.

59. Annemarie B. Docherty et al., "Features of 16,749 Hospitalised UK Patients with COVID-19 Using the ISARIC WHO Clinical Characterisation Protocol," MedRxiv, April 28, 2020, pp. 1–21, https://doi.org/10.1101/2020.04.23.20076042; Elizabeth Williamson et al., "OpenSAFELY: Factors Associated with COVID-19-Related Hospital Death in the Linked Electronic Health Records of 17 Million Adult NHS Patients," MedRxiv, May 7, 2020, pp. 1–22, https://doi.org/10.1101/2020.05.06.20092999. 또한 다음을 보라. Tom Whipple and Kat Lay, "Diabetes Sufferers Account for Quarter of Hospital Coronavirus Deaths," *Times* (London), May 15, 2020, https://www.thetimes.

co.uk/article/diabetes-sufferers-account-for-quarter-of-hospital-coronavirus-deaths-lpf2rnkpf.

60. Petersen et al., "Comparing SARS-CoV-2"; Christopher M. Petrilli et al., "Factors Associated with Hospitalization and Critical Illness Among 4,103 Patients with COVID-19 Disease in New York City," MedRxiv, April 11, 2020, pp. 1–25, https://doi.org/10.1101/2020.04.08.20057794. 또한 다음을 보라. Paul Overberg and Jon Kamp, "U.S. Deaths Are Up Sharply, Though COVID-19's Precise Toll Is Murky," *Wall Street Journal*, May 15, 2020, https://www.wsj.com/articles/covid-19s-exact-toll-is-murky-though-u-s-deaths-are-up-sharply-11589555652.

61. Dilip DaSilva, "Introducing the Proximity Solution: A Strategy to Win the COVID-19 War," *Medium,* April 14, 2020, https://medium.com/@dilip.dasilva/introducing-the-proximity-solution-a-strategy-to-win-the-covid-19-war-70d5d109a9fa.

62. "When COVID-19 Deaths Are Analysed by Age, America Is an Outlier," Economist, June 24, 2020, https://www.economist.com/graphic-detail/2020/06/24/when-covid-19-deaths-are-analysed-by-age-america-is-an-outlier; "Adult Obesity Facts," CDC, https://www.cdc.gov/obesity/data/adult.html.

63. Paolo Perini et al., "Acute Limb Ischaemia in Young, Non-Atherosclerotic Patients with COVID-19," *Lancet* 395, no. 10236 (May 5, 2020), p. 1546, https://doi.org/10.1016/S0140-6736(20)31051-5; Alexander E. Merkler et al., "Risk of Ischemic Stroke in Patients with Coronavirus Disease 2019 (COVID-19) vs Patients with Influenza," *JAMA Neurology,* July 2, 2020, https://doi.org/10.1001/jamaneurol.2020.2730; Ariana Eujung Cha, "Young and Middle-Aged People, Barely Sick with COVID-19, Are Dying of Strokes," *Washington Post,* April 25, 2020, https://www.washingtonpost.com/health/2020/04/24/strokes-coronavirus-young-patients/; Ariana Eujung Cha, "'Frostbite' Toes and Other Peculiar Rashes May Be Signs of Hidden Coronavirus Infection, Especially in the Young," *Washington Post,* April 29, 2020, https://www.washingtonpost.com/health/2020/04/29/coronavirus-rashes-toes/.

64. Chris Smith, "Coronavirus Can Harm Your Body Even If You're Asymptomatic," *Boy Genius Report (BGR) Media,* June 17, 2020, https://bgr.com/2020/06/17/coronavirus-asymptomatic-spread-virus-can-harm-lungs-immune-system/.

65. Angelo Carfì et al., "Persistent Symptoms in Patients After Acute COVID-19," *JAMA* 324, no. 6 (July 9, 2020), pp. 603–5, https://doi.org/10.1001/jama.2020.12603.

66. Silvia Garazzino et al., "Multicentre Italian Study of SARS-CoV-2 Infection in Children and Adolescents, Preliminary Data as at 10 April 2020," *EuroSurveillance* 25, no. 18 (May 7, 2020), https://doi.org/10.2807/1560-7917.ES.2020.25.18.2000600; Julie Toubiana et al., "Kawasaki-Like Multisystem Inflammatory Syndrome in Children During the COVID-19 Pandemic in Paris, France: Prospective Observational Study," *BMJ* 369 (June 3, 2020), pp. 1–7, https://doi.org/10.1136/bmj.m2094.

67. Florian Götzinger et al., "COVID-19 in Children and Adolescents in Europe: A Multinational, Multicentre Cohort Study," *Lancet Child and Adolescent Health,* June 25, 2020, pp. 1–9, https://doi.org/10.1016/S2352-4642(20)30177-2.

68. John Eligon et al., "Black Americans Face Alarming Rates of Coronavirus Infection in Some States," *New York Times,* April 14, 2020, https://www.nytimes.com/2020/04/07/

us/coronavirus-race.html; Overberg and Kamp, "U.S. Deaths Are Up Sharply."

69. Elizabeth J. Williamson et al., "Factors Associated with COVID-19-Related Death Using OpenSAFELY," *Nature,* July 8, 2020, pp. 1–17, https://doi.org/10.1038/s41586-020-2521-4. 또한 다음을 보라. William Wallis, "How Somalis in East London Were Hit by the Pandemic," *Financial Times,* June 21, 2020, https://www.ft.com/content/aaa2c3cd-eea6-4cfa-a918-9eb7d1c230f4.

70. Neeraj Bhala et al., "Sharpening the Global Focus on Ethnicity and Race in the Time of COVID-19," *Lancet* 395, no. 10238 (May 8, 2020), pp. P1673–P1676, https://doi.org/10.1016/S0140-6736(20)31102-8. 또한 다음을 보라. "The COVID-19 Racial Data Tracker," Atlantic COVID Tracking Project, https://covidtracking.com/race.

71. David A. Martinez et al., "SARS-CoV-2 Positivity Rate for Latinos in the Baltimore–Washington, D.C. Area," *JAMA* 324, no. 4 (June 18, 2020), pp. 392–95, https://doi.org/10.1001/jama.2020.11374; Samantha Artiga and Matthew Rae, "The COVID-19 Outbreak and Food Production Workers: Who Is At Risk?," *Kaiser Family Foundation News,* June 3, 2020, https://www.kff.org/coronavirus-covid-19/issue-brief/the-covid-19-outbreak-and-food-production-workers-who-is-at-risk/; Jonathan M. Wortham et al., "Characteristics of Persons Who Died with COVID-19—United States, February 12–May 18, 2020," *CDC Morbidity and Mortality Weekly Report (MMWR)* 69, no. 28 (July 17, 2020), pp. 923–29, http://dx.doi.org/10.15585/mmwr.mm6928e1. On Native Americans, see James Bikales, "Native American Tribal Nations Take Tougher Line on COVID-19 as States Reopen," *The Hill,* June 21, 2020, https://the hill.com/homenews/state-watch/503770-native-american-tribal-nations-take-tougher-line-on-covid-19-as-states, but also Ryan M. Close and Myles J. Stone, "Contact Tracing for Native Americans in Rural Arizona," *NEJM* 383, no. 3, July 16, 2020, pp. E15–E16, https://doi.org/10.1056/NEJMc2023540.

72. Nasar Meer et al. "The Social Determinants of Covid-19 and BAME Disproportionality," Justice in Global Health Emergencies and Humanitarian Crises, May 5, 2020, https://www.ghe.law.ed.ac.uk/the-social-determinants-of-covid-19-and-bame-disproportionality-repost-by-nasar-meer-and-colleagues/. 또한 다음을 보라. Wallis, "Somalis in East London," and Hugo Zeberg and Svante Pääbo, "The Major Genetic Risk Factor for Severe COVID-19 Is Inherited from Neandertals," BioRxiv, July 3, 2020, https://www.biorxiv.org/content/10.1101/2020.07.03.186296v1.

73. Gideon Meyerowitz-Katz, "Here's Why Herd Immunity Won't Save Us from the COVID-19 Pandemic," *Science Alert,* March 30, 2020, https://www.sciencealert.com/why-herd-immunity-will-not-save-us-from-the-covid-19-pandemic; Haley E. Randolph and Luis B. Barreiro, "Herd Immunity: Understanding COVID-19," *Immunity* 52, no. 5 (May 19, 2020), pp. 737–41, https://doi.org/10.1016/j.immuni.2020.04.012.

74. Liu Tao et al., "Prevalence of IgG Antibodies to SARS-CoV-2 in Wuhan—Implications for the Ability to Produce Long-Lasting Protective Antibodies Against SARS-CoV-2," MedRxiv, June 16, 2020, pp. 1–30, https://doi.org/10.1101/2020.06.13.20130252 ; Henry M. Staines et al., "Dynamics of IgG Seroconversion and Pathophysiology of COVID-19 Infections," MedRxiv, June 9, 2020), pp. 1–21, https://doi.org/10.1101/2020.06.07.20124636; Long Quan-Xin et al., "Clinical and Immunological Assessment of

Asymptomatic SARS-CoV-2 Infections," *Nature Medicine* 26 (June 18, 2020), pp. 1200–1204, https://doi.org/10.1038/s41591-020-0965-6; F. Javier Ibarrondo et al., "Rapid Decay of Anti-SARS-CoV-2 Antibodies in Persons with Mild COVID-19," *NEJM,* July 21, 2020, pp. 1–2, https://doi.org/10.1056/NEJMc2025179.

75. Bao Linlin et al., "Reinfection Could Not Occur in SARS-CoV-2 Infected Rhesus Macaques," BioRxiv, March 14, 2020, pp. 1–20, https://doi.org/10.1101/2020.03.13.990226; Deng Wei et al., "Primary Exposure to SARS-CoV-2 Protects Against Reinfection in Rhesus Macaques," *Science* 369, no. 6505 (August 14, 2020), pp. 818–23, https://doi.org/10.1126/science.abc5343; "News Room: Press Release," Korean Centers for Disease Control, https://www.cdc.go.kr/board/board.es?mid=a30402000000& bid=0030; Roman Woelfel et al., "Clinical Presentation and Virological Assessment of Hospitalized Cases of Coronavirus Disease 2019 in a Travel-Associated Transmission Cluster," MedRxiv, March 8, 2020, pp. 1–16, https://doi.org/10.1101/2020.03.05.20030502; Ania Wajnberg et al., "Humoral Immune Response and Prolonged PCR Sensitivity in a Cohort of 1343 SARS-CoV-2 Patients in the New York City Region," MedRxiv, May 5, 2020, pp. 1–17, https://doi.org/10.1101/2020.04.30.20085613. However, see Apoorva Mandavilli, "First Documented Coronavirus Reinfection Reported in Hong Kong," *New York Times,* August 24, 2020, https://www.nytimes.com/2020/08/24/health/coronavirus-reinfection.html.

76. Paul K. Hegarty et al., "BCG Vaccination May Be Protective Against COVID-19," March 2020, pp. 1–8, Research Gate, https://doi.org/10.13140/RG.2.2.35948.10880; Martha K. Berg et al., "Mandated Bacillus Calmette-Guérin (BCG) Vaccination Predicts Flattened Curves for the Spread of COVID-19," MedRxiv, June 12, 2020, pp. 1–15, https://doi.org/10.1101/2020.04.05.20054163; Akiko Iwasaki and Nathan D. Grubaugh, "Why Does Japan Have So Few Cases of COVID-19?," *European Molecular Biology Organization (EMBO) Molecular Medicine* 12, no. 5 (May 8, 2020), pp. 1–3, https://doi.org/10.15252/emmm.202012481; Luis E. Escobar, Alvaro Molina-Cruz, and Carolina Barillas-Mury, "BCG Vaccine Protection from Severe Coronavirus Disease 2019 (COVID-19)," *PNAS,* June 9, 2020, pp. 1–7, https://doi.org/10.1073/pnas.2008410117.

77. Zhao Jiao et al., "Relationship Between the ABO Blood Group and the COVID-19 Susceptibility," MedRxiv, March 27, 2020, pp. 1–18, https://doi.org/10.1101/2020.03.11.20031096; David Ellinghaus et al., "Genomewide Association Study of Severe COVID-19 with Respiratory Failure," *NEJM,* June 17, 2020, pp. 1–13, https://doi.org/10.1056/NEJMoa2020283; Gabi Zietsman, "One Blood Type Seems to Be More Resistant Against COVID-19," *Health24 Infectious Diseases,* June 15, 2020, https://www.health24.com/Medical/Infectious-diseases/Coronavirus/one-blood-type-seems-to-be-more-resistant-against-covid-19-20200613-2.

78. Takuya Sekine et al., "Robust T Cell Immunity in Convalescent Individuals with Asymptomatic or Mild COVID-19," BioRxiv, June 29, 2020, pp. 1–35, https://doi.org/10.1101/2020.06.29.174888; Li Junwei et al., "Mapping the T Cell Response to COVID-19," *Nature Signal Transduction and Targeted Therapy* 5, no. 112 (July 2, 2020), pp. 1–2, https://doi.org/10.1038/s41392-020-00228-1; Alessandro Sette

and Shane Crotty, "Pre-Existing Immunity to SARS-CoV-2: The Knowns and Unknowns," *Nature Reviews Immunology* 20 (July 7, 2020), pp. 457–58, https://doi.org/10.1038/s41577-020-0389-z; Floriane Gallaise et al., "Intrafamilial Exposure to SARS-CoV-2 Induces Cellular Immune Response Without Seroconversion," MedRxiv, June 22, 2020, pp. 1–15, https://doi.org/10.1101/2020.06.21.20132449; Paul W. Franks and Joacim Rocklöv, "Coronavirus: Could It Be Burning Out After 20% of a Population Is Infected?," *The Conversation,* June 29, 2020, https://theconversation.com/coronavirus-could-it-be-burning-out-after-20-of-a-population-is-infected-141584; Julian Braun et al., "Presence of SARS-CoV-2 Reactive T Cells in COVID-19 Patients and Healthy Donors," MedRxiv, April 22, 2020, pp. 1–12, https://doi.org/10.1101/2020.04.17.20061440; Kevin W. Ng et al., "Pre-Existing and *De Novo* Humoral Immunity to SARS-CoV-2 in Humans," BioRxiv, July 23, 2020, pp. 1–38, https://doi.org/10.1101/2020.05.14.095414; Nikolai Eroshenko et al., "Implications of Antibody-Dependent Enhancement of Infection for SARS-CoV-2 Countermeasures," *Nature Biotechnology* 38 (June 5, 2020), pp. 789–91, https://doi.org/10.1038/s41587-020-0577-1.

79. UnHerd, "Karl Friston: Up to 80% Not Even Susceptible to COVID-19," June 4, 2020, YouTube video, 34:14, https://youtu.be/dUOFeVIrOPg; Laura Spinney, "COVID-19 Expert Karl Friston: 'Germany May Have More Immunological Dark Matter,'" *Guardian,* May 31, 2020, https://www.theguardian.com/world/2020/may/31/covid-19-expert-karl-friston-germany-may-have-more-immunological-dark-matter.

80. Jia Yong et al., "Analysis of the Mutation Dynamics of SARS-CoV-2 Reveals the Spread History and Emergence of RBD Mutant with Lower ACE2 Binding Affinity," BioRxiv, April 11, 2020, pp. 1–17, https://doi.org/10.1101/2020.04.09.034942; B. Korber et al., "Spike Mutation Pipeline Reveals the Emergence of a More Transmissible Form of SARS-CoV-2," BioRxiv, April 30, 2020, pp. 1–33, https://doi.org/10.1101/2020.04.29.069054. 또한 다음을 보라. Stephen Chen, "Coronavirus's Ability to Mutate Has Been Vastly Underestimated, and Mutations Affect Deadliness of Strains, Chinese Study Finds," *South China Morning Post,* April 20, 2020, https://www.scmp.com/news/china/science/article/3080771/coronavirus-mutations-affect-deadliness-strains-chinese-study.

81. Joshua Geleris et al., "Observational Study of Hydroxychloroquine in Hospitalized Patients with Covid-19," *NEJM,* June 18, 2020, https://www.nejm.org/doi/full/10.1056/nejmoa2012410; Alexandre B. Cavalcanti et al., "Hydroxychloroquine With or Without Azithromycin in Mild-to-Moderate Covid-19," *NEJM,* July 23, 2020, https://www.nejm.org/doi/full/10.1056/NEJMoa2019014; David R. Boulware et al., "A Randomized Trial of Hydroxychloroquine as Postexposure Prophylaxis for Covid-19," *NEJM,* July 23, 2020, https://www.nejm.org/doi/full/10.1056/NEJMoa2016638.

82. "COVID-19 Vaccine Tracker," Faster Cures, Milken Institute, August 14, 2020, https://www.covid-19vaccinetracker.org/. See, in general, Tung Thanh Le et al., "The COVID-19 Vaccine Development Landscape," *Nature Reviews Drug Discovery* 19 (April 9, 2020), pp. 305–6, https://doi.org/10.1038/d41573-020-00073-5.

83. Stuart A. Thompson, "How Long Will a Vaccine Really Take?," *New York Times,* April

30, 2020, https://www.nytimes.com/interactive/2020/04/30/opinion/coronavirus-covid-vaccine.html.

84. Nicholas Kumleben, R. Bhopal, T. Czypionka, L. Gruer, R. Kock, Justin Stebbing, and F. L. Stigler, "Test, Test, Test for COVID-19 Antibodies: The Importance of Sensitivity, Specificity and Predictive Powers," *Public Health* 185 (August 2020), pp. 88–90, https://doi.org/10.1016/j.puhe.2020.06.006.

85. Albert-László Barabási, *Network Science* (Cambridge: Cambridge University Press, 2016), chap. 10.

86. 내가 이 점을 알게 된 것은 케임브리지 대학교의 세실리아 마스콜로(Cecilia Mascolo) 덕분이다.

87. Matthew J. Ferrari et al., "Network Frailty and the Geometry of Herd Immunity," *Proceedings of the Royal Society B: Biological Sciences* 273, no. 1602 (November 7, 2006), pp. 2743–48, https://doi.org/10.1098/rspb.2006.3636. 또한 다음을 보라. M. Gabriela Gomes et al., "Individual Variation in Susceptibility or Exposure to SARS-CoV-2 Lowers the Herd Immunity Threshold," MedRxiv, May 21, 2020, pp. 1–10, https://doi.org/10.1101/2020.04.27.20081893.

88. Tom Britton, Frank Ball, and Pieter Trapman, "The Disease-Induced Herd Immunity Level for COVID-19 Is Substantially Lower than the Classical Herd Immunity Level," *Quantitative Biology: Populations and Evolution,* May 8, 2020, pp. 1–15, https://arxiv.org/abs/2005.03085. 또한 다음을 보라. Ricardo Aguas et al., "Herd Immunity Thresholds for SARS-CoV-2 Estimated from Unfolding Epidemics," MedRxiv, July 24, 2020, https://doi.org/10.1101/2020.07.23.20160762.

89. Charles Musselwhite, Erel Avineri, and Yusak Susilo, "Editorial JTH 16—The Coronavirus Disease COVID-19 and Its Implications for Transport and Health," *Journal of Transport & Health* 16 (March 2020), https://doi.org/10.1016/j.jth.2020.100853.

90. Michael Laris, "Scientists Know Ways to Help Stop Viruses from Spreading on Airplanes. They're Too Late for This Pandemic," *Washington Post,* April 29, 2020, https://www.washingtonpost.com/local/trafficandcommuting/scientists-think-they-know-ways-to-combat-viruses-on-airplanes-theyre-too-late-for-this-pandemic/2020/04/20/83279318-76ab-11ea-87da-77a8136c1a6d_story.html.

91. U.S. Department of Commerce, ITA, National Travel and Tourism Office.

92. "Historical Flight Status," FlightStats by Cerium, https://www.flightstats.com/v2/historical-flight/subscribe.

93. 이 주제에 대해 나는 다니엘 벨(Daniel Bell)과 논쟁을 벌인 바 있다. 다음을 보라. Daniel A. Bell, "Did the Chinese Government Deliberately Export COVID-19 to the Rest of the World?," Danielabell.com, April 21, 2020, https://danielabell.com/2020/04/21/did-the-chinese-government-deliberately-export-covid-19-to-the-rest-of-the-world/; Niall Ferguson, "Six Questions for Xi Jinping: An Update," Niallferguson.com, April 21, 2020, http://www.niallferguson.com/blog/six-questions-for-xi-jinping-an-update; Niall Ferguson, "Six Questions for Xi Jinping: Another Update," Niallferguson.com, May 26, 2020, http://www.niallferguson.com/blog/six-questions- for-xi-jinping-another-update.

94. Matteo Chinazzi et al., "The Effect of Travel Restrictions on the Spread of the 2019 Novel Coronavirus (2019-nCoV) Outbreak," MedRxiv, February 11, 2020, pp. 1–12, https://doi.org/10.1101/2020.02.09.20021261.

95. Steve Eder et al., "430,000 People Have Traveled from China to U.S. Since Coronavirus Surfaced," *New York Times,* April 4, 2020, https://www.nytimes.com/2020/04/04/us/coronavirus-china-travel-restrictions.html.

96. Phillip Connor, "More than Nine-in-Ten People Worldwide Live in Countries with Travel Restrictions amid COVID-19," Fact Tank, Pew Research Center, April 1, 2020, https://www.pewresearch.org/fact-tank/2020/04/01/more-than-nine-in-ten-people-worldwide-live-in-countries-with-travel-restrictions-amid-covid-19/; Anthony Faiola, "The Virus That Shut Down the World," *Washington Post,* June 26, 2020, https://www.washingtonpost.com/graphics/2020/world/coronavirus-pandemic-globalization/?itid=hp_hp-banner-main_virus-shutdown-630pm.

97. "Relative Risk of Importing a Case of 2019-nCoV," Google Data Studio, August 17, 2020, https://datastudio.google.com/u/0/reporting/3ffd36c3-0272-4510-a140-39e288a9f15c/page/U5lCB. 또한 다음을 보라. Matteo Chinazzi et al., "Estimating the Risk of Sustained Community Transmission of COVID-19 Outside Mainland China," March 11, 2020, pp. 1–11, https://www.mobs-lab.org/uploads/6/7/8/7/6787877/estimating_the_risk_of_sustained_community_transmission_of_covid-19_outside_china.pdf.

98. Javier Salas and Mariano Zafra, "An Analysis of Three COVID-19 Outbreaks: How They Happened and How They Can Be Avoided," *El País English: Science & Tech,* June 17, 2020, https://english.elpais.com/spanish_ news/2020-06-17/an-analysis-of-three-covid-19-outbreaks-how-they-happened-and-how-they-can-be-avoided.html; Liu Xiaopeng and Zhang Sisen, "COVID-19: Face Masks and Human-to-Human Transmission," *Influenza and Other Respiratory Viruses* 14, no. 4 (March 29, 2020), pp. 472–73, https://doi.org/10.1111/irv.12740.

99. Lara Goscé and Anders Johansson, "Analysing the Link Between Public Transport Use and Airborne Transmission: Mobility and Contagion in the London Underground," *Environmental Health* 17, no. 84 (December 4, 2018), pp. 1–11, https://doi.org/10.1186/s12940-018-0427-5; Jeffrey E. Harris, "The Subways Seeded the Massive Coronavirus Epidemic in New York City," NBER Working Paper No. 27021 (August 2020), https://doi.org/10.3386/w27021; Stephen M. Kissler et al., "Reductions in Commuting Mobility Predict Geographic Differences in SARS-CoV-2 Prevalence in New York City," Harvard School of Public Health Scholarly Articles (2020), pp. 1–15, http://nrs.harvard.edu/urn-3:HUL.InstRepos:42665370.

100. Bi Qifang et al., "Epidemiology and Transmission of COVID-19 in 391 Cases and 1286 of Their Close Contacts in Shenzhen, China: A Retrospective Cohort Study," *Lancet Infectious Diseases,* 20, 8, August 1, 2020, pp. P911–P919, https://doi.org/10.1016/S1473-3099(20)30287-5.

101. Christian Bayer and Moritz Kuhn, "Intergenerational Ties and Case Fatality Rates: A Cross-Country Analysis," *VoxEU & CEPR,* March 20, 2020: https://voxeu.org/article/

intergenerational-ties-and-case-fatality-rates.

102. Liu Jingtao, Huang Jiaquan, and Xiang Dandan, "Large SARS-CoV-2 Outbreak Caused by Asymptomatic Traveler, China," *Emerging Infectious Diseases* 26, no. 9 (June 30, 2020), https://doi.org/10.3201/eid2609.201798.

103. Terry C. Jones et al., "An Analysis of SARS-CoV-2 Viral Load by Patient Age," MedRxiv, June 9, 2020, pp. 1–19, https://doi.org/10.1101/2020.06.08.20125484. 또한 다음을 보라. Gretchen Vogel and Jennifer Couzin-Frankel, "Should Schools Reopen? Kids' Role in Pandemic Still a Mystery," *Science,* May 4, 2020, https://doi.org/10.1126/science.abc6227.

104. Didier Jourdan, Nicola Gray, and Michael Marmot, "Re-Opening Schools: What Knowledge Can We Rely Upon?," UNESCO Chair Global Health and Education, May 4, 2020, https://unescochair-ghe.org/2020/05/04/re-opening-schools-what-knowledge-can-we-rely-upon/.

105. "Amid Surge in Israeli Virus Cases, Schools in Outbreak Areas to Be Shuttered," *Times of Israel,* May 30, 2020, https://www.timesofisrael.com/amid-spike-in-virus-cases-schools-in-outbreak-areas-set-to-shutter/. For other school outbreaks, see Q. J. Leclerc et al., "What Settings Have Been Linked to SARS-CoV-2 Transmission Clusters?," *Wellcome Open Research* 5, 83 (2020), p. 83, https://wellcomeopenresearch.org/articles/5-83.

106. Faris Mokhtar, "How Singapore Flipped from Virus Hero to Cautionary Tale," *Bloomberg,* April 21, 2020, https://www.bloomberg.com/news/articles/2020-04-21/how-singapore-flipped-from-virus-hero-to-cautionary-tale.

107. Tomas Pueyo, "Coronavirus: The Basic Dance Steps Everybody Can Follow," *Medium,* April 23, 2020, https://medium.com/@tomaspueyo/coronavirus-the-basic-dance-steps-everybody-can-follow-b3d216daa343. 또한 다음을 보라. Julie Scagell, "Study Finds Spikes in Coronavirus Cases Linked to In-Person Restaurant Dining," *Yahoo! Life,* July 4, 2020, https://www.yahoo.com/lifestyle/study-finds-spikes-coronavirus-cases-161559634.html.

108. Yuki Furuse et al., "Clusters of Coronavirus Disease in Communities, Japan, January–April 2020," *Emerging Infectious Diseases* 26, no. 9 (June 10, 2020), https://doi.org/10.3201/eid2609.202272.

109. Shin Young Park et al., "Coronavirus Disease Outbreak in Call Center, South Korea," *Emerging Infectious Diseases* 26, no. 8, April 23, 2020, https://doi.org/10.3201/eid2608.201274.

110. Leclerc et al., "What Settings Have Been Linked to SARS-CoV-2 Transmission Clusters?" 또한 다음을 보라. Kay, "COVID-19 Superspreader Events."

111. David Pegg, Robert Booth, and David Conn, "Revealed: The Secret Report That Gave Ministers Warning of Care Home Coronavirus Crisis," *Guardian,* May 7, 2020, https://www.theguardian.com/world/2020/may/07/revealed-the-secret-report-that-gave-ministers-warning-of-care-home-coronavirus-crisis; Richard Coker, "'Harvesting' Is a Terrible Word—But It's What Has Happened in Britain's Care Homes," *Guardian,* May 8, 2020, https://www.theguardian.com/commentisfree/2020/may/08/care-home-residents-harvested-left-to-die-uk-government-herd-immunity; Robert Booth,

"Coronavirus: Real Care Home Death Toll Double Official Figure, Study Says," *Guardian,* May 13, 2020, https://www.theguardian.com/world/2020/may/13/coronavirus-real-care-home-death-toll-double-official-figure-study-says. Cf. Tom McTague, "How the Pandemic Revealed Britain's National Illness," Atlantic (August 2020), https://www.theatlantic.com/international/archive/2020/08/why-britain-failed-coronavirus-pandemic/615166/.

112. Gregg Girvan, "Nursing Homes and Assisted Living Facilities Account for 45%of COVID-19 Deaths," Foundation for Research on Equal Opportunity, May 7, 2020, https://freopp.org/the-covid-19-nursing-home-crisis-by-the-numbers-3a47433c3f70. 또한 다음을 보라. Jessica Silver-Greenberg and Amy Julia Harris, "'They Just Dumped Him Like Trash': Nursing Homes Evict Vulnerable Residents," *New York Times,* July 23, 2020, https://www.nytimes.com/2020/06/21/business/nursing-homes-evictions-discharges-coronavirus.html, and Karen Yourish et al., "One-Third of All U.S. Coronavirus Deaths Are Nursing Home Residents or Workers," *New York Times,* May 11, 2020, https://www.nytimes.com/interactive/2020/05/09/us/coronavirus-cases-nursing-homes-us.html.

113. Joaquin Sapien and Joe Sexton, "'Fire Through Dry Grass': Andrew Cuomo Saw COVID-19's Threat to Nursing Homes. Then He Risked Adding to It," *ProPublica,* June 16, 2020, https://www.propublica.org/article/fire-through-dry-grass-andrew-cuomo-saw-covid-19-threat-to-nursing-homes-then-he-risked-adding-to-it.

114. 이는 6월 중순까지 파악된 수치들이다. Adelina Comas-Herrera, "Mortality Associated with COVID-19 Outbreaks in Care Homes: Early International Evidence," International Long Term Care Policy Network, June 26, 2020, https://ltccovid.org/wp-content/uploads/2020/06/Mortality-associated-with-COVID-among-people-who-use-long-term-care-26-June-1.pdf.

115. F. A. Hayek, *The Constitution of Liberty: The Definitive Edition,* ed. Ronald Hamowy, vol. 17 of *The Collected Works of F.A. Hayek* (Abingdon, UK: Routledge, 2011 [1960]), p. 421.

116. Jamie Lloyd-Smith (@jlloydsmith), "Couldn't resist such nice data and dusted off my old code," Twitter, May 20, 2020, 12:11 a.m., https://twitter.com/jlloydsmith/status/1262989192948146176; Kai Kupferschmidt, "Why Do Some COVID-19 Patients Infect Many Others, Whereas Most Don't Spread the Virus at All?," *Science,* May 19, 2020, https://www.sciencemag.org/news/2020/05/why-do-some-covid-19-patients-infect-many-others-whereas-most-don-t-spread-virus-all.

117. Akira Endo et al., "Estimating the Overdispersion in COVID-19 Transmission Using Outbreak Sizes Outside China," *Wellcome Open Research* 5, no. 67 (July 10, 2020), https://doi.org/10.12688/wellco meopenres.15842.1.

118. Dillon Adam et al., "Clustering and Superspreading Potential of Severe Acute Respiratory Syndrome Coronavirus 2 (SARS-CoV-2) Infections in Hong Kong," May 21, 2020 pp. 1–27, Research Square, https://doi.org/10.21203/rs.3.rs-29548/v1.

119. Michael Worobey et al., "The Emergence of SARS-CoV-2 in Europe and the U.S.," BioRxiv, May 23, 2020, pp. 1–26, https://doi.org/10.1101/2020.05.21.109322; Carl Zimmer, "Coronavirus Epidemics Began Later Than Believed, Study Concludes," *New

York Times, May 27, 2020, https://www.nytimes.com/2020/05/27/health/coronavirus-spread-united-states.html.

120. Merle M. Böhmer et al., "Investigation of a COVID-19 Outbreak in Germany Resulting from a Single Travel-Associated Primary Case: A Case Series," *Lancet Infectious Diseases* 20, no. 8 (August 1, 2020), pp. P920–P928, https://doi.org/10.1016/S1473-3099(20)30314-5.

121. Haroon Siddique, "'Super-Spreader' Brought Coronavirus from Singapore to Sussex via France," *Guardian,* February 10, 2020, https://www.theguardian.com/world/2020/feb/10/super-spreader-brought-coronavirus-from-singapore-to-sussex-via-france.

122. Marco Hernandez, Simon Scarr, and Manas Sharma, "The Korean Clusters: How Coronavirus Cases Exploded in South Korean Churches and Hospitals," Reuters, March 20, 2020, https://graphics.reuters.com/CHINA-HEALTH-SOUTHKOREA-CLUSTERS/0100B5G33SB/index.html.

123. Eric Reguly, "Italy Investigates a Hospital That Failed to Catch a Coronavirus Super-Spreader as Infection Cases Rise," *Globe and Mail* (Toronto), March 11, 2020, https://www.theglobeandmail.com/world/article-italy-investigates-hospital-that-failed-to-catch-a-coronavirus-super/.

124. Carey Goldberg, "Single Conference Linked to Most Mass. Coronavirus Cases Looks Like a 'Superspreading Event,'" WBUR News, March 12, 2020, https://www.wbur.org/commonhealth/2020/03/12/coronavirus-outbreak-biogen-conference-superspreading; Drew Karedes, "Hotel at Center of Biogen Meeting Linked to COVID-19 Outbreak in Boston Closed Indefinitely," Boston 25 News, March 12, 2020, https://www.boston25news.com/news/hotel-center-biogen-meeting-linked-covid-19-outbreak-boston-closed-indefinitely/B3UTQ553RBF2BLK4A7AK4T77UI/.

125. Jonathan Saltzman, "Biogen Conference Likely Led to 20,000 COVID-19 Cases in Boston Area, Researchers Say," *Boston Globe,* August 25, 2020, https://www.bostonglobe.com/2020/08/25/business/biogen-conference-likely-led-20000-covid-19-cases-boston-area-researchers-say/. 또한 다음을 보라. Jacob Lemieux et al., "Phylogenetic Analysis of SARS-CoV-2 in the Boston Area Highlights the Role of Recurrent Importation and Superspreading Events," MedRxiv, August 25, 2020, https://www.medrxiv.org/content/10.1101/2020.08.23.20178236v1.

126. Lea Hamner et al., "High SARS-CoV-2 Attack Rate Following Exposure at a Choir Practice—Skagit County, Washington, March 2020," *CDC Morbidity and Mortality Weekly Report (MMWR)* 69, no. 19 (May 12, 2020), pp. 606–10, http://dx.doi.org/10.15585/mmwr.mm6919e6.

127. Per Block et al., "Social Network-Based Distancing Strategies to Flatten the COVID-19 Curve in a Post-Lockdown World," May 27, 2020, pp. 1–28, ArXiv, https://arxiv.org/abs/2004.07052; Jose Parra-Moyano and Raquel Rosés, "The Network and the Curve: The Relevance of Staying at Home," *Medium,* March 16, 2020, https://medium.com/@raquelroses2/the-network-and-the-curve-the-relevance-of-staying-at-home-a65bb73f3893.

128. Theresa Kuchler, Dominic Russel, and Johannes Stroebel, "The Geographic Spread of COVID-19 Correlates with the Structure of Social Networks as Measured by Facebook,"

NBER Working Paper No. 26990 (August 2020), pp. 1–22, http://www.nber.org/papers/w26990.

129. Jaron Lanier and E. Glen Weyl, "How Civic Technology Can Help Stop a Pandemic," *Foreign Affairs,* March 20, 2020, https://www.foreignaffairs.com/articles/asia/2020-03-20/how-civic-technology-can-help-stop-a-pandemic; Lee Yimou, "Taiwan's New 'Electronic Fence' for Quarantines Leads Waves of Virus Monitoring," *Reuters: Technology News,* March 20, 2020, https://www.reuters.com/article/us-health-coronavirus-taiwan-surveillanc/taiwans-new-electronic-fence-for-quarantines-leads-wave-of-virus-monitoring-idUSKBN2170SK; Tomas Pueyo, "Coronavirus: Learning How to Dance," *Medium,* April 20, 2020, https://medium.com/@tomaspueyo/coronavirus-learning-how-to-dance-b8420170203e.

130. Chen-Hua Chen et al., "Taipei Lockdown: Three Containment Models to Flatten the Curve," *Tianxia (CommonWealth),* April 7, 2020, https://web.cw.com.tw/covid19-taipei-lockdown-en/index.html.

131. Dennis Normile, "Coronavirus Cases Have Dropped Sharply in South Korea. What's the Secret to Its Success?," *Science,* March 17, 2020, https://www.sciencemag.org/news/2020/03/coronavirus-cases-have-dropped-sharply-south-korea-whats-secret-its-success. 또한 다음을 보라. Max Fisher and Choe Sang-Hun, "How South Korea Flattened the Curve," *New York Times,* April 10, 2020, https://www.nytimes.com/2020/03/23/world/asia/coronavirus-south-korea-flatten-curve.html, and Juhwan Oh et al., "National Response to COVID-19 in the Republic of Korea and Lessons Learned for Other Countries," *Health Systems & Reform* 6, no. 1 (April 29, 2020), pp. 1–10, https://www.tandfonline.com/doi/full/10.1080/23288604.2020.1753464.

132. Zeynep Tufekci, "How Hong Kong Did It," *Atlantic,* May 12, 2020, https://www.theatlantic.com/technology/archive/2020/05/how-hong-kong-beating-coronavirus/611524/.

133. Aravind Sesagiri Raamkumar et al., "Measuring the Outreach Efforts of Public Health Authorities and the Public Response on Facebook During the COVID-19 Pandemic in Early 2020: A Cross-Country Comparison," *Journal of Medical Internet Research* 22, 5 (2020), pp. 1–12, https://www.jmir.org/2020/5/e19334/pdf. For a survey of Asian contact-tracing apps, see Huang Yasheng, Sun Meicen and Sui Yuze, "How Digital Contact Tracing Slowed COVID-19 in East Asia," *Harvard Business Review,* April 15, 2020, https://hbr.org/2020/04/how-digital-contact-tracing-slowed-covid-19-in-east-asia.

134. John Authers, "Stocks Rally Suggests Turning Point in Coronavirus Fight," *Bloomberg Opinion,* April 6, 2020, https://www.bloomberg.com/opinion/articles/2020-04-07/stocks-rally-suggests-turning-point-in-coronavirus-fight.

135. Michael Worobey et al., "The Emergence of SARS-CoV-2 in Europe and North America," *Science,* September 10, 2020, https://science.sciencemag.org/content/early/2020/09/11/science.abc8169 .

136. Stephen Grey and Andrew MacAskill, "Special Report: Johnson Listened to His Scientists About Coronavirus—But They Were Slow to Sound the Alarm," Reuters, April 7, 2020, https://www.reuters.com/article/us-health-coronavirus-britain-path-speci/

special-report-johnson-listened-to-his-scientists-about-coronavirus-but-they-were-slow-to-sound-the-alarm-idUSKBN21P1VF.

137. James Forsyth, "Boris Johnson Knows the Risk He Is Taking with His Coronavirus Strategy," *Spectator,* March 14, 2020, https://www.spectator.co.uk/article/Boris-Johnson-knows-the-risk-he-is-taking-with-his-coronavirus-strategy.

138. Neil Ferguson et al., "Report 9: Impact of Non-Pharmaceutical Interventions (NPIs) to Reduce COVID-19 Mortality and Healthcare Demand," Imperial College COVID-19 Response Team, March 16, 2020, https://spiral.imperial.ac.uk:8443/handle/10044/1/77482. 또한 다음을 보라., for similar estimates in a leaked Public Health England briefing, Denis Campbell, "UK Coronavirus Crisis 'to Last Until Spring 2021 and Could See 7.9m Hospitalised,'" *Guardian,* March 15, 2020, https://www.theguardian.com/world/2020/mar/15/uk-coronavirus-crisis-to-last-until-spring-2021-and-could-see-79m-hospitalised.

139. Sarah Knapton, "Two Thirds of Coronavirus Victims May Have Died This Year Anyway, Government Adviser Says," *Daily Telegraph,* March 25, 2020, https://www.telegraph.co.uk/news/2020/03/25/two-thirds-patients-die-coronavirus-would-have-died-year-anyway/.

140. Sue Denim, "Code Review of Ferguson's Model," Lockdown Sceptics, May 10, 2020, https://lockdownsceptics.org/code-review-of-fergusons-model/; David Richards and Konstantin Boudnik, "Neil Ferguson's Imperial Model Could Be the Most Devastating Software Mistake of All Time," *Daily Telegraph,* May 16, 2020, https://www.telegraph.co.uk/technology/2020/05/16/neil-fergusons-imperial-model-could-devastating-software-mistake/.

141. Alistair Haimes, "Ignoring the COVID Evidence," *The Critic,* July–August 2020, https://thecritic.co.uk/issues/july-august-2020/ignoring-the-covid-evidence/; McTague, "How the Pandemic Revealed Britain's National Illness."

142. 트럼프의 발언을 모두 모은 자료로는 다음을 보라. Democratic Coalition, "Trump Lied, Americans Died," May 8, 2020, YouTube video, 6:20, https://www.youtube.com/watch?time_continue=8&v=dzAQnD0Oz14. 또한 다음을 보라. Christakis, *Apollo's Arrow,* pp. 153, 156f.

143. Bob Woodward, *Rage* (New York: Simon & Schuster, 2020).

144. James Fallows, "The 3 Weeks That Changed Everything," *Atlantic,* June 29, 2020, https://www.theatlantic.com/politics/archive/2020/06/how-white-house-coronavirus-response-went-wrong/613591/.

145. Michael D. Shear et al., "Inside Trump's Failure: The Rush to Abandon Leadership Role on the Virus," *New York Times,* July 18, 2020, https://www.nytimes.com/2020/07/18/us/politics/trump-coronavirus-response-failure-leadership.html; David Crow and Hannah Kuchler, "US Coronavirus Surge: 'It's a Failure of National Leadership,'" *Financial Times,* July 17, 2020, https://www.ft.com/content/787125ba-5707-4718-858b-1e912fee0a38.

146. Zeynep Tufekci, "It Wasn't Just Trump Who Got It Wrong," *Atlantic,* March 24, 2020, https://www.theatlantic.com/technology/archive/2020/03/what-really-doomed-

americas-coronavirus-response/608596/.

147. "President Trump Job Approval," *Real Clear Politics,* https://www.realclearpolitics.com/epolls/other/president_trump_job_approval-6179.html.

148. Pandemic and All-Hazards Preparedness and Advancing Innovation Act of 2019, S.1379, 116th Cong. (2019), https://www.congress.gov/bill/116th-congress/senate-bill/1379.

149. "A National Blueprint for Biodefense: Leadership and Major Reform Needed to Optimize Efforts," Bipartisan Report of the Blue Ribbon Study Panel on Biodefense, October 2015, https://biodefensecommission.org/reports/a-national-blueprint-for-biodefense/.

150. "News," Bipartisan Commission on Defense, https://biodefensecommission.org/news/.

151. White House, *National Biodefense Strategy* (Washington, D.C.: Government Printing Office, 2018), https://www.whitehouse.gov/wp-content/uploads/2018/09/National-Biodefense-Strategy.pdf.

152. Judge Glock, "Why Two Decades of Pandemic Planning Failed," *Medium,* April 9, 2020, https://medium.com/@judgeglock/why-two-decades-of-pandemic-planning-failed-a20608d05800.

153. "Evolution of Biodefense Policy with Dr. Robert Kadlec," Robert Strauss Center, October 18, 2018, https://www.youtube.com/watch?list=UUPLAYER_RobertStraussCenter& v=6U4e4029SpE.

154. Niall Ferguson, *The Great Degeneration: How Institutions Decay and Economies Die* (London: Allen Lane, 2012).

155. Josh Margolin and James Gordon Meek, "Intelligence Report Warned of Coronavirus Crisis as Early as November: Sources," ABC News, April 8, 2020, https://abcnews.go.com/Politics/intelligence-report-warned-coronavirus-crisis-early-november-sources/story?id=70031273; Fallows, "3 Weeks That Changed Everything."

156. Michael D. Shear, Sheri Fink, and Noah Welland, "Inside the Trump Administration, Debate Raged over What to Tell Public," *New York Times,* March 9, 2020, https://www.nytimes.com/2020/03/07/us/politics/trump-coronavirus.html; Jonathan Swan and Margaret Talev, "Navarro Memos Warning of Mass Coronavirus Death Circulated in January," *Axios,* April 7, 2020, https://www.axios.com/exclusive-navarro-deaths-coronavirus-memos-january-da3f08fb-dce1-4f69-89b5-ea048f8382a9.html; Philip A. Wallach and Justus Myers, "The Federal Government's Coronavirus Response—Public Health Timeline," Brookings, March 31, 2020, https://www.brookings.edu/research/the-federal-governments-coronavirus-actions-and-failures-timeline-and-themes/.

157. Paul Kane, "Early On, Cheney and Cotton Warned About the Coronavirus. They Still Face Pushback in the GOP," *Washington Post,* April 4, 2020, https://www.washingtonpost.com/powerpost/early-on-cheney-and-cotton-warned-about-the-coronavirus-they-still-face-push-back-in-the-gop/2020/04/04/d6676200-75df-11ea-87da-77a8136c1a6d_story.html.

158. Robert Costa and Philip Rucker, "Woodward Book: Trump Says He Knew Coronavirus Was 'Deadly,'" *Washington Post,* September 9, 2020, https://www.washingtonpost.com/politics/bob-woodward-rage-book-trump/2020/09/09/0368fe3c-efd2-11ea-b4bc-

3a2098fc73d4_ story.html.

159. Greg Miller, Josh Dawsey, and Aaron C. Davis, "One Final Viral Infusion: Trump's Move to Block Travel from Europe Triggered Chaos and a Surge of Passengers from the Outbreak's Center," *Washington Post,* May 23, 2020, https://www.washingtonpost. com/world/national-security/one-final-viral-infusion-trumps-move-to-block-travel-from-europe-triggered-chaos-and-a-surge-of-passengers-from-the-outbreaks-center/2020/05/23/64836a00-962b-11ea-82b4-c8db161ff6e5_story.html.

160. Fallows, "3 Weeks That Changed Everything."

161. Anne Applebaum, "The Coronavirus Called America's Bluff," *Atlantic,* March 15, 2020, https://www.theatlantic.com/ideas/archive/2020/03/coronavirus-showed-america-wasnt-task/608023/; Jon Cohen, "The United States Badly Bungled Coronavirus Testing—But Things May Soon Improve," *Science,* February 28, 2020, https://www. sciencemag.org/news/2020/02/united-states-badly-bungled-coronavirus-testing-things-may-soon-improve.

162. Robinson Meyer and Alexis C. Madrigal, "Exclusive: The Strongest Evidence Yet That America Is Botching Coronavirus Testing," *Atlantic,* March 6, 2020, https://www. theatlantic.com/health/archive/2020/03/how-many-americans-have-been-tested-coronavirus/607597/; Christopher Weaver, Betsy McKay, and Brianna Abbott, "America Needed Coronavirus Tests. The Government Failed," Wall Street Journal, March 19, 2020, https://www.wsj.com/articles/how-washington-failed-to-build-a-robust-coronavirus-testing-system-11584552147; Lazaro Gamio, Cai Weiyi, and Adeel Hassan, "Where the U.S. Stands Now on Coronavirus Testing," *New York Times,* March 27, 2020, https://www.nytimes.com/interactive/2020/03/26/us/coronavirus-testing-states. html.

163. Joel Eastwood, Paul Overberg, and Rob Barry, "Why We Don't Know How Many Americans Are Infected with Coronavirus—And Might Never Know," *Wall Street Journal,* April 4, 2020, https://www.wsj.com/articles/why-we-dont-know-how-many-americans-are-infected-with-coronavirusand-might-never-know-11586005200.

164. Veronique de Rugy, "The Monumental Failure of the CDC," American Institute for Economic Research, April 11, 2020, https://www.aier.org/article/the-monumental-failure-of-the-cdc/; Bret Stephens, "COVID-19 and the Big Government Problem," *New York Times,* April 10, 2020, https://www.nytimes.com/2020/04/10/opinion/ coronavirus-FDA.html.

165. Eric Lipton et al., "The C.D.C. Waited 'Its Entire Existence for This Moment.' What Went Wrong?," *New York Times,* June 3, 2020, https://www.nytimes.com/2020/06/03/ us/cdc-coronavirus.html.

166. Sheri Fink, "Worst-Case Estimates for U.S. Coronavirus Deaths," *New York Times,* March 13, 2020, https://www.nytimes.com/2020/03/13/us/coronavirus-deaths-estimate.html. 또한 다음을 보라. Lydia Ramsey Pflanzer, "One Slide in a Leaked Presentation for U.S. Hospitals Reveals That They're Preparing for Millions of Hospitalizations as the Outbreak Unfolds," *Business Insider,* March 6, 2020, https:// www.businessinsider.com/presentation-us-hospitals-preparing-for-millions-of-

hospitalizations-2020-3.

167. Li Ruoran et al., "The Demand for Inpatient and ICU Beds for COVID-19 in the U.S.: Lessons from Chinese Cities," *Harvard Library Office for Scholarly Communication* (March 2020), pp. 1–17, https://dash.harvard.edu/bitstream/handle/1/42599304/ Inpatient%20ICU%20beds%20needs%20for%20COVID-19%20medRxiv. pdf?sequence=1&isAllowed=y; Margot Sanger-Katz, Sarah Kliff, and Alicia Parlapiano, "These Places Could Run Out of Hospital Beds as Coronavirus Spreads," *New York Times,* March 17, 2020, https://www.nytimes.com/interactive/2020/03/17/upshot/ hospital-bed-shortages-coronavirus.html.

168. Demographia, *Demographia World Urban Areas: 16th Annual Edition* (June 2020), pp. 1–94, http://demographia.com/db-worldua.pdf.

169. "TSA Travel Checkpoint Numbers for 2020 and 2019," U.S. Transportation Security Administration, https://www.tsa.gov/coronavirus/passenger-throughput.

170. Tony Romm, Elizabeth Dwoskin, and Craig Timberg, "U.S. Government, Tech Industry Discussing Ways to Use Smartphone Location Data to Combat Coronavirus," *Washington Post,* March 17, 2020, https://www.washingtonpost.com/ technology/2020/03/17/white-house-location-data-coronavirus/.

171. Fred Sainz, "Apple and Google Partner on COVID-19 Contact Tracing Technology," April 10, 2020, https://www.apple.com/newsroom/2020/04/apple-and-google-partner- on-covid-19-contact-tracing-technology/.

172. Patrick McGree, "Apple and Google Announce New Contact-Tracing Tool," *Financial Times,* September 1, 2020, https://www.ft.com/content/0ed38c49-fafe-4e7b-bd57- 44c705ba52f7.

173. Derek Watkins et al., "How the Virus Won," *New York Times,* June 25, 2020, https:// www.nytimes.com/interactive/2020/us/coronavirus-spread.html; Benedict Carey and James Glanz, "Travel from New York City Seeded Wave of U.S. Outbreaks," *New York Times,* July 16, 2020, https://www.nytimes.com/2020/05/07/us/new-york-city- coronavirus-outbreak.html.

174. Google, "COVID-19 Community Mobility Reports," https://www.google.com/ covid19/mobility/; SafeGraph, "Shelter in Place Index: The Impact of Coronavirus on Human Movement," https://www.safegraph.com/dashboard/covid19-shelter-in-place.

175. Wang Shuo, "U.S. Ventilator Data Tells Me Wuhan Really Took a Bullet for China," *Caixin Global,* March 29, 2020, https://www.caixinglobal.com/2020-03-29/as-us- sits-on-ample-ventilator-supply-china-wages-must-win-battle-to-contain-covid-19-in- hubei-101535747.html; Sharon Begley, "With Ventilators Running Out, Doctors Say the Machines Are Overused for COVID-19," *STAT News,* April 8, 2020, https://www. statnews.com/2020/04/08/doctors-say-ventilators-overused-for-covid-19/.

176. Joe Sexton and Joaquin Sapien, "Two Coasts. One Virus. How New York Suffered Nearly 10 Times the Number of Deaths as California," *ProPublica,* May 16, 2020, https://www.propublica.org/article/two-coasts-one-virus-how-new-york-suffered- nearly-10-times-the-number-of-deaths-as-california. 또한 다음을 보라. Britta L. Jewell and Nicholas P. Jewell, "The Huge Cost of Waiting to Contain the Pandemic," *New*

York Times, April 14, 2020, https://www.nytimes.com/2020/05/20/us/coronavirus-distancing-deaths.html.

177. Badr et al., "Association Between Mobility Patterns." 또한 다음을 보라. Unacast, "Social Distancing Scoreboard," https://www.unacast.com/covid19/social-distancing-scoreboard.

178. Ding Wenzhi et al., "Social Distancing and Social Capital: Why U.S. Counties Respond Differently to COVID-19," NBER Working Paper No. 27393 (June 2020), pp. 1–33, https://www.nber.org/papers/w27393.

179. Christopher DeMuth, "Can the Administrative State Be Tamed?," *Journal of Legal Analysis* 8, no. 1 (Spring 2016), pp. 121–90.

180. Philip Zelikow, "To Regain Policy Competence: The Software of American Public Problem-Solving," *Texas National Security Review* 2, no. 4 (August 2019), pp. 110–127, http://dx.doi.org/10.26153/tsw/6665.

181. Francis Fukuyama, *Political Order and Political Decay: From the Industrial Revolution to the Globalisation of Democracy* (London: Profile Books, 2014), p. 469.

182. Marc Andreesen, "It's Time to Build," Andreesen Horowitz, April 18, 2020, https://a16z.com/2020/04/18/its-time-to-build/; Ezra Klein, "Why We Can't Build," *Vox,* April 22, 2020, https://www.vox.com/2020/4/22/21228469/marc-andreessen-build-government-coronavirus; Steven M. Teles, "Kludgeocracy: The American Way of Policy," New America Foundation, December 2012, pp. 1–11, https://static.newamerica.org/attachments/4209-kludgeocracy-the-american-way-of-policy/Teles_Steven_Kludgeocracy_NAF_Dec2012.d8a805aa40e34bca9e2fecb018a3dcb0.pdf.

183. 수많은 예가 있지만 그중의 하나로 다음을 보라. Jeff Horwitz and Deepa Seetharaman, "Facebook Executives Shut Down Efforts to Make the Site Less Divisive," *Wall Street Journal,* May 26, 2020, https://www.wsj.com/articles/facebook-knows-it-encourages-division-top-executives-nixed-solutions-11590507499.

184. "Coronavirus: How a Misleading Map Went Global," BBC News, February 19, 2020.

185. Lena H. Sun, "CDC to Cut by 80 Percent Efforts to Prevent Global Disease Outbreak," *Washington Post,* February 1, 2018, https://www.washingtonpost.com/news/to-your-health/wp/2018/02/01/cdc-to-cut-by-80-percent-efforts-to-prevent-global-disease-outbreak/; Glenn Kessler, "No, Trump Didn't Shut Down 37 of 47 Global Anti-Pandemic Programs," *Washington Post,* March 4, 2020, https://www.washington post.com/politics/2020/03/04/no-trump-didnt-shut-down-37-47-global-anti-pandemic-programs/.

186. Leonardo Bursztyn et al., "Misinformation During a Pandemic," Becker Friedman Institute for Economics Working Paper No. 2020-044 (June 2020), pp. 1–118, https://bfi.uchicago.edu/wp-content/uploads/BFI_ WP_ 202044.pdf.

187. Andrey Simonov et al., "The Persuasive Effect of Fox News: Non-Compliance with Social Distancing During the COVID-19 Pandemic," NBER Working Paper No. 27237 (July 2020), pp. 1–70, http://www.nber.org/papers/w27237.

188. Lijian Zhao (@zlj517), "CDC was caught on the spot," Twitter, March 12, 2020, 8:37 a.m., https://twitter.com/zlj517/status/1238111898828066823.

189. Steven Lee Myers, "China Spins Tale That the U.S. Army Started the Coronavirus Epidemic," *New York Times*, March 13, 2020, https://www.nytimes.com/2020/03/13/world/asia/coronavirus-china-conspiracy-theory.html.

190. Edward Wong, Matthew Rosenberg, and Julian E. Barnes, "Chinese Agents Helped Spread Messages That Sowed Virus Panic in U.S., Officials Say," *New York Times*, April 22, 2020, https://www.nytimes.com/2020/04/22/us/politics/coronavirus-china-disinformation.html.

191. Virginia Alvino Young, "Nearly Half of the Twitter Accounts Discussing 'Reopening America' May Be Bots," Carnegie Mellon University School of Computer Science, May 20, 2020, https://www.cs.cmu.edu/news/nearly-half-twitter-accounts-discussing-reopening-america-may-be-bots.

192. "Analysis of June 2020 Twitter Takedowns Linked to China, Russia and Turkey," Stanford Internet Observatory Cyber Policy Center blog, June 11, 2020, https://cyber.fsi.stanford.edu/io/news/june-2020-twitter-takedown#china.

193. Dominic Kennedy, "British Academics Sharing Coronavirus Conspiracy Theories Online," *Times*, April 11, 2020, https://www.thetimes.co.uk/article/british-academics-sharing-coronavirus-conspiracy-theories-online-v8nn99zmv.

194. Ben Norton (@BenjaminNorton), "@TheGrayzoneNews we published the exposé many people have asked for," Twitter, July 9, 2020, 11:15 a.m., https://twitter.com/BenjaminNorton/status/1281275778316095491; Jeremy Loffredo and Michele Greenstein, "Why the Bill Gates Global Health Empire Promises More Empire and Less Public Health," *The Gray Zone*, July 8, 2020, https://thegrayzone.com/2020/07/08/bill-gates-global-health-policy/.

195. Kevin Roose, "Get Ready for a Vaccine Information War," *New York Times*, June 3, 2020, https://www.nytimes.com/2020/05/13/technology/coronavirus-vaccine-disinformation.html.

196. Karen Kornbluh, Ellen P. Goodman, and Eli Weiner, "Safeguarding Democracy Against Disinformation," German Marshall Fund of the United States, March 24, 2020, http://www.gmfus.org/publications/safeguarding-democracy-against-disinformation.

197. Neil F. Johnson et al., "The Online Competition Between Pro-and Anti-Vaccination Views," *Nature* 582 (May 13, 2020), pp. 230–33, https://www.nature.com/articles/s41586-020-2281-1; Ari Sen and Brandy Zadrozny, "QAnon Groups Have Millions of Members on Facebook, Documents Show," NBC News, August 10, 2020, https://www.nbcnews.com/tech/tech-news/qanon-groups-have-millions-members-facebook-documents-show-n1236317.

198. "Conspiracies of Corona," Pulsar Platform, https://www.pulsarplatform.com/resources/the-conspiracies-of-corona/.

199. Horwitz and Seetharaman, "Facebook Executives Shut Down Efforts."

200. Kathleen Hall Jamieson and Dolores Albarracín, "The Relation Between Media Consumption and Misinformation at the Outset of the SARS-CoV-2 Pandemic in the U.S.," *Harvard Kennedy School Misinformation Review* 1 (April 20, 2020), pp. 1–22, https://misinforeview.hks.harvard.edu/article/the-relation-between-media-consumption-

and-misinformation-at-the-outset-of-the-sars-cov-2-pandemic-in-the-us/.

201. "On Coronavirus and Conspiracies," *Public Policy and the Past* (blog), April 17, 2020, http://publicpol icypast.blogspot.com/2020/04/on-coronavirus-and-conspiracies.html. But 또한 다음을 보라. Stephen Cushion et al., "Coronavirus: Fake News Less of a Problem Than Confusing Government Messages—New Study," *The Conversation,* June 12, 2020, https://theconversation.com/coronavirus-fake-news-less-of-a-problem-than-confusing-government-messages-new-study-140383.

202. Andrew Romano, "New Yahoo News / YouGov Poll Shows Coronavirus Conspiracy Theories Leading on the Right May Hamper Vaccine Efforts," *Yahoo! News,* May 22, 2020, https://news.yahoo.com/new-yahoo-news-you-gov-poll-shows-coronavirus-conspiracy-theories-spreading-on-the-right-may-hamper-vaccine-efforts-152843610. html.

203. Katarina Rebello et al., "Covid-19 News and Information from State-Backed Outlets Targeting French, German and Spanish-Speaking Social Media Users: Understanding Chinese, Iranian, Russian and Turkish Outlets," Computational Propaganda Project (COMPROP), Oxford Internet Institute, University of Oxford, https://kq.freepressunlimited.org/evidence/covid-19-news-and-information-from-state-backed-outlets-targeting-french-german-and-spanish-speaking-social-media-users-understanding-chinese-iranian-russian-and-turkish-outlets/.

204. Rex Chapman (@RexChapman), "This angry Florida woman argued today against the mask mandate," Twitter, June 24, 2020, 4:01 p.m., https://twitter.com/RexChapman/status/1275912010555932672.

205. Will Sommer, "Trump's New Favorite COVID Doctor Believes in Alien DNA, Demon Sperm, and Hydroxychloroquine," *Daily Beast,* July 28, 2020, https://www.thedailybeast.com/stella-immanuel-trumps-new-covid-doctor-believes-in-alien-dna-demon-sperm-and-hydroxychloroquine.

10장_코로나19의 경제적 결과들

1. John Maynard Keynes, *The Economic Consequences of the Peace* (New York: Harcourt, Brace, and Howe: 1920).

2. Keynes, *Economic Consequences of the Peace,* p. 268.

3. Olivier Accominotti and David Chambers, "If You're So Smart: John Maynard Keynes and Currency Speculation in the Interwar Years," *Journal of Economic History* 76, no. 23 (2016), pp. 342–86, https://doi.org/10.1017/S0022050716000589.

4. International Monetary Fund, "A Crisis Like No Other, an Uncertain Recovery," World Economic Outlook Update, June 2020, https://www.imf.org/en/Publications/WEO/Issues/2020/06/24/WEOUpdate June2020; "A Long and Difficult Ascent" (October 2020), https://www.imf.org/en/Publications/WEO/Issues/2020/06/24/WEOUpdateJune2020.

5. Chris Giles, "BoE Warns UK Set to Enter Worst Recession for 300 Years," *Financial*

Times, May 7, 2020, https://www.ft.com/content/734e604b-93d9-43a6-a6ec-19e8b22dad3c.

6. 서머스가 이러한 표현을 처음으로 사용한 것은 2019년 11월에 있었던 하버드 케네디행 정대학원에서의 행사에서였다.

7. Andrew Edgecliffe-Johnson, "U.S. Supply Chains and Ports Under Strain from Coronavirus," *Financial Times*, March 2, 2020, https://www.ft.com/content/5b5b8990-5a98-11ea-a528-dd0f971febbc.

8. Yuan Yang et al., "Hidden Infections Challenge China's Claim Coronavirus Is Under Control," *Financial Times*, March 26, 2020, https://www.ft.com/content/4aa35288-3979-44f7-b204-b881f473fca0.

9. Mike Bird, John Emont, and Shan Li, "China Is Open for Business, but the Postcoronavirus Reboot Looks Slow and Rocky," *Wall Street Journal*, March 26, 2020, https://www.wsj.com/articles/china-is-open-for-business-but-the-post-coronavirus-reboot-looks-slow-and-rocky-11585232600; Keith Bradsher, "China's Factories Are Back. Its Consumers Aren't," *New York Times*, April 28, 2020, https://www.nytimes.com/2020/04/28/business/china-coronavirus-economy.html.

10. John Liu et al., "China Abandons Hard Growth Target, Shifts Stimulus Focus to Jobs," *Bloomberg*, May 22, 2020, https://www.bloomberg.com/news/articles/2020-05-22/china-to-abandon-numerical-growth-target-amid-virus-uncertainty.

11. Frank Tang, "Coronavirus: China's Central Bank, Finance Ministry at Odds over Funding for Economic Recovery," *South China Morning Post*, May 6, 2020, https://www.scmp.com/economy/china-economy/article/3083193/coronavirus-chinas-central-bank-finance-ministry-odds-over; Frank Tang, "China's Top Bank Regulator Sees Surge of Bad Loans Straining Financial System in 2020, 2021," *South China Morning Post*, August 13, 2020, https://www.scmp.com/economy/china-economy/article/3097229/chinas-top-bank-regulator-sees-surge-bad-loans-straining.

12. Anthony Faiola, "The Virus That Shut Down the World," *Washington Post*, June 26, 2020, https://www.washingtonpost.com/graphics/2020/world/coronavirus-pandemic-globalization/?itid=hp_ hp-banner-main_ virus-shutdown-630pm.

13. Clara Ferreira Marques, "The Coronavirus Is a Human Credit Crunch," *Bloomberg*, March 4, 2020, https://www.bloomberg.com/opinion/articles/2020-03-04/coronavirus-is-a-human-version-of-the-credit-crunch.

14. "The State of the Restaurant Industry," OpenTable by Booking.com, https://www.opentable.com/state-of-industry.

15. SafeGraph, "The Impact of Coronavirus (COVID-19) on Foot Traffic," August 18, 2020, https://www.safegraph.com/dashboard/covid19-commerce-patterns.

16. Justin Baer, "The Day Coronavirus Nearly Broke the Financial Markets," *Wall Street Journal*, May 20, 2020, https://www.wsj.com/articles/the-day-coronavirus-nearly-broke-the-financial-markets-11589982288.

17. John Plender, "The Seeds of the Next Debt Crisis," *Financial Times*, March 3, 2020, https://www.ft.com/content/27cf0690-5c9d-11ea-b0ab-339c2307bcd4.

18. Eva Szalay, "Dollar Surge Stirs Talk of Multilateral Move to Weaken It," *Financial*

Times, March 24, 2020, https://www.ft.com/content/931ddba6-6dd2-11ea-9bca-bf503995cd6f.

19. Andreas Schrimpf, Hyun Song Shin, and Vladyslav Sushko, "Leverage and Margin Spirals in Fixed Income Markets During the COVID-19 Crisis," *Bank of International Settlements Bulletin* 2 (April 2, 2020), https://www.bis.org/publ/bisbull02.htm.

20. Gavyn Davies, "A Strategy for the Dysfunctional U.S. Treasuries Market," *Financial Times,* March 22, 2020, https://www.ft.com/content/8df468f2-6a4e-11ea-800d-da70cff6e4d3.

21. Nick Timiraos and John Hilsenrath, "The Federal Reserve Is Changing What It Means to Be a Central Bank," *Wall Street Journal,* April 27, 2020, https://www.wsj.com/articles/fate-and-history-the-fed-tosses-the-rules-to-fight-coronavirus-downturn-11587999986.

22. Lev Menand, "Unappropriated Dollars: The Fed's Ad Hoc Lending Facilities and the Rules That Govern Them," European Corporate Governance Institute (ECGI)–Law Working Paper No. 518/2020 (May 22, 2020), http://dx.doi.org/10.2139/ssrn.3602740.

23. Joshua Jamerson, Andrew Duehren, and Natalie Andrews, "Senate Approves Nearly $2 Trillion in Coronavirus Relief," *Wall Street Journal,* March 26, 2020, https://www.wsj.com/articles/trump-administration-senate-democrats-said-to-reach-stimulus-bill-deal-11585113371.

24. "Budget Projections: Debt Will Exceed the Size of the Economy This Year," Committee for a Responsible Federal Budget blog, April 13, 2020, http://www.crfb.org/blogs/budget-projections-debt-will-exceed-size-economy-year.

25. Jeffrey M. Jones, "President Trump's Job Approval Rating Up to 49%," Gallup, March 24, 2020, https://news.gallup.com/poll/298313/president-trump-job-approval-rating.aspx.

26. Francis Wilkinson, "Gavin Newsom Declares California a 'Nation-State,'" *Bloomberg,* April 9, 2020, https://www.bloomberg.com/opinion/articles/2020-04-09/california-declares-independence-from-trump-s-coronavirus-plans; Scott Clement and Dan Balz, "Many Governors Win Bipartisan Support for Handling of Pandemic, but Some Republicans Face Blowback over Reopening Efforts," *Washington Post,* May 12, 2020, https://www.washingtonpost.com/politics/many-governors-win-bipartisan-support-for-handling-of-pandemic-but-some-republicans-face-blowback-over-reopening-efforts/2020/05/11/8e98500e-93d2-11ea-9f5e-56d8239bf9ad_story.html; "April 14–19 *Washington Post*–U. Md. Poll," *Washington Post,* May 5, 2020, https://www.washingtonpost.com/context/april-14-19-washington-post-u-md-poll/4521bb45-b844-4dbd-b72d-0a298cf7539a; "*NBC News/Wall Street Journal* Survey Study #200203," Hart Research Associates/Public Opinion Strategies, April 13–15, 2020, https://www.documentcloud.org/documents/6842659-200203-NBCWSJ-April-Poll-4-19-20-Release.html.

27. "Most Americans Say Trump Was Too Slow in Initial Response to Coronavirus Threat," Pew Research Center, April 16, 2020, https://www.people-press.org/2020/04/16/most-americans-say-trump-was-too-slow-in-initial-response-to-coronavirus-threat/.

28. "Coronavirus: Outbreak Concern," Civiqs, https://civiqs.com/results/coronavirus_concern? uncertainty.

29. Mat Krahn, "We all have Schrodinger's Virus now," Facebook, March 30, 2020, https://www.facebook.com/mat.krahn/posts/3076953808995462.

30. Patrick G. T. Walker et al., "The Global Impact of COVID-19 and Strategies for Mitigation and Suppression," Imperial College COVID-19 Response Team Report 12 (March 26, 2020), https://doi.org/10.25561/77735.

31. Nicholas Kristof and Stuart A. Thompson, "'Trump Wants to 'Reopen America.' Here's What Happens If We Do," *New York Times,* March 25, 2020, https://www.nytimes.com/interactive/2020/03/25/opinion/coronavirus-trump-reopen-america.html.

32. Maria Chikina and Wesley Pegden, "A Call to Honesty in Pandemic Modeling," *Medium,* March 29, 2020, https://medium.com/@wpegden/a-call-to-honesty-in-pandemic-modeling-5c156686a64b.

33. Seth Flaxman et al., "Estimating the Number of Infections and the Impact of Non-Pharmaceutical Interventions on COVID-19 in 11 European Countries," Imperial College COVID-19 Response Team Report 13 (March 30, 2020), https://doi.org/10.25561/77731.

34. Walker et al., "The Global Impact of COVID-19."

35. Felicia Sonmez, "Texas Lt. Gov. Dan Patrick Comes Under Fire for Saying Seniors Should 'Take a Chance' on Their Own Lives for Sake of Grandchildren During Coronavirus Crisis," *Washington Post,* March 24, 2020, https://www.washingtonpost.com/politics/texas-lt-gov-dan-patrick-comes-under-fire-for-saying-seniors-should-take-a-chance-on-their-own-lives-for-sake-of-grandchildren-during-coronavirus-crisis/2020/03/24/e6f64858-6de6-11ea-b148-e4ce3fbd85b5_story.html.

36. Andrew Cuomo (@NYGovCuomo), "My mother is not expendable. Your mother is not expendable," Twitter, March 24, 2020, 9:43 a.m., https://twitter.com/NYGovCuomo/status/1242477029083295746.

37. Thomas J. Kniesner and W. Kip Viscusi, "The Value of a Statistical Life," Vanderbilt Law Research Paper No. 19-15 (May 16, 2019), available at SSRN, http://dx.doi.org/10.2139/ssrn.3379967.

38. Greg Ip, "Economics vs. Epidemiology: Quantifying the Trade-Off," *Wall Street Journal,* April 15, 2020, https://www.wsj.com/articles/economics-vs-epidemiology-quantifying-the-trade-off-11586982855.

39. Andrew Scott, "How Aging Societies Should Respond to Pandemics," *Project Syndicate,* April 22, 2020, https://www.project-syndicate.org/commentary/how-aging-societies-should-respond-to-pandemics-by-andrew-scott-2020-04.

40. 이 문제에 관하여 나를 지도해준 에드워드 라제르(Edward Lazear)에게 감사한다. 반대로 "경제적 관점에서 볼 때 우리의 대응은 바이러스의 위협에 비례하여 이루어져야 한다"는 관점에 대해서는 다음을 보라. Nicholas A. Christakis, *Apollo's Arrow: The Profound and Enduring Impact of Coronavirus on the Way We Live* (New York: Little, Brown Spark, 2020), pp. 304f.

41. Christos A. Makridis and Jonathan Hartley, "The Cost of COVID-19: A Rough

Estimate of the 2020 U.S. GDP Impact," Mercatus Center Special Edition Policy Brief, March 23, 2020, available at SSRN, http://dx.doi.org/10.2139/ssrn.3559139.

42. Jay Boice, "Experts Say the Coronavirus Outlook Has Worsened, But the Trajectory Is Still Unclear," *FiveThirtyEight,* March 26, 2020, https://fivethirtyeight.com/features/experts-say-the-coronavirus-outlook-has-worsened-but-the-trajectory-is-still-unclear/.

43. Roman Marchant et al., "Learning as We Go: An Examination of the Statistical Accuracy of COVID-19 Daily Death Count Predictions," May 26, 2020, https://arxiv.org/abs/2004.04734. For a critique of the models, see Andrea Saltelli et al., "Five Ways to Ensure That Models Serve Society: A Manifesto," *Nature* 582 (June 24, 2020), pp. 482–84, https://doi.org/10.1038/d41586-020-01812-9.

44. Eskild Petersen et al., "Comparing SARS-CoV-2 with SARS-CoV and Influenza Pandemics," *Lancet Infectious Diseases* 20, no. 9 (September 2020), pp. E238–E244, https://doi.org/10.1016/S1473-3099(20)30484-9.

45. "EuroMOMO Bulletin," European Mortality Monitoring Project, http://www.euromomo.eu/; "Weekly Death Statistics: Dramatic Rise in Deaths in Early Spring," Eurostat, July 21, 2020, https://ec.europa.eu/eurostat/statistics-explained/index.php?title=Weekly_death_statistics&stable#Dramatic_rise_in_deaths_in_early_spring.

46. "Tracking COVID-19 Excess Deaths Across Countries," Economist, July 15, 2020, https://www.economist.com/graphic-detail/2020/04/16/tracking-covid-19-excess-deaths-across-countries; Jin Wu et al., "Missing Deaths: Tracking the True Toll of the Coronavirus Outbreak," *New York Times,* July 31, 2020, https://www.nytimes.com/interactive/2020/04/21/world/coronavirus-missing-deaths.html; "Coronavirus Tracked: The Latest Figures as Countries Fight COVID-19 Resurgence," *Financial Times,* August 18, 2020, https://www.ft.com/content/a26fbf7e-48f8-11ea-aeb3-955839e06441.

47. 초과사망률에서 코로나19와 그 외 원인 중 사인을 판단하는 것은 아주 성가신 문제이다.이에 대해서는 다음을 보라. John Lee, "The Way 'COVID Deaths' Are Being Counted Is a National Scandal," *Spectator,* May 30, 2020, https://www.spectator.co.uk/article/the-way-covid-deaths-are-being-counted-is-a-national-scandal, 그리고 David Spiegelhalter, "COVID and 'Excess Deaths' in the Week Ending April 10th," *Medium,* April 24, 2020, https://medium.com/wintoncentre/covid-and-excess-deaths-in-the-week-ending-april-10th-20ca7d355ec4.

48. Sarah Caul et al., "Deaths Registered Weekly in England and Wales, Provisional: Week Ending 27 March 2020," UK Office for National Statistics, April 7, 2020, https://www.ons.gov.uk/peoplepopulationandcommunity/birthsdeathsandmarriages/deaths/bulletins/deathsregisteredweeklyinenglandandwalesprovisional/weekending27march2020#deaths-registered-by-week.

49. Chris Giles, "UK Coronavirus Deaths More than Double Official Figure, According to FT Study," *Financial Times,* April 21, 2020, https://www.ft.com/content/67e6a4ee-3d05-43bc-ba03-e239799fa6ab.

50. "COVID-19 Daily Deaths," NHS England, https://www.england.nhs.uk/statistics/statistical-work-areas/covid-19-daily-deaths/.

51. Lewis Goodall (@lewis_ goodall), "Looking through @ONS data on European deaths, it

is v clear how poor the performance in England," Twitter, July 30, 2020, 11:15 a.m., https://twitter.com/lewis_goodall/status/1288886067039535104.

52. John Burn-Murdoch and Chris Giles, "UK Suffers Second-Highest Death Rate from Coronavirus," *Financial Times,* May 28, 2020, https://www.ft.com/content/6b4c784e-c259-4ca4-9a82-648ffde71bf0.

53. Harry Kennard (@HarryKennard), "ONS have updated their weekly mortality figures up to April 10th for England and Wales," Twitter, April 21, 2020, 2:59 a.m., https://twitter.com/HarryKennard/status/1252522319903436800.

54. "Coronavirus Tracked," *Financial Times.*

55. Burn-Murdoch and Giles, "UK Suffers Second-Highest Death Rate."

56. "Pneumonia and Influenza Surveillance from the National Center for Health Statistics Mortality Surveillance System," CDC FluView Interactive, https://gis.cdc.gov/grasp/fluview/mortality.html; "COVIDView Weekly Summary," *COVIDView,* CDC, https://www.cdc.gov/coronavirus/2019-ncov/covid-data/covidview/index.html?CDC_AA_refVal=https%3A%2F%2Fwww.cdc.gov%2Fcoronavirus%2F2019-ncov%2Fcovid-data%2Fcovidview.html. 또한 다음을 보라. Paul Overberg and Jon Kamp, "U.S. Deaths Are Up Sharply, Though COVID-19's Precise Toll Is Murky," *Wall Street Journal,* May 15, 2020, https://www.wsj.com/articles/covid-19s-exact-toll-is-murky-though-u-s-deaths-are-up-sharply-11589555652.

57. Jeremy Samuel Faust and Carlos del Rio, "Assessment of Deaths from COVID-19 and from Seasonal Influenza," *JAMA Internal Medicine* 180, no. 8 (May 14, 2020), pp. 1045–46, https://doi.org/10.1001/jamainternmed.2020.2306.

58. Robin Martin, "COVID vs. U.S. Daily Average Cause of Death," *Flourish,* April 21, 2020, https://public.flourish.studio/visualisation/1712761/.

59. Steven H. Woolf et al., "Excess Deaths from COVID-19 and Other Causes, March–April 2020," *JAMA* 324, no. 5 (July 1, 2020), pp. 510–13, https://doi.org/10.1001/jama.2020.11787.

60. Claudio Cancelli and Luca Foresti, "The Real Death Toll for COVID-19 Is At Least 4 Times the Official Numbers," *Corriere della Sera,* March 26, 2020, https://www.corriere.it/politica/20_marzo_26/the-real-death-toll-for-covid-19-is-at-least-4-times-the-official-numbers-b5af0edc-6eeb-11ea-925b-a0c3cdbe1130.shtml.

61. Centro Nacional de Epidemiología (ISCIII), "Vigilancia de los excesos de mortalidad por todas las causas," April 19, 2020, https://www.isciii.es/QueHacemos/Servicios/VigilanciaSaludPublicaRENAVE/EnfermedadesTransmisibles/MoMo/Documents/informesMoMo2020/MoMo_Situacion%20a%2019%20de%20abril_CNE.pdf.

62. Josh Katz and Margot Sanger-Katz, "Deaths in New York City Are More than Double the Usual Total," *New York Times,* April 10, 2020, https://www.nytimes.com/interactive/2020/04/10/upshot/coronavirus-deaths-new-york-city.html.

63. Josh Kovensky, "How Many People Have Died in NYC During the COVID Pandemic?," *Talking Points Memo Muckraker,* April 14, 2020, https://talkingpointsmemo.com/muckraker/how-many-people-have-died-in-nyc-during-the-covid-pandemic. 또한 다음을 보라. "Coronavirus Tracked," *Financial Times,* and Jin

727   주

Wu et al., "Missing Deaths."

64. "COVID-19 Data and Tools," California State Government, https://public.tableau. com/views/COVID-19CasesDashboard_15931020425010/Cases. On the problems of Southern California, see James Temple, "There's Not One Reason California's COVID-19 Cases Are Soaring—There Are Many," *MIT Technology Review,* June 30, 2020, https://www.technologyreview.com/2020/06/30/1004696/theres-not-one-reason-californias-covid-19-cases-are-soaring-there-are-many/.

65. "Excess Deaths Associated with COVID-19," CDC National Center for Health Statistics, August 12, 2020, https://www.cdc.gov/nchs/nvss/vsrr/covid19/excess_deaths. htm.

66. "Estudio ENE-COVID19: Primera ronda: Estudio nacional de sero-epidemiología de la infección por SARS-CoV-2 en España: Informe preliminar," Gobierno de España Ministerio de Ciencia e Innovación/Ministerio de Sanidad, May 13, 2020, https://www.ciencia.gob.es/stfls/MICINN/Ministerio/FICHEROS/ENECOVID_ Informe_preliminar_cierre_primera_ronda_13Mayo2020.pdf; Travis P. Baggett et al., "COVID-19 Outbreak at a Large Homeless Shelter in Boston: Implications for Universal Testing," MedRxiv, April 15, 2020, https://doi.org/10.1101/2020.04.12.2005 9618; Bill Chappell and Paige Pfleger, "73% of Inmates at an Ohio Prison Test Positive for Coronavirus," *Coronavirus Live Updates,* NPR, April 20, 2020, https://www.npr. org/sections/coronavirus-live-updates/2020/04/20/838943211/73-of-inmates-at-an-ohio-prison-test-positive-for-coronavirus.

67. Joseph Goldstein, "68% Have Antibodies in This Clinic. Can a Neighborhood Beat a Next Wave?," *New York Times,* July 10, 2020, https://www.nytimes.com/2020/07/09/ nyregion/nyc-coronavirus-antibodies.html.

68. Eran Bendavid et al., "COVID-19 Antibody Seroprevalence in Santa Clara County, California," MedRxiv, April 30, 2020, https://doi.org/10.1101/2020.04.14.20062463.

69. "COVID-19 in Iceland—Statistics from 15 June 2020," Ministry of Health of Iceland, https://www.covid.is/data; "Estudio ENE-COVID19: Primera ronda."

70. Daniel Howdon, Jason Oke, and Carl Heneghan, "Estimating the Infection Fatality Ratio in England," Centre for Evidence-Based Medicine, August 21, 2020, https://www. cebm.net/covid-19/estimating-the-infection-fatality-ratio-in-england/.

71. John P. A. Ioannidis, "The Infection Fatality Rate of COVID-19 Inferred from Seroprevalence Data," MedRxiv, July 14, 2020, https://doi.org/10.1101/2020.05.13.2 0101253; "COVID-19 Pandemic Planning Scenarios," CDC, July 10, 2020, https:// www.cdc.gov/coronavirus/2019-ncov/hcp/planning-scenarios.html; Lucy C. Okell et al., "Have Deaths in Europe Plateaued Due to Herd Immunity?," *Lancet* 395, no. 10241 (June 11, 2020), pp. E110–E111, https://doi.org/10.1016/S0140-6736(20)31357-X; Smriti Mallapaty, "How Deadly Is the Coronavirus? Scientists Are Close to an Answer," *Nature* 582 (June 16, 2020), pp. 467–68, https://doi.org/10.1038/d41586-020-01738-2.

72. Gideon Meyerowitz-Katz and Lea Merone, "A Systematic Review and Meta-Analysis of Published Research Data on COVID-19 Infection-Fatality Rates," MedRxiv, July 7, 2020, https://doi.org/10.1011/2020.05.03.20089854; Brianna Abbott and Jason

Douglas, "How Deadly Is COVID-19? Researchers Are Getting Closer to an Answer," *Wall Street Journal,* July 21, 2020, https://www.wsj.com/articles/how-deadly-is-covid-19-researchers-are-getting-closer-to-an-answer-11595323801.

73. Javier Perez-Saez et al., "Serology-Informed Estimates of SARS-CoV-2 Infection Fatality Risk in Geneva, Switzerland," OSF Preprints, June 15, 2020, https://doi.org/10.31219/osf.io/wdbpe.

74. John Burn-Murdoch, "Some Fresh Analysis of the Factors That Do—and Do Not—Appear to Influence the Pace of Countries' COVID-19 Outbreaks," April 13, 2020, https://threadreaderapp.com/thread/1249821596199596034.html. 또한 다음을 보라. Okell et al., "Have Deaths in Europe Plateaued?"

75. T. J. Rodgers, "Do Lockdowns Save Many Lives? In Most Places, the Data Say No," *Wall Street Journal,* April 26, 2020, https://www.wsj.com/articles/do-lockdowns-save-many-lives-is-most-places-the-data-say-no-11587930911. 또한 다음을 보라. the research by Marko Kolanavic of J.P. Morgan.

76. "Coronavirus Government Response Tracker," Oxford University Blavatnik School of Government, August 6, 2020, https://www.bsg.ox.ac.uk/research/research-projects/oxford-covid-19-government-response-tracker; Thomas Hale et al., "Variation in Government Responses to COVID-19," Blavatnik School of Government (BSG) Working Paper Series BSG-WP-2020/032, Version 6.0 (May 27, 2020), https://www.bsg.ox.ac.uk/sites/default/files/2020-05/BSG-WP-2020-032-v6.0.pdf.

77. Elaine He, "The Results of Europe's Lockdown Experiment Are In," *Bloomberg,* May 19, 2020, https://www.bloomberg.com/graphics/2020-opinion-coronavirus-europe-lockdown-excess-deaths-recession. 또한 다음을 보라. James Scruton et al., "GDP First Quarterly Estimate, UK: January to March 2020," UK Office for National Statistics, May 13, 2020, https://www.ons.gov.uk/economy/grossdomesticproductgdp/bulletins/gdpfirstquarterlyestimateuk/januarytomarch2020; JohannesBorgen (@jeuasommenulle), "This is v. interesting-basically oxford econ did a huge database of world lockdown measures and ONS regressed it against known GDP prints," Twitter, May 13, 2020, 2:11 a.m., https://twitter.com/jeuasommenulle/status/1260482683936915456.

78. Okell et al., "Have Deaths in Europe Plateaued?"

79. Joseph A. Lewnard and Nathan C. Lo, "Scientific and Ethical Basis for Social-Distancing Interventions Against COVID-19," *Lancet Infectious Diseases* 20, no. 6 (June 1, 2020), pp. P631–P633, https://doi.org/10.1016/S1473-3099(20)30190-0.

80. Lai Shengjie et al., "Effect of Non-Pharmaceutical Interventions for Containing the COVID-19 Outbreak in China," MedRxiv, March 13, 2020, https://doi.org/10.1011/2020.03.03.20029843; Zhang Juanjuan et al., "Changes in Contact Patterns Explain the Dynamics of the COVID-19 Outbreak in China," *Science* 368, no. 6498 (June 26, 2020), pp. 1481–86, https://doi.org/10.1126/science.abb8001.

81. Solomon Hsiang et al., "The Effect of Large-Scale Anti-Contagion Policies on the COVID-19 Pandemic," *Nature* 584 (June 8, 2020), pp. 262–67, https://doi.org/10.1038/s41586-020-2404-8.

82. Amnon Shashua and Shai Shalev-Shwartz, "The Day After COVID-19 Lockdown:

Need to Focus on the Vulnerable," *Medium,* April 27, 2020, https://medium.com/@ amnon.shashua/the-day-after-covid-19-lockdown-need-to-focus-on-the-vulnerable-42c0a360a27; Alexander Chudik, M. Hashem Pesaran, and Alessandro Rebucci, "Mandated and Targeted Social Isolation Policies Flatten the COVID-19 Curve and Can Help Mitigate the Associated Employment Losses," *VoxEU & CEPR,* May 2, 2020, https://voxeu.org/article/mandated-targeted-social-isolation-can-flatten-covid-19-curve-and-mitigate-employment-losses; Alexander Chudik, M. Hashem Pesaran, and Alessandro Rebucci, "Voluntary and Mandatory Social Distancing: Evidence on COVID-19 Exposure Rates from Chinese Provinces and Selected Countries," Carey Business School Research Paper No. 20-03, Johns Hopkins University (April 15, 2020), available at SSRN, https://ssrn.com/abstract=3576703. 또한 다음을 보라. M. Gabriela Gomes et al., "Individual Variation in Susceptibility or Exposure to SARS-CoV-2 Lowers the Herd Immunity Threshold," MedRxiv, May 2, 2020, https://doi.org/10.110 1/2020.04.27.20081893.

83. Greg Ip, "New Thinking on Covid Lockdowns: They're Overly Blunt and Costly," *Wall Street Journal,* August 24, 2020, https://www.wsj.com/articles/covid-lockdowns-economy-pandemic-recession-business-shutdown-sweden-coronavirus-11598281419.

84. Flavia Rotondi, Boris Groendahl, and Stefan Nicola, "Europe's Reopening Road Map: How 11 Countries Are Beginning to Lift Lockdowns," *Fortune,* May 4, 2020, https://fortune.com/2020/05/04/reopen-economy-europe-italy-spain-france/.

85. Karin Modig and Marcus Ebeling, "Excess Mortality from COVID-19: Weekly Excess Death Rates by Age and Sex for Sweden," MedRxiv, May 15, 2020, https://doi.org/10.1 101/2020.05.10.20096909.

86. "Mobilitätsindikatoren auf Basis von Mobilfunkdaten: Experimentelle Daten," Statistisches Bundesamt (Destatis), August 3, 2020, https://www.destatis.de/DE/Service/ EXDAT/Datensaetze/mobilitaetsin dikatoren-mobilfunkdaten.html.

87. Alistair Haimes, "It's Hurting but It's Just Not Working," *The Critic,* April 24, 2020, https://thecritic.co.uk/its-hurting-but-its-just-not-working/; Fraser Nelson, "The Threat Has Passed, So Why Are Our Civil Liberties Still Suspended?," *Daily Telegraph,* June 18, 2020, https://www.telegraph.co.uk/politics/2020/06/18/threat-has-passed-civil-liberties-still-suspended/.

88. Justin McCarthy, "Americans Differ Greatly in Readiness to Return to Normal," Gallup, April 30, 2020, https://news.gallup.com/poll/309578/americans-differ-greatly-readiness-return-normal.aspx.

89. Apple Maps, "Mobility Trends Reports," https://www.apple.com/covid19/mobility. On the difference in behavior between Democrats and Republicans see, e.g., Marcus Painter and Tian Qiu, "Political Beliefs Affect Compliance with COVID-19 Social Distancing Orders," *VoxEU & CEPR,* May 11, 2020, https://voxeu.org/article/political-beliefs-and-compliance-social-distancing-orders.

90. Matthew Cleevely et al., "Stratified Periodic Testing: A Workable Testing Strategy for COVID-19," *VoxEU & CEPR,* May 6, 2020, https://voxeu.org/article/stratified-periodic-testing-covid-19; Edward Luce, "Inside Trump's Coronavirus Meltdown,"

Financial Times, May 13, 2020, https://www.ft.com/content/97dc7de6-940b-11ea-abcd-371e24b679ed; Abbott and Douglas, "How Deadly Is COVID-19?"

91. Luca Ferretti et al., "Quantifying SARS-CoV-2 Transmission Suggests Epidemic Control with Digital Contact Tracing," Science 368, no. 6491 (May 8, 2020), https://doi.org/10.1126/science.abb6936; Huang Yasheng, Sun Meicen, and Sui Yuze, "How Digital Contact Tracing Slowed COVID-19 in East Asia," Harvard Business Review, April 15, 2020, https://hbr.org/2020/04/how-digital-contact-tracing-slowed-covid-19-in-east-asia; Sharon Otterman, "N.Y.C. Hired 3,000 Workers for Contact Tracing. It's Off to a Slow Start," *New York Times,* June 21, 2020, https://www.nytimes.com/2020/06/21/nyregion/nyc-contact-tracing.html; I. Glenn Cohen, Lawrence O. Gostin, and Daniel J. Weitzner, "Digital Smartphone Tracking for COVID-19: Public Health and Civil Liberties in Tension," *JAMA* 323, no. 23 (May 27, 2020), pp. 2371–72, https://jamanetwork.com/journals/jama/fullarticle/2766675; Swathikan Chidambaram et al., "Observational Study of UK Mobile Health Apps for COVID-19," *Lancet Digital Health* 2 (June 24, 2020), pp. E388–E390, https://doi.org/10.1016/S2589-7500(20)30144-8.

92. Tomas Pueyo, "Coronavirus: The Hammer and the Dance," *Medium,* March 19, 2020, https://medium.com/@tomaspueyo/coronavirus-the-hammer-and-the-dance-be9337092b56.

93. Derek Watkins et al., "How the Virus Won," *New York Times,* June 25, 2020, https://www.nytimes.com/interactive/2020/us/coronavirus-spread.html.

94. John H. Cochrane, "Dumb Reopening Just Might Work," *The Grumpy Economist* (blog), May 4, 2020, https://johnhcochrane.blogspot.com/2020/05/dumb-reopening-might-just-work.html; John H. Cochrane, "An SIR Model with Behavior," *The Grumpy Economist* (blog), May 4, 2020, https://johnhcochrane.blogspot.com/2020/05/an-sir-model-with-behavior.html.

95. Austan Goolsbee and Chad Syverson, "Fear, Lockdown, and Diversion: Comparing Drivers of Pandemic Economic Decline 2020," NBER Working Paper No. 27432 (June 2020), https://doi.org/10.3386/w27432.

96. Chetan Ahya, "The Coronavirus Recession: Sharper but Shorter," *Morgan Stanley Ideas,* May 12, 2020, https://www.morganstanley.com/ideas/coronavirus-impact-on-global-growth; Gavyn Davies, "After Lockdowns, Economic Sunlight or a Long Hard Slog?," *Financial Times,* May 3, 2020, https://www.ft.com/content/f2b79b3a-8ae5-11ea-9dcb-fe6871f4145a.

97. Gita Gopinath, "The Great Lockdown: Worst Economic Downturn Since the Great Depression," IMF Blog, April 14, 2020, https://blogs.imf.org/2020/04/14/the-great-lockdown-worst-economic-downturn-since-the-great-depression/; Gita Gopinath, "Reopening From the Great Lockdown: Uneven and Uncertain Recovery," IMF Blog, June 24, 2020, https://blogs.imf.org/2020/06/24/reopening-from-the-great-lockdown-uneven-and-uncertain-recovery/; James Politi, "Emerging Economies Forecast to Shrink for First Time in 60 Years," *Financial Times,* June 8, 2020, https://www.ft.com/content/47998ee3-b2d3-4066-a914-edbf60b797b5; "The World Economy on a Tightrope," OECD Economic Outlook (June 2020), https://www.oecd.org/economic-

outlook/.

98. Scott R. Baker, Nicholas Bloom, Steven J. Davis, Stephen J. Terry, "COVID-Induced Economic Uncertainty," NBER Working Paper No. 26983 (April 2020), https://www.nber.org/papers/w26983.

99. "Real-Time Data: The State of Hourly Work at U.S. Small Businesses," Homebase, https://joinhomebase.com/data/covid-19; Laura Noonan, ' "Where Is My Loan?' Small Businesses Miss Out on U.S. Rescue Funds," *Financial Times,* April 20, 2020, https://www.ft.com/content/e6a06f94-5d2f-43a0-8aac-c7adddca0b0e; Neil Barofsky, "Why the Small-Business Bailout Went to the Big Guys," *Bloomberg,* April 30, 2020, https://www.bloomberg.com/opinion/articles/2020-04-30/why-small-business-bailout-went-to-shake-shack-and-ruth-s-chris.

100. Paul Krugman, "Notes on the Coronacoma (Wonkish), *New York Times,* April 1, 2020, https://www.nytimes.com/2020/04/01/opinion/notes-on-the-coronacoma-wonkish.html; 또한 다음을 보라. Noah Smith, "Paul Krugman Is Pretty Upbeat About the Economy," *Bloomberg,* May 27, 2020, https://www.bloomberg.com/opinion/articles/2020-05-27/paul-krugman-is-pretty-upbeat-about-coronavirus-economic-recovery.

101. Kenneth Rogoff, "Mapping the COVID-19 Recession," *Project Syndicate,* April 7, 2020, https://www.project-syndicate.org/commentary/mapping-covid19-global-recession-worst-in-150-years-by-kenneth-rogoff-2020-04.

102. "Fed Injection Postponing Economic Problems, Not Solving: Summers," *Bloomberg,* April 9, 2020, https://www.bloomberg.com/news/videos/2020-04-10/fed-injection-postponing-economic-problems-not-solving-summers-video.

103. John Cochrane, "Whack-a-Mole: The Long Run Virus," *The Grumpy Economist* (blog), April 4, 2020, https://johnhcochrane.blogspot.com/2020/04/whack-mole-long-run-virus.html.

104. Enda Curran and Hong Jinshan, "Chinese Factories Humming Doesn't Mean Anyone Is Buying," *Bloomberg,* May 30, 2020, https://www.bloomberg.com/news/articles/2020-05-30/chinese-factories-humming-doesn-t-mean-anyone-is-buying.

105. U.S. Bureau of Economic Analysis, "Personal Saving Rate [PSAVERT]," retrieved from FRED: Federal Reserve Bank of St. Louis, https://fred.stlouisfed.org/series/PSAVERT.

106. Greg Ip, "Signs of a V-Shaped Early-Stage Economic Recovery Emerge," *Wall Street Journal,* June 13, 2020, https://www.wsj.com/articles/signs-of-a-v-shaped-early-stage-economic-recovery-emerge-11592040600.

107. Jennifer Calfas, Brianna Abbott, and Andrew Restuccia, "Texas Pauses Reopening, as CDC Says Millions More May Have Had Coronavirus," *Wall Street Journal,* June 25, 2020, https://www.wsj.com/articles/coronavirus-latest-news-06-25-2020-11593070962; Greg Ip, "A Recovery That Started Out Like a V Is Changing Shape," *Wall Street Journal,* July 1, 2020, https://www.wsj.com/articles/a-reverse-square-root-recovery-11593602775.

108. "TSA Checkpoint Travel Numbers for 2020 and 2019," U.S. Transportation Security Administration, https://www.tsa.gov/coronavirus/passenger-throughput.

109. SafeGraph, "The Impact of Coronavirus (COVID-19) on Foot Traffic," August 17, 2020, https://www.safegraph.com/dashboard/covid19-commerce-patterns.

110. Apple Maps "Mobility Trends Reports"; TomTom, "San Francisco Traffic," https://www.tomtom.com/en_gb/traffic-index/san-francisco-traffic/.

111. Raj Chetty et al., "Opportunity Insights Economic Tracker," https://tracktherecovery.org/; Emily Badger and Alicia Parlapiano, "The Rich Cut Their Spending. That Has Hurt All the Workers Who Count on It," New York Times, June 17, 2020, https://www.nytimes.com/2020/06/17/upshot/coronavirus-spending-rich-poor.html; Ip, "Recovery That Started Out Like a V."

112. "Impact of COVID-19 on Electricity Consumption and Particulate Pollution," Energy Policy Institute at the University of Chicago (EPIC), June 14, 2020, https://epic.uchicago.edu/area-of-focus/covid-19/.

113. Gavyn Davies, "Big Data Suggests a Difficult Recovery in U.S. Jobs Market," Financial Times, July 5, 2020, https://www.ft.com/content/607f24f5-71ed-452c-b68e-716145584e3d.

114. Alexandre Tanzi, "N.Y. Seen with 40% Drop in Tax Revenue, Steepest Fall in U.S.," Bloomberg, June 15, 2020, https://www.bloomberg.com/news/articles/2020-06-15/economists-forecast-at-least-30-tax-decline-for-10-u-s-states; David Harrison, "Recession Forces Spending Cuts on States, Cities Hit by Coronavirus," Wall Street Journal, July 8, 2020, https://www.wsj.com/articles/recession-forces-spending-cuts-on-states-cities-hit-by-coronavirus-11594200600.

115. Gavyn Davies, "Managing COVID Debt Mountains Is a Key Task for the Next Decade," Financial Times, June 7, 2020, https://www.ft.com/content/a371909e-a3fe-11ea-92e2-cbd9b7e28ee6; John Cochrane, "Perpetuities, Debt Crises, and Inflation," The Grumpy Economist (blog), June 8, 2020, https://johnhcochrane.blogspot.com/2020/06/perpetuities-debt-crises-and-inflation.html.

116. Timiraos and Hilsenrath, "Federal Reserve Is Changing What It Means."

117. Charles Goodhart and Manoj Pradhan, "Future Imperfect After Coronavirus," VoxEU by CEPR, March 27, 2020, https://voxeu.org/article/future-imperfect-after-coronavirus; Willem Buiter, "Paying for the COVID-19 Pandemic Will Be Painful," Financial Times, May 15, 2020, https://www.ft.com/content/d9041f04-9686-11ea-899a-f62a20d54625.

118. Ryan Banerjee, Aaron Mehrotra, and Fabrizio Zampolli, "Inflation At Risk from Covid-19," BIS Bulletin No. 28 (July 23, 2020), https://www.bis.org/publ/bisbull28.htm.

119. "News Release: CFS Divisia Monetary Data for the United States," Center for Financial Stability, July 22, 2020, http://www.centerforfinancialstability.org/amfm/Divisia_Jun20.pdf.

120. Faiola, "Virus That Shut Down the World."

121. Stephen Roach, "A Crash in the Dollar Is Coming," Bloomberg, June 8, 2020, https://www.bloomberg.com/opinion/articles/2020-06-08/a-crash-in-the-dollar-is-coming.

122. Katie Martin, Richard Henderson, and Eric Platt, "Markets: The 'Retail Bros' Betting on a Quick Recovery from the Pandemic," Financial Times, June 12, 2020, https://www.ft.com/content/dd6c7674-d0ed-4865-82ed-48ee169bc6cc; Richard Henderson,

"Zero-Fee Trading Helps Citadel Securities Cash In on Retail Boom," *Financial Times,* June 21, 2020, https://www.ft.com/content/4a439398-88ab-442a-9927-e743a3ff609b.

123. "Coronavirus: Outbreak Concern," Civiqs. See Christos A. Makridis and Jonathan T. Rothwell, "The Real Cost of Political Polarization: Evidence from the COVID-19 Pandemic," June 29, 2020, available at SSRN, https://ssrn.com/abstract=3638373.

124. "President Trump Job Approval," *Real Clear Politics,* https://www.realclearpolitics.com/epolls/other/president_trump_job_approval-6179.html; "General Election: Trump vs. Biden," *Real Clear Politics,* https://www.realclearpolitics.com/epolls/2020/president/us/general_election_trump_vs_biden-6247.html; "Who Will Win the 2020 U.S. Presidential Election," *PredictIt,* https://www.predictit.org/markets/detail/3698/Who-will-win-the-2020-US-presidential-election.

125. Ian Bogost and Alexis C. Madrigal, "How Facebook Works for Trump," *Atlantic,* April 17, 2020, https://www.theatlantic.com/technology/archive/2020/04/how-facebooks-ad-technology-helps-trump-win/606403/.

126. Sheera Frenkel et al., "Facebook Employees Stage Virtual Walkout to Protest Trump Posts," *New York Times,* June 1, 2020, https://www.nytimes.com/2020/06/01/technology/facebook-employee-protest-trump.html; Mike Isaac, "Early Facebook Employees Disavow Zuckerberg's Stance on Trump Posts," *New York Times,* June 30, 2020, https://www.nytimes.com/2020/06/03/technology/facebook-trump-employees-letter.html; Kayla Gogarty and John Whitehouse, "Facebook Finally Removed Trump Campaign Ads with Inverted Red Triangle—an Infamous Nazi Symbol," *Media Matters,* June 18, 2020, https://www.mediamatters.org/facebook/facebook-let-trump-campaign-run-ads-inverted-red-triangle-infamous-nazi-symbol; Megan Graham, "The Facebook Ad Boycotts Have Entered the Big Leagues. Now What?," CNBC News, June 29, 2020, https://www.cnbc.com/2020/06/27/the-facebook-ad-boycotts-have-entered-the-big-leagues-now-what.html.

127. Paul Bedard, "Poll: 20% of Democrats 'Think Biden Has Dementia,' 38% Among All Voters," *Washington Examiner,* June 29, 2020, https://www.washingtonexaminer.com/washington-secrets/poll-20-of-democrats-think-biden-has-dementia-38-among-all-voters.

128. Christakis, *Apollo's Arrow,* pp. 208–13.

129. George Packer, "We Are Living in a Failed State," *Atlantic* (June 2020), https://www.theatlantic.com/magazine/archive/2020/06/underlying-conditions/610261/.

130. "Remarks by President Trump, Vice President Pence, and Members of the Coronavirus Task Force in Press Briefing," March 18, 2020, https://www.whitehouse.gov/briefings-statements/remarks-president-trump-vice-president-pence-members-coronavirus-task-force-press-briefing-5/.

131. "Domestic Violence Has Increased During Coronavirus Lockdowns," *Economist,* April 22, 2020, https://www.economist.com/graphic-detail/2020/04/22/domestic-violence-has-increased-during-coronavirus-lockdowns?fsrc=scn/tw/te/bl/ed/dailychartdomesticviolencehasincreasedduringcoro naviruslockdownsgraphicdetail; Ryan Heath and Renuka Rayasam, "COVID's War on Women," *Politico,* April 29, 2020, https://www.politico.

com/newsletters/politico-nightly-coronavirus-special-edition/2020/04/29/covids-war-on-women-489076; Amanda Taub and Jane Bradley, "As Domestic Abuse Rises, U.K. Failings Leave Victims in Peril," *New York Times,* July 2, 2020, https://www.nytimes.com/interactive/2020/07/02/world/europe/uk-coronavirus-domestic-abuse.html.

132. Giuliana Viglione, "How Many People Has the Coronavirus Killed?," *Nature* 585 (September 1, 2020), pp. 22–24, https://www.nature.com/articles/d41586-020-02497-w.

133. Shi Le et al., "Prevalence of and Risk Factors Associated with Mental Health Symptoms Among the General Population in China During the Coronavirus Disease 2019 Pandemic," *JAMA Network Open* 3, no. 7 (July 1, 2020), https://doi.org/10.1001/jamanetworkopen.2020.14053; Sun Yan et al., "Brief Report: Increased Addictive Internet and Substance Use Behavior During the COVID-19 Pandemic in China," *American Journal on Addictions* 29, no. 4 (June 4, 2020), pp. 268–70, https://doi.org/10.1111/ajad.13066.

134. William Wan and Heather Long, "'Cries for Help': Drug Overdoses Are Soaring During the Coronavirus Pandemic," https://www.washingtonpost.com/health/2020/07/01/coronavirus-drug-overdose/.

135. Michael Holden, "COVID-19 Death Rate in Deprived Areas in England Double That of Better-Off Places: ONS," Reuters, May 1, 2020, https://www.reuters.com/article/us-health-coronavirus-britain-deprived-idUSKBN22D51O; Rishi K. Wadhera et al., "Variation in COVID-19 Hospitalizations and Deaths Across New York City Boroughs," *JAMA* 323, no. 21 (April 29, 2020), pp. 2192–95, https://doi.org/10.1001/jama.2020.7197.

136. Robert Armstrong, "Rising Markets and Inequality Grow from the Same Root," *Financial Times,* June 8, 2020, https://www.ft.com/content/a25bf8b6-a962-11ea-a766-7c300513fe47.

137. Megan Cassella, "Mounting Unemployment Crisis Fuels Racial Wealth Gap," *Politico,* June 5, 2020, https://www.politico.com/news/2020/06/04/unemployment-race-gap-301984.

138. Sean Illing, "Millennials Are Getting Screwed by the Economy. Again," *Vox,* April 21, 2020, https://www.vox.com/policy-and-politics/2020/4/21/21221273/coronavirus-millennials-great-recession-annie-lowrey.

139. Sarah Chaney, "Women's Job Losses from Pandemic Aren't Good for Economic Recovery," *Wall Street Journal,* June 21, 2020, https://www.wsj.com/articles/womens-job-losses-from-pandemic-arent-good-for-economic-recovery-11592745164.

140. Tim Arango et al., "Fiery Clashes Erupt Between Police and Protesters over George Floyd Death," *New York Times,* June 10, 2020, https://www.nytimes.com/2020/05/30/us/minneapolis-floyd-protests.html.

141. Larry Buchanan, Quoctrung Bui, and Jugal K. Patel, "Black Lives Matter May Be the Largest Movement in U.S. History," *New York Times,* July 3, 2020, https://www.nytimes.com/interactive/2020/07/03/us/george-floyd-protests-crowd-size.html.

142. Dhaval M. Dave et al., "Black Lives Matter Protests, Social Distancing, and COVID-19," NBER Working Paper No. 27408 (June 2020), https://doi.org/10.3386/

w27408.

143. Roudabeh Kishi and Sam Jones, "Demonstrations and Political Violence in America: New Data for Summer 2020," Armed Conflict Location & Event Data Project (ACLED), September 2020, https://acleddata.com/2020/09/03/demonstrations-political-violence-in-america-new-data-for-summer-2020/.

144. Maggie Haberman, "Trump Threatens White House Protesters with 'Vicious Dogs' and 'Ominous Weapons,'" *New York Times,* May 30, 2020, https://www.nytimes.com/2020/05/30/us/politics/trump-threatens-protesters-dogs-weapons.html; Neil MacFarquhar, "Many Claim Extremists Are Sparking Protest Violence. But Which Extremists?," *New York Times,* June 22, 2020, https://www.nytimes.com/2020/05/31/us/george-floyd-protests-white-supremacists-antifa.html.

145. Jan Ransom and Annie Correal, "How the New York Protest Leaders Are Taking On the Establishment," *New York Times,* June 12, 2020, https://www.nytimes.com/2020/06/11/nyregion/nyc-george-floyd-protests.html.

146. Heather Mac Donald, "Darkness Falls: The Collapse of the Rule of Law Across the Country, Intensified by Antifa Radicals, Is Terrifying," *City Journal,* May 31, 2020, https://www.city-journal.org/terrifying-collapse-of-the-rule-of-law.

147. James Rainey, Dakota Smith, and Cindy Chang, "Growing the LAPD Was Gospel at City Hall. George Floyd Changed That," *Los Angeles Times,* June 5, 2020, https://www.latimes.com/california/story/2020-06-05/eric-garcetti-lapd-budget-cuts-10000-officers-protests.

148. Dave et al., "Black Lives Matter Protests, Social Distancing, and COVID-19."

149. Ashley Southall and Neil MacFarquhar, "Gun Violence Spikes in N.Y.C., Intensifying Debate over Policing," *New York Times,* July 17, 2020, https://www.nytimes.com/2020/06/23/nyregion/nyc-shootings-surge.html.

150. Omar Wasow, "Agenda Seeding: How 1960s Black Protests Moved Elites, Public Opinion and Voting," forthcoming submission to the *American Political Science Review* (2020), http://omarwasow.com/APSR_protests3_1.pdf.

151. Nexstar Media Wire, "Exclusive Poll Shows Support for George Floyd Protests, Disapproval of Trump's Response," KXAN News, June 3, 2020, https://www.kxan.com/news/exclusive-poll-shows-support-for-george-floyd-protests-disapproval-of-trumps-response/.

152. Nate Cohn and Kevin Quealy, "How Public Opinion Has Moved on Black Lives Matter," *New York Times,* June 10, 2020, https://www.nytimes.com/interactive/2020/06/10/upshot/black-lives-matter-attitudes.html; Amy Mitchell et al., "In Protest Response, Americans Say Donald Trump's Message Has Been Wrong, News Media Coverage Good," Pew Research Center, June 12, 2020, https://www.journalism.org/2020/06/12/in-protest-response-americans-say-donald-trumps-message-has-been-wrong-news-media-coverage-good/.

153. Mark Joyella, "Tucker Carlson Has Highest-Rated Program in Cable News History," *Forbes,* June 30, 2020, https://www.forbes.com/sites/markjoyella/2020/06/30/tucker-carlson-has-highest-rated-program-in-cable-news-history/#61b7e0056195.

154. Theresa Braine, "White Cops and Community Members Wash Black Faith Leaders' Feet at Protest," New York Daily News, June 9, 2020, https://www.nydailynews.com/news/national/ny-white-cops-community-wash-black-faith-leaders-feet-forgiveness-20200609-yl4gmoau4nclvgndlldgeqlj3y-story.html.

155. Maria Viti (@selfdeclaredref), "Bethesda," Twitter, June 2, 2020, 2:11 p.m., https://twitter.com/self declaredref/status/1267911752462843904.

156. Shaggie (@Shaggie_Tweets), "A powerful show of unity and support," Twitter, May 31, 2020, 7:53 p.m., https://twitter.com/shaggie_tweets/status/1267273066461007872.

157. "반인종주의의 세 번째 물결(Third-Wave Antiracism)"에 대해서는 다음을 보라. John McWhorter, "Kneeling in the Church of Social Justice," Reason, June 29, 2020, https://reason.com/2020/06/29/kneeling-in-the-church-of-social-justice/

158. Dominick Mastrangelo, ' "Systemically, Racism Can Only Be White': Demonstrator Confronts Police in DC," Washington Examiner, June 25, 2020, https://www.washingtonexaminer.com/news/systemically-racism-can-only-be-white-demonstrator-confronts-police-in-dc.

159. Hannah Natanson et al., "Protesters Denounce Abraham Lincoln Statue in D.C., Urge Removal of Emancipation Memorial," Washington Post, June 26, 2020, https://www.washingtonpost.com/local/protesters-denounce-abraham-lincoln-statue-in-dc-urge-removal-of-emancipation-memorial/2020/06/25/02646910-b704-11ea-a510-55bf26485c93_ story.html.

160. James Simpson, Under the Hammer: Iconoclasm in the Anglo–American Tradition (Oxford: Oxford University Press, 2010).

161. Hanna Lustig, "Teens on TikTok Are Exposing a Generational Rift Between Parents and Kids over How They Treat Black Lives Matter Protests," Insider, June 3, 2020, https://www.insider.com/tiktok-george-floyd-black-lives-matter-teens-parents-racist-views-2020-6.

162. Justin Wolfers (@JustinWolfers), "This Chicago economist has angered a lot of his fellow econs," Twitter, June 9, 2020, 2:05 p.m, https://twitter.com/JustinWolfers/status/1270446931668500480.

163. "Most Want to Prosecute Historic Statue Vandals," Rasmussen Reports, July 9, 2020, https://www.rasmussenreports.com/public_content/politics/current_events/racism/most_want_to_prosecute_historic_statue_vandals.

164. Federal Bureau of Investigation, "NICS Firearms Checks: Month/Year," https://www.fbi.gov/file-repository/nics_firearm_checks_-_month_year.pdf/view.

165. Nate Cohn and Kevin Quealy, "Nothing Divides Voters Like Owning a Gun," New York Times, October 5, 2017, https://www.nytimes.com/interactive/2017/10/05/upshot/gun-ownership-partisan-divide.html.

166. Julia P. Schleimer et al., "Firearm Purchasing and Firearm Violence in the First Months of the Coronavirus Pandemic in the United States," MedRxiv, July 4, 2020, https://doi.org/10.1011/2020.07.02.20145508.

167. Larry Diamond and Edward B. Foley, "The Terrifying Inadequacy of American Election Law," Atlantic, September 8, 2020, https://www.theatlantic.com/ideas/archive/2020/09/

terrifying-inadequacy-american-election-law/616072/.

168. Dan Balz and Emily Guskin, "Biden Leads Trump in *Post*-ABC Poll as President's Coronavirus Rating Slips," *Washington Post,* May 30, 2020, https://www.washingtonpost.com/politics/biden-leads-trump-in-post-abc-poll-as-presidents-coronavirus-rating-slips/2020/05/29/37c0dac8-a1d1-11ea-9590-1858a893bd59_story.html; "Two-Thirds of Americans Expect Presidential Election Will Be Disrupted by COVID-19," Pew Research Center, April 28, 2020, https://www.people-press.org/2020/04/28/two-thirds-of-americans-expect-presidential-election-will-be-disrupted-by-covid-19/.

169. Xu Shunqing and Li Yuanyuan, "Beware the Second Wave of COVID-19," *Lancet* 395, no. 10233 (April 25, 2020), pp. P1321–P1322, https://www.thelancet.com/journals/lancet/article/PIIS0140-6736(20)30845-X/fulltext. 또한 다음을 보라. Lena H. Sun, "CDC Director Warns Second Wave of Coronavirus Is Likely to Be Even More Devastating," *Washington Post,* April 21, 2020, https://www.washingtonpost.com/health/2020/04/21/coronavirus-secondwave-cdcdirector/.

170. Accominotti and Chambers, "If You're So Smart."

11장_삼체문제

1. Liu Cixin, *The Three-Body Problem,* trans. Ken Liu (New York: Tor Books, 2014).

2. Niall Ferguson, "Donald Trump's Trade War Is Now a Tech War," *Sunday Times,* February 3, 2019, http://www.niallferguson.com/journalism/politics/donald-trumps-trade-war-is-now-a-tech-world-war.

3. Andrew Browne, "Foothills of a Cold War," *Bloomberg,* November 21, 2020, https://www.bloomberg.com/news/newsletters/2019-11-21/-foothills-of-a-cold-war.

4. Yao Yang, "Is a New Cold War Coming?" (interview), *Beijing Cultural Review,* April 28, 2020, available at Reading the China Dream, https://www.readingthechinadream.com/yao-yang-the-new-cold-war.html.

5. Orville Schell, "The Death of Engagement," *The Wire China,* June 7, 2020, https://www.thewirechina.com/2020/06/07/the-birth-life-and-death-of-engagement/.

6. John Garnaut, "Ideology in Xi Jinping's China," *Sinocism* newsletter, January 16, 2020; https://sinocism.com/p/engineers-of-the-soul-ideology-in.

7. Dan Blumenthal and Nicholas Eberstadt, "China Unquarantined," *National Review,* June 4, 2020, https://www.nationalreview.com/magazine/2020/06/22/our-disastrous-engagement-of-china/#slide-1.

8. Katsuji Nakazawa, "Xi Fears Japan-Led Manufacturing Exodus from China," *Nikkei Asian Review,* April 16, 2020, https://asia.nikkei.com/Editor-s-Picks/China-up-close/Xi-fears-Japan-led-manufacturing-exodus-from-China.

9. Dave Lawlor, "Josh Hawley Crafts the Case against China," Axios, May 20, 2020, https://www.axios.com/josh-hawley-china-policy-f9e1fc01-2883-4db7-a721-fbb3f7aeacb8.html.

10. Steven Erlanger, "Global Backlash Builds Against China over Coronavirus," *New York Times,* May 3, 2020, https://www.nytimes.com/2020/05/03/world/europe/backlash-china-coronavirus.html.

11. Yu Yongding and Kevin P. Gallagher, "COVID-19 and the Thucydides Trap," *Project Syndicate,* April 24, 2020, https://www.project-syndicate.org/commentary/covid-thucydides-trap-by-yu-yongding-and-kevin-p-gallagher-2020-04.

12. Robert B. Zoellick, "The U.S. Doesn't Need a New Cold War," *Wall Street Journal,* May 18, 2020, https://www.wsj.com/articles/the-u-s-doesnt-need-a-new-cold-war-11589842987.

13. Niall Ferguson and Moritz Schularick, "Chimerical? Think Again," *Wall Street Journal,* February 5, 2007, https://www.wsj.com/articles/SB117063838651997830.

14. "China Opens $45 Trillion Financial Market as U.S. Closes," *People's Daily,* June 15, 2020, http://en.people.cn/n3/2020/0615/c90000-9700486.html.

15. Kat Devlin, Laura Silver, and Christine Huang, "U.S. Views of China Increasingly Negative amid Coronavirus Outbreak," Pew Research Center, April 21, 2020, https://www.pewresearch.org/global/2020/04/21/u-s-views-of-china-increasingly-negative-amid-coronavirus-outbreak/; Craig Kafura, "Are Millennials China Doves or China Hawks?," Chicago Council on Foreign Affairs, April 7, 2020, https://www.thechicagocouncil.org/blog/running-numbers/lcc/are-millennials-china-doves-or-china-hawks.

16. Laura Silver, Kat Devlin, and Christine Huang, "Americans Fault China for Its Role in the Spread of COVID-19," Pew Research Center, July 30, 2020, https://www.pewresearch.org/global/2020/07/30/americans-fault-china-for-its-role-in-the-spread-of-covid-19/.

17. John Bolton, *The Room Where It Happened* (New York: Simon & Schuster, 2020), quoted in "John Bolton: The Scandal of Trump's China Policy," *Wall Street Journal,* June 17, 2020, https://www.wsj.com/articles/john-bolton-the-scandal-of-trumps-china-policy-11592419564.

18. "Chaguan," "Elites in Beijing See America in Decline, Hastened by Trump," *Economist,* June 11, 2020, https://www.economist.com/china/2020/06/11/elites-in-beijing-see-america-in-decline-hastened-by-trump.

19. Michèle A. Flournoy, "How to Prevent a War in Asia," *Foreign Affairs,* June 18, 2020, https://www.foreignaffairs.com/articles/united-states/2020-06-18/how-prevent-war-asia.

20. Christian Brose, *The Kill Chain: Defending America in the Future of High-Tech Warfare* (New York: Hachette, 2020).

21. Bernhard Zand, "Kishore Mahbubani: 'There Are Better Ways to Deal with Asia and China,'" *Der Spiegel,* April 8, 2020, https://www.spiegel.de/international/world/political-scientist-kishore-mahbubani-on-the-asian-century-a-79680d54-17be-4dd2-bc8c-796101581f31.

22. Kishore Mahbubani, "Kishore Mahbubani on the Dawn of the Asian Century," *Economist,* April 20, 2020, https://www.economist.com/open-future/2020/04/20/by-

invitation-kishore-mahbubani.

23. Martin Jacques, *When China Rules the World: The End of the Western World and the Birth of a New Global Order,* 2nd ed. (London: Penguin, 2012).

24. Daniel Bell, *The China Model: Political Meritocracy and the Limits of Democracy* (Princeton, NJ: Princeton University Press, 2016).

25. See, e.g., "Pro-People Policies, Dutiful Citizens Effective in China's COVID-19 Fight" (interview with Daniel Bell), *Global Times,* May 2, 2020, https://www.globaltimes.cn/content/1187304.shtml.

26. Edward Luce, "Inside Trump's Coronavirus Meltdown," *Financial Times,* May 13, 2020, https://www.ft.com/content/97dc7de6-940b-11ea-abcd-371e24b679ed.

27. John Micklethwait and Adrian Wooldridge, "The Virus Should Wake Up the West," *Bloomberg,* April 13, 2020, https://www.bloomberg.com/opinion/articles/2020-04-13/coronavirus-pandemic-is-wake-up-call-to-reinvent-the-state.

28. Lawrence Summers, "COVID-19 Looks Like a Hinge in History," *Financial Times,* May 14, 2020, https://www.ft.com/content/de643ae8-9527-11ea-899a-f62a20d54625.

29. Patrick Wintour, "Coronavirus: Who Will Be Winners and Losers in New World Order," *Guardian,* April 11, 2020, https://www.theguardian.com/world/2020/apr/11/coronavirus-who-will-be-winners-and-losers-in-new-world-order.

30. Anne Applebaum, "The Rest of the World Is Laughing at Trump," *Atlantic,* May 3, 2020, https://www.theatlantic.com/ideas/archive/2020/05/time-americans-are-doing-nothing/611056/.

31. Harold James, "Late Soviet America," *Project Syndicate,* July 1, 2020, https://www.project-syndicate.org/commentary/american-decline-under-trump-lessons-from-soviet-union-by-harold-james-2020-07.

32. Wade Davis, "The Unraveling of America," *Rolling Stone,* August 6, 2020, https://www.rollingstone.com/politics/political-commentary/covid-19-end-of-american-era-wade-davis-1038206/

33. Gideon Rachman, "Coronavirus and the Threat to U.S. Supremacy," *Financial Times,* April 13, 2020, https://www.ft.com/content/2e8c8f76-7cbd-11ea-8fdb-7ec06edeef84; Joseph S. Nye Jr., "Coronavirus Will Not Change the Global Order," *Foreign Policy,* April 16, 2020, https://foreignpolicy.com/2020/04/16/coronavirus-pandemic-china-united-states-power-competition/.

34. Richard Haass, "The Pandemic Will Accelerate History Rather Than Reshape It," *Foreign Affairs,* April 7, 2020, https://www.foreignaffairs.com/articles/united-states/2020-04-07/pandemic-will-accelerate-history-rather-reshape-it.

35. Ray Dalio, *The Changing World Order: Where We Are and Where We're Going* (New York: Avid Reader Press: forthcoming), https://www.principles.com/the-changing-world-order/.

36. Peter Turchin, "Dynamics of Political Instability in the United States, 1780–2010," Journal of Peace Research 49, no. 4 (2012). 또한 다음을 보라.: Peter Turchin, *Ages of Discord: A Structural-Demographic Analysis of American History* (Chaplin, CT: Beresta Books, 2016), esp. 241f.

37. David Mamet, "The Code and the Key," *National Review,* June 1, 2020, https://www.nationalreview.com/magazine/2020/06/01/the-code-and-the-key/.

38. Henry A. Kissinger, "The Coronavirus Pandemic Will Forever Alter the World Order," *Wall Street Journal,* April 3, 2020, https://www.wsj.com/articles/the-coronavirus-pandemic-will-forever-alter-the-world-order-11585953005.

39. Jon Meacham, *Destiny and Power: The American Odyssey of George Herbert Walker Bush* (New York: Random House, 2015), p. 60.

40. Niall Ferguson, *Colossus: The Rise and Fall of the American Empire* (New York: Penguin, 2004), pp. 148f., 339f.

41. Brendan Simms, *Unfinest Hour: Britain and the Destruction of Bosnia* (London: Allen Lane, 2001), p. 56.

42. 이 과정에 대한 생생한 이야기로는 다음을 보라. George Packer, *Our Man: Richard Holbrooke and the End of the American Century* (New York: Knopf Doubleday, 2019).

43. "Bosnia War Dead Figure Announced," BBC, June 21, 2007, quoting the Research and Documentation Center in Sarajevo, http://news.bbc.co.uk/2/hi/europe/6228152.stm.

44. Samantha Power, *"A Problem from Hell": America and the Age of Genocide* (London: HarperCollins, 2003), p. 381. 또한 다음을 보라. William Shawcross, *Deliver Us from Evil: Warlords and Peacekeepers in a World of Endless Conflict* (New York: Simon & Schuster, 2000).

45. Richard A. Clarke, *Against All Enemies: Inside America's War on Terror—What Really Happened* (New York: Free Press, 2004), p. 232. 또한 다음을 보라. pp. 28–32, pp. 227ff.

46. Ron Suskind, *The One Percent Doctrine* (New York: Simon & Schuster, 2008).

47. Ron Suskind, quoting a "senior adviser" to President Bush, in "Without a Doubt: Faith, Certainty and the Presidency of George W. Bush," *New York Times Magazine,* October 17, 2004, https://www.nytimes.com/2004/10/17/magazine/faith-certainty-and-the-presidency-of-george-w-bush.html.

48. Timothy Garton Ash, *Free World: America, Europe, and the Surprising Future of the West* (New York: Knopf Doubleday, 2005), p. 102.

49. "Text of President Bush's Press Conference," *New York Times,* April 13, 2004.

50. Kathleen T. Rhem, "U.S. Not Interested in Iraqi Oil, Rumsfeld Tells Arab World," American Forces Press Service, February 26, 2003, https://archive.defense.gov/news/newsarticle.aspx? id=29374.

51. "Immediate Release: Casualty Status," U.S. Department of Defense, August 17, 2020, https://www.defense.gov/casualty.pdf.

52. "The Public Record of Violent Deaths Following the 2003 Invasion of Iraq," Iraq Body Count, accessed August 16, 2020, https://www.iraqbodycount.org/.

53. "Costs of War: Afghan Civilians," Watson Institute of International and Public Affairs, Brown University (January 2020): https://watson.brown.edu/costsofwar/costs/human/civilians/afghan.

54. Neta C. Crawford, "United States Budgetary Costs and Obligations of Post-9/11 Wars Through FY2020: $6.4 Trillion," Watson Institute, Brown University, November 13, 2019, https://watson.brown.edu/costsofwar/files/cow/imce/papers/2019/US%20

Budgetary%20Costs%20of%20Wars%20November%202019.pdf.

55. Niall Ferguson, "Applying History in Real Time: A Tale of Two Crises," Impact of the Past lecture series, Institute of Advanced Study, Princeton, NJ, October 10, 2018.

56. "DoD News Briefing—Secretary Rumsfeld and Gen. Myers," U.S. Department of Defense Online Archive, February 12, 2002, https://archive.defense.gov/Transcripts/ Transcript.aspx? TranscriptID=2636.

57. J. Luft and H. Ingham, "The Johari Window, a Graphic Model of Interpersonal Awareness," *Proceedings of the Western Training Laboratory in Group Development* (1955).

58. Donald Rumsfeld, *Known and Unknown: A Memoir* (New York: Penguin, 2011), p. xvi. On the utility of the distinctions in the natural sciences, see David C. Logan, "Known Knowns, Known Unknowns, Unknown Unknowns and the Propagation of Scientific Enquiry," *Journal of Experimental Botany* 60, no. 3 (2009), pp. 712–14, https://doi. org/10.1093/jxb/erp043.

59. Sam Loughlin, "Rumsfeld on Looting in Iraq: 'Stuff Happens,'" CNN, April 23, 2003, https://www.cnn.com/2003/US/04/11/sprj.irq.pentagon/.

60. David Corn, "McCain in NH: Would Be 'Fine' to Keep Troops in Iraq for 'A Hundred Years,'" *Mother Jones,* January 4, 2008, https://www.motherjones.com/politics/2008/01/ mccain-nh-would-be-fine-keep-troops-iraq-hundred-years/.

61. "America Is Not the World's Policeman: Text of Barack Obama's Speech on Syria," Associated Press, September 11, 2013, https://www.ndtv.com/world-news/america-is- not-the-worlds-policeman-text-of-barack-obamas-speech-on-syria-534239.

62. Jeffrey Goldberg, "The Obama Doctrine," *Atlantic,* April 2016, https://www.theatlantic. com/maga zine/archive/2016/04/the-obama-doctrine/471525/.

63. "Death Tolls," *I Am Syria,* accessed August 16, 2020, http://www.iamsyria.org/death- tolls.html.

64. "Refugee Statistics: Global Trends at-a-Glance," United Nations High Commissioner for Refugees, accessed August 16, 2020, https://www.unrefugees.org/refugee-facts/ statistics/.

65. Niall Ferguson, "Barack Obama's Revolution in Foreign Policy," *Atlantic,* March 13, 2016, https://www.theatlantic.com/international/archive/2016/03/obama-doctrine- revolution/473481/.

66. Arthur Delaney, "Obama Dings Romney on Russia Remark: The 1980s Are Going to Ask for Their Foreign Policy Back," *Huffington Post,* October 22, 2012, http://www. huffingtonpost.com/2012/10/22/obama-romney-russia_n_2003927.html.

67. David Remnick, "Going the Distance," *New Yorker,* January 27, 2014, https://www. newyorker.com/magazine/2014/01/27/going-the-distance-david-remnick.

68. Board of Governors of the Federal Reserve System, "Share of Total Net Worth Held by the Top 1%(99th to 100th Wealth Percentiles)," retrieved from FRED: Federal Reserve Bank of St. Louis, https://fred.stlouisfed.org/series/WFRBST01134.

69. Anne Case and Angus Deaton, "Rising Morbidity and Mortality in Midlife Among White Non-Hispanic Americans in the 21st Century," *PNAS* 112, no. 49 (December

8, 2015), www.pnas.org/cgi/doi/10.1073/pnas.1518393112; Anne Case and Angus Deaton, "Mortality and Morbidity in the 21st Century," *Brookings* Papers on Economic Activity, Spring 2017, pp. 397–476.

70. CDC Wonder, "Overdose Death Rates Involving Opioids, by Type, United States, 1999–2018," CDC, 2020, https://www.cdc.gov/drugoverdose/images/data/2018-Opioid-Deaths-By-Type-US.png.

71. Holly Hedegaard, Margaret Warner, and Arialdi M. Miniño, "Drug Overdose Deaths in the United States, 1999–2016," NCHS Data Brief No. 294 (December 2017). 또한 다음을 보라. Rose A. Rudd et al., "Increases in Drug and Opioid-Involved Overdose Deaths—United States, 2010–2015," *Morbidity and Mortality Weekly Report* 65 (2016), pp. 1445–52, http://dx.doi.org/10.15585/mmwr.mm655051e1. For the comparison with 1918–19, see Christakis, *Apollo's Arrow,* fig. 16.

72. Bryce Pardo, "Evolution of the U.S. Overdose Crisis: Understanding China's Role in the Production and Supply of Synthetic Opioids," testimony presented before the House Foreign Affairs Subcommittee on Africa, Global Health, Global Human Rights, and International Organizations, September 6, 2018, RAND Corporation, https://www.rand.org/pubs/testimonies/CT497.html.

73. Katie Reilly, "Hillary Clinton's 'Basket of Deplorables' Remarks About Donald Trump Supporters," *Time,* September 10, 2016, https://time.com/4486502/hillary-clinton-basket-of-deplorables-transcript/.

74. Dana R. Fisher et al. "The Science of Contemporary Street Protest: New Efforts in the United States," *Science Advances* 5, no. 1 (October 23, 2019), table 1, https://doi.org.10.1126/sciadv.aaw5461; Dana R. Fisher, *American Resistance: From the Women's March to the Blue Wave* (New York: Columbia University Press, 2019).

75. Michael Lewis, *The Fifth Risk* (New York: W. W. Norton, 2018).

76. Niall Ferguson, "Europe's 'Hamilton Moment' Is a Flop. That's Fine," Bloomberg, July 19, 2020, https://www.bloomberg.com/opinion/articles/2020-07-19/coronavirus-and-the-economy-europe-s-hamilton-moment-is-a-flop.

77. Kissinger, "The Coronavirus Pandemic Will Forever Alter the World Order."

78. White House, *National Security Strategy of the United States of America* (December 2017), https://www.whitehouse.gov/wp-content/uploads/2017/12/NSS-Final-12-18-2017-0905.pdf.

79. Nadia Schadlow, "The End of American Illusion," *Foreign Affairs,* September/October 2020, https://www.foreignaffairs.com/articles/americas/2020-08-11/end-american-illusion.

80. "Central Bank Liquidity Swap Operations," Federal Reserve Bank of New York, accessed August 16, 2020, https://apps.newyorkfed.org/markets/autorates/fxswap.

81. Robin Wigglesworth, "A Solution to the Looming Debt Crisis in Emerging Markets," *Financial Times,* May 3, 2020, https://www.ft.com/content/b97eb604-4f6b-49bc-b350-3287bbde00c9.

82. James Kynge and Sun Yu, "China Faces Wave of Calls for Debt Relief on 'Belt and Road' Projects," *Financial Times,* April 30, 2020, https://www.ft.com/content/5a3192be-

27c6-4fe7-87e7-78d4158bd39b.

83. Sebastian Horn, Carmen M. Reinhart, and Christoph Trebesch, "China's Overseas Lending," NBER Working Paper No. 26050 (May 2020), http://papers.nber.org/tmp/15188-w26050.pdf.

84. Gita Gopinath et al., "Dominant Currency Paradigm," NBER Working Paper No. 22943 (December 2016), https://www.nber.org/papers/w22943.pdf.

85. Henry M. Paulson Jr., "The Future of the Dollar," *Foreign Affairs,* May 19, 2020, https://www.for eignaffairs.com/articles/2020-05-19/future-dollar.

86. John Paul Koning (@jp_koning), "Facebook isn't a real threat," Twitter, February 6, 2020, 6:56 a.m., https://twitter.com/jp_koning/status/1225418083323568129. See Huw van Steenis, "The New Digital-Payments Race," *Project Syndicate,* April 21, 2020, https://www.project-syndicate.org/onpoint/central-banks-digital-payments-by-huw-van-steenis-2020-04.

87. Hiroyuki Nishimura, "China Takes Battle for Cryptocurrency Hegemony to New Stage," *Nikkei Asian Review,* June 14, 2020, https://asia.nikkei.com/Spotlight/Comment/China-takes-battle-for-cryptocurrency-hegemony-to-new-stage.

88. "COVID-19 Treatment and Vaccine Tracker," Milken Institute, August 18, 2020, https://covid-19tracker.milkeninstitute.org/.

89. Manas Mishra and Shounak Dasgupta, "U.S. Narrows List of Promising COVID-19 Vaccine Candidates to About 7," *Financial Post,* June 16, 2020, https://business.financialpost.com/pmn/business-pmn/u-s-narrows-list-of-promising-covid-19-vaccine-candidates-to-about-7-2.

90. Josephine Ma, "Can China Win COVID-19 Vaccine Race with Old School Technology?," *South China Morning Post,* June 18, 2020, https://www.scmp.com/news/china/science/article/3089356/can-china-win-covid-19-vaccine-race-old-school-technology.

91. Tung Thanh Le et al., "The COVID-19 Vaccine Development Landscape," *Nature Reviews Drug Discovery* 19 (April 9, 2020), pp. 305–6, https://doi.org/10.1038/d41573-020-00073-5.

92. Wee Sui-Lee and Elsie Chen, "China Investigates Latest Vaccine Scandal After Violent Protests," *New York Times,* January 14, 2019, https://www.nytimes.com/2019/01/14/business/china-vaccine-scandal-protests.html.

93. Javier C. Hernández, "In China, Vaccine Scandal Infuriates Parents and Tests Government," *New York Times,* July 23, 2018, https://www.nytimes.com/2018/07/23/world/asia/china-vaccines-scandal-investigation.html.

94. Jane Parry, "China Sentences Former Drug Regulatory Chief to Death," *BMJ* 334, no. 7605 (June 9, 2007), p. 1183, https://doi.org/10.1136/bmj.39234.428449.DB.

95. Natalie Liu, "German Decision on Huawei 5G 'Imminent,' Says Ambassador," *Voice of America News,* February 11, 2020, https://www.voanews.com/europe/german-decision-huawei-5g-imminent-says-ambassador.

96. Katy Balls and James Forsyth, "The MP Demanding a New Approach to China," *Spectator,* May 16, 2020, https://www.spectator.co.uk/article/the-mp-demanding-

a-new-approach-to-china; Jonathan Schieber, "UK Government Reverses Course on Huawei's Involvement in 5G Networks," *Tech Crunch,* May 23, 2020, https://techcrunch.com/2020/05/23/uk-government-reverses-course-on-huaweis-involvement-in-5g-networks/; "UK Will Pay Price If It Carries Out Decision to Exclude Huawei: *China Daily* Editorial," *China Daily,* May 24, 2020, http://www.chinadaily.com.cn/a/202005/24/WS5eca6650a310a8b241158044.html.

97. Kathrin Hille, "Huawei Says New U.S. Sanctions Put Its Survival at Stake," *Financial Times,* May 18, 2020, https://www.ft.com/content/3c532149-94b2-4023-82e0-b51190dc2c46.

98. Michael D. Shear and Miriam Jordan, "Trump Suspends Visas Allowing Hundreds of Thousands of Foreigners to Work in the U.S.," *New York Times,* July 23, 2020, https://www.nytimes.com/2020/06/22/us/politics/trump-h1b-work-visas.html.

99. Ishan Banerjee and Matt Sheehan, "America's Got AI Talent: U.S.' Big Lead in AI Research Is Built on Importing Researchers," *Macro Polo,* June 9, 2020, https://macropolo.org/americas-got-ai-talent-us-big-lead-in-ai-research-is-built-on-importing-researchers/.

100. Carl Benedikt Frey and Michael Osborne, "China Won't Win the Race for AI Dominance," *Foreign Affairs,* June 19, 2020, https://www.foreignaffairs.com/articles/united-states/2020-06-19/china-wont-win-race-ai-dominance.

101. Lu Zhenhua, Wang Zili, and Xu Heqian, "China and U.S. to Fight for Tech Primacy, Not War: Tsinghua Expert," *Nikkei Asian Review,* May 18, 2020, https://asia.nikkei.com/Spotlight/Caixin/China-and-US-to-fight-for-tech-primacy-not-war-Tsinghua-expert.

102. Ariel E. Levite and Lyu Jinghua, "Travails of an Interconnected World: From Pandemics to the Digital Economy," *Lawfare* (blog), April 30, 2020, https://www.lawfareblog.com/travails-interconnected-world-pandemics-digital-economy.

103. Brose, *Kill Chain.*

104. Michael R. Auslin, "The Sino-American Littoral War of 2025: A Future History," in *Asia's New Geopolitics: Essays on Reshaping the Indo-Pacific* (Stanford, CA: Hoover Institution Press, 2020), pp. 185–228.

105. Richard Haass, "American Support for Taiwan Must Be Unambiguous," *Foreign Affairs,* September 2, 2020, https://www.foreignaffairs.com/articles/united-states/american-support-taiwan-must-be-unambiguous.

106. Brother Mao, "U.S. Punishing Huawei Is a Strategic Trap," *Brother Mao's World (blog),* https://mp.weixin.qq.com/s/X3rYjXgAdtVxA4CE8_5TWg.

107. Grant Newsham, "Can the PLA Get Across the Taiwan Strait?," *Asia Times,* May 13, 2019, https://asi atimes.com/2019/05/can-the-pla-get-across-the-taiwan-strait/.

108. Salvatore Babones, "Boris Johnson's Huawei 5G Decision Is a Massive Mistake," *National Interest,* January 28, 2020, https://nationalinterest.org/blog/buzz/boris-johnsons-huawei-5g-decision-massive-mistake-118016.

109. Graham Allison, "Could Donald Trump's War Against Huawei Trigger a Real War with China?," *National Interest,* June 11, 2020, https://nationalinterest.org/feature/could-

donald-trump%E2%80%99s-war-against-huawei-trigger-real-war-china-162565.

110. Steve Blank, "The Chip Wars of the Twenty-First Century," *War on the Rocks,* June 11, 2020, https://warontherocks.com/2020/06/the-chip-wars-of-the-21st-century/.

111. Jenny Leonard, "Lighthizer Says He Feels 'Very Good' About Phase One China Deal," *Bloomberg,* June 4, 2020, https://www.bloomberg.com/news/articles/2020-06-04/lighthizer-says-he-feels-very-good-about-phase-one-china-deal-kb16qm1v; "China Halts Some U.S. Farm Imports, Threatening Trade Deal," *Bloomberg,* June 1, 2020, https://www.bloomberg.com/news/articles/2020-06-01/china-halts-some-u-s-farm-imports-threatening-trade-deal.

112. "Foreign Ministry Spokesperson Zhao Lijian's Remarks on Yang Jiechi's Meeting with U.S. Secretary of State Mike Pompeo," Ministry of Foreign Affairs of the People's Republic of China, June 18, 2020, https://www.fmprc.gov.cn/mfa_eng/xwfw_665399/s2510_665401/t1789798.shtml.

113. Michael R. Pompeo, "'Europe and the China Challenge': Speech at the Virtual Copenhagen Democracy Summit," U.S. Department of State, June 19, 2020, https://www.state.gov/secretary-michael-r-pompeo-at-the-virtual-copenhagen-democracy-summit.

114. M5SParlamento, "Luigi Di Maio ospite a TG2 Post Rai 2 24 03 2020," March 24, 2020, YouTube video, 22:31, https://www.youtube.com/watch?v=0W7JRf6qaog.

115. Philip Wen and Drew Hinshaw, "China Asserts Claim to Global Leadership, Mask by Mask," *Wall Street Journal,* April 1, 2020, https://www.wsj.com/articles/china-asserts-claim-to-global-leadership-mask-by-mask-11585752077.

116. Mattia Ferraresi, "China Isn't Helping Italy. It's Waging Information Warfare," *Foreign Policy,* March 31, 2020, https://foreignpolicy.com/2020/03/31/china-isnt-helping-italy-its-waging-information-warfare/.

117. Alan Crawford and Peter Martin, "China's Coronavirus Diplomacy Has Finally Pushed Europe Too Far," *Taipei Times,* April 26, 2020, https://www.taipeitimes.com/News/editorials/archives/2020/04/26/2003735306.

118. Julian Reichelt, "'You Are Endangering the World': *BILD* Editor-in-Chief Julian Reichelt Responds to the Chinese President Xi Jinping," *Bild,* April 17, 2020, https://www.bild.de/politik/international/bild-international/bild-chief-editor-responds-to-the-chinese-president-70098436.bild.html. See Joseph de Weck, "China's COVID-19 Diplomacy Is Backfiring in Europe," Foreign Policy Research Institute, April 21, 2020, https://www.fpri.org/article/2020/04/chinas-covid-19-diplomacy-is-backfiring-in-europe/.

119. Stuart Lau, "Chinese Foreign Minister Sees Only Limited Diplomatic Gains from European Trip," *South China Morning Post,* September 3, 2020, https://www.scmp.com/news/china/diplomacy/article/3100003/chinese-foreign-minister-sees-only-limited-diplomatic-gains.

120. Laura Silver, Kat Devlin, and Christine Huang, "Unfavorable Views of China Reach Historic Highs in Many Countries," Pew Research Center, October 6, 2020: https://www.pewresearch.org/global/2020/10/06/unfavorable-views-of-china-reach-historic-

4.3.2.23.

highs-in-many-countries/.

121. Joseph de Weck and Dimitris Valatsas, "The European Union Will Survive COVID-19," Foreign Policy Research Institute, April 30, 2020, https://www.fpri.org/article/2020/04/the-european-union-will-survive-covid-19/.

122. Victor Mallet and Roula Khalaf, "Macron Warns of EU Unravelling Unless It Embraces Financial Solidarity," *Financial Times,* April 16, 2020, https://www.ft.com/content/d19dc7a6-c33b-4931-9a7e-4a74674da29a.

123. "Europe's Moment: Repair and Prepare for the Next Generation," European Commission Press Corner, May 27, 2020, https://ec.europa.eu/commission/presscorner/detail/en/ip_20_940.

124. Guy Chazan, "German Stimulus Aims to Kick-Start Recovery 'With a Ka-Boom,'" *Financial Times,* June 4, 2020, https://www.ft.com/content/335b5558-41b5-4a1e-a3b9-1440f7602bd8.

125. Timothy Garton Ash and Antonia Zimmermann, "In Crisis, Europeans Support Radical Positions," *Eupinions,* May 6, 2020, https://eupinions.eu/de/text/in-crisis-europeans-support-radical-positions.

126. Ronja Scheler and Joshua Webb, "Keeping an Equidistance," *Berlin Policy Journal,* May 18, 2020, https://berlinpolicyjournal.com/keeping-an-equidistance/.

127. "Inaugural Lecture on Behalf of H. E. Saddam Hussein," in *The Principles of Non-Alignment,* ed. Hans Köhler (Vienna: Third World Centre, 1982), p. 5.

128. Lee Hsien Loong, "The Endangered Asian Century: America, China, and the Perils of Confrontation," *Foreign Affairs,* July/August 2020, https://www.foreignaffairs.com/articles/asia/2020-06-04/lee-hsien-loong-endangered-asian-century.

129. Emile Simpson, *War from the Ground Up: Twenty-First Century Combat as Politics* (Oxford: Oxford University Press, 2012).

130. Hal Brands and Francis J. Gavin, eds., COVID-19 and World Order: The Future of Conflict, Competition, and Cooperation (Baltimore: Johns Hopkins University Press, 2020).

131. Ben Thompson, "China, Leverage, and Values," Stratechery, May 21, 2019, https://stratechery.com/2019/china-leverage-and-values/; Ben Thompson, "The China Cultural Clash," *Stratechery,* October 8, 2019, https://stratechery.com/2019/the-china-cultural-clash/.

132. Ben Thompson, "The TikTok War," *Stratechery,* July 14, 2020, https://stratechery.com/2020/the-tiktok-war/.

133. Ross Andersen, "The Panopticon Is Already Here," *Atlantic,* September 2020, https://www.theatlantic.com/magazine/archive/2020/09/china-ai-surveillance/614197/.

134. Jiang Shigong, "Empire and World Order," trans. David Ownby, at Reading the China Dream, https://www.readingthechinadream.com/jiang-shigong-empire-and-world-order.html.

135. Barry Eichengreen, Minxin Pei, Kevin Rudd, and Elizabeth Sidiropoulos, "Xi's Weltpolitik," *Project Syndicate,* August 14, 2018, https://www.project-syndicate.org/bigpicture/xi-s-weltpolitik.

136. Larry Diamond, Orville Schell, et al., *Chinese Influence & American Interests:*

Promoting Constructive Vigilance—Report of the Working Group on Chinese Influence Activities in the United States (Stanford, CA: Hoover Institution Press, 2018), https://www.hoover.org/sites/default/files/research/docs/chineseinfluence_americaninterests_fullreport_web.pdf.

137. Frances Stonor Saunders, *The Cultural Cold War: The CIA and the World of Arts* and Letters (New York: Free Press, 2001).

138. Régis Debray, "The Third World: From Kalashnikovs to God and Computers," *New Perspectives Quarterly* 3, no. 1 (Spring 1986), p. 43.

139. Hoover Institution, "Cardinal Conversations: Reid Hoffman and Peter Thiel on 'Technology and Politics,'" January 31, 2018, YouTube video, 1:31:25, https://www.youtube.com/watch?v=J2klGJRrjqw. 또한 다음을 보라. Ali Yahya, "The Long-Tail Problem of AI, and How Autonomous Markets Can Solve It," Andreesen Horowitz, July 24, 2020, https://a16z.com/2020/07/24/long-tail-problem-in-a-i/.

140. *Guardian,* "Chinese Cultural Revolution: The Boy Who Denounced His Mother," March 29, 2013, YouTube video, 3:35, https://www.youtube.com/watch?v=CCA6ME81RLQ.

141. "China Uses Sci-Fi to Try to Spark a Tech Boom," *Straits Times,* September 22, 2018, https://www.straitstimes.com/asia/east-asia/china-uses-sci-fi-to-try-to-spark-a-tech-boom. 또한 다음을 보라. Rebecca Davis, "China Issues Guidelines on Developing a Sci-Fi Film Sector," *Variety,* August 17, 2020, https://variety.com/2020/film/news/china-guidelines-science-fiction-1234737913/.

142. Liu Cixin, *The Dark Forest,* trans. Joel Martinsen (New York: Tom Doherty, 2015), p. 484.

결론_미래 충격

1. Stephen M. Kissler et al., "Projecting the Transmission Dynamics of SARS-CoV-2 Through the Postpandemic Period," Science 368, no. 6493 (May 2020), pp. 860–68, https://science.sciencemag.org/content/368/6493/860/tab-pdf; Eskild Petersen et al., "Comparing SARS-CoV-2 with SARS-CoV and Influ enza Pandemics," *Lancet Infectious Diseases* 20, no. 9 (September 2020), pp. E238–E244, https://doi.org/10.1016/S1473-3099(20)30484-9.

2. Pasquale Cirillo and Nassim Nicholas Taleb, "Tail Risk of Contagious Diseases" (working paper, 2020).

3. Scott Galloway, "The Great Distancing," *No Mercy, No Malice* (blog), August 7, 2020, https://www.prof galloway.com/the-great-distancing.

4. Erik Brynjolfsson et al., "COVID-19 and Remote Work: An Early Look at US Data," NBER Working Paper No. 27344 (June 2020), http://www.nber.org/papers/w27344.

5. Nicholas Bloom, "How Working from Home Works Out," SIEPR Policy Brief (June 2020), https://siepr.stanford.edu/research/publications/how-working-home-works-out.

6. Bruno Maçães, "The Great Pause Was an Economic Revolution," *Foreign Policy,* June 22, 2020, https://foreignpolicy.com/2020/06/22/the-great-pause-was-an-economic-

revolution%e2%80%a8/.

7. Sebastian Mallaby, "The Age of Magic Money," *Foreign Affairs,* July/August 2020, https://www.foreignaffairs.com/articles/united-states/2020-05-29/pandemic-financial-crisis.

8. Jon Cohen, "Swine Flu Strain with Human Pandemic Potential Increasingly Found in Pigs in China," *Science,* June 29, 2020, https://www.sciencemag.org/news/2020/06/swine-flu-strain-human-pandemic-potential-increasingly-found-pigs-china.

9. Jessie Yeung, Philip Wang, and Martin Goillandeau, "Kazakhstan Denies Chinese Government Report That Country Has 'Unknown Pneumonia' Outbreak More Deadly than Covid-19," CNN, July 10, 2020, https://amp.cnn.com/cnn/2020/07/10/asia/kazakhstan-pneumonia-intl-hnk-scli-scn/index.html.

10. Dorothy H. Crawford, *Deadly Companions: How Microbes Shaped Our History* (Oxford: Oxford University Press, 2007), pp. 195–96.

11. Marc Galimand et al., "Multidrug Resistance in *Yersinia Pestis* Mediated by a Transferable Plasmid," *NEJM* 337, no. 10 (1997), pp. 677–80.

12. Nick Bostrom and Milan M. Ćirković, eds., *Global Catastrophic Risks* (Oxford: Oxford University Press, 2008), pp. 2–4.

13. World Food Programme, "COVID-19 Will Double Number of People Facing Food Crises Unless Swift Action Is Taken," April 21, 2020, https://www.wfp.org/news/covid-19-will-double-number-people-facing-food-crises-unless-swift-action-taken.

14. "Slowing the Coronavirus Is Speeding the Spread of Other Diseases," *New York Times,* June 14, 2020, https://www.nytimes.com/2020/06/14/health/coronavirus-vaccines-measles.html; Peter Sands, "HIV, Tuberculosis, and Malaria: How Can the Impact of COVID-19 Be Minimised?," *Lancet,* July 13, 2020, https://www.thelancet.com/journals/langlo/article/PIIS2214-109X(20)30317-X/fulltext.

15. James Hansen et al., "Ice Melt, Sea Level Rise and Superstorms: Evidence from Paleoclimate Data, Climate Modeling, and Modern Observations That 2oC Global Warming Is Highly Dangerous," *Atmospheric Chemistry and Physics Discussions* 15, no. 14 (July 23, 2015), pp. 20059–20179.

16. IPCC, *Climate Change 2014: Synthesis Report: Contribution of Working Groups I, II and III to the Fifth Assessment Report of the Intergovernmental Panel on Climate Change,* eds. Core Writing Team, R. K. Pachauri and L. A. Meyer (Geneva: IPCC, 2014), https://www.ipcc.ch/site/assets/uploads/2018/02/SYR_AR5_FINAL_full.pdf. See Christopher R. Schwalm, Spencer Glendon, and Philip B. Duffy, "RCP8.5 Tracks Cumulative CO2 Emissions," *PNAS* 117, no. 33 (August 18, 2020), pp. 19656–57, https://www.pnas.org/content/117/33/19656.

17. David Frame and Myles R. Allen, "Climate Change and Global Risk," in *Global Catastrophic Risks,* ed. Nick Bostrom and Milan Cirkovic (Oxford: Oxford University Press, 2008), pp. 279–81. 또한 다음을 보라. Bjorn Lomborg, *False Alarm: How Climate Change Panic Costs Us Trillions, Hurts the Poor, and Fails to Fix the Planet* (New York: Basic Books, 2020); Michael Shellenberger, *Apocalypse Never: Why Environmental Alarmism Hurts Us All* (New York: HarperCollins, 2020).

18. Elizabeth Weil, "They Know How to Prevent Megafires. Why Won't Anybody Listen?," *ProPublica*, August 28, 2020, https://www.propublica.org/article/they-know-how-to-prevent-megafires-why-wont-anybody-listen.

19. Chingy Tse-Cheng, "Expert Warns China's Three Gorges Dam in Danger of Collapse," *Taiwan News*, June 22, 2020, https://www.taiwannews.com.tw/en/news/3951673; Keoni Everington, "Videos Show Massive Flooding in S. China, Three Gorges Dam Next," *Taiwan News*, June 23, 2020, https://www.taiwannews.com.tw/en/news/3952434.

20. Jacob B. Lowenstern et al., "Steam Explosions, Earthquakes, and Volcanic Eruptions—What's in Yellowstone's Future?," U.S. Geological Survey and National Park Service (2005), https://pubs.usgs.gov/fs/2005/3024/fs2005-3024.pdf.

21. Milan Ćirković, "Observation Selection Effects and Global Catastrophic Risks," in *Global Catastrophic Risks*, ed. Nick Bostrom and Milan Cirkovic (Oxford: Oxford University Press, 2008), pp. 135–37.

22. Arnon Dar, "Influence of Supernovae, Gamma-Ray Bursts, Solar Flares, and Cosmic Rays on the Terrestrial Environment," in *Global Catastrophic Risks*, ed. Nick Bostrom and Milan Cirkovic (Oxford: Oxford University Press, 2008), p. 259.

23. Richard A. Clarke and R. P. Eddy, *Warnings: Finding Cassandras to Stop Catastrophes* (New York: HarperCollins, 2018), p. 322. 또한 다음을 보라. "The World Should Think Better About Catastrophic and Existential Risks," *Economist*, June 25, 2020, https://www.economist.com/briefing/2020/06/25/the-world-should-think-better-about-catastrophic-and-existential-risks.

24. Frank Wilczek, "Big Troubles, Imagined and Real," in *Global Catastrophic Risks*, ed. Nick Bostrom and Milan Cirkovic (Oxford: Oxford University Press, 2008), pp. 356f. 또한 다음을 보라. Katsuhiko Sato, "First-Order Phase Transition of a Vacuum and the Expansion of the Universe," *Monthly Notices of the Royal Astronomical Society* 195 (May 1981), pp. 467–79.

25. Nick Bostrom, "The Vulnerable World Hypothesis," Working Paper, v.3.42, Future of Humanity Institute, University of Oxford (2018).

26. Joseph Cirincione, "The Continuing Threat of Nuclear War," and William C. Potter and Gary Ackerman, "Catastrophic Nuclear Terrorism: A Preventable Peril," in *Global Catastrophic Risks*, ed. Nick Bostrom and Milan Cirkovic (Oxford: Oxford University Press, 2008). 또한 다음을 보라. Clarke and Eddy, *Warnings*, pp. 278f.

27. Ali Nouri and Christopher F. Chyba, "Biotechnology and Biosecurity," in *Global Catastrophic Risks*, ed. Nick Bostrom and Milan Cirkovic (Oxford: Oxford University Press, 2008), pp. 456f.

28. Martin Jinek et al., "A Programmable Dual-RNA–Guided-DNA Endonuclease in Adaptive Bacterial Immunity,' *Science* 337, no. 6096 (August 17, 2012), pp. 816–21. 또한 다음을 보라. Jennifer Kahn, "The CRISPR Quandary," *New York Times Magazine*, November 9, 2015, www.nytimes.com/2015/11/15/magazine/the-cripsr-quandary.html.

29. "Biotech: DIY Disaster Zone," *Financial Times*, June 23, 2020, https://www.ft.com/

content/7c0d9214-938d-4931-868e-e3533b8da70a.

30. Christopher Wills, *Children of Prometheus: The Accelerating Pace of Human Evolution* (Reading, MA: Perseus, 1998).

31. Clarke and Eddy, *Warnings,* pp. 292–99.

32. Eliezer Yudkowsky, "AI as a Positive and Negative Factor in Global Risk," in G *lobal Catastrophic Risks,* ed. Nick Bostrom and Milan Cirkovic (Oxford: Oxford University Press, 2008), pp. 201–7. 또한 다음을 보라. James J. Hughes, "Millennial Tendencies in Responses to Apocalyptic Threats," in *Global Catastrophic Risks,* ed. Nick Bostrom and Milan Cirkovic (Oxford: Oxford University Press, 2008), pp. 79–81.

33. Chris Phoenix and Mike Treder, "Nanotechnology as Global Catastrophic Risk," in *Global Catastrophic Risks,* ed. Nick Bostrom and Milan Cirkovic (Oxford: Oxford University Press, 2008), pp. 488f. See K. E. Drexler, *Nanosystems: Molecular Machinery, Manufacturing, and Computation* (New York: Wiley Interscience, 1992).

34. Toby Ord, *The Precipice: Existential Risk and the Future of Humanity* (New York: Hachette, 2020).

35. Richard A. Posner, "Public Policy Towards Catastrophe," in *Global Catastrophic Risks,* ed. Nick Bostrom and Milan Cirkovic (Oxford: Oxford University Press, 2008), pp. 186f. For some creative suggestions on how to overcome this, see Bina Venkataraman, *The Optimist's Telescope* (New York: Penguin 2019), and Margaret Heffernan, *Uncharted: How to Map the Future Together* (London: Simon & Schuster, 2020).

36. Clarke and Eddy, *Warnings,* pp. 356, 362–64.

37. Bostrom, "Vulnerable World Hypothesis," pp. 17–23.

38. Bostrom, "Vulnerable World Hypothesis," pp. 23, 28. Similar arguments have been made by other contributors to the same volume: Christopher Wills, "Evolutionary Theory and the Future of Humanity," and Robin Hanson, "Catastrophe, Social Collapse, and Human Extinction," in *Global Catastrophic Risks,* ed. Nick Bostrom and Milan Cirkovic (Oxford: Oxford University Press, 2008), pp. 67, 373f.

39. Bryan Caplan, "The Totalitarian Threat," in *Global Catastrophic Risks,* ed. Nick Bostrom and Milan Cirkovic (Oxford: Oxford University Press, 2008), pp. 511–14.

40. Yuval Noah Harari, "Why Technology Favors Tyranny," *Atlantic,* October 2018, https://www.theatlantic.com/magazine/archive/2018/10/yuval-noah-harari-technology-tyranny/568330/.

41. Steven L. Aggelis, ed., *Conversations with Ray Bradbury* (Jackson: University Press of Mississippi, 2004), p. 99.

42. Huxley to Orwell, October 21, 1949, in *Letters of Note,* vol. 2: *An Eclectic Collection of Correspondence Deserving of a Wider Audience,* ed. Shaun Usher (San Francisco: Chronicle, 2016), p. 33.

43. Yevgeny Zamyatin, *We,* trans. Natasha S. Randall (New York: Modern Library, 2006), p. 187.

44. Daniel Defoe, *A Journal of the Plague Year* (London: Penguin, 2003 [1722]), p. 218.

KI신서 9965

둠 재앙의 정치학

1판 1쇄 인쇄 2021년 11월 05일
1판 3쇄 발행 2021년 12월 13일

지은이 니얼 퍼거슨
옮긴이 홍기빈
펴낸이 김영곤
펴낸곳 (주)북이십일 21세기북스

출판사업부문 이사 정지은
정보개발팀 장지윤 **외주편집** 장윤정
해외기획실 최연순
디자인 형태와내용사이
마케팅1팀 배상현 한경화 김신우 이보라
출판영업팀 김수현 이광호 최명열
제작팀 이영민 권경민

출판등록 2000년 5월 6일 제406-2003-061호
주소 (10881) 경기도 파주시 회동길 201(문발동)
대표전화 031-955-2100 **팩스** 031-955-2151 **이메일** book21@book21.co.kr

(주)북이십일 경계를 허무는 콘텐츠 리더

21세기북스 채널에서 도서 정보와 다양한 영상자료, 이벤트를 만나세요!
페이스북 facebook.com/jiinpill21   포스트 post.naver.com/21c_editors
인스타그램 instagram.com/jiinpill21   홈페이지 www.book21.com
유튜브 youtube.com/book21pub

서울대 가지 않아도 들을 수 있는 명강의! 〈서가명강〉
유튜브, 네이버, 팟캐스트에서 '서가명강'를 검색해보세요!

ISBN 978-89-509-9797-7 03900